图解151种治安案件统一案由的认定界限、处罚标准与相关执法参考

（最新版）

主　编　曾　斌　卢建义
副主编　徐小英　王炜峰

中国长安出版社

图书在版编目（CIP）数据

图解151种治安案件统一案由的认定界限、处罚标准与相关执法参考/曾斌，卢建义主编.—北京：中国长安出版社，2011.4

ISBN 978-7-5107-0375-1

Ⅰ.①图… Ⅱ.①曾… ②卢… Ⅲ.①治安管理—案件—处理—中国 Ⅳ.①D922.14

中国版本图书馆CIP数据核字（2011）第047416号

图解151种治安案件统一案由的
认定界限、处罚标准与相关执法参考

曾 斌 卢建义

出版：中国长安出版社
社址：北京市东城区北池子大街14号（100006）
网址：http：//www.ccapress.com
邮箱：ccapress@yahoo.com.cn
发行：中国长安出版社
电话：（010）65281919 65271309
印刷：北京宝昌彩色印刷有限公司
开本：787mm×1092mm 16开
印张：74.125
字数：1665千字
版本：2011年5月第1版 2011年5月第1次印刷

书号：ISBN 978-7-5107-0375-1
定价：198.00元

前　言

时光荏苒，《中华人民共和国治安管理处罚法》（以下简称《治安管理处罚法》）已经正式实施5年了，该法的正式颁布实施，对维护社会治安，保障公共安全，维护公民合法权益提供了重要的法律依据。《治安管理处罚法》实施5年来的事实充分说明，该法不仅是一部保护公民、法人和其他组织合法权益的“人权法”，更是一部规范和监督公安机关及其人民警察行使警察权力的“控权法”。

自《治安管理处罚法》正式颁布以来，公安部及有关部门相继出台了一系列规范性文件，针对公安机关在办理治安案件的实际中碰到的具体问题进行规范，各地公安机关针对当地的具体实际也陆续制定了相关的配套规定，这些规范性文件和配套规定的颁布实施，对于广大公安民警准确办理治安案件，正确适用治安处罚标准，掌握社会治安状况，维护社会治安秩序具有十分重要的意义。

但是，5年来，公安机关人民警察在具体实施《治安管理处罚法》的过程中也暴露出了一些问题，这些问题突出表现在对案件的定性不准上，这里所说的“定性不准”既包括治安案件和刑事案件的区分，也包括同是治安案件，但不同案由的认定上。为了解决这些问题，帮助公安民警在办理治安案件的过程中做到“定性准确、量罚适当”，公安部相关部门、公安大学以及公安实践部门的有关专家、学者共同编写了这本《图解151种治安案件统一案由的认定界限、处罚标准与相关执法参考（最新版）》。

一、新颖性

本书在整体上采用图表的形式，在每一具体案由的写作上，分为“概念”、“违法构成要件”、“认定界限”、“处罚标准”与“相关执法参考”等五个板块，一目了然，便于读者快速阅读和查找。

另外，本书在编写过程中，查阅了截至到2011年3月1日前有关部门正式颁布的相关法律、法规、部门规章和司法解释，对已经失效或废止的规范性文件在写作中予以排除，同时，吸纳了新颁布的规范性文件中对具体案由的认定有影响的内容，例如，根据2011年2月25日第11届全国人民代表大会常务委员会第19次会议通过的《中华人民共和国刑法修正案（八）》的内容，调整了部分案由“认定界限”部分的内容；再如，根据公安部2010年11月颁布的《公安部现行有效规章及规范性文件目录》和《公安部决定废止的规范性文件目录》的内容，对本书“相关执法参考”部分的内容进行了全面梳理，以确保本书内容上的新颖性。

二、全面性

本书以公安部颁布的《关于印发〈公安部关于规范违反治安管理行为名称的意见〉的通知》（公通字［2005］95号）（以下简称《通知》）为大纲，对该《通知》依据《治安管理处罚法》规定的151种治安案件的案由逐一进行阐述。通过对本书的学习，不仅使广大公安民警熟练掌握每一治安案件的概念和构成要件，在此基础上，还能够熟练区分该治安案件与刑事案件、该治安案件与其他治安案件的界限，不仅能够区分，而且还能够知道区分的重点和依据。

本书在具体阐述每一案由的时候，针对公安民警在治安执法中容易忽视和误解的关键问题、疑难问题，一一予以解答，重点介绍了该行为与相关刑事案件的界限以及该行为与类似行为的界限；同时，对公安民警需要掌握的相关知识也进行了介绍，不仅满足了广大公安民警办理治安案件的需要，同时，对人民警察整体素质的全面提高也是大有裨益的。

三、实用性

本书从公安民警办理治安案件的实际需要出发，本着“多写怎么办，少写为什么”的原则，尽量多地介绍具有操作性的知识，而对与民警实际办案关系不大的内容尽量少写或不写。

本书在写作过程中不但吸收了《治安管理处罚法》实施5年来最新的治安执法实践和研究成果，而且用语简洁，深入浅出，力求全面解析每一案由的全部内涵，具有很强的实用性。

四、准确性

本书根据权威资料精心编写，在每一案由的认定和区分上，均以有关部门正式颁布的司法解释或权威部门、专家的论述为标准，以确保本书内容的权威和准确性。

本书由曾斌、卢建义同志担任主编，徐小英、王炜峰担任副主编。主编拟定提纲后，各作者分工撰写，最后由主编定稿。本书撰写分工为：曾斌（第一章）、徐小英（第二章）、王炜峰（第三章）、卢建义（第四章）。

本书在编写过程中参考了近年来正式出版的大量文章、著作，吸收和采纳了其中的部分内容，因篇幅有限，不能一一列出，在此谨表诚挚谢意。

编　者

2011年3月1日

目　录

上　册

下册

目　录

附录

目　录

第一章　扰乱公共秩序的案件（29种）

一、扰乱单位秩序

（《治安管理处罚法》第23条第1款第1项）

<table>
<tr><td colspan="2">案由</td><td>扰乱单位秩序</td></tr>
<tr><td colspan="2">概念</td><td>扰乱单位秩序，是指对机关、团体、企业、事业单位的正常工作秩序进行干扰和破坏，从而影响其工作正常进行的行为。</td></tr>
<tr><td rowspan="2">违法构成要件</td><td>违法客体</td><td>本行为侵犯的客体是机关、团体的工作秩序和企业、事业单位的工作、生产、营业、医疗、教学、科研秩序，侵犯的对象是机关、团体、企业、事业单位。
这里的“机关”是指国家机关，包括立法机关、行政机关、司法机关和军事机关。“团体”是指人民团体和社会团体。“企业、事业单位”，既包括国有、集体的企业、事业单位，也包括私人所有的企业。</td></tr>
<tr><td>违法客观方面</td><td>本行为在客观方面表现为实施各种扰乱机关、团体、企业、事业单位秩序，致使其工作、生产、营业、医疗、教学、科研不能正常进行，造成一定危害后果尚未造成严重损失的行为。
这里的“扰乱”既可以表现为暴力手段，也可以表现为非暴力，既可能发生在机关、团体、企业、事业单位工作场所内部，也可能发生在相关工作场所之外，如大门外等。
在实践中，本行为的具体方式主要包括：
1. 在机关、团体、企业、事业单位内损毁办公用具、文件材料或门窗等物；
2. 在机关、团体、企业、事业单位内起哄、闹事；
3. 在机关、团体、企业、事业单位内纠缠、辱骂有关工作人员；
4. 围堵、封闭机关、团体、企业、事业单位的出入通道；
5. 在机关、团体、企业、事业单位内部或门口静坐、示威或喊口号；
6. 占据有关办公场所等。
需要注意的是：“扰乱”行为只要致使工作、生产、营业、医疗、教学、科研不能正常进行即可构成本行为，并不以“造成严重损失”为构成要件。所谓“致使工作、生产、营业、医疗、教学、科研不能正常进行”，是指机</td></tr>
</table>

<table>
<tr><td rowspan="3">违法构成要件</td><td>违法客观方面</td><td>关、团体、企业、事业单位不能按照正常的规章制度进行生产、营业或者进行医疗、教学、科研等活动。
在实践中，是否“造成严重损失”是判断行为是否构成犯罪的一个重要标准。这里所说的“损失”既包括有形的物质损失，也包括无形的智力成果、社会利益和政治利益等方面的损失。“物质损失”包括因违法行为而暂时停产、停业等造成的既有财产损失和可得利益损失。物质损失的具体程度以造成损失的数额为标准。“智力成果、社会利益和政治利益等方面的损失”是指违法行为致使那些以社会利益、政治利益为宗旨的社会组织，以及其他不直接从事生产经营的学校、科研机构等无法正常工作而造成的无法精确物化计算的损失。
此外，由于违法行为致使有关机关、团体、企业、事业单位无法正常开展工作，给第三人利益造成损失的，这种损失也应作为衡量违法情节的标准。
办案人员在判断具体损失的程度时，一般应根据违法行为所使用的手段、发生的时间、事件持续的长短、被延误事项的重要程度、是否可以有效弥补等方面进行综合判断。</td></tr>
<tr><td>违法主体</td><td>本行为的主体是达到责任年龄、具有责任能力的自然人。</td></tr>
<tr><td>违法主观方面</td><td>本行为在主观方面只能由故意构成。</td></tr>
<tr><td>认定界限</td><td colspan="2">（一）本行为与非违法行为的界限。
区分本行为与非违法行为的界限就是《治安管理处罚法》第23条第1项规定的本行为的构成要件。
1. 在情节上进行区分。本行为必须是扰乱单位秩序的行为达到了“致使其工作、生产、营业、医疗、教学、科研不能正常进行”的程度，对于较为轻微的扰乱行为，不应当认定为违法行为而给予治安处罚，应当以批评教育为主。
2. 在聚众扰乱机关、团体、企业、事业单位正常秩序的案件中，要注意区分首要分子、其他积极参加者和一般参与者，对首要分子，应根据《治安管理处罚法》第23条第2款的规定，以聚众扰乱单位秩序行为论处，对其他积极参加者应以本行为论处，而对于一般参与者，由于他们在案件中通常只是起到充人头、助声威、摆阵势的作用，在很多情况下他们并没有主动实施具体的违法行为，或只有轻微的违法行为，对这些人，办案人员在办理案件时，应当区别对待，一般应以批评教育为主。</td></tr>
</table>

认定界限	（二）本行为与一般"过激行为"的界限。 在实践中，如果行为人因正当事由来到某机关、团体、企业、事业单位请求解决问题，主张自己的合法权益，双方在交涉、谈判的过程中，行为人可能会有一些过激的言语或行为，或者单位内部职工因为对单位内部的利益分配、岗位调整不满，往往也会采取一些"过激行为"，如辱骂领导、打砸办公桌椅等。从客观上看，这些行为可能会产生影响某个单位正常办公的后果，在表现形式上和本行为有相似之处。办案人员在处理的时候一定要注意区分。一般来说，这些行为也具有扰乱单位秩序的性质，而且，在后果上也对单位正常的办公秩序产生了一定的影响。但是，对这些行为人通过说服教育，往往是能够听从劝阻并及时改正错误的，因此，这些行为只是属于一般的错误行为，不应给予治安处罚（可由单位内部给予行政纪律处分），如果随意给予行为人治安处罚，从后果来看，往往会起到激化矛盾的作用，不利于矛盾的最终解决。但是，如果行为人屡教不改，或者经常无理滋事的，应当依法以本行为论处。 （三）本行为与殴打他人的界限。 《治安管理处罚法》第 43 条第 1 款规定的殴打他人，是指以殴打的方式，故意伤害他人身体，尚不够刑事处罚的行为。在实践中，行为人实施扰乱单位秩序的行为时，往往会殴打相关工作人员，这时，本行为与殴打他人行为竞合，按照"从一重处断"的原则，对行为人应以殴打他人论处，而不应认定为本行为。 （四）本行为与故意损毁财物的界限。 《治安管理处罚法》第 49 条规定的故意损毁财物，是指故意毁灭或者损坏公私财物，尚不够刑事处罚的行为。在实践中，行为人实施扰乱单位秩序的行为时，往往会故意损毁相关单位的公私财产，如砸毁办公桌椅、电话机、电脑等，这时，本行为与故意损毁财物行为竞合，按照"从一重处断"的原则，对行为人应以故意损毁财物论处，而不应认定为本行为。 （五）本行为与聚众扰乱社会秩序罪的界限。 《刑法》第 290 条第 1 款规定的聚众扰乱社会秩序罪，是指聚众扰乱社会秩序，致使工作、生产、营业和教学、科研无法进行，造成严重损失的行为。两者的界限主要在于： 1. 行为方式不同。本行为既可以单独实施，也可以多人共同实施，多人共同扰乱单位秩序时，对聚众的首要分子以聚众扰乱单位秩序行为论处，对积极参加者以本行为论处，而对一般参加者，一般不认定为违法，应以批评教育为主；后者强调必须有"聚众"的情节，构成该罪主体的只能是首要分子或积极参加者，对一般参加者，视其情节，可以本行为论处。 2. 危害程度不同。本行为的后果是致使单位的工作、生产秩序"不能正常进行"，尚未造成严重损失；后者导致的危害后果严重，致使工作生产"无法进行"，

认定界限	例如，工作、生产、营业和教学、科研基本停止或者瘫痪，造成人员重伤、死亡或者致使公私财产遭受重大损失等。 （六）本行为与聚众冲击国家机关罪的界限。 《刑法》第 290 条第 2 款规定的聚众冲击国家机关罪，是指组织、策划、指挥或者积极参加聚众冲击国家机关，致使国家机关工作无法进行，造成严重损失的行为。两者的界限主要在于： 1. 行为方式不同。（1）后者强调必须有“聚众”的情节，即首要分子纠集特定或者不特定的多数人（3 人以上）在一定时间、地点，共同冲击国家机关，而本行为既可能由个体实施，也可能是群体共同实施。在群体共同扰乱单位秩序时，对聚众的首要分子应以聚众扰乱单位秩序论处，对积极参加者应以本行为论处，对一般参加者，不应认定为违法行为，应以批评教育为主；而聚众冲击国家机关的犯罪行为的主体仅限于“聚众”的首要分子和积极参加者，对于一般的参与人，不以犯罪论处，视情节可以本行为论处，给予相应的治安处罚；（2）本行为的具体方式是“扰乱”，既可能是暴力的，也可能是非暴力的手段；而后罪的具体方式是“冲击”，即只能是采取暴力的方式，非暴力的方式不构成该罪。 2. 危害程度不同。本行为是致使工作、生产、营业、医疗、教学、科研不能正常进行，造成一定危害后果尚未造成严重损失的行为；后罪导致的危害后果严重，造成了严重损失，如造成人员重伤、死亡或者致使公私财产遭受重大损失等。 3. 侵犯的对象不同。本行为侵犯的对象包括机关、团体、企业和事业单位，既包括我国的单位，也包括外国驻我国的使领馆、国际组织设在我国的机构等，对象具有广泛性；后者侵犯的对象仅限于“国家机关”，即后者侵犯的对象具有特定性。这里的“国家机关”是指依法设立的、具有特定国家管理职能、负责管理各项国家和社会公共事务的组织，包括全国人大及其常务委员会、县级以上人大及其常务委员会、乡人民代表大会主席团；国务院及其各部门委员会、办事机构、直属机构，县以上人民政府及其工作部门、乡人民政府、有些地方由省级或县级人民政府派出的工作机构；各级人民法院与检察院；各级军事管理机关（但聚众冲击军事禁区、军事管理部门的行为不构成该罪，构成犯罪的，以其他犯罪论处）。而且，聚众冲击国家机关罪侵犯的“国家机关”仅指我国的国家机关，外国驻我国的使领馆、国际组织设在我国的机构都不属于后者侵犯的对象。
处罚标准	（一）构成本行为的，处警告或者 200 元以下罚款。 （二）情节较重的，处 5 日以上 10 日以下拘留，可以并处 500 元以下罚款。 在实践中，判断情节的轻重，一般应从行为人的动机、手段、目的、行为的次数、造成的后果等方面综合考虑，由公安机关办案人员酌情量罚。一般而言，具有下列情形之一的，应认定为“情节较重”： 1. 因扰乱单位秩序行为受过处罚的； 2. 多次扰乱机关、团体、企业、事业单位秩序，不听劝阻的；

<table>
<tr><td>处罚标准</td><td>3. 在机关、团体、企业、事业单位内损毁办公用具、物品、门窗等物，造成较大损失的；
4. 在机关、团体、企业、事业单位内毁坏文件材料无法弥补的；
5. 无理推拉、纠缠、辱骂、围攻或者殴打有关国家工作人员、职工、教师、科研人员、医务人员，造成一定伤害后果的；
6. 围堵、封闭机关、团体、企业、事业单位的主要出入通道，造成交通长时间堵塞的；
7. 占据办公室、实验室、教室、生产车间以及其他工作场所，时间较长，经多次劝说拒不离开的；
8. 其他情节较重的情形，如扰乱重要的机关、团体、企业、事业单位秩序等。</td></tr>
<tr><td>相关执法参考</td><td>《中华人民共和国治安管理处罚法》（节录）
（2005 年 8 月 28 日第十届全国人民代表大会常务委员会第十七次会议通过　中华人民共和国主席令第三十八号公布　自 2006 年 3 月 1 日起施行）
第二十三条第一款第一项　有下列行为之一的，处警告或者二百元以下罚款；情节较重的，处五日以上十日以下拘留，可以并处五百元以下罚款：
（一）扰乱机关、团体、企业、事业单位秩序，致使工作、生产、营业、医疗、教学、科研不能正常进行，尚未造成严重损失的；
《中华人民共和国刑法》（节录）
（1979 年 7 月 1 日第五届全国人民代表大会第二次会议通过　1997 年 3 月 14 日第八届全国人民代表大会第五次会议修订　根据 2011 年 2 月 25 日第十一届全国人民代表大会常务委员会第十九次会议通过的《中华人民共和国刑法修正案（八）》最新修正）
第二百九十条　聚众扰乱社会秩序，情节严重，致使工作、生产、营业和教学、科研无法进行，造成严重损失的，对首要分子，处三年以上七年以下有期徒刑；对其他积极参加的，处三年以下有期徒刑、拘役、管制或者剥夺政治权利。
聚众冲击国家机关，致使国家机关工作无法进行，造成严重损失的，对首要分子，处五年以上十年以下有期徒刑；对其他积极参加的，处五年以下有期徒刑、拘役、管制或者剥夺政治权利。
《中华人民共和国矿产资源法》（节录）
（1986 年 3 月 19 日第六届全国人民代表大会常务委员会第十五次会议通过　根据 2009 年 8 月 27 日第十一届全国人民代表大会常务委员会第十次会议通过的〈全国人民代表大会常务委员会关于修改部分法律的决定〉修改）
第四十一条　盗窃、抢夺矿山企业和勘查单位的矿产品和其他财物的，破坏采矿、勘查设施的，扰乱矿区和勘查作业区的生产秩序、工作秩序的，分别依照刑法有关规定追究刑事责任；情节显著轻微的，依照治安管理处罚法有关规定予以处罚。</td></tr>
</table>

相关执法参考

《中华人民共和国煤炭法》（节录）

（1996年8月29日第八届全国人民代表大会常务委员会第二十一次会议通过 根据2009年8月27日第十一届全国人民代表大会常务委员会第十次会议通过的〈全国人民代表大会常务委员会关于修改部分法律的决定〉修改）

第七十六条 有下列行为之一的，由公安机关依照治安管理处罚法的有关规定处罚；构成犯罪的，由司法机关依法追究刑事责任：

（一）阻碍煤矿建设，致使煤矿建设不能正常进行的；

（二）故意损坏煤矿矿区的电力、通讯、水源、交通及其他生产设施的；

（三）扰乱煤矿矿区秩序，致使生产、工作不能正常进行的；

（四）拒绝、阻碍监督检查人员依法执行职务的。

《信访条例》（节录）

（2005年1月10日国务院令第431号颁布 自2005年5月1日起施行）

第二十条 信访人在信访过程中应当遵守法律、法规，不得损害国家、社会、集体的利益和其他公民的合法权利，自觉维护社会公共秩序和信访秩序，不得有下列行为：

（一）在国家机关办公场所周围、公共场所非法聚集，围堵、冲击国家机关，拦截公务车辆，或者堵塞、阻断交通的；

（二）携带危险物品、管制器具的；

（三）侮辱、殴打、威胁国家机关工作人员，或者非法限制他人人身自由的；

（四）在信访接待场所滞留、滋事，或者将生活不能自理的人弃留在信访接待场所的；

（五）煽动、串联、胁迫、以财物诱使、幕后操纵他人信访或者以信访为名借机敛财的；

（六）扰乱公共秩序、妨害国家和公共安全的其他行为。

第四十七条 违反本条例第十八条、第二十条规定的，有关国家机关工作人员应当对信访人进行劝阻、批评或者教育。

经劝阻、批评和教育无效的，由公安机关予以警告、训诫或者制止；违反集会游行示威的法律、行政法规，或者构成违反治安管理行为的，由公安机关依法采取必要的现场处置措施、给予治安管理处罚；构成犯罪的，依法追究刑事责任。

《教育信访工作规定》（2007年修订）（节录）

（2007年7月3日 教办［2007］6号）

第二条 本规定所称教育信访事项，是指教职员工、学生、家长或其他组织和个人采用书信、电子邮件、传真、电话、走访等形式，向各级教育部门（包括各级教育行政部门和各级各类学校，下同）反映情况，提出建议、意见或投诉请求，按规定和职权范围需要由教育部门处理的事项。

第二十五条 信访人对处理意见不服的，可以自收到书面答复之日起30日内，向原承办单位的上一级行政机关提出复查请求，上一级行政机关应当自收到复查请

相关执法参考	求之日起30日内提出复查意见，并书面答复信访人。 信访人对复查意见不服的，可以自收到书面答复之日起30日内，向复查单位的上一级行政机关提出复核请求，上一级行政机关应当自收到复核请求之日起30日内提出复核意见，并书面答复信访人。 信访人对复核意见不服，仍以同一事实和理由提出投诉请求的，不再受理。

二、扰乱公共场所秩序

（《治安管理处罚法》第23条第1款第2项）

<table>
<tr><td colspan="2">案由</td><td>扰乱公共场所秩序</td></tr>
<tr><td colspan="2">概念</td><td>扰乱公共场所秩序，是指扰乱车站、港口、码头、机场、商场、公园、展览馆或其他公共场所秩序的行为。</td></tr>
<tr><td rowspan="4">违法构成要件</td><td>违法客体</td><td>本行为侵犯的客体是公共场所秩序。
“公共场所秩序”是指保证公众安全、顺利出入、使用公共场所所规定的公共行为规则。凡是供不特定的多数人出入、停留、使用的场所，皆可认定为公共场所。“公共场所”主要包括：车站、码头、民用航空站、商场、公园、影剧院、展览会、运动场、礼堂、公共食堂、游泳池、浴池、农贸集市等。</td></tr>
<tr><td>违法客观方面</td><td>本行为在客观方面表现为扰乱公共场所秩序的行为。
在实践中，这些行为一般包括：
1. 在公共场所故意违反公共行为准则，起哄闹事制造混乱；
2. 阻碍、扰乱有关工作人员履行职责；
3. 在公共场所采取抬花圈、打横幅、举标语、喊口号、抛传单、演讲、静坐、下跪、扬言自杀、自残等行为以及其他方法，制造影响，扰乱公共秩序，不听制止的；
4 强行兜售商品、散发小广告或者在重点地区兜售商品、散发小广告，不听劝阻的。
需要注意的是，构成本行为只需要行为影响了公共场所功能的正常发挥即可，不需要造成严重后果，如果造成严重后果的，应以相关的犯罪论处。</td></tr>
<tr><td>违法主体</td><td>本行为的主体是达到责任年龄、具有责任能力的自然人。</td></tr>
<tr><td>违法主观方面</td><td>本行为在主观方面只能是故意。</td></tr>
<tr><td colspan="2">认定界限</td><td>（一）本行为与非违法行为的界限。
办案人员在办理案件时，应根据行为人的目的、动机、过程、后果等因素，充分、全面地考虑行为造成的危害后果，考察整个过程的情节轻重，才能准确界定行为违法与否，如果行为造成的危害后果非常轻微，办案人员对行为人更多的应当是予以批评教育而不是予以治安处罚。</td></tr>
</table>

认定界限	1. 在聚众实施扰乱公共场所秩序的治安案件中，对首要分子应根据《治安管理处罚法》第23条第2款的规定，以聚众扰乱公共场所秩序论处，对积极参加者，以本行为论处，而对于一般参与者，由于他们在行动中往往并没有主动实施具体的违法行为，对于这类人，公安机关更多的应当以批评教育为主，而不宜以违法行为论处。 2. 对于人民群众因日常的冲突、正常的利益要求而扰乱了公共场所的，公安机关也不宜一律以本行为论处，而应根据行为发生的原因、时间、地点、造成的后果等因素，综合考虑。如果行为人只是为了化解纠纷、解决问题，经劝说能及时恢复公共场所秩序的，不应以本行为论处，当然，对当事人应当予以适当的批评教育。 （二）本行为与扰乱单位秩序行为的界限。 《治安管理处罚法》第23条第1款第1项规定的扰乱单位秩序，是指对机关、团体、企业、事业单位的正常工作秩序进行干扰和破坏，从而影响其工作正常进行的行为。两者在客观表现上较为相似，一般都表现为通过起哄闹事、肆意谩骂、砸毁财物等行为扰乱一定区域内的正常工作、生活秩序。两者的界限主要在于： 1. 侵犯的具体对象不同。本行为侵犯的对象是车站、港口、码头、机场、商场、公园、展览馆或其他公共场所，凡是供不特定的多数人出入、停留、使用的场所，皆可认定为公共场所。公共场所主要包括：车站、码头、民用航空站、商场、公园、影剧院、展览会、运动场、礼堂、公共食堂、游泳池、浴池、农贸集市等；后者侵犯的对象是机关、团体、企业、事业单位，“机关”是指国家机关，包括立法机关、行政机关、司法机关和军事机关，“团体”是指人民团体和社会团体，“企业、事业单位”，既包括国有、集体的企业、事业单位，也包括私人所有的企业。 2. 侵犯的客体不同。本行为侵犯的客体是公共场所正常的活动秩序；而后者侵犯的客体是机关、团体、企事业单位正常的工作、生产、营业、医疗、教学、科研秩序。 （三）本行为与聚众扰乱公共场所秩序、交通秩序罪的界限。 《刑法》第291条规定的聚众扰乱公共场所秩序、交通秩序罪，是指聚众扰乱车站、码头、民用航空站、商场、公园、影剧院、展览会、运动场或者其他公共场所秩序，聚众堵塞交通或者破坏交通秩序，抗拒、阻碍国家治安管理工作人员依法执行职务，情节严重的行为。两者的界限主要在于： 1. 对参与人数的要求不同。本行为的构成对人数没有限制，单人或者多人均可构成扰乱公共场所秩序的行为；后者必须是参与者人数众多，而且必须是达到“聚众”的程度，即3人以上。 2. 情节要求不同。后者的行为人必须具有抗拒、阻碍国家治安管理工作人员依法执行职务的情节，而且，必须达到“情节严重”的程度。“情节严重”一般包括：在特定的时间实施“扰乱”行为的；因扰乱行为致人重伤、死亡或者致使公私

认定界限	财产遭受重大损失的；多次聚众扰乱公共场所秩序、交通秩序的等。而本行为的构成一般是情节比较轻微，没有造成实际的危害后果或后果较为轻微，即情节没有达到“严重”的程度。另外，本行为的行为人也不应具有“聚众”的情节，如果具有“聚众”的情节，则应构成《治安管理处罚法》第23条第2款规定的聚众扰乱公共场所秩序行为，当然，对于聚众扰乱公共场所秩序中的积极参加者，应以本行为论处。 3. 主体不同。本行为的主体一般是个人或者是聚众扰乱公共场所秩序中的积极参加者，或者是聚众扰乱公共场所秩序、交通秩序罪中除首要分子以外的其他参与者；后者的主体只能是起组织、策划、指挥作用的首要分子，一般的参与人员不构成该罪，对其可以本行为论处。
处罚标准	（一）构成本行为的，处警告或者200元以下罚款。 （二）情节较重的，处5日以上10日以下拘留，可以并处500元以下罚款。 在实践中，判断情节的轻重，一般应从行为人的动机、手段、目的、行为的次数、造成的后果等方面综合考虑，由公安机关办案人员酌情量罚。具有下列情形之一的，应认定为“情节较重”： 1. 多次扰乱公共秩序的； 2. 有同类违反治安管理行为被处罚或者有同类前科的； 3. 扰乱重要公共场所秩序的； 4. 在公共场所采取穿孝衣、抬花圈、打横幅、举标语、喊口号、散发传单、演讲、静坐、下跪、扬言自杀、自残或其他方法，制造影响，扰乱公共秩序，不听劝阻的； 5. 造成人员轻微伤害、财产损失或秩序混乱等较为严重的后果的； 6. 造成较恶劣影响的； 7. 其他情节较重的情形。
相关执法参考	**《中华人民共和国治安管理处罚法》**（节录） （2005年8月28日第十届全国人民代表大会常务委员会第十七次会议通过 中华人民共和国主席令第三十八号公布 自2006年3月1日起施行） 第二十三条第一款第二项 有下列行为之一的，处警告或者二百元以下罚款；情节较重的，处五日以上十日以下拘留，可以并处五百元以下罚款： （二）扰乱车站、港口、码头、机场、商场、公园、展览馆或者其他公共场所秩序的； **《中华人民共和国刑法》**（节录） （1979年7月1日第五届全国人民代表大会第二次会议通过 1997年3月14日第八届全国人民代表大会第五次会议修订 根据2011年2月25日第十一届全国人民代表大会常务委员会第十九次会议通过的《中华人民共和国刑法修正案（八）》最新修正） 第二百九十一条 聚众扰乱车站、码头、民用航空站、商场、公园、影剧院、展览会、运动场或者其他公共场所秩序，聚众堵塞交通或者破坏交通秩序，抗拒、

相关执法参考

阻碍国家治安管理工作人员依法执行职务，情节严重的，对首要分子，处五年以下有期徒刑、拘役或者管制。

《公安部、交通部关于港口治安管理的规定》（节录）

（1989 年 3 月 4 日公安部、交通部联合发布　自 1989 年 4 月 1 日起施行）

第五条　人员、车辆进入港区，须持港口公安或行政管理部门签发的入港证或港口管理部门认可的其他有效身份证件；船员须持海员证、船员证。无证件的人员、车辆不得进入港区。非港区工作人员进入港区应进行登记。

第六条　人员、车辆进入港区的货场、仓库提送货物，必须遵守货场、仓库的管理规定，在指定地点进行装卸作业。

第七条　携带或运载物资出港，必须接受门卫检查，交验物资出港证明。

第八条　人员、车辆在港区内活动，必须遵守港内交通管理规定，服从港口交通民警指挥。禁止一切危害港区交通安全的行为。

第九条　港区内的人员、车辆和船舶必须遵守港口消防安全管理规定，服从港口消防监督人员管理。禁止一切危害港区防火安全的行为。

第十条　港区的易燃、易爆、剧毒、腐蚀和放射性物品，特种物资，贵重物资仓库及其他重点部位，必须严格安全管理制度，实行分库存放、专人管理，加强巡逻看守，防止发生事故。

第十一条　在港区内临时居住从事建筑施工、运输、装卸或其他工作的合同工、临时工、承包工等，除由用人单位按照“谁主管、谁负责”的原则加强管理外，还必须到港口公安机关办理入港证和暂住证，严格遵守港口治安管理规定。

第十二条　港区内禁止钓鱼、捕捞、狩猎、游泳、捡拾废品和进行其他妨害安全生产作业的活动。

第十三条　任何人不得在港区进行盗窃、哄抢、故意损坏运输物资和港口设施；走私、投机倒把、套购、倒卖船票；行凶斗殴、酗酒滋事、侮辱妇女、赌博等各种危害港区治安的违法犯罪活动。

第十四条　乘船旅客必须遵守客运站（点）的各项规定，按顺序购票、检票，文明候船，不得拥挤抢购、抢行，不得霸占售票窗口、强行发放自制的编队序号，不得妨碍客运工作人员和民警执行公务。

第十五条　接送旅客的人员、车辆须在指定地点接送，未经准许，不得进入码头、趸船。

第十六条　在客运站（点）设置商业摊点，须持有工商部门核发的营业执照，经港口有关部门批准，在指定地点营业。各类商贩、搬运人员不准围船叫卖、强买强卖、强拉生意、欺行霸市、敲诈勒索、扰乱客运秩序。

第二十条　各类船舶在港期间必须遵守港口治安管理规定，服从港口公安机关管理，严禁走私和其他违法交易活动。

第二十三条　对违反本规定的行为，情节轻微的，由港口公安机关或所在单位予以批评教育；构成违反治安管理行为的，由港口公安机关根据《治安管理处罚条例》的有关 规定给予处罚；构成犯罪的，依法追究刑事责任。

相关执法参考

《民航机场治安管理工作细则》（节录）

（1988年11月16日　民航局颁布）

第五条　民航机场治安管理的重点是：

（一）公共活动区。包括候机楼（室）、旅客隔离区、停车场、宾馆、招待所。

（二）飞行控制区。包括停机坪、客机坪、跑道、滑行道、机场外围防护和区域隔离围障。

（三）重点部位。包括航行指挥塔台、通讯枢纽、重要动力设备、货运仓库、航材及贵重物品仓库、油库。

第八条　旅客持当日机票、登机牌及有效身份证件，有经过安全检查后，方可进入旅客隔离区。

机场工作人员出入旅客隔离区，必须佩戴隔离区工作证。

第九条　客机坪禁止与飞行无关的人员和车辆进入。因工作需要进入客机坪的人员必须佩戴区域工作证，车辆须持有车辆通行证。

外部人员和车辆，如因特殊情况需要进入客机坪时，须经机场公安机关批准，办理证件后方可进入。

机场禁区、隔离区证件由机场公安机关统一制发。

第十条　客机坪内严禁吸烟、使用明火。

第十一条　机场滑行道、跑道禁止行人和车辆通行。因工作需要，必须穿行滑行道、跑道的，应在机场指定的通行道口和时间内通行，通告道口应设专人看管。

所有车辆和人员必须避让飞机。

第十二条　军民共用机场的任何一方人员及车辆，需要进入滑行道、跑道执行公务时，应预先通知对方航行调度部门，在没有飞机起降情况下，方可进入。

第十三条　停机坪为机场禁区，应在停机坪周围设置防护围障，严禁无关人员和车辆进入。

第十五条　载运货物车辆进出机场大门时，要停车接受门卫的检查，其他机动车辆要减速缓行。非机动车辆，应下车推行。

第十六条　机场内行驶的各种车辆，必须遵守《城市交通规则》和下列规定：

（一）机场的各种特种车辆，应当安装或配挂民航车辆管理部门统一制发的场内通行标志。

因工作需要进入飞行控制区的车辆，要持有民航公安机关制发的通行证。

（二）机动车辆在机场内行驶，时速不得超过十五公里。保障飞行的特种车辆进入客机坪时，时速不得超过五公里。各种保障飞机的车辆向飞机停靠后，必须使用轮挡，严防损坏飞机。

（三）机场特种车辆的驾驶员，须经民航车辆管理部门或机场交通管理部门的考核，合格后发给场内驾驶执照（只限在机场内使用，上公路行驶无效），方准驾驶特种车辆。

（四）严禁无证驾车、酒后开车、超速行车和带故障行驶。

（五）接送旅客的各种机动车辆，应按指定位置停放，不得堵塞通道。出租汽

相关执法参考	车应依次接客，禁止司机进入候机楼（室）或客机坪争揽业务。 （六）禁止兽力车驶入机场。如因特殊情况需驶入时，须经机场管理部门批准，并按指定的时间、路线行驶。 第十七条　机场围障、界沟、界碑以及客机坪、停机坪、隔离区防护拦杆等安全设施，任何单位和个人不得损坏或攀越。 第十八条　机场围障不得随意留通道口，确需开设道口的，须经机场公安机关同意，并报局、站领导批准，由使用单位设专人看守。如因看守不严发生问题的，除追究单位领导和当事人责任外，应立即封闭。 第二十六条　违反本细则规定，情节轻微，不需要予以治安管理处罚的，由主管单位给予批准教育；属于违反治安管理行为的，由民航公安机关按照《中华人民共和国治安管理处罚条例》予以处罚；构成犯罪的，依法追究刑事责任。 **《信访条例》**（节录） （2005年1月10日国务院令第431号颁布　自2005年5月1日起施行） 第二十条　信访人在信访过程中应当遵守法律、法规，不得损害国家、社会、集体的利益和其他公民的合法权利，自觉维护社会公共秩序和信访秩序，不得有下列行为： （一）在国家机关办公场所周围、公共场所非法聚集，围堵、冲击国家机关，拦截公务车辆，或者堵塞、阻断交通的； （二）携带危险物品、管制器具的； （三）侮辱、殴打、威胁国家机关工作人员，或者非法限制他人人身自由的； （四）在信访接待场所滞留、滋事，或者将生活不能自理的人弃留在信访接待场所的； （五）煽动、串联、胁迫、以财物诱使、幕后操纵他人信访或者以信访为名借机敛财的； （六）扰乱公共秩序、妨害国家和公共安全的其他行为。 第四十七条　违反本条例第十八条、第二十条规定的，有关国家机关工作人员应当对信访人进行劝阻、批评或者教育。 经劝阻、批评和教育无效的，由公安机关予以警告、训诫或者制止；违反集会游行示威的法律、行政法规，或者构成违反治安管理行为的，由公安机关依法采取必要的现场处置措施、给予治安管理处罚；构成犯罪的，依法追究刑事责任。

三、扰乱公共交通工具上的秩序

（《治安管理处罚法》第23条第1款第3项）

<table>
<tr><td colspan="2">案由</td><td>扰乱公共交通工具上的秩序</td></tr>
<tr><td colspan="2">概念</td><td>扰乱公共交通工具上的秩序，是指扰乱公共汽车、电车、火车、船舶、航空器或者其他公共交通工具上的秩序的行为。</td></tr>
<tr><td rowspan="2">违法构成要件</td><td>违法客体</td><td>本行为侵犯的客体是公共交通工具上的秩序。
这里所指的“公共交通工具”必须是正在运行的公共汽车、电车、火车、船舶、航空器或者其他公共交通工具，而不包括停放在库房或停留在车站、码头、机场等待用的公共交通工具。私人交通工具，如私人轿车等不构成本行为的侵犯对象。</td></tr>
<tr><td>违法客观方面</td><td>本行为在客观方面表现为扰乱公共交通工具上的秩序的行为。
“扰乱”主要是指行为人不遵守有关公共交通工具的管理制度，无理取闹，寻衅滋事等。关于公共交通工具上的管理制度很多，例如，乘客必须购票的规定；乘客接受乘务人员查票的规定；严禁在公共交通工具上吸烟的规定；服从公共交通工具工作人员的指挥和管理的规定；接受违禁品检查的规定；不得在公共交通工具上寻衅滋事、打闹的规定等。
在实践中，本行为的具体方式主要包括：
1. 无票或持假票、过期票登乘公共交通工具，不主动补票，企图逃票的；
2. 强行登乘公共交通工具，无理要求公共交通工具临时停靠或者改变行驶路线等，不听解释、劝阻的；
3. 在公共交通工具内敲打、损坏车内设施的；
4. 在公共交通工具内故意影响驾驶员的驾驶，不听售票员或者乘务员的合理安排，影响其服务的；
5. 违反国家有关法律法规的规定，私自携带易燃、易爆、易腐蚀等危险品，或者携带管制刀具等违禁物品乘坐公共交通工具的；
6. 违反有关规定，托运、携带超标、超重行李、物品，不听乘务员安排的；
7. 不按规定摆放物品威胁其他乘客安全或挤占其他乘客行李位，不听乘务员安排的；
8. 不按车票注明座位就座，抢占、多占其他乘客座位等侵犯其他乘客利益，不听劝告的；
9. 在公共交通工具内违反规定吸烟、赌博、观看淫秽音像制品、实施下流淫荡行为等不符合社会公德的；
10. 在公共交通工具内吵闹、叫骂、打架等，劝阻无效，影响交通工具内部安定秩序的。</td></tr>
</table>

<table>
<tr><td rowspan="2">违法构成要件</td><td>违法主体</td><td>本行为的主体是达到责任年龄、具有责任能力的自然人。</td></tr>
<tr><td>违法主观方面</td><td>本行为在主观方面只能是故意。</td></tr>
<tr><td>认定界限</td><td colspan="2">（一）本行为与道路交通安全违法行为的界限。
根据《道路交通安全法》的规定，道路交通安全违法行为是指机动车驾驶人、行人、乘车人、非机动车驾驶人违反道路交通安全法律、法规关于道路通行规定的行为。两种行为的界限主要在于：
1. 行为侵犯的客体不同。本行为侵犯的客体是公共交通工具上的秩序，不仅包括在道路上运行的公共交通工具上的秩序，还包括在铁路、水上、空中运行的公共交通工具上的秩序；而后者侵犯的客体是交通安全，并且仅仅是道路交通中的交通安全，不包括铁路、水上、空中的交通安全。
2. 侵犯的对象不同。本行为侵犯的对象仅限于正在运行的公共汽车、电车、火车、船舶、航空器或者其他公共交通工具，而不包括停放在库房或停留在车站、码头、机场等待用的公共交通工具。私人交通工具，如私人轿车等不构成本行为的侵犯对象；后者侵犯的对象是交通工具，既包括公共交通工具，也包括私人交通工具，不仅包括正在运行的交通工具，而且包括停放在库房或停留在车站、码头、机场等待用的交通工具。
3. 行为主体不完全相同。本行为的主体是交通活动中的乘客，通常是乘车、乘机、乘船的人；后者的主体包括机动车驾驶人、非机动车驾驶人、行人、乘车人等。
4. 行为人的主观方面不同。本行为在主观方面只能由故意构成，过失不能构成；后者行为人在主观方面既可以是故意，也可以是过失。
（二）本行为与聚众扰乱交通秩序罪的界限。
《刑法》第291条规定的聚众扰乱交通秩序罪，是指聚众堵塞交通或者破坏交通秩序，抗拒、阻碍国家治安管理工作人员依法执行职务，情节严重的行为。两者的界限主要在于：
1. 行为侵犯的客体不完全相同。本行为侵犯的客体是公共交通工具上的秩序，致使正在运营的公共交通工具发生混乱；而后者侵犯的是整个交通秩序，这里的“交通秩序”是指交通工具与行人在交通线路上安全顺利通行的正常交通状态。
2. 行为发生地不完全相同。本行为的发生地只能是在公共交通工具上；而后者既可以发生在公共交通工具上，也可能发生在私人交通工具上，甚至可以发生在公路、铁路、桥梁、航道、街道上。</td></tr>
</table>

认定界限

3. 对情节和后果的要求不同。本行为只要具有扰乱公共交通工具上的秩序的情节，就构成本行为，行为的构成以尚未造成严重后果为前提；后者在情节上有两个要求：第一，必须是"聚众"，即聚集多人（3人以上）；第二，行为人在扰乱交通秩序时，必须具有抗拒、阻碍国家治安管理工作人员依法执行职务的情节，如果行为人能够听从国家治安管理工作人员的劝阻并及时停止其扰乱交通秩序的行为的，不构成该罪，同时，后者要求的后果是致使交通秩序受到严重破坏，其危害后果比较严重，应当予以刑事处罚。

4. 行为主体不同。本行为的主体一般是个人或者聚众扰乱公共交通工具秩序的首要分子之外的积极参加者，或者是聚众扰乱交通秩序罪中除首要分子以外的其他参与者；后者的主体只能是起组织、策划、指挥作用的首要分子，一般的参与人员不构成该罪，对其可以本行为论处。

（三）本行为与破坏交通工具罪的界限。

《刑法》第116条规定的破坏交通工具罪，是指故意破坏火车、汽车、电车、船只、航空器，足以使火车、汽车、电车、船只、航空器发生倾覆、毁坏危险，危害公共安全的行为。两者的界限主要在于：

1. 行为侵犯的客体不同。本行为侵犯的客体是公共交通工具上的秩序；后者侵犯的客体是交通运输安全。

2. 行为侵犯的对象不同。本行为侵犯的对象是正在运行的公共交通工具；后者侵犯的对象的交通工具，既包括正在运行的交通工具，也包括已交付使用但停机待用的交通工具（行为人破坏正在制造或修理中，尚未交付使用的交通工具，通常不会给公共安全造成威胁，情节严重的，应以故意毁坏财物罪论处），另外，本行为侵犯的对象仅限于公共交通工具，而后者侵犯的对象既包括公共交通工具，也包括私人交通工具。

3. 行为的客观表现不同。本行为在客观方面表现为扰乱了公共交通工具上的秩序，影响了公共交通工具的正常运行，但尚未造成严重后果，这里的"尚未造成严重后果"是指不足以使公共交通工具发生倾覆、毁坏危险；而后者的行为人必须实施了破坏正在运营的交通工具本身的行为，而且该破坏行为必须足以使火车、汽车、电车、船只、飞机、航空器发生倾覆、毁坏危险或者已经发生了倾覆、毁坏，从而危害公共运输安全。在一般情况下，行为人只有破坏正在使用的交通工具的重要部位和机件，如交通工具的操作驾驶系统，制动、刹车系统，以及破坏船体造成行船危险等，才可能产生这种实际可能性和危险性。有些破坏行为，如使交通工具门窗破碎，车身表面凹陷，油漆剥落，从表面看，遍体鳞伤，但其机体性能完好，不影响安全运行，因而不构成该罪。有些破坏行为，从表现看，机体完好无损，但其关键机件遭到破坏、拆卸，足以使交通工具发生倾覆、毁坏危险，则构成破坏交通工具罪。

因此，认定交通工具的破坏程度，不应以给交通工具本身造成损失的价值大小为标准，而应以是否足以使交通工具发生倾覆、毁坏危险为根据。有的破坏行为可能只拆卸一个螺丝钉，但由于被拆卸，就足以使交通工具发生倾覆、毁坏危险的，应以破坏交通工具罪论处。

处罚标准	（一）构成本行为的，处警告或者200元以下罚款。 （二）情节较重的，处5日以上10日以下拘留，可以并处500元以下罚款。 在实践中，判断情节的轻重，一般应从行为人的动机、手段、目的、行为的次数、造成的后果等方面综合考虑，由公安机关办案人员酌情量罚。在实践中，具有下列情形之一的，应认定为“情节较重”： 1. 有同类违反治安管理行为被处罚或者有同类前科的； 2. 多次扰乱公共交通工具上的秩序的； 3. 严重影响公共交通工具正常运行的； 4. 造成较严重后果的； 5. 造成较恶劣影响的； 6. 其他情节较重的情形。
相关执法参考	**《中华人民共和国治安管理处罚法》**（节录） （2005年8月28日第十届全国人民代表大会常务委员会第十七次会议通过　中华人民共和国主席令第三十八号公布　自2006年3月1日起施行） 第二十三条第一款第三项　有下列行为之一的，处警告或者二百元以下罚款；情节较重的，处五日以上十日以下拘留，可以并处五百元以下罚款： （三）扰乱公共汽车、电车、火车、船舶、航空器或者其他公共交通工具上的秩序的； **《中华人民共和国刑法》**（节录） （1979年7月1日第五届全国人民代表大会第二次会议通过　1997年3月14日第八届全国人民代表大会第五次会议修订　根据2011年2月25日第十一届全国人民代表大会常务委员会第十九次会议通过的《中华人民共和国刑法修正案（八）》最新修正） 第一百一十九条　破坏交通工具、交通设施、电力设备、燃气设备、易燃易爆设备，造成严重后果的，处十年以上有期徒刑、无期徒刑或者死刑。 过失犯前款罪的，处三年以上七年以下有期徒刑；情节较轻的，处三年以下有期徒刑或者拘役。 第二百九十一条　聚众扰乱车站、码头、民用航空站、商场、公园、影剧院、展览会、运动场或者其他公共场所秩序，聚众堵塞交通或者破坏交通秩序，抗拒、阻碍国家治安管理工作人员依法执行职务，情节严重的，对首要分子，处五年以下有期徒刑、拘役或者管制。 **《城市公共汽电车客运管理办法》**（节录） （2005年3月1日建设部部常务会议第53次讨论通过　2005年3月23日建设部令第138号发布自2005年6月1日起施行） 第二十八条　乘客享有获得安全便捷客运服务的权利，有按照规定支付车费、不得携带危险品乘车、遵守乘坐规则的义务。

相关执法参考

《客船治安管理规定》（节录）

（交通部公安部1992年12月14日第43号令发布）

第三条　本规定由交通航运公安机关负责实施。

第四条　客船乘务民警队是交通航运公安机关的派出机构，依照国家法律维护客船治安秩序。任何人不得拒绝和阻碍乘务民警执行公务。

第五条　客船负责人应当组织船员与乘务民警队共同维护船舶治安秩序，保障客船航行安全。

第六条　客船乘务民警应当向旅客进行安全旅行的宣传教育，对有违法犯罪嫌疑或携带违禁物品嫌疑人员的行李物品，可以进行检查。

第七条　客船开办电影、录像放映、音乐茶座、舞会等营业性公共娱乐项目，必须经主管的交通航运公安机关同意，并由客船按照有关规定制定管理办法，组织专人管理。乘务民警队应当协助维护公共秩序。

第八条　乘坐客船的旅客，必须遵守客船治安管理规定和公共秩序，服从乘务民警的管理，并有责任协助乘务民警维护客船的治安秩序。

第九条　乘坐客船须持有效船票，对号进入舱位。不得无票或越级、越港乘船。

第十条　乘船旅客不得进入驾驶台、电报房、机舱等工作区以及船员生活区，以维护船舶的正常工作秩序，保证航行安全。

第十一条　乘船旅客在旅途中应当妥善保管随身携带的现金、财物、文件等行李物品，防止遗失、被盗及其他意外事故的发生。

第十二条　旅客在舱位、餐厅、阅览室、小卖部等场所休息或活动时，不得有妨害公共安全和治安秩序的行为。

第十三条　严禁旅客携带下列物品上船：

（一）炸药、雷管、导火索、鞭炮、汽油、香蕉水、赛璐璐和其他易燃、易爆物品，以及剧毒、腐蚀、放射性危险物品；

（二）匕首、三棱刀、弹簧刀和其他管制刀具；

（三）反动、迷信、淫秽书刊、画报、音像制品和其他淫秽物品；

（四）违反规定携带的枪支、弹药及警械；

对符合管理规定携带的枪支、弹药及警械，必要时，乘务民警队可以临时集中保管，离船时发还。

（五）其他违禁物品或客运规定不准携带的物品。

第十四条　禁止各类商贩上船叫卖、乱设摊点。

第十五条　对违反本规定的，可以处以警告或者二百元以下的罚款；构成违反治安管理行为的，依据《中华人民共和国治安管理处罚条例》予以处罚；构成犯罪的，依法追究刑事责任。

第十六条　客船乘务民警队对违反本规定的，可以实施警告或五十元以下的罚款的处罚；超过五十元罚款或者拘留处罚的，由交通航运公安局（分局）或船籍单位所在地公安机关裁决。

相关执法参考

《中国民用航空总局中华人民共和国公安部关于民航安全的通告》

（1993年12月6日）

为维护民用航空治安秩序，保障飞机和旅客的安全，遵照国务院《关于保障民用航空安全的通告》，依据国家有关法律、规定，特通告如下：

一、严禁旅客将枪支（含各种仿真玩具枪、枪型打火机及其他各种类型的带有攻击性的武器）、弹药、军械、警械、管制刀具、爆炸物品、易燃易爆物品、剧毒物品、放射性物品、腐蚀性物品、危险溶液及国家规定的其他禁运物品带上飞机或夹在行李、货物中托运。凡携带或夹带上述危险品的，一经查出，即交公安机关依法处理。

二、旅客乘坐飞机时，管制刀具以外的利器、钝器（如菜刀、水果刀、餐刀、工艺品刀、手术刀、剪刀等各类刀具，以及钢锉、铁锥、斧子、短棍、锤子等）一律放入行李中托运，不得随身携带。对故意隐匿的，一经查出，即交公安机关处理，误机损失由旅客自行负责。

三、除国家规定的免检人员外，所有乘坐民航飞机的旅客必须接受安全检查。民航工作人员，驻机场检查、检验单位工作人员进入旅客隔离区，必须持有民航总局或机场公安机关统一制发的隔离区通行证。上述工作人员乘坐飞机时，必须按普通旅客接受安全检查。

四、旅客乘坐国内航班时，必须经过指定的安检通道接受安全检查。

五、旅客乘坐国内航班必须按规定时间提前到达机场，凭客票及本人身份证件办理乘机手续。头等舱旅客可随身携带两件手提行李，普通舱旅客只准随身携带一件手提行李。体积不超过20×40×55厘米，重量不得超过5公斤，超过上述件数、体积、重量的，按规定作为行李或货

物办理托运。拒绝托运的，机场、航空公司有关工作人员有权拒绝其登机。

六、严禁伪造身份证件或冒用他人身份证件购票、登机。

七、严禁乘机旅客利用机票为他人交运行李物品，严禁为素不相识的人捎带物品。

八、严禁以任何理由干扰机组工作，破坏机舱内正常秩序，危害飞行安全。飞行中全体旅客必须服从机组管理。

九、任何人不得以任何借口妨碍民航安检、公安和其他工作人员执行公务。

对于违反通告规定的，由公安机关根据《中华人民共和国治安管理处罚条例》和中国民用航空总局发布的有关民用航空安全的规章查处；构成犯罪的，依法追究刑事责任。

四、妨碍交通工具正常行驶

（《治安管理处罚法》第23条第1款第4项）

<table>
<tr><td colspan="2">案由</td><td>妨碍交通工具正常行驶</td></tr>
<tr><td colspan="2">概念</td><td>妨碍交通工具正常行驶，是指非法拦截机动车、船或者强登、扒乘机动车、船舶、航空器以及其他交通工具，影响交通工具正常行驶的行为。</td></tr>
<tr><td rowspan="2">违法构成要件</td><td>违法客体</td><td>本行为侵犯的客体是交通工具的正常行驶秩序。行为侵犯的对象是交通工具。
这里的“交通工具”是指机动车、船舶、航空器以及其他交通工具。根据《道路交通安全法》的规定，“机动车”是指以动力装置驱动或者牵引，上道路行驶的供人员乘用或者用于运送物品以及进行工程专项作业的轮式车辆。“船舶”是指各类水上移动装置，包括机动船舶，也包括非机动船舶，但是，船舶上装备的救生艇、筏和长度小于5米的艇、筏除外。“其他交通工具”是指火车、城市轨道等交通工具。
需要注意的是：这里的“交通工具”不仅包括公共交通工具，也包括私人交通工具。</td></tr>
<tr><td>违法客观方面</td><td>本行为在客观方面表现为非法拦截或者强登、扒乘机动车、船舶、航空器或者其他交通工具，影响交通工具正常行驶的行为。
一般而言，本行为的具体方式主要包括：
1. 非法拦截机动车、船舶、航空器以及其他交通工具，影响交通工具的正常行驶。
“非法拦截”是指无正当理由或合法的依据，将正在行驶途中或正处于启动过程中的机动车、船舶、航空器以及其他交通工具阻拦停止，不让其正常通过或者启动行驶的行为。
2. 强登、扒乘机动车、船舶、航空器以及其他交通工具，影响交通工具的正常行驶。
“强登”是指行为人在没有得到机动车、船舶、航空器以及其他交通工具上的有关乘务人员同意的情况下，强行登上机动车、船舶、航空器以及其他交通工具的行为。
“扒乘”是指行为人在没有有效乘坐机动车、船舶、航空器以及其他交通工具的票证或者在没有得到机动车、船舶、航空器以及其他交通工具上的有关乘务人员同意的情况下，抓住车窗、车门、船舷、机翼等交通工具上可以依附的部件，企图随交通工具一同行进的行为。
在实践中，行为人一般是为了达到某种目的，意图扩大影响而拦截交通工具或者为了寻衅滋事、无理取闹而实施该行为。</td></tr>
</table>

<table>
<tr><td rowspan="2">违法构成要件</td><td>违法主体</td><td>本行为的主体是达到责任年龄、具有责任能力的自然人。</td></tr>
<tr><td>违法主观方面</td><td>本行为在主观方面只能是故意。</td></tr>
<tr><td>认定界限</td><td colspan="2">（一）本行为与扰乱公共交通工具上的秩序行为的界限。

《治安管理处罚法》第23条第1款第3项规定的扰乱公共交通工具上的秩序，是指扰乱公共汽车、电车、火车、船舶、航空器或者其他公共交通工具上的秩序的行为。两者的界限主要在于：
1. 行为侵犯的客体不同。本行为侵犯的客体是交通工具的正常行驶秩序，侧重保护的是交通工具的行驶秩序；后者侵犯的客体是公共交通工具上的秩序，虽然也可能影响到公共交通工具的正常行驶，但是，对该行为的处罚更加侧重于保护公共交通工具上的管理秩序。
2. 本行为针对的对象是交通工具，包括公共交通工具和私人交通工具；后者针对的对象只是公共交通工具。
3. 行为方式不同。本行为的具体方式包括非法拦截或者扒乘、强登机动车、船舶、航空器或者其他交通工具；后者的行为方式主要包括：（1）无票或持假票、过期票登乘公共交通工具，不主动补票，企图逃票的；（2）强行登乘公共交通工具，无理要求公共交通工具临时停靠或者改变行驶路线等，不听解释、劝阻的；（3）在公共交通工具内敲打、损坏车内设施的；（4）在公共交通工具内故意影响驾驶员的驾驶，不听售票员或者乘务员的合理安排，影响其服务的；（5）违反国家有关法律法规的规定，私自携带易燃、易爆、易腐蚀等危险品，或者携带管制刀具等违禁物品乘坐公共交通工具的；（6）违反有关规定，托运、携带超标、超重行李、物品，不听乘务员安排的；（7）不按规定摆放物品威胁其他乘客安全或挤占其他乘客行李位，不听乘务员安排的；（8）不按车票注明座位就座，抢占、多占其他乘客座位等侵犯其他乘客利益，不听劝告的；（9）在公共交通工具内违反规定吸烟、赌博、观看淫秽音像制品、实施下流淫荡行为等不符合社会公德的；（10）在公共交通工具内吵闹、叫骂、打架等，劝阻无效，影响交通工具内部安定秩序的。

（二）本行为与聚众扰乱交通秩序罪的界限。

《刑法》第291条规定的聚众扰乱交通秩序罪，是指聚众堵塞交通或者破坏交通秩序，抗拒、阻碍国家治安管理工作人员依法执行职务，情节严重的行为。两者的界限主要在于：
1. 行为主体不同。本行为的主体是一般主体，任何达到责任年龄、具有责任</td></tr>
</table>

认定界限	能力的自然人都可以构成；后者的主体是聚众扰乱交通秩序的首要分子，一般人不构成该罪。 2. 对违法后果的要求不同。本行为只要求达到“影响交通工具正常行驶”的程度即可构成；后者则必须要求达到“情节严重”的程度。 3. 行为的客观表现不同。本行为表现为非法拦截或者扒乘、强登机动车、船舶、航空器或者其他交通工具，影响交通工具正常行驶；后者必须表现为“聚众”的形式，即3人以上，而且，表现方式也多种多样，不仅包括非法拦截、扒乘、强登交通工具，还包括在交通要道上聚众长时间停留，堆积物品或设置障碍物，封锁出入通道，阻断交通，聚众游行或者静坐示威，造成交通堵塞、秩序混乱，强占指挥设施，毁坏公共交通设施等。另外，后者的构成要求必须具备“抗拒、阻碍国家治安管理工作人员依法执行职务，情节严重”的要件（这里的“抗拒、阻碍国家治安管理工作人员依法执行职务”既包括暴力手段，也包括非暴力手段），本行为的构成则没有此要求。
处罚标准	（一）构成本行为的，处警告或者200元以下罚款。 （二）情节较重的，处5日以上10日以下拘留，可以并处500元以下罚款。 在实践中，判断情节的轻重，一般应从行为人的动机、手段、目的、行为的次数、造成的后果等方面综合考虑，由公安机关办案人员酌情量罚。一般而言，具有下列情形之一的，应认定为“情节较重”： 1. 多次妨碍交通工具正常行驶的； 2. 有同类违反治安管理行为被处罚或者有同类前科的； 3. 非法拦截或者扒乘、强登重要人员乘坐的交通工具的； 4. 造成人员轻微伤害、财产损失或秩序混乱的； 5. 造成较长时间交通堵塞的； 6. 非法拦截或者强登、扒乘重要交通工具，如火车、地铁、航空器等，影响正常行驶的； 7. 其他情节较重的情形。
相关执法参考	**《中华人民共和国治安管理处罚法》**（节录） （2005年8月28日第十届全国人民代表大会常务委员会第十七次会议通过 中华人民共和国主席令第三十八号公布 自2006年3月1日起施行） 第二十三条第一款第四项　有下列行为之一的，处警告或者二百元以下罚款；情节较重的，处五日以上十日以下拘留，可以并处五百元以下罚款： （四）非法拦截或者强登、扒乘机动车、船舶、航空器以及其他交通工具，影响交通工具正常行驶的； **《中华人民共和国刑法》**（节录） （1979年7月1日第五届全国人民代表大会第二次会议通过 1997年3月14日第八届全国人民代表大会第五次会议修订 根据2011年2月25日第十一届全国人民代表大会常务委员会第十九次会议通过的《中华人民共和国刑法修正案（八）》最新修正） 第二百九十一条　聚众扰乱车站、码头、民用航空站、商场、公园、影剧院、

相关执法参考	展览会、运动场或者其他公共场所秩序，聚众堵塞交通或者破坏交通秩序，抗拒、阻碍国家治安管理工作人员依法执行职务，情节严重的，对首要分子，处五年以下有期徒刑、拘役或者管制。 **《中华人民共和国民用航空安全保卫条例》**（节录） （1996年7月6日颁布　根据2010年12月29日国务院第138次常务会议通过的〈国务院关于废止和修改部分行政法规的决定〉修改　国务院令第588号颁布） 第十六条　机场内禁止下列行为： （一）攀（钻）越、损毁机场防护围栏及其他安全防护设施； （二）在机场控制区内狩猎、放牧、晾晒谷物、教练驾驶车辆； （三）无机场控制区通行证进入机场控制区； （四）随意穿越航空器跑道、滑行道； （五）强行登、占航空器； （六）谎报险情，制造混乱； （七）扰乱机场秩序的其他行为。 第三十四条　违反本条例第十四条的规定或者有本条例第十六条、第二十四条第一项、第二十五条所列行为，构成违反治安管理行为的，由民航公安机关依照《中华人民共和国治安管理处罚法》有关规定予以处罚；有本条例第二十四条第二项所列行为的，由民航公安机关依照《中华人民共和国居民身份证法》有关规定予以处罚。

五、破坏选举秩序

（《治安管理处罚法》第23条第1款第5项）

<table>
<tr><td colspan="2">案由</td><td>破坏选举秩序</td></tr>
<tr><td colspan="2">概念</td><td>破坏选举秩序，是指在选举各级人民代表大会代表、国家机关领导人员以及其他依照法律规定进行的选举时，以威胁、欺骗、贿赂、伪造选举文件、虚报选举票数等手段，破坏选举或者妨碍选民自由行使选举权和被选举权，破坏依法进行的选举活动，尚不够刑事处罚的行为。</td></tr>
<tr><td rowspan="2">违法构成要件</td><td>违法客体</td><td>本行为侵犯的客体是选举秩序。侵犯的对象是选举工作人员或选民、代表、候选人等。</td></tr>
<tr><td>违法客观方面</td><td>本行为在客观方面由3个要件构成，缺一不可：
1. 行为人破坏的选举活动必须是依法进行的选举活动。
“依法进行的选举”是指依照《全国人民代表大会和地方各级人民代表大会选举法》、《关于县级以下人民代表大会代表直接选举的若干规定》、《全国人民代表大会组织法》、《地方各级人民代表大会和地方各级人民政府组织法》、《村民委员会组织法》等法律、法规进行的选举活动。应该注意的是：这里的选举和《刑法》规定的选举有细微的区别，《刑法》规定的破坏选举罪所指的选举是指依照《全国人民代表大会和地方各级人民代表大会选举法》、《关于县级以下人民代表大会代表直接选举的若干规定》、《全国人民代表大会组织法》、《地方各级人民代表大会和地方各级人民政府组织法》等法律法规进行各级人民代表大会代表和国家机关领导人员的选举活动。这里所说的“选举”，不仅包括上述选举活动，而且包括依照《中华人民共和国居民委员会组织法》、《中华人民共和国村民委员会组织法》选举村委会或居委会的组成人员的活动。
其他的“选举”行为不属于本行为所指的选举，如单位内部选举先进、选举部门领导人等，对这些选举秩序的破坏，不构成本行为，需要处罚的，以扰乱单位秩序论处。
另外，“选举”包括选民登记、提出候选人、投票选举、补选、罢免等整个选举过程。
2. 以威胁、欺骗、贿赂、伪造选举文件、虚报选举票数等手段，破坏选举或者妨碍选民自由行使选举权和被选举权。
“威胁”是指以杀害、伤害、毁坏财产、破坏名誉等手段进行要挟，迫使选民、代表、候选人或选举工作人员不能自由行使选举权和被选举权或者不能正常履行组织和管理职责。“欺骗”是指以虚假的事实扰乱选举的正常举行。“贿赂”是指以金钱或者其他物质性利益收买选民、代表、候选人或者选举工作人员，以实现自己的不法目的。“伪造选举文件”是指伪造选民证、选票、</td></tr>
</table>

<table>
<tr><td rowspan="3">违法构成要件</td><td>违法客观方面</td><td>选民名单、候选人名单、代表资格审查报告等选举文件的方法来破坏选举。“虚报选举票数”是指选举工作人员对选举票数进行虚报、假报的行为，包括多报和少报。
3. 尚不够刑事处罚，即行为对选举活动造成的影响不大。例如，只是致使少量选民或代表不能行使选举权或被选举权，选举结果没有严重违背民意，对社会没有造成恶劣的影响等。
在实践中，本行为的具体方式主要包括：
1. 采取撕坏选票、毁坏票箱等行为干扰选举秩序的；
2. 使用煽动性语言或者捏造事实、颠倒是非，散布谣言干扰他人选举的；
3. 以杀害、伤害、毁坏财产、破坏名誉等威胁手段进行要挟，致使他人不能正常行使选举或被选举权利的；
4. 在选举现场寻衅滋事，无事生非或有其他干扰选举秩序行为的。</td></tr>
<tr><td>违法主体</td><td>本行为的主体是达到责任年龄、具有责任能力的自然人，既可以是普通的公民，也可以是国家工作人员，甚至可以是主持选举活动的工作人员，既可以是有选举权的选民或代表，也可以是无选举权的人，甚至可以是被剥夺政治权利的人。</td></tr>
<tr><td>违法主观方面</td><td>本行为在主观方面具有破坏选举秩序的故意，如果行为人只是不理解选举程序或对选举程序、被选举人等有意见而提出异议，致使选举会场秩序暂时混乱或选举活动暂时中止的，或者选举工作人员误报选举票数、因过失遗漏合格选民等情形，因行为人主观上不具有破坏选举秩序的故意，不构成本行为。</td></tr>
<tr><td>认定界限</td><td colspan="2">（一）本行为与非违法行为的界限。
1. 在选举中，部分选民和代表以及一般群众对候选人有意见，或者对介绍候选人的材料有看法，以及对选举的有关程序不满意等，在选举的过程中，提出批评或者自己的意见是行使自己选举权的正当行为，即使行为人提出了较为严厉的批评甚至反对意见，并且言辞激烈，态度不好，也是在合法行使自己的选举权，不能认为是破坏选举的行为。
2. 在选举过程中，有些选民或代表以及一般群众依法行使申诉权，即使这些行为增加了选举工作的负担，甚至延缓了选举的过程，也不能认为是破坏选举的行为。
3. 行为人在选举过程中的工作失误或疏漏也不能认为是破坏选举秩序的行为。因为，行为人并没有破坏选举的故意。
（二）本行为与破坏选举罪的界限。
《刑法》第256条规定的破坏选举罪，是指在选举各级人民代表大会代表和国家机关领导人员时，以暴力、威胁、欺骗、贿赂、伪造选举文件、虚报选举票数等手段破坏选举或者妨害选民和代表自由行使选举权和被选举权，情节严重的行为。两者的界限主要在于：</td></tr>
</table>

认定界限	1. 行为侵犯的对象范围不同。本行为侵犯的“选举”不仅包括选举各级人大代表和国家机关领导人员的活动，而且包括选举村委会，居委会组成人员的选举；后者的选举仅限于选举各级人大代表和国家机关领导人员的选举。 2. 情节的轻重和造成的后果不同。破坏选举罪使用的是暴力、威胁、欺骗、贿赂、伪造选举文件、虚报选举票数等极端手段来破坏选举或者妨害选民和代表自由行使选举权和被选举权，使用的手段和行为情节较本行为恶劣，造成的后果也更为严重。例如，以暴力破坏选举场所或者选举设备，聚众冲击选举场所或者故意扰乱选举会场秩序等；而本行为通常仅导致依法进行的选举秩序受到干扰和破坏，但选举活动并未因此而彻底瘫痪，选举结果也未因此而不真实或者失效，破坏选举秩序罪则往往导致选举无法正常进行或者选举结果不真实等严重的后果。
处罚标准	（一）构成本行为的，处警告或者200元以下罚款。 （二）情节较重的，处5日以上10日以下拘留，可以并处500元以下罚款。 这里的“情节较重”，是指在不构成犯罪的情况下，相对较重的情形，在实践中，办案人员应根据行为人贿赂人数的多寡、金额的大小、威胁的程度等因素，综合判断情节的轻重，一般而言，具有下列情形之一的，应认定为“情节较重”： 1. 多次破坏选举秩序的； 2. 有同类违反治安管理行为被处罚或者有同类前科的； 3. 使用暴力、威胁手段干扰他人选举的； 4. 采取撕坏选票、毁坏票箱或者破坏其他用以选举的物品等行为干扰选举秩序的； 5. 以贿赂多人的方式破坏选举秩序或者贿赂金额较大的； 6. 以其他方式故意扰乱选举秩序，造成选举工作无法正常进行的。
相关执法参考	**《中华人民共和国治安管理处罚法》**（节录） （2005年8月28日第十届全国人民代表大会常务委员会第十七次会议通过　中华人民共和国主席令第三十八号公布　自2006年3月1日起施行） 第二十三条第一款第五项　有下列行为之一的，处警告或者二百元以下罚款；情节较重的，处五日以上十日以下拘留，可以并处五百元以下罚款： （五）破坏依法进行的选举秩序的。 **《中华人民共和国刑法》**（节录） （1979年7月1日第五届全国人民代表大会第二次会议通过　1997年3月14日第八届全国人民代表大会第五次会议修订　根据2011年2月25日第十一届全国人民代表大会常务委员会第十九次会议通过的《中华人民共和国刑法修正案（八）》最新修正） 第二百五十六条　在选举各级人民代表大会代表和国家机关领导人员时，以暴力、威胁、欺骗、贿赂、伪造选举文件、虚报选举票数等手段破坏选举或者妨害选民和代表自由行使选举权和被选举权，情节严重的，处三年以下有期徒刑、拘役或者剥夺政治权利。

相关执法参考

《公安机关执行〈中华人民共和国治安管理处罚法〉有关问题的解释》(二)(节录)

(2007 年 1 月 8 日　公通字［2007］1 号)

六、关于扰乱居(村)民委员会秩序和破坏居(村)民委员会选举秩序行为的法律适用问题

对扰乱居(村)民委员会秩序的行为,应当根据其具体表现形式,如侮辱、诽谤、殴打他人、故意伤害、故意损毁财物等,依照《治安管理处罚法》的相关规定予以处罚。

对破坏居(村)民委员会选举秩序的行为,应当依照《治安管理处罚法》第二十三条第一款第五项的规定予以处罚。

《中华人民共和国全国人民代表大会和地方各级人民代表大会选举法》(节录)

(根据 2010 年 3 月 14 日第十一届全国人民代表大会第三次会议《关于修改〈中华人民共和国全国人民代表大会和地方各级人民代表大会选举法〉的决定》第五次修正)

第五十五条　为保障选民和代表自由行使选举权和被选举权,对有下列行为之一,破坏选举,违反治安管理规定的,依法给予治安管理处罚;构成犯罪的,依法追究刑事责任:

(一) 以金钱或者其他财物贿赂选民或者代表,妨害选民和代表自由行使选举权和被选举权的;

(二) 以暴力、威胁、欺骗或者其他非法手段妨害选民和代表自由行使选举权和被选举权的;

(三) 伪造选举文件、虚报选举票数或者有其他违法行为的;

(四) 对于控告、检举选举中违法行为的人,或者对于提出要求罢免代表的人进行压制、报复的。

国家工作人员有前款所列行为的,还应当依法给予行政处分。

以本条第一款所列违法行为当选的,其当选无效。

第五十六条　主持选举的机构发现有破坏选举的行为或者收到对破坏选举行为的举报,应当及时依法调查处理;需要追究法律责任的,及时移送有关机关予以处理。

《中华人民共和国全国人民代表大会和地方各级人民代表大会代表法》(节录)

(根据 2009 年 8 月 27 日第十一届全国人民代表大会常务委员会第十次会议《关于修改部分法律的决定》第一次修正　根据 2010 年 10 月 28 日第十一届全国人民代表大会常务委员会第十七次会议《关于修改〈中华人民共和国全国人民代表大会和地方各级人民代表大会代表法〉的决定》第二次修正)

第四十四条　一切组织和个人都必须尊重代表的权利,支持代表执行代表职务。

有义务协助代表执行代表职务而拒绝履行义务的,有关单位应当予以批评教育,直至给予行政处分。

相关执法参考

阻碍代表依法执行代表职务的，根据情节，由所在单位或者上级机关给予行政处分，或者适用《中华人民共和国治安管理处罚法》第五十条的处罚规定；以暴力、威胁方法阻碍代表依法执行代表职务的，依照刑法有关规定追究刑事责任。

对代表依法执行代表职务进行打击报复的，由所在单位或者上级机关责令改正或者给予行政处分；国家工作人员进行打击报复构成犯罪的，依照刑法有关规定追究刑事责任。

《中华人民共和国村民委员会组织法》（节录）

（1998年11月4日第九届全国人民代表大会常务委员会第五次会议通过
2010年10月28日第十一届全国人民代表大会常务委员会第十七次会议修订）

第二条　村民委员会是村民自我管理、自我教育、自我服务的基层群众性自治组织，实行民主选举、民主决策、民主管理、民主监督。

村民委员会办理本村的公共事务和公益事业，调解民间纠纷，协助维护社会治安，向人民政府反映村民的意见、要求和提出建议。

村民委员会向村民会议、村民代表会议负责并报告工作。

第六条　村民委员会由主任、副主任和委员共三至七人组成。

村民委员会成员中，应当有妇女成员，多民族村民居住的村应当有人数较少的民族的成员。

对村民委员会成员，根据工作情况，给予适当补贴。

第十七条　以暴力、威胁、欺骗、贿赂、伪造选票、虚报选举票数等不正当手段当选村民委员会成员的，当选无效。

对以暴力、威胁、欺骗、贿赂、伪造选票、虚报选举票数等不正当手段，妨害村民行使选举权、被选举权，破坏村民委员会选举的行为，村民有权向乡、民族乡、镇的人民代表大会和人民政府或者县级人民代表大会常务委员会和人民政府及其有关主管部门举报，由乡级或者县级人民政府负责调查并依法处理。

《中华人民共和国城市居民委员会组织法》（节录）

（1989年12月26日第七届全国人民代表大会常务委员会第十一次会议通过　1989年12月26日中华人民共和国主席令第二十一号公布　自1990年1月1日起施行）

第二条　居民委员会是居民自我管理、自我教育、自我服务的基层群众性自治组织。

不设区的市、市辖区的人民政府或者它的派出机关对居民委员会的工作给予指导、支持和帮助。居民委员会协助不设区的市、市辖区的人民政府或者它的派出机关开展工作。

第八条　居民委员会主任、副主任和委员，由本居住地区全体有选举权的居民或者由每户派代表选举产生；根据居民意见，也可以由每个居民小组选举代表二至三人选举产生。居民委员会每届任期三年，其成员可以连选连任。

年满十八周岁的本居住地区居民，不分民族、种族、性别、职业、家庭出身、宗教信仰、教育程度、财产状况、居住期限，都有选举权和被选举权；但是，依照法律被剥夺政治权利的人除外。

六、聚众扰乱单位秩序
（《治安管理处罚法》第23条第2款）

案由		聚众扰乱单位秩序
概念		聚众扰乱单位秩序，是指组织、纠集多人，扰乱机关、团体、企业、事业单位秩序，致使工作、生产、营业、医疗、教学、科研不能正常进行，尚未造成严重损失的行为。
违法构成要件	违法客体	本行为侵犯的客体是机关、团体的工作秩序和企业、事业单位的工作、生产、营业、医疗、教学、科研秩序。行为侵犯的对象是机关、团体、企业、事业单位。 这里的“机关”是指国家机关，包括立法机关、行政机关、司法机关和军事机关。“团体”是指人民团体和社会团体。“企业、事业单位”，既包括国有、集体的企业、事业单位，也包括私人所有的企业。
	违法客观方面	本行为在客观方面表现为行为人聚众实施扰乱机关、团体、企业、事业单位秩序的行为，造成工作、生产、营业、医疗、教学、科研不能正常进行，尚未造成严重损失的行为。 “聚众”一般是指3人以上。 行为人扰乱单位秩序的行为方式是多种多样的，既可以表现为暴力手段，也可以表现为非暴力。以暴力手段扰乱单位秩序主要包括：（1）在机关、团体、企业、事业单位内，以暴力打砸办公设施，如门窗、桌椅等；（2）以暴力毁坏机关、团体、企业、事业单位的文件资料；（3）以暴力强行扣留、无理纠缠机关、团体、企业、事业单位的工作人员等。以非暴力手段扰乱单位秩序主要包括：（1）在机关、团体、企业、事业单位附近或内部静坐、起哄、闹事、辱骂等；（2）擅自封堵机关、团体、企业、事业单位的出入通道，拦截进出单位的车辆；（3）非法占据机关、团体、企业、事业单位的工作场所，如办公室、厂房等。 所谓“致使工作、生产、营业、医疗、教学、科研不能正常进行”，是指机关、团体、企业、事业单位不能按照正常的规章制度进行生产、营业或者进行医疗、教学、科研等活动。
	违法主体	本行为的主体是特殊主体，即组织、纠集多人实施扰乱单位秩序行为的首要分子。
	违法主观方面	本行为在主观方面只能由故意构成。

认定界限	（一）本行为与扰乱单位秩序的界限。 两者侵犯的客体上是一样的，区别的关键在于处罚的主体和是否“聚众”不同。 1. 本行为必须表现为以“聚众”的方式，即3人以上，而后者可以是1人实施。 2. 本行为只是处罚在扰乱单位秩序行为中起组织、纠集作用的首要分子，对这部分人来说，他们在行为中发挥了更大的作用，对社会造成的影响更恶劣，可能造成的后果也更为严重，因此，《治安管理处罚法》对其规定了较扰乱单位秩序行为更重的处罚。对多人实施的扰乱单位秩序行为中的一般参与人员，如果需要治安管理处罚的，应以扰乱单位秩序行为论处。有时，即使是多人实施了扰乱单位秩序的行为，但是，其中并没有明显的组织者或指挥者，因此，也不应认定为聚众扰乱单位秩序，只能按照扰乱单位秩序行为处理。 （二）本行为与聚众扰乱社会秩序罪的界限。 《刑法》第290条第1款规定的聚众扰乱社会秩序罪，是指聚众扰乱社会秩序，情节严重，致使工作、生产、营业和教学、科研无法进行，造成严重损失的行为。二者的主要区别是行为的危害程度不同。本行为是致使单位的工作、生产秩序“不能正常进行”，尚未造成严重损失；聚众扰乱社会秩序罪导致的危害后果严重，致使工作生产“无法进行”，例如，工作、生产、营业和教学、科研基本停止或者瘫痪，造成人员重伤、死亡或者致使公私财产遭受重大损失等。
处罚标准	构成本行为的，处10日以上15日以下拘留，可以并处1000元以下罚款。
相关执法参考	**《中华人民共和国治安管理处罚法》**（节录） （2005年8月28日第十届全国人民代表大会常务委员会第十七次会议通过　中华人民共和国主席令第三十八号公布　自2006年3月1日起施行） 第二十三条第一款第一项　有下列行为之一的，处警告或者二百元以下罚款；情节较重的，处五日以上十日以下拘留，可以并处五百元以下罚款： （一）扰乱机关、团体、企业、事业单位秩序，致使工作、生产、营业、医疗、教学、科研不能正常进行，尚未造成严重损失的； 第二十三条第二款　聚众实施前款行为的，对首要分子处十日以上十五日以下拘留，可以并处一千元以下罚款。 **《中华人民共和国刑法》**（节录） （1979年7月1日第五届全国人民代表大会第二次会议通过　1997年3月14日第八届全国人民代表大会第五次会议修订　根据2011年2月25日第十一届全国人民代表大会常务委员会第十九次会议通过的《中华人民共和国刑法修正案（八）》最新修正） 第二百九十条　聚众扰乱社会秩序，情节严重，致使工作、生产、营业和教学、科研无法进行，造成严重损失的，对首要分子，处三年以上七年以下有期徒

相关执法参考

刑；对其他积极参加的，处三年以下有期徒刑、拘役、管制或者剥夺政治权利。

聚众冲击国家机关，致使国家机关工作无法进行，造成严重损失的，对首要分子，处五年以上十年以下有期徒刑；对其他积极参加的，处五年以下有期徒刑、拘役、管制或者剥夺政治权利。

《中华人民共和国矿产资源法》（节录）

（1986年3月19日第六届全国人民代表大会常务委员会第十五次会议通过　根据2009年8月27日第十一届全国人民代表大会常务委员会第十次会议通过的〈全国人民代表大会常务委员会关于修改部分法律的决定〉修改）

第四十一条　盗窃、抢夺矿山企业和勘查单位的矿产品和其他财物的，破坏采矿、勘查设施的，扰乱矿区和勘查作业区的生产秩序、工作秩序的，分别依照刑法有关规定追究刑事责任；情节显著轻微的，依照治安管理处罚法有关规定予以处罚。

《中华人民共和国煤炭法》（节录）

（1996年8月29日第八届全国人民代表大会常务委员会第二十一次会议通过　根据2009年8月27日第十一届全国人民代表大会常务委员会第十次会议通过的〈全国人民代表大会常务委员会关于修改部分法律的决定〉修改）

第七十六条　有下列行为之一的，由公安机关依照治安管理处罚法的有关规定处罚；构成犯罪的，由司法机关依法追究刑事责任：

（一）阻碍煤矿建设，致使煤矿建设不能正常进行的；

（二）故意损坏煤矿矿区的电力、通讯、水源、交通及其他生产设施的；

（三）扰乱煤矿矿区秩序，致使生产、工作不能正常进行的；

（四）拒绝、阻碍监督检查人员依法执行职务的。

《中华人民共和国城镇集体所有制企业条例》（节录）

（1991年6月21日国务院第86次常务会议通过　根据2010年12月29日国务院第138次常务会议通过的〈国务院关于废止和修改部分行政法规的决定〉修改　国务院令第588号颁布）

第六十三条　扰乱集体企业的秩序，致使生产、营业、工作不能正常进行或者无法进行的，由公安机关依据《中华人民共和国治安管理处罚法》予以处罚；构成犯罪的，依法追究刑事责任。

七、聚众扰乱公共场所秩序
（《治安管理处罚法》第23条第2款）

案由		聚众扰乱公共场所秩序
概念		聚众扰乱公共场所秩序，是指组织、纠集多人，扰乱车站、港口、码头、机场、商场、公园、展览馆或其他公共场所秩序，尚不够刑事处罚的行为。
违法构成要件	违法客体	本行为侵犯的客体是公共场所秩序。公共场所秩序是指保证公众安全顺利的出入、使用公共场所而规定的公共场所的行为准则。 这里的“公共场所”，包括车站、港口、码头、机场、商场、公园、展览馆和其他公共场所。“其他公共场所”包括礼堂、公共食堂、公共浴池、宾馆等供不特定多数人随时出入、停留和使用的场所。
	违法客观方面	本行为在客观方面表现为“聚众”扰乱公共场所秩序的行为。 1.“聚众”应为3人以上。 2.“扰乱公共场所秩序”的行为一般包括： （1）在公共场所故意违反公共行为准则，起哄闹事制造混乱； （2）阻碍扰乱维护公共秩序工作人员履行职责； （3）在公共场所采取穿状衣、抬花圈、打横幅、举标语、喊口号、抛传单、演讲、静坐、下跪、扬言自杀、自残等行为以及采用其他方法，制造影响、扰乱公共秩序，不听制止的； （4）强行兜售商品、散发小广告或者在重点地区兜售商品、散发小广告，不听劝阻等。
	违法主体	本行为的主体是特殊主体，即在聚众扰乱车站、港口、码头、机场、商场、公园、展览馆或其他公共场所秩序中起组织、纠集作用的首要分子。
	违法主观方面	本行为在主观方面只能是故意。
认定界限		（一）本行为与扰乱公共场所秩序的界限。 《治安管理处罚法》第23条第1款第2项规定的扰乱公共场所秩序，是指扰乱车站、港口、码头、机场、商场、公园、展览馆或其他公共场所秩序的行为。两者侵犯的客体是一样的，区别的关键在于处罚的主体和是否“聚众”不同。 1.本行为必须表现为以“聚众”的方式，即3人以上，而后者可以是1人实施。

<table>
<tr><td>认定界限</td><td>2. 本行为只是处罚在扰乱公共场所秩序行为中起组织、纠集作用的首要分子，对这部分人来说，他们在行为中发挥了更大的作用，对社会造成的影响更恶劣，可能造成的后果也更为严重，因此，《治安管理处罚法》对其规定了较扰乱公共场所秩序行为更重的处罚。对多人实施的扰乱公共场所秩序行为中的一般参与人员，如果需要治安管理处罚的，应以扰乱公共场所秩序行为论处。有时，即使是多人实施了扰乱公共场所秩序的行为，但是，如果其中并没有明显的组织者或指挥者，因此，也不应认定为聚众扰乱公共场所秩序，只能按照扰乱公共场所秩序行为处理。

（二）本行为与聚众扰乱单位秩序行为的界限。

《治安管理处罚法》第 23 条第 2 款规定的聚众扰乱单位秩序，是指组织、纠集多人，扰乱机关、团体、企业、事业单位秩序，致使工作、生产、营业、医疗、教学、科研不能正常进行，尚未造成严重损失的行为。本行为与聚众扰乱单位秩序在客观表现上较为相似，都具有“聚众”的情节，一般都表现为通过起哄闹事、肆意谩骂、砸毁财物等行为扰乱一定区域内的正常工作、生活秩序。两者的主要区别在于：
1. 行为侵犯的具体对象不同。本行为侵犯的对象是车站、港口、码头、机场、商场、公园、展览馆或其他公共场所；后者侵犯的对象是机关、团体、企业、事业单位。
2. 行为侵犯的客体不同。本行为侵犯的客体是公共场所正常的活动秩序，而后者侵犯的客体是机关、团体、企事业单位正常的工作、生产、营业、医疗、教学、科研秩序。

（三）本行为与聚众扰乱公共场所秩序罪的界限。

《刑法》第 291 条规定的聚众扰乱公共场所秩序罪，是指聚众扰乱车站、码头、民用航空站、商场、公园、影剧院、展览会、运动场或者其他公共场所秩序，抗拒、阻碍国家治安管理工作人员依法执行职务，情节严重的行为。两者都具有“聚众”的情节，其区别主要在于危害程度不同。聚众扰乱公共场所秩序罪的行为人必须具有抗拒、阻碍国家治安管理工作人员依法执行职务的情节，而且，必须达到情节严重的程度。在实践中，判断情节的轻重，一般应从行为人的动机、手段、目的、行为的次数、造成的后果等方面综合考虑。该罪“情节严重”的情形主要包括：扰乱公共场所秩序致人重伤、死亡或者致使公私财产遭受重大损失的；多次聚众扰乱公共场所秩序的等。而本行为的构成一般是情节比较轻微，没有造成实际的危害后果或后果较为轻微，即情节没有达到“严重”的程度。</td></tr>
<tr><td>处罚标准</td><td>构成本行为的，处 10 日以上 15 日以下拘留，可以并处 1000 元以下罚款。</td></tr>
</table>

相关执法参考

《中华人民共和国治安管理处罚法》（节录）

（2005年8月28日第十届全国人民代表大会常务委员会第十七次会议通过 中华人民共和国主席令第三十八号公布 自2006年3月1日起施行）

第二十三条第一款第二项 有下列行为之一的，处警告或者二百元以下罚款；情节较重的，处五日以上十日以下拘留，可以并处五百元以下罚款：

（二）扰乱车站、港口、码头、机场、商场、公园、展览馆或者其他公共场所秩序的；

第二十三条第二款 聚众实施前款行为的，对首要分子处十日以上十五日以下拘留，可以并处一千元以下罚款。

《中华人民共和国刑法》（节录）

（1979年7月1日第五届全国人民代表大会第二次会议通过 1997年3月14日第八届全国人民代表大会第五次会议修订 根据2011年2月25日第十一届全国人民代表大会常务委员会第十九次会议通过的《中华人民共和国刑法修正案（八）》最新修正）

第二百九十一条 聚众扰乱车站、码头、民用航空站、商场、公园、影剧院、展览会、运动场或者其他公共场所秩序，聚众堵塞交通或者破坏交通秩序，抗拒、阻碍国家治安管理工作人员依法执行职务，情节严重的，对首要分子，处五年以下有期徒刑、拘役或者管制。

《中华人民共和国民用航空安全保卫条例》（节录）

（1996年7月6日颁布 根据2010年12月29日国务院第138次常务会议通过的〈国务院关于废止和修改部分行政法规的决定〉修改 国务院令第588号颁布）

第十四条 在航空器活动区和维修区内的人员、车辆必须按照规定路线行进，车辆、设备必须在指定位置停放，一切人员、车辆必须避让航空器。

第十六条 机场内禁止下列行为：

（一）攀（钻）越、损毁机场防护围栏及其他安全防护设施；

（二）在机场控制区内狩猎、放牧、晾晒谷物、教练驾驶车辆；

（三）无机场控制区通行证进入机场控制区；

（四）随意穿越航空器跑道、滑行道；

（五）强行登、占航空器；

（六）谎报险情，制造混乱；

（七）扰乱机场秩序的其他行为。

（四）将未经安全检查或者采取其他安全措施的物品装入航空器。

第三十四条违反本条例第十四条的规定或者有本条例第十六条、第二十四条第一项、第二十五条所列行为，构成违反治安管理行为的，由民航公安机关依照《中华人民共和国治安管理处罚法》有关规定予以处罚；有本条例第二十四条第二项所列行为的，由民航公安机关依照《中华人民共和国居民身份证法》有关规定予以处罚。

第三十七条 违反本条例的有关规定，构成犯罪的，依法追究刑事责任。

相关执法参考

第三十八条　违反本条例规定的，除依照本章的规定予以处罚外，给单位或者个人造成财产损失的，应当依法承担赔偿责任。

《公安部、交通部关于港口治安管理的规定》（节录）

（1989 年 3 月 4 日公安部、交通部联合发布　自 1989 年 4 月 1 日起施行）

第五条　人员、车辆进入港区，须持港口公安或行政管理部门签发的入港证或港口管理部门认可的其他有效身份证件；船员须持海员证、船员证。无证件的人员、车辆不得进入港区。非港区工作人员进入港区应进行登记。

第六条　人员、车辆进入港区的货场、仓库提送货物，必须遵守货场、仓库的管理规定，在指定地点进行装卸作业。

第七条　携带或运载物资出港，必须接受门卫检查，交验物资出港证明。

第八条　人员、车辆在港区内活动，必须遵守港内交通管理规定，服从港口交通民警指挥。禁止一切危害港区交通安全的行为。

第九条　港区内的人员、车辆和船舶必须遵守港口消防安全管理规定，服从港口消防监督人员管理。禁止一切危害港区防火安全的行为。

第十二条　港区内禁止钓鱼、捕捞、狩猎、游泳、捡拾废品和进行其他妨害安全生产作业的活动。

第十四条　乘船旅客必须遵守客运站（点）的各项规定，按顺序购票、检票，文明候船，不得拥挤抢购、抢行，不得霸占售票窗口、强行发放自制的编队序号，不得妨碍客运工作人员和民警执行公务。

第十五条　接送旅客的人员、车辆须在指定地点接送，未经准许，不得进入码头、趸船。

第十六条　在客运站（点）设置商业摊点，须持有工商部门核发的营业执照，经港口有关部门批准，在指定地点营业。各类商贩、搬运人员不准围船叫卖、强买强卖、强拉生意、欺行霸市、敲诈勒索、扰乱客运秩序。

第二十三条　对违反本规定的行为，情节轻微的，由港口公安机关或所在单位予以批评教育；构成违反治安管理行为的，由港口公安机关根据《治安管理处罚条例》的有关 规定给予处罚；构成犯罪的，依法追究刑事责任。

《民航机场治安管理工作细则》（节录）

（1988 年 11 月 16 日　民航局颁布）

第五条　民航机场治安管理的重点是：

（一）公共活动区。包括候机楼（室）、旅客隔离区、停车场、宾馆、招待所。

（二）飞行控制区。包括停机坪、客机坪、跑道、滑行道、机场外围防护和区域隔离围障。

（三）重点部位。包括航行指挥塔台、通讯枢纽、重要动力设备、货运仓库、航材及贵重物品仓库、油库。

第七条　严禁旅客携带枪支、弹药、凶器和易燃、易爆、剧毒、放射性物品及其他危害民用航空安全的危险品进入候机楼（室）、乘坐飞行或夹在行李中交运。

相关执法参考

旅客携带的民用枪支（体育射击用枪、狩猎枪、信号枪等）须经有关部门批准，妥善包装，按规定承运，不得随身携带。

第八条　旅客持当日机票、登机牌及有效身份证件，有经过安全检查后，方可进入旅客隔离区。

机场工作人员出入旅客隔离区，必须佩戴隔离区工作证。

第九条　客机坪禁止与飞行无关的人员和车辆进入。因工作需要进入客机坪的人员必须佩戴区域工作证，车辆须持有车辆通行证。

外部人员和车辆，如因特殊情况需要进入客机坪时，须经机场公安机关批准，办理证件后方可进入。

机场禁区、隔离区证件由机场公安机关统一制发。

第十条　客机坪内严禁吸烟、使用明火。

第十一条　机场滑行道、跑道禁止行人和车辆通行。因工作需要，必须穿行滑行道、跑道的，应在机场指定的通行道口和时间内通行，通告道口应设专人看管。

所有车辆和人员必须避让飞机。

第十二条　军民共用机场的任何一方人员及车辆，需要进入滑行道、跑道执行公务时，应预先通知对方航行调度部门，在没有飞机起降情况下，方可进入。

第十三条　停机坪为机场禁区，应在停机坪周围设置防护围障，严禁无关人员和车辆进入。

第十五条　载运货物车辆进出机场大门时，要停车接受门卫的检查，其他机动车辆要减速缓行。非机动车辆，应下车推行。

第十六条　机场内行驶的各种车辆，必须遵守《城市交通规则》和下列规定：

（一）机场的各种特种车辆，应当安装或配挂民航车辆管理部门统一制发的场内通行标志。

因工作需要进入飞行控制区的车辆，要持有民航公安机关制发的通行证。

（二）机动车辆在机场内行驶，时速不得超过十五公里。保障飞行的特种车辆进入客机坪时，时速不得超过五公里。各种保障飞机的车辆向飞机停靠后，必须使用轮挡，严防损坏飞机。

（三）机场特种车辆的驾驶员，须经民航车辆管理部门或机场交通管理部门的考核，合格后发给场内驾驶执照（只限在机场内使用，上公路行驶无效），方准驾驶特种车辆。

（四）严禁无证驾车、酒后开车、超速行车和带故障行驶。

（五）接送旅客的各种机动车辆，应按指定位置停放，不得堵塞通道。出租汽车应依次接客，禁止司机进入候机楼（室）或客机坪争揽业务。

（六）禁止兽力车驶入机场。如因特殊情况需驶入时，须经机场管理部门批准，并按指定的时间、路线行驶。

第十七条　机场围障、界沟、界碑以及客机坪、停机坪、隔离区防护拦杆等安全设施，任何单位和个人不得损坏或攀越。

第十八条　机场围障不得随意留通道口，确需开设道口的，须经机场公安机关同意，并报局、站领导批准，由使用单位设专人看守。如因看守不严发生问题的，

相关执法参考	除追究单位领导和当事人责任外，应立即封闭。 第二十六条　违反本细则规定，情节轻微，不需要予以治安管理处罚的，由主管单位给予批准教育；属于违反治安管理行为的，由民航公安机关按照《中华人民共和国治安管理处罚条例》予以处罚；构成犯罪的，依法追究刑事责任。

八、聚众扰乱公共交通工具上的秩序
（《治安管理处罚法》第23条第2款）

<table>
<tr><td colspan="2">案由</td><td>聚众扰乱公共交通工具上的秩序</td></tr>
<tr><td colspan="2">概念</td><td>聚众扰乱公共交通工具上的秩序，是指组织、纠集特定或不特定的多人，扰乱公共汽车、电车、火车、船舶、航空器或者其他公共交通工具上的秩序的行为。</td></tr>
<tr><td rowspan="2">违法构成要件</td><td>违法客体</td><td>本行为侵犯的客体是公共交通工具上的秩序。
这里所指的“公共交通工具”必须是正在运行的公共汽车、电车、火车、船舶、航空器或者其他公共交通工具，而不包括停放在库房或停留在车站、码头、机场等待用的公共交通工具。私人交通工具，如私人轿车等不构成本行为的侵犯对象。</td></tr>
<tr><td>违法客观方面</td><td>本行为在客观方面表现为聚众扰乱公共交通工具上的秩序的行为。
1. “聚众”是指3人以上。
2. “扰乱”主要是指行为人不遵守有关公共交通工具的管理制度，无理取闹，寻衅滋事等。关于公共交通工具上的管理制度很多，例如，乘客必须购票的规定；乘客接受乘务人员查票的规定；严禁在公共交通工具上吸烟的规定；服从公共交通工具工作人员的指挥和管理的规定；接收违禁品检查的规定；不得在公共交通工具上寻衅滋事、打闹的规定等。
在实践中，“扰乱”的具体方式主要包括：
（1）无票或持假票、过期票登乘公共交通工具，不主动补票，企图逃票的；
（2）强行登乘公共交通工具，无理要求公共交通工具临时停靠或者改变行驶路线等，不听解释、劝阻的；
（3）在公共交通工具内敲打、损坏车内设施的；
（4）在公共交通工具内故意影响驾驶员的驾驶，不听售票员或者乘务员的合理安排，影响其服务的；
（5）违反国家有关法律法规的规定，私自携带易燃、易爆、易腐蚀等危险品，或者携带管制刀具等违禁物品乘坐公共交通工具的；
（6）违反有关规定，托运、携带超标、超重行李、物品，不听乘务员安排的；
（7）不按规定摆放物品威胁其他乘客安全或挤占其他乘客行李位，不听乘务员安排的；
（8）不按车票注明座位就座，抢占、多占其他乘客座位等侵犯其他乘客利益，不听劝告的；
（9）在公共交通工具内违反规定吸烟、赌博、观看淫秽音像制品、实施下流淫荡行为等不符合社会公德的；
（10）在公共交通工具内吵闹、叫骂、打架等，劝阻无效，影响交通工具内部安定秩序的。</td></tr>
</table>

<table>
<tr><td rowspan="2">违法构成要件</td><td>违法主体</td><td>本行为的主体是特殊主体，即在聚众扰乱公共交通工具上的秩序中起组织、纠集作用的首要分子。</td></tr>
<tr><td>违法主观方面</td><td>本行为在主观方面只能是故意。</td></tr>
<tr><td>认定界限</td><td colspan="2">（一）本行为与扰乱公共交通工具上的秩序的界限。
《治安管理处罚法》第 23 条第 1 款第 3 项规定的扰乱公共交通工具上的秩序，是指扰乱公共汽车、电车、火车、船舶、航空器或者其他公共交通工具上的秩序的行为。两者侵犯的客体是一样的，区别的关键在于处罚的主体和是否“聚众”不同。
1. 本行为必须表现为以“聚众”的方式，即 3 人以上，而后者可以是 1 人实施。
2. 本行为只是处罚在扰乱公共交通工具上的秩序行为中起组织、纠集作用的首要分子，对这部分人来说，他们在行为中发挥了更大的作用，对社会造成的影响更恶劣，可能造成的后果也更为严重，因此，《治安管理处罚法》对其规定了较扰乱公共交通工具上的秩序行为更重的处罚。对多人实施的扰乱公共交通工具上的秩序行为中的一般参与人员，如果需要治安管理处罚的，应以扰乱公共交通工具上的秩序行为论处。有时，即使是多人实施了扰乱公共交通工具上的秩序的行为，但是，如果其中并没有明显的组织者或指挥者，因此，也不应认定为聚众扰乱公共交通工具上的秩序，只能按照扰乱公共交通工具上的秩序行为处理。
（二）本行为与聚众扰乱交通秩序罪的界限。
《刑法》第 291 条规定的聚众扰乱交通秩序罪，是指聚众堵塞交通或者破坏交通秩序，抗拒、阻碍国家治安管理工作人员依法执行职务，情节严重的行为。两者都具有“聚众”的情节，其主要区别是：
1. 行为侵犯的客体不完全相同。本行为侵犯的客体是公共交通工具上的秩序，致使正在运营的公共交通工具发生混乱；而聚众扰乱交通秩序罪侵害的是整个交通秩序。
2. 行为发生地不同。本行为的发生地是在公共交通工具上；而后者既可以发生在交通工具上，也可以发生在公路、铁路、桥梁、航道、街道上。
3. 行为侵犯的对象不同。本行为侵犯的对象是公共交通工具；后者侵犯的对象既可能是公共交通工具，也可能是私人交通工具，甚至可能是与交通安全有关的交通设施等。
4. 行为方式不同。本行为的“扰乱”方式主要有：（1）无票或持假票、过期票登乘公共交通工具，不主动补票，企图逃票的；（2）强行登乘公共交通工具，无理要求公共交通工具临时停靠或者改变行驶路线等，不听解释、劝阻的；（3）在公</td></tr>
</table>

<table>
<tr><td>认定界限</td><td>共交通工具内敲打、损坏车内设施的；（4）在公共交通工具内故意影响驾驶员的驾驶，不听售票员或者乘务员的合理安排，影响其服务的；（5）违反国家有关法律法规的规定，私自携带易燃、易爆、易腐蚀等危险品，或者携带管制刀具等违禁物品乘坐公共交通工具的；（6）违反有关规定，托运、携带超标、超重行李、物品，不听乘务员安排的；（7）不按规定摆放物品威胁其他乘客安全或挤占其他乘客行李位，不听乘务员安排的；（8）不按车票注明座位就座，抢占、多占其他乘客座位等侵犯其他乘客利益，不听劝告的；（9）在公共交通工具内违反规定吸烟、赌博、观看淫秽音像制品、实施下流淫荡行为等不符合社会公德的；（10）在公共交通工具内吵闹、叫骂、打架等，劝阻无效，影响交通工具内部安定秩序的。后者的“扰乱”方式主要包括：在交通要道上聚众长时间停留，堆积物品或设置障碍物，封锁出入通道，阻断交通，聚众拦截火车、汽车等交通工具，聚众游行或者静坐示威，造成交通堵塞、秩序混乱；强占指挥设施，毁坏公共交通设施等。
5. 对情节和后果的要求不同。本行为只要具有聚众扰乱公共交通工具上的秩序的情节，就构成此行为，行为的构成以尚未造成严重后果为前提。后者在扰乱交通秩序时，必须具有抗拒、阻碍国家治安管理工作人员依法执行职务的情节，如果行为人能够听从国家治安管理工作人员的劝阻并及时停止其扰乱交通秩序的行为，则不构成该罪，同时，聚众扰乱交通秩序罪要求的后果是致使交通秩序受到严重破坏，其危害后果比较严重，应当予以刑事处罚。
（三）本行为与破坏交通工具罪的界限。
《刑法》第116条规定的破坏交通工具罪，是指破坏火车、汽车、电车、船只、航空器，足以使其发生倾覆、毁坏危险，危害交通运输安全的行为。两者的界限主要在于：
1. 行为侵犯的客体不同。本行为侵犯的客体是公共交通工具上的秩序；后者侵犯的客体是交通运输的安全。
2. 行为的客观表现不同。本行为在客观方面表现为“聚众”扰乱了公共交通工具上的秩序，影响了公共交通工具的正常运行，但尚未造成严重后果；后者不以“聚众”为必要条件，1人也可以独立完成，同时，该罪行为人必须实施了破坏正在运营的交通工具本身的行为，而且该破坏行为必须足以使火车、汽车、电车、船只、飞机、航空器发生倾覆、毁坏危险。例如，破坏交通工具，足以导致车辆翻车、火车出轨、船只翻沉、飞机坠落等危险，或者使交通工具受到严重破坏或者完全毁灭，因而不能继续使用或者安全行驶。
3. 处罚的主体不同。本行为处罚的是起组织、纠集作用的首要分子，而后者没有这个要求，属于一般主体。</td></tr>
<tr><td>处罚标准</td><td>构成本行为的，处10日以上15日以下拘留，可以并处1000元以下罚款。</td></tr>
</table>

相关执法参考

《中华人民共和国治安管理处罚法》（节录）

（2005 年 8 月 28 日第十届全国人民代表大会常务委员会第十七次会议通过
中华人民共和国主席令第三十八号公布　自 2006 年 3 月 1 日起施行）

第二十三条第一款第三项　有下列行为之一的，处警告或者二百元以下罚款；情节较重的，处五日以上十日以下拘留，可以并处五百元以下罚款：

（三）扰乱公共汽车、电车、火车、船舶、航空器或者其他公共交通工具上的秩序的；

第二十三条第二款　聚众实施前款行为的，对首要分子处十日以上十五日以下拘留，可以并处一千元以下罚款。

《中华人民共和国刑法》（节录）

（1979 年 7 月 1 日第五届全国人民代表大会第二次会议通过　1997 年 3 月 14 日第八届全国人民代表大会第五次会议修订　根据 2011 年 2 月 25 日第十一届全国人民代表大会常务委员会第十九次会议通过的《中华人民共和国刑法修正案（八）》最新修正）

第一百一十六条　破坏火车、汽车、电车、船只、航空器，足以使火车、汽车、电车、船只、航空器发生倾覆、毁坏危险，尚未造成严重后果的，处三年以上十年以下有期徒刑。

第一百一十九条　破坏交通工具、交通设施、电力设备、燃气设备、易燃易爆设备，造成严重后果的，处十年以上有期徒刑、无期徒刑或者死刑。

过失犯前款罪的，处三年以上七年以下有期徒刑；情节较轻的，处三年以下有期徒刑或者拘役。

第二百九十一条　聚众扰乱车站、码头、民用航空站、商场、公园、影剧院、展览会、运动场或者其他公共场所秩序，聚众堵塞交通或者破坏交通秩序，抗拒、阻碍国家治安管理工作人员依法执行职务，情节严重的，对首要分子，处五年以下有期徒刑、拘役或者管制。

《城市公共汽电车客运管理办法》（节录）

（2005 年 3 月 1 日建设部部常务会议第 53 次讨论通过
2005 年 3 月 23 日建设部令第 138 号发布　自 2005 年 6 月 1 日起施行）

第二十八条　乘客享有获得安全便捷客运服务的权利，有按照规定支付车费、不得携带危险品乘车、遵守乘坐规则的义务。

九、聚众妨碍交通工具正常行驶

（《治安管理处罚法》第23条第2款）

案由		聚众妨碍交通工具正常行驶
概念		聚众妨碍交通工具正常行驶，是指组织、纠集多人，非法拦截车、船或者强登、扒乘机动车、船或者其他交通工具，影响交通工具正常行驶的行为。
违法构成要件	违法客体	本行为侵犯的客体是交通工具的正常行驶秩序。行为侵犯的对象是交通工具。 这里的“交通工具”是指机动车、船舶、航空器以及其他交通工具。根据《道路交通安全法》的规定，“机动车”是指以动力装置驱动或者牵引，上道路行驶的供人员乘用或者用于运送物品以及进行工程专项作业的轮式车辆。“船舶”是指各类水上移动装置，包括机动船舶，也包括非机动船舶，但是，船舶上装备的救生艇、筏和长度小于5米的艇、筏除外。“其他交通工具”是指火车、城市轨道等交通工具。需要注意的是：这里的“交通工具”不仅包括公共交通工具，也包括私人交通工具。
	违法客观方面	本行为在客观方面表现为以“聚众”的方式，非法拦截或者强登、扒乘机动车、船舶、航空器或者其他交通工具，影响交通工具正常行驶的行为。 “聚众”是指3人以上。 “非法拦截”是指无正当理由或合法的依据，将正在行驶途中或正处于启动过程中的机动车、船舶、航空器以及其他交通工具阻拦停止，不让其正常通过或者启动行驶的行为。 “强登”是指行为人在没有得到机动车、船舶、航空器以及其他交通工具上的有关乘务人员同意的情况下，强行登上机动车、船舶、航空器以及其他交通工具的行为。 “扒乘”是指行为人在没有有效乘坐机动车、船舶、航空器以及其他交通工具的票证或者在没有得到机动车、船舶、航空器以及其他交通工具上的有关乘务人员同意的情况下，抓住车窗、车门、船舷、机翼等交通工具上可以依附的部件，企图随交通工具一同行进的行为。 在实践中，行为人一般是为了达到某种目的，意图扩大影响而拦截交通工具或者为了寻衅滋事、无理取闹而实施该行为。
	违法主体	本行为的主体是在聚众妨碍交通工具正常行驶的行为中起组织、纠集作用的首要分子。
	违法主观方面	本行为在主观方面只能是故意。

认定界限

（一）本行为与妨碍交通工具正常行驶的界限。

《治安管理处罚法》第 23 条第 1 款第 4 项规定的妨碍交通工具正常行驶，是指非法拦截机动车、船或者强登、扒乘机动车、船舶、航空器以及其他交通工具，影响交通工具正常行驶的行为。两者侵犯的客体是一样的，区别的关键在于处罚的主体和是否“聚众”不同。

1. 本行为必须表现为以“聚众”的方式，即 3 人以上，而后者可以是 1 人实施。

2. 本行为只是处罚在聚众妨碍交通工具正常行驶中起组织、纠集作用的首要分子，对这部分人来说，他们在行为中发挥了更大的作用，对社会造成的影响更恶劣，可能造成的后果也更为严重，因此，《治安管理处罚法》对其规定了较妨碍交通工具正常行驶更重的处罚。对多人实施的妨碍交通工具正常行驶中的一般参与人员，如果需要治安管理处罚的，应以妨碍交通工具正常行驶行为论处。有时，即使是多人实施了妨碍交通工具正常行驶的行为，但是，如果其中并没有明显的组织者或指挥者，因此，也不应认定为聚众妨碍交通工具正常行驶，只能按照妨碍交通工具正常行驶处理。

（二）本行为与聚众扰乱公共交通工具上的秩序行为的界限。

《治安管理处罚法》第 23 条第 2 款规定的聚众扰乱公共交通工具上的秩序，是指组织、纠集特定或不特定的多人，扰乱公共汽车、电车、火车、船舶、航空器或者其他公共交通工具上的秩序的行为。两者都具有“聚众”的情节，处罚的主体也都是在聚众违法中起组织、纠集作用的首要分子，两者区别的关键在于：

1. 行为侵犯的客体不同。本行为侵犯的客体是交通工具的正常行驶秩序，侧重保护的是交通工具的行驶秩序；后者侵犯的客体是公共交通工具上的秩序，虽然也可能影响到公共交通工具的正常行驶，但是，对该行为的处罚更加侧重于保护公共交通工具上的管理秩序。

2. 本行为针对的对象是交通工具，包括公共交通工具和私人交通工具；后者针对的对象只是公共交通工具。

3. 行为方式不同。本行为表现为“妨碍交通工具正常行驶”，行为方式主要包括非法拦截或者扒乘、强登机动车、船舶、航空器或者其他交通工具；后者表现为“扰乱公共交通工具上的秩序”，其行为方式主要包括：（1）无票或持假票、过期票登乘公共交通工具，不主动补票，企图逃票的；（2）强行登乘公共交通工具，无理要求公共交通工具临时停靠或者改变行驶路线等，不听解释、劝阻的；（3）在公共交通工具内敲打、损坏车内设施的；（4）在公共交通工具内故意影响驾驶员的驾驶，不听售票员或者乘务员的合理安排，影响其服务的；（5）违反国家有关法律法规的规定，私自携带易燃、易爆、易腐蚀等危险品，或者携带管制刀具等违禁物品乘坐公共交通工具的；（6）违反有关规定，托运、携带超标、超重行李、物品，不听乘务员安排的；（7）不按规定摆放物品威胁其他乘客安全或挤占其他乘客行李位，不听乘务员安排的；（8）不按车票注明座位就座，抢占、多占其他乘客座位等

认定界限	侵犯其他乘客利益，不听劝告的；（9）在公共交通工具内违反规定吸烟、赌博、观看淫秽音像制品、实施下流淫荡行为等不符合社会公德的；（10）在公共交通工具内吵闹、叫骂、打架等，劝阻无效，影响交通工具内部安定秩序的。 （三）本行为与聚众扰乱交通秩序罪的界限。 《刑法》第291条规定的聚众扰乱交通秩序罪，是指聚众堵塞交通或者破坏交通秩序，抗拒、阻碍国家治安管理工作人员依法执行职务，情节严重的行为。两者都具有“聚众”的情节，其主要区别是： 1. 对违法情节的要求不同。本行为要求情节没有达到严重的程度；后者则必须要求达到情节严重的程度。 2. 行为的客观表现不同。本行为表现为非法拦截或者扒乘、强登机动车、船舶、航空器或者其他交通工具，影响交通工具正常行驶；后者的表现方式多种多样，不仅包括非法拦截、扒乘、强登交通工具，还包括在交通要道上长时间停留、阻碍交通、毁坏交通设施等行为。
处罚标准	构成本行为的，处10日以上15日以下拘留，可以并处1000元以下罚款。
相关执法参考	**《中华人民共和国治安管理处罚法》**（节录） （2005年8月28日第十届全国人民代表大会常务委员会第十七次会议通过 中华人民共和国主席令第三十八号公布 自2006年3月1日起施行） 第二十三条第一款第四项 有下列行为之一的，处警告或者二百元以下罚款；情节较重的，处五日以上十日以下拘留，可以并处五百元以下罚款： （四）非法拦截或者强登、扒乘机动车、船舶、航空器以及其他交通工具，影响交通工具正常行驶的； 第二十三条第二款 聚众实施前款行为的，对首要分子处十日以上十五日以下拘留，可以并处一千元以下罚款。 **《中华人民共和国刑法》**（节录） （1979年7月1日第五届全国人民代表大会第二次会议通过 1997年3月14日第八届全国人民代表大会第五次会议修订 根据2011年2月25日第十一届全国人民代表大会常务委员会第十九次会议通过的《中华人民共和国刑法修正案（八）》最新修正） 第二百九十一条 聚众扰乱车站、码头、民用航空站、商场、公园、影剧院、展览会、运动场或者其他公共场所秩序，聚众堵塞交通或者破坏交通秩序，抗拒、阻碍国家治安管理工作人员依法执行职务，情节严重的，对首要分子，处五年以下有期徒刑、拘役或者管制。 **《中华人民共和国民用航空安全保卫条例》**（节录） （1996年7月6日颁布 根据2010年12月29日国务院第138次常务会议通过的〈国务院关于废止和修改部分行政法规的决定〉修改 国务院令第588号颁布） 第十六条 机场内禁止下列行为：

<table>
<tr><td>相关执法参考</td><td>
（一）攀（钻）越、损毁机场防护围栏及其他安全防护设施；
（二）在机场控制区内狩猎、放牧、晾晒谷物、教练驾驶车辆；
（三）无机场控制区通行证进入机场控制区；
（四）随意穿越航空器跑道、滑行道；
（五）强行登、占航空器；
（六）谎报险情，制造混乱；
（七）扰乱机场秩序的其他行为。
第三十四条　违反本条例第十四条的规定或者有本条例第十六条、第二十四条第一项、第二十五条所列行为，构成违反治安管理行为的，由民航公安机关依照《中华人民共和国治安管理处罚法》有关规定予以处罚；有本条例第二十四条第二项所列行为的，由民航公安机关依照《中华人民共和国居民身份证法》有关规定予以处罚。
</td></tr>
</table>

十、聚众破坏选举秩序

（《治安管理处罚法》第23条第2款）

<table>
<tr><td colspan="2">案由</td><td>聚众破坏选举秩序</td></tr>
<tr><td colspan="2">概念</td><td>聚众破坏选举秩序，是指组织、纠集多人，在选举各级人民代表大会代表、国家机关领导人员以及其他依照法律规定进行的选举时，以威胁、欺骗、贿赂、伪造选举文件、虚报选举票数等手段，破坏选举或者妨碍选民自由行使选举权和被选举权，破坏依法进行的选举活动，尚不够刑事处罚的行为。</td></tr>
<tr><td rowspan="2">违法构成要件</td><td>违法客体</td><td>本行为侵犯的客体是选举秩序。侵犯的对象是选举工作人员或选民、代表、候选人等。</td></tr>
<tr><td>违法客观方面</td><td>本行为在客观方面由4个要件构成，缺一不可：
1. 行为人破坏的选举活动必须是依法进行的选举活动。
应该注意的是：这里的选举和《刑法》规定的选举有细微的区别，《刑法》规定的破坏选举罪所指的选举是指依照《全国人民代表大会和地方各级人民代表大会选举法》、《关于县级以下人民代表大会代表直接选举的若干规定》、《全国人民代表大会组织法》、《地方各级人民代表大会和地方各级人民政府组织法》等法律法规进行各级人民代表大会代表和国家机关领导人员的选举活动。这里所说的“选举”，不仅包括上述选举活动，而且包括依照《中华人民共和国居民委员会组织法》、《中华人民共和国村民委员会组织法》选举村委会或居委会的组成人员的活动。
其他的“选举”行为不属于本行为所指的选举，如单位内部选举先进、选举部门领导人等，对这些选举秩序的破坏，不构成本行为，需要处罚的，以扰乱单位秩序论处，以聚众的方式实施的，以聚众扰乱单位秩序行为论处。
另外，“选举”包括选民登记、提出候选人、投票选举、补选、罢免等整个选举过程。
2. 以威胁、欺骗、贿赂、伪造选举文件、虚报选举票数等手段，破坏选举或者妨碍选民自由行使选举权和被选举权。“威胁”是指以杀害、伤害、毁坏财产、破坏名誉等手段进行要挟，迫使选民、代表、候选人或选举工作人员不能自由行使选举权和被选举权或者不能正常履行组织和管理职责。“欺骗”是指以虚假的事实扰乱选举的正常举行。“贿赂”是指以金钱或者其他物质性利益收买选民、代表、候选人或者选举工作人员，以实现自己的不法目的。“伪造选举文件”是指伪造选民证、选票、选民名单、候选人名单、代表资格审查报告等选举文件的方法来破坏选举。“虚报选举票数”是指选举工作人员对选举票数进行虚报、假报的行为，包括多报和少报。</td></tr>
</table>

<table>
<tr><td rowspan="3">违法构成要件</td><td>违法客观方面</td><td>3. 尚不够刑事处罚，即行为对选举活动造成的影响不大。例如，只是致使少量选民或代表不能行使选举权或被选举权，选举结果没有严重违背民意，对社会没有造成恶劣的影响等。
4. 必须表现为聚众的方式，即 3 人以上。</td></tr>
<tr><td>违法主体</td><td>本行为的主体是在聚众破坏选举秩序中起组织、纠集作用的首要分子。</td></tr>
<tr><td>违法主观方面</td><td>本行为在主观方面具有破坏选举秩序的故意，如果行为人只是不理解选举程序或对选举程序、被选举人等有意见而提出异议，致使选举会场秩序暂时混乱或选举活动暂时中止的，或者选举工作人员误报选举票数，因过失遗漏合格选民等情形，因行为人主观上不具有破坏选举秩序的故意，不构成聚众破坏选举秩序行为。</td></tr>
<tr><td>认定界限</td><td colspan="2">（一）本行为与破坏选举秩序的界限。
《治安管理处罚法》第 23 条第 1 款第 5 项规定的破坏选举秩序，是指在选举各级人民代表大会代表、国家机关领导人员以及其他依照法律规定进行的选举时，以威胁、欺骗、贿赂、伪造选举文件、虚报选举票数等手段，破坏选举或者妨碍选民自由行使选举权和被选举权，破坏依法进行的选举活动，尚不够刑事处罚的行为。两者侵犯的客体是一样的，区别的关键在于处罚的主体和是否“聚众”不同。
1. 本行为必须表现为以“聚众”的方式，即 3 人以上，而后者可以是 1 人实施。
2. 本行为只是处罚在聚众破坏选举中起组织、纠集作用的首要分子，对这部分人来说，他们在行为中发挥了更大的作用，对社会造成的影响更恶劣，可能造成的后果也更为严重，因此，《治安管理处罚法》对其规定了较破坏选举秩序行为更重的处罚。对多人实施的破坏选举秩序中的一般参与人员，如果需要治安管理处罚的，应以破坏选举秩序行为论处。有时，即使是多人实施了破坏选举秩序的行为，但是，如果其中并没有明显的组织者或指挥者，因此，也不应认定为聚众破坏选举秩序，只能按照破坏选举秩序处理。
（二）本行为与破坏选举罪的界限。
《刑法》第 256 条规定的破坏选举罪，是指在选举各级人民代表大会代表和国家机关领导人员时，以暴力、威胁、欺骗、贿赂、伪造选举文件、虚报选举票数等手段破坏选举或者妨害选民和代表自由行使选举权和被选举权，情节严重的行为。两者的区别主要在于：
1. 行为破坏的对象范围不同。本行为破坏的“选举”不仅包括选举各级人大代表和国家机关领导人员的活动，而且包括选举村委会、居委会组成人员的选举；后者的选举仅限于选举各级人大代表和国家机关领导人员。</td></tr>
</table>

认定界限	2. 行为方式不同，即是否以“聚众”的方式实施。本行为必须表现为聚众的方式，即3人以上实施，而后者可以单独1人完成。 3. 情节的轻重和造成的后果不同。在行为情节和造成的后果上，后者使用的是暴力、威胁、欺骗、贿赂、伪造选举文件、虚报选举票数等极端手段来破坏选举或者妨害选民和代表自由行使选举权和被选举权，后者的行为情节较前者恶劣，造成的后果也更为严重。例如，以暴力破坏选举场所或者选举设备，聚众冲击选举场所或者故意扰乱选举会场秩序等；而破坏选举秩序行为通常仅导致依法进行的选举秩序受到干扰和破坏，但选举活动并未因此而彻底瘫痪，选举结果也未因此而不真实或者失效；而破坏选举罪则往往导致选举无法正常进行或者选举结果不真实等严重的后果。 另外，本行为只处罚首要分子，破坏选举罪没有这个要求。
处罚标准	构成本行为的，处10日以上15日以下拘留，可以并处1000元以下罚款。
相关执法参考	**《中华人民共和国治安管理处罚法》**（节录） （2005年8月28日第十届全国人民代表大会常务委员会第十七次会议通过 中华人民共和国主席令第三十八号公布 自2006年3月1日起施行） 第二十三条第一款第五项 有下列行为之一的，处警告或者二百元以下罚款；情节较重的，处五日以上十日以下拘留，可以并处五百元以下罚款： （五）破坏依法进行的选举秩序的。 第二十三条第二款 聚众实施前款行为的，对首要分子处十日以上十五日以下拘留，可以并处一千元以下罚款。 **《中华人民共和国刑法》**（节录） （1979年7月1日第五届全国人民代表大会第二次会议通过 1997年3月14日第八届全国人民代表大会第五次会议修订 根据2011年2月25日第十一届全国人民代表大会常务委员会第十九次会议通过的《中华人民共和国刑法修正案（八）》最新修正） 第二百五十六条 在选举各级人民代表大会代表和国家机关领导人员时，以暴力、威胁、欺骗、贿赂、伪造选举文件、虚报选举票数等手段破坏选举或者妨害选民和代表自由行使选举权和被选举权，情节严重的，处三年以下有期徒刑、拘役或者剥夺政治权利。 **《公安机关执行〈中华人民共和国治安管理处罚法〉有关问题的解释》（二）**（节录） （2007年1月8日 公通字［2007］1号） 六、关于扰乱居（村）民委员会秩序和破坏居（村）民委员会选举秩序行为的法律适用问题 对扰乱居（村）民委员会秩序的行为，应当根据其具体表现形式，如侮辱、诽谤、殴打他人、故意伤害、故意损毁财物等，依照《治安管理处罚法》的相关规定

相关执法参考

予以处罚。

对破坏居（村）民委员会选举秩序的行为，应当依照《治安管理处罚法》第二十三条第一款第五项的规定予以处罚。

《中华人民共和国全国人民代表大会和地方各级人民代表大会选举法》（节录）

（根据2010年3月14日第十一届全国人民代表大会第三次会议《关于修改〈中华人民共和国全国人民代表大会和地方各级人民代表大会选举法〉的决定》第五次修正）

第五十五条　为保障选民和代表自由行使选举权和被选举权，对有下列行为之一，破坏选举，违反治安管理规定的，依法给予治安管理处罚；构成犯罪的，依法追究刑事责任：

（一）以金钱或者其他财物贿赂选民或者代表，妨害选民和代表自由行使选举权和被选举权的；

（二）以暴力、威胁、欺骗或者其他非法手段妨害选民和代表自由行使选举权和被选举权的；

（三）伪造选举文件、虚报选举票数或者有其他违法行为的；

（四）对于控告、检举选举中违法行为的人，或者对于提出要求罢免代表的人进行压制、报复的。

国家工作人员有前款所列行为的，还应当依法给予行政处分。

以本条第一款所列违法行为当选的，其当选无效。

第五十六条　主持选举的机构发现有破坏选举的行为或者收到对破坏选举行为的举报，应当及时依法调查处理；需要追究法律责任的，及时移送有关机关予以处理。

《中华人民共和国全国人民代表大会和地方各级人民代表大会代表法》（节录）

（根据2009年8月27日第十一届全国人民代表大会常务委员会第十次会议《关于修改部分法律的决定》第一次修正　根据2010年10月28日第十一届全国人民代表大会常务委员会第十七次会议《关于修改〈中华人民共和国全国人民代表大会和地方各级人民代表大会代表法〉的决定》第二次修正）

第四十四条　一切组织和个人都必须尊重代表的权利，支持代表执行代表职务。

有义务协助代表执行代表职务而拒绝履行义务的，有关单位应当予以批评教育，直至给予行政处分。

阻碍代表依法执行代表职务的，根据情节，由所在单位或者上级机关给予行政处分，或者适用《中华人民共和国治安管理处罚法》第五十条的处罚规定；以暴力、威胁方法阻碍代表依法执行代表职务的，依照刑法有关规定追究刑事责任。

对代表依法执行代表职务进行打击报复的，由所在单位或者上级机关责令改正或者给予行政处分；国家工作人员进行打击报复构成犯罪的，依照刑法有关规定追究刑事责任。

《中华人民共和国村民委员会组织法》（节录）

（1998年11月4日第九届全国人民代表大会常务委员会第五次会议通过　2010年10月28日第十一届全国人民代表大会常务委员会第十七次会议修订）

第二条　村民委员会是村民自我管理、自我教育、自我服务的基层群众性自治

相关执法参考

组织，实行民主选举、民主决策、民主管理、民主监督。

村民委员会办理本村的公共事务和公益事业，调解民间纠纷，协助维护社会治安，向人民政府反映村民的意见、要求和提出建议。

村民委员会向村民会议、村民代表会议负责并报告工作。

第六条　村民委员会由主任、副主任和委员共三至七人组成。

村民委员会成员中，应当有妇女成员，多民族村民居住的村应当有人数较少的民族的成员。

对村民委员会成员，根据工作情况，给予适当补贴。

第十七条　以暴力、威胁、欺骗、贿赂、伪造选票、虚报选举票数等不正当手段当选村民委员会成员的，当选无效。

对以暴力、威胁、欺骗、贿赂、伪造选票、虚报选举票数等不正当手段，妨害村民行使选举权、被选举权，破坏村民委员会选举的行为，村民有权向乡、民族乡、镇的人民代表大会和人民政府或者县级人民代表大会常务委员会和人民政府及其有关主管部门举报，由乡级或者县级人民政府负责调查并依法处理。

《中华人民共和国城市居民委员会组织法》（节录）

（1989年12月26日第七届全国人民代表大会常务委员会第十一次会议通过　1989年12月26日中华人民共和国主席令第二十一号公布　自1990年1月1日起施行）

第二条　居民委员会是居民自我管理、自我教育、自我服务的基层群众性自治组织。

不设区的市、市辖区的人民政府或者它的派出机关对居民委员会的工作给予指导、支持和帮助。居民委员会协助不设区的市、市辖区的人民政府或者它的派出机关开展工作。

第八条　居民委员会主任、副主任和委员，由本居住地区全体有选举权的居民或者由每户派代表选举产生；根据居民意见，也可以由每个居民小组选举代表二至三人选举产生。居民委员会每届任期三年，其成员可以连选连任。

年满十八周岁的本居住地区居民，不分民族、种族、性别、职业、家庭出身、宗教信仰、教育程度、财产状况、居住期限，都有选举权和被选举权；但是，依照法律被剥夺政治权利的人除外。

十一、强行进入大型活动场内
（《治安管理处罚法》第24条第1款第1项）

<table>
<tr><td colspan="2">案由</td><td>强行进入大型活动场内</td></tr>
<tr><td colspan="2">概念</td><td>强行进入大型活动场内，是指在文化、体育等大型群众性活动中，强行进入场内，扰乱大型活动秩序，尚未造成严重后果的行为。</td></tr>
<tr><td rowspan="2">违法构成要件</td><td>违法客体</td><td>本行为侵犯的客体是文化、体育等大型群众性活动的正常秩序。侵犯的对象是文化、体育等大型群众性活动。
所谓“大型群众性活动”，根据《大型群众性活动安全管理条例》①（国务院令第505号）的规定，“大型群众性活动”是指法人或者其他组织面向社会公众举办的每场次预计参加人数达到1000人以上的下列活动：（1）体育比赛活动；（2）演唱会、音乐会等文艺演出活动；（3）展览、展销等活动；（4）游园、灯会、庙会、花会、焰火晚会等活动；（5）人才招聘会、现场开奖的彩票销售等活动。按照该规定，影剧院、音乐厅、公园、娱乐场所等在其日常业务范围内举办的活动，不属于“大型群众性活动”。</td></tr>
<tr><td>违法客观方面</td><td>本行为在客观方面表现为强行进入场内。
所谓“场内”，是指举办大型群众性活动的场所，通常举办大型群众性活动的场所有以下几种：如果大型活动是在音乐厅、体育场、体育馆等专门举办大型活动的固定场所举办，大型活动场内即是指音乐厅、体育场、体育馆内；如果大型活动是在公园、广场等场所临时圈围场地、搭建有关设施举办，大型活动场内即是公园、广场等临时圈围的场地内；如果大型活动在露天的广场举办但没有圈围一定的场地，大型活动场内则应理解为活动中心区域和观众密集的区域；如果大型活动是在公共道路上以群体行进的方式举办，则行进中的群体及围观群众所形成并占有的空间，应被理解为“场内”。
理解本行为的一个关键词就是“强行”，“强行”一般表现为在文化、体育等大型群众性活动组织管理者的阻拦下，不听劝告，硬闯，冲击，凭身体力量等激烈的动作企图直接冲破组织管理者设置的检查口或者比赛场地。
在实践中，本行为的具体方式主要包括：
1. 不购买门票或者入场券，强行入场观看比赛或参加活动；
2. 虽然持有相关票证，但拒不出示，强行入场；
3. 虽然持有相关票证，但拒不服从安全检查人员的安全检查，或不按要求寄存随身携带物品，强行入场；
4. 入场时聚集多人扰乱秩序乘乱入场等。</td></tr>
</table>

① 根据中华人民共和国公安部令第114号，《群众性文化体育活动治安管理办法》（公安部令第44号）已被废止。

<table>
<tr><td rowspan="2">违法构成要件</td><td>违法主体</td><td>本行为的主体是达到责任年龄、具有责任能力的自然人。</td></tr>
<tr><td>违法主观方面</td><td>本行为在主观方面是故意。</td></tr>
<tr><td>认定界限</td><td colspan="2">（一）对“混入”、“潜入”行为的认定。

在实践中，行为人在违反文化、体育等大型群众性活动场馆进场规定的情形下或者在遭到组织管理者的明确拒绝后，还可能采取混杂在人群中，乘检查人员没有注意而“混入”场馆，或者从场馆的其他通道、隐蔽之处翻墙、越栏而偷偷“潜入”大型群众性活动场馆。这时，行为人的“混入”、“潜入”行为虽然也是没有经过许可的行为，同样破坏了大型群众性活动的进场秩序，但是，这些行为并没有像“强行”进入场馆那样公开、直接和激烈地破坏大型群众性活动的进场秩序，其行为的恶劣程度要低于“强行”进入行为，因此，对这些“混入”、“潜入”行为不应认定为本行为。
如果行为人自己故意制造混乱，扰乱现场秩序而“混入”现场的，对行为人应以本行为论处。另外，行为人“混入”、“潜入”现场后，经营管理者发现后，要求其离场而拒不离场的，对行为人也应以本行为论处。

（二）本行为与扰乱公共场所秩序的界限。

《治安管理处罚法》第23条第1款第2项规定的扰乱公共场所秩序，是指扰乱车站、港口、码头、机场、商场、公园、展览馆或其他公共场所秩序的行为。从本质上来说，文化、体育等大型群众性活动也是在公共场所进行的，对这些大型活动的举办场所进行扰乱，也构成了扰乱公共场所秩序的行为，但是，由于这些“大型群众性活动”的特殊性，法律专门对其进行保护，专门规定了“强行进入大型活动场内”这一行为，因此，对这些行为应以“强行进入大型活动场内”处理。另外，相关规定对“文化、体育等群众性大型活动”有明确的规定，影剧院、音乐厅、公园、娱乐场所等在其日常业务范围内举办的活动，不属于“大型群众性活动”，对这些公共场所的扰乱，应以扰乱公共场所秩序论处。</td></tr>
<tr><td>处罚标准</td><td colspan="2">（一）构成本行为的，处警告或者200元以下罚款。
（二）情节严重的，处5日以上10日以下拘留，可以并处500元以下罚款。
在实践中，有下列情形之一的，应认定为“情节严重”：
1. 聚众实施的首要分子、骨干分子；
2. 造成人员受伤、财物受损等较严重后果的；
3. 造成大型活动现场秩序混乱的；</td></tr>
</table>

<table>
<tr><td>处罚标准</td><td>
4. 不听民警或者工作人员劝阻，多次实施的；
5. 采取暴力、威胁、结伙等手段强行进入场内的；
6. 其他情节严重的情形。
（三）因扰乱体育比赛秩序被处以拘留处罚的，可以同时责令其12个月内不得进入体育场馆观看同类比赛。
在适用本项处罚时应注意以下几点：
1. 必须是扰乱体育比赛的行为，对其他的大型活动的扰乱，如文艺演出等，不得限制观看。
2. 必须是被处以拘留处罚的，按照《治安管理处罚法》第24条的规定，扰乱体育比赛的行为，可能的处罚包括警告、罚款和拘留，如果对行为人只是处以警告或罚款，则不能限制观看。
3. 限制观看的必须是同类比赛。例如，行为人因观看足球比赛被处以拘留处罚的，不得限制其观看羽毛球或其他体育项目，只能限制其观看足球比赛，当然更不能限制其观看其他的文艺演出了。
4. 必须是在做出“拘留”决定的同时做出限制观看的决定。不能在做出拘留决定后一段时间再做出限制观看的决定。
5. 对做出拘留决定的人不是必须同时限制其观看同类比赛。根据规定，公安机关“可以”做出，也可以不做出，而不能一律做出该处罚，是否做出应根据行为人的主观恶性或违法行为的情节、后果的轻重来决定。
6. 限制观看的时间不得超过12个月，可以是1个月，也可以是2个月，但最长不得超过12个月。
（四）违反规定进入体育场馆的，强行带离现场。
在适用本项处罚时应注意以下几点：
1. 行为人违反规定进入的必须是体育场馆，而不能是其他公共场所，如举办大型活动的公园等，当然，体育场馆不一定是举行体育比赛，也可能举办文艺演出，只要行为人违反规定进入体育场馆的，就应当强行带离现场。
2. 行为人必须是违反规定进入，“违反规定进入”的方式多种多样，如无票进入、有票但拒绝安全检查而进入等。
3. 强行带离现场，不一定都使用强制手段，对于服从公安机关带离命令的，可以不使用强制手段，当然，如果行为人拒不离开现场，公安机关视情况可以使用适当的强制手段。
4. 强行带离现场后，公安机关可以根据行为人违法行为、情节的轻重或是否存在继续危害社会的可能性，对行为人继续进行审查，也可以带离现场后不审查而将其释放。
</td></tr>
<tr><td>相关执法参考</td><td>
《中华人民共和国治安管理处罚法》（节录）
（2005年8月28日第十届全国人民代表大会常务委员会第十七次会议通过
中华人民共和国主席令第三十八号公布　自2006年3月1日起施行）
第二十四条第一款第一项　有下列行为之一，扰乱文化、体育等大型群众性活
</td></tr>
</table>

相关执法参考

动秩序的，处警告或者二百元以下罚款；情节严重的，处五日以上十日以下拘留，可以并处五百元以下罚款：

（一）强行进入场内的；

第二十四条第二款　因扰乱体育比赛秩序被处以拘留处罚的，可以同时责令其十二个月内不得进入体育场馆观看同类比赛；违反规定进入体育场馆的，强行带离现场。

《大型群众性活动安全管理条例》（节录）

（2007年8月29日国务院第190次常务会议通过

中华人民共和国国务院令第505号公布　自2007年10月1日起施行）

第二条　本条例所称大型群众性活动，是指法人或者其他组织面向社会公众举办的每场次预计参加人数达到1000人以上的下列活动：

（一）体育比赛活动；

（二）演唱会、音乐会等文艺演出活动；

（三）展览、展销等活动；

（四）游园、灯会、庙会、花会、焰火晚会等活动；

（五）人才招聘会、现场开奖的彩票销售等活动。

影剧院、音乐厅、公园、娱乐场所等在其日常业务范围内举办的活动，不适用本条例的规定。

第九条　参加大型群众性活动的人员应当遵守下列规定：

（一）遵守法律、法规和社会公德，不得妨碍社会治安、影响社会秩序；

（二）遵守大型群众性活动场所治安、消防等管理制度，接受安全检查，不得携带爆炸性、易燃性、放射性、毒害性、腐蚀性等危险物质或者非法携带枪支、弹药、管制器具；

（三）服从安全管理，不得展示侮辱性标语、条幅等物品，不得围攻裁判员、运动员或者其他工作人员，不得投掷杂物。

第二十三条　参加大型群众性活动的人员有违反本条例第九条规定行为的，由公安机关给予批评教育；有危害社会治安秩序、威胁公共安全行为的，公安机关可以将其强行带离现场，依法给予治安管理处罚；构成犯罪的，依法追究刑事责任。

十二、违规在大型活动场内燃放物品

（《治安管理处罚法》第 24 条第 1 款第 2 项）

<table>
<tr><td colspan="2">案由</td><td>违规在大型活动场内燃放物品</td></tr>
<tr><td colspan="2">概念</td><td>违规在大型活动场内燃放物品，是指违反相关规定，在文化、体育等大型群众性活动的场内燃放烟花爆竹或其他物品，扰乱大型活动秩序，尚不够刑事处罚的行为。</td></tr>
<tr><td rowspan="2">违法构成要件</td><td>违法客体</td><td>本行为侵犯的客体是文化、体育等大型群众性活动的正常秩序。
所谓“大型群众性活动”，根据《大型群众性活动安全管理条例》[1]（国务院令第 505 号）的规定，“大型群众性活动”是指法人或者其他组织面向社会公众举办的每场次预计参加人数达到 1000 人以上的下列活动：（1）体育比赛活动；（2）演唱会、音乐会等文艺演出活动；（3）展览、展销等活动；（4）游园、灯会、庙会、花会、焰火晚会等活动；（5）人才招聘会、现场开奖的彩票销售等活动。按照该规定，影剧院、音乐厅、公园、娱乐场所等在其日常业务范围内举办的活动，不属于“大型群众性活动”。</td></tr>
<tr><td>违法客观方面</td><td>本行为在客观方面表现为违反相关规定，在文化、体育等大型群众性活动的场内燃放烟花爆竹或其他物品，扰乱大型活动秩序，尚不够刑事处罚的行为。
“其他物品”主要是指燃放后可能造成安全隐患，从而可能影响文化、体育等大型群众性活动正常进行的物品，如报纸、标语、条幅等。
本行为在客观方面由 3 方面构成：
1. 必须是违反规定燃放。实践中，有关大型活动的组织者往往会燃放烟花爆炸，以提升喜庆的气氛，这是经过相关部门批准或同意的，这种行为不属违规行为。
2. 必须是在文化、体育等大型群众性活动的“场内”燃放。所谓“场内”，是指举办大型群众性活动的场所，通常举办大型群众性活动的场所有以下几种：如果大型活动是在音乐厅、体育场、体育馆等专门举办大型活动的固定场所举办，大型活动场内即是指音乐厅、体育场、体育馆内；如果大型活动是在公园、广场等场所临时圈围场地、搭建有关设施举办，大型活动场内即是公园、广场等临时圈围的场地内；如果大型活动在露天的广场举办但没有圈围一定的场地，大型活动场内则应理解为活动中心区域和观众密集的区域；如果大型活动是在公共道路上以群体行进的方式举办，则行进中的群体及围观群众所形成并占有的空间，应被理解为“场内”。
3. 扰乱了大型活动秩序，但尚不够刑事处罚。例如，行为人点燃了一张</td></tr>
</table>

[1] 根据中华人民共和国公安部令第 114 号，《群众性文化体育活动治安管理办法》（公安部令第 44 号）已被废止。

<table>
<tr><td rowspan="3">违法构成要件</td><td>违法客观方面</td><td>纸片，周围人甚至都没有发现，对大型活动根本没有造成任何影响，对这种行为不能以“违规在大型活动场内燃放物品”论处；相反，如果行为人的燃放物品行为，严重影响了大型活动的举行，如引起了人员踩踏，造成了重大财产损失或人身伤亡，或者造成了极恶劣的社会影响等，这种行为，已经触犯了《刑法》，应该按照《刑法》的相关规定处理，也不能以“违规在大型活动场内燃放物品”处理。</td></tr>
<tr><td>违法主体</td><td>本行为的主体是达到责任年龄、具有责任能力的自然人。</td></tr>
<tr><td>违法主观方面</td><td>本行为在主观方面是故意。</td></tr>
<tr><td>认定界限</td><td colspan="2">（一）本行为与扰乱公共场所秩序的界限。
《治安管理处罚法》第23条第1款第2项规定的扰乱公共场所秩序，是指扰乱车站、港口、码头、机场、商场、公园、展览馆或其他公共场所秩序的行为。从本质上来说，文化、体育等大型群众性活动也是在公共场所进行的，在这些大型群众性活动的举办场所内违规燃放物品，也构成了扰乱公共场所秩序的行为，但是，由于这些“大型群众性活动”的特殊性，法律专门对其进行保护，专门规定了“违规在大型活动场内燃放物品”这一行为，因此，对这些行为应以本行为论处。另外，相关规定对“文化、体育等群众性大型活动”有明确的规定，影剧院、音乐厅、公园、娱乐场所等在其日常业务范围内举办的活动，不属于“大型群众性活动”，在这些公共场所内违规燃放物品的，应以扰乱公共场所秩序行为论处。
（二）本行为与聚众扰乱公共场所秩序罪的界限。
《刑法》第291条规定的聚众扰乱公共场所秩序罪，是指聚众扰乱车站、码头、民用航空站、商场、公园、影剧院、展览会、运动场或者其他公共场所秩序，抗拒、阻碍国家治安管理工作人员依法执行职务，情节严重的行为。两者的界限主要在于：
1. 后者必须是以“聚众”的方式实施，即3人以上；本行为既可以是聚众实施，也可以是单独实施。
2. 处罚的对象不同。后者处罚的对象必须是聚众实施扰乱公共场所秩序的首要分子；本行为没有这一要求。
3. 行为方式不同。本行为的方式仅限于在大型活动场内燃放物品这一种方式；后者的行为方式多种多样，如在公共场所聚众拥挤、起哄闹事；在人群集结地进行煽动性讲演游说，静坐示威；冲击会场、影剧院、展览会、运动场等公共场所；围</td></tr>
</table>

认定界限	攻、殴打公共场所维护秩序的治安管理工作人员等，当然，后者的行为方式也包括违规在大型活动场所内燃放物品。 4. 行为发生的地点不同。本行为发生的地点仅限于文化、体育等大型群众性活动的场内；后者发生的地点包括所有公共场所，既包括“场内”也包括“场外”，既包括群众性大型活动，也包括影剧院、音乐厅、公园、娱乐场所等在其日常业务范围内举办的活动。 5. 情节和危害后果不同。后者的行为情节一般都很严重，同时还必须具备抗拒、阻碍国家治安管理工作人员依法执行职务的情节；本行为的情节一般较轻，恶性也不是太大。从危害后果上来说，聚众扰乱公共场所秩序罪一般要求该行为造成重大损失，如人员伤亡、公私财产遭受重大损失、重要设备遭受巨大损毁，或者在社会上造成广泛、持续而恶劣的影响等。
处罚标准	（一）构成本行为的，处警告或者200元以下罚款。 （二）情节严重的，处5日以上10日以下拘留，可以并处500元以下罚款。 有下列情形之一的，应认定为“情节严重”： 1. 聚众实施的首要分子、骨干分子； 2. 造成人员受伤、财物受损等较重后果的； 3. 造成大型活动现场秩序混乱，致使活动的正常进行受到影响的； 4. 不听民警或者工作人员劝阻，多次实施的。 （三）因扰乱体育比赛秩序被处以拘留处罚的，可以同时责令其12个月内不得进入体育场馆观看同类比赛。 在适用本项处罚时应注意以下几点： 1. 必须是扰乱体育比赛的行为，对其他的大型活动的扰乱，如文艺演出等，不得限制观看。 2. 必须是被处以拘留处罚的，按照《治安管理处罚法》第24条的规定，扰乱体育比赛的行为，可能的处罚包括警告、罚款和拘留，如果对行为人只是处以警告或罚款，则不能限制观看。 3. 限制观看的必须是同类比赛。例如，行为人因观看足球比赛被处以拘留处罚的，不得限制其观看羽毛球或其他体育项目，只能限制其观看足球比赛，当然更不能限制其观看其他的文艺演出了。 4. 必须是在做出“拘留”决定的同时做出限制观看的决定。不能在做出拘留决定后一段时间再做出限制观看的决定。 5. 对做出拘留决定的人不是必须同时限制其观看同类比赛。根据规定，公安机关“可以”做出，也可以不做出，具体应根据行为人的主观恶性或违法行为的情节、后果的轻重来决定。 6. 限制观看的时间不得超过12个月，可以是1个月，也可以是2个月，但最长不得超过12个月。

相关执法参考

《中华人民共和国治安管理处罚法》（节录）

（2005年8月28日第十届全国人民代表大会常务委员会第十七次会议通过
中华人民共和国主席令第三十八号公布　自2006年3月1日起施行）

第二十四条第一款第二项　有下列行为之一，扰乱文化、体育等大型群众性活动秩序的，处警告或者二百元以下罚款；情节严重的，处五日以上十日以下拘留，可以并处五百元以下罚款：

（二）违反规定，在场内燃放烟花爆竹或者其他物品的；

第二十四条第二款　因扰乱体育比赛秩序被处以拘留处罚的，可以同时责令其十二个月内不得进入体育场馆观看同类比赛；违反规定进入体育场馆的，强行带离现场。

《中华人民共和国刑法》（节录）

（1979年7月1日第五届全国人民代表大会第二次会议通过　1997年3月14日第八届全国人民代表大会第五次会议修订　根据2011年2月25日第十一届全国人民代表大会常务委员会第十九次会议通过的《中华人民共和国刑法修正案（八）》最新修正）

第二百九十一条　聚众扰乱车站、码头、民用航空站、商场、公园、影剧院、展览会、运动场或者其他公共场所秩序，聚众堵塞交通或者破坏交通秩序，抗拒、阻碍国家治安管理工作人员依法执行职务，情节严重的，对首要分子，处五年以下有期徒刑、拘役或者管制。

《大型群众性活动安全管理条例》（节录）

（2007年8月29日国务院第190次常务会议通过
中华人民共和国国务院令第505号公布　自2007年10月1日起施行）

第二条　本条例所称大型群众性活动，是指法人或者其他组织面向社会公众举办的每场次预计参加人数达到1000人以上的下列活动：

（一）体育比赛活动；

（二）演唱会、音乐会等文艺演出活动；

（三）展览、展销等活动；

（四）游园、灯会、庙会、花会、焰火晚会等活动；

（五）人才招聘会、现场开奖的彩票销售等活动。

影剧院、音乐厅、公园、娱乐场所等在其日常业务范围内举办的活动，不适用本条例的规定。

第九条　参加大型群众性活动的人员应当遵守下列规定：

（一）遵守法律、法规和社会公德，不得妨碍社会治安、影响社会秩序；

（二）遵守大型群众性活动场所治安、消防等管理制度，接受安全检查，不得携带爆炸性、易燃性、放射性、毒害性、腐蚀性等危险物质或者非法携带枪支、弹药、管制器具；

（三）服从安全管理，不得展示侮辱性标语、条幅等物品，不得围攻裁判员、运动员或者其他工作人员，不得投掷杂物。

相关执法参考

第二十三条 参加大型群众性活动的人员有违反本条例第九条规定行为的，由公安机关给予批评教育；有危害社会治安秩序、威胁公共安全行为的，公安机关可以将其强行带离现场，依法给予治安管理处罚；构成犯罪的，依法追究刑事责任。

《烟花爆竹安全管理条例》（节录）

（2006年1月21日 国务院令第455号颁布 自颁布之日起施行）

第二条 烟花爆竹的生产、经营、运输和燃放，适用本条例。

本条例所称烟花爆竹，是指烟花爆竹制品和用于生产烟花爆竹的民用黑火药、烟火药、引火线等物品。

第三条 国家对烟花爆竹的生产、经营、运输和举办焰火晚会以及其他大型焰火燃放活动，实行许可证制度。

未经许可，任何单位或者个人不得生产、经营、运输烟花爆竹，不得举办焰火晚会以及其他大型焰火燃放活动。

第四条 安全生产监督管理部门负责烟花爆竹的安全生产监督管理；公安部门负责烟花爆竹的公共安全管理；质量监督检验部门负责烟花爆竹的质量监督和进出口检验。

第五条 公安部门、安全生产监督管理部门、质量监督检验部门、工商行政管理部门应当按照职责分工，组织查处非法生产、经营、储存、运输、邮寄烟花爆竹以及非法燃放烟花爆竹的行为。

第六条 烟花爆竹生产、经营、运输企业和焰火晚会以及其他大型焰火燃放活动主办单位的主要负责人，对本单位的烟花爆竹安全工作负责。

烟花爆竹生产、经营、运输企业和焰火晚会以及其他大型焰火燃放活动主办单位应当建立健全安全责任制，制定各项安全管理制度和操作规程，并对从业人员定期进行安全教育、法制教育和岗位技术培训。

中华全国供销合作总社应当加强对本系统企业烟花爆竹经营活动的管理。

第二十八条 燃放烟花爆竹，应当遵守有关法律、法规和规章的规定。县级以上地方人民政府可以根据本行政区域的实际情况，确定限制或者禁止燃放烟花爆竹的时间、地点和种类。

第二十九条 各级人民政府和政府有关部门应当开展社会宣传活动，教育公民遵守有关法律、法规和规章，安全燃放烟花爆竹。

广播、电视、报刊等新闻媒体，应当做好安全燃放烟花爆竹的宣传、教育工作。

未成年人的监护人应当对未成年人进行安全燃放烟花爆竹的教育。

第三十条 禁止在下列地点燃放烟花爆竹：

（一）文物保护单位；

（二）车站、码头、飞机场等交通枢纽以及铁路线路安全保护区内；

（三）易燃易爆物品生产、储存单位；

（四）输变电设施安全保护区内；

（五）医疗机构、幼儿园、中小学校、敬老院；

相关执法参考

（六）山林、草原等重点防火区；

（七）县级以上地方人民政府规定的禁止燃放烟花爆竹的其他地点。

第三十一条　燃放烟花爆竹，应当按照燃放说明燃放，不得以危害公共安全和人身、财产安全的方式燃放烟花爆竹。

第三十二条　举办焰火晚会以及其他大型焰火燃放活动，应当按照举办的时间、地点、环境、活动性质、规模以及燃放烟花爆竹的种类、规格和数量，确定危险等级，实行分级管理。分级管理的具体办法，由国务院公安部门规定。

第三十三条　申请举办焰火晚会以及其他大型焰火燃放活动，主办单位应当按照分级管理的规定，向有关人民政府公安部门提出申请，并提交下列有关材料：

（一）举办焰火晚会以及其他大型焰火燃放活动的时间、地点、环境、活动性质、规模；

（二）燃放烟花爆竹的种类、规格、数量；

（三）燃放作业方案；

（四）燃放作业单位、作业人员符合行业标准规定条件的证明。

受理申请的公安部门应当自受理申请之日起20日内对提交的有关材料进行审查，对符合条件的，核发《焰火燃放许可证》；对不符合条件的，应当说明理由。

第三十四条　焰火晚会以及其他大型焰火燃放活动燃放作业单位和作业人员，应当按照焰火燃放安全规程和经许可的燃放作业方案进行燃放作业。

第三十五条　公安部门应当加强对危险等级较高的焰火晚会以及其他大型焰火燃放活动的监督检查。

第四十二条　对未经许可举办焰火晚会以及其他大型焰火燃放活动，或者焰火晚会以及其他大型焰火燃放活动燃放作业单位和作业人员违反焰火燃放安全规程、燃放作业方案进行燃放作业的，由公安部门责令停止燃放，对责任单位处1万元以上5万元以下的罚款。

在禁止燃放烟花爆竹的时间、地点燃放烟花爆竹，或者以危害公共安全和人身、财产安全的方式燃放烟花爆竹的，由公安部门责令停止燃放，处100元以上500元以下的罚款；构成违反治安管理行为的，依法给予治安管理处罚。

十三、在大型活动场内展示污辱性物品

（《治安管理处罚法》第24条第1款第3项）

案由		在大型活动场内展示污辱性物品
概念		在大型活动场内展示污辱性物品，是指在文化、体育等大型群众性活动中，违反规定，在场内展示污辱性的标语、条幅等物品，扰乱大型活动的正常秩序，尚不够刑事处罚的行为。
违法构成要件	违法客体	本行为侵犯的客体是文化、体育等大型群众性活动的正常秩序。 所谓“大型群众性活动”，根据《大型群众性活动安全管理条例》[①]（国务院令第505号）的规定，“大型群众性活动”是指法人或者其他组织面向社会公众举办的每场次预计参加人数达到1000人以上的下列活动：（1）体育比赛活动；（2）演唱会、音乐会等文艺演出活动；（3）展览、展销等活动；（4）游园、灯会、庙会、花会、焰火晚会等活动；（5）人才招聘会、现场开奖的彩票销售等活动。按照该规定，影剧院、音乐厅、公园、娱乐场所等在其日常业务范围内举办的活动，不属于“大型群众性活动”。
	违法客观方面	本行为在客观方面表现为违反相关规定，在文化、体育等大型群众性活动的场内展示污辱性的标语、条幅等物品，扰乱大型活动的正常秩序，尚不够刑事处罚的行为。 本行为在客观方面由4方面构成： 1. 必须是违反相关规定。实践中，为了活跃气氛，表达自己对参加演出或比赛的选手的喜爱等，有关大型活动的组织者或参与者往往会在大型活动的场内悬挂各种标语、条幅等物品，但是，这种悬挂或展示行为，应该以符合相关规定为限，并不得损害他人的合法权益，尤其是不得展示带有污辱性内容的标语或条幅，这是公共场所文明的标志，也是对相关人员的尊重需要。在大型体育比赛中，悬挂污辱性的宣传品，往往是引发骚乱的导火线。 2. 必须是在文化、体育等大型群众性活动的“场内”展示。“展示”是指让特定或不特定的多人知悉标语或条幅等物品的内容，可以是文字的方式，也可以是其他的方式，如漫画等。所谓“场内”，是指举办大型群众性活动的场所，通常举办大型群众性活动的场所有以下几种：如果大型活动是在音乐厅、体育场、体育馆等专门举办大型活动的固定场所举办，大型活动场内即是指音乐厅、体育场、体育馆内；如果大型活动是在公园、广场等场所临时圈围场地、搭建有关设施举办，大型活动场内即是公园、广场等临时圈围的场地内；如果大型活动在露天的广场举办但没有圈围一定的场地，大型活动场内则应理解为活动中心区域和观众密集的区域；如果大型活动是在公共道路上以群体行进的方式举办，则行进中的群体及围观群众所形成并占有的空间，应被理解为“场内”。

① 根据中华人民共和国公安部令第114号，《群众性文化体育活动治安管理办法》（公安部令第44号）已被废止。

违法构成要件	违法客观方面	3. 展示的必须是具有“侮辱性”的标语、条幅等物品。所谓“侮辱性”，是指标语、条幅等物品有贬低他人人格、破坏他人名誉的内容表现。这种侮辱性的内容包括对别人的肤色、种族、民族、性别、国籍、信仰、传统、过去经历、私生活等敏感话题进行的煽动、歪曲、攻击或谩骂等，其形式可以是文字，也可以是图案，或者是两者结合，甚至可以是一些对当事人具有特殊意义的、具有禁忌性的、隐秘性的物品等。 4. 扰乱了大型活动秩序，但尚不够刑事处罚。行为人展示了带有侮辱性的标语、条幅或其他物品，但对大型活动根本没有造成任何影响或影响非常轻微的，对这种行为不能以“在大型活动场内展示污辱性物品”论处，但是，如果该“污辱性”的物品对特定的人造成了伤害的，可能构成其他行为，如侮辱、诽谤等；另外，如果行为人的在大型活动场内展示污辱性物品行为，严重影响了大型活动的举行，如引起了大规模殴斗，造成了重大财产损失或人身伤亡，或者造成了极恶劣的社会影响等，这种行为已经触犯了《刑法》，应该按照《刑法》的相关规定处理，不能以“在大型活动场内展示污辱性物品”处理。 需要注意的是：本违法行为侮辱的对象只能是场上参加体育比赛或者其他大型活动的人员（或组织），以及与比赛或活动双方有密切关系的人员（或组织），如参加足球比赛的一方的某球员（包括上场比赛的球员和替补球员）、某球队、教练、对方拉拉队或者裁判员等，其对象具有特定性。这里的特定性既可以是指名道姓，也可以不指名道姓，但根据行为人侮辱的方式、内容等情况，包含他人可以推知是某人（或组织）的信息即可。 如果“污辱性”的标语、条幅等物品只是针对与大型群众性活动无关的某个普通公民，则对行为人不能以本行为论处，需要处理的，应根据《治安管理处罚法》第42条第2项的规定，以侮辱行为论处。
	违法主体	本行为的主体是达到责任年龄、具有责任能力的自然人。
	违法主观方面	本行为在主观方面是故意。
认定界限	（一）本行为与侮辱行为的界限。 《治安管理处罚法》第42条第2项规定的侮辱，是指以暴力或其他方法，公然贬低他人人格，破坏他人名誉，情节轻微，尚不够刑事处罚的行为。两者的界限主要在于： 1. 行为侵犯的客体不同。本行为侵犯的客体是有关大型群众性活动的正常秩序；	

认定界限	后者侵犯的客体是他人的人格权、名誉权。 2. 行为发生的地点不同。本行为只能发生在大型群众性活动的场内；后者可能发生在任何地点。 3. 行为发生的方式不同。本行为只能是通过在场内展示污辱性的标语、条幅等物品的方式；后者的行为方式多种多样：一是暴力侮辱，如当众打人耳光，强迫他人从自己胯下钻过，强迫他人在地上学动物爬、学动物叫，强行给他人画鬼脸，剃阴阳头，往他人身上泼洒粪尿污物等；二是口头侮辱，如以言词对他人辱骂，恶语中伤等；三是文字侮辱，如以大、小字报或漫画等形式进行人身侮辱等。 4. 行为侵犯的对象不同。本行为侵犯的对象既可以是个人，也可以是某组织，如球员、球队、拉拉队、对方的支持者、裁判员、大型活动组织者等；后者侵犯的对象只能是针对特定的人，不包括对有关组织的侮辱。 在实践中，行为人如果展示的“污辱性”标语、条幅等物品只是针对与大型群众性活动无关的某个普通公民，则对行为人不能以本行为论处，需要处理的，应根据《治安管理处罚法》第 42 条第 2 项的规定，以侮辱行为论处。 （二）本行为与扰乱公共场所秩序的界限。 《治安管理处罚法》第 23 条第 1 款第 2 项规定的扰乱公共场所秩序，是指扰乱车站、港口、码头、机场、商场、公园、展览馆或其他公共场所秩序的行为。从本质上来说，文化、体育等大型群众性活动也是在公共场所进行的，在这些大型群众性活动的举办场所内违反相关规定，展示污辱性的标语、条幅等物品，也构成了扰乱公共场所秩序的行为，但是，由于这些“大型群众性活动”的特殊性，法律专门对其进行保护，专门规定了“在大型活动场内展示污辱性物品”这一行为，因此，对这些行为应以本行为论处。 另外，相关规定对“文化、体育等群众性大型活动”有明确的规定，影剧院、音乐厅、公园、娱乐场所等在其日常业务范围内举办的活动，不属于“大型群众性活动”，在这些公共场所内违规展示污辱性的标语、条幅等物品的，应根据实际情况来认定，如果“侮辱”的内容是针对特定人的，对行为人应以侮辱行为论处，如果“侮辱”的内容并没有针对特定的个人，根据其方式、透露的信息也难以推知是某人的，对行为人应以扰乱公共场所秩序行为论处。 （三）本行为与侮辱罪、诽谤罪的界限。 《刑法》第 246 条规定的侮辱罪、诽谤罪是指以暴力或者其他方法公然侮辱他人或者捏造事实诽谤他人，情节严重的行为。 在实践中，本行为的行为人展示“污辱性”物品的“侮辱”内容是针对与大型群众性活动有关的特定的个人或群体的，这时，本行为与后两罪的界限主要是危害后果或情节的轻重（其他区别参见本行为与侮辱行为的界限，这里不再重复）。如果行为人在文化、体育等大型群众性活动中，利用展示污辱性的标语、条幅等方式，侮辱或诽谤他人，情节严重的，应以侮辱罪或诽谤罪论处，所谓“情节严重”，是指手段、动机特别卑劣，引起自杀或者其他严重后果，如被害人在受到侮辱或诽谤后精神失常、引起公愤等。

处罚标准	（一）构成本行为的，处警告或者200元以下罚款。 （二）情节严重的，处5日以上10日以下拘留，可以并处500元以下罚款。 在实践中，有下列情形之一的，应认定为“情节严重”： 1. 聚众实施的首要分子、骨干分子； 2. 造成人员受伤、财物受损等较重后果的； 3. 造成大型活动现场秩序混乱，致使活动的正常进行受到影响的； 4. 不听民警或者工作人员劝阻，多次实施的； 5. 其他情节严重的情形。 （三）因扰乱体育比赛秩序被处以拘留处罚的，可以同时责令其12个月内不得进入体育场馆观看同类比赛。 在适用本项处罚时应注意以下几点： 1. 必须是扰乱体育比赛的行为，对其他的大型活动的扰乱，如文艺演出等，不得限制观看。 2. 必须是被处以拘留处罚的，按照《治安管理处罚法》第24条的规定，扰乱体育比赛的行为，可能的处罚包括警告、罚款和拘留，如果对行为人只是处以警告或罚款，则不能限制观看。 3. 限制观看的必须是同类比赛。例如，行为人因观看足球比赛被处以拘留处罚的，不得限制其观看羽毛球或其他体育项目，只能限制其观看足球比赛，当然更不能限制其观看其他的文艺演出了。 4. 必须是在做出“拘留”决定的同时做出限制观看的决定。不能在做出拘留决定后一段时间再做出限制观看的决定。 5. 对做出拘留决定的人不是必须同时限制其观看同类比赛。根据规定，公安机关“可以”做出，也可以不做出，具体应根据行为人的主观恶性或违法行为的情节、后果的轻重来决定。 6. 限制观看的时间不得超过12个月，可以是1个月，也可以是2个月，但最长不得超过12个月。
相关执法参考	**《中华人民共和国治安管理处罚法》**（节录） （2005年8月28日第十届全国人民代表大会常务委员会第十七次会议通过　中华人民共和国主席令第三十八号公布　自2006年3月1日起施行） 第二十四条第一款第三项　有下列行为之一，扰乱文化、体育等大型群众性活动秩序的，处警告或者二百元以下罚款；情节严重的，处五日以上十日以下拘留，可以并处五百元以下罚款： （三）展示侮辱性标语、条幅等物品的； 第二十四条第二款　因扰乱体育比赛秩序被处以拘留处罚的，可以同时责令其十二个月内不得进入体育场馆观看同类比赛；违反规定进入体育场馆的，强行带离现场。

相关执法参考

《中华人民共和国刑法》（节录）

（1979年7月1日第五届全国人民代表大会第二次会议通过 1997年3月14日第八届全国人民代表大会第五次会议修订 根据2011年2月25日第十一届全国人民代表大会常务委员会第十九次会议通过的《中华人民共和国刑法修正案（八）》最新修正）

第二百四十六条 以暴力或者其他方法公然侮辱他人或者捏造事实诽谤他人，情节严重的，处三年以下有期徒刑、拘役、管制或者剥夺政治权利。

前款罪，告诉的才处理，但是严重危害社会秩序和国家利益的除外。

《大型群众性活动安全管理条例》（节录）

（2007年8月29日国务院第190次常务会议通过
中华人民共和国国务院令第505号公布 自2007年10月1日起施行）

第二条 本条例所称大型群众性活动，是指法人或者其他组织面向社会公众举办的每场次预计参加人数达到1000人以上的下列活动：

（一）体育比赛活动；

（二）演唱会、音乐会等文艺演出活动；

（三）展览、展销等活动；

（四）游园、灯会、庙会、花会、焰火晚会等活动；

（五）人才招聘会、现场开奖的彩票销售等活动。

影剧院、音乐厅、公园、娱乐场所等在其日常业务范围内举办的活动，不适用本条例的规定。

第九条 参加大型群众性活动的人员应当遵守下列规定：

（一）遵守法律、法规和社会公德，不得妨碍社会治安、影响社会秩序；

（二）遵守大型群众性活动场所治安、消防等管理制度，接受安全检查，不得携带爆炸性、易燃性、放射性、毒害性、腐蚀性等危险物质或者非法携带枪支、弹药、管制器具；

（三）服从安全管理，不得展示侮辱性标语、条幅等物品，不得围攻裁判员、运动员或者其他工作人员，不得投掷杂物。

第二十三条 参加大型群众性活动的人员有违反本条例第九条规定行为的，由公安机关给予批评教育；有危害社会治安秩序、威胁公共安全行为的，公安机关可以将其强行带离现场，依法给予治安管理处罚；构成犯罪的，依法追究刑事责任。

十四、围攻大型活动工作人员

（《治安管理处罚法》第24条第1款第4项）

案由		围攻大型活动工作人员
概念		围攻大型活动工作人员，是指在文化、体育等群众性大型活动中，围攻裁判员、运动员或其他工作人员，扰乱大型群众性活动的秩序，尚不够刑事处罚的行为。
违法构成要件	违法客体	本行为侵犯的客体是复杂客体，不仅侵犯了文化、体育等群众性大型活动的正常秩序，还侵犯了大型活动工作人员的人身权利。 所谓“大型群众性活动”，根据《大型群众性活动安全管理条例》[①]（国务院令第505号）的规定，“大型群众性活动”是指法人或者其他组织面向社会公众举办的每场次预计参加人数达到1000人以上的下列活动：（1）体育比赛活动；（2）演唱会、音乐会等文艺演出活动；（3）展览、展销等活动；（4）游园、灯会、庙会、花会、焰火晚会等活动；（5）人才招聘会、现场开奖的彩票销售等活动。按照该规定，影剧院、音乐厅、公园、娱乐场所等在其日常业务范围内举办的活动，不属于“大型群众性活动”。 行为侵犯的对象是大型群众性活动的裁判员、运动员或其他工作人员，对除此之外的其他人员的围攻，不构成本行为，如对对方支持者的围攻，需要处理的，可根据具体情况予以认定，如故意伤害、寻衅滋事等。
	违法客观方面	本行为在客观方面表现为在文化、体育等群众性大型活动中，围攻裁判员、运动员或其他工作人员，扰乱大型群众性活动的秩序，尚不够刑事处罚的行为。 裁判员、运动员或其他工作人员是大型活动的主要参与者，其人身安全得到有效的保障是确保大型活动顺利进行的必要条件，围攻大型活动工作人员的行为是一种比较严重的扰乱大型活动秩序的行为。 “围攻”是指行为人试图将某人围住，进行攻击、谩骂、推搡、拦截等，用激烈的言辞或行为对该人表达强烈不满情绪的行为。“围攻”必须是一种多人实施的行为，在实践中，可能参与“围攻”的人很多，但在进行治安处罚时，只对行为较为恶劣，造成损失较大的“首要分子或骨干分子”进行追究，对一般的参与人员应采取批评教育的方式，而不是不问具体情节一概以本行为论处。 另外，本行为的发生不限于“场内”，而且，从现实情况来看，本行为一般多发生在比赛途中或比赛结束以后有关人员退场、离开比赛场地之时。

① 根据中华人民共和国公安部令第114号，《群众性文化体育活动治安管理办法》（公安部令第44号）已被废止。

<table>
<tr><td rowspan="2">违法构成要件</td><td>违法主体</td><td>本行为的主体是达到责任年龄、具有责任能力的自然人，一般而言，本行为的主体应当是文化、体育等群众性大型活动的裁判员、运动员或其他工作人员以外的人员，如果是文化、体育等群众性大型活动的裁判员、运动员或其他工作人员相互之间互相围攻的，应根据情况，分别认定为故意伤害或寻衅滋事。</td></tr>
<tr><td>违法主观方面</td><td>本行为在主观方面是故意。</td></tr>
<tr><td>认定界限</td><td colspan="2">（一）本行为与故意伤害行为、故意伤害罪的界限。
一般来说，本行为中的“围攻”行为，不会对工作人员的人身造成较明显的伤害，如果“围攻”行为造成了裁判员、运动员或其他工作人员轻微伤的，则该行为同时构成了故意伤害行为，应按本行为和“故意伤害”行为择一处罚较重的论处。同样，如果该“围攻”行为，造成了相关工作人员比较重的伤害，如达到轻伤以上的，则该行为已构成犯罪，应以故意伤害罪论处，追究相关人的刑事责任。
（二）本行为与寻衅滋事的界限。
《治安管理处罚法》第26条规定的寻衅滋事，是指一人或多人在公共场所或者其他场所实施结伙斗殴，追逐、拦截他人，强拿硬要或者任意损毁、占用公私财物，以及其他寻衅滋事的行为，破坏公共秩序，尚不够刑事处罚的行为。一般而言，行为人在文化、体育等群众性大型活动中，围攻裁判员、运动员或其他工作人员，扰乱大型群众性活动秩序的行为也符合寻衅滋事行为的要件，只是由于该行为的特殊性，《治安管理处罚法》将其单独列了出来，规定了独立的案由，因此，对此行为应当认定为本行为而不再认定为寻衅滋事，但是，如果行为人围攻的是裁判员、运动员或其他工作人员以外的人的，对行为人应以寻衅滋事论处。</td></tr>
<tr><td>处罚标准</td><td colspan="2">（一）构成本行为的，处警告或者200元以下罚款。
（二）情节严重的，处5日以上10日以下拘留，可以并处500元以下罚款。
有下列情形之一的，应认定为“情节严重”：
1. 聚众实施的首要分子、骨干分子；
2. 造成人员受伤、财物受损等较重后果的；
3. 造成大型活动现场秩序混乱，致使活动的正常进行受到影响的；
4. 不听民警或者工作人员劝阻，多次实施的；
5. 其他情节严重的情形。
（三）因扰乱体育比赛秩序被处以拘留处罚的，可以同时责令其12个月内不得进入体育场馆观看同类比赛。
在适用本项处罚时应注意以下几点：</td></tr>
</table>

<table>
<tr><td>处罚标准</td><td>1. 必须是扰乱体育比赛的行为，对其他的大型活动的扰乱，如文艺演出等，不得限制观看。
2. 必须是被处以拘留处罚的，按照《治安管理处罚法》第24条的规定，扰乱体育比赛的行为，可能的处罚包括警告、罚款和拘留，如果对行为人只是处以警告或罚款，则不能限制观看。
3. 限制观看的必须是同类比赛。例如，行为人因观看足球比赛被处以拘留处罚的，不得限制其观看羽毛球或其他体育项目，只能限制其观看足球比赛，当然更不能限制其观看其他的文艺演出了。
4. 必须是在做出“拘留”决定的同时做出限制观看的决定。不能在做出拘留决定后一段时间再做出限制观看的决定。
5. 对做出拘留决定的人不是必须同时限制其观看同类比赛。根据规定，公安机关“可以”做出，也可以不做出，具体应根据行为人的主观恶性或违法行为的情节、后果的轻重来决定。
6. 限制观看的时间不得超过12个月，可以是1个月，也可以是2个月，但最长不得超过12个月。</td></tr>
<tr><td>相关执法参考</td><td>《中华人民共和国治安管理处罚法》（节录）
（2005年8月28日第十届全国人民代表大会常务委员会第十七次会议通过
中华人民共和国主席令第三十八号公布　自2006年3月1日起施行）
第二十四条第一款第四项　有下列行为之一，扰乱文化、体育等大型群众性活动秩序的，处警告或者二百元以下罚款；情节严重的，处五日以上十日以下拘留，可以并处五百元以下罚款：
（四）围攻裁判员、运动员或者其他工作人员的；
第二十四条第二款　因扰乱体育比赛秩序被处以拘留处罚的，可以同时责令其十二个月内不得进入体育场馆观看同类比赛；违反规定进入体育场馆的，强行带离现场。
第二十六条　有下列行为之一的，处五日以上十日以下拘留，可以并处五百元以下罚款；情节较重的，处十日以上十五日以下拘留，可以并处一千元以下罚款：
（一）结伙斗殴的；
（二）追逐、拦截他人的；
（三）强拿硬要或者任意损毁、占用公私财物的；
（四）其他寻衅滋事行为。
第四十三条　殴打他人的，或者故意伤害他人身体的，处五日以上十日以下拘留，并处二百元以上五百元以下罚款；情节较轻的，处五日以下拘留或者五百元以下罚款。
有下列情形之一的，处十日以上十五日以下拘留，并处五百元以上一千元以下罚款：
（一）结伙殴打、伤害他人的；
（二）殴打、伤害残疾人、孕妇、不满十四周岁的人或者六十周岁以上的人的；</td></tr>
</table>

相关执法参考

（三）多次殴打、伤害他人或者一次殴打、伤害多人的。

《中华人民共和国刑法》（节录）

（1979年7月1日第五届全国人民代表大会第二次会议通过　1997年3月14日第八届全国人民代表大会第五次会议修订　根据2011年2月25日第十一届全国人民代表大会常务委员会第十九次会议通过的《中华人民共和国刑法修正案（八）》最新修正）

第二百三十四条　故意伤害他人身体的，处三年以下有期徒刑、拘役或者管制。

犯前款罪，致人重伤的，处三年以上十年以下有期徒刑；致人死亡或者以特别残忍手段致人重伤造成严重残疾的，处十年以上有期徒刑、无期徒刑或者死刑。本法另有规定的，依照规定。

第二百三十五条　过失伤害他人致人重伤的，处三年以下有期徒刑或者拘役。本法另有规定的，依照规定。

《大型群众性活动安全管理条例》（节录）

（2007年8月29日国务院第190次常务会议通过
中华人民共和国国务院令第505号公布　自2007年10月1日起施行）

第二条　本条例所称大型群众性活动，是指法人或者其他组织面向社会公众举办的每场次预计参加人数达到1000人以上的下列活动：

（一）体育比赛活动；

（二）演唱会、音乐会等文艺演出活动；

（三）展览、展销等活动；

（四）游园、灯会、庙会、花会、焰火晚会等活动；

（五）人才招聘会、现场开奖的彩票销售等活动。

影剧院、音乐厅、公园、娱乐场所等在其日常业务范围内举办的活动，不适用本条例的规定。

第九条　参加大型群众性活动的人员应当遵守下列规定：

（一）遵守法律、法规和社会公德，不得妨碍社会治安、影响社会秩序；

（二）遵守大型群众性活动场所治安、消防等管理制度，接受安全检查，不得携带爆炸性、易燃性、放射性、毒害性、腐蚀性等危险物质或者非法携带枪支、弹药、管制器具；

（三）服从安全管理，不得展示侮辱性标语、条幅等物品，不得围攻裁判员、运动员或者其他工作人员，不得投掷杂物。

第二十三条　参加大型群众性活动的人员有违反本条例第九条规定行为的，由公安机关给予批评教育；有危害社会治安秩序、威胁公共安全行为的，公安机关可以将其强行带离现场，依法给予治安管理处罚；构成犯罪的，依法追究刑事责任。

十五、向大型活动场内投掷杂物

（《治安管理处罚法》第24条第1款第5项）

<table>
<tr><td colspan="2">案由</td><td>向大型活动场内投掷杂物</td></tr>
<tr><td colspan="2">概念</td><td>向大型活动场内投掷杂物，是指向文化、体育等群众性大型活动的场内投掷杂物，不听制止，扰乱大型活动秩序，尚不够刑事处罚的行为。</td></tr>
<tr><td rowspan="2">违法构成要件</td><td>违法客体</td><td>本行为侵犯的客体是文化、体育等大型群众性活动的正常秩序。
所谓“大型群众性活动”，根据《大型群众性活动安全管理条例》①（国务院令第505号）的规定，“大型群众性活动”是指法人或者其他组织面向社会公众举办的每场次预计参加人数达到1000人以上的下列活动：（1）体育比赛活动；（2）演唱会、音乐会等文艺演出活动；（3）展览、展销等活动；（4）游园、灯会、庙会、花会、焰火晚会等活动；（5）人才招聘会、现场开奖的彩票销售等活动。按照该规定，影剧院、音乐厅、公园、娱乐场所等在其日常业务范围内举办的活动，不属于“大型群众性活动”。</td></tr>
<tr><td>违法客观方面</td><td>本行为在客观方面表现为向文化、体育等群众性大型活动的场内投掷杂物，不听制止，扰乱大型活动秩序，尚不够刑事处罚的行为。
在文艺演出或体育比赛中，观众的情绪往往随着活动的进行而发生变化，有的观众为了发泄其不满情绪而向场内投掷矿泉水瓶或食物等。这种行为容易对其他观众、演员、运动员或其他工作人员造成伤害，同时，也会影响大型活动的正常进行。
1. 向场内投掷杂物。所谓“场内”，是指举办大型群众性活动的场所，通常举办大型群众性活动的场所有以下几种：如果大型活动是在音乐厅、体育场、体育馆等专门举办大型活动的固定场所举办，大型活动场内即是指音乐厅、体育场、体育馆内；如果大型活动是在公园、广场等场所临时圈围场地、搭建有关设施举办，大型活动场内即是公园、广场等临时圈围的场地内；如果大型活动在露天的广场举办但没有圈围一定的场地，大型活动场内则应理解为活动中心区域和观众密集的区域；如果大型活动是在公共道路上以群体行进的方式举办，则行进中的群体及围观群众所形成并占有的空间，应被理解为“场内”。
所谓“投掷杂物”，是指行为人将杂物用力扔、抛、砸、投向比赛场内。这里的“杂物”包括行为人随身携带进入比赛场内的饮料瓶、各种食品、助威用的喇叭、随身使用的打火机、钥匙等，甚至是身穿的皮鞋、衣服等，也包括行为人“就地取材”拆卸比赛场地内部的看台座椅、护栏等场内设施。</td></tr>
</table>

① 根据中华人民共和国公安部令第114号，《群众性文化体育活动治安管理办法》（公安部令第44号）已被废止。

<table>
<tr><td rowspan="3">违法构成要件</td><td>违法客观方面</td><td>2. 不听制止。如果行为人虽然有向场内投掷杂物的行为，但在工作人员的劝说下，能够及时停止自己的投掷行为，而且，该行为也没有对大型活动的进行产生较大的影响，则不应以本行为论处。</td></tr>
<tr><td>违法主体</td><td>本行为的主体是达到责任年龄、具有责任能力的自然人。</td></tr>
<tr><td>违法主观方面</td><td>本行为在主观方面是故意。行为人的目的一般是宣泄自己的不满情绪，或利用特定场合故意制造事端。</td></tr>
<tr><td>认定界限</td><td colspan="2">（一）本行为与扰乱公共场所秩序的界限。
《治安管理处罚法》第 23 条第 1 款第 2 项规定的扰乱公共场所秩序，是指扰乱车站、港口、码头、机场、商场、公园、展览馆或其他公共场所秩序的行为。从本质上来说，文化、体育等大型群众性活动也是在公共场所进行的，向文化、体育等群众性大型活动的场内投掷杂物，不听制止，扰乱大型活动秩序的，也构成了扰乱公共场所秩序的行为，但是，由于这些“大型群众性活动”的特殊性，法律专门对其进行保护，专门规定了“向大型活动场内投掷杂物”这一行为，因此，对这些行为应以本行为论处。根据《大型群众性活动安全管理条例》[①]（国务院令第 505 号）的规定，影剧院、音乐厅、公园、娱乐场所等在其日常业务范围内举办的活动，不属于“大型群众性活动”，因此，在这些场所场内投掷杂物，不听制止，扰乱活动秩序的，应以扰乱公共场所秩序行为论处。
（二）本行为与故意伤害行为的界限。
《治安管理处罚法》第 43 条第 1 款规定的故意伤害，是指故意非法伤害他人身体健康，尚不够刑事处罚的行为。从实践情况来看，行为人向大型活动的场内投掷杂物的行为也可能造成相关人员的伤害，如果“投掷杂物”的行为已经造成他人伤害，构成犯罪的，应以故意伤害罪论处，没有构成犯罪的，对行为人应根据《治安管理处罚法》第 43 条第 1 款的规定，以故意伤害行为论处。如果行为人投掷的杂物虽然没有造成相关人员受伤的后果，但投掷的杂物足以致人人身伤害的，对行为人应以本行为论处，但在处理时，应认定为情节严重。</td></tr>
<tr><td>处罚标准</td><td colspan="2">（一）构成本行为的，处警告或者 200 元以下罚款。
（二）情节严重的，处 5 日以上 10 日以下拘留，可以并处 500 元以下罚款。
有下列情形之一的，应认定为“情节严重”：</td></tr>
</table>

① 根据中华人民共和国公安部令第 114 号，《群众性文化体育活动治安管理办法》（公安部令第 44 号）已被废止。

<table>
<tr><td>处罚标准</td><td>
1. 聚众实施的首要分子、骨干分子；
2. 向场内投掷杂物不听制止，投掷的物品足以造成他人人身伤害或者致使活动不能正常进行的；
3. 造成大型活动现场秩序混乱，致使活动的正常进行受到影响的；
4. 不听民警或者工作人员劝阻，多次实施的；
5. 其他情节严重的情形。
（三）因扰乱体育比赛秩序被处以拘留处罚的，可以同时责令其12个月内不得进入体育场馆观看同类比赛。
在适用本项处罚时应注意以下几点：
1. 必须是扰乱体育比赛的行为，对其他的大型活动的扰乱，如文艺演出等，不得限制观看。
2. 必须是被处以拘留处罚的，按照《治安管理处罚法》第24条的规定，扰乱体育比赛的行为，可能的处罚包括警告、罚款和拘留，如果对行为人只是处以警告或罚款，则不能限制观看。
3. 限制观看的必须是同类比赛。例如，行为人因观看足球比赛被处以拘留处罚的，不得限制其观看羽毛球或其他体育项目，只能限制其观看足球比赛，当然更不能限制其观看其他的文艺演出了。
4. 必须是在做出“拘留”决定的同时做出限制观看的决定。不能在做出拘留决定后一段时间再做出限制观看的决定。
5. 对做出拘留决定的人不是必须同时限制其观看同类比赛。根据规定，公安机关“可以”做出，也可以不做出，具体应根据行为人的主观恶性或违法行为的情节、后果的轻重来决定。
6. 限制观看的时间不得超过12个月，可以是1个月，也可以是2个月，但最长不得超过12个月。
</td></tr>
<tr><td>相关执法参考</td><td>
《中华人民共和国治安管理处罚法》（节录）
（2005年8月28日第十届全国人民代表大会常务委员会第十七次会议通过
中华人民共和国主席令第三十八号公布　自2006年3月1日起施行）
第二十四条第一款第五项　有下列行为之一，扰乱文化、体育等大型群众性活动秩序的，处警告或者二百元以下罚款；情节严重的，处五日以上十日以下拘留，可以并处五百元以下罚款：
（五）向场内投掷杂物，不听制止的；
第二十四条第二款　因扰乱体育比赛秩序被处以拘留处罚的，可以同时责令其十二个月内不得进入体育场馆观看同类比赛；违反规定进入体育场馆的，强行带离现场。
第四十三条　殴打他人的，或者故意伤害他人身体的，处五日以上十日以下拘留，并处二百元以上五百元以下罚款；情节较轻的，处五日以下拘留或者五百元以下罚款。
</td></tr>
</table>

相关执法参考

有下列情形之一的，处十日以上十五日以下拘留，并处五百元以上一千元以下罚款：

（一）结伙殴打、伤害他人的；

（二）殴打、伤害残疾人、孕妇、不满十四周岁的人或者六十周岁以上的人的；

（三）多次殴打、伤害他人或者一次殴打、伤害多人的。

《大型群众性活动安全管理条例》（节录）

（2007 年 8 月 29 日国务院第 190 次常务会议通过

中华人民共和国国务院令第 505 号公布 自 2007 年 10 月 1 日起施行）

第二条 本条例所称大型群众性活动，是指法人或者其他组织面向社会公众举办的每场次预计参加人数达到 1000 人以上的下列活动：

（一）体育比赛活动；

（二）演唱会、音乐会等文艺演出活动；

（三）展览、展销等活动；

（四）游园、灯会、庙会、花会、焰火晚会等活动；

（五）人才招聘会、现场开奖的彩票销售等活动。

影剧院、音乐厅、公园、娱乐场所等在其日常业务范围内举办的活动，不适用本条例的规定。

第九条 参加大型群众性活动的人员应当遵守下列规定：

（一）遵守法律、法规和社会公德，不得妨碍社会治安、影响社会秩序；

（二）遵守大型群众性活动场所治安、消防等管理制度，接受安全检查，不得携带爆炸性、易燃性、放射性、毒害性、腐蚀性等危险物质或者非法携带枪支、弹药、管制器具；

（三）服从安全管理，不得展示侮辱性标语、条幅等物品，不得围攻裁判员、运动员或者其他工作人员，不得投掷杂物。

第二十三条 参加大型群众性活动的人员有违反本条例第九条规定行为的，由公安机关给予批评教育；有危害社会治安秩序、威胁公共安全行为的，公安机关可以将其强行带离现场，依法给予治安管理处罚；构成犯罪的，依法追究刑事责任。

十六、其他扰乱大型活动秩序的行为

（《治安管理处罚法》第24条第1款第6项）

案由		其他扰乱大型活动秩序的行为
概念		其他扰乱大型活动秩序的行为，是指在文化、体育等大型群众性活动中，除强行进入场内、违规在大型活动场内燃放物品、在大型活动场内展示污辱性物品、围攻大型活动工作人员和向大型活动场内投掷杂物以外的扰乱大型活动秩序，尚不够刑事处罚的行为。
违法构成要件	违法客体	本行为侵犯的客体是文化、体育等大型群众性活动的正常秩序。 所谓“大型群众性活动”，根据《大型群众性活动安全管理条例》[①]（国务院令第505号）的规定，“大型群众性活动”是指法人或者其他组织面向社会公众举办的每场次预计参加人数达到1000人以上的下列活动：（1）体育比赛活动；（2）演唱会、音乐会等文艺演出活动；（3）展览、展销等活动；（4）游园、灯会、庙会、花会、焰火晚会等活动；（5）人才招聘会、现场开奖的彩票销售等活动。按照该规定，影剧院、音乐厅、公园、娱乐场所等在其日常业务范围内举办的活动，不属于“大型群众性活动”。
	违法客观方面	本行为在客观方面表现为在文化、体育等大型群众性活动中，除强行进入场内、违规在大型活动场内燃放物品、在大型活动场内展示污辱性物品、围攻大型活动工作人员和向大型活动场内投掷杂物以外的致使工作人员不能正常履行管理职责，对活动造成一定影响及后果的其他扰乱大型群众性活动秩序的行为。 本条款的规定属于兜底条款，除《治安管理处罚法》明确规定的扰乱文化、体育等大型群众性活动的行为以外的任何行为，只要在实际上扰乱了大型群众性活动的正常秩序，即应以本行为论处。 另外，本行为的实施地点不限于“场内”，有可能发生在“场外”，只要该行为致使工作人员不能正常履行管理职责，对活动造成一定影响及后果的，就可能构成该行为。
	违法主体	本行为的主体是达到责任年龄、具有责任能力的自然人。
	违法主观方面	本行为在主观方面是故意。

① 根据中华人民共和国公安部令第114号，《群众性文化体育活动治安管理办法》（公安部令第44号）已被废止。

认定界限	
处罚标准	（一）构成本行为的，处警告或者200元以下罚款。 （二）情节严重的，处5日以上10日以下拘留，可以并处500元以下罚款。 有下列情形之一的，应认定为“情节严重”： 1. 聚众实施的首要分子、骨干分子； 2. 造成人员受伤、财物受损等较重后果的； 3. 不听民警或者工作人员劝阻，多次实施的； 4. 其他情节严重的情形。 （三）因扰乱体育比赛秩序被处以拘留处罚的，可以同时责令其12个月内不得进入体育场馆观看同类比赛。 在适用本项处罚时应注意以下几点： 1. 必须是扰乱体育比赛的行为，对其他的大型活动的扰乱，如文艺演出等，不得限制观看。 2. 必须是被处以拘留处罚的，按照《治安管理处罚法》第24条的规定，扰乱体育比赛的行为，可能的处罚包括警告、罚款和拘留，如果对行为人只是处以警告或罚款，则不能限制观看。 3. 限制观看的必须是同类比赛。例如，行为人因观看足球比赛被处以拘留处罚的，不得限制其观看羽毛球或其他体育项目，只能限制其观看足球比赛，当然更不能限制其观看其他的文艺演出了。 4. 必须是在做出“拘留”决定的同时做出限制观看的决定。不能在做出拘留决定后一段时间再做出限制观看的决定。 5. 对做出拘留决定的人不是必须同时限制其观看同类比赛。根据规定，公安机关“可以”做出，也可以不做出，具体应根据行为人的主观恶性或违法行为的情节、后果的轻重来决定。 6. 限制观看的时间不得超过12个月，可以是1个月，也可以是2个月，但最长不得超过12个月。
相关执法参考	**《中华人民共和国治安管理处罚法》**（节录） （2005年8月28日第十届全国人民代表大会常务委员会第十七次会议通过　中华人民共和国主席令第三十八号公布　自2006年3月1日起施行） 第二十四条第一款第六项　有下列行为之一，扰乱文化、体育等大型群众性活动秩序的，处警告或者二百元以下罚款；情节严重的，处五日以上十日以下拘留，可以并处五百元以下罚款： （六）扰乱大型群众性活动秩序的其他行为。

相关执法参考

第二十四条第二款　因扰乱体育比赛秩序被处以拘留处罚的，可以同时责令其十二个月内不得进入体育场馆观看同类比赛；违反规定进入体育场馆的，强行带离现场。

《大型群众性活动安全管理条例》（节录）

（2007年8月29日国务院第190次常务会议通过

中华人民共和国国务院令第505号公布　自2007年10月1日起施行）

第二条　本条例所称大型群众性活动，是指法人或者其他组织面向社会公众举办的每场次预计参加人数达到1000人以上的下列活动：

（一）体育比赛活动；

（二）演唱会、音乐会等文艺演出活动；

（三）展览、展销等活动；

（四）游园、灯会、庙会、花会、焰火晚会等活动；

（五）人才招聘会、现场开奖的彩票销售等活动。

影剧院、音乐厅、公园、娱乐场所等在其日常业务范围内举办的活动，不适用本条例的规定。

第九条　参加大型群众性活动的人员应当遵守下列规定：

（一）遵守法律、法规和社会公德，不得妨碍社会治安、影响社会秩序；

（二）遵守大型群众性活动场所治安、消防等管理制度，接受安全检查，不得携带爆炸性、易燃性、放射性、毒害性、腐蚀性等危险物质或者非法携带枪支、弹药、管制器具；

（三）服从安全管理，不得展示侮辱性标语、条幅等物品，不得围攻裁判员、运动员或者其他工作人员，不得投掷杂物。

第二十三条　参加大型群众性活动的人员有违反本条例第九条规定行为的，由公安机关给予批评教育；有危害社会治安秩序、威胁公共安全行为的，公安机关可以将其强行带离现场，依法给予治安管理处罚；构成犯罪的，依法追究刑事责任。

十七、虚构事实扰乱公共秩序

（《治安管理处罚法》第 25 条第 1 项）

案由		虚构事实扰乱公共秩序
概念		虚构事实扰乱公共秩序，是指故意以散布谣言、谎报险情、疫情、警情或其他方式，故意制造混乱，扰乱公共秩序，尚不够刑事处罚的行为。
违法构成要件	违法客体	本行为侵犯的客体是社会秩序。
	违法客观方面	本行为在客观方面表现为散布谣言，谎报险情、疫情、警情或者以其他方法扰乱社会秩序。 “散布谣言”是指捏造没有事实根据的谣言并向他人传播的行为。“散布”的对象可以是特定的，也可以是不特定的，如散布自己捏造的即将发生战争的谣言，引起人心恐慌等。 “谎报险情、疫情、警情”是指编造火灾、水灾、地震、传染病爆发、治安警情等虚假险情，并向有关部门报告的行为。 “其他方式”是指“散布谣言”、“谎报险情、疫情、警情”之外的，造成群众误听、误信，引起群众恐慌或者愤怒、激动等情绪，干扰了国家机关以及其他单位的正常工作秩序，扰乱了社会秩序的行为。
	违法主体	本行为的主体是达到责任年龄、具有责任能力的自然人。
	违法主观方面	本行为的主观方面具有扰乱公共秩序的故意，意图通过散布谣言，致使公共秩序受到破坏，并借此发泄对社会的不满。
认定界限		（一）“散布谣言”与一般听信、传播谣言的界限。 在社会生活中，常有一些人容易听信谣言并传播谣言，散布谣言行为与一般听信、传播谣言的行为不同。两者的区别主要在于行为的主观方面： 1. 行为的主观故意不同。散布谣言扰乱社会秩序行为具有通过散布谣言的方式达到扰乱公共秩序的主观故意；而一般听信、传播谣言行为在主观上没有扰乱公共秩序的故意，仅仅因为信息的匮乏、判断能力有限而听信并传播了谣言。 2. 对谣言的主观认识有所不同。散布谣言行为人既可能自己捏造谣言并加以

认定界限

散布；也可能是明知所听到的是谣言而加以传播、借机扰乱公共秩序；还可能是行为人对听到的谣言信以为真，但仍希望通过自己的大肆传播，激起其他群众的愤慨、同情等情绪或者引起公众恐慌，从而导致公共秩序的混乱。而一般听信、传播谣言行为，往往是由于行为人信息匮乏、判断力差，或者无知而盲目听信他人，误听、误信谣言而加以传播，行为人主观上并没有扰乱公共秩序的故意，也没有其他违法的意图和目的，因而不构成违反治安管理行为。

（二）“谎报险情、疫情、警情”与误报险情的界限。

“谎报险情、疫情、警情”与误报险情的区别在于行为人主观上对险情的认识，谎报险情行为在主观方面明知没有发生险情而报告，其目的是扰乱正常的秩序，例如，某些人为寻开心而拨打火警、匪警电话，造成消防车、警车徒劳奔忙，干扰这些部门的正常工作，甚至影响了紧急任务的执行。而误报险情是由于行为人自身判断失误，误认为发生了险情或听信了他人的传言，出于救助、防灾和维护社会秩序的目的而向有关部门报告，误报、错报险情的行为人在主观没有扰乱公共秩序的恶意，不认定为违反治安管理行为。

（三）“谎报险情、疫情、警情”与针对个人的“恶作剧”的界限。

“谎报险情、疫情、警情”行为导致公共秩序受到扰乱的结果，具有一定的社会危害性，应受治安管理处罚。针对个人的“恶作剧”是为了发泄对特定人的不满而制造的“恶作剧”，如打电话谎报某人家人病危、病故、出事故等，造成其不必要的心理负担、心理伤害，影响其正常的工作、生活。这种“恶作剧”由于是针对特定的个人实施的，其影响和危害仅限于特定的个人而不涉及公共秩序，法律未将其设定为违法行为，因而不应给予治安处罚，但是应当对行为人予以批评教育。如果“恶作剧”给他人造成财产损失或精神损害的，当事人可以向法院提起民事诉讼，要求实施“恶作剧”的人赔偿其物质损失或精神损失。

（四）“散布谣言”与煽动颠覆国家政权罪的界限。

《刑法》第105条第2款规定的煽动颠覆国家政权罪，是指以造谣、诽谤或者其他方式煽动颠覆国家政权、推翻社会主义制度的行为。“造谣、诽谤”是指编造、捏造、歪曲、损害、诋毁、污蔑国家政权与社会主义制度的事实；“其他方式”是指除造谣、诽谤以外的方式。散布谣言行为与煽动颠覆国家政权罪的主要区别在于行为的目的和手段不同：

1. 前者是以扰乱公共秩序为目的而散布谣言，借以发泄对社会的不满情绪，满足个人的某些利益要求；而后者是以颠覆国家政权为目的，行为人主观上必须出于煽动不特定人或多数人实施颠覆国家政权、推翻社会主义制度的故意。

2. 散布谣言扰乱公共秩序主要是在公共场所散布谣言，使不明真相的群众误听、误信，引起群众恐慌，扰乱了公共秩序；而煽动颠覆国家政权罪在手段上可能使用更大规模的舆论宣传工具，甚至自设电台、广播进行煽动，或者通过成立非法组织，长期实施颠覆国家政权的活动，其影响和危害后果都远远超过散布谣言行为。

<table>
<tr><td>认定界限</td><td>（五）“散布谣言”与编造、故意传播虚假恐怖信息罪的界限。
《刑法》第291条之一规定的编造、故意传播虚假恐怖信息罪，是指编造爆炸威胁、生化威胁、放射威胁等恐怖信息，或者明知是编造的恐怖信息而故意传播，严重扰乱社会秩序的行为。散布谣言行为与编造、故意传播虚假恐怖信息罪的区别在于：
1. 散布谣言行为所散布的既包括有关恐怖信息的谣言，也包括其他普通的谣言；而编造、故意传播虚假恐怖信息罪所编造和传播的仅指有关恐怖活动的虚假信息，以及与突发传染病疫情等灾害有关的恐怖信息。
2. 散布谣言行为在客观方面是扰乱公共秩序但情节和后果并不严重；而编造、故意传播虚假恐怖信息罪导致社会秩序被严重扰乱的后果。
3. 散布谣言行为的主观故意重点在于故意扰乱公共秩序，至于行为人是否明知是谣言而散布，均可构成此行为。例如，有的人对谣言信以为真，明知自己大肆渲染、散布出去会导致公共秩序的混乱，有意追求公共秩序混乱的结果而大肆散布谣言，也可构成散布谣言行为，应予治安管理处罚。而编造、故意传播虚假恐怖信息罪的主观故意在集中于两点：一是明知恐怖信息虚假而编造和传播，二是希望社会秩序受到扰乱而故意编造和传播虚假恐怖信息。</td></tr>
<tr><td>处罚标准</td><td>（一）构成本行为的，处5日以上10日以下拘留，可以并处500元以下罚款。
（二）情节较轻的，处5日以下拘留或者500元以下罚款。
在实践中，判断情节的轻重，一般应从行为人的动机、手段、目的、行为的次数、造成的后果等方面综合考虑，由公安机关办案人员酌情量罚。有下列行为之一的，应认定为“情节较轻”：
1. 在社会及群众中散布、传播虚构的事实，如地震、洪水等自然灾害、食品卫生、商品物质短缺、疫情、险情、灾情、警情、战争等不实信息，尚未造成后果的；
2. 向相关部门谎报险情、疫情及向各级公安机关报告虚假的刑事、行政警情或者向110报警服务台报告虚假的信息，因相关部门的正确判断，排除险情、疫情、灾情、警情而未采取措施，未造成后果的；
3. 其他情节较轻的情形。</td></tr>
<tr><td>相关执法参考</td><td>《中华人民共和国治安管理处罚法》（节录）
（2005年8月28日第十届全国人民代表大会常务委员会第十七次会议通过　中华人民共和国主席令第三十八号公布　自2006年3月1日起施行）
第二十五条第一项　有下列行为之一的，处五日以上十日以下拘留，可以并处五百元以下罚款；情节较轻的，处五日以下拘留或者五百元以下罚款：
（一）散布谣言，谎报险情、疫情、警情或者以其他方法故意扰乱公共秩序的；
《中华人民共和国刑法》（节录）
（1979年7月1日第五届全国人民代表大会第二次会议通过　1997年3月14日第八届全国人民代表大会第五次会议修订　根据2011年2月25日第十一届全国人民代表大会常务委员会第十九次会议通过的《中华人民共和国刑法修正案（八）》最新修正）
第一百零五条第二款　以造谣、诽谤或者其他方式煽动颠覆国家政权、推翻社</td></tr>
</table>

相关执法参考

会主义制度的，处五年以下有期徒刑、拘役、管制或者剥夺政治权利；首要分子或者罪行重大的，处五年以上有期徒刑。

第二百九十一条之一 投放虚假的爆炸性、毒害性、放射性、传染病病原体等物质，或者编造爆炸威胁、生化威胁、放射威胁等恐怖信息，或者明知是编造的恐怖信息而故意传播，严重扰乱社会秩序的，处五年以下有期徒刑、拘役或者管制；造成严重后果的，处五年以上有期徒刑。{刑法修正案（三）增加此条}

《最高人民法院、最高人民检察院关于办理妨害预防、控制突发传染病疫情等灾害的刑事案件具体应用法律若干问题的解释》（节录）

（2003年5月14日 法释［2003］8号）

第十条 编造与突发传染病疫情等灾害有关的恐怖信息，或者明知是编造的此类恐怖信息而故意传播，严重扰乱社会秩序的，依照刑法第二百九十一条之一的规定，以编造、故意传播虚假恐怖信息罪定罪处罚。

利用突发传染病疫情等灾害，制造、传播谣言，煽动分裂国家、破坏国家统一，或者煽动颠覆国家政权、推翻社会主义制度的，依照刑法第一百零三条第二款、第一百零五条第二款的规定，以煽动分裂国家罪或者煽动颠覆国家政权罪定罪处罚。

《地震预报管理条例》（节录）

（1998年12月17日 国务院令第255号颁布 自颁布之日起施行）

第三条 地震预报包括下列类型：

（一）地震长期预报，是指对未来10年内可能发生破坏性地震的地域的预报；

（二）地震中期预报，是指对未来一二年内可能发生破坏性地震的地域和强度的预报；

（三）地震短期预报，是指对3个月内将要发生地震的时间、地点、震级的预报；

（四）临震预报，是指对10日内将要发生地震的时间、地点、震级的预报。

第六条 任何单位和个人根据地震观测资料和研究结果提出的地震预测意见，应当向所在地或者所预测地区的县级以上地方人民政府负责管理地震工作的机构书面报告，也可以直接向国务院地震工作主管部门书面报告，不得向社会散布。

任何单位和个人不得向国（境）外提出地震预测意见；但是，以长期、中期地震活动趋势研究成果进行学术交流的除外。

第七条 任何单位和个人观察到与地震有关的异常现象时，应当及时向所在地的县级以上地方人民政府负责管理地震工作的机构报告。

第十四条 国家对地震预报实行统一发布制度。

全国性的地震长期预报和地震中期预报，由国务院发布。

省、自治区、直辖市行政区域内的地震长期预报、地震中期预报、地震短期预报和临震预报，由省、自治区、直辖市人民政府发布。

新闻媒体刊登或者播发地震预报消息，必须依照本条例的规定，以国务院或者省、自治区、直辖市人民政府发布的地震预报为准。

相关执法参考

第十七条　发生地震谣言，扰乱社会正常秩序时，国务院地震工作主管部门和县级以上地方人民政府负责管理地震工作的机构应当采取措施，迅速予以澄清，其他有关部门应当给予配合、协助。

第十八条　从事地震工作的专业人员违反本条例规定，擅自向社会散布地震预测意见、地震预报意见及其评审结果的，依法给予行政处分。

第十九条　违反本条例规定，制造地震谣言，扰乱社会正常秩序的，依法给予治安管理处罚。

《破坏性地震应急条例》（节录）

（1995年2月11日国务院令第172号颁布　根据2010年12月29日国务院第138次常务会议通过的〈国务院关于废止和修改部分行政法规的决定〉修改国务院令第588号颁布）

第三十七条　有下列行为之一的，对负有直接责任的主管人员和其他直接责任人员依法给予行政处分；属于违反治安管理行为的，依照治安管理处罚法的规定给予处罚；构成犯罪的，依法追究刑事责任：

（一）不按照本条例规定制定破坏性地震应急预案的；

（二）不按照破坏性地震应急预案的规定和抗震救灾指挥部的要求实施破坏性地震应急预案的；

（三）违抗抗震救灾指挥部命令，拒不承担地震应急任务的；

（四）阻挠抗震救灾指挥部紧急调用物资、人员或者占用场地的；

（五）贪污、挪用、盗窃地震应急工作经费或者物资的；

（六）有特定责任的国家工作人员在临震应急期或者震后应急期不坚守岗位，不及时掌握震情、灾情，临阵脱逃或者玩忽职守的；

（七）在临震应急期或者震后应急期哄抢国家、集体或者公民的财产的；

（八）阻碍抗震救灾人员执行职务或者进行破坏活动的；

（九）不按照规定和实际情况报告灾情的；

（十）散布谣言，扰乱社会秩序，影响破坏性地震应急工作的；

（十一）有对破坏性地震应急工作造成危害的其他行为的。

《重大动物疫情应急条例》（节录）

（2005年11月18日国务院令第450号颁布　自颁布之日起实施）

第二条　本条例所称重大动物疫情，是指高致病性禽流感等发病率或者死亡率高的动物疫病突然发生，迅速传播，给养殖业生产安全造成严重威胁、危害，以及可能对公众身体健康与生命安全造成危害的情形，包括特别重大动物疫情。

第十六条　从事动物隔离、疫情监测、疫病研究与诊疗、检验检疫以及动物饲养、屠宰加工、运输、经营等活动的有关单位和个人，发现动物出现群体发病或者死亡的，应当立即向所在地的县（市）动物防疫监督机构报告。

第十七条　县（市）动物防疫监督机构接到报告后，应当立即赶赴现场调查核实。初步认为属于重大动物疫情的，应当在2小时内将情况逐级报省、自治区、直辖市动物防疫监督机构，并同时报所在地人民政府兽医主管部门；兽医主管部门应

相关执法参考

当及时通报同级卫生主管部门。

省、自治区、直辖市动物防疫监督机构应当在接到报告后1小时内，向省、自治区、直辖市人民政府兽医主管部门和国务院兽医主管部门所属的动物防疫监督机构报告。

省、自治区、直辖市人民政府兽医主管部门应当在接到报告后1小时内报本级人民政府和国务院兽医主管部门。

重大动物疫情发生后，省、自治区、直辖市人民政府和国务院兽医主管部门应当在4小时内向国务院报告。

第十八条　重大动物疫情报告包括下列内容：

（一）疫情发生的时间、地点；

（二）染疫、疑似染疫动物种类和数量、同群动物数量、免疫情况、死亡数量、临床症状、病理变化、诊断情况；

（三）流行病学和疫源追踪情况；

（四）已采取的控制措施；

（五）疫情报告的单位、负责人、报告人及联系方式。

第十九条　重大动物疫情由省、自治区、直辖市人民政府兽医主管部门认定；必要时，由国务院兽医主管部门认定。

第二十条　重大动物疫情由国务院兽医主管部门按照国家规定的程序，及时准确公布；其他任何单位和个人不得公布重大动物疫情。

第二十四条　有关单位和个人对重大动物疫情不得瞒报、谎报、迟报，不得授意他人瞒报、谎报、迟报，不得阻碍他人报告。

第四十二条　违反本条例规定，兽医主管部门及其所属的动物防疫监督机构有下列行为之一的，由本级人民政府或者上级人民政府有关部门责令立即改正、通报批评、给予警告；对主要负责人、负有责任的主管人员和其他责任人员，依法给予记大过、降级、撤职直至开除的行政处分；构成犯罪的，依法追究刑事责任：

（一）不履行疫情报告职责，瞒报、谎报、迟报或者授意他人瞒报、谎报、迟报，阻碍他人报告重大动物疫情的；

（二）在重大动物疫情报告期间，不采取临时隔离控制措施，导致动物疫情扩散的；

（三）不及时划定疫点、疫区和受威胁区，不及时向本级人民政府提出应急处理建议，或者不按照规定对疫点、疫区和受威胁区采取预防、控制、扑灭措施的；

（四）不向本级人民政府提出启动应急指挥系统、应急预案和对疫区的封锁建议的；

（五）对动物扑杀、销毁不进行技术指导或者指导不力，或者不组织实施检验检疫、消毒、无害化处理和紧急免疫接种的；

（六）其他不履行本条例规定的职责，导致动物疫病传播、流行，或者对养殖业生产安全和公众身体健康与生命安全造成严重危害的。

第四十四条　违反本条例规定，有关地方人民政府阻碍报告重大动物疫情，不履行应急处理职责，不按照规定对疫点、疫区和受威胁区采取预防、控制、扑灭措施，或者对上级人民政府有关部门的疫情调查不予配合或者阻碍、拒绝的，由上级

相关执法参考

人民政府责令立即改正、通报批评、给予警告；对政府主要领导人依法给予记大过、降级、撤职直至开除的行政处分；构成犯罪的，依法追究刑事责任。

第四十六条　违反本条例规定，拒绝、阻碍动物防疫监督机构进行重大动物疫情监测，或者发现动物出现群体发病或者死亡，不向当地动物防疫监督机构报告的，由动物防疫监督机构给予警告，并处2000元以上5000元以下的罚款；构成犯罪的，依法追究刑事责任。

第四十七条　违反本条例规定，擅自采集重大动物疫病病料，或者在重大动物疫病病原分离时不遵守国家有关生物安全管理规定的，由动物防疫监督机构给予警告，并处5000元以下的罚款；构成犯罪的，依法追究刑事责任。

第四十八条　在重大动物疫情发生期间，哄抬物价、欺骗消费者，散布谣言、扰乱社会秩序和市场秩序的，由价格主管部门、工商行政管理部门或者公安机关依法给予行政处罚；构成犯罪的，依法追究刑事责任。

《突发公共卫生事件应急条例》（节录）

（2003年5月9日国务院令第376号颁布　根据2010年12月29日国务院第138次常务会议通过的〈国务院关于废止和修改部分行政法规的决定〉修改国务院令第588号颁布）

第二条　本条例所称突发公共卫生事件（以下简称突发事件），是指突然发生，造成或者可能造成社会公众健康严重损害的重大传染病疫情、群体性不明原因疾病、重大食物和职业中毒以及其他严重影响公众健康的事件。

第十九条　国家建立突发事件应急报告制度。

国务院卫生行政主管部门制定突发事件应急报告规范，建立重大、紧急疫情信息报告系统。

有下列情形之一的，省、自治区、直辖市人民政府应当在接到报告1小时内，向国务院卫生行政主管部门报告：

（一）发生或者可能发生传染病暴发、流行的；

（二）发生或者发现不明原因的群体性疾病的；

（三）发生传染病菌种、毒种丢失的；

（四）发生或者可能发生重大食物和职业中毒事件的。

国务院卫生行政主管部门对可能造成重大社会影响的突发事件，应当立即向国务院报告。

第二十条　突发事件监测机构、医疗卫生机构和有关单位发现有本条例第十九条规定情形之一的，应当在2小时内向所在地县级人民政府卫生行政主管部门报告；接到报告的卫生行政主管部门应当在2小时内向本级人民政府报告，并同时向上级人民政府卫生行政主管部门和国务院卫生行政主管部门报告。

县级人民政府应当在接到报告后2小时内向设区的市级人民政府或者上一级人民政府报告；设区的市级人民政府应当在接到报告后2小时内向省、自治区、直辖市人民政府报告。

第二十一条　任何单位和个人对突发事件，不得隐瞒、缓报、谎报或者授意他人隐瞒、缓报、谎报。

相关执法参考

第二十二条　接到报告的地方人民政府、卫生行政主管部门依照本条例规定报告的同时，应当立即组织力量对报告事项调查核实、确证，采取必要的控制措施，并及时报告调查情况。

第二十三条　国务院卫生行政主管部门应当根据发生突发事件的情况，及时向国务院有关部门和各省、自治区、直辖市人民政府卫生行政主管部门以及军队有关部门通报。

突发事件发生地的省、自治区、直辖市人民政府卫生行政主管部门，应当及时向毗邻省、自治区、直辖市人民政府卫生行政主管部门通报。

接到通报的省、自治区、直辖市人民政府卫生行政主管部门，必要时应当及时通知本行政区域内的医疗卫生机构。

县级以上地方人民政府有关部门，已经发生或者发现可能引起突发事件的情形时，应当及时向同级人民政府卫生行政主管部门通报。

第二十四条　国家建立突发事件举报制度，公布统一的突发事件报告、举报电话。

任何单位和个人有权向人民政府及其有关部门报告突发事件隐患，有权向上级人民政府及其有关部门举报地方人民政府及其有关部门不履行突发事件应急处理职责，或者不按照规定履行职责的情况。接到报告、举报的有关人民政府及其有关部门，应当立即组织对突发事件隐患、不履行或者不按照规定履行突发事件应急处理职责的情况进行调查处理。

对举报突发事件有功的单位和个人，县级以上各级人民政府及其有关部门应当予以奖励。

第二十五条　国家建立突发事件的信息发布制度。

国务院卫生行政主管部门负责向社会发布突发事件的信息。必要时，可以授权省、自治区、直辖市人民政府卫生行政主管部门向社会发布本行政区域内突发事件的信息。

信息发布应当及时、准确、全面。

第四十五条　县级以上地方人民政府及其卫生行政主管部门未依照本条例的规定履行报告职责，对突发事件隐瞒、缓报、谎报或者授意他人隐瞒、缓报、谎报的，对政府主要领导人及其卫生行政主管部门主要负责人，依法给予降级或者撤职的行政处分；造成传染病传播、流行或者对社会公众健康造成其他严重危害后果的，依法给予开除的行政处分；构成犯罪的，依法追究刑事责任。

第五十条　医疗卫生机构有下列行为之一的，由卫生行政主管部门责令改正、通报批评、给予警告；情节严重的，吊销《医疗机构执业许可证》；对主要负责人、负有责任的主管人员和其他直接责任人员依法给予降级或者撤职的纪律处分；造成传染病传播、流行或者对社会公众健康造成其他严重危害后果，构成犯罪的，依法追究刑事责任：

（一）未依照本条例的规定履行报告职责，隐瞒、缓报或者谎报的；

（二）未依照本条例的规定及时采取控制措施的；

（三）未依照本条例的规定履行突发事件监测职责的；

（四）拒绝接诊病人的；

相关执法参考

（五）拒不服从突发事件应急处理指挥部调度的。

第五十一条　在突发事件应急处理工作中，有关单位和个人未依照本条例的规定履行报告职责，隐瞒、缓报或者谎报，阻碍突发事件应急处理工作人员执行职务，拒绝国务院卫生行政主管部门或者其他有关部门指定的专业技术机构进入突发事件现场，或者不配合调查、采样、技术分析和检验的，对有关责任人员依法给予行政处分或者纪律处分；触犯《中华人民共和国治安管理处罚法》，构成违反治安管理行为的，由公安机关依法予以处罚；构成犯罪的，依法追究刑事责任。

第五十二条　在突发事件发生期间，散布谣言、哄抬物价、欺骗消费者，扰乱社会秩序、市场秩序的，由公安机关或者工商行政管理部门依法给予行政处罚；构成犯罪的，依法追究刑事责任。

《中华人民共和国传染病防治法》（节录）

（1989年2月21日第七届全国人民代表大会常务委员会第六次会议通过　2004年8月28日第十届全国人民代表大会常务委员会第十一次会议修订　2004年8月28日中华人民共和国主席令第十七号公布　自2004年12月1日起施行）

第三十条　疾病预防控制机构、医疗机构和采供血机构及其执行职务的人员发现本法规定的传染病疫情或者发现其他传染病暴发、流行以及突发原因不明的传染病时，应当遵循疫情报告属地管理原则，按照国务院规定的或者国务院卫生行政部门规定的内容、程序、方式和时限报告。

军队医疗机构向社会公众提供医疗服务，发现前款规定的传染病疫情时，应当按照国务院卫生行政部门的规定报告。

第三十一条　任何单位和个人发现传染病病人或者疑似传染病病人时，应当及时向附近的疾病预防控制机构或者医疗机构报告。

第三十二条　港口、机场、铁路疾病预防控制机构以及国境卫生检疫机关发现甲类传染病病人、病原携带者、疑似传染病病人时，应当按照国家有关规定立即向国境口岸所在地的疾病预防控制机构或者所在地县级以上地方人民政府卫生行政部门报告并互相通报。

第三十三条　疾病预防控制机构应当主动收集、分析、调查、核实传染病疫情信息。接到甲类、乙类传染病疫情报告或者发现传染病暴发、流行时，应当立即报告当地卫生行政部门，由当地卫生行政部门立即报告当地人民政府，同时报告上级卫生行政部门和国务院卫生行政部门。

疾病预防控制机构应当设立或者指定专门的部门、人员负责传染病疫情信息管理工作，及时对疫情报告进行核实、分析。

第三十四条　县级以上地方人民政府卫生行政部门应当及时向本行政区域内的疾病预防控制机构和医疗机构通报传染病疫情以及监测、预警的相关信息。接到通报的疾病预防控制机构和医疗机构应当及时告知本单位的有关人员。

第三十五条　国务院卫生行政部门应当及时向国务院其他有关部门和各省、自治区、直辖市人民政府卫生行政部门通报全国传染病疫情以及监测、预警的相关信息。

相关执法参考	毗邻的以及相关的地方人民政府卫生行政部门，应当及时互相通报本行政区域的传染病疫情以及监测、预警的相关信息。 县级以上人民政府有关部门发现传染病疫情时，应当及时向同级人民政府卫生行政部门通报。 中国人民解放军卫生主管部门发现传染病疫情时，应当向国务院卫生行政部门通报。 第三十六条　动物防疫机构和疾病预防控制机构，应当及时互相通报动物间和人间发生的人畜共患传染病疫情以及相关信息。 第三十七条　依照本法的规定负有传染病疫情报告职责的人民政府有关部门、疾病预防控制机构、医疗机构、采供血机构及其工作人员，不得隐瞒、谎报、缓报传染病疫情。 第三十八条　国家建立传染病疫情信息公布制度。 国务院卫生行政部门定期公布全国传染病疫情信息。省、自治区、直辖市人民政府卫生行政部门定期公布本行政区域的传染病疫情信息。 传染病暴发、流行时，国务院卫生行政部门负责向社会公布传染病疫情信息，并可以授权省、自治区、直辖市人民政府卫生行政部门向社会公布本行政区域的传染病疫情信息。 公布传染病疫情信息应当及时、准确。

十八、投放虚假危险物质扰乱公共秩序
（《治安管理处罚法》第25条第2项）

案由		投放虚假危险物质扰乱公共秩序
概念		投放虚假危险物质，是指明知是虚假的爆炸性、毒害性、放射性、腐蚀性物质和传染病病原体等危险物质，而以邮寄、放置等方式，扰乱公共秩序，尚不够刑事处罚的行为。
违法构成要件	违法客体	本行为侵犯的客体是公共秩序，该行为表面上似乎造成了对公共安全的威胁，但由于所投放的是虚假的危险物质，不足以造成对公共安全的威胁，该行为指向的目标是公共秩序而非公共安全，对象是虚假的危险物质，即虚假的爆炸性、毒害性、放射性、腐蚀性物质和传染病病原体等危险物质。
	违法客观方面	本行为在客观方面表现为明知是虚假的爆炸性、毒害性、放射性、腐蚀性物质和传染病病原体等危险物质，而以邮寄、放置等方式，扰乱公共秩序，尚不够刑事处罚的行为。 行为人投放了被伪装成具有爆炸性、毒害性、放射性、腐蚀性物质和传染病病原体的物质，但实际上所投放之物不是危险物质，不能产生实际的危害后果，但行为人故意使他人相信所投放之物是危险物质，从而造成人们心理恐慌，导致公共秩序混乱的结果。 “爆炸性物质”是指在瞬间能发生剧烈的化学反映，放出大量的高温高压气体，对周围介质产生巨大的破坏作用的物质。“爆炸性物品”根据其特性和用途可以分为：（1）起爆药，常用的起爆药有雷汞、特屈拉辛等；（2）猛炸药，常用的猛炸药有梯恩梯、黑索金、泰安等；（3）火药，常用的火药有黑火药（即有烟火药）和无烟火药；（4）烟火剂，烟花剂主要包括照明剂、燃烧剂及烟幕剂等；（5）起爆器材和其他爆炸制品，起爆器材包括雷管、导火索、导爆索等，爆炸制品包括各种弹药和烟花爆竹等。 “毒害性物质”是指少量或微量进入人体或动物机体内，就能迅速发生中毒反应，很快致人或动物死亡的物品。通常把致死量在1克以内的有毒物品叫剧毒物品。剧毒物品按照其化学类别和毒性大小分为：（1）A级无机剧毒物品，常见的A级无机剧毒物品有氰化物、磷化物、砷化物等，如氰化钾。（2）B级无机剧毒物品，常见的B级无机剧毒物品有亚硝酸钙、砷酸铵等。（3）A级有机剧毒物品，常见的A级有机剧毒物品有氯苯乙酮、阿托品、吗啡、海洛因等。（4）B级有机剧毒物品，常见的B级有机剧毒物品包括可待因、三氯硝基甲烷和部分农药等。 “放射性物质”是指通过原子核裂变时能够自发的放出射线，发生放射性衰变的物质，放射性物质在放出射线后，将变成具有不同性质的新元素，大部分新元素还会继续反射出射线。放射性物质对人类有着广泛的使用价值，但

<table>
<tr><td rowspan="3">违法构成要件</td><td>违法客观方面</td><td>是，如果使用不当或防护不当，不仅会对人体、环境产生放射性污染，还有可能被违法犯罪分子利用，作为违法犯罪的工具。
“腐蚀性物质”是指能够灼伤皮肤，引起皮肤红肿、腐烂，食用后会迅速破坏肠胃等组织器官，严重的会在短时间内导致死亡；同时，也会对其他物品造成腐蚀损坏的物质。常见的腐蚀性物质有硫酸、硝酸和盐酸等。
“传染病病原体”是指能够引起传染病发生的细菌、病毒等病原体物质。常见的传染病病原体有乙肝病毒、结核杆菌、艾滋病病毒等。
需要注意的是：行为人如果只是单纯地实施了投放虚假危险物质的行为而没有通过一定方式以显示其投放的是具有爆炸性、毒害性、放射性、腐蚀性的物质和传染病病原体等危险物质，或者虽然行为人实施了某种想让他人知晓其放置危险物质的行为，但实际上并未使他人知晓，这时，行为人的行为并不会引起公众的恐慌心理，也不会导致公共秩序的混乱，因此，对这种行为也不宜以本行为论处，但应当予以批评教育。如果行为人既实施了“投放虚假危险物质”的行为，又通过一定的方式让他人知晓了，即使没有引起公众的恐慌心理，对行为人也应以本行为论处，只是在情节上较轻而已，在具体量罚时由办案人员予以酌情考虑。</td></tr>
<tr><td>违法主体</td><td>本行为的主体是达到责任年龄、具有责任能力的自然人。</td></tr>
<tr><td>违法主观方面</td><td>本行为的主观方面具有扰乱公共秩序的故意，过失不构成本行为。</td></tr>
<tr><td>认定界限</td><td colspan="2">（一）本行为与投放虚假危险物质罪的界限。
《刑法》第291条之一规定的投放虚假危险物质罪，是指投放虚假的爆炸性、毒害性、放射性、传染病病原体等物质，严重扰乱社会秩序的行为。本行为与投放虚假危险物质罪的区别仅在于行为是否严重扰乱了社会秩序。在具体判断时，应从虚假危险物质的形态、投放的场所、时间，以及行为引起的社会心理反应、所产生的社会影响、所导致的社会秩序混乱程度等方面进行判断。严重扰乱社会秩序的，构成犯罪行为，未严重扰乱社会秩序的，构成本行为。
（二）本行为与爆炸罪、投放危险物质罪的界限。
《刑法》第114条规定的爆炸罪，是指故意引起爆炸物或其他设备、爆炸，危害公共安全的行为；《刑法》第114条规定的投放危险物质罪，是指故意投放毒害性、放射性、传染病病原体等物质，危害公共安全的行为。它们的区别在于：</td></tr>
</table>

认定界限	1. 行为侵犯的客体不同。投放虚假危险物质行为所侵犯的客体是单一客体，即公共秩序；而爆炸罪、投放危险物质罪所侵犯的客体是不特定多人的生命、健康或者公私财产的安全。这两种犯罪侵害的对象既可以是人，也可以是物，或者两者兼而有之。 2. 行为在客观方面的表现及后果不同。爆炸罪和投放危险物质罪在客观方面必须具有以爆炸方法、投放危险物质的方法危害不特定多人的生命和健康，破坏公私财产，危害公共安全的行为，造成了对公共安全的危害后果；而在本行为中，行为人所投放的不是真正具有爆炸性、毒害性、放射性、腐蚀性的危险物质，行为人明知所投放之物不具有危险性，不可能产生爆炸、毒害等后果，但谎称其是危险物质并投放在公共场所或者国家机关、社会团体、企业、事业单位、学位、医院、住宅、公共建筑物等地，造成恐慌、导致公共秩序混乱的后果。 3. 行为人的主观态度不同。本行为必须由故意构成，行为人在主观上具有扰乱公共秩序的故意，但不具有危害公共安全的故意，不存在过失投放虚假的危险物质扰乱公共秩序的行为；爆炸罪、投放危险物质罪也必须由故意构成，如果是过失实施爆炸、过失投放危险物质的，也可构成犯罪行为，应按照《刑法》第115条第2款的规定追究过失爆炸罪、过失投放危险物质罪的法律责任。 （三）本行为与爆炸罪、投放危险物质罪的犯罪未遂形态的界限。 爆炸罪、投放危险物质罪的未遂形态，是指行为人已经着手实施爆炸，或者已经投放了危险物质，但由于行为人意志以外的原因而未得逞。行为人意志以外的原因既可能是实施了爆炸、投放危险物质后被他人发现而予以消除危险，致使犯罪行为未遂；也可能是行为人误把非危险物质当作危险物质实施爆炸、投放等行为导致未遂，这也被称为手段不能犯的未遂。手段不能犯的未遂犯罪与投放虚假的危险物质扰乱公共秩序行为的区别就在于行为人是否知道投放物为非危险物质：不知为非危险物质而误以为是危险物质而投放、使用的，是犯罪未遂；明知所投放物不是危险物质，而故意使他人相信是危险物质，从而导致人们恐慌，公共秩序被扰乱的，是《治安管理处罚法》第25条设定的投放虚假危险物质行为。
处罚标准	（一）构成本行为的，处5日以上10日以下拘留，可以并处500元以下罚款。 （二）情节较轻的，处5日以下拘留或者500元以下罚款。 在实践中，判断情节的轻重，一般应从行为人的动机、手段、目的、行为的次数、造成的后果等方面综合考虑，由公安机关办案人员酌情量罚。一般而言，行为人投放虚假的爆炸性、毒害性、放射性、腐蚀性物质或者传染病病原体等危险物质，未造成后果的，应认定为“情节较轻”。
相关执法参考	**《中华人民共和国治安管理处罚法》**（节录） （2005年8月28日第十届全国人民代表大会常务委员会第十七次会议通过　中华人民共和国主席令第三十八号公布　自2006年3月1日起施行） 第二十五条第二项　有下列行为之一的，处五日以上十日以下拘留，可以并处五百元以下罚款；情节较轻的，处五日以下拘留或者五百元以下罚款：

相关执法参考

（二）投放虚假的爆炸性、毒害性、放射性、腐蚀性物质或者传染病病原体等危险物质扰乱公共秩序的；

《中华人民共和国刑法》（节录）

（1979年7月1日第五届全国人民代表大会第二次会议通过　1997年3月14日第八届全国人民代表大会第五次会议修订　根据2011年2月25日第十一届全国人民代表大会常务委员会第十九次会议通过的《中华人民共和国刑法修正案（八）》最新修正）

第二百九十一条之一　投放虚假的爆炸性、毒害性、放射性、传染病病原体等物质，或者编造爆炸威胁、生化威胁、放射威胁等恐怖信息，或者明知是编造的恐怖信息而故意传播，严重扰乱社会秩序的，处五年以下有期徒刑、拘役或者管制；造成严重后果的，处五年以上有期徒刑。{刑法修正案（三）增加此条}

《中华人民共和国传染病防治法》（节录）

（1989年2月21日第七届全国人民代表大会常务委员会第六次会议通过　2004年8月28日第十届全国人民代表大会常务委员会第十一次会议修订　2004年8月28日中华人民共和国主席令第十七号公布　自2004年12月1日起施行）

第三条　本法规定的传染病分为甲类、乙类和丙类。

甲类传染病是指：鼠疫、霍乱。

乙类传染病是指：传染性非典型肺炎、艾滋病、病毒性肝炎、脊髓灰质炎、人感染高致病性禽流感、麻疹、流行性出血热、狂犬病、流行性乙型脑炎、登革热、炭疽、细菌性和阿米巴性痢疾、肺结核、伤寒和副伤寒、流行性脑脊髓膜炎、百日咳、白喉、新生儿破伤风、猩红热、布鲁氏菌病、淋病、梅毒、钩端螺旋体病、血吸虫病、疟疾。

丙类传染病是指：流行性感冒、流行性腮腺炎、风疹、急性出血性结膜炎、麻风病、流行性和地方性斑疹伤寒、黑热病、包虫病、丝虫病，除霍乱、细菌性和阿米巴性痢疾、伤寒和副伤寒以外的感染性腹泻病。

上述规定以外的其他传染病，根据其暴发、流行情况和危害程度，需要列入乙类、丙类传染病的，由国务院卫生行政部门决定并予以公布。

《中华人民共和国传染病防治法实施办法》（节录）

（1991年12月6日　卫生部令第17号颁布　自颁布之日起实施）

第十六条　传染病的菌（毒）种分为下列三类：

一类：鼠疫耶尔森氏菌、霍乱弧菌；天花病毒、艾滋病病毒；

二类：布氏菌、炭疽菌、麻风杆菌、肝炎病毒、狂犬病毒、出血热病毒、登革热病毒；斑疹伤塞立克次体；

三类：脑膜炎双球菌、链球菌、淋病双球菌、结核杆菌、百日咳嗜血杆菌、白喉棒状杆菌、沙门氏菌、志贺氏菌、破伤风梭状杆菌；钩端螺旋体、梅毒螺旋体；乙型脑炎病毒、脊髓灰质炎病毒、流感病毒、流行性腮腺炎病毒、麻疹病毒、风疹病毒。

国务院卫生行政部门可以根据情况增加或者减少菌（毒）种的种类。

相关执法参考

《卫生部关于将手足口病纳入法定传染病管理的通知》（节录）

（卫发明电［2008］30号）

……

根据《中华人民共和国传染病防治法》有关规定，为加强手足口病防治工作，经研究，决定将手足口病列入《中华人民共和国传染病防治法》规定的丙类传染病进行管理……

十九、扬言实施放火、爆炸、投放危险物质扰乱公共秩序
（《治安管理处罚法》第25条第3项）

案由		扬言实施放火、爆炸、投放危险物质扰乱公共秩序
概念		扬言实施放火、爆炸、投放危险物质扰乱公共秩序，是指扬言实施放火、爆炸、投放危险物质扰乱公共秩序，尚不够刑事处罚的行为。
违法构成要件	违法客体	本行为侵犯的客体是公共秩序。
	违法客观方面	本行为在客观方面表现为行为人扬言实施放火、爆炸、投放危险物质行为，扰乱了公共秩序，但并未真正着手实施放火、爆炸、投放危险物质等行为。 “扬言”，即公然声称，如在群体密集的公共场所，或者借助大众媒体，或者打电话给公安机关、媒体、相关部门等，使人相信其即将实施放火、爆炸、投放危险物质等行为；“着手实施”是指已经开始购买或储存危险物质，已经选择好目标准备伺机实施危害行为。 “放火”是指故意纵火焚烧公私财物，严重危害公共安全的行为。 “爆炸”是指故意引起爆炸物爆炸，危害公共安全的行为。 “投放危险物质”是指向公共饮用水源、食品或者公共场所、设施投放能够致人伤亡或者损毁公私财物的毒害性、放射性、传染病病原体等物质的行为。 本行为在客观上还必须扰乱了公共秩序，即引起了一定范围人群的恐慌或扰乱了有关单位正常的生产、经营、科研等秩序。
	违法主体	本行为的主体是达到责任年龄、具有责任能力的自然人。
	违法主观方面	本行为的主观方面必须具有扰乱公共秩序的故意，过失不构成本行为。
认定界限		（一）本行为与放火罪、爆炸罪、投放危险物质罪的界限。 放火罪，是指故意引起火灾，危害公共安全的行为；爆炸罪，是指故意引起爆炸物或其他设备爆炸，危害公共安全的行为；投放危险物质罪，是指故意投放毒害性、放射性、传染病病原体等物质，危害公共安全的行为。

认定界限	本行为与放火罪、爆炸罪、投放危险物质罪的区别在于：前者是“扬言”欲放火、爆炸、投放危险物质，但并未“着手”实施放火、爆炸、投放危险物质行为，也未对公共安全形成实质上的威胁和破坏，只是造成了公众恐慌、扰乱了正常的公共秩序。而放火罪、决水罪、爆炸罪、投放危险物质罪等犯罪行为则是行为人已经着手实施了放火、决水、爆炸、投放危险物质等行为，使不特定多人的生命和健康受到危害、公私财产受到破坏，危害了公共安全。 （二）本行为与放火罪、爆炸罪、投放危险物质罪等犯罪行为的预备形态的界限。 犯罪预备是指已经实施犯罪的预备行为，由于行为人意志以外的原因而未能着手实行犯罪的情形。本行为不是放火罪、爆炸罪、投放危险物质罪等犯罪行为的预备形态，这是因为：本行为既不是为这些犯罪行为准备工具，也不是为实行犯罪制造条件，行为人仅仅是通过扬言的方式，制造恐慌、扰乱公共秩序，行为人除扬言外，既没有实施真正的放火、爆炸、投放危险物质等危害行为，也没有实施诸如购买点火物、爆炸物、毒害物等预备行为。
处罚标准	（一）构成本行为的，处5日以上10日以下拘留，可以并处500元以下罚款。 （二）情节较轻的，处5日以下拘留或者500元以下罚款。 在实践中，判断情节的轻重，一般应从行为人的动机、手段、目的、行为的次数、造成的后果等方面综合考虑，由公安机关办案人员酌情量罚。一般而言，行为人扬言实施放火、爆炸、投放危险物质，但没有造成引起公众恐慌，对公共秩序也没有造成影响的，应当认定为情节较轻。
相关执法参考	**《中华人民共和国治安管理处罚法》**（节录） （2005年8月28日第十届全国人民代表大会常务委员会第十七次会议通过　中华人民共和国主席令第三十八号公布　自2006年3月1日起施行） 第二十五条第三项　有下列行为之一的，处五日以上十日以下拘留，可以并处五百元以下罚款；情节较轻的，处五日以下拘留或者五百元以下罚款： （三）扬言实施放火、爆炸、投放危险物质扰乱公共秩序的。 **《中华人民共和国刑法》**（节录） （1979年7月1日第五届全国人民代表大会第二次会议通过　1997年3月14日第八届全国人民代表大会第五次会议修订　根据2011年2月25日第十一届全国人民代表大会常务委员会第十九次会议通过的《中华人民共和国刑法修正案（八）》最新修正） 第二百九十一条之一　投放虚假的爆炸性、毒害性、放射性、传染病病原体等物质，或者编造爆炸威胁、生化威胁、放射威胁等恐怖信息，或者明知是编造的恐怖信息而故意传播，严重扰乱社会秩序的，处五年以下有期徒刑、拘役或者管制；造成严重后果的，处五年以上有期徒刑。{**刑法修正案（三）增加此条**} **《公安机关消防刑侦部门火灾调查工作协作规定》** （公消［2009］279号） 第一条　为确定火灾性质，及时查明起火原因和侦破刑事案件，明确公安机关

消防、刑侦部门火灾调查协作工作的职责和要求，提高工作效能，根据《火灾事故调查规定》，制定本规定。

第二条 火灾调查协作工作由县级以上人民政府公安机关统一领导，并由具有管辖权的公安机关消防、刑侦部门负责实施。必要时，上一级公安机关消防、刑侦部门可以派员予以协调、指导。

第三条 具有下列情形之一的，消防部门应当立即报告本级公安机关指挥中心通知刑侦部门，刑侦部门接到通知后应当立即派员赶赴火灾现场参加调查：

（一）有人员死亡的火灾；

（二）国家机关、广播电台、电视台、学校、医院、养老院、托儿所、幼儿园、文物保护单位、邮政和通信、交通枢纽等部门和单位发生社会影响大的火灾；

（三）具有放火嫌疑的火灾。

第四条 具有下列情形之一的，可以认定为本规定第三条第三项所称具有放火嫌疑的火灾：

（一）现场尸体有非火灾致死特征嫌疑的；

（二）现场有来源不明的引火源、引火物，或者有迹象表明用于放火的器具、容器、登高工具等物品的；

（三）建筑物门窗、外墙有非施救或者逃生人员所为的破坏、攀爬痕迹的；

（四）起火前有物品被盗等可疑情况的；

（五）非放火不可能造成两个以上起火点的；

（六）监控录像记录有可疑人员活动的；

（七）同一地区有相似火灾重复发生的；

（八）其他具有放火嫌疑特征的。

第五条 消防部门和刑侦部门到达火灾现场后，应当协作配合，共同开展现场勘验、调查访问、分析起火原因等，并作记录。

第六条 在火灾性质尚未确定前，现场调查以消防部门为主，刑侦部门应当协助做好下列工作：

（一）勘验现场，检验、鉴定有关痕迹物证；

（二）查找知情人员；

（三）调查访问知情人员；

（四）调查、核实放火嫌疑线索。

第七条 经调查，排除放火嫌疑的，刑侦部门应当向消防部门移交全部调查、检验鉴定等案卷材料，并撤出现场，终止调查工作。

第八条 经调查，涉嫌放火犯罪的，经消防部门负责人批准，制作案件移送通知书，将全部调查、检验鉴定等案卷材料连同火灾现场一并移交刑侦部门，并根据需要协助刑侦部门开展工作。

第九条 刑侦部门应当自接到案件移送通知书之日起十个工作日内，进行案件审查，作出是否立案的决定，并书面通知移送案件的消防部门。决定不予立案的，应当书面说明理由，并向消防部门退回案卷材料、移交火灾现场。

第十条 消防和刑侦部门对火灾性质认定存在分歧的，可以报请共同的主管公

相关执法参考	安机关负责人协调解决，或者申请上一级公安机关消防、刑侦部门派员指导调查。 上一级公安机关消防、刑侦部门接到申请后，应当共同派员指导调查，达成一致意见的，申请部门应当采纳。 对死亡三人以上的火灾，经上一级公安机关消防、刑侦部门派员指导调查仍未达成一致意见的，省级人民政府公安机关可以向公安部消防局、刑事侦查局申请调派专家指导调查。 第十一条 消防、刑侦部门应当及时总结火灾调查的经验教训，开展业务交流与培训。 第十二条 在火灾调查协作工作中因推诿扯皮造成严重后果的，由所属公安机关依照有关规定追究承办案件的消防、刑侦部门直接负责的主管人员和其他直接责任人员的责任。

二十、寻衅滋事

（《治安管理处罚法》第26条）

案由		寻衅滋事
概念		寻衅滋事，是指1人或多人在公共场所或者其他场所实施结伙斗殴，追逐、拦截他人，强拿硬要或者任意损毁、占用公私财物，以及其他寻衅滋事的行为，破坏公共秩序，尚不够刑事处罚的行为。
违法构成要件	违法客体	本行为侵犯的客体是复杂客体，既侵犯了社会的公共秩序，也侵犯了人身权利或公私财产权利。
	违法客观方面	本行为在客观方面表现为： 1. 结伙斗殴。“结伙斗殴”是指行为人蔑视道德规范和法律规定，为显示义气、争风吃醋、争夺地盘，或者因民事纠纷激化等原因，在公共场所相互斗殴或者结伙械斗，扰乱公共秩序的行为。这种行为不仅追求对侵害对象的身体伤害，而且明知自己的行为是扰乱公共秩序，破坏社会规范的，却有意以这种行为显示自己对国家法律和社会公德的藐视。 2. 追逐、拦截他人。“追逐、拦截他人”是指行为人以扰乱公共秩序为目的，在公共场所追逐、打闹，无理拦截他人不让通行，扰乱公共秩序的行为。在实践中，这种行为多表现为追逐、拦截妇女。需要注意的是：如果行为人使用暴力、胁迫或者其他方法强制猥亵或者侮辱妇女的，对行为人应根据《治安管理处罚法》第42条或第44条的规定，分别认定为侮辱行为和猥亵行为。 3. 强拿硬要或者任意损毁、占用公私财物。“强拿硬要或者任意损毁、占用公私财物”指的是一些“无赖”、“地痞”，未经相关人员或单位同意，直接取用或者强行索要、损毁、占用他人的物品，数额较小的行为。一般来说，行为人并没有使用暴力，但是，行为人往往用言语、肢体语言对财物所有人形成恐吓，既而强拿硬要或者任意损毁、占用公私财物。 4. 其他寻衅滋事行为。所谓“其他寻衅滋事行为”，指的是行为人惹是生非、无理取闹、起哄闹事等随意滋事、扰乱公共秩序的行为，包括随意殴打他人，行为人因精神空虚，在公共场所无事生非，制造事端，扰乱公共场所秩序，引起群众惊慌、逃离等混乱局面等。 一般情况下，行为人只要实施上述几种情形中的任意一种，即可构成本行为，即使行为人同时实施了上述几种违法行为，也仅构成本行为一种，不实行并罚，只是在量罚时由办案人员作为违法情节予以考虑。 另外，本行为在多数情形下是发生在公共场所，但是，也不排除在非公共场所也可能发生本行为。

<table>
<tr><td rowspan="2">违法构成要件</td><td>违法主体</td><td>本行为的主体是达到责任年龄、具有责任能力的自然人。</td></tr>
<tr><td>违法主观方面</td><td>本行为的主观方面只能是故意。行为人的动机一般是为了显示力量、显露威风、逗笑取乐、寻求刺激等，以满足其低级趣味等不正常、不健康的心理需要。</td></tr>
<tr><td>认定界限</td><td colspan="2">（一）本行为与扰乱公共场所秩序的界限。
《治安管理处罚法》第 23 条第 1 款第 2 项规定的扰乱公共场所秩序，是指扰乱车站、港口、码头、机场、商场、公园、展览馆或其他公共场所秩序的行为。两者都可能造成公共场所秩序的混乱，行为的表现也极为相似，这两种行为极易混淆。两者的界限主要在于：
1. 行为的发生地点有所不同。扰乱公共场所秩序行为仅发生于公共场所；而本行为既可能发生在公共场所，也可能发生在非公共场所。
2. 行为手段不同。扰乱公共场所秩序的手段和方式较多，例如，在公共场所故意违反公共行为准则，起哄闹事制造混乱；阻碍扰乱维护公共秩序工作人员履行职责；在公共场所采取穿状衣、抬花圈、打横幅、举标语、喊口号、抛传单、演讲、静坐、下跪、扬言自杀、自残等行为以及采用其他方法，制造影响、扰乱公共秩序，不听制止的；强行兜售商品、散发小广告或者在重点地区兜售商品、散发小广告，不听劝阻等。而本行为的行为人一般是为寻求刺激而惹是生非，例如，在公共场所或者其他场所结伙斗殴，追逐、拦截他人，强拿硬要或者任意损毁、占用公私财物，以及其他寻衅滋事的行为。如果行为人在公共场所追逐、拦截他人，强拿硬要或者任意损毁、占用公私财物的，虽然也扰乱了公共场所秩序，但不能以扰乱公共场所秩序论处，而应认定为本行为。
（二）本行为与敲诈勒索的界限。
《治安管理处罚法》第 49 条规定的敲诈勒索，是指以非法占有为目的，对被害人使用威胁或要挟的方法，强行索要少量公私财物，尚不够刑事处罚的行为。两者都可能对被害人实施敲诈勒索的行为，两者的界限主要在于行为人动机不同。本行为的行为人实施敲诈勒索的行为动机是为了显示自己的威风，满足自己精神上的刺激，故意炫耀自己的力量，显示自己的霸气，因此，行为人一般是直截了当地、公开地、气焰嚣张地进行；而敲诈勒索的行为人是以非法占有为目的，同时，行为人为了逃避打击，往往以间接的、隐秘的或暗示的方法进行，害怕第三人知晓其行为。
（三）本行为与殴打他人、故意伤害行为的界限。
《治安管理处罚法》第 43 条第 1 款规定的殴打他人，是指以殴打的方式，故意</td></tr>
</table>

认定界限

伤害他人身体，尚不够刑事处罚的行为，该款同时规定的故意伤害，是指故意非法伤害他人身体健康，尚不够刑事处罚的行为。

在实践中，本行为规定的“结伙斗殴、殴打他人”的行为方式容易同殴打他人、故意伤害行为混淆，从而影响办案人员的正确认定。

一般而言，寻衅滋事中的“结伙斗殴、殴打他人”行为，是指违法行为人组织、纠集或者参加由多人组成的团伙与另一同类性质的团伙进行互相殴打，其目的一般是为了争夺地盘、显示力量、称王称霸等，双方没有一个固定的殴打、伤害目的和清晰的伤害程度要求，这与殴打他人或故意伤害的违法行为有明显的不同。

总的来说，本行为与后两种行为的主要区别就在于行为人在实施殴打行为时所持的主观心态不同，本行为行为人的动机一般是为了显示力量、显露威风、逗笑取乐、寻求刺激，满足其低级趣味等不正常、不健康的心理需要。后两者却不具有这样的动机，后两者行为人的目的都是为了伤害他人的身体。

（四）结伙斗殴与聚众斗殴罪的界限。

《刑法》第292条第1款规定的聚众斗殴罪，是指基于私仇宿怨、争霸一方或者其他藐视法纪的动机，聚集多人成帮结伙地相互攻击对方身体的行为。结伙斗殴行为与聚众斗殴罪的主要区别在于行为的情节和危害后果不同：结伙斗殴行为通常表现为2人或2人以上，在公共场所互相殴斗或者结伙械斗，虽然扰乱了公共秩序，但情节轻微、尚未造成严重后果。而聚众斗殴罪的“聚众”要求必须是3人或3人以上，一般表现为：多次聚众斗殴的，聚众斗殴人数多、规模大、社会影响恶劣的，在公共场所或者交通要道聚众斗殴、造成社会秩序严重混乱的，持械聚众斗殴的行为，这些行为造成了恶劣的社会影响或者导致社会秩序严重混乱。在认定聚众斗殴罪时，对聚众斗殴的首要分子和其他积极参加的人员，应按《刑法》的规定追究其“聚众斗殴罪”的刑事责任，对在聚众斗殴中不起主要作用的一般参与者，可根据《治安管理处罚法》的规定，以本行为论处。

（五）本行为与寻衅滋事罪①的界限。

《刑法》第293条规定的寻衅滋事罪，是指随意殴打、追逐、拦截、辱骂、恐吓他人，情节恶劣的，或者强拿硬要或者任意损毁、占用公私财物，情节严重的，或者在公共场所起哄闹事，造成公共场所秩序严重混乱的行为。两者在客观表现上非常相似，两者的主要区别就在于行为的情节和后果不同。根据《最高人民检察院公安部关于公安机关管辖的刑事案件立案追诉标准的规定（一）》（公通字［2008］36号）的规定，寻衅滋事，破坏社会秩序，涉嫌下列情形之一的，应予立案追诉：

1. 随意殴打他人造成他人身体伤害、持械随意殴打他人或者具有其他恶劣情节的；

2. 追逐、拦截、辱骂他人，严重影响他人正常工作、生产、生活，或者造成他人精神失常、自杀或者具有其他恶劣情节的；

① 该罪根据《刑法修正案（八）》进行了修正，增加了“恐吓他人”的条件，同时，提高了该罪的最高法定刑。

认定界限	3. 强拿硬要或者任意损毁、占用公私财物价值2千元以上，强拿硬要或者任意损毁、占用公私财物3次以上或者具有其他严重情节的； 4. 在公共场所起哄闹事，造成公共场所秩序严重混乱的。 在司法实践中，判断“寻衅滋事”行为罪与非罪的界限，还应根据以下几个因素综合判断： 1. 行为的方式和手段。行为的方式和手段对危害结果的大小具有决定性作用，对社会心理的伤害程度也有很大影响。因此，在认定情节是否严重时，应该考察行为人是否使用了暴力、威胁等手段，是否采用了公开或者有组织的方式等。 2. 行为的直接危害结果和间接不良后果。直接危害结果是行为直接对社会造成的损害。间接不良后果是指行为对社会造成的不良影响或间接引起的损害。行为人是否造成被害人自杀、是否引起公私财产重大损失、是否造成公共场所秩序严重混乱等是认定情节严重与否的重要因素。 3. 行为的时间和地点。同一行为在不同时间、不同地点实施，所造成的社会影响是不同的。白天在公共场所的滋事活动当然要比晚上在荒郊野外的危害性大。 4. 行为人的一贯表现。行为人的一贯表现表明了行为人主观恶性的大小。另外，行为人是否多次寻衅滋事、屡教不改，也是认定情节严重与否的一个重要方面。
处罚标准	（一）构成本行为的，处5日以上10日以下拘留，可以并处500元以下罚款。 （二）情节较重的，处10日以上15日以下拘留，可以并处1000元以下罚款。 在实践中，判断情节的轻重，一般应从行为人的动机、手段、目的、行为的次数、造成的后果等方面综合考虑，由公安机关办案人员酌情量罚。一般而言，具有下列情形之一的，应认定为“情节较重”： 1. 实施上述行为的组织者或积极参与者； 2. 多次实施上述行为的； 3. 追逐、拦截他人，造成他人人身伤害或财产损失的； 4. 追逐、拦截妇女、未成年人或残疾人的； 5. 追逐、拦截他人并有侮辱性语言、挑逗性动作或采用暴力、威胁手段的； 6. 使用工具或驾驶机动车等追逐、拦截、殴打他人的； 7. 多次或者多人强拿硬要、任意损毁、占用公私财物的； 8. 强拿硬要、任意损毁、占用公私财物数额较大的； 9. 因寻衅滋事行为受过处罚的； 10. 造成较大影响或后果较严重的情形； 11. 其他情节较重的情形。
相关执法参考	**《中华人民共和国治安管理处罚法》**（节录） （2005年8月28日第十届全国人民代表大会常务委员会第十七次会议通过　中华人民共和国主席令第三十八号公布　自2006年3月1日起施行） 第二十六条　有下列行为之一的，处五日以上十日以下拘留，可以并处五百元以下罚款；情节较重的，处十日以上十五日以下拘留，可以并处一千元以下罚款：

相关执法参考

（一）结伙斗殴的；

（二）追逐、拦截他人的；

（三）强拿硬要或者任意损毁、占用公私财物的；

（四）其他寻衅滋事行为。

《中华人民共和国刑法》（节录）

（1979年7月1日第五届全国人民代表大会第二次会议通过　1997年3月14日第八届全国人民代表大会第五次会议修订　根据2011年2月25日第十一届全国人民代表大会常务委员会第十九次会议通过的《中华人民共和国刑法修正案（八）》最新修正）

第二百九十三条　有下列寻衅滋事行为之一，破坏社会秩序的，处五年以下有期徒刑、拘役或者管制：

（一）随意殴打他人，情节恶劣的；

（二）追逐、拦截、辱骂、恐吓他人，情节恶劣的；

（三）强拿硬要或者任意损毁、占用公私财物，情节严重的；

（四）在公共场所起哄闹事，造成公共场所秩序严重混乱的。

纠集他人多次实施前款行为，严重破坏社会秩序的，处五年以上十年以下有期徒刑，可以并处罚金。｛根据刑法修正案（八）修改｝

｛原条文：有下列寻衅滋事行为之一，破坏社会秩序的，处五年以下有期徒刑、拘役或者管制：

（一）随意殴打他人，情节恶劣的；

（二）追逐、拦截、辱骂他人，情节恶劣的；

（三）强拿硬要或者任意损毁、占用公私财物，情节严重的；

（四）在公共场所起哄闹事，造成公共场所秩序严重混乱的。｝

第二百九十二条　聚众斗殴的，对首要分子和其他积极参加的，处三年以下有期徒刑、拘役或者管制；有下列情形之一的，对首要分子和其他积极参加的，处三年以上十年以下有期徒刑：

（一）多次聚众斗殴的；

（二）聚众斗殴人数多，规模大，社会影响恶劣的；

（三）在公共场所或者交通要道聚众斗殴，造成社会秩序严重混乱的；

（四）持械聚众斗殴的。

聚众斗殴，致人重伤、死亡的，依照本法第二百三十四条、第二百三十二条的规定定罪处罚。

《公安机关执行〈中华人民共和国治安管理处罚法〉有关问题的解释》（二）（节录）

（2007年1月8日　公通字［2007］1号）

一、关于制止违反治安管理行为的法律责任问题

为了免受正在进行的违反治安管理行为的侵害而采取的制止违法侵害行为，不属于违反治安管理行为。但对事先挑拨、故意挑逗他人对自己进行侵害，然后以制止违法侵害为名对他人加以侵害的行为，以及互相斗殴的行为，应当予以治安管理处罚。

相关执法参考

八、关于“结伙”、“多次”、“多人”的认定问题

《治安管理处罚法》中规定的“结伙”是指两人（含两人）以上；“多次”是指三次（含三次）以上；“多人”是指三人（含三人）以上。

《最高人民法院关于审理未成年人刑事案件具体应用法律若干问题的解释》（节录）

（2005年12月12日最高人民法院审判委员会第1373次会议通过
法释［2006］1号　2006年1月23日起实施）

第八条　已满十六周岁不满十八周岁的人出于以大欺小、以强凌弱或者寻求精神刺激，随意殴打其他未成年人、多次对其他未成年人强拿硬要或者任意损毁公私财物，扰乱学校及其他公共场所秩序，情节严重的，以寻衅滋事罪定罪处罚。

《最高人民法院关于审理抢劫、抢夺刑事案件适用法律若干问题的意见》（节录）

（2005年6月8日法发［2005］8号颁布　自颁布之日起实施）

4. 抢劫罪与寻衅滋事罪的界限

寻衅滋事罪是严重扰乱社会秩序的犯罪，行为人实施寻衅滋事的行为时，客观上也可能表现为强拿硬要公私财物的特征。这种强拿硬要的行为与抢劫罪的区别在于：前者行为人主观上还具有逞强好胜和通过强拿硬要来填补其精神空虚等目的，后者行为人一般只具有非法占有他人财物的目的；前者行为人客观上一般不以严重侵犯他人人身权利的方法强拿硬要财物，而后者行为人则以暴力、胁迫等方式作为劫取他人财物的手段。司法实践中，对于未成年人使用或威胁使用轻微暴力强抢少量财物的行为，一般不宜以抢劫罪定罪处罚。其行为符合寻衅滋事罪特征的，可以寻衅滋事罪定罪处罚。

《最高人民法院、最高人民检察院关于办理妨害预防、控制突发传染病疫情等灾害的刑事案件具体应用法律若干问题的解释》（节录）

（2003年5月14日　法释［2003］8号）

第十一条　在预防、控制突发传染病疫情等灾害期间，强拿硬要或者任意损毁、占用公私财物情节严重，或者在公共场所起哄闹事，造成公共场所秩序严重混乱的，依照刑法第二百九十三条的规定，以寻衅滋事罪定罪，依法从重处罚。

《中华人民共和国教育法》（节录）

（第十届全国人民代表大会常务委员会第二十二次会议于2006年6月29日修订通过
根据2009年8月27日第十一届全国人民代表大会常务委员会第十次会议通过的
〈全国人民代表大会常务委员会关于修改部分法律的决定〉修改）

第七十二条　结伙斗殴，寻衅滋事，扰乱学校及其他教育机构教育教学秩序或者破坏校舍、场地及其他财产的，由公安机关给予治安管理处罚；构成犯罪的，依法追究刑事责任。侵占学校及其他教育机构的校舍、场地及其他财产的，依法承担民事责任。

相关执法参考

《中华人民共和国体育法》（节录）

（1995年8月29日第八届全国人民代表大会常务委员会第十五次会议通过 根据2009年8月27日第十一届全国人民代表大会常务委员会第十次会议《关于修改部分法律的决定》修正）

第五十三条　在体育活动中，寻衅滋事、扰乱公共秩序的，给予批评、教育并予以制止；违反治安管理的，由公安机关依照治安管理处罚法的规定给予处罚；构成犯罪的，依法追究刑事责任。

《疫苗流通和预防接种管理条例》（节录）

（2005年3月24日国务院令第434号颁布2005年6月1日起施行）

第七十一条　以发生预防接种异常反应为由，寻衅滋事，扰乱接种单位的正常医疗秩序和预防接种异常反应鉴定工作的，依法给予治安管理处罚；构成犯罪的，依法追究刑事责任。

《乡村医生从业管理条例》（节录）

（2003年8月5日国务院令第386号颁布　自2004年1月1日起实施）

第四十七条　寻衅滋事、阻碍乡村医生依法执业，侮辱、诽谤、威胁、殴打乡村医生，构成违反治安管理行为的，由公安机关依法予以处罚；构成犯罪的，依法追究刑事责任。

《医疗事故处理条例》（节录）

（2002年4月4日国务院令第351号颁布　自2002年9月1日起实施）

第五十九条　以医疗事故为由，寻衅滋事、抢夺病历资料，扰乱医疗机构正常医疗秩序和医疗事故技术鉴定工作，依照刑法关于扰乱社会秩序罪的规定，依法追究刑事责任；尚不够刑事处罚的，依法给予治安管理处罚。

二十一、组织、教唆、胁迫、诱骗、煽动从事邪教、会道门活动

（《治安管理处罚法》第27条第1项）

<table>
<tr><td colspan="2">案由</td><td>组织、教唆、胁迫、诱骗、煽动从事邪教、会道门活动</td></tr>
<tr><td colspan="2">概念</td><td>组织、教唆、胁迫、诱骗、煽动从事邪教、会道门活动，是指以组织、教唆、胁迫、诱骗、煽动从事邪教、会道门活动的方法，扰乱公共秩序，尚不够刑事处罚的行为。</td></tr>
<tr><td rowspan="2">违法构成要件</td><td>违法客体</td><td>本行为侵犯的客体是复杂客体，包括公共秩序和他人的身体健康。</td></tr>
<tr><td>违法客观方面</td><td>本行为在客观方面表现为以组织、教唆、胁迫、诱骗、煽动从事邪教、会道门活动的方法，扰乱公共秩序或者损害他人的身体健康。
所谓“邪教”，是指冒用宗教、气功或者其他名义，神化首要分子，利用制造、散布迷信邪说等手段蛊惑、蒙骗他人，发展、控制成员，危害社会的非法组织。所谓“会道门”，指会、道、门等迷信组织的总称，如一贯道、九宫道、先天道、后天道、天地门等封建迷信组织。这些会道门利用一些人的愚昧无知和迷信，开坛摆供，制造、传播荒诞邪说，欺骗群众，发展组织，进行迷信、扰乱社会秩序的活动。
“组织”是指行为人有目的、有系统、有秩序地将他人召集起来，进行集中的控制，建立邪教组织、会道门，以及在邪教组织、会道门的活动中起领导、协调作用的行为。“教唆”是指通过劝说、请求等方法，唆使他人参加邪教、会道门活动。“胁迫”是指通过暴力或精神胁迫的方法，强制、迫使不愿参加邪教、会道门活动的无辜群众参加邪教、会道门活动的行为。“诱骗”是指通过利诱、欺骗等手段，拉拢他人从事邪教、会道门活动。“煽动”是指通过语言、文字等方式，鼓动他人从事邪教、会道门活动。
在具体案由认定的时候，根据行为人具体行为方式和所涉及对象的不同，本行为实际包括多种案由名称，如组织从事邪教活动、组织从事会道门活动、教唆从事邪教活动、教唆从事会道门活动、胁迫从事邪教活动、胁迫从事会道门活动、诱骗从事邪教活动、诱骗从事会道门活动、煽动从事邪教活动、煽动从事会道门活动等，同时实施两种以上的行为方式或既涉及邪教又涉及会道门的，可根据具体情况确定具体的案由，如组织、诱骗从事邪教、会道门活动，教唆、胁迫从事邪教活动等，而不能认定为两种案由，更不能实行并罚。
在实践中，本行为的具体方式主要包括：
1. 建立邪教、会道门等的聚点、窝点、秘密联络点等活动场所；
2. 制造、散布迷信邪说，蒙骗他人参与邪教、会道门活动，或以暴力胁迫、色情引诱、金钱诱惑等方式拉拢他人进行邪教、会道门活动。</td></tr>
</table>

<table>
<tr><td rowspan="2">违法构成要件</td><td>违法主体</td><td>本行为的主体是达到责任年龄、具有责任能力的自然人。</td></tr>
<tr><td>违法主观方面</td><td>本行为的主观方面为故意。</td></tr>
<tr><td>认定界限</td><td colspan="2">（一）会道门与合法宗教团体的界限。

所谓“会道门”，是指会、道、门等迷信组织的总称，如一贯道、九宫道、先天道、后天道、天地门等封建迷信组织。这些会道门利用一些人的愚昧无知和迷信，开坛摆供，制造、传播荒诞邪说，欺骗群众，发展组织，进行迷信、扰乱社会秩序的活动。会道门与合法的宗教团体之间有着性质上的不同：
1. 会道门的组织名称多种多样，而且并不固定；而合法的宗教团体则有着固定名称。
2. 会道门一般没有固定的活动场所，流动性、随意性很大，讲道弘法、收弟子等活动常常是随时随地进行；合法的宗教团体则都有固定的活动场所。
3. 会道门的崇拜偶像、信仰内容比较杂乱，有信仰神话人物的，有信仰古代人物的，有信仰特别的动物的，也有信仰宗教人物的；而宗教崇拜的偶像、信仰的内容则是特定的、专一的。
4. 会道门一般没有固定的教义经典，它除了借用其他宗教的部分教义经典外，还有一些是根据自己需要编写的，随意性很大；而合法宗教则有自己正统的经书。
5. 会道门中的很多人员职务名称不正规、不固定；而宗教职务名称则是相对固定不变的。

（二）邪教、会道门与黑社会组织、黑社会性质的组织的界限。

在实践中，邪教、会道门与黑社会组织、黑社会性质的组织之间的界限也不是十分明显，许多黑社会组织、黑社会性质的组织内部都信仰某种教义或供奉某种“神灵”，因此，换一个角度来看，又可能是会道门，乃至邪教组织。而“会道门”也并非严格的法律用语，其只是对特定历史时期出现的非法社会组织的总称，其中也包含了黑社会组织或黑社会性质的组织。它们之间的不同在于：会道门、邪教组织一般是利用某种宗教的教义，或者冒用某种宗教的名义，或者创制新的教义，通过蒙骗手段，使人们产生非正常的信仰，以此作为该组织的精神力量，将教徒们凝聚在一起；黑社会组织或黑社会性质的组织则不要求具备这一特征，形成其凝聚力的往往是对不正当经济利益以及其他非法利益的追求。与前者相比，后者更强调有组织性、暴力性。
根据《刑法修正案（八）》第43条的规定，黑社会性质的组织应当同时具备以下特征：
1. 形成较稳定的犯罪组织，人数较多，有明确的组织者、领导者，骨干成员基本固定；</td></tr>
</table>

<table>
<tr><td>认定界限</td><td>
2. 有组织地通过违法犯罪活动或者其他手段获取经济利益，具有一定的经济实力，以支持该组织的活动；
3. 以暴力、威胁或者其他手段，有组织地多次进行违法犯罪活动，为非作恶，欺压、残害群众；
4. 通过实施违法犯罪活动，或者利用国家工作人员的包庇或者纵容，称霸一方，在一定区域或者行业内，形成非法控制或者重大影响，严重破坏经济、社会生活秩序。

（三）本行为与组织、利用会道门、邪教组织破坏法律实施罪的界限。

《刑法》第300条第1款规定的组织、利用会道门、邪教组织破坏法律实施罪，是指组织和利用会道门、邪教组织破坏国家法律、行政法规实施，聚众闹事，扰乱社会秩序的行为。在实践中，该罪一般表现为：（1）组织、利用会道门、邪教组织聚众围攻、冲击国家机关、企业事业单位，扰乱国家机关、企业事业单位的工作、生产、经营、教学和科研秩序的；（2）组织、利用会道门、邪教组织非法举行集会、游行、示威，煽动、欺骗、组织其成员或者其他人聚众围攻、冲击、强占、哄闹公共场所及宗教活动场所，扰乱社会秩序的；（3）抗拒有关部门取缔或者已经被有关部门取缔，又恢复或者另行建立邪教组织，或者继续进行邪教活动的；（4）煽动、欺骗、组织会道门、邪教的成员或者其他人不履行法定义务，情节严重的；（5）出版、印刷、复制、发行宣扬会道门邪教内容出版物，以及印制邪教组织标识的；（6）其他破坏国家法律、行政法规实施行为的。两者的区别如下：
1. 行为的侧重点不同。本行为的重点在于“从事”，即组织他人从事邪教、会道门活动，或者以教唆、胁迫、诱骗、煽动的方式使本来没有从事邪教、会道门活动的人参与并从事了邪教、会道门活动；而后者的重点在于“破坏法律实施”，即以组织、利用会道门、邪教组织的方式破坏国家法律、行政法规的实施。
2. 危害后果不同。本行为的后果是扰乱社会秩序或者损害他人的身体健康；后者的后果则是严重扰乱社会秩序或者造成他人死亡等严重后果。
</td></tr>
<tr><td>处罚标准</td><td>
（一）构成本行为的，处10日以上15日以下拘留，可以并处1000元以下罚款。
（二）情节较轻的，处5日以上10日以下拘留，可以并处500元以下罚款。
在实践中，判断情节的轻重，一般应从行为人的动机、手段、目的、行为的次数、造成的后果等方面综合考虑，由公安机关办案人员酌情量罚。一般而言，行为人组织、教唆、胁迫、诱骗、煽动他人从事邪教、会道门活动，没有造成后果或者造成后果较轻且本人有悔改表现的，应当认定为“情节较轻”。
</td></tr>
<tr><td>相关执法参考</td><td>
《中华人民共和国治安管理处罚法》（节录）
（2005年8月28日第十届全国人民代表大会常务委员会第十七次会议通过　中华人民共和国主席令第三十八号公布　自2006年3月1日起施行）
第二十七条第一项　有下列行为之一的，处十日以上十五日以下拘留，可以并处一千元以下罚款；情节较轻的，处五日以上十日以下拘留，可以并处五百元以下罚款：
</td></tr>
</table>

相关执法参考

（一）组织、教唆、胁迫、诱骗、煽动他人从事邪教、会道门活动或者利用邪教、会道门、迷信活动，扰乱社会秩序、损害他人身体健康的；

《中华人民共和国刑法》（节录）

（1979年7月1日第五届全国人民代表大会第二次会议通过　1997年3月14日第八届全国人民代表大会第五次会议修订　根据2011年2月25日第十一届全国人民代表大会常务委员会第十九次会议通过的《中华人民共和国刑法修正案（八）》最新修正）

第三百条　组织和利用会道门、邪教组织或者利用迷信破坏国家法律、行政法规实施的，处三年以上七年以下有期徒刑；情节特别严重的，处七年以上有期徒刑。

组织和利用会道门、邪教组织或者利用迷信蒙骗他人，致人死亡的，依照前款的规定处罚。

组织和利用会道门、邪教组织或者利用迷信奸淫妇女、诈骗财物的，分别依照本法第二百三十六条、第二百六十六条的规定定罪处罚。

《全国人民代表大会常务委员会关于取缔邪教组织、防范和惩治邪教活动的决定》

（1999年10月30日第九届全国人民代表大会常务委员会第十二次会议通过）

为了维护社会稳定，保护人民利益，保障改革开放和社会主义现代化建设的顺利进行，必须取缔邪教组织、防范和惩治邪教活动。根据宪法和有关法律，特作如下决定：

一、坚决依法取缔邪教组织，严厉惩治邪教组织的各种犯罪活动。邪教组织冒用宗教、气功或者其他名义，采用各种手段扰乱社会秩序，危害人民群众生命财产安全和经济发展，必须依法取缔，坚决惩治。人民法院、人民检察院和公安、国家安全、司法行政机关要各司其职，共同做好这项工作。对组织和利用邪教组织破坏国家法律、行政法规实施，聚众闹事，扰乱社会秩序，以迷信邪说蒙骗他人，致人死亡，或者奸淫妇女、诈骗财物等犯罪活动，依法予以严惩。

二、坚持教育与惩罚相结合，团结、教育绝大多数被蒙骗的群众，依法严惩极少数犯罪分子。在依法处理邪教组织的工作中，要把不明真相参与邪教活动的人同组织和利用邪教组织进行非法活动、蓄意破坏社会稳定的犯罪分子区别开来。对受蒙骗的群众不予追究。对构成犯罪的组织者、策划者、指挥者和骨干分子，坚决依法追究刑事责任；对于自首或者有立功表现的，可以依法从轻、减轻或者免除处罚。

三、在全体公民中深入持久地开展宪法和法律的宣传教育，普及科学文化知识。依法取缔邪教组织，惩治邪教活动，有利于保护正常的宗教活动和公民的宗教信仰自由。要使广大人民群众充分认识邪教组织严重危害人类、危害社会的实质，自觉反对和抵制邪教组织的影响，进一步增强法制观念，遵守国家法律。

四、防范和惩治邪教活动，要动员和组织全社会的力量，进行综合治理。各级人民政府和司法机关应当认真落实责任制，把严防邪教组织的滋生和蔓延，防范和惩治邪教活动作为一项重要任务长期坚持下去，维护社会稳定。

相关执法参考

《最高人民法院　最高人民检察院关于办理组织和利用邪教组织犯罪案件具体应用法律若干问题的解释》（节录）

（1999年10月9日颁布　自颁布之日起实施）

第一条　刑法第三百条中的“邪教组织”，是指冒用宗教、气功或者其他名义建立，神化首要分子，利用制造、散布迷信邪说等手段蛊惑、蒙骗他人，发展、控制成员，危害社会的非法组织。

第二条　组织和利用邪教组织并具有下列情形之一的，依照刑法第三百条第一款的规定定罪处罚：

（一）聚众围攻、冲击国家机关、企业事业单位，扰乱国家机关、企业事业单位的工作、生产、经营、教学和科研秩序的；

（二）非法举行集会、游行、示威，煽动、欺骗、组织其成员或者其他人聚众围攻、冲击、强占、哄闹公共场所及宗教活动场所，扰乱社会秩序的；

（三）抗拒有关部门取缔或者已经被有关部门取缔，又恢复或者另行建立邪教组织，或者继续进行邪教活动的；

（四）煽动、欺骗、组织其成员或者其他人不履行法定义务，情节严重的；

（五）出版、印刷、复制、发行宣扬邪教内容出版物，以及印制邪教组织标识的；

（六）其他破坏国家法律、行政法规实施行为的。

实施前款所列行为，并具有下列情形之一的，属于“情节特别严重”：

（一）跨省、自治区、直辖市建立组织机构或者发展成员的；

（二）勾结境外机构、组织、人员进行邪教活动的；

（三）出版、印刷、复制、发行宣扬邪教内容出版物以及印制邪教组织标识，数量或者数额巨大的；

（四）煽动、欺骗、组织其成员或者其他人破坏国家法律、行政法规实施，造成严重后果的。

第三条　刑法第三百条第二款规定的组织和利用邪教组织蒙骗他人，致人死亡，是指组织和利用邪教组织制造、散布迷信邪说，蒙骗其成员或者其他人实施绝食、自残、自虐等行为，或者阻止病人进行正常治疗，致人死亡的情形。

具有下列情形之一的，属于“情节特别严重”：

（一）造成3人以上死亡的；

（二）造成死亡人数不满3人，但造成多人重伤的；

（三）曾因邪教活动受过刑事或者行政处罚，又组织和利用邪教组织蒙骗他人，致人死亡的；

（四）造成其他特别严重后果的。

第四条　组织和利用邪教组织制造、散布迷信邪说，指使、胁迫其成员或者其他人实施自杀、自伤行为的，分别依照刑法第二百三十二条、第二百三十四条的规定，以故意杀人罪或者故意伤害罪定罪处罚。

第五条　组织和利用邪教组织，以迷信邪说引诱、胁迫、欺骗或者其他手段，奸淫妇女、幼女的，依照刑法第二百三十六条的规定，以强奸罪或者奸淫幼女罪定罪处罚。

第六条　组织和利用邪教组织以各种欺骗手段，收取他人财物的，依照刑法第二百六十六条的规定，以诈骗罪定罪处罚。

第七条　组织和利用邪教组织，组织、策划、实施、煽动分裂国家、破坏国家统一或者颠覆国家政权、推翻社会主义制度的，分别依照刑法第一百零三条、第一百零五条、第一百一十三条的规定定罪处罚。

第八条　对于邪教组织和组织、利用邪教组织破坏法律实施的犯罪分子，以各种手段非法聚敛的财物，用于犯罪的工具、宣传品等，应当依法追缴、没收。

第九条　对组织和利用邪教组织进行犯罪活动的组织、策划、指挥者和屡教不改的积极参加者，依照刑法和本解释的规定追究刑事责任；对有自首、立功表现的，可以依法从轻、减轻或者免除处罚。

对于受蒙蔽、胁迫参加邪教组织并已退出和不再参加邪教组织活动的人员，不作为犯罪处理。

《最高人民法院、最高人民检察院关于办理组织和利用邪教组织犯罪案件具体应用法律若干问题的解释（二）》（节录）

（2001年6月4日　法释［2001］19号）

第一条　制作、传播邪教宣传品，宣扬邪教，破坏法律、行政法规实施，具有下列情形之一的，依照刑法第三百条第一款的规定，以组织、利用邪教组织破坏法律实施罪定罪处罚：

（一）制作、传播邪教传单、图片、标语、报纸300份以上，书刊100册以上，光盘100张以上，录音、录像带100盒以上的；

（二）制作、传播宣扬邪教的DVD、VCD、CD母盘的；

（三）利用互联网制作、传播邪教组织信息的；

（四）在公共场所悬挂横幅、条幅，或者以书写、喷涂标语等方式宣扬邪教，造成严重社会影响的；

（五）因制作、传播邪教宣传品受过刑事处罚或者行政处罚又制作、传播的；

（六）其他制作、传播邪教宣传品，情节严重的。

制作、传播邪教宣传品数量达到前款第（一）项规定的标准五倍以上，或者虽未达到五倍，但造成特别严重社会危害的，属于刑法第三百条第一款规定的“情节特别严重”。

第二条　制作、传播邪教宣传品，煽动分裂国家、破坏国家统一，或者煽动颠覆国家政权、推翻社会主义制度的，依照刑法第一百零三条第二款、第一百零五条第二款的规定，以煽动分裂国家罪或者煽动颠覆国家政权罪定罪处罚。

第三条　制作、传播邪教宣传品，公然侮辱他人或者捏造事实诽谤他人的，依照刑法第二百四十六条的规定，以侮辱罪或者诽谤罪定罪处罚。

第四条　制作、传播的邪教宣传品具有煽动分裂国家、破坏国家统一，煽动颠覆国家政权、推翻社会主义制度，侮辱、诽谤他人，严重危害社会秩序和国家利

相关执法参考

益，或者破坏国家法律、行政法规实施等内容，其行为同时触犯刑法第一百零三条第二款、第一百零五条第二款、第二百四十六条、第三百条第一款等规定的，依照处罚较重的规定定罪处罚。

第五条　邪教组织被取缔后，仍聚集滋事、公开进行邪教活动，或者聚众冲击国家机关、新闻机构等单位，人数达到20人以上的，或者虽未达到20人，但具有其他严重情节的，对于组织者、策划者、指挥者和屡教不改的积极参加者，依照刑法第三百条第一款等规定的，以组织、利用邪教组织破坏法律实施罪定罪处罚。

第六条　为组织、策划邪教组织人员聚集滋事、公开进行邪教活动而进行聚会、串联等活动，对于组织者、策划者、指挥者和屡教不改的积极参加者，依照刑法第三百条第一款的规定定罪处罚。

第七条　邪教组织人员以暴力、威胁方法阻碍国家机关工作人员依法执行职务的，依照刑法第二百七十七条第一款的规定，以妨害公务罪定罪处罚。其行为同时触犯刑法其他规定的，依照处罚较重的规定定罪处罚。

第八条　邪教组织人员为境外窃取、刺探、收买、非法提供国家秘密、情报的，以窃取、刺探、收买方法非法获取国家秘密的，非法持有国家绝密、机密文件、资料、物品拒不说明来源与用途的，或者泄露国家秘密情节严重的，分别依照刑法第一百一十一条为境外窃取、刺探、收买、非法提供国家秘密、情报罪，第二百八十二条第一款非法获取国家秘密罪，第二百八十二条第二款非法持有国家绝密、机密文件、资料、物品罪，第三百九十八条故意泄露国家秘密罪、过失泄露国家秘密罪的规定定罪处罚。

第九条　组织、策划、煽动、教唆、帮助邪教组织人员自杀、自残的，依照刑法第二百三十二条、第二百三十四条的规定，以故意杀人罪、故意伤害罪定罪处罚。

第十条　邪教组织人员以自焚、自爆或者其他危险方法危害公共安全的，分别依照刑法第一百一十四条、第一百一十五条第一款以危险方法危害公共安全罪等规定定罪处罚。

第十一条　人民检察院审查起诉邪教案件，对于犯罪情节轻微，有悔罪表现，确实不致再危害社会的犯罪嫌疑人，根据刑事诉讼法第一百四十二条第二款的规定，可以作出不起诉决定。

第十二条　人民法院审理邪教案件，对于有悔罪表现，不致再危害社会的被告人，可以依法从轻处罚；依法可以判处管制、拘役或者符合适用缓刑条件的，可以判处管制、拘役或者适用缓刑；对于犯罪情节轻微不需要判处刑罚的，可以免予刑事处罚。

第十三条　本规定下列用语的含义是：

（一）“宣传品”，是指传单、标语、喷图、图片、书籍、报刊、录音带、录像带、光盘及其母盘或者其他有宣传作用的物品。

（二）“制作”，是指编写、印制、复制、绘画、出版、录制、摄制、洗印等行为。

（三）“传播”，是指散发、张贴、邮寄、上载、播放以及发送电子信息等行为。

相关执法参考

《最高人民法院、最高人民检察院关于印发〈最高人民法院、最高人民检察院关于办理组织和利用邪教组织犯罪案件具体应用法律若干问题的解答〉的通知》

（2002年5月20日　自颁布之日起实施）

为依法严厉打击邪教组织的犯罪活动，维护社会稳定，现就各地在办理案件，适用《最高人民法院、最高人民检察院关于办理组织和利用邪教组织犯罪案件具体应用法律若干问题的解释（二）》（以下简称《解释二》）中提出的若干问题，做如下解答：

一、问：怎样认定《解释二》第一条第一款第（六）项规定的“其他制作、传播邪教宣传品，情节严重的”？

答：《解释二》第一条第一款第（六）项规定的“其他制作、传播邪教宣传品，情节严重的”，是指实施该条第一款第（一）项至第（五）项的规定中没有列举的其他制作、传播邪教宣传品情节严重的行为，或者制作、传播该条第一款第（一）项列举的邪教宣传品，虽未达到规定的数量标准，但根据制作、传播邪教宣传品的种类、内容、行为方式、次数、传播范围、社会影响以及行为人的主观恶性等情节综合考虑，必须定罪处罚的情形。如：制作、传播一种邪教宣传品的数量接近《解释二》规定的标准，并具有其他严重情节的；利用互联网以外的计算机网络、广播、电视或者利用手机群发短信息、群发IP录音电话、BP机群呼等形式宣扬邪教、传播邪教信息的；将编辑具有邪教内容的录音带、录像带、计算机硬盘、软盘并用于复制、传播的；制作宣扬邪教的横幅、条幅30条以上或不足30条但具有其他严重情节或者大型横幅、条幅3条以上的；制作、传播两种以上邪教宣传品，每一种邪教宣传品虽未达到《解释二》规定的数量标准，但已造成严重社会危害后果的；制作邪教宣传品的模具、版样、文稿的；为制作、传播邪教宣传品而将其内容进行编辑、拷贝在计算机软盘或者传播包含邪教内容的计算机软盘的；因邪教违法犯罪受过行政处罚（含劳动教养，下同）或刑事处罚之后，又制作、传播邪教宣传品的；国家机关工作人员制作、传播邪教宣传品的，等等。

二、问：《解释二》第一条第二款仅对该条第一款第（一）项规定了“情节特别严重”的标准，未规定其他几项“情节特别严重”的标准。《解释二》第五条、第六条也没有规定何种情形属于“情节特别严重”。对此应如何把握？

答：认定《解释二》第一条第一款第（二）项至第（六）项、第五条、第六条规定的情形是否达到“情节特别严重”，以及如何适用《解释二》第一条第二款关于“或者虽未达到五倍，但造成特别严重社会危害的”，应综合考虑案件的具体情况，如犯罪手段、危害程度、社会影响、行为人的主观恶性等因素加以认定。

对于虽已达到《解释二》第一条第二款规定的数量标准，但其他情节较轻，尚未造成特别严重的社会危害后果的，也可不认定为“情节特别严重”。

三、问：如何确定《解释二》第一条第一款第（一）项规定的邪教宣传品的“份数”？

答：传单、图片、标语、报纸等形式的邪教宣传品，以独立的载体为计算份数的标准。对邮件中装有多份邪教宣传品的，应当根据邮件中所包含的实际份数计算总数。

相关执法参考

四、问：制作、传播两种以上的邪教宣传品，对不同种类的邪教宣传品能否换算或累计计算？

答：《解释二》第一条第一款第（一）项中规定的邪教宣传品，传单、图片、标语、报纸属同一种类，书籍、刊物属同一种类，光盘（DVD盘、VCD盘、CD盘等）、录音带、录像带等音像制品属同一种类。

制作、传播两种以上邪教宣传品，同一种类的应当累计计算，不同种类的不能换算，也不能累计计算。

五、问：对于持有、携带邪教宣传品的行为如何定性？

答：为了传播而持有、携带邪教宣传品，且持有、携带的数量达到《解释二》第一条第一款第（一）项规定的数量标准的，根据具体案情，按犯罪预备或未遂论处。

六、问：对于在传播邪教宣传品之前或者传播过程中被当场抓获的，如何处理？

答：对于在传播邪教宣传品之前或者传播过程中被当场抓获的，应当根据不同情况，分别作出处理：查获的邪教宣传品是行为人制作，且已达到《解释二》第一条第一款第（一）项规定的数量标准的，依照刑法第三百条第一款的规定定罪处罚；查获的邪教宣传品不是其制作，而是准备传播，且数量已达到《解释二》第一条第一款第（一）项规定标准的，属于刑法第三百条第一款组织、利用邪教组织破坏法律实施罪的犯罪预备；查获的邪教宣传品不是其制作，而是准备传播且已传播出去一部分，即被抓获的，尚未传播出去的数量或者已经传播出去与尚未传播出去的数量累计达到《解释二》第一条第一款第（一）项规定的数量标准的，按照犯罪既遂处理，对没有传播的部分，可以酌定从轻处罚。

七、问：对邮寄的邪教宣传品被截获的，怎么处理？

答：被截获的邮寄邪教宣传品数量达到《解释二》第一条第一款第（一）项规定数量标准的，按犯罪未遂处理。

八、问：在公共场所书写、喷涂邪教内容标语、图画等过程中，当场被制止的，怎么处理？

答：对上述情形，情节严重的，依照《解释二》第一条第一款第（四）项的规定定罪处罚。

九、问：对散发、提供所谓邪教组织人员“被迫害”的材料、信息的行为，如何处理？

答：对于上述行为造成恶劣影响的，依照刑法第三百条第一款的规定定罪处罚。

十、问：对两人以上共同故意制作、传播邪教宣传品的，怎么处理？

答：对两人以上共同故意制作、传播邪教宣传品，达到《解释二》第一条第一款第（一）项规定数量标准的，或接近《解释二》第一条第一款第（一）项规定的数量标准并具有其他严重情节的，应当认定为共同犯罪，根据共同制作、传播邪教宣传品的数量、情节，依法追究行为人的刑事责任。

相关执法参考

十一、问：多次制作、传播邪教宣传品未被处理的，能否累计计算其制作、传播的邪教宣传品的数量？

答：多次制作、传播邪教宣传品未被处理，依法应当追诉的，累计计算其制作、传播的邪教宣传品的数量，达到《解释二》第一条第一款第（一）项规定数量标准的，追究其刑事责任。

十二、问：如何确定《解释二》第一条第一款第（二）项规定的DVD、VCD、CD母盘？如何确定制作、传播邪教母盘的行为？

答：《解释二》第一条第一款第（二）项规定的DVD、VCD、CD母盘，是指经编辑并用于复制、传播邪教组织信息的DVD、VCD、CD的原始盘。

对于将邪教宣传品内容进行编排、拼接并刻录为光盘用于复制的，属于制作邪教DVD、VCD、CD母盘的行为；以制作为目的，将邪教DVD、VCD、CD母盘交给他人的，属于传播邪教DVD、VCD、CD母盘的行为。

十三、问：对于以播放录音、呼喊口号等方式宣扬邪教的行为如何处理？

答：对于在居民区、公园、学校及其他公共场所，以播放录音、录像、光盘或呼喊口号、讲课、演讲、放气球、抛洒乒乓球等方式宣扬邪教，造成严重社会影响的，按照《解释二》第一条第一款第（四）项的规定定罪处罚。

十四、问：从互联网下载邪教组织信息用于制作、传播邪教宣传品的，应如何处理？

答：从互联网下载邪教组织信息，用于制作、传播邪教宣传品的，适用《解释二》第一条第一款第（三）项的规定定罪处罚。

十五、问：对利用广播电视设施、公用电信设施制作、传播邪教组织信息的，如何处理？

答：对利用广播电视设施、公用电信设施制作、传播邪教组织信息的，应分别情形处理：为传播邪教组织信息破坏广播电视设施、公用电信设施，危害公共安全的，依照刑法第一百二十四条的规定，以破坏广播电视设施、公用电信设施罪定罪处罚；利用广播电视设施、公用电信设施制作、传播邪教组织的信息，同时造成广播电视设施、公用电信设施破坏，危害公共安全的，依照刑法第一百二十四条、第三百条第一款的规定，以破坏广播电视设施、公用电信设施罪，利用邪教组织破坏法律实施罪数罪并罚；对利用广播电视设施、公用电信设施制作、传播邪教组织信息，未对广播电视设施、公用电信设施造成破坏的，依照刑法第三百条第一款的规定，以利用邪教组织破坏法律实施罪定罪处罚。

十六、问：对利用信件、电话、互联网等手段恐吓、威胁他人的行为如何处理？

答：对于实施上述行为情节严重的，依照刑法第三百条第一款的规定定罪处罚。同时触犯其他罪名的，依照处刑较重的罪定罪处罚。

十七、问：《解释二》第五条规定的“聚集滋事、公开进行邪教活动”是否也要求“人数达到20人以上”的，才追究刑事责任？怎样掌握该条中的“其他严重情节”？

相关执法参考

答：《解释二》第五条规定的"人数达到20人以上"，既是认定"聚众冲击国家机关、新闻机构等单位"的行为构成犯罪的标准，也是认定"聚集滋事、公开进行邪教活动"的行为构成犯罪的标准。

判断是否具有《解释二》第五条所规定的"其他严重情节"，应当综合考虑聚集滋事的时间、地点、行为方式、造成的后果等因素。对于在重要公共场所、监管场所及国家重大节日、重大活动期间聚集滋事，公开进行邪教活动的，即使人数未达到20人，也可以根据案件的具体情况，对于组织者、策划者、指挥者和屡教不改的积极参加者，依照刑法第三百条第一款和《解释二》第五条的规定，以利用邪教组织破坏法律实施罪定罪处罚。

十八、问：如何理解刑法第三百条第一款规定的"组织、利用邪教组织破坏法律实施罪"中的"组织"行为和《解释二》第五条、第六条中规定的"组织"行为？

答：刑法第三百条第一款规定的"组织、利用邪教组织破坏法律实施罪"的"组织"行为，是指发起、组建邪教组织的行为。《解释二》第五条、第六条规定的"组织"行为，是指邪教组织成立或被依法取缔后，组织他人进行邪教活动的行为。

十九、问：对于非法聚集，以公开"练功"等方式进行"护法"、"弘法"等邪教活动的，如何处理？

答：对于实施上述邪教活动的，依照《解释二》第五条或者第六条的规定，追究组织者、策划者、指挥者和屡教不改的积极参加者的刑事责任。

二十、问：如何理解《解释二》第五条、第六条中关于"屡教不改"的规定，这一规定是否要求前后两种行为均是同种行为？

答：《解释二》第五条、第六条中规定的"屡教不改"，是指曾因组织和利用邪教组织从事某种违法犯罪行为受过行政处罚或者刑事处罚，又以相同或者不同的方式进行邪教犯罪活动的情形。

二十一、问：因制作、传播邪教宣传品受过刑事处罚或者行政处罚又制作、传播的，是否不论数量多少，都要根据《解释二》第一条第一款第（五）项的规定定罪处罚？

答：对于上述行为，一般应定罪处刑。但情节轻微，行为人确有悔改表现的，可以不作为犯罪论处。

二十二、问：对于多次非法聚集、滋事，进行邪教活动的，如何处理？

答：对于上述行为，应追究组织者、策划者、指挥者和屡教不改的积极参加者的刑事责任。

二十三、问：对邪教组织人员到天安门广场等有重要影响的场所打横幅、喊口号、非法聚集、滋事的行为，是否均应依照《解释二》第一条第一款第（四）项的规定定罪处罚？

答：对实施上述行为的，应当区别不同情形，依照《解释二》第一条第一款第（四）项、第五条和第六条的规定，追究组织者、策划者、指挥者和屡教不改的积极参加者以及其他情节严重的实施者的刑事责任。

相关执法参考

二十四、问：对非邪教组织人员为他人印制邪教宣传品的以及对于为邪教活动提供保管、运输、经费、场地、工具、食宿、接送、采购及其他便利条件的，怎么处理？

答：非邪教组织人员与邪教组织人员通谋，为其印制邪教宣传品，且达到《解释二》第一条第一款第（一）项规定的数量标准的，或者为其从事邪教活动提供保管、运输、经费、场地、工具、食宿、接送、采购等便利条件，情节严重的，以利用邪教组织破坏法律实施罪的共犯论处。

二十五、问：组织和利用邪教组织犯罪的嫌疑人、被告人向司法机关提供线索，对抓获其他组织和利用邪教组织犯罪的嫌疑人（包括同案犯）起了重要作用的，是否属于立功？

答：对上述情形，可以认定为有立功表现。

二十六、问：对于实施《解释二》规定的行为，是否一律要定罪处罚？

答：对于实施《解释二》规定的行为，但情节轻微，行为人确有悔改表现，不致再危害社会的，可以不以犯罪论处。

二十七、问：对犯组织、利用邪教组织破坏法律实施罪的，是否可以附加剥夺政治权利？

答：对上述犯罪分子，情节特别严重的，依照刑法第五十六条第一款的规定，可以附加剥夺政治权利。

二十八、问：邪教组织违法犯罪人员在监管场所抗拒改造，仍继续进行邪教活动的，如何处理？

答：邪教组织违法犯罪人员在监管场所抗拒改造，继续从事邪教活动，构成犯罪的，应当依法追究刑事责任。

《最高人民法院关于贯彻全国人大常委会〈关于取缔邪教组织、防范和惩治邪教活动的决定〉和“两院”司法解释的通知》（节录）

（1999年11月5日法发［1999］29号）

二、依法审理组织和利用邪教组织犯罪案件，明确打击重点。各级人民法院要认真贯彻执行《决定》，按照《解释》的规定要求，严格依法办案，正确适用法律，坚决依法打击“法轮功”等邪教组织的犯罪活动。对于组织和利用邪教组织聚众围攻、冲击国家机关、企事业单位，扰乱国家机关、企事业单位的工作、生产、经营、教学和科研等秩序；非法举行集会、游行、示威，煽动、欺骗、组织其成员或者其他人聚众围攻、冲击、强占、哄闹公共场所及宗教活动场所，扰乱社会秩序；出版、印刷、复制、发行宣扬邪教内容的出版物、印制邪教组织标识的，坚决依照刑法第三百条第一款的规定，以组织、利用邪教组织破坏法律实施罪定罪处罚。对于组织和利用邪教组织制造、散布迷信邪说，蒙骗其成员或者其他人实施绝食、自残、自虐等行为，或者阻止病人进行正常治疗，致人死亡的，坚决依照刑法第三百条第二款的规定，以组织、利用邪教组织致人死亡罪定罪处罚，对造成特别严重后果的，依法从重处罚。对于邪教组织以各种欺骗手段敛取钱财的，依照刑法第三百条第三款和第二百六十六条的规定，以诈骗罪定罪处罚。对于邪教组织和组

相关执法参考

织、利用邪教组织破坏法律实施的犯罪分子，以各种手段非法聚敛的财物，用于犯罪的工具、宣传品的，应当依法追缴、没收。

三、正确运用法律和政策，严格区分不同性质的矛盾。各级人民法院在审判工作中必须坚持教育与惩罚相结合，团结教育大多数被蒙骗的群众，坚决依法严惩极少数犯罪分子。在依法惩治构成犯罪的组织者、策划者、指挥者和积极参加者的同时，要注意团结大多数，教育大多数，解脱大多数。要把不明真相参与邪教活动的人同组织和利用邪教组织进行非法活动、蓄意破坏社会稳定的犯罪分子区别开来；要把一般“法轮功”练习者同极少数违法犯罪活动的策划者、组织者区别开来；要把正常的宗教信仰、合法的宗教活动同“法轮功”等邪教组织的活动区别开来。重点打击组织和利用邪教组织进行犯罪活动的组织、策划、指挥者和屡教不改的骨干分子。对有自首、立功表现的，可以依法从轻、减轻或者免除处罚；对于受蒙蔽、胁迫参加邪教组织并已退出和不再参加邪教组织活动的人员，不作为犯罪处理。

二十二、利用邪教、会道门、迷信活动危害社会
（《治安管理处罚法》第27条第1项）

<table>
<tr><td colspan="2">案由</td><td>利用邪教、会道门、迷信活动危害社会</td></tr>
<tr><td colspan="2">概念</td><td>利用邪教、会道门、迷信活动危害社会，是指利用邪教、会道门、迷信活动，扰乱社会秩序、损害他人身体健康，尚不够刑事处罚的行为。</td></tr>
<tr><td rowspan="2">违法构成要件</td><td>违法客体</td><td>本行为侵犯的客体是复杂客体，包括社会秩序和他人的身体健康。</td></tr>
<tr><td>违法客观方面</td><td>本行为在客观方面表现为利用邪教、会道门、迷信活动，扰乱社会秩序、损害他人身体健康，尚不够刑事处罚的行为。
“邪教”、“会道门”在前面已经介绍过，这里不再重复。“迷信活动”，是指在生产力水平低下、群众知识缺乏的情况下产生的，以算命、卜卦、看相、测字以及装神弄鬼、“驱邪”、“捉鬼”等手段表现出来的，损害他人身体健康或者骗取财物，扰乱公共秩序的活动。
所谓“利用”，是指行为人以邪教、会道门、迷信活动为依托，以传教、布道为手段，在宗教、气功等名义的伪装下，进行不法勾当，使整个邪教组织、会道门或迷信组织为自己利益服务的行为。
根据本行为所涉及对象的不同，本行为具体涉及多种案由，如利用邪教危害社会、利用会道门危害社会、利用迷信活动危害社会，同时涉及两种以上的对象的，也只认定为一种案由，如利用邪教、会道门危害社会，利用会道门、迷信活动危害社会等，而不能认定为两种案由，更不能实行并罚。
本行为是扰乱公共秩序行为的一种特殊方式，其具体的方式很多，如冲击国家机关、传播迷信反动思想、蒙骗其成员绝食、自残、自杀等，尽管其行为的表现方式多种多样，但是，他们都有一个共同的特点，即都是利用邪教、会道门或迷信活动的前提下进行的。这也是本行为与相关扰乱公共秩序的行为的主要区别。
在实践中，本行为的具体方式主要包括：
1. 制作、传播传单、图片、标语、书籍、音像制品、信息产品等宣扬邪教、会道门，或宣扬封建迷信的；
2. 在机关单位、学校、居民区及其他公共场所，以播放录音、录像、光盘或呼喊口号、讲课、演讲、放气球等方式宣扬邪教、会道门、迷信活动，尚未造成严重社会影响的；
3. 组织、策划、串联、纠集多人进行宣扬邪教、会道门和封建迷信活动的；
4. 利用、宣扬邪教、会道门和封建迷信活动扰乱社会秩序，危害公共利益，损害他人身体健康，骗取少量财物的。</td></tr>
</table>

<table>
<tr><td rowspan="2">违法构成要件</td><td>违法主体</td><td>本行为的主体是达到责任年龄、具有责任能力的自然人。</td></tr>
<tr><td>违法主观方面</td><td>本行为在主观方面为故意。</td></tr>
<tr><td>认定界限</td><td colspan="2">（一）迷信活动与宗教、“邪教”的界限。

迷信活动与宗教、“邪教”都是以“有神论”作为其思想基础，都相信或崇拜超自然或神灵的力量。但是，它们的区别也是明显的：宗教是一种特定形式的思想信仰，属于世界观的一种，从历史上看，宗教是一种文化现象，在哲学、文学、艺术、伦理，甚至物理、化学、天文学等方面都留下了丰富的文化遗产。迷信活动是从“有神论”派生出来的，但它并不是宗教。确切地说，迷信活动是人们在生产力水平低下、群众知识缺乏的情况下产生的，对某种事物或现象的盲目信仰。我国对于正当宗教的活动，如佛教、天主教、道教、伊斯兰教等宗教的正当活动，实行宗教信仰自由的政策，并保护正常的宗教信仰和宗教活动，相反，对于迷信活动，则实行严厉打击，通过打击，及时揭露巫婆神汉、算命看卦、神功奇法的骗人伎俩。相对于迷信活动来说，“邪教”往往是利用他人的迷信心理为自己聚敛财物，或者达到其其他的个人非法目的，往往具有非常严密的组织并有自己一整套的“歪理邪说”，其危害性往往更大。

（二）本行为与组织、利用会道门、邪教组织、利用迷信破坏法律实施罪和组织、利用会道门、邪教组织、利用迷信致人死亡罪的界限。

《刑法》第300条第1款规定的组织、利用会道门、邪教组织、利用迷信破坏法律实施罪，是指组织和利用会道门、邪教组织或者利用迷信破坏国家法律、行政法规实施的行为。《刑法》第300条第2款规定的组织、利用会道门、邪教组织、利用迷信致人死亡罪，是指组织和利用会道门、邪教组织或者利用迷信制造、散布歪理邪说，蒙骗其成员或者其他人实施绝食、自残、自虐等行为，或者阻止病人进行正常治疗，致人死亡的行为。
本行为与后两者在客观表现上有相似之处，区别的关键在于把握后两罪的立案标准，没有达到后两罪的立案标准并符合本行为的行为特征的，构成本行为。
1. 组织、利用会道门、邪教组织、利用迷信破坏法律实施罪的立案标准。《最高人民法院　最高人民检察院关于办理组织和利用邪教组织犯罪案件具体应用法律若干问题的解释》（1999年10月9日颁布）第2条规定：“组织和利用邪教组织并具有下列情形之一的，依照刑法第三百条第一款的规定定罪处罚：（一）聚众围攻、冲击国家机关、企业事业单位，扰乱国家机关、企业事业单位的工作、生产、经营、</td></tr>
</table>

<table>
<tr><td>认定界限</td><td>教学和科研秩序的；（二）非法举行集会、游行、示威，煽动、欺骗、组织其成员或者其他人聚众围攻、冲击、强占、哄闹公共场所及宗教活动场所，扰乱社会秩序的；（三）抗拒有关部门取缔或者已经被有关部门取缔，又恢复或者另行建立邪教组织，或者继续进行邪教活动的；（四）煽动、欺骗、组织其成员或者其他人不履行法定义务，情节严重的；（五）出版、印刷、复制、发行宣扬邪教内容出版物，以及印制邪教组织标识的；（六）其他破坏国家法律、行政法规实施行为的。”《最高人民法院 最高人民检察院关于办理组织和利用邪教组织犯罪案件具体应用法律若干问题的解释（二）》（法释［2001］19号）第1条条规定：“制作、传播邪教宣传品，宣扬邪教，破坏法律、行政法规实施，具有下列情形之一的，依照刑法第三百条第一款的规定，以组织、利用邪教组织破坏法律实施罪定罪处罚：（一）制作、传播邪教传单、图片、标语、报纸300份以上，书刊100册以上，光盘100张以上，录音、录像带100盒以上的；（二）制作、传播宣扬邪教的DVD、VCD、CD母盘的；（三）利用互联网制作、传播邪教组织信息的；（四）在公共场所悬挂横幅、条幅，或者以书写、喷涂标语等方式宣扬邪教，造成严重社会影响的；（五）因制作、传播邪教宣传品受过刑事处罚或者行政处罚又制作、传播的；（六）其他制作、传播邪教宣传品，情节严重的。”
2. 组织、利用会道门、邪教组织、利用迷信致人死亡罪的立案标准。《最高人民法院 最高人民检察院关于办理组织和利用邪教组织犯罪案件具体应用法律若干问题的解释》（1999年10月9日颁布）第3条规定：“组织和利用邪教组织蒙骗他人，致人死亡，是指组织和利用邪教组织制造、散布迷信邪说，蒙骗其成员或者其他人实施绝食、自残、自虐等行为，或者阻止病人进行正常治疗，致人死亡的情形。”</td></tr>
<tr><td>处罚标准</td><td>（一）构成本行为的，处10日以上15日以下拘留，可以并处1000元以下罚款。
（二）情节较轻的，处5日以上10日以下拘留，可以并处500元以下罚款。
在实践中，判断情节的轻重，一般应从行为人的动机、手段、目的、行为的次数、造成的后果等方面综合考虑，由公安机关办案人员酌情量罚。一般而言，行为人利用邪教、会道门、迷信活动，扰乱社会秩序、损害他人身体健康的，没有造成后果或者造成后果较轻且本人有悔改表现的，应当认定为“情节较轻”。</td></tr>
<tr><td>相关执法参考</td><td>《中华人民共和国治安管理处罚法》（节录）
（2005年8月28日第十届全国人民代表大会常务委员会第十七次会议通过 中华人民共和国主席令第三十八号公布 自2006年3月1日起施行）
第二十七条第一项　有下列行为之一的，处十日以上十五日以下拘留，可以并处一千元以下罚款；情节较轻的，处五日以上十日以下拘留，可以并处五百元以下罚款：
（一）组织、教唆、胁迫、诱骗、煽动他人从事邪教、会道门活动或者利用邪教、会道门、迷信活动，扰乱社会秩序、损害他人身体健康的；</td></tr>
</table>

相关执法参考

《中华人民共和国刑法》（节录）

（1979 年 7 月 1 日第五届全国人民代表大会第二次会议通过　1997 年 3 月 14 日第八届全国人民代表大会第五次会议修订　根据 2011 年 2 月 25 日第十一届全国人民代表大会常务委员会第十九次会议通过的《中华人民共和国刑法修正案（八）》最新修正）

第三百条　组织和利用会道门、邪教组织或者利用迷信破坏国家法律、行政法规实施的，处三年以上七年以下有期徒刑；情节特别严重的，处七年以上有期徒刑。

组织和利用会道门、邪教组织或者利用迷信蒙骗他人，致人死亡的，依照前款的规定处罚。

组织和利用会道门、邪教组织或者利用迷信奸淫妇女、诈骗财物的，分别依照本法第二百三十六条、第二百六十六条的规定定罪处罚。

《最高人民法院　最高人民检察院关于办理组织和利用邪教组织犯罪案件具体应用法律若干问题的解释》（节录）

（1999 年 10 月 9 日颁布　自颁布之日起实施）

第一条　刑法第三百条中的“邪教组织”，是指冒用宗教、气功或者其他名义建立，神化首要分子，利用制造、散布迷信邪说等手段蛊惑、蒙骗他人，发展、控制成员，危害社会的非法组织。

第二条　组织和利用邪教组织并具有下列情形之一的，依照刑法第三百条第一款的规定定罪处罚：

（一）聚众围攻、冲击国家机关、企业事业单位，扰乱国家机关、企业事业单位的工作、生产、经营、教学和科研秩序的；

（二）非法举行集会、游行、示威，煽动、欺骗、组织其成员或者其他人聚众围攻、冲击、强占、哄闹公共场所及宗教活动场所，扰乱社会秩序的；

（三）抗拒有关部门取缔或者已经被有关部门取缔，又恢复或者另行建立邪教组织，或者继续进行邪教活动的；

（四）煽动、欺骗、组织其成员或者其他人不履行法定义务，情节严重的；

（五）出版、印刷、复制、发行宣扬邪教内容出版物，以及印制邪教组织标识的；

（六）其他破坏国家法律、行政法规实施行为的。

实施前款所列行为，并具有下列情形之一的，属于“情节特别严重”：

（一）跨省、自治区、直辖市建立组织机构或者发展成员的；

（二）勾结境外机构、组织、人员进行邪教活动的；

（三）出版、印刷、复制、发行宣扬邪教内容出版物以及印制邪教组织标识，数量或者数额巨大的；

（四）煽动、欺骗、组织其成员或者其他人破坏国家法律、行政法规实施，造成严重后果的。

第三条　刑法第三百条第二款规定的组织和利用邪教组织蒙骗他人，致人死

相关执法参考

亡，是指组织和利用邪教组织制造、散布迷信邪说，蒙骗其成员或者其他人实施绝食、自残、自虐等行为，或者阻止病人进行正常治疗，致人死亡的情形。

具有下列情形之一的，属于“情节特别严重”：

（一）造成3人以上死亡的；

（二）造成死亡人数不满3人，但造成多人重伤的；

（三）曾因邪教活动受过刑事或者行政处罚，又组织和利用邪教组织蒙骗他人，致人死亡的；

（四）造成其他特别严重后果的。

第四条　组织和利用邪教组织制造、散布迷信邪说，指使、胁迫其成员或者其他人实施自杀、自伤行为的，分别依照刑法第二百三十二条、第二百三十四条的规定，以故意杀人罪或者故意伤害罪定罪处罚。

第五条　组织和利用邪教组织，以迷信邪说引诱、胁迫、欺骗或者其他手段，奸淫妇女、幼女的，依照刑法第二百三十六条的规定，以强奸罪或者奸淫幼女罪定罪处罚。

第六条　组织和利用邪教组织以各种欺骗手段，收取他人财物的，依照刑法第二百六十六条的规定，以诈骗罪定罪处罚。

第七条　组织和利用邪教组织，组织、策划、实施、煽动分裂国家、破坏国家统一或者颠覆国家政权、推翻社会主义制度的，分别依照刑法第一百零三条、第一百零五条、第一百一十三条的规定定罪处罚。

第八条　对于邪教组织和组织、利用邪教组织破坏法律实施的犯罪分子，以各种手段非法聚敛的财物，用于犯罪的工具、宣传品等，应当依法追缴、没收。

第九条　对组织和利用邪教组织进行犯罪活动的组织、策划、指挥者和屡教不改的积极参加者，依照刑法和本解释的规定追究刑事责任；对有自首、立功表现的，可以依法从轻、减轻或者免除处罚。

对于受蒙蔽、胁迫参加邪教组织并已退出和不再参加邪教组织活动的人员，不作为犯罪处理。

《最高人民法院、最高人民检察院关于办理组织和利用邪教组织犯罪案件具体应用法律若干问题的解释（二）》（节录）

（2001年6月4日　法释［2001］19号）

第一条　制作、传播邪教宣传品，宣扬邪教，破坏法律、行政法规实施，具有下列情形之一的，依照刑法第三百条第一款的规定，以组织、利用邪教组织破坏法律实施罪定罪处罚：

（一）制作、传播邪教传单、图片、标语、报纸300份以上，书刊100册以上，光盘100张以上，录音、录像带100盒以上的；

（二）制作、传播宣扬邪教的DVD、VCD、CD母盘的；

（三）利用互联网制作、传播邪教组织信息的；

（四）在公共场所悬挂横幅、条幅，或者以书写、喷涂标语等方式宣扬邪教，造成严重社会影响的；

相关执法参考

（五）因制作、传播邪教宣传品受过刑事处罚或者行政处罚又制作、传播的；

（六）其他制作、传播邪教宣传品，情节严重的。

制作、传播邪教宣传品数量达到前款第（一）项规定的标准五倍以上，或者虽未达到五倍，但造成特别严重社会危害的，属于刑法第三百条第一款规定的“情节特别严重”。

第二条　制作、传播邪教宣传品，煽动分裂国家、破坏国家统一，或者煽动颠覆国家政权、推翻社会主义制度的，依照刑法第一百零三条第二款、第一百零五条第二款的规定，以煽动分裂国家罪或者煽动颠覆国家政权罪定罪处罚。

第三条　制作、传播邪教宣传品，公然侮辱他人或者捏造事实诽谤他人的，依照刑法第二百四十六条的规定，以侮辱罪或者诽谤罪定罪处罚。

第四条　制作、传播的邪教宣传品具有煽动分裂国家、破坏国家统一，煽动颠覆国家政权、推翻社会主义制度，侮辱、诽谤他人，严重危害社会秩序和国家利益，或者破坏国家法律、行政法规实施等内容，其行为同时触犯刑法第一百零三条第二款、第一百零五条第二款、第二百四十六条、第三百条第一款等规定的，依照处罚较重的规定定罪处罚。

第五条　邪教组织被取缔后，仍聚集滋事、公开进行邪教活动，或者聚众冲击国家机关、新闻机构等单位，人数达到20人以上的，或者虽未达到20人，但具有其他严重情节的，对于组织者、策划者、指挥者和屡教不改的积极参加者，依照刑法第三百条第一款等规定的，以组织、利用邪教组织破坏法律实施罪定罪处罚。

第六条　为组织、策划邪教组织人员聚集滋事、公开进行邪教活动而进行聚会、串联等活动，对于组织者、策划者、指挥者和屡教不改的积极参加者，依照刑法第三百条第一款的规定定罪处罚。

第七条　邪教组织人员以暴力、威胁方法阻碍国家机关工作人员依法执行职务的，依照刑法第二百七十七条第一款的规定，以妨害公务罪定罪处罚。其行为同时触犯刑法其他规定的，依照处罚较重的规定定罪处罚。

第八条　邪教组织人员为境外窃取、刺探、收买、非法提供国家秘密、情报的，以窃取、刺探、收买方法非法获取国家秘密的，非法持有国家绝密、机密文件、资料、物品拒不说明来源与用途的，或者泄露国家秘密情节严重的，分别依照刑法第一百一十一条为境外窃取、刺探、收买、非法提供国家秘密、情报罪，第二百八十二条第一款非法获取国家秘密罪，第二百八十二条第二款非法持有国家绝密、机密文件、资料、物品罪，第三百九十八条故意泄露国家秘密罪、过失泄露国家秘密罪的规定定罪处罚。

第九条　组织、策划、煽动、教唆、帮助邪教组织人员自杀、自残的，依照刑法第二百三十二条、第二百三十四条的规定，以故意杀人罪、故意伤害罪定罪处罚。

第十条　邪教组织人员以自焚、自爆或者其他危险方法危害公共安全的，分别依照刑法第一百一十四条、第一百一十五条第一款以危险方法危害公共安全罪等规定定罪处罚。

相关执法参考	第十一条　人民检察院审查起诉邪教案件，对于犯罪情节轻微，有悔罪表现，确实不致再危害社会的犯罪嫌疑人，根据刑事诉讼法第一百四十二条第二款的规定，可以作出不起诉决定。 第十二条　人民法院审理邪教案件，对于有悔罪表现，不致再危害社会的被告人，可以依法从轻处罚；依法可以判处管制、拘役或者符合适用缓刑条件的，可以判处管制、拘役或者适用缓刑；对于犯罪情节轻微不需要判处刑罚的，可以免予刑事处罚。 第十三条　本规定下列用语的含义是： （一）“宣传品”，是指传单、标语、喷图、图片、书籍、报刊、录音带、录像带、光盘及其母盘或者其他有宣传作用的物品。 （二）“制作”，是指编写、印制、复制、绘画、出版、录制、摄制、洗印等行为。 （三）“传播”，是指散发、张贴、邮寄、上载、播放以及发送电子信息等行为。

二十三、冒用宗教、气功名义危害社会
（《治安管理处罚法》第 27 条第 2 项）

<table>
<tr><td colspan="2">案由</td><td>冒用宗教、气功名义危害社会</td></tr>
<tr><td colspan="2">概念</td><td>冒用宗教、气功名义危害社会，是指冒用宗教、气功名义进行扰乱社会秩序、损害他人身体健康，尚不够刑事处罚的行为。</td></tr>
<tr><td rowspan="2">违法构成要件</td><td>违法客体</td><td>本行为侵犯的客体是复杂客体，包括社会秩序和他人的身体健康。</td></tr>
<tr><td>违法客观方面</td><td>本行为在客观方面表现为行为人冒用宗教、气功的名义，进行扰乱社会秩序、损害他人身体健康，尚不够刑事处罚的行为。
“宗教”是一种意识形态，是对客观世界的一种虚幻的反映，要求人们信仰上帝、神道、精灵、因果报应等，把希望寄托于所谓的天国或来世。我国《宪法》规定，国家保护正常的宗教活动。“气功”是我国特有的一种健身术，通过静坐、静立、静卧或者柔和的运动操、按摩等方法，使精神集中，并用特殊的方法进行呼吸，促进循环、消化等系统的机能，最终达到增强体质、焕发精神的功效。气功是我国自古以来人民群众喜闻乐见的强身健体的好方法，有较为深厚的群众基础。
1. 冒用宗教、气功名义是本行为的具体手段，以其他方法扰乱社会秩序的，不构成本行为。“冒用”就是以假充真，看起来是真的，名义上是真的，实际上是假的。在实践中，“冒用宗教、气功名义”的方式包括：冒用宗教、气功名义传播迷信反动思想，攻击我国的社会主义制度；冒用宗教、气功名义蛊惑群众放弃正常的生产、生活、学习，扰乱社会秩序；冒用宗教、气功名义，制造并散布歪理邪说，蒙骗其成员或他人绝食、自残或自焚，或者阻止病人进行正常的治疗活动；冒用宗教、气功名义，给他人治病，损害他人身体健康等。
2. 扰乱了社会秩序或损害了他人身体健康。如果行为人虽然冒用了宗教或气功的名义，如自称是佛教高僧，自称功力无边等，但并未进行扰乱社会秩序、损害他人身体健康的活动，不构成本行为。
3. 尚不够刑事处罚，如果行为人冒用宗教、气功名义，造成了他人重伤或者死亡的，或者造成重大公私财物损失的，应当追究其刑事责任，而不能以本行为论处。
根据本行为涉及具体对象的不同，其具体案由可确定为冒用宗教名义危害社会或冒用气功名义危害社会，同时涉及宗教或气功的，也只认定为一个案由，即冒用宗教、气功名义危害社会，而不能认定为两个案由，更不能实行并罚。</td></tr>
</table>

<table>
<tr><td rowspan="2">违法构成要件</td><td>违法主体</td><td>本行为的主体是达到责任年龄、具有责任能力的自然人。</td></tr>
<tr><td>违法主观方面</td><td>本行为在主观方面是故意。</td></tr>
<tr><td>认定界限</td><td colspan="2">本行为与相关犯罪行为的界限。
在认定本行为时，一定要注意该行为与相关犯罪的界限。区别的关键在于情节和后果的轻重。本行为一般来说，情节和后果都不严重，只是一般的扰乱了社会秩序，对他人健康的损害也是轻微的，如果行为人冒用宗教、气功名义进行的活动，严重扰乱了社会秩序，或者造成他人重伤或者死亡，或者造成了其他严重的影响的，应以相应的犯罪处理，追究其相应的刑事责任，而不能以本行为论处。</td></tr>
<tr><td>处罚标准</td><td colspan="2">（一）构成本行为的，处10日以上15日以下拘留，可以并处1000元以下罚款。
（二）情节较轻的，处5日以上10日以下拘留，可以并处500元以下罚款。
在实践中，判断情节的轻重，一般应从行为人的动机、手段、目的、行为的次数、造成的后果等方面综合考虑，由公安机关办案人员酌情量罚。一般来说，行为人冒用宗教、气功名义扰乱社会秩序，损害他人身体健康活动，没有造成后果或者初次实施上述行为，造成后果较轻且本人有悔改表现的，应认定为“情节较轻”。</td></tr>
<tr><td>相关执法参考</td><td colspan="2">**《中华人民共和国治安管理处罚法》**（节录）
（2005年8月28日第十届全国人民代表大会常务委员会第十七次会议通过 中华人民共和国主席令第三十八号公布　自2006年3月1日起施行）
第二十七条第二项　有下列行为之一的，处十日以上十五日以下拘留，可以并处一千元以下罚款；情节较轻的，处五日以上十日以下拘留，可以并处五百元以下罚款：
（二）冒用宗教、气功名义进行扰乱社会秩序、损害他人身体健康活动的。</td></tr>
</table>

二十四、故意干扰无线电业务正常进行
（《治安管理处罚法》第 28 条）

案由		故意干扰无线电业务正常进行
概念		故意干扰无线电业务正常进行，是指违反国家规定，故意干扰无线电业务的正常进行，尚不够刑事处罚的行为。
违法构成要件	违法客体	本行为侵犯的客体是国家对无线电业务的正常管理秩序。 根据国际电信联盟对无线电业务的划分，无线电业务包括：无线电通信业务、固定业务、卫星固定业务、航空规定业务、移动业务、卫星间业务、卫星移动业务、港口运营业务、船舶移动业务、广播业务、卫星广播业务、无线电定位业务、卫星无线电定位业务、卫星气象业务、射电天文业务、安全业务、特别业务等 46 项业务。
	违法客观方面	本行为在客观方面表现为违反国家规定，实施了干扰无线电业务的行为，如擅自设置、使用无线电台（站），或者擅自占用频率，干扰无线电通讯，尚不够刑事处罚的行为。 1. 实施了故意干扰无线电业务正常进行的行为。例如，擅自设置、使用无线电台（站），对铁路、电力、电信、广播等系统进行干扰等。 2. 尚不够刑事处罚。也就是说，行为尚未造成严重后果。一般来说，造成严重后果包括：（1）干扰重要无线电通信系统的接收，造成重大误解或重大信息遗漏；（2）干扰无线电导航系统或其他安全系统的正常运行，造成重大人员伤亡或重大公私财产损失的；（3）多次或长时间干扰无线电业务，后果严重的等。
	违法主体	本行为的主体既可以是单位，也可以是个人。
	违法主观方面	本行为的主观方面为故意。
认定界限		本行为与扰乱无线电通讯管理秩序罪的界限。 《刑法》第 288 条规定的扰乱无线电通讯管理秩序罪，是指违反国家规定，擅自设置、使用无线电台（站），或者擅自占用频率，经责令停止使用后拒不停止使用，干扰无线电通讯正常进行，造成严重后果的行为。两者在主观上都是出于故意，两者的界限主要在于：

<table>
<tr><td>认定界限</td><td>1. 是否造成严重后果。造成严重后果的，构成犯罪行为；未造成严重后果的，构成本行为。
2. 具体的行为方式有区别。扰乱无线电通讯管理秩序罪的行为方式是法定的，包括擅自设置、使用无线电台（站），或者擅自占用频率；本行为的行为方式更为广泛，只要对正常的无线电业务进行了干扰，就可构成，不仅包括扰乱无线电通讯管理秩序罪的行为方式，还包括其他方式，如使用大功率无绳电话、对讲机等情形。
3. 扰乱无线电通讯管理秩序罪以“经责令停止使用后拒不停止使用”为构成要件，本行为没有这个要求，只要干扰了无线电业务，就可构成本行为。</td></tr>
<tr><td>处罚标准</td><td>（一）构成本行为的，处5日以上10日以下拘留。
（二）情节严重的，处10日以上15日以下拘留。
在实践中，判断情节的轻重，一般应从行为人的动机、手段、目的、行为的次数、造成的后果等方面综合考虑，由公安机关办案人员酌情量罚。一般而言，有下列情形之一的，应认定为“情节严重”：
1. 故意对政府、军队、民航等通信系统进行干扰的；
2. 干扰无线电通讯，造成后果的；
3. 多次故意干扰无线电通讯的；
4. 造成较大社会影响的；
5. 其他情节严重的情形。</td></tr>
<tr><td>相关执法参考</td><td>《中华人民共和国治安管理处罚法》（节录）
（2005年8月28日第十届全国人民代表大会常务委员会第十七次会议通过　中华人民共和国主席令第三十八号公布　自2006年3月1日起施行）
第二十八条　违反国家规定，故意干扰无线电业务正常进行的，或者对正常运行的无线电台（站）产生有害干扰，经有关主管部门指出后，拒不采取有效措施消除的，处五日以上十日以下拘留；情节严重的，处十日以上十五日以下拘留。
《中华人民共和国刑法》（节录）
（1979年7月1日第五届全国人民代表大会第二次会议通过　1997年3月14日第八届全国人民代表大会第五次会议修订　根据2011年2月25日第十一届全国人民代表大会常务委员会第十九次会议通过的《中华人民共和国刑法修正案（八）》最新修正）
第二百八十八条　违反国家规定，擅自设置、使用无线电台（站），或者擅自占用频率，经责令停止使用后拒不停止使用，干扰无线电通讯正常进行，造成严重后果的，处三年以下有期徒刑、拘役或者管制，并处或者单处罚金。
单位犯前款罪的，对单位判处罚金，并对其直接负责的主管人员和其他直接责任人员，依照前款的规定处罚。
《最高人民法院关于审理扰乱电信市场管理秩序案件具体应用法律若干问题的解释》（节录）
（2000年5月12日法释［2000］12号颁布　自2000年5月24日起实施）
第五条　违反国家规定，擅自设置、使用无线电台（站），或者擅自占用频率，</td></tr>
</table>

相关执法参考

非法经营国际电信业务或者涉港澳台电信业务进行营利活动，同时构成非法经营罪和刑法第二百八十八条　规定的扰乱无线电通讯管理秩序罪的，依照处罚较重的规定定罪处罚。

《最高人民法院关于审理危害军事通信刑事案件具体应用法律若干问题的解释》（节录）

（2007年6月18日最高人民法院审判委员会第1430次会议通过　法释［2007］13号）

第六条第四款　违反国家规定，擅自设置、使用无线电台、站，或者擅自占用频率，经责令停止使用后拒不停止使用，干扰无线电通讯正常进行，构成犯罪的，依照刑法第二百八十八条的规定定罪处罚；造成军事通信中断或者严重障碍，同时构成刑法第二百八十八条、第三百六十九条第一款规定的犯罪的，依照处罚较重的规定定罪处罚。

《中华人民共和国无线电管理条例》（节录）

（1993年9月11日国务院令第128号　自颁布之日起实施）

第十一条　设置、使用无线电台（站）的单位和个人，必须提出书面申请，办理设台（站）审批手续，领取电台执照。

第十二条　设置、使用无线电台（站），应当具备下列条件：

（一）无线电设备符合国家技术标准；

（二）操作人员熟悉无线电管理的有关规定，并具有相应的业务技能和操作资格；

（三）必要的无线电网络设计符合经济合理的原则，工作环境安全可靠；

（四）设台（站）单位或者个人有相应的管理措施。

第十三条　设置、使用下列无线电台（站），应当按照本条规定报请相应的无线电管理机构审批：

（一）通信范围或者服务区域涉及两个以上的省或者涉及境外的无线电台（站），中央国家机关（含其在京直属单位）设置、使用的无线电台（站），其他因特殊需要设置、使用的无线电台（站），由国家无线电管理机构审批。

（二）在省、自治区范围内跨地区通信或者服务的无线电台（站），省、自治区机关（含其在省、自治区人民政府所在地直属单位）设置使用的无线电台（站），由省、自治区无线电管理机构审批。

在直辖市范围内通信或者服务的无线电台（站），由直辖市无线电管理机构审批。

（三）在设区的市范围内通信或者服务的无线电台（站），由设区的市无线电管理机构审批。

依照前款规定申请设置固定无线电台（站）的，事先还应当经其上级业务主管部门同意。

设置、使用特别业务的无线电台（站），由国家无线电管理机构委托国务院有关部门审批。

相关执法参考

第十四条　船舶、机车、航空器上的制式无线电台（站），必须按照有关规定领取电台执照并报国家无线电管理机构或者地方无线电管理机构备案。

第十五条　设置业余无线电台（站），应当按照国家有关业余无线电台（站）管理的规定办理设台（站）审批手续。

第二十五条　对依法设置的无线电台（站），无线电管理机构应当保护其使用的频率免受有害干扰。

处理无线电频率相互有害干扰，应当遵循带外让带内、次要业务让主要业务、后用让先用、无规划让有规划的原则；遇特殊情况时，由国家无线电管理机构根据具体情况协调、处理。

第四十三条　对有下列行为之一的单位和个人，国家无线电管理机构或者地方无线电管理机构可以根据具体情况给予警告、查封或者没收设备、没收非法所得的处罚；情节严重的，可以并处一千元以上、五千元以下的罚款或者吊销其电台执照：

（一）擅自设置、使用无线电台（站）的；

（二）违反本条例规定研制、生产、进口无线电发射设备的；

（三）干扰无线电业务的；

（四）随意变更核定项目，发送和接收与工作无关的信号的；

（五）不遵守频率管理的有关规定，擅自出租、转让频率的。

第四十四条　违反本条例规定，给国家、集体或者个人造成重大损失的，应当依法承担赔偿责任；国家无线电管理机构或者地方无线电管理机构并应当追究或者建议有关部门追究直接责任者和单位领导人的行政责任。

《国家无线电管理委员会 公安部关于坚决取缔私设电台并查处有关人员的通知》

（1995年2月26日颁布　国无管［1995］6号 自颁布之日起实施）

各省、自治区、直辖市无线电管理委员会、公安厅（局），中国人民解放军无线电管理委员会，国务院有关部委及直属机构无线电管理机构：

近来，沿海有些县市非法私设电台现象严重，有的乡镇私设电台达数百部，其发射功率较大，能直接与周边国家或地区联络；一些不法分子频繁利用电台从事走私、偷渡等违法犯罪活动；类似情况在其他地区也存在。这不仅扰乱了空中电波秩序，而且危害社会的安全与稳定。

根据中央、国务院领导关于要立即采取措施，取缔私设电台，查处有关人员的指示精神，为加强无线电管理，维护空中电波秩序，更好地为国民经济建设服务，各级无线电管理机构要结合本地区、本单位的实际情况，加强无线电监测和监督检查，组织力量，采取有力措施，坚决取缔私设电台，查处有关人员。无线电管理委员会和公安机关等部门要紧密配合，依据《中华人民共和国无线电管理条例》和有关法律规定，对私设电台，一经发现应立即取缔和查处，决不能姑息迁就。在无委执行《条例》取缔私设电台，查处有关人员的过程中，对拒绝、阻碍依法执行公务的，由公安机关依照《治安管理处罚条例》予以处罚；构成犯罪的，依法追究刑事责任。各省、自治区、直辖市无线电管理委员会、公安厅（局）要将查处情况及时报国家无线电管理委员会办公室、公安部办公厅。

二十五、拒不消除对无线电台（站）的有害干扰
（《治安管理处罚法》第28条）

案由		拒不消除对无线电台（站）的有害干扰
概念		拒不消除对无线电台（站）的有害干扰，是指行为人对无线电台（站）进行了有害干扰后，经有关部门指出，拒不采取有效措施消除干扰，尚不够刑事处罚的行为。
违法构成要件	违法客体	本行为侵犯的客体是无线电业务的正常管理秩序。
	违法客观方面	本行为在客观方面由三个方面组成： 1. 行为人实施了对合法无线电台（站）的有害干扰。被干扰的无线电台（站）必须是正在运营的、经有关主管部门批准的合法无线电台（站）。对无线电台（站）的干扰必须是有害的，如果对无线电台（站）的干扰没有任何害处，甚至是有益的，不构成本行为。 2. 经有关部门指出，拒不采取有效措施消除干扰。在实践中，对干扰行为的认定，公安机关往往并不具备相应的技术条件，很难认定。因此，只要经过有关部门的指出后，行为人拒不采取有效措施消除干扰的，公安机关即可予以处罚。如果行为人经有关部门指出后，及时采取有效措施消除了干扰的，公安机关不应予以处罚。这里的“指出”，根据公安部门与信息产业部门研究的协作意见，是指相关主管部门作出行政处罚或者责令其停止干扰行为，“指出”行为应该有相应的文字或文书，并且应当向公安机关提供认定干扰行为的证据材料。另外，“拒不采取有效措施”也应该是公安机关接到主管部门的移送案件意见后，在开展调查时的现实状态，如果公安机关在开展调查时，行为人已经采取了有效措施的，不应认定为本行为。 3. 尚不够刑事处罚，即从情节或后果来看，还没有构成相应的犯罪。
	违法主体	本行为的主体既可以是单位，也可以是个人。
	违法主观方面	本行为在主观方面为故意。

认定界限	（一）本行为与故意干扰无线电业务正常进行的界限。 《治安管理处罚法》第28条规定的故意干扰无线电业务正常进行，是指违反国家规定，故意干扰无线电业务的正常进行，尚不够刑事处罚的行为。两者都对无线电业务进行了干扰，在实践中容易混淆。两者的区别主要表现在： 1. 对无线电业务干扰的范围不同。本行为仅限于对无线电台（站）的干扰，后者对无线电业务的干扰方式更加多种多样。 2. 本行为以“拒不采取有效措施消除干扰”为前提条件，后者没有这个要求，只要行为人实施了对无线电业务的干扰，就可构成。 实践中，如果行为人故意实施了对无线电台（站）的有害干扰行为，经有关部门指出后，行为人及时采取了有效措施，消除了干扰的，从本行为的要件来看，当然不应当认定为拒不消除对无线电台（站）的有害干扰行为。但是，从该行为的实际社会影响或其他情节综合考虑，对该行为如果不处罚，又可能显失公平，这时，对该行为应该以故意干扰无线电业务正常进行论处。 （二）本行为与扰乱无线电通讯管理秩序罪的界限。 《刑法》第288条规定的扰乱无线电通讯管理秩序罪，是指违反国家规定，擅自设置、使用无线电台（站），或者擅自占用频率，经责令停止使用后拒不停止使用，干扰无线电通讯正常进行，造成严重后果的行为。二者的区别在于： 1. 具体的行为方式有区别。扰乱无线电通讯管理秩序罪的行为方式是法定的，包括擅自设置、使用无线电台（站），或者擅自占用频率；本行为的行为方式是“干扰无线电台（站）”，干扰的方式更为广泛，不仅包括扰乱无线电通讯管理秩序罪的行为方式，还包括其他的方式，如使用大功率无绳电话、对讲机等情形。 2. 行为的后果不同。扰乱无线电通讯管理秩序罪只有在造成严重后果的情况下才可构成，未造成严重后果的，构成治安违法行为。
处罚标准	（一）构成本行为的，处5日以上10日以下拘留。 （二）情节严重的，处10日以上15日以下拘留。 在实践中，判断情节的轻重，一般应从行为人的动机、手段、目的、行为的次数、造成的后果等方面综合考虑，由公安机关办案人员酌情量罚。一般而言，具有下列情形之一的，应认定为“情节严重”： 1. 故意对政府、军队、民航等无线电台（站）进行干扰的； 2. 造成较严重后果的； 3. 多次实施的； 4. 造成较大社会影响的； 5. 其他情节严重的情形。

相关执法参考

《中华人民共和国治安管理处罚法》（节录）

（2005年8月28日第十届全国人民代表大会常务委员会第十七次会议通过　中华人民共和国主席令第三十八号公布　自2006年3月1日起施行）

第二十八条　违反国家规定，故意干扰无线电业务正常进行的，或者对正常运行的无线电台（站）产生有害干扰，经有关主管部门指出后，拒不采取有效措施消除的，处五日以上十日以下拘留；情节严重的，处十日以上十五日以下拘留。

《中华人民共和国刑法》（节录）

（1979年7月1日第五届全国人民代表大会第二次会议通过　1997年3月14日第八届全国人民代表大会第五次会议修订　根据2011年2月25日第十一届全国人民代表大会常务委员会第十九次会议通过的《中华人民共和国刑法修正案（八）》最新修正）

第二百八十八条　违反国家规定，擅自设置、使用无线电台（站），或者擅自占用频率，经责令停止使用后拒不停止使用，干扰无线电通讯正常进行，造成严重后果的，处三年以下有期徒刑、拘役或者管制，并处或者单处罚金。

单位犯前款罪的，对单位判处罚金，并对其直接负责的主管人员和其他直接责任人员，依照前款的规定处罚。

二十六、非法侵入计算机信息系统

（《治安管理处罚法》第29条第1项）

<table>
<tr><td colspan="2">案由</td><td>非法侵入计算机信息系统</td></tr>
<tr><td colspan="2">概念</td><td>非法侵入计算机信息系统，是指违反国家规定，侵入计算机信息系统，造成危害，尚不够刑事处罚的行为。</td></tr>
<tr><td rowspan="2">违法构成要件</td><td>违法客体</td><td>本行为侵犯的客体是计算机信息系统的安全。</td></tr>
<tr><td>违法客观方面</td><td>本行为在客观方面表现为违反国家规定，侵入计算机信息系统，造成危害，尚不够刑事处罚的行为。
“违反国家规定”，是指违反全国人民代表大会及其常务委员会制定的法律和决定，国务院制定的行政法规、规定的行政措施、发布的决定和命令等，主要包括：全国人大常委会于2000年12月28日颁布的《关于维护互联网安全的决定》；国务院颁布的《中华人民共和国计算机信息系统安全保护条例》、《中华人民共和国信息网络国际联网管理暂行规定》、《计算机信息网络国际联网安全保护管理办法》、《商用密码管理条例》、《中华人民共和国电信条例》和《互联网信息服务管理办法》等。
“计算机信息系统”是指由计算机及其相关的和配套的设备、设施（含网络）构成的，按照一定的应用目标和规则对信息进行采集、加工、存储、传输、检索等处理的人机系统。本行为侵入的计算机信息系统，应该是涉及国家事务、国防建设、尖端科学领域以外的计算机信息系统，如企业、社会团体等单位不涉及尖端科学的计算机信息系统，因为，对涉及国家事务、国防建设、尖端科学领域的计算机信息系统的侵入，往往会造成较大的损失，后果较为严重，一般会触犯《刑法》，应以相关的犯罪论处。
“侵入”是指无权访问特定信息系统的人非法侵入该计算机信息系统，或者有权访问特定计算机信息系统的用户，未经批准、授权或者未办理手续而擅自访问该信息系统或者系统内部资源，或者对计算机信息系统的数据进行截收的行为。例如，行为人利用所掌握的计算机知识、技术，以非法手段获取进入指令后，冒充合法使用者进入特定的计算机信息系统，或者擅自将自己的计算机与某些特定的计算机信息系统联网等。在实践中，侵入的方式可以分为以下几种：
1. 冒充合法用户侵入。这是指通过非法手段窃取了他人合法的用户名、密码以及其他身份认证信息而非法侵入。获取他人身份认证信息的手段可以是偷窃的，也可以是监听合法用户登录而获取的，或者是利用计算机程序欺骗用户而得到的。</td></tr>
</table>

<table>
<tr><td rowspan="3">违法构成要件</td><td>违法客观方面</td><td>2. 运用计算机技术破解计算机安全保障措施而进入。这是指利用系统本身的缺陷和漏洞，绕过计算机信息系统身份识别系统而进入计算机信息系统。
3. 利用计算机软件设计者出于维护、调试程序或处理其他意外事件设置的“后门”或“陷阱门”而实施非法侵入。
构成本行为还必须要造成一定的损害后果，当然，这种损害后果还不够刑事处罚的程度，例如，致使一般的商业秘密泄漏、一般数据丢失等。</td></tr>
<tr><td>违法主体</td><td>本行为的主体既可以是单位，也可以是个人。从实践来看，该行为的主体应该是熟悉计算机知识的人。</td></tr>
<tr><td>违法主观方面</td><td>本行为在主观方面表现为故意，即行为人明知其行为违反国家规定，而故意侵入计算机信息系统。过失不构成本行为。</td></tr>
<tr><td>认定界限</td><td colspan="2">（一）本行为与正常的计算机信息系统操作行为的界限。
本行为的设立是立法者出于对涉及国家利益、集体利益或者公民个人合法利益的计算机信息系统的特殊保护。一般而言，只有行为人违反有关国家规定，非法侵入了涉及上述相关利益的计算机信息系统才能构成本行为。如果行为人进入的是一些对外公开的、专门提供给大众浏览、下载的计算机信息系统，不构成本行为。
如果行为人在操作计算机时，只是无意间进入了上述信息系统，发现后立即退出的，也不构成本行为。
另外，本行为还要求必须造成一定的损失，如果行为人非法侵入他人的计算机信息系统，并没有造成损失的，也不应认定为本行为，对行为人应予以批评教育。
（二）本行为与非法侵入计算机信息系统罪的界限。
《刑法》第285条规定的非法侵入计算机信息系统罪，是指违反国家规定，侵入国家事务、国防建设、尖端科学技术领域的计算机信息系统的行为。两者都表现为违反国家规定，侵入了有关的计算机信息系统，在主观方面也均为故意，两者的区别主要在于行为侵犯的对象不同。非法侵入计算机信息系统罪侵犯的对象包括国家事务、国防建设、尖端科学技术领域的计算机信息系统，涉及非常重要的领域，其对象具有特定性。而本行为侵犯的对象是除此之外的所有受我国法律、法规保护的计算机信息系统，一般来说，本行为所侵犯的对象仅仅具有一般的重要性。如果行为人侵入的是除国家事务、国防建设、尖端科学技术领域之外的其他计算机信息系统，并造成危害的，以本行为论处。
另外，本行为的构成必须造成一定的危害后果，如果没有造成后果的，不应认定为违法行为，相反，非法侵入计算机信息系统罪属于行为犯，行为人只要实施了违反国家规定，侵入国家事务、国防建设、尖端科学技术领域的计算机信息系统的行为，即可构成犯罪。</td></tr>
</table>

处罚标准	(一) 构成本行为的，处5日以下拘留。 (二) 情节较重的，处5日以上10日以下拘留。 在实践中，判断情节的轻重，一般应从行为人的动机、手段、目的、行为的次数、造成的后果等方面综合考虑，由公安机关办案人员酌情量罚。一般而言，具有下列情形之一的，应认定为“情节较重”： 1. 多次实施上述行为的； 2. 造成较大损失的； 3. 在社会造成较大影响的； 4. 因同类违法行为受过处罚的； 5. 其他情节较重的情形。
相关执法参考	**《中华人民共和国治安管理处罚法》**（节录） (2005年8月28日第十届全国人民代表大会常务委员会第十七次会议通过　中华人民共和国主席令第三十八号公布　自2006年3月1日起施行) 第二十九条第一项　有下列行为之一的，处五日以下拘留；情节较重的，处五日以上十日以下拘留： (一) 违反国家规定，侵入计算机信息系统，造成危害的； **《中华人民共和国刑法》**（节录） (1979年7月1日第五届全国人民代表大会第二次会议通过　1997年3月14日第八届全国人民代表大会第五次会议修订　根据2011年2月25日第十一届全国人民代表大会常务委员会第十九次会议通过的《中华人民共和国刑法修正案（八）》最新修正) 第二百八十五条第一款　违反国家规定，侵入国家事务、国防建设、尖端科学技术领域的计算机信息系统的，处三年以下有期徒刑或者拘役。 **《最高人民法院关于审理危害军事通信刑事案件具体应用法律若干问题的解释》**（节录） (2007年6月18日最高人民法院审判委员会第1430次会议通过　法释［2007］13号　自2007年6月29日起施行) 第六条第三款　违反国家规定，侵入国防建设、尖端科学技术领域的军事通信计算机信息系统，尚未对军事通信造成破坏的，依照刑法第二百八十五条的规定定罪处罚；对军事通信造成破坏，同时构成刑法第二百八十五条、第二百八十六条、第三百六十九条第一款规定的犯罪的，依照处罚较重的规定定罪处罚。 第七条　本解释所称“重要军事通信”，是指军事首脑机关及重要指挥中心的通信，部队作战中的通信，等级战备通信，飞行航行训练、抢险救灾、军事演习或者处置突发性事件中的通信，以及执行试飞试航、武器装备科研试验或者远洋航行等重要军事任务中的通信。 本解释所称军事通信的具体范围、通信中断和严重障碍的标准，参照中国人民解放军通信主管部门的有关规定确定。

相关执法参考

《公安部〈关于对刑法〉第二百八十五条、第二百八十六条有关问题的批复》

（2001年5月29日 公信安［2001］263号）

广东省公安厅公共信息网络安全监察处并各省、自治区、直辖市公安厅、局公共信息网络安全监察处，新疆生产建设兵团公安局公共信息网络安全监察处：

你处《关于侦办计算机犯罪案件适用法律条文解释问题的请示》（广公（信安）［2001］336号）收悉，经研究，现就你处提出有关《刑法》第二百八十五条、第二百八十六条的有关问题答复如下：

一、关于《刑法》第二百八十五条、第二百八十六条中规定的，“违反国家规定”问题

根据《刑法》第九十六条的规定，《刑法》所称“违反国家规定”，是指违法全国人民代表大会及其常务委员会制定的法律和决定，国务院制定的行政法规、规定的行政措施、发布的决定和命令。目前，与《刑法》第二百八十五条、第二百八十六条相关的国家规定主要包括：全国人大常委会于2000年12月28日颁布的《关于维护互联网安全的决定》；国务院颁布的《中华人民共和国计算机信息系统安全保护条例》、《中华人民共和国信息网络国际联网管理暂行规定》、《计算机信息网络国际联网安全保护管理办法》、《商用密码管理条例》、《中华人民共和国电信条例》和《互联网信息服务管理办法》等。

二、关于《刑法》第二百八十五条中“国家事务、国防建设、尖端科学技术领域”的司法解释及罪与非罪问题

《刑法》第二百八十五条中规定的“国家事务、国防建设、尖端科学技术领域”，目前尚无司法解释。由于本罪没有明确规定对过失行为的处罚，且理论上对国家事务、国防建设、尖端科学技术不存在过失行为，因此，过失侵入国家重要计算机信息系统的，不构成本罪，本罪的主观方面只能是故意。

三、关于《刑法》第二百八十六条的司法解释和立案标准问题

对《刑法》第二百八十六条中：“后果严重”、“后果特别严重”等目前尚无司法解释，本罪的立案标准也未出台。

自新《刑法》实施以来，我局在办案实践中，对《刑法》第二百八十五条、第二百八十六条的立案标准等问题一直在进行研究，待完成后商部法制局建议最高人民法院出台相关司法解释。此外，你处在办案工作中适用法律时，如遇到缺乏司法解释等问题，可建议当地检察院、法院等部门提前介入，共同研究，做到准确定性。

《全国人民代表大会常务委员会关于维护互联网安全的决定》（节录）

（2000年12月28日第九届全国人民代表大会常务委员会第十九次会议通过 根据2009年8月27日第十一届全国人民代表大会常务委员会第十次会议通过的〈全国人民代表大会常务委员会关于修改部分法律的决定〉修改）

一、为了保障互联网的运行安全，对有下列行为之一，构成犯罪的，依照刑法有关规定追究刑事责任：

相关执法参考

（一）侵入国家事务、国防建设、尖端科学技术领域的计算机信息系统；

（二）故意制作、传播计算机病毒等破坏性程序，攻击计算机系统及通信网络，致使计算机系统及通信网络遭受损害；

（三）违反国家规定，擅自中断计算机网络或者通信服务，造成计算机网络或者通信系统不能正常运行。

六、利用互联网实施违法行为，违反社会治安管理，尚不构成犯罪的，由公安机关依照《治安管理处罚法》予以处罚；违反其他法律、行政法规，尚不构成犯罪的，由有关行政管理部门依法给予行政处罚；对直接负责的主管人员和其他直接责任人员，依法给予行政处分或者纪律处分。

利用互联网侵犯他人合法权益，构成民事侵权的，依法承担民事责任。

《中华人民共和国计算机信息系统安全保护条例》（节录）

（1994年2月18日国务院令第147号颁布　根据2010年12月29日国务院第138次常务会议通过的〈国务院关于废止和修改部分行政法规的决定〉修改　国务院令第588号颁布）

第二条　本条例所称的计算机信息系统，是指由计算机及其相关的和配套的设备、设施（含网络）构成的，按照一定的应用目标和规则对信息进行采集、加工、存储、传输、检索等处理的人机系统。

第六条　公安部主管全国计算机信息系统安全保护工作。

国家安全部、国家保密局和国务院其他有关部门，在国务院规定的职责范围内做好计算机信息系统安全保护的有关工作。

第七条　任何组织或者个人，不得利用计算机信息系统从事危害国家利益、集体利益和公民合法利益的活动，不得危害计算机信息系统的安全。

第二十五条　任何组织或者个人违反本条例的规定，给国家、集体或者他人财产造成损失的，应当依法承担民事责任。

第二十九条　军队的计算机信息系统安全保护工作，按照军队的有关法规执行。

《互联网上网服务营业场所管理条例》（节录）

（2002年9月29日国务院令第363号颁布　根据2010年12月29日国务院第138次常务会议通过的〈国务院关于废止和修改部分行政法规的决定〉修改　国务院令第588号颁布）

第三条　互联网上网服务营业场所经营单位应当遵守有关法律、法规的规定，加强行业自律，自觉接受政府有关部门依法实施的监督管理，为上网消费者提供良好的服务。

互联网上网服务营业场所的上网消费者，应当遵守有关法律、法规的规定，遵守社会公德，开展文明、健康的上网活动。

第十五条　互联网上网服务营业场所经营单位和上网消费者不得进行下列危害信息网络安全的活动：

相关执法参考

（一）故意制作或者传播计算机病毒以及其他破坏性程序的；

（二）非法侵入计算机信息系统或者破坏计算机信息系统功能、数据和应用程序的；

（三）进行法律、行政法规禁止的其他活动的。

第三十三条　违反国家有关信息网络安全、治安管理、消防管理、工商行政管理、电信管理等规定，触犯刑律的，依法追究刑事责任；尚不够刑事处罚的，由公安机关、工商行政管理部门、电信管理机构依法给予处罚；情节严重的，由原发证机关吊销许可证件。

《计算机信息网络国际联网安全保护管理办法》（节录）

（1997年12月16日公安部令第33号发布　根据2010年12月29日国务院第138次常务会议通过的〈国务院关于废止和修改部分行政法规的决定〉修改
国务院令第588号颁布）

第四条　任何单位和个人不得利用国际联网危害国家安全、泄露国家秘密，不得侵犯国家的、社会的、集体的利益和公众的合法权益，不得从事违法犯罪活动。

第六条　任何单位和个人不得从事下列危害计算机信息网络安全的活动：

（一）未经允许，进入计算机信息系统或者使用计算机信息网络资源的；

（二）未经允许，对计算机信息网络功能进行删除、修改或者增加的；

（三）未经允许，对计算机信息网络中储存、处理或者传输的数据和应用程序进行删除、修改或者增加的；

（四）故意制作、传播计算机病毒等破坏性程序的；

（五）其他危害计算机信息网络安全的。

第七条　用户的通信自由和通信秘密受法律保护。任何单位和个人不得违反法律规定，利用国际联网侵犯用户的通信自由和通信秘密。

第二十条　违反法律、行政法规，有本办法第五条、第六条所列行为之一的，由公安机关给予警告，有违法所得的，没收违法所得，对个人可以并处5000元以下罚款，对单位可以并处15000元以下罚款；情节严重的，并可以给予6个月以内停止联网、停机整顿的处罚，必要时可以建议原发证、审批机构吊销经营许可证或者取消联网资格；构成违反治安管理行为的，依照治安管理处罚法的规定处罚；构成犯罪的，依法追究刑事责任。

第二十二条　违反本办法第四条、第七条规定的，依照有关法律、法规予以处罚。

二十七、非法改变计算机信息系统功能

（《治安管理处罚法》第29条第2项）

案由		非法改变计算机信息系统功能
概念		非法改变计算机信息系统功能，是指违反国家规定，对计算机信息系统功能进行删除、修改、增加、干扰，造成计算机信息系统不能正常运行，尚不够刑事处罚的行为。
违法构成要件	违法客体	本行为侵犯的客体是计算机信息系统安全。侵犯的对象是计算机信息系统中储存、处理、传输的数据和应用程序。
	违法客观方面	本行为在客观方面表现为违反计算机信息系统安全保护、计算机软件保护法规等国家规定，对计算机中按照一定的应用目的和规则进行采集、加工、储存、传输、检索信息的功用和能力予以删除、修改、增加、干扰，使计算机信息系统失去正常功能，不能运行或者不能按照原来设计的要求运行，尚不够刑事处罚的行为。 “违反国家规定”，是指违反全国人民代表大会及其常务委员会制定的法律和决定，国务院制定的行政法规、规定的行政措施、发布的决定和命令，主要包括：全国人大常委会于2000年12月28日颁布的《关于维护互联网安全的决定》；国务院颁布的《中华人民共和国计算机信息系统安全保护条例》、《中华人民共和国信息网络国际联网管理暂行规定》、《计算机信息网络国际联网安全保护管理办法》、《商用密码管理条例》、《中华人民共和国电信条例》和《互联网信息服务管理办法》等。 “删除”是指将原有的计算机信息系统的功能去掉，使其不能正常运转。“修改”是指对原有的计算机信息系统的功能进行改变，使其不能正常运转。“增加”是指在原有的计算机信息系统中增加某种功能，致使原有的功能受到影响或破坏。“干扰”是指用上述方法以外的方法，破坏计算机信息系统功能，致使计算机信息系统不能正常运行的行为。 构成本行为，以没有造成严重后果为前提，如果行为造成了严重的后果，如致使国家重要的计算机信息系统受到破坏，造成重大的经济损失或者造成极恶劣的影响等，应按照《刑法》的有关规定定罪处罚。
	违法主体	本行为的主体既可以是单位，也可以是个人。
	违法主观方面	本行为在主观方面表现为故意。

认定界限

（一）本行为与非法侵入计算机信息系统的界限。

《治安管理处罚法》第29条第1项规定的非法侵入计算机信息系统，是指违反国家规定，侵入计算机信息系统，造成危害，尚不够刑事处罚的行为。行为人如果非法侵入计算机信息系统后，又对计算机信息系统功能进行删除、修改、增加、干扰，造成计算机信息系统不能正常运行的，由于两行为之间有吸收关系，即后行为吸收非法侵入的行为，因而，应认定为破坏计算机信息系统行为。

（二）本行为与故意损毁财物的界限。

《治安管理处罚法》第49条规定的故意损毁财物，是指故意毁灭或者损坏公私财物，尚不够刑事处罚的行为。两者的界限主要在于：

1. 行为侵犯的客体和对象不同。本行为侵犯的客体是计算机信息系统安全，侵犯的对象是计算机信息系统中储存、处理、传输的数据和应用程序；后者侵犯的客体是公私财物的所有权，侵犯的对象可以是各种形式的公私财物。

2. 行为方式不同。本行为在客观方面表现为违反计算机信息系统安全保护、计算机软件保护法规等国家规定，对计算机中按照一定的应用目的和规则进行采集、加工、储存、传输、检索信息的功用和能力予以删除、修改、增加、干扰，使计算机信息系统失去正常功能，不能运行或者不能按照原来设计的要求运行，尚不够刑事处罚的行为；后者在客观方面表现为故意毁灭或者损坏公私财物，尚不够刑事处罚的行为。毁灭，是指用焚烧、摔砸等方法使物品全部丧失其价值或使用价值；损坏，是指使物品部分丧失其价值或使用价值。行为人损毁公私财物的方法多种多样。

行为人如果采用暴力手段，即物理手段对计算机硬件进行破坏的，虽然也同时破坏了计算机信息系统，但由于行为方式的不同，对行为人应以故意损毁财物行为论处（构成犯罪的，以相关犯罪论处）。

（三）本行为与破坏计算机信息系统罪的界限。

《刑法》第286条规定的破坏计算机相信系统罪，是指违反国家规定，对计算机信息系统功能进行删除、修改、增加、干扰，造成计算机信息系统不能正常运行，或者对计算机信息系统中存储、处理或者传输的数据和应用程序进行删除、修改、增加的操作以及故意制作、传播计算机病毒等破坏性程序，影响计算机系统正常运行的行为。两者在客观方面有相似之处，在主观方面也相同，其区别主要在于：

1. 行为方式不完全相同。本行为的具体方式仅为违反国家规定，对计算机信息系统功能进行删除、修改、增加、干扰，造成计算机信息系统不能正常运行；而后者的行为方式不仅包括前者的方式，还包括违反国家规定，对计算机信息系统中存储、处理或者传输的数据和应用程序进行删除、修改、增加的操作，以及故意制作、传播计算机病毒等破坏性程序，影响计算机系统正常运行等两大类行为。

认定界限	2. 行为导致的后果不同。造成严重后果的，构成破坏计算机信息系统罪；未造成严重后果的，构成本行为。“造成严重后果”主要是指造成重要计算机信息系统，如国家事务、国防建设、尖端科学技术领域的计算机信息系统破坏的；造成计算机信息系统功能部分甚或全部丧失，严重影响工作或者造成重大经济损失的，致使秘密、重要数据、资料、信息毁弃，造成严重损失的；出于恐怖等违法犯罪目的，造成恶劣的影响等。
处罚标准	（一）构成本行为的，处5日以下拘留。 （二）情节较重的，处5日以上10日以下拘留。 在实践中，判断情节的轻重，一般应从行为人的动机、手段、目的、行为的次数、造成的后果等方面综合考虑，由公安机关办案人员酌情量罚。一般而言，有下列情形之一的，应认定为“情节较重”： 1. 多次实施上述行为的； 2. 造成较大损失的； 3. 在社会造成较大影响的； 4. 因同类违法行为受过处罚的； 5. 其他情节较重的情形。
相关执法参考	**《中华人民共和国治安管理处罚法》**（节录） （2005年8月28日第十届全国人民代表大会常务委员会第十七次会议通过 中华人民共和国主席令第三十八号公布 自2006年3月1日起施行） 第二十九条第二项 有下列行为之一的，处五日以下拘留；情节较重的，处五日以上十日以下拘留： （二）违反国家规定，对计算机信息系统功能进行删除、修改、增加、干扰，造成计算机信息系统不能正常运行的； **《中华人民共和国刑法》**（节录） （1979年7月1日第五届全国人民代表大会第二次会议通过 1997年3月14日第八届全国人民代表大会第五次会议修订 根据2011年2月25日第十一届全国人民代表大会常务委员会第十九次会议通过的《中华人民共和国刑法修正案（八）》最新修正） 第二百八十六条 违反国家规定，对计算机信息系统功能进行删除、修改、增加、干扰，造成计算机信息系统不能正常运行，后果严重的，处五年以下有期徒刑或者拘役；后果特别严重的，处五年以上有期徒刑。 违反国家规定，对计算机信息系统中存储、处理或者传输的数据和应用程序进行删除、修改、增加的操作，后果严重的，依照前款的规定处罚。 故意制作、传播计算机病毒等破坏性程序，影响计算机系统正常运行，后果严重的，依照第一款的规定处罚。

相关执法参考

《最高人民法院关于审理危害军事通信刑事案件具体应用法律若干问题的解释》（节录）

（2007年6月18日最高人民法院审判委员会第1430次会议通过　法释［2007］13号　自2007年6月29日起施行）

第六条第三款　违反国家规定，侵入国防建设、尖端科学技术领域的军事通信计算机信息系统，尚未对军事通信造成破坏的，依照刑法第二百八十五条的规定定罪处罚；对军事通信造成破坏，同时构成刑法第二百八十五条、第二百八十六条、第三百六十九条第一款规定的犯罪的，依照处罚较重的规定定罪处罚。

《公安部关于对破坏未联网的微型计算机信息系统是否适用〈刑法〉第286条的请示的批复》

（1998年11月25日公复字［1998］7号颁布　自颁布之日起实施）

吉林省公安厅：

你厅《关于"破坏未联网计算机财务系统程序和数据的行为是否适用〈刑法〉第286条故意破坏计算机信息系统数据应有程序罪"的请示》收悉，现批复如下：

《刑法》第286条中的"违反国家规定"是指包括《中华人民共和国计算机信息系统安全保护条例》（以下简称《条例》）在内的有关行政法规、部门规章的规定。《条例》第5条第2款规定的"未联网的微型计算机的安全保护办法，另行规定"，主要是考虑到未联入网络的单台微型计算机系统所处环境和使用情况比较复杂，且基本无安全功能，需针对这些特点另外制定相应的安全管理措施。然而，未联网的计算机信息系统也属计算机信息系统，《条例》第2、3、7条的安全保护原则、规定，对未联网的微型计算机系统完全适用。因此破坏未联网的微型计算机信息系统适用《刑法》第286条。

《公安部关于对〈刑法〉第二百八十五条、第二百八十六条有关问题的批复》（节录）

（2001年5月29日　公信安［2001］263号）

一、关于《刑法》第二百八十五条、第二百八十六条中规定的，"违反国家规定"问题

根据《刑法》第九十六条的规定，《刑法》所称"违反国家规定"，是指违法全国人民代表大会及其常务委员会制定的法律和决定，国务院制定的行政法规、规定的行政措施、发布的决定和命令。目前，与《刑法》第二百八十五条、第二百八十六条相关的国家规定主要包括：全国人大常委会于2000年12月28日颁布的《关于维护互联网安全的决定》；国务院颁布的《中华人民共和国计算机信息系统安全保护条例》、《中华人民共和国信息网络国际联网管理暂行规定》、《计算机信息网络国际联网安全保护管理办法》、《商用密码管理条例》、《中华人民共和国电信条例》和《互联网信息服务管理办法》等。

三、关于《刑法》第二百八十六条的司法解释和立案标准问题

对《刑法》第二百八十六条中："后果严重"、"后果特别严重"等目前尚无司法解释，本罪的立案标准也未出台。

相关执法参考

自新《刑法》实施以来，我局在办案实践中，对《刑法》第二百八十五条、第二百八十六条的立案标准等问题一直在进行研究，待完成后商部法制局建议最高人民法院出台相关司法解释。此外，你处在办案工作中适用法律时，如遇到缺乏司法解释等问题，可建议当地检察院、法院等部门提前介入，共同研究，做到准确定性。

《全国人民代表大会常务委员会关于维护互联网安全的决定》（节录）

（2000年12月28日第九届全国人民代表大会常务委员会第十九次会议通过 根据2009年8月27日第十一届全国人民代表大会常务委员会第十次会议通过的〈全国人民代表大会常务委员会关于修改部分法律的决定〉修改）

一、为了保障互联网的运行安全，对有下列行为之一，构成犯罪的，依照刑法有关规定追究刑事责任：

（一）侵入国家事务、国防建设、尖端科学技术领域的计算机信息系统；

（二）故意制作、传播计算机病毒等破坏性程序，攻击计算机系统及通信网络，致使计算机系统及通信网络遭受损害；

（三）违反国家规定，擅自中断计算机网络或者通信服务，造成计算机网络或者通信系统不能正常运行。

六、利用互联网实施违法行为，违反社会治安管理，尚不构成犯罪的，由公安机关依照《治安管理处罚法》予以处罚；违反其他法律、行政法规，尚不构成犯罪的，由有关行政管理部门依法给予行政处罚；对直接负责的主管人员和其他直接责任人员，依法给予行政处分或者纪律处分。

利用互联网侵犯他人合法权益，构成民事侵权的，依法承担民事责任。

《中华人民共和国计算机信息系统安全保护条例》（节录）

（1994年2月18日国务院令第147号颁布 根据2010年12月29日国务院第138次常务会议通过的〈国务院关于废止和修改部分行政法规的决定〉修改 国务院令第588号颁布）

第二条 本条例所称的计算机信息系统，是指由计算机及其相关的和配套的设备、设施（含网络）构成的，按照一定的应用目标和规则对信息进行采集、加工、存储、传输、检索等处理的人机系统。

第六条 公安部主管全国计算机信息系统安全保护工作。

国家安全部、国家保密局和国务院其他有关部门，在国务院规定的职责范围内做好计算机信息系统安全保护的有关工作。

第七条 任何组织或者个人，不得利用计算机信息系统从事危害国家利益、集体利益和公民合法利益的活动，不得危害计算机信息系统的安全。

第二十五条 任何组织或者个人违反本条例的规定，给国家、集体或者他人财产造成损失的，应当依法承担民事责任。

第二十九条 军队的计算机信息系统安全保护工作，按照军队的有关法规执行。

相关执法参考

《互联网上网服务营业场所管理条例》（节录）

（2002年9月29日国务院令第363号颁布 根据2010年12月29日国务院第138次常务会议通过的〈国务院关于废止和修改部分行政法规的决定〉修改 国务院令第588号颁布）

第四条 县级以上人民政府文化行政部门负责互联网上网服务营业场所经营单位的设立审批，并负责对依法设立的互联网上网服务营业场所经营单位经营活动的监督管理；公安机关负责对互联网上网服务营业场所经营单位的信息网络安全、治安及消防安全的监督管理；工商行政管理部门负责对互联网上网服务营业场所经营单位登记注册和营业执照的管理，并依法查处无照经营活动；电信管理等其他有关部门在各自职责范围内，依照本条例和有关法律、行政法规的规定，对互联网上网服务营业场所经营单位分别实施有关监督管理。

第十五条 互联网上网服务营业场所经营单位和上网消费者不得进行下列危害信息网络安全的活动：

（一）故意制作或者传播计算机病毒以及其他破坏性程序的；

（二）非法侵入计算机信息系统或者破坏计算机信息系统功能、数据和应用程序的；

（三）进行法律、行政法规禁止的其他活动的。

第三十三条 违反国家有关信息网络安全、治安管理、消防管理、工商行政管理、电信管理等规定，触犯刑律的，依法追究刑事责任；尚不够刑事处罚的，由公安机关、工商行政管理部门、电信管理机构依法给予处罚；情节严重的，由原发证机关吊销许可证件。

《计算机信息网络国际联网安全保护管理办法》（节录）

（1997年12月16日公安部令第33号发布 根据2010年12月29日国务院第138次常务会议通过的〈国务院关于废止和修改部分行政法规的决定〉修改 国务院令第588号颁布）

第四条 任何单位和个人不得利用国际联网危害国家安全、泄露国家秘密，不得侵犯国家的、社会的、集体的利益和公众的合法权益，不得从事违法犯罪活动。

第六条 任何单位和个人不得从事下列危害计算机信息网络安全的活动：

（一）未经允许，进入计算机信息系统或者使用计算机信息网络资源的；

（二）未经允许，对计算机信息网络功能进行删除、修改或者增加的；

（三）未经允许，对计算机信息网络中储存、处理或者传输的数据和应用程序进行删除、修改或者增加的；

（四）故意制作、传播计算机病毒等破坏性程序的；

（五）其他危害计算机信息网络安全的。

第二十条 违反法律、行政法规，有本办法第五条、第六条所列行为之一的，由公安机关给予警告，有违法所得的，没收违法所得，对个人可以并处5000元以下罚款，对单位可以并处15000元以下罚款；情节严重的，并可以给予6个月以内

相关执法参考	停止联网、停机整顿的处罚，必要时可以建议原发证、审批机构吊销经营许可证或者取消联网资格；构成违反治安管理行为的，依照治安管理处罚法的规定处罚；构成犯罪的，依法追究刑事责任。 　　第二十二条　违反本办法第四条、第七条规定的，依照有关法律、法规予以处罚。

二十八、非法改变计算机信息系统数据和应用程序

（《治安管理处罚法》第 29 条第 3 项）

<table>
<tr><td colspan="2">案由</td><td>非法改变计算机信息系统数据和应用程序</td></tr>
<tr><td colspan="2">概念</td><td>非法改变计算机信息系统数据和应用程序，是指违反国家规定，对计算机信息系统中存储、处理、传输的数据和应用程序进行删除、修改、增加，尚不够刑事处罚的行为。</td></tr>
<tr><td rowspan="4">违法构成要件</td><td>违法客体</td><td>本行为侵犯的客体是计算机信息系统的安全。侵犯的对象是计算机信息系统数据和应用程序。</td></tr>
<tr><td>违法客观方面</td><td>本行为在客观方面表现为违反国家规定，对计算机信息系统中实际处理的一切有意义的文字、符号、声音、图像等内容的组合以及用户按计算机数据库授予的子模式的逻辑结构、收发方式进行数据操作运算的程序予以全部或部分删除、修改、增加的行为。
“违反国家规定”，是指违反全国人民代表大会及其常务委员会制定的法律和决定，国务院制定的行政法规、规定的行政措施、发布的决定和命令，主要包括：全国人大常委会于 2000 年 12 月 28 日颁布的《关于维护互联网安全的决定》；国务院颁布的《中华人民共和国计算机信息系统安全保护条例》、《中华人民共和国信息网络国际联网管理暂行规定》、《计算机信息网络国际联网安全保护管理办法》、《商用密码管理条例》、《中华人民共和国电信条例》和《互联网信息服务管理办法》等。
“删除”是指将计算机信息系统已有的功能加以取消，既可以是取消其中的一项，也可以是其中的几项或者全部；“修改”是指将计算机信息系统的功能部分或者全部地进行改变，或者将原程序用另一种程序加以替代，改变其功能；“增加”是指通过增加磁记录等手段为计算机信息系统添加其原本没有的功能。</td></tr>
<tr><td>违法主体</td><td>本行为的主体既可以是单位，也可以是个人。</td></tr>
<tr><td>违法主观方面</td><td>本行为在主观方面只能是故意，过失不构成本行为。</td></tr>
</table>

认定界限	（一）本行为与非法侵入计算机信息系统的界限。 《治安管理处罚法》第29条第1项规定的非法侵入计算机信息系统，是指违反国家规定，侵入计算机信息系统，造成危害，尚不够刑事处罚的行为。行为人如果非法侵入计算机信息系统后，又对计算机信息系统中存储、处理、传输的数据和应用程序进行删除、修改、增加，造成计算机信息系统不能正常运行的，由于两行为之间有吸收关系，即后行为吸收非法侵入的行为，因而，应认定为非法改变计算机信息系统数据和应用程序。 （二）本行为与破坏计算机信息系统罪的界限。 《刑法》第286条规定的破坏计算机相信系统罪，是指违反国家规定，对计算机信息系统功能进行删除、修改、增加、干扰，造成计算机信息系统不能正常运行，或者对计算机信息系统中存储、处理或者传输的数据和应用程序进行删除、修改、增加的操作以及故意制作、传播计算机病毒等破坏性程序，影响计算机系统正常运行的行为。两者在客观方面有相似之处，在主观故意方面也相同，其区别主要在于： 1. 行为方式不完全相同。本行为的具体方式仅为违反国家规定，对计算机信息系统中存储、处理、传输的数据和应用程序进行删除、修改、增加，造成计算机信息系统不能正常运行；而后者的行为方式不仅包括前者的方式，还包括违反国家规定，对计算机信息系统功能进行删除、修改、增加、干扰，以及故意制作、传播计算机病毒等破坏性程序，影响计算机系统正常运行等两大类行为。 2. 行为导致的后果不同。造成严重后果的，构成破坏计算机信息系统罪；未造成严重后果的，构成本行为。 “造成严重后果”主要是指造成重要计算机信息系统，如国家事务、国防建设、尖端科学技术领域的计算机信息系统破坏的；造成计算机信息系统功能部分或全部丧失，严重影响工作或者造成重大经济损失的，致使秘密、重要数据、资料、信息毁弃，造成严重损失的；出于恐怖等违法犯罪目的，造成恶劣的影响等。
处罚标准	（一）构成本行为的，处5日以下拘留。 （二）情节较重的，处5日以上10日以下拘留。 在实践中，判断情节的轻重，一般应从行为人的动机、手段、目的、行为的次数、造成的后果等方面综合考虑，由公安机关办案人员酌情量罚。一般而言，有下列情形之一的，应认定为“情节较重”： 1. 多次实施上述行为的； 2. 造成较大损失的； 3. 在社会造成较大影响的； 4. 因同类违法行为受过处罚的； 5. 其他情节较重的情形。

相关执法参考

《中华人民共和国治安管理处罚法》（节录）

（2005年8月28日第十届全国人民代表大会常务委员会第十七次会议通过 中华人民共和国主席令第三十八号公布 自2006年3月1日起施行）

第二十九条第三项 有下列行为之一的，处五日以下拘留；情节较重的，处五日以上十日以下拘留：

（三）违反国家规定，对计算机信息系统中存储、处理、传输的数据和应用程序进行删除、修改、增加的；

《中华人民共和国刑法》（节录）

（1979年7月1日第五届全国人民代表大会第二次会议通过 1997年3月14日第八届全国人民代表大会第五次会议修订 根据2011年2月25日第十一届全国人民代表大会常务委员会第十九次会议通过的《中华人民共和国刑法修正案（八）》最新修正）

第二百八十六条 违反国家规定，对计算机信息系统功能进行删除、修改、增加、干扰，造成计算机信息系统不能正常运行，后果严重的，处五年以下有期徒刑或者拘役；后果特别严重的，处五年以上有期徒刑。

违反国家规定，对计算机信息系统中存储、处理或者传输的数据和应用程序进行删除、修改、增加的操作，后果严重的，依照前款的规定处罚。

故意制作、传播计算机病毒等破坏性程序，影响计算机系统正常运行，后果严重的，依照第一款的规定处罚。

《最高人民法院关于审理危害军事通信刑事案件具体应用法律若干问题的解释》（节录）

（2007年6月18日最高人民法院审判委员会第1430次会议通过 法释［2007］13号 自2007年6月29日起施行）

第六条第三款 违反国家规定，侵入国防建设、尖端科学技术领域的军事通信计算机信息系统，尚未对军事通信造成破坏的，依照刑法第二百八十五条的规定定罪处罚；对军事通信造成破坏，同时构成刑法第二百八十五条、第二百八十六条、第三百六十九条第一款规定的犯罪的，依照处罚较重的规定定罪处罚。

《公安部关于对破坏未联网的微型计算机信息系统是否适用〈刑法〉第286条的请示的批复》

（1998年11月25日公复字［1998］7号颁布 自颁布之日起实施）

吉林省公安厅：

你厅《关于"破坏未联网计算机财务系统程序和数据的行为是否适用〈刑法〉第286条故意破坏计算机信息系统数据应有程序罪"的请示》收悉，现批复如下：

《刑法》第286条中的"违反国家规定"是指包括《中华人民共和国计算机信息系统安全保护条例》（以下简称《条例》）在内的有关行政法规、部门规章的规定。《条例》第5条第2款规定的"未联网的微型计算机的安全保护办法，另行规定"，主要是考虑到未联入网络的单台微型计算机系统所处环境和使用情况比较复杂，且基本无安全功能，需针对这些特点另外制定相应的安全管理措施。然而，未

相关执法参考

联网的计算机信息系统也属计算机信息系统，《条例》第2、3、7条的安全保护原则、规定，对未联网的微型计算机系统完全适用。因此破坏未联网的微型计算机信息系统适用《刑法》第286条。

《公安部关于对〈刑法〉第二百八十五条、第二百八十六条有关问题的批复》（节录）

（2001年5月29日　公信安［2001］263号）

一、关于《刑法》第二百八十五条、第二百八十六条中规定的，“违反国家规定”问题

根据《刑法》第九十六条的规定，《刑法》所称“违反国家规定”，是指违法全国人民代表大会及其常务委员会制定的法律和决定，国务院制定的行政法规、规定的行政措施、发布的决定和命令。目前，与《刑法》第二百八十五条、第二百八十六条相关的国家规定主要包括：全国人大常委会于2000年12月28日颁布的《关于维护互联网安全的决定》；国务院颁布的《中华人民共和国计算机信息系统安全保护条例》、《中华人民共和国信息网络国际联网管理暂行规定》、《计算机信息网络国际联网安全保护管理办法》、《商用密码管理条例》、《中华人民共和国电信条例》和《互联网信息服务管理办法》等。

三、关于《刑法》第二百八十六条的司法解释和立案标准问题

对《刑法》第二百八十六条中：“后果严重”、“后果特别严重”等目前尚无司法解释，本罪的立案标准也未出台。

自新《刑法》实施以来，我局在办案实践中，对《刑法》第二百八十五条、第二百八十六条的立案标准等问题一直在进行研究，待完成后商部法制局建议最高人民法院出台相关司法解释。此外，你处在办案工作中适用法律时，如遇到缺乏司法解释等问题，可建议当地检察院、法院等部门提前介入，共同研究，做到准确定性。

《全国人民代表大会常务委员会关于维护互联网安全的决定》（节录）

（2000年12月28日第九届全国人民代表大会常务委员会第十九次会议通过　根据2009年8月27日第十一届全国人民代表大会常务委员会第十次会议通过的〈全国人民代表大会常务委员会关于修改部分法律的决定〉修改）

一、为了保障互联网的运行安全，对有下列行为之一，构成犯罪的，依照刑法有关规定追究刑事责任：

（一）侵入国家事务、国防建设、尖端科学技术领域的计算机信息系统；

（二）故意制作、传播计算机病毒等破坏性程序，攻击计算机系统及通信网络，致使计算机系统及通信网络遭受损害；

（三）违反国家规定，擅自中断计算机网络或者通信服务，造成计算机网络或者通信系统不能正常运行。

六、利用互联网实施违法行为，违反社会治安管理，尚不构成犯罪的，由公安机关依照《治安管理处罚法》予以处罚；违反其他法律、行政法规，尚不构成犯罪的，由有关行政管理部门依法给予行政处罚；对直接负责的主管人员和其他直接责任人员，依法给予行政处分或者纪律处分。

相关执法参考

利用互联网侵犯他人合法权益，构成民事侵权的，依法承担民事责任。

《中华人民共和国计算机信息系统安全保护条例》（节录）

（1994 年 2 月 18 日国务院令第 147 号颁布　根据 2010 年 12 月 29 日国务院第 138 次常务会议通过的〈国务院关于废止和修改部分行政法规的决定〉修改 国务院令第 588 号颁布）

第二条　本条例所称的计算机信息系统，是指由计算机及其相关的和配套的设备、设施（含网络）构成的，按照一定的应用目标和规则对信息进行采集、加工、存储、传输、检索等处理的人机系统。

第六条　公安部主管全国计算机信息系统安全保护工作。

国家安全部、国家保密局和国务院其他有关部门，在国务院规定的职责范围内做好计算机信息系统安全保护的有关工作。

第七条　任何组织或者个人，不得利用计算机信息系统从事危害国家利益、集体利益和公民合法利益的活动，不得危害计算机信息系统的安全。

第二十三条　故意输入计算机病毒以及其他有害数据危害计算机信息系统安全的，或者未经许可出售计算机信息系统安全专用产品的，由公安机关处以警告或者对个人处以 5000 元以下的罚款、对单位处以 15000 元以下的罚款；有违法所得的，除予以没收外，可以处以违法所得 1 至 3 倍的罚款。

第二十四条　违反本条例的规定，构成违反治安管理行为的，依照《中华人民共和国治安管理处罚法》的有关规定处罚；构成犯罪的，依法追究刑事责任。

第二十五条　任何组织或者个人违反本条例的规定，给国家、集体或者他人财产造成损失的，应当依法承担民事责任。

第二十九条　军队的计算机信息系统安全保护工作，按照军队的有关法规执行。

《互联网上网服务营业场所管理条例》（节录）

（2002 年 9 月 29 日国务院令第 363 号颁布　根据 2010 年 12 月 29 日国务院第 138 次常务会议通过的〈国务院关于废止和修改部分行政法规的决定〉修改 国务院令第 588 号颁布）

第四条　县级以上人民政府文化行政部门负责互联网上网服务营业场所经营单位的设立审批，并负责对依法设立的互联网上网服务营业场所经营单位经营活动的监督管理；公安机关负责对互联网上网服务营业场所经营单位的信息网络安全、治安及消防安全的监督管理；工商行政管理部门负责对互联网上网服务营业场所经营单位登记注册和营业执照的管理，并依法查处无照经营活动；电信管理等其他有关部门在各自职责范围内，依照本条例和有关法律、行政法规的规定，对互联网上网服务营业场所经营单位分别实施有关监督管理。

第十五条　互联网上网服务营业场所经营单位和上网消费者不得进行下列危害信息网络安全的活动：

（一）故意制作或者传播计算机病毒以及其他破坏性程序的；

相关执法参考

（二）非法侵入计算机信息系统或者破坏计算机信息系统功能、数据和应用程序的；

（三）进行法律、行政法规禁止的其他活动的。

第三十三条　违反国家有关信息网络安全、治安管理、消防管理、工商行政管理、电信管理等规定，触犯刑律的，依法追究刑事责任；尚不够刑事处罚的，由公安机关、工商行政管理部门、电信管理机构依法给予处罚；情节严重的，由原发证机关吊销许可证件。

《计算机信息网络国际联网安全保护管理办法》（节录）

（1997年12月16日公安部令第33号发布　根据2010年12月29日国务院第138次常务会议通过的〈国务院关于废止和修改部分行政法规的决定〉修改 国务院令第588号颁布）

第六条　任何单位和个人不得从事下列危害计算机信息网络安全的活动：

（一）未经允许，进入计算机信息系统或者使用计算机信息网络资源的；

（二）未经允许，对计算机信息网络功能进行删除、修改或者增加的；

（三）未经允许，对计算机信息网络中储存、处理或者传输的数据和应用程序进行删除、修改或者增加的；

（四）故意制作、传播计算机病毒等破坏性程序的；

（五）其他危害计算机信息网络安全的。

第二十条　违反法律、行政法规，有本办法第五条、第六条所列行为之一的，由公安机关给予警告，有违法所得的，没收违法所得，对个人可以并处5000元以下罚款，对单位可以并处15000元以下罚款；情节严重的，并可以给予6个月以内停止联网、停机整顿的处罚，必要时可以建议原发证、审批机构吊销经营许可证或者取消联网资格；构成违反治安管理行为的，依照治安管理处罚法的规定处罚；构成犯罪的，依法追究刑事责任。

第二十二条　违反本办法第四条、第七条规定的，依照有关法律、法规予以处罚。

二十九、故意制作、传播计算机破坏性程序

（《治安管理处罚法》第29条第4项）

<table>
<tr><td colspan="2">案由</td><td>故意制作、传播计算机破坏性程序</td></tr>
<tr><td colspan="2">概念</td><td>故意制作、传播计算机破坏性程序，是指故意制作、传播计算机病毒等破坏性程序，影响计算机信息系统正常运行，尚不够刑事处罚的行为。</td></tr>
<tr><td rowspan="4">违法构成要件</td><td>违法客体</td><td>本行为侵犯的客体是计算机信息系统的安全。“计算机信息系统”是指由计算机及其相关配套的设备、设施（含网络）构成的，按照一定的应用目标和规则对信息进行采集、加工、存储、传输、检索等处理的人机系统。</td></tr>
<tr><td>违法客观方面</td><td>本行为在客观方面表现为故意制作、传播计算机病毒等破坏性程序，影响计算机信息系统正常运行，尚不够刑事处罚的行为。
“计算机病毒”，是指编制或者在计算机程序中插入的破坏计算机功能或者毁坏数据，影响计算机使用，并能自我复制的一组计算机指令或者程序代码。
“制作计算机病毒”是指计算机操作者故意设计制作一种具有破坏性的计算机指令和代码。
“传播计算机病毒”是指将病毒以各种方式输入计算机，影响计算机信息系统正常运行或者将计算机中存储的数据变更、删除、损毁、分解，最终使计算机系统失灵或崩溃。
本行为在实践中通常表现为：故意输入计算机病毒，危害计算机信息系统安全；故意向他人提供含有计算机病毒的文件、软件、媒体；明知有计算机病毒而故意销售、出租、附赠含有计算机病毒的媒体等。
需要注意的是：行为人只要实施了“制作”或“传播”其中的一种行为，并影响计算机信息系统正常运行的，即可构成本行为，而不要求既制作又传播，行为人既制作又传播的，也只认定为一行为，只是在量罚时作为情节予以考虑。
本行为的具体案由应根据具体的行为方式来确定，如故意制作计算机破坏性程序、故意传播计算机破坏性程序或故意制作、传播计算机破坏性程序等，既制作又传播的，也只认定为1个案由而不能分别认定，更不能实行并罚。</td></tr>
<tr><td>违法主体</td><td>本行为的主体既可以是单位，也可以是个人。</td></tr>
<tr><td>违法主观方面</td><td>本行为的主观方面表现为故意。</td></tr>
</table>

认定界限	（一）本行为与非法侵入计算机信息系统的界限。 《治安管理处罚法》第29条第1项规定的非法侵入计算机信息系统，是指违反国家规定，侵入计算机信息系统，造成危害，尚不够刑事处罚的行为。行为人如果非法侵入计算机信息系统后，又故意制作、传播计算机病毒等破坏性程序，影响计算机信息系统正常运行的，由于两行为之间有吸收关系，即后行为吸收非法侵入行为，因而，应认定为故意制作、传播计算机破坏性程序行为。 （二）本行为与破坏计算机信息系统罪的界限。 《刑法》第286条规定的破坏计算机相信系统罪，是指违反国家规定，对计算机信息系统功能进行删除、修改、增加、干扰，造成计算机信息系统不能正常运行，或者对计算机信息系统中存储、处理或者传输的数据和应用程序进行删除、修改、增加的操作以及故意制作、传播计算机病毒等破坏性程序，影响计算机系统正常运行的行为。两者在客观方面有相似之处，在主观故意方面也相同，其区别主要在于： 1. 行为方式不完全相同。本行为的具体方式仅为违反国家规定，故意制作、传播计算机病毒等破坏性程序，影响计算机信息系统正常运行；而后者的行为方式不仅包括前者的方式，还包括违反国家规定，对计算机信息系统功能进行删除、修改、增加、干扰，造成计算机信息系统不能正常运行，以及违反国家规定，对计算机信息系统中存储、处理或者传输的数据和应用程序进行删除、修改、增加，影响计算机系统正常运行等两大类行为。 2. 行为导致的后果不同。造成严重后果的，构成破坏计算机信息系统罪；未造成严重后果的，构成违反治安管理行为。“造成严重后果”主要是指造成重要计算机信息系统，如国家事务、国防建设、尖端科学技术领域的计算机信息系统破坏的；造成计算机信息系统功能部分甚或全部丧失，严重影响工作或者造成重大经济损失的，致使秘密、重要数据、资料、信息毁弃，造成严重损失的；出于恐怖等违法犯罪目的，造成恶劣的影响等。
处罚标准	（一）构成本行为的，处5日以下拘留。 （二）情节较重的，处5日以上10日以下拘留。 在实践中，判断情节的轻重，一般应从行为人的动机、手段、目的、行为的次数、造成的后果等方面综合考虑，由公安机关办案人员酌情量罚。一般而言，有下列情形之一的，应认定为“情节较重”： 1. 多次实施上述行为的； 2. 造成较大损失的； 3. 在社会造成较大影响的； 4. 因同类违法行为受过处罚的； 5. 其他情节较重的情形。

相关执法参考

《中华人民共和国治安管理处罚法》（节录）

（2005年8月28日第十届全国人民代表大会常务委员会第十七次会议通过
中华人民共和国主席令第三十八号公布　自2006年3月1日起施行）

第二十九条第四项　有下列行为之一的，处五日以下拘留；情节较重的，处五日以上十日以下拘留：

（四）故意制作、传播计算机病毒等破坏性程序，影响计算机信息系统正常运行的。

《中华人民共和国刑法》（节录）

（1979年7月1日第五届全国人民代表大会第二次会议通过　1997年3月14日第八届全国人民代表大会第五次会议修订　根据2011年2月25日第十一届全国人民代表大会常务委员会第十九次会议通过的《中华人民共和国刑法修正案（八）》最新修正）

第二百八十六条　违反国家规定，对计算机信息系统功能进行删除、修改、增加、干扰，造成计算机信息系统不能正常运行，后果严重的，处五年以下有期徒刑或者拘役；后果特别严重的，处五年以上有期徒刑。

违反国家规定，对计算机信息系统中存储、处理或者传输的数据和应用程序进行删除、修改、增加的操作，后果严重的，依照前款的规定处罚。

故意制作、传播计算机病毒等破坏性程序，影响计算机系统正常运行，后果严重的，依照第一款的规定处罚。

《最高人民法院关于审理危害军事通信刑事案件具体应用法律若干问题的解释》（节录）

（2007年6月18日最高人民法院审判委员会第1430次会议通过
法释［2007］13号　自2007年6月29日起施行）

第六条第三款　违反国家规定，侵入国防建设、尖端科学技术领域的军事通信计算机信息系统，尚未对军事通信造成破坏的，依照刑法第二百八十五条的规定定罪处罚；对军事通信造成破坏，同时构成刑法第二百八十五条、第二百八十六条、第三百六十九条第一款规定的犯罪的，依照处罚较重的规定定罪处罚。

《公安部关于对破坏未联网的微型计算机信息系统是否适用〈刑法〉第286条的请示的批复》

（1998年11月25日公复字［1998］7号颁布　自颁布之日起实施）

吉林省公安厅：

你厅《关于“破坏未联网计算机财务系统程序和数据的行为是否适用〈刑法〉第286条故意破坏计算机信息系统数据应有程序罪”的请示》收悉，现批复如下：

《刑法》第286条中的“违反国家规定”是指包括《中华人民共和国计算机信息系统安全保护条例》（以下简称《条例》）在内的有关行政法规、部门规章的规定。《条例》第5条第2款规定的“未联网的微型计算机的安全保护办法，另行规定”，主要是考虑到未联入网络的单台微型计算机系统所处环境和使用情况比较复杂，且基本无安全功能，需针对这些特点另外制定相应的安全管理措施。然而，未联网的计算机信息系统也属计算机信息系统，《条例》第2、3、7条的安全保护原则、规定，对未联网的微型计算机系统完全适用。因此破坏未联网的微型计算机信

相关执法参考

息系统适用《刑法》第286条。

《公安部关于对〈刑法〉第二百八十五条、第二百八十六条有关问题的批复》（节录）

（2001年5月29日　公信安［2001］263号）

一、关于《刑法》第二百八十五条、第二百八十六条中规定的，"违反国家规定"问题

根据《刑法》第九十六条的规定，《刑法》所称"违反国家规定"，是指违法全国人民代表大会及其常务委员会制定的法律和决定，国务院制定的行政法规、规定的行政措施、发布的决定和命令。目前，与《刑法》第二百八十五条、第二百八十六条相关的国家规定主要包括：全国人大常委会于2000年12月28日颁布的《关于维护互联网安全的决定》；国务院颁布的《中华人民共和国计算机信息系统安全保护条例》、《中华人民共和国信息网络国际联网管理暂行规定》、《计算机信息网络国际联网安全保护管理办法》、《商用密码管理条例》、《中华人民共和国电信条例》和《互联网信息服务管理办法》等。

三、关于《刑法》第二百八十六条的司法解释和立案标准问题

对《刑法》第二百八十六条中："后果严重"、"后果特别严重"等目前尚无司法解释，本罪的立案标准也未出台。

自新《刑法》实施以来，我局在办案实践中，对《刑法》第二百八十五条、第二百八十六条的立案标准等问题一直在进行研究，待完成后商部法制局建议最高人民法院出台相关司法解释。此外，你处在办案工作中适用法律时，如遇到缺乏司法解释等问题，可建议当地检察院、法院等部门提前介入，共同研究，做到准确定性。

《全国人民代表大会常务委员会关于维护互联网安全的决定》（节录）

（2000年12月28日第九届全国人民代表大会常务委员会第十九次会议通过　根据2009年8月27日第十一届全国人民代表大会常务委员会第十次会议通过的〈全国人民代表大会常务委员会关于修改部分法律的决定〉修改）

一、为了保障互联网的运行安全，对有下列行为之一，构成犯罪的，依照刑法有关规定追究刑事责任：

（一）侵入国家事务、国防建设、尖端科学技术领域的计算机信息系统；

（二）故意制作、传播计算机病毒等破坏性程序，攻击计算机系统及通信网络，致使计算机系统及通信网络遭受损害；

（三）违反国家规定，擅自中断计算机网络或者通信服务，造成计算机网络或者通信系统不能正常运行。

六、利用互联网实施违法行为，违反社会治安管理，尚不构成犯罪的，由公安机关依照《治安管理处罚法》予以处罚；违反其他法律、行政法规，尚不构成犯罪的，由有关行政管理部门依法给予行政处罚；对直接负责的主管人员和其他直接责任人员，依法给予行政处分或者纪律处分。

利用互联网侵犯他人合法权益，构成民事侵权的，依法承担民事责任。

相关执法参考

《中华人民共和国计算机信息系统安全保护条例》（节录）

（1994年2月18日国务院令第147号颁布　根据2010年12月29日国务院第138次常务会议通过的〈国务院关于废止和修改部分行政法规的决定〉修改　国务院令第588号颁布）

第二条　本条例所称的计算机信息系统，是指由计算机及其相关的和配套的设备、设施（含网络）构成的，按照一定的应用目标和规则对信息进行采集、加工、存储、传输、检索等处理的人机系统。

第六条　公安部主管全国计算机信息系统安全保护工作。

国家安全部、国家保密局和国务院其他有关部门，在国务院规定的职责范围内做好计算机信息系统安全保护的有关工作。

第七条　任何组织或者个人，不得利用计算机信息系统从事危害国家利益、集体利益和公民合法利益的活动，不得危害计算机信息系统的安全。

第二十三条　故意输入计算机病毒以及其他有害数据危害计算机信息系统安全的，或者未经许可出售计算机信息系统安全专用产品的，由公安机关处以警告或者对个人处以5000元以下的罚款、对单位处以15000元以下的罚款；有违法所得的，除予以没收外，可以处以违法所得1至3倍的罚款。

第二十四条　违反本条例的规定，构成违反治安管理行为的，依照《中华人民共和国治安管理处罚法》的有关规定处罚；构成犯罪的，依法追究刑事责任。

第二十五条　任何组织或者个人违反本条例的规定，给国家、集体或者他人财产造成损失的，应当依法承担民事责任。

第二十八条　本条例下列用语的含义：

计算机病毒，是指编制或者在计算机程序中插入的破坏计算机功能或者毁坏数据，影响计算机使用，并能自我复制的一组计算机指令或者程序代码。

计算机信息系统安全专用产品，是指用于保护计算机信息系统安全的专用硬件和软件产品。

第二十九条　军队的计算机信息系统安全保护工作，按照军队的有关法规执行。

《互联网上网服务营业场所管理条例》（节录）

（2002年9月29日国务院令第363号颁布　根据2010年12月29日国务院第138次常务会议通过的〈国务院关于废止和修改部分行政法规的决定〉修改　国务院令第588号颁布）

第三条　互联网上网服务营业场所经营单位应当遵守有关法律、法规的规定，加强行业自律，自觉接受政府有关部门依法实施的监督管理，为上网消费者提供良好的服务。

互联网上网服务营业场所的上网消费者，应当遵守有关法律、法规的规定，遵守社会公德，开展文明、健康的上网活动。

第四条　县级以上人民政府文化行政部门负责互联网上网服务营业场所经营单位的设立审批，并负责对依法设立的互联网上网服务营业场所经营单位经营活动的

相关执法参考

监督管理；公安机关负责对互联网上网服务营业场所经营单位的信息网络安全、治安及消防安全的监督管理；工商行政管理部门负责对互联网上网服务营业场所经营单位登记注册和营业执照的管理，并依法查处无照经营活动；电信管理等其他有关部门在各自职责范围内，依照本条例和有关法律、行政法规的规定，对互联网上网服务营业场所经营单位分别实施有关监督管理。

第十五条　互联网上网服务营业场所经营单位和上网消费者不得进行下列危害信息网络安全的活动：

（一）故意制作或者传播计算机病毒以及其他破坏性程序的；

（二）非法侵入计算机信息系统或者破坏计算机信息系统功能、数据和应用程序的；

（三）进行法律、行政法规禁止的其他活动的。

第三十三条　违反国家有关信息网络安全、治安管理、消防管理、工商行政管理、电信管理等规定，触犯刑律的，依法追究刑事责任；尚不够刑事处罚的，由公安机关、工商行政管理部门、电信管理机构依法给予处罚；情节严重的，由原发证机关吊销许可证件。

《计算机信息网络国际联网安全保护管理办法》（节录）

（1997年12月16日公安部令第33号发布　根据2010年12月29日国务院第138次常务会议通过的〈国务院关于废止和修改部分行政法规的决定〉修改　国务院令第588号颁布）

第六条　任何单位和个人不得从事下列危害计算机信息网络安全的活动：

（一）未经允许，进入计算机信息系统或者使用计算机信息网络资源的；

（二）未经允许，对计算机信息网络功能进行删除、修改或者增加的；

（三）未经允许，对计算机信息网络中储存、处理或者传输的数据和应用程序进行删除、修改或者增加的；

（四）故意制作、传播计算机病毒等破坏性程序的；

（五）其他危害计算机信息网络安全的。

第二十条　违反法律、行政法规，有本办法第五条、第六条所列行为之一的，由公安机关给予警告，有违法所得的，没收违法所得，对个人可以并处5000元以下罚款，对单位可以并处15000元以下罚款；情节严重的，并可以给予6个月以内停止联网、停机整顿的处罚，必要时可以建议原发证、审批机构吊销经营许可证或者取消联网资格；构成违反治安管理行为的，依照治安管理处罚法的规定处罚；构成犯罪的，依法追究刑事责任。

第二十二条　违反本办法第四条、第七条规定的，依照有关法律、法规予以处罚。

第二章　妨害公共安全的案件（24种）

三十、非法制造、买卖、储存、运输、邮寄、携带、使用、提供、处置危险物质

（《治安管理处罚法》第30条）

案由		非法制造、买卖、储存、运输、邮寄、携带、使用、提供、处置危险物质
概念		非法制造、买卖、储存、运输、邮寄、携带、使用、提供、处置危险物质，是指违反国家规定，制造、买卖、储存、运输、邮寄、携带、使用、提供、处置爆炸性、毒害性、放射性、腐蚀性物质或者传染病病原体等危险物质，尚不够刑事处罚的行为。
违法构成要件	违法客体	本行为侵犯的客体是公共安全。侵犯的对象是危险物质，这里的危险物质包括爆炸性物质、毒害性物质、放射性物质、腐蚀性物质或者传染病病原体等。 1. “爆炸性物质”是指在瞬间能发生剧烈的化学反应，放出大量的高温高压气体，对周围介质产生巨大的破坏作用的物质。“爆炸性物品”根据其特性和用途可以分为：（1）起爆药，常用的起爆药有雷汞、特屈拉辛等；（2）猛炸药，常用的猛炸药有梯恩梯、黑索金、泰安等；（3）火药，常用的火药有黑火药（即有烟火药）和无烟火药；（4）烟火剂，烟花剂主要包括照明剂、燃烧剂及烟幕剂等；（5）起爆器材和其他爆炸制品，起爆器材包括雷管、导火索、导爆索等，爆炸制品包括各种弹药和烟花爆竹等。 2. “毒害性物质”是指少量或微量进入人体或动物机体内，就能迅速发生中毒反应，很快致人或动物死亡的物品。通常把致死量在1克以内的有毒物品叫剧毒物品。剧毒物品按照其化学类别和毒性大小分为：（1）A级无机剧毒物品，常见的A级无机剧毒物品有氰化物、磷化物、砷化物等，如氰化钾。（2）B级无机剧毒物品，常见的B级无机剧毒物品有亚硝酸钙、砷酸铵等。（3）A级有机剧毒物品，常见的A级有机剧毒物品有氯苯乙酮、阿托品、吗啡、海洛因等。（4）B级有机剧毒物品，常见的B级有机剧毒物品包括可待因、三氯硝基甲烷和部分农药等。“毒害性物质”的具体种类较多，国家有关部门也颁布了相关的规定，如《剧毒化学品名录》（2002版）、《剧毒物品品名表》（GB58－93）、《高毒物品目录》（卫法监发［2003］142号）等，有兴趣的读者可查阅，这里不再赘述。 3. “放射性物质”是指通过原子核裂变时能够自发的放出射线，发生放射性衰变的物质，放射性物质在放出射线后，将变成具有不同性质的新元素，

<table>
<tr>
<td rowspan="2">违法构成要件</td>
<td>违法客体</td>
<td>大部分新元素还会继续反射出射线。放射性物质对人类有着广泛的使用价值，但是，如果使用不当或防护不当，不仅会对人体、环境产生放射性污染，还有可能被违法犯罪分子利用，作为违法犯罪的工具。
4.“腐蚀性物质”是指能够灼伤皮肤，引起皮肤红肿、腐烂，食用后会迅速破坏肠胃等组织器官，严重的会在短时间内导致死亡；同时，也会对其他物品造成腐蚀损坏的物质。常见的腐蚀性物质有硫酸、硝酸和盐酸等。
5.“传染病病原体”是指能够引起传染病发生的细菌、病毒等病原体物质。
根据我国《传染病防治法》的规定，传染病分为甲类、乙类和丙类。甲类传染病是指：鼠疫、霍乱；乙类传染病是指：传染性非典型肺炎、艾滋病、病毒性肝炎、脊髓灰质炎、人感染高致病性禽流感、麻疹、流行性出血热、狂犬病、流行性乙型脑炎、登革热、炭疽、细菌性和阿米巴性痢疾、肺结核、伤寒和副伤寒、流行性脑脊髓膜炎、百日咳、白喉、新生儿破伤风、猩红热、布鲁氏菌病、淋病、梅毒、钩端螺旋体病、血吸虫病、疟疾；丙类传染病是指：流行性感冒、流行性腮腺炎、风疹、急性出血性结膜炎、麻风病、流行性和地方性斑疹伤寒、黑热病、包虫病、丝虫病，除霍乱、细菌性和阿米巴性痢疾、伤寒和副伤寒以外的感染性腹泻病。
传染病病原体主要包括病菌、寄生虫和病毒三类，常见的传染病病原体有乙肝病毒、结核杆菌、艾滋病病毒等。根据《中华人民共和国传染病防治法实施办法》的规定，传染病的菌（毒）种分为三类。一类传染病的菌（毒）种包括：鼠疫耶尔森氏菌、霍乱弧菌；天花病毒、艾滋病病毒；二类传染病的菌（毒）种包括：布氏菌、炭疽菌、麻风杆菌、肝炎病毒、狂犬病毒、出血热病毒、登革热病毒；斑疹伤寒立克次体；三类传染病的菌（毒）种包括：脑膜炎双球菌、链球菌、淋病双球菌、结核杆菌、百日咳嗜血杆菌、白喉棒状杆菌、沙门氏菌、志贺氏菌、破伤风梭状杆菌；钩端螺旋体、梅毒螺旋体；乙型脑炎病毒、脊髓灰质炎病毒、流感病毒、流行性腮腺炎病毒、麻疹病毒、风疹病毒。另外，卫生部于2006年1月11日印发了《人间传染的病原微生物名录》（卫科教发〔2006〕15号），对人间传染的病原微生物的种类进行了规范。</td>
</tr>
<tr>
<td>违法客观方面</td>
<td>本行为在客观上表现为违反国家有关危险物质管理规定，非法制造、买卖、储存、运输、邮寄、携带、使用、提供、处置爆炸性、毒害性、放射性、腐蚀性物质或者传染病病原体等危险物质，尚不够刑事处罚的行为。“尚不够刑事处罚”，即行为的情节和后果没有达到构成犯罪的程度，如果情节恶劣或者造成的危害后果严重，则可能构成有关的犯罪行为。
“违反国家有关危险物质管理规定”是指违反全国人民代表大会及其常务委员会制定的有关危险物质管理的法律和决定，以及国务院制定的有关危险物质管理的行政法规、规定的行政措施、发布的决定和命令，这些规定很多，如《中华人民共和国放射性污染防治法》、《剧毒化学品购买和公路运输许可证件管理办法》、《中华人民共和国核材料管制条例》等，这里不一一列举。</td>
</tr>
</table>

<table>
<tr><td rowspan="3">违法构成要件</td><td>违法客观方面</td><td>“非法”是指未经有关部门批准而擅自进行的行为。如果行为人是通过欺骗、贿赂等非法手段获得批准的，尽管在“形式上”合法，但其实质仍然是非法的。
“制造”是指以各种方法生产爆炸性、毒害性、放射性、腐蚀性物质或者传染病病原体等危险物质的行为。
“买卖”是指购买或者销售爆炸性、毒害性、放射性、腐蚀性物质或者传染病病原体等危险物质的行为。
“储存”是指将爆炸性、毒害性、放射性、腐蚀性物质或者传染病病原体等危险物质存放在仓库或者其他场所的行为。
“运输”是指通过交通工具运送爆炸性、毒害性、放射性、腐蚀性物质或者传染病病原体等危险物质的行为。
“邮寄”是指通过邮局，把爆炸性、毒害性、放射性、腐蚀性物质或者传染病病原体等危险物质寄往目的地的行为。
“携带”是指将少量爆炸性、毒害性、放射性、腐蚀性物质或者传染病病原体等危险物质从一地带到另外一地或进入公共场所的行为。
“使用”是指在生产、科研或日常生活中使用爆炸性、毒害性、放射性、腐蚀性物质或者传染病病原体等危险物质。
“提供”是指将爆炸性、毒害性、放射性、腐蚀性物质或者传染病病原体等危险物质出借或赠与给他人或单位。
“处置”是指将爆炸性、毒害性、放射性、腐蚀性物质或者传染病病原体等危险物质进行销毁或者作其他处理。
行为人实施上述方式之一的即可构成本行为，同时实施几种行为的，也只认定为1个案由而不能分别认定，更不能实行并罚。</td></tr>
<tr><td>违法主体</td><td>本行为的主体既可以是自然人，也可以是单位。</td></tr>
<tr><td>违法主观方面</td><td>本行为在主观上必须出于故意，即明知是爆炸性、毒害性、放射性、腐蚀性物质和传染病病原体等危险物质而非法制造、买卖、运输、储存、邮寄、携带、使用、提供或处置的。</td></tr>
<tr><td>认定界限</td><td colspan="2">（一）如何确定本行为的案由？
本行为涉及的违反治安管理的行为种类较多，从行为方式来看，包括了非法制造、买卖、储存、运输、邮寄、携带、使用、提供、处置等9种方法；从危险物质的种类来看，包括爆炸性、毒害性、放射性、腐蚀性物质和传染病病原体等5类危险物质。因此，本行为在具体认定时，应如何确定案由呢？根据《公安部关于印发〈公安部关于规范违反治安管理行为名称的意见〉的通知》（公通字［2005］95号）</td></tr>
</table>

认定界限	的规定，在实践中，表述案由时，可以根据违反治安管理行为人具体实施的行为，选择一种或者一种以上行为进行表述；在案由中凡列举多个行为对象的，在表述案由时，选择一种或者一种以上对象进行表述。因此，本行为的案由表述就可能是多种多样的。例如，行为人实施了非法制造爆炸性危险物质，则案由可定为“非法制造危险物质”，如果行为人既“非法制造”了爆炸性危险物质，同时又非法买卖、储存了该爆炸性危险物质，则该案由可定为“非法制造、买卖、储存危险物质”。 （二）本行为与相关犯罪行为的联系。 1. 在本行为列举的9种行为方式中，仅有部分方法可以构成相应的犯罪行为，其中：非法制造、非法买卖、非法运输、非法储存的方法，既可以构成非法制造、买卖、运输、储存枪支、弹药、爆炸物罪，也可以构成非法制造、买卖、运输、储存危险物质罪；以非法邮寄的方法，只能构成非法邮寄枪支、弹药、爆炸物罪；以非法携带的方式，可以构成非法携带枪支、弹药、管制刀具、危险物品危及公共安全罪。 非法使用、提供、处置危险物质等方法，只能构成违反治安管理行为，对这些行为方式，我国《刑法》没有规定有相应的犯罪。 2. 与本行为有关的犯罪行为有：（1）非法制造、买卖、运输、邮寄、储存枪支、弹药、爆炸物罪（《刑法》第125条第1款）；（2）非法制造、买卖、运输、储存危险物质罪（《刑法》第125条第2款）；（3）盗窃、抢夺枪支、弹药、爆炸物、危险物质罪（《刑法》第127条第1款）；（4）抢劫枪支、弹药、爆炸物、危险物质罪（《刑法》第127条第2款）；（5）非法携带枪支、弹药、管制刀具、危险物品危及公共安全罪（《刑法》第130条）。 3.《刑法》与《治安管理处罚法》所称的危险物质略有不同。在《刑法》中，“危险物质”仅包括毒害性、放射性、腐蚀性物质和传染病病原体等4类物质，而将涉及爆炸性的物质，如枪支、弹药、爆炸物等单独设定到另外的罪名中；而《治安管理处罚法》中所称的“危险物质”，包括具有爆炸性、毒害性、放射性、腐蚀性物质和传染病病原体等5类物质。 4. 在区别本行为与有关联犯罪的行为时，应当从行为的情节和危害后果上加以区别：行为的情节轻微，尚未造成严重后果的，构成违反治安管理行为；如果行为的情节恶劣，对公共安全的危险性大，或者造成了严重的危害后果的，构成犯罪行为。 （三）本行为与非法制造、买卖、运输、储存危险物质罪的界限。 《刑法》第125条第2款规定的非法制造、买卖、运输、储存危险物质罪，是指违反国家有关危险物质的管理规定，未经国家有关部门批准，非法制造、买卖、运输、储存毒害性、放射性、传染病病原体等危险物质，危害公共安全的行为。两者侵犯的对象都是危险物质，两者的区别主要在于： 1. 行为方式不完全相同。非法制造、买卖、运输、储存危险物质罪的行为方式包括非法制造、买卖、运输和储存；而本行为的方式则比该罪更宽泛，既包括非

认定界限	法制造、买卖、运输和储存，也包括邮寄、携带、使用、提供和处置。从行为方式来看，邮寄、携带行为可归入“运输”行为，因此，邮寄或携带行为也可能构成非法制造、买卖、运输、储存危险物质罪。相反，使用、提供（这里的“提供”只能是无偿提供，如果是“有偿”提供，则应归入“买卖”行为）和处置危险物质的行为，无论如何也不能构成非法制造、买卖、运输、储存危险物质罪，应根据其情节和后果的轻重，分别认定为其他的犯罪或一般治安违法行为。 2. 行为的情节和后果不同。在行为方式都是非法制造、买卖、运输和储存危险物质的情况下，情节和后果的轻重就成了决定罪与非罪的界限。非法制造、买卖、运输、储存危险物质罪虽然没有“情节严重”才构成犯罪的规定，但是，也不是行为人只要实施了非法制造、买卖、运输和储存危险物质的行为，就无一例外地构成犯罪，对于情节显著轻微、没有造成危害后果也不足以危害公共安全的非法制造、买卖、运输和储存危险物质的行为，不宜按犯罪论处，应以一般治安违法行为论处，如未经批准生产少量灭鼠药自用或非法制造、买卖、运输和储存危险物质的数量很少，根本不足以危害公共安全等情况。根据《最高人民检察院 公安部关于公安机关管辖的刑事案件立案追诉标准的规定（一）》（公通字［2008］36 号）的规定，非法制造、买卖、运输、储存毒害性、放射性、传染病病原体等物质，危害公共安全，涉嫌下列情形之一的，应予立案追诉： （1）造成人员重伤或者死亡的； （2）造成直接经济损失 10 万元以上的； （3）非法制造、买卖、运输、储存毒鼠强、氟乙酰胺、氟乙酸钠、毒鼠硅、甘氟原粉、原液、制剂 50 克以上，或者饵料 2000 克以上的； （4）造成急性中毒、放射性疾病或者造成传染病流行、暴发的； （5）造成严重环境污染的； （6）造成毒害性、放射性、传染病病原体等危险物质丢失、被盗、被抢或者被他人利用进行违法犯罪活动的； （7）其他危害公共安全的情形。 3. 危险物质的种类不同。本行为所涉及的危险物质包括爆炸性、毒害性、放射性、腐蚀性物质和传染病病原体等 5 类物质；而非法制造、买卖、运输、储存危险物质罪所说的“危险物质”仅包括毒害性、放射性、腐蚀性物质和传染病病原体等 4 类物质，而不包括爆炸性物质。
处罚标准	（一）构成本行为的，处 10 日以上 15 日以下拘留。 （二）情节较轻的，处 5 日以上 10 日以下拘留。 在实践中，判断情节的轻重，一般应从行为人的动机、手段、目的、行为的次数、造成的后果等方面综合考虑，由公安机关办案人员酌情量罚。一般而言，有下列情形之一的，应认定为“情节较轻”： 1. 制造、买卖、储存、运输、邮寄、携带、使用、提供、处置爆炸性、毒害性、放射性、腐蚀性物质或者传染病病原体等危险物质的数量较少的； 2. 违法行为未造成危及公共安全后果的；

处罚标准	3. 经公安机关日常监督、检查中发现问题后，向行为人指出，行为人能够积极配合公安机关，并主动采取措施，及时消除危险的； 4. 初次实施上述行为未造成后果的； 5. 主动采取措施，及时消除危险的； 6. 其他情节较轻的情形。
相关执法参考	**《中华人民共和国治安管理处罚法》**（节录） （2005年8月28日第十届全国人民代表大会常务委员会第十七次会议通过　中华人民共和国主席令第三十八号公布　自2006年3月1日起施行） 第三十条　违反国家规定，制造、买卖、储存、运输、邮寄、携带、使用、提供、处置爆炸性、毒害性、放射性、腐蚀性物质或者传染病病原体等危险物质的，处十日以上十五日以下拘留；情节较轻的，处五日以上十日以下拘留。 **《中华人民共和国刑法》**（节录） （1979年7月1日第五届全国人民代表大会第二次会议通过　1997年3月14日第八届全国人民代表大会第五次会议修订　根据2011年2月25日第十一届全国人民代表大会常务委员会第十九次会议通过的《中华人民共和国刑法修正案（八）》最新修正） 第一百二十五条　非法制造、买卖、运输、邮寄、储存枪支、弹药、爆炸物的，处三年以上十年以下有期徒刑；情节严重的，处十年以上有期徒刑、无期徒刑或者死刑。 非法制造、买卖、运输、储存毒害性、放射性、传染病病原体等物质，危害公共安全的，依照前款的规定处罚。{根据刑法修正案（三）修改} {原条款：非法买卖、运输核材料的，依照前款的规定处罚。} 单位犯前两款罪的，对单位判处罚金，并对其直接负责的主管人员和其他直接责任人员，依照第一款的规定处罚。 第一百二十六条　依法被指定、确定的枪支制造企业、销售企业，违反枪支管理规定，有下列行为之一的，对单位判处罚金，并对其直接负责的主管人员和其他直接责任人员，处五年以下有期徒刑；情节严重的，处五年以上十年以下有期徒刑；情节特别严重的，处十年以上有期徒刑或者无期徒刑： （一）以非法销售为目的，超过限额或者不按照规定的品种制造、配售枪支的； （二）以非法销售为目的，制造无号、重号、假号的枪支的； （三）非法销售枪支或者在境内销售为出口制造的枪支的。 第一百二十七条　盗窃、抢夺枪支、弹药、爆炸物的，或者盗窃、抢夺毒害性、放射性、传染病病原体等物质，危害公共安全的，处三年以上十年以下有期徒刑；情节严重的，处十年以上有期徒刑、无期徒刑或者死刑。 抢劫枪支、弹药、爆炸物的，或者抢劫毒害性、放射性、传染病病原体等物质，危害公共安全的，或者盗窃、抢夺国家机关、军警人员、民兵的枪支、弹药、爆炸物的，处十年以上有期徒刑、无期徒刑或者死刑。{根据刑法修正案（三）修改} {原条文：盗窃、抢夺枪支、弹药、爆炸物的，处三年以上十年以下有期徒刑；情节严重的，处十年以上有期徒刑、无期徒刑或者死刑。

相关执法参考

抢劫枪支、弹药、爆炸物或者盗窃、抢夺国家机关、军警人员、民兵的枪支、弹药、爆炸物的，处十年以上有期徒刑、无期徒刑或者死刑。]

第一百二十八条　违反枪支管理规定，非法持有、私藏枪支、弹药的，处三年以下有期徒刑、拘役或者管制；情节严重的，处三年以上七年以下有期徒刑。

依法配备公务用枪的人员，非法出租、出借枪支的，依照前款的规定处罚。

依法配置枪支的人员，非法出租、出借枪支，造成严重后果的，依照第一款的规定处罚。

单位犯第二款、第三款罪的，对单位判处罚金，并对其直接负责的主管人员和其他直接责任人员，依照第一款的规定处罚。

第一百三十条　非法携带枪支、弹药、管制刀具或者爆炸性、易燃性、放射性、毒害性、腐蚀性物品，进入公共场所或者公共交通工具，危及公共安全，情节严重的，处三年以下有期徒刑、拘役或者管制。

《最高人民检察院 公安部关于公安机关管辖的刑事案件立案追诉标准的规定（一）》（节录）

（公通字［2008］36号）

第二条　［非法制造、买卖、运输、储存危险物质案（刑法第一百二十五条第二款）］非法制造、买卖、运输、储存毒害性、放射性、传染病病原体等物质，危害公共安全，涉嫌下列情形之一的，应予立案追诉：

（一）造成人员重伤或者死亡的；

（二）造成直接经济损失十万元以上的；

（三）非法制造、买卖、运输、储存毒鼠强、氟乙酰胺、氟乙酸钠、毒鼠硅、甘氟原粉、原液、制剂五十克以上，或者饵料二千克以上的；

（四）造成急性中毒、放射性疾病或者造成传染病流行、暴发的；

（五）造成严重环境污染的；

（六）造成毒害性、放射性、传染病病原体等危险物质丢失、被盗、被抢或者被他人利用进行违法犯罪活动的；

（七）其他危害公共安全的情形。

《最高人民法院、最高人民检察院关于办理非法制造、买卖、运输、储存毒鼠强等禁用剧毒化学品刑事案件具体应用法律若干问题的解释》（节录）

（2003年9月4日法释［2003］14号颁布　自2003年10月1日起实施）

第一条　非法制造、买卖、运输、储存毒鼠强等禁用剧毒化学品，危害公共安全，具有下列情形之一的，依照刑法第一百二十五条的规定，以非法制造、买卖、运输、储存危险物质罪，处三年以上十年以下有期徒刑：

（一）非法制造、买卖、运输、储存原粉、原液、原药制剂50克以上，或者饵料2千克以上的；

（二）在非法制造、买卖、运输、储存过程中致人重伤、死亡或者造成公私财产损失10万元以上的。

第二条　非法制造、买卖、运输、储存毒鼠强等禁用剧毒化学品，具有下列情

相关执法参考

形之一的，属于刑法第一百二十五条规定的“情节严重”，处十年以上有期徒刑、无期徒刑或者死刑：

（一）非法制造、买卖、运输、储存原粉、原液、制剂500克以上，或者饵料20千克以上的；

（二）在非法制造、买卖、运输、储存过程中致3人以上重伤、死亡，或者造成公私财产损失20万元以上的；

（三）非法制造、买卖、运输、储存原粉、原药、制剂50克以上不满500克，或者饵料2千克以上不满20千克，并具有其他严重情节的。

第三条　单位非法制造、买卖、运输、储存毒鼠强等禁用剧毒化学品的，依照本解释第一条、第二条规定的定罪量刑标准执行。

第五条　本解释施行以前，确因生产、生活需要而非法制造、买卖、运输、储存毒鼠强等禁用剧毒化学品饵料自用，没有造成严重社会危害的，可以依照刑法第十三条的规定，不作为犯罪处理。

本解释施行以后，确因生产、生活需要而非法制造、买卖、运输、储存毒鼠强等禁用剧毒化学品饵料自用，构成犯罪，但没有造成严重社会危害，经教育确有悔改表现的，可以依法从轻、减轻或者免除处罚。

第六条　本解释所称“毒鼠强等禁用剧毒化学品”，是指国家明令禁止的毒鼠强、氟乙酰胺、氟乙酸钠、毒鼠硅、甘氟（见附表）。

附：

序号	通用名称	中文名称		英文名称		分子式
		化学名	别名	化学名（英文）	别名（英文）	
1	毒鼠强	2,6－二硫－1,3,5,7－四氮三环[3,3,1,1,3,7]癸烷－2,2,6,6－四氧化物	四亚甲基二砜四胺	2－6－dithia－1,3,5,7－tetrazatricyclo[3,3,1,1,3,7]decane－2,2,6,6－tetraoxide	tetramine	$C_4H_9N_4O_4S_2$
2	氟乙酰胺	氟乙酰胺	敌蚜胺	Fluoroacetamide	Fluorakil 100	C_2H_4FNO
3	氟乙酸钠	氟乙酸钠	一氟乙酸钠	Sodium monofluo fluoroacetate	Compound 1080	$C_2H_2FNaO_2$
4	毒鼠硅	1－(对氯苯基)－2,8,9－三氧－5氮－1－硅双环(3,3,3)十二烷	氯硅宁、硅灭鼠	1－(p－chloropenyl)－2,8,9－trioxo－5－nitrigen－1－silicon－dicyclo(3,3,3)undencane	RS－150, SILATRANE	$C_{12}H_6ClNO_3Si$
5	甘氟	1,3－二氟丙醇－2和1－氯－3氟丙醇－2混合物	伏鼠酸、鼠甘伏	1,3－difluoirhydrine of glycerin and 2－chlorofluro-hydrine of glycerin	Glyfuor Gliftor	$C_3H_6F_2O$, C_3H_6ClFO

《最高人民法院关于审理非法制造、买卖、运输枪支、弹药、爆炸物等刑事案件具体应用法律若干问题的解释》（节录）

（2001年5月10日最高人民法院审判委员会第1174次会议通过，根据2009年11月9日最高人民法院审判委员会第1476次会议修正）

第一条　个人或者单位非法制造、买卖、运输、邮寄、储存枪支、弹药、爆炸

相关执法参考

物，具有下列情形之一的，依照刑法第一百二十五条第一款的规定，以非法制造、买卖、运输、邮寄、储存枪支、弹药、爆炸物罪定罪处罚：

（一）非法制造、买卖、运输、邮寄、储存军用枪支一支以上的；

（二）非法制造、买卖、运输、邮寄、储存以火药为动力发射枪弹的非军用枪支一支以上或者以压缩气体等为动力的其他非军用枪支二支以上的；

（三）非法制造、买卖、运输、邮寄、储存军用子弹十发以上、气枪铅弹五百发以上或者其他非军用子弹一百发以上的；

（四）非法制造、买卖、运输、邮寄、储存手榴弹一枚以上的；

（五）非法制造、买卖、运输、邮寄、储存爆炸装置的；

（六）非法制造、买卖、运输、邮寄、储存炸药、发射药、黑火药一千克以上或者烟火药三千克以上、雷管三十枚以上或者导火索、导爆索三十米以上的；

（七）具有生产爆炸物品资格的单位不按照规定的品种制造，或者具有销售、使用爆炸物品资格的单位超过限额买卖炸药、发射药、黑火药十千克以上或者烟火药三十千克以上、雷管三百枚以上或者导火索、导爆索三百米以上的；

（八）多次非法制造、买卖、运输、邮寄、储存弹药、爆炸物的；

（九）虽未达到上述最低数量标准，但具有造成严重后果等其他恶劣情节的。

介绍买卖枪支、弹药、爆炸物的，以买卖枪支、弹药、爆炸物罪的共犯论处。

第二条　非法制造、买卖、运输、邮寄、储存枪支、弹药、爆炸物，具有下列情形之一的，属于刑法第一百二十五条第一款规定的“情节严重”：

（一）非法制造、买卖、运输、邮寄、储存枪支、弹药、爆炸物的数量达到本解释第一条第（一）、（二）、（三）、（六）、（七）项规定的最低数量标准五倍以上的；

（二）非法制造、买卖、运输、邮寄、储存手榴弹三枚以上的；

（三）非法制造、买卖、运输、邮寄、储存爆炸装置，危害严重的；

（四）达到本解释第一条规定的最低数量标准，并具有造成严重后果等其他恶劣情节的。

第七条　非法制造、买卖、运输、邮寄、储存、盗窃、抢夺、持有、私藏、携带成套枪支散件的，以相应数量的枪支计；非成套枪支散件以每三十件为一成套枪支散件计。

第八条　刑法第一百二十五条第一款规定的“非法储存”，是指明知是他人非法制造、买卖、运输、邮寄的枪支、弹药而为其存放的行为，或者非法存放爆炸物的行为。

刑法第一百二十八条第一款规定的“非法持有”，是指不符合配备、配置枪支、弹药条件的人员，违反枪支管理法律、法规的规定，擅自持有枪支、弹药的行为。

刑法第一百二十八条第一款规定的“私藏”，是指依法配备、配置枪支、弹药的人员，在配备、配置枪支、弹药的条件消除后，违反枪支管理法律、法规的规定，私自藏匿所配备、配置的枪支、弹药且拒不交出的行为。

第九条　因筑路、建房、打井、整修宅基地和土地等正常生产、生活需要，以及因从事合法的生产经营活动而非法制造、买卖、运输、邮寄、储存爆炸物，数量达到本解释第一条规定标准，没有造成严重社会危害，并确有悔改表现的，可依法从轻处罚；情节轻微的，可以免除处罚。

具有前款情形，数量虽达到本解释第二条规定标准的，也可以不认定为刑法第一百二十五条第一款规定的"情节严重"。

在公共场所、居民区等人员集中区域非法制造、买卖、运输、邮寄、储存爆炸物，或者因非法制造、买卖、运输、邮寄、储存爆炸物三年内受到两次以上行政处罚又实施上述行为，数量达到本解释规定标准的，不适用前两款量刑的规定。

第十条　实施非法制造、买卖、运输、邮寄、储存、盗窃、抢夺、持有、私藏其他弹药、爆炸物品等行为，参照本解释有关条文规定的定罪量刑标准处罚。

《最高人民法院对执行〈关于审理非法制造、买卖、运输枪支、弹药、爆炸物等刑事案件具体应用法律若干问题的解释〉有关问题的通知》

(2001年9月17日法［2001］129号颁布　自颁布之日起实施)

各省、自治区、直辖市高级人民法院，解放军军事法院，新疆维吾尔自治区高级人民法院生产建设兵团分院：

我院《关于审理非法制造、买卖、运输枪支、弹药、爆炸物等刑事案件具体应用法律若干问题的解释》(以下简称《解释》)公布施行后，地方各级人民法院陆续审理了一批非法制造、买卖、运输枪支、弹药、爆炸物等案件，对于推动"治爆缉枪"专项斗争的深入进行，维护社会治安秩序，发挥了积极作用。鉴于此类案件的社会影响较大，为准确适用法律，依法严厉打击涉枪涉爆犯罪活动，现就审理这类案件适用《解释》的有关问题通知如下：

一、对于《解释》施行前，行为人因生产、生活所需非法制造、买卖、运输枪支、弹药、爆炸物没有造成严重社会危害，经教育确有悔改表现的，可以依照刑法第十三条的规定，不作为犯罪处理。

二、对于《解释》施行后发生的非法制造、买卖、运输枪支、弹药、爆炸物等行为，构成犯罪的，依照刑法和《解释》的有关规定定罪处罚。行为人确因生产、生活所需而非法制造、买卖、运输枪支、弹药、爆炸物，没有造成严重社会危害，经教育确有悔改表现的，可依法免除或者从轻处罚。

以上通知，请认真遵照执行。执行中如有问题，请及时报告我院。

《最高人民法院关于办理非法制造、买卖、运输非军用枪支、弹药刑事案件适用法律问题的解释》

(1995年9月20日法发［1995］20号颁布　自颁布之日起实施)

一、非法制造、买卖、运输非军用枪支、非军用枪支主要零部件或者其专用弹药，构成犯罪的，依照刑法第一百一十二条的规定定罪处罚。

非军用枪支是指射击运动枪、猎枪、麻醉注射枪、气枪、钢珠枪、催泪枪、电击枪以及其他足以致人伤亡或者使人丧失知觉的枪支。

二、非法制造、买卖、运输非军用枪支、弹药，有下列情形之一的，依照刑法第一百一十二条规定，判处七年以下有期徒刑：

相关执法参考

1. 制造非军用枪支1支或者买卖、运输2支以上的；
2. 制造非军用枪支成套散件1套以上或者买卖、运输2套以上的；
3. 制造非军用枪支主要零部件50件以上或者买卖、运输100件以上的；
4. 制造非军用枪支专用子弹500发以上或者买卖、运输1000发以上的；
5. 虽未达到上述各项最低数量标准，但具有其他情形，应依法追究刑事责任的。

三、非法制造、买卖、运输非军用枪支、弹药的数量达到本解释第二条规定的各项最低数量标准5倍以上，或者具有其他严重情节的，依照刑法第一百一十二条规定，判处七年以上有期徒刑或者无期徒刑。

四、非法制造、买卖、运输非军用枪支、弹药情节特别严重，或者造成严重后果的，依照全国人大常委会《关于严惩严重危害社会治安的犯罪分子的决定》第一条第四项的规定处罚。

《公安部关于严格执行民用爆炸物品购买、运输许可证由县级人民政府公安机关受理、审批的通知》

（公治［2009］288号）

各省、自治区、直辖市公安厅、局：

近日，公安部接到十一届全国人大二次会议代表建议，反映部分省（自治区、直辖市）出台的规章或规范性文件，对从本省（自治区、直辖市）外购买、运输民用爆炸物品，规定由省级人民政府公安机关审批，违反了《行政许可法》、《立法法》、《民用爆炸物品安全管理条例》等法律、法规，侵害了涉爆从业单位的合法权益。为依法规范民用爆炸物品安全管理，保障管理相对人的合法权益，现就有关事项通知如下：

一、依照《民用爆炸物品安全管理条例》第二十一条、第二十六条规定，《民用爆炸物品购买许可证》由使用单位所在地县级人民政府公安机关受理、审查、核发，《民用爆炸物品运输许可证》由运达地县级人民政府公安机关受理、审查、核发，其他公安机关一律不得受理、审查、核发（含备案、内部审查等）。

二、省级、设区的市级人民政府公安机关要采用实地检查、利用民用爆炸物品管理信息系统巡查等多种方式，切实加强对县级人民政府公安机关受理、审查、核发民用爆炸物品购买、运输许可证的监督检查。对应受理、审批而不按时受理、审批或乱审批、乱发证的，要及时予以查纠，确保民用爆炸物品安全管理工作依法、规范、有序。

三、接此通知后，请立即组织对本地民用爆炸物品安全管理的有关规章、规范性文件进行清理，凡违反《行政许可法》、《立法法》、《民用爆炸物品安全管理条例》等法律、法规规定的，要坚决予以纠正，依法废止或修改有关规章或规范性文件，并向社会公布。有关工作落实情况请于6月15日前专题报部。

《关于对查处打击非法生产经营烟花爆竹行为牵头单位有关问题的批复》

（公治［2008］11号）

河北省公安厅：

相关执法参考

你厅《关于打击非法生产经营烟花爆竹行为牵头单位有关问题的请示》（冀公治［2007］354号）收悉。根据中央编办《关于进一步明确民用爆炸物品安全监管部门职责分工的通知》（中央编办发［2005］6号）和《安全生产法》、《行政许可法》以及《烟花爆竹安全管理条例》、《关于特大安全事故行政责任追究的规定》等法律法规的规定，安全监管部门负责烟花爆竹生产、经营活动的许可审批和监督管理，承担对非法生产、经营烟花爆竹行为责令停止非法生产、经营活动，予以查封、取缔，处以行政罚款，没收非法生产、经营的物品及违法所得等主要行政处罚职责。据此，同意你厅关于查处打击非法生产、经营烟花爆竹行为的牵头工作由安全监管部门具体负责，公安机关依法予以配合的意见。

同时，你省公安机关要严格按照法律法规的规定，在党委、政府的统一领导下，充分发挥职能作用，积极配合安全监管等部门做好查处打击非法生产、经营烟花爆竹工作。工作中要注意发现非法生产、经营烟花爆竹的线索，并及时移送安全监管部门依法予以行政处罚；违反治安管理的，对行为人要依法予以治安处罚；构成犯罪的，要依法追究行为人的刑事责任。对安全监管、质检、工商等部门移送涉嫌构成犯罪的非法生产、经营烟花爆竹案件，要及时受理、迅速侦办。对阻碍安全监管等部门工作人员执行职务的，要依法从严查处，确保安全监管等部门行政执法工作顺利进行。

《关于对办理涉及硝酸铵案件有关问题的批复》

（公复字［2008］1号）

广东省公安厅：

你厅《关于“9·4硝酸铵”专案涉案单位处理问题的请示》（粤公请字［2007］183号）收悉，现批复如下：

对非法销售、购买未达到抗爆性能指标的农用硝酸铵、硝酸铵复混肥的，应当依照《民用爆炸物品安全管理条例》第四十四条的规定处理。对没收的硝酸铵和未达到抗爆性能指标的农用硝酸铵、硝酸铵复混肥，根据《国务院办公厅关于进一步加强民用爆炸物品安全管理的通知》（国办发［2002］52号）精神，可以转让有关生产企业回收利用。

《国家食品药品监督管理局 公安部关于生产含麻黄碱类复方制剂所需麻黄碱类原料药购用审批的指导意见》

（国食药监安［2009］417号）

为指导各省级药品监管部门做好含麻黄碱类复方制剂生产所需麻黄碱类原料药购用审批工作，保障公众用药需求，合理控制含麻黄碱类复方制剂生产总量，防止流入非法渠道用于制造毒品，现提出以下指导意见：

一、药品生产企业因生产麻黄碱类复方制剂，申请购买麻黄碱类原料药的，应当向省级药品监管部门提出购买申请。省级药品监督管理部门受理申请后，应当送请省级公安机关核查。公安机关应当对申请单位经办人员身份证明、企业法定代表人和管理、技术、销售人员有无毒品犯罪记录等情况进行核查，核查工作应当在5个工作日内完成。未经当地公安机关核查的，药品监管部门不予审批。

相关执法参考

二、省级药品监管部门在审批麻黄碱类原料药购用申请时，应当认真核实申请单位资质证明材料，严格控制审批量，同一品种年审批量原则上不得超过前一年度审批量的110%。

三、新取得含麻黄碱类复方制剂药品批准文号以及一年以上不生产拟恢复生产，提出购买麻黄碱类原料药申请的，药品生产企业应当先签订药品销售合同，再向省级药品监管部门提出购买麻黄碱原料药申请。省级药品监管部门应当对含麻黄碱类复方制剂购买方资质证明材料进行核查，并送请省级公安机关协助核查。省级公安机关接到核查请求后，须在5日内对购买方采购人员身份证明、企业法定代表人和管理、技术、销售人员有无毒品犯罪记录等情况进行核查，并向提出核查请求的药品监管部门反馈核查结果。经公安机关核查无误后，药品监管部门方可审批，审批时原则上当年度每一品种审批量不得超过200公斤或不超过同品种最近生产年度的审批量，下半年提出申请的，审批量相应减半。

四、对发现药品生产企业违规销售导致含麻黄碱类复方制剂直接流入非法渠道的，5年内停止受理该企业相关品种麻黄碱类原料药购用申请，再次受理时，该品种当年审批量不得超过200公斤；药品生产企业因对购买方资质审查不严、现金交易、发货地址与购买方注册的库房不一致等原因，致使含麻黄碱类复方制剂间接流入非法渠道的，3年内停止受理该企业相关品种麻黄碱类原料药购用申请，再次受理时，该品种当年度审批量不得超过200公斤。

五、对在非法渠道查获药品生产企业所生产的含麻黄碱类复方制剂数量较大，折算麻黄碱类原料药总计超过20公斤，又不属于本文第四条情形的，省级药品监管部门应控制该企业相关品种的麻黄碱类原料药购用审批量与上一年度相比不得增长，本年度审批量已超过上一年度的，下一年度不得增长。

六、在日常监督检查中发现药品生产企业违规生产、销售含麻黄碱类复方制剂，但尚未发现产品流入非法渠道的，该企业相关品种的本年度麻黄碱类原料药购用审批量与上一年度相比不得增长，本年度审批量已超过上一年度的，下一年度不得增长，并根据违规情节，适度予以削减。

七、对公安机关立案调查的涉案药品生产企业，在案件调查期间暂停该企业相关品种麻黄碱类原料药购用审批。

八、对麻黄碱苯海拉明片和茶碱麻黄碱片两个品种，企业拟恢复生产并提出购买麻黄碱类原料药申请的，审批量不得超过该企业2003年同品种所用麻黄碱原料药的审批量，对2003年未生产的企业，当年度审批量不得超过200公斤，下半年提出申请的，审批量相应减半。2007年11月之前批准购进的麻黄碱类原料药尚有库存的，应相应予以扣除。

九、国家食品药品监管局和省级药品监管部门可根据含麻黄碱类复方制剂流弊形势，对麻黄碱类原料药的购用审批采取进一步的控制措施。

十、省级药品监管部门应当在每年1月31日前将上一年度本辖区内含麻黄碱类复方制剂生产所需麻黄碱类原料药购用审批情况报国家食品药品监管局，并通报同级公安机关。

十一、对兽药企业生产兽用盐酸麻黄碱注射液申请购买麻黄碱原料药的，应严格按照农业部和国家食品药品监管局《关于加强麻黄碱监管工作的紧急通知》（农医发［2008］24号）的要求，根据国家下达的年度兽用盐酸麻黄碱注射液生产计划量予以审批。

十二、此前发布的生产含麻黄碱类复方制剂所需麻黄碱类原料药购用审批有关规定与本指导意见不一致的，按照本指导意见执行。

《公安机关涉案枪支弹药性能鉴定工作规定》

（公通字［2010］67号）

为规范对涉案枪支、弹药的鉴定工作，确保鉴定合法、准确、公正，特制定本规定。

一、鉴定范围。公安机关在办理涉枪刑事案件中需要鉴定涉案枪支、弹药性能的，适用本规定。

本规定所称制式枪支、弹药，是指按照国家标准或公安部、军队下达的战术技术指标要求，经国家有关部门或军队批准定型，由合法企业生产的各类枪支、弹药，包括国外制造和历史遗留的各类旧杂式枪支、弹药。

本规定所称非制式枪支、弹药，是指未经有关部门批准定型或不符合国家标准的各类枪支、弹药，包括自制、改制的枪支、弹药和枪支弹药生产企业研制工作中的中间产品。

二、鉴定机关。涉案枪支、弹药的鉴定由地（市）级公安机关负责，当事人或者办案机关有异议的，由省级公安机关复检一次。各地可委托公安机关现有刑事技术鉴定部门开展枪支、弹药的鉴定工作。

三、鉴定标准。

（一）凡是制式枪支、弹药，无论是否能够完成击发动作，一律认定为枪支、弹药。

（二）凡是能发射制式弹药的非制式枪支（包括自制、改制枪支），一律认定为枪支。对能够装填制式弹药，但因缺少个别零件或锈蚀不能完成击发，经加装相关零件或除锈后能够发射制式弹药的非制式枪支，一律认定为枪支。

（三）对不能发射制式弹药的非制式枪支，按照《枪支致伤力的法庭科学鉴定判据》（GA/T 718－2007）的规定，当所发射弹丸的枪口比动能大于等于1.8焦耳/平方厘米时，一律认定为枪支。

（四）对制式枪支、弹药专用散件（零部件），能够由制造厂家提供相关零部件图样（复印件）和件号的，一律认定为枪支、弹药散件（零部件）。

（五）对非制式枪支、弹药散件（零部件），如具备与制式枪支、弹药专用散件（零部件）相同功能的，一律认定为枪支、弹药散件（零部件）。

四、鉴定程序。对枪支弹药的鉴定需经过鉴定、复核两个步骤，并应当由不同的人员分别进行。复核人应当按照鉴定操作流程的全过程进行复核，防止发生错误鉴定。鉴定完成后，应当制作《枪支、弹药鉴定书》。《枪支、弹药鉴定书》中的鉴定结论应当准确、简明，同时应当标明鉴定人、复核人身份并附有本人签名，加盖鉴定单位印章。《枪支、弹药鉴定书》应附检材、样本照片等附件。

相关执法参考

五、鉴定时限。一般的鉴定和复检应当在十五日内完成。疑难复杂的，应当在三十日内完成。

《公安机关处置爆炸物品工作安全规范》

（公通字［2010］51号）

第一条　为了规范公安机关没收、收缴、储存、运输、销毁等处置爆炸物品工作，预防爆炸事故发生，保障生命财产安全，根据《民用爆炸物品安全管理条例》、《烟花爆竹安全管理条例》、《爆破安全规程》等规定，制定本规范。

第二条　本规范所称爆炸物品，是指公安机关依法没收、收缴以及单位、个人上交的民用爆炸物品、烟花爆竹、废旧炮（炸）弹等爆炸物品。

第三条　处置爆炸物品工作，应当坚持“预防为主、安全第一”的原则，有效防止因操作不规范或者处置不当引发爆炸事故。

处置爆炸物品，应当在专业技术人员的指导下进行，并严格遵守安全管理规定，穿戴防静电服装，关闭无线通讯工具，禁止随身携带火种。

禁止在雷雨天气处置爆炸物品。

第四条　没收、收缴爆炸物品，应当根据物品种类、数量等基本信息，确定安全距离，划定警戒区域，待无关人员疏散至安全区域后，方可采取处置措施。

禁止无关人员进入警戒区域，并尽量减少参与处置的人员数量。

第五条　搬运、转移爆炸物品，应当详细了解物品组分、理化性质等基本信息，根据操作规程和专业技术人员的要求进行。

第六条　对起爆药、雷管、氯酸盐类炸药等高感度私制爆炸物品及半成品、爆炸性原材料，应当采取钝化或者消爆措施，确认安全后方可搬运、转移。

对高度敏感、不宜进行运输转移的爆炸物品，应当就近选择场地及时组织销毁。

第七条　对废旧炮（炸）弹，应当邀请专业技术人员鉴别弹药种类、年代，并根据装药性质、弹药外观等信息评估可能存在的爆炸风险后，方可进行挖掘和搬运、转移等工作。

对疑似化学弹，应当邀请部队有关部门或者专家参与鉴别。确定为化学弹的，应当按照有关规定移交部队进行处置，公安机关配合做好人员疏散、安全警戒等工作。

第八条　没收、收缴的爆炸物品，应当储存在专用库房内，并尽量缩短储存时间，防止因理化性质变化引发爆炸。

禁止在办公区、宿舍区等人员聚集场所存放爆炸物品。

第九条　储存爆炸物品的库房应当符合有关技术标准的规定，设置必要的技术防范设施，并配备足够的值班守护人员。

公安机关可以租借爆炸物品从业单位的库房储存爆炸物品，但应当专库专用，不得超过库房核定库存量。禁止将没收、收缴的爆炸物品与库房所属单位的其他爆炸物品同库储存，禁止将没收、收缴的民用爆炸物品与废旧炮（炸）弹同库储存，禁止将没收、收缴的私制爆炸物品与其他爆炸物品同库储存。

相关执法参考

第十条　销毁爆炸物品，应当委托专业销毁单位或者有销毁经验的爆破作业单位承担。

第十一条　承担销毁工作的单位，应当根据待销毁物品的种类、性质，分类制定销毁方案。

委托爆破作业单位实施爆炸物品销毁，公安机关应当邀请有关专业技术人员对销毁方案进行安全评估，并监督单位严格按照方案实施销毁。

第十二条　运输爆炸物品，应当选择符合安全要求的运输车辆，并对运输物品采取必要的防滑、防撞等固定措施。公安机关应当做好运输路线安全警戒工作。

禁止使用警车或者不符合安全要求的车辆运输爆炸物品。

第十三条　爆炸物品销毁以及储存、运输所需经费，列入公安机关部门预算。

第十四条　省级公安机关应当依照本规范，制定本省处置爆炸物品工作安全规范。

《民用爆炸物品安全管理条例》(节录)

(2006年5月10日国务院令第466号颁布　自2006年9月1日起实施)

第二条　民用爆炸物品的生产、销售、购买、进出口、运输、爆破作业和储存以及硝酸铵的销售、购买，适用本条例。

本条例所称民用爆炸物品，是指用于非军事目的、列入民用爆炸物品品名表的各类火药、炸药及其制品和雷管、导火索等点火、起爆器材。

民用爆炸物品品名表，由国务院国防科技工业主管部门会同国务院公安部门制订、公布。

第三条　国家对民用爆炸物品的生产、销售、购买、运输和爆破作业实行许可证制度。

未经许可，任何单位或者个人不得生产、销售、购买、运输民用爆炸物品，不得从事爆破作业。

严禁转让、出借、转借、抵押、赠送、私藏或者非法持有民用爆炸物品。

第四十四条　非法制造、买卖、运输、储存民用爆炸物品，构成犯罪的，依法追究刑事责任；尚不构成犯罪，有违反治安管理行为的，依法给予治安管理处罚。

违反本条例规定，在生产、储存、运输、使用民用爆炸物品中发生重大事故，造成严重后果或者后果特别严重，构成犯罪的，依法追究刑事责任。

违反本条例规定，未经许可生产、销售民用爆炸物品的，由国防科技工业主管部门责令停止非法生产、销售活动，处10万元以上50万元以下的罚款，并没收非法生产、销售的民用爆炸物品及其违法所得。

违反本条例规定，未经许可购买、运输民用爆炸物品或者从事爆破作业的，由公安机关责令停止非法购买、运输、爆破作业活动，处5万元以上20万元以下的罚款，并没收非法购买、运输以及从事爆破作业使用的民用爆炸物品及其违法所得。

国防科技工业主管部门、公安机关对没收的非法民用爆炸物品，应当组织销毁。

相关执法参考

《民用爆炸物品品名表》

（2006年11月9日国防科学技术工业委员会、公安部公告2006年第1号公布）

序号	名称	英文名称	备注
一、	工业炸药		
1	硝化甘油炸药	Nitroglyceri e，NG	甘油三硝酸酯类混合炸药
2	铵梯类炸药	Ammonite	含铵梯油炸药
3	多孔粒状铵油炸药		
4	改性铵油炸药		
5	膨化硝铵炸药	Expanded AN explosive	
6	其他铵油类炸药		含粉状铵油、铵松蜡、铵沥蜡炸药等
7	水胶炸药	Water gel explosive	
8	乳化炸药（胶状）	Emulsion	
9	粉状乳化炸药	Powdery emulsive	
10	乳化粒状铵油炸药		重铵油炸药
11	粘性炸药		
12	含退役火药炸药		含退役火药 乳化、浆状、粉状炸药
13	其他工业炸药		
14	震源药柱	Seismic charge	
15	震源弹		
16	人工影响天气用燃爆器材		含炮弹、火箭弹等、限生产、购买、销售、运输管理
17	矿岩破碎器材		
18	中继起爆具	Primer	
19	爆炸加工器材		
20	油气井用起爆器		
21	聚能射孔弹	Perforating charge	
22	复合射孔器	Perforator	
23	聚能切割弹		
24	高能气体压裂弹		
25	点火药盒		
26	其它油井用爆破器材		
27	其它炸药制品		

相关执法参考

序号	名称	英文名称	备注
二、	工业雷管		
28	工业火雷管	Flash detonator	
29	工业电雷管	Electric detonator	含普通电雷管和煤矿许用电雷管
30	导爆管雷管	Detonator with shock - conducting tube	
31	半导体桥电雷管		
32	电子雷管	Electron - delay detonator	
33	磁电雷管	Magnetoelectric detonator	
34	油气井用电雷管		
3	地震勘探电雷管		
36	继爆管		
37	其它工业雷管		
三、	工业索类火工品		
38	工业导火索	Industrial blasting fuse	
39	工业导爆索	Industrial Detonating fuse	
40	切割索	Linear shaped charge	
41	塑料导爆管	Shock - conducting tube	
42	引火线		
四、	其它民用爆炸物品		
43	安全气囊用点火具		
44	其它特殊用途点火具		
45	特殊用途烟火制品		
46	其它点火器材		
47	海上救生烟火信号		
五、	原材料		
48	梯恩梯（TNT）/2，4，6-三硝基甲苯	Trinitrotoluene，TNT	限于购买、销售、运输管理
49	工业黑索今（RDX）/环三亚甲基三硝胺	Hexogen，RDX	限于购买、销售、运输管理
50	苦味酸/2，4，6-三硝基苯酚	Picric acib	限于购买、销售、运输管理

相关执法参考

序号	名称	英文名称	备注
51	民用推进剂		限于购买、销售、运输管理
52	太安（PETN）/季戊四醇四硝酸酯	Pentaerythritol tet ani-trate，PETN	限于购买、销售、运输管理
53	奥克托今（HMX）	Octogen，HMX	限于购买、销售、运输管理
54	其它单质猛炸药	Explosive compound	限于购买、销售、运输管理
55	黑火药	Black power	用于生产烟花爆竹的黑火药除外，限于购买、销售、运输管理
56	起爆药	Initiating explosive	
57	延期器材		
58	硝酸铵	Ammonium nitrate，AN	限于购买、销售审批管理
59	国防科工委、公安部认为需要管理的其他民用爆炸物		

《烟花爆竹安全管理条例》（节录）

（2006年1月21日　国务院令第455号颁布　自颁布之日起施行）

第二条　烟花爆竹的生产、经营、运输和燃放，适用本条例。

本条例所称烟花爆竹，是指烟花爆竹制品和用于生产烟花爆竹的民用黑火药、烟火药、引火线等物品。

第三条　国家对烟花爆竹的生产、经营、运输和举办焰火晚会以及其他大型焰火燃放活动，实行许可证制度。

未经许可，任何单位或者个人不得生产、经营、运输烟花爆竹，不得举办焰火晚会以及其他大型焰火燃放活动。

第四条　安全生产监督管理部门负责烟花爆竹的安全生产监督管理；公安部门负责烟花爆竹的公共安全管理；质量监督检验部门负责烟花爆竹的质量监督和进出口检验。

第五条　公安部门、安全生产监督管理部门、质量监督检验部门、工商行政管理部门应当按照职责分工，组织查处非法生产、经营、储存、运输、邮寄烟花爆竹以及非法燃放烟花爆竹的行为。

第六条　烟花爆竹生产、经营、运输企业和焰火晚会以及其他大型焰火燃放活动主办单位的主要负责人，对本单位的烟花爆竹安全工作负责。

相关执法参考

烟花爆竹生产、经营、运输企业和焰火晚会以及其他大型焰火燃放活动主办单位应当建立健全安全责任制，制定各项安全管理制度和操作规程，并对从业人员定期进行安全教育、法制教育和岗位技术培训。

中华全国供销合作总社应当加强对本系统企业烟花爆竹经营活动的管理。

第三十六条　对未经许可生产、经营烟花爆竹制品，或者向未取得烟花爆竹安全生产许可的单位或者个人销售黑火药、烟火药、引火线的，由安全生产监督管理部门责令停止非法生产、经营活动，处2万元以上10万元以下的罚款，并没收非法生产、经营的物品及违法所得。

对未经许可经由道路运输烟花爆竹的，由公安部门责令停止非法运输活动，处1万元以上5万元以下的罚款，并没收非法运输的物品及违法所得。

非法生产、经营、运输烟花爆竹，构成违反治安管理行为的，依法给予治安管理处罚；构成犯罪的，依法追究刑事责任。

第三十七条　生产烟花爆竹的企业有下列行为之一的，由安全生产监督管理部门责令限期改正，处1万元以上5万元以下的罚款；逾期不改正的，责令停产停业整顿，情节严重的，吊销安全生产许可证：

（一）未按照安全生产许可证核定的产品种类进行生产的；

（二）生产工序或者生产作业不符合有关国家标准、行业标准的；

（三）雇佣未经设区的市人民政府安全生产监督管理部门考核合格的人员从事危险工序作业的；

（四）生产烟花爆竹使用的原料不符合国家标准规定的，或者使用的原料超过国家标准规定的用量限制的；

（五）使用按照国家标准规定禁止使用或者禁忌配伍的物质生产烟花爆竹的；

（六）未按照国家标准的规定在烟花爆竹产品上标注燃放说明，或者未在烟花爆竹的包装物上印制易燃易爆危险物品警示标志的。

第三十八条　从事烟花爆竹批发的企业向从事烟花爆竹零售的经营者供应非法生产、经营的烟花爆竹，或者供应按照国家标准规定应由专业燃放人员燃放的烟花爆竹的，由安全生产监督管理部门责令停止违法行为，处2万元以上10万元以下的罚款，并没收非法经营的物品及违法所得；情节严重的，吊销烟花爆竹经营许可证。

从事烟花爆竹零售的经营者销售非法生产、经营的烟花爆竹，或者销售按照国家标准规定应由专业燃放人员燃放的烟花爆竹的，由安全生产监督管理部门责令停止违法行为，处1000元以上5000元以下的罚款，并没收非法经营的物品及违法所得；情节严重的，吊销烟花爆竹经营许可证。

第三十九条　生产、经营、使用黑火药、烟火药、引火线的企业，丢失黑火药、烟火药、引火线未及时向当地安全生产监督管理部门和公安部门报告的，由公安部门对企业主要负责人处5000元以上2万元以下的罚款，对丢失的物品予以追缴。

第四十条　经由道路运输烟花爆竹，有下列行为之一的，由公安部门责令改正，处200元以上2000元以下的罚款：

相关执法参考

（一）违反运输许可事项的；

（二）未随车携带《烟花爆竹道路运输许可证》的；

（三）运输车辆没有悬挂或者安装符合国家标准的易燃易爆危险物品警示标志的；

（四）烟花爆竹的装载不符合国家有关标准和规范的；

（五）装载烟花爆竹的车厢载人的；

（六）超过危险物品运输车辆规定时速行驶的；

（七）运输车辆途中经停没有专人看守的；

（八）运达目的地后，未按规定时间将《烟花爆竹道路运输许可证》交回发证机关核销的。

第四十一条　对携带烟花爆竹搭乘公共交通工具，或者邮寄烟花爆竹以及在托运的行李、包裹、邮件中夹带烟花爆竹的，由公安部门没收非法携带、邮寄、夹带的烟花爆竹，可以并处200元以上1000元以下的罚款。

第四十二条　对未经许可举办焰火晚会以及其他大型焰火燃放活动，或者焰火晚会以及其他大型焰火燃放活动燃放作业单位和作业人员违反焰火燃放安全规程、燃放作业方案进行燃放作业的，由公安部门责令停止燃放，对责任单位处1万元以上5万元以下的罚款。

在禁止燃放烟花爆竹的时间、地点燃放烟花爆竹，或者以危害公共安全和人身、财产安全的方式燃放烟花爆竹的，由公安部门责令停止燃放，处100元以上500元以下的罚款；构成违反治安管理行为的，依法给予治安管理处罚。

第四十三条　对没收的非法烟花爆竹以及生产、经营企业弃置的废旧烟花爆竹，应当就地封存，并由公安部门组织销毁、处置。

第四十四条　安全生产监督管理部门、公安部门、质量监督检验部门、工商行政管理部门的工作人员，在烟花爆竹安全监管工作中滥用职权、玩忽职守、徇私舞弊，构成犯罪的，依法追究刑事责任；尚不构成犯罪的，依法给予行政处分。

《危险化学品安全管理条例》（节录）

（2002年1月26日国务院令第344号颁布　自2002年3月15日实施）

第二条　在中华人民共和国境内生产、经营、储存、运输、使用危险化学品和处置废弃危险化学品，必须遵守本条例和国家有关安全生产的法律、其他行政法规的规定。

第三条　本条例所称危险化学品，包括爆炸品、压缩气体和液化气体、易燃液体、易燃固体、自燃物品和遇湿易燃物品、氧化剂和有机过氧化物、有毒品和腐蚀品等。

危险化学品列入以国家标准公布的《危险货物品名表》（GB12268）；剧毒化学品目录和未列入《危险货物品名表》的其他危险化学品，由国务院经济贸易综合管理部门会同国务院公安、环境保护、卫生、质检、交通部门确定并公布。

第四条　生产、经营、储存、运输、使用危险化学品和处置废弃危险化学品的单位（以下统称危险化学品单位），其主要负责人必须保证本单位危险化学品的安

相关执法参考

全管理符合有关法律、法规、规章的规定和国家标准的要求，并对本单位危险化学品的安全负责。

危险化学品单位从事生产、经营、储存、运输、使用危险化学品或者处置废弃危险化学品活动的人员，必须接受有关法律、法规、规章和安全知识、专业技术、职业卫生防护和应急救援知识的培训，并经考核合格，方可上岗作业。

第五条　对危险化学品的生产、经营、储存、运输、使用和对废弃危险化学品处置实施监督管理的有关部门，依照下列规定履行职责：

（一）国务院经济贸易综合管理部门和省、自治区、直辖市人民政府经济贸易管理部门，依照本条例的规定，负责危险化学品安全监督管理综合工作，负责危险化学品生产、储存企业设立及其改建、扩建的审查，负责危险化学品包装物、容器（包括用于运输工具的槽罐，下同）专业生产企业的审查和定点，负责危险化学品经营许可证的发放，负责国内危险化学品的登记，负责危险化学品事故应急救援的组织和协调，并负责前述事项的监督检查；设区的市级人民政府和县级人民政府的负责危险化学品安全监督管理综合工作的部门，由各该级人民政府确定，依照本条例的规定履行职责。

（二）公安部门负责危险化学品的公共安全管理，负责发放剧毒化学品购买凭证和准购证，负责审查核发剧毒化学品公路运输通行证，对危险化学品道路运输安全实施监督，并负责前述事项的监督检查。

（三）质检部门负责发放危险化学品及其包装物、容器的生产许可证，负责对危险化学品包装物、容器的产品质量实施监督，并负责前述事项的监督检查。

（四）环境保护部门负责废弃危险化学品处置的监督管理，负责调查重大危险化学品污染事故和生态破坏事件，负责有毒化学品事故现场的应急监测和进口危险化学品的登记，并负责前述事项的监督检查。

（五）铁路、民航部门负责危险化学品铁路、航空运输和危险化学品铁路、民航运输单位及其运输工具的安全管理及监督检查。交通部门负责危险化学品公路、水路运输单位及其运输工具的安全管理，对危险化学品水路运输安全实施监督，负责危险化学品公路、水路运输单位、驾驶人员、船员、装卸人员和押运人员的资质认定，并负责前述事项的监督检查。

（六）卫生行政部门负责危险化学品的毒性鉴定和危险化学品事故伤亡人员的医疗救护工作。

（七）工商行政管理部门依据有关部门的批准、许可文件，核发危险化学品生产、经营、储存、运输单位营业执照，并监督管理危险化学品市场经营活动。

（八）邮政部门负责邮寄危险化学品的监督检查。

第六条　依照本条例对危险化学品单位实施监督管理的有关部门，依法进行监督检查，可以行使下列职权：

（一）进入危险化学品作业场所进行现场检查，调取有关资料，向有关人员了解情况，向危险化学品单位提出整改措施和建议；

（二）发现危险化学品事故隐患时，责令立即排除或者限期排除；

（三）对有根据认为不符合有关法律、法规、规章规定和国家标准要求的设施、设备、器材和运输工具，责令立即停止使用；

（四）发现违法行为，当场予以纠正或者责令限期改正。

危险化学品单位应当接受有关部门依法实施的监督检查，不得拒绝、阻挠。

有关部门派出的工作人员依法进行监督检查时，应当出示证件。

第五十五条　对生产、经营、储存、运输、使用危险化学品和处置废弃危险化学品依法实施监督管理的有关部门工作人员，有下列行为之一的，依法给予降级或者撤职的行政处分；触犯刑律的，依照刑法关于受贿罪、滥用职权罪、玩忽职守罪或者其他罪的规定，依法追究刑事责任：

（一）利用职务上的便利收受他人财物或者其他好处，对不符合本条例规定条件的涉及生产、经营、储存、运输、使用危险化学品和处置废弃危险化学品的事项予以批准或者许可的；

（二）发现未依法取得批准或者许可的单位和个人擅自从事有关活动或者接到举报后不予取缔或者不依法予以处理的；

（三）对已经依法取得批准或者许可的单位和个人不履行监督管理职责，发现其不再具备本条例规定的条件而不撤销原批准、许可或者发现违反本条例的行为不予查处的。

第五十六条　发生危险化学品事故，有关部门未依照本条例的规定履行职责，组织实施救援或者采取必要措施，减少事故损失，防止事故蔓延、扩大，或者拖延、推诿的，对负有责任的主管人员和其他直接责任人员依法给予降级或者撤职的行政处分；触犯刑律的，依照刑法关于滥用职权罪、玩忽职守罪或者其他罪的规定，依法追究刑事责任。

第五十七条　违反本条例的规定，有下列行为之一的，分别由工商行政管理部门、质检部门、负责危险化学品安全监督管理综合工作的部门依据各自的职权予以关闭或者责令停产停业整顿，责令无害化销毁国家明令禁止生产、经营、使用的危险化学品或者用剧毒化学品生产的灭鼠药以及其他可能进入人民日常生活的化学产品和日用化学品；有违法所得的，没收违法所得；违法所得10万元以上的，并处违法所得1倍以上5倍以下的罚款；没有违法所得或者违法所得不足10万元的，并处5万元以上50万元以下的罚款；触犯刑律的，对负有责任的主管人员和其他直接责任人员依照刑法关于危险物品肇事罪、非法经营罪或者其他罪的规定，依法追究刑事责任：

（一）未经批准或者未经工商登记注册，擅自从事危险化学品生产、储存的；

（二）未取得危险化学品生产许可证，擅自开工生产危险化学品的；

（三）未经审查批准，危险化学品生产、储存企业擅自改建、扩建的；

（四）未取得危险化学品经营许可证或者未经工商登记注册，擅自从事危险化学品经营的；

（五）生产、经营、使用国家明令禁止的危险化学品，或者用剧毒化学品生产灭鼠药以及其他可能进入人民日常生活的化学产品和日用化学品的。

第五十八条　危险化学品单位违反本条例的规定，未根据危险化学品的种类、特性，在车间、库房等作业场所设置相应的监测、通风、防晒、调温、防火、灭火、防爆、泄压、防毒、消毒、中和、防潮、防雷、防静电、防腐、防渗漏、防护围堤或者隔离操作等安全设施、设备的，由负责危险化学品安全监督管理综合工作的部门或者公安部门依据各自的职权责令立即或者限期改正，处2万元以上10万元以下的罚款；触犯刑律的，对负有责任的主管人员和其他直接责任人员依照刑法关于危险物品肇事罪、重大责任事故罪或者其他罪的规定，依法追究刑事责任。

第五十九条　违反本条例的规定，有下列行为之一的，由负责危险化学品安全监督管理综合工作的部门、质检部门或者交通部门依据各自的职权责令立即或者限期改正，处2万元以上20万元以下的罚款；逾期未改正的，责令停产停业整顿；触犯刑律的，对负有责任的主管人员和其他直接责任人员依照刑法关于危险物品肇事罪、生产销售伪劣商品罪或者其他罪的规定，依法追究刑事责任：

（一）未经定点，擅自生产危险化学品包装物、容器的；

（二）运输危险化学品的船舶及其配载的容器未按照国家关于船舶检验的规范进行生产，并经检验合格的；

（三）危险化学品包装的材质、型式、规格、方法和单件质量（重量）与所包装的危险化学品的性质和用途不相适应的；

（四）对重复使用的危险化学品的包装物、容器在使用前，不进行检查的；

（五）使用非定点企业生产的或者未经检测、检验合格的包装物、容器包装、盛装、运输危险化学品的。

第六十条　危险化学品单位违反本条例的规定，有下列行为之一的，由负责危险化学品安全监督管理综合工作的部门责令立即或者限期改正，处1万元以上5万元以下的罚款；逾期不改正的，责令停产停业整顿：

（一）危险化学品生产企业未在危险化学品包装内附有与危险化学品完全一致的化学品安全技术说明书，或者未在包装（包括外包装件）上加贴、拴挂与包装内危险化学品完全一致的化学品安全标签的；

（二）危险化学品生产企业发现危险化学品有新的危害特性时，不立即公告并及时修订其安全技术说明书和安全标签的；

（三）危险化学品经营企业销售没有化学品安全技术说明书和安全标签的危险化学品的。

第六十一条　危险化学品单位违反本条例的规定，有下列行为之一的，由负责危险化学品安全监督管理综合工作的部门或者公安部门依据各自的职权责令立即或者限期改正，处1万元以上5万元以下的罚款；逾期不改正的，由原发证机关吊销危险化学品生产许可证、经营许可证和营业执照；触犯刑律的，对负有责任的主管人员和其他直接责任人员依照刑法关于危险物品肇事罪、重大责任事故罪或者其他罪的规定，依法追究刑事责任：

（一）未对其生产、储存装置进行定期安全评价，并报所在地设区的市级人民政府负责危险化学品安全监督管理综合工作的部门备案，或者对安全评价中发现的存在现实危险的生产、储存装置不立即停止使用，予以更换或者修复，并采取相应的安全措施的；

（二）未在生产、储存和使用危险化学品场所设置通讯、报警装置，并保持正

相关执法参考

常适用状态的；

（三）危险化学品未储存在专用仓库内或者未设专人管理的；

（四）危险化学品出入库未进行核查登记或者入库后未定期检查的；

（五）危险化学品专用仓库不符合国家标准对安全、消防的要求，未设置明显标志，或者未对专用仓库的储存设备和安全设施定期检测的；

（六）危险化学品经销商店存放非民用小包装的危险化学品或者危险化学品民用小包装的存放量超过国家规定限量的；

（七）剧毒化学品以及构成重大危险源的其他危险化学品未在专用仓库内单独存放，或者未实行双人收发、双人保管，或者未将储存剧毒化学品以及构成重大危险源的其他危险化学品的数量、地点以及管理人员的情况，报当地公安部门和负责危险化学品安全监督管理综合工作的部门备案的；

（八）危险化学品生产单位不如实记录剧毒化学品的产量、流向、储存量和用途，或者未采取必要的保安措施防止剧毒化学品被盗、丢失、误售、误用，或者发生剧毒化学品被盗、丢失、误售、误用后不立即向当地公安部门报告的；

（九）危险化学品经营企业不记录剧毒化学品购买单位的名称、地址，购买人员的姓名、身份证号码及所购剧毒化学品的品名、数量、用途，或者不每天核对剧毒化学品的销售情况，或者发现被盗、丢失、误售不立即向当地公安部门报告的。

第六十二条　危险化学品单位违反本条例的规定，在转产、停产、停业或者解散时未采取有效措施，处置危险化学品生产、储存设备、库存产品及生产原料的，由负责危险化学品安全监督管理综合工作的部门责令改正，处2万元以上10万元以下的罚款；触犯刑律的，对负有责任的主管人员和其他直接责任人员依照刑法关于重大环境污染事故罪、危险物品肇事罪或者其他罪的规定，依法追究刑事责任。

第六十三条　违反本条例的规定，有下列行为之一的，由工商行政管理部门责令改正，有违法所得的，没收违法所得；违法所得5万元以上的，并处违法所得1倍以上5倍以下的罚款；没有违法所得或者违法所得不足5万元的，并处2万元以上20万元以下的罚款；不改正的，由原发证机关吊销生产许可证、经营许可证和营业执照；触犯刑律的，对负有责任的主管人员和其他直接责任人员依照刑法关于非法经营罪、危险物品肇事罪或者其他罪的规定，依法追究刑事责任：

（一）危险化学品经营企业从未取得危险化学品生产许可证或者危险化学品经营许可证的企业采购危险化学品的；

（二）危险化学品生产企业向未取得危险化学品经营许可证的经营单位销售其产品的；

（三）剧毒化学品经营企业向个人或者无购买凭证、准购证的单位销售剧毒化学品的。

第六十四条　违反本条例的规定，伪造、变造、买卖、出借或者以其他方式转让剧毒化学品购买凭证、准购证以及其他有关证件，或者使用作废的上述有关证件的，由公安部门责令改正，处1万元以上5万元以下的罚款；触犯刑律的，对负有责任的主管人员和其他直接责任人员依照刑法关于伪造、变造、买卖国家机关公文、证件、印章罪或者其他罪的规定，依法追究刑事责任。

相关执法参考

第六十五条　违反本条例的规定，未取得危险化学品运输企业资质，擅自从事危险化学品公路、水路运输，有违法所得的，由交通部门没收违法所得；违法所得5万元以上的，并处违法所得1倍以上5倍以下的罚款；没有违法所得或者违法所得不足5万元的，处2万元以上20万元以下的罚款；触犯刑律的，对负有责任的主管人员和其他直接责任人员依照刑法关于危险物品肇事罪或者其他罪的规定，依法追究刑事责任。

第六十六条　违反本条例的规定，有下列行为之一的，由交通部门处2万元以上10万元以下的罚款；触犯刑律的，依照刑法关于危险物品肇事罪或者其他罪的规定，依法追究刑事责任：

（一）从事危险化学品公路、水路运输的驾驶员、船员、装卸管理人员、押运人员未经考核合格，取得上岗资格证的；

（二）利用内河以及其他封闭水域等航运渠道运输剧毒化学品和国家禁止运输的其他危险化学品的；

（三）托运人未按照规定向交通部门办理水路运输手续，擅自通过水路运输剧毒化学品和国家禁止运输的其他危险化学品以外的危险化学品的；

（四）托运人托运危险化学品，不向承运人说明运输的危险化学品的品名、数量、危害、应急措施等情况，或者需要添加抑制剂或者稳定剂，交付托运时未添加的；

（五）运输、装卸危险化学品不符合国家有关法律、法规、规章的规定和国家标准，并按照危险化学品的特性采取必要安全防护措施的。

第六十七条　违反本条例的规定，有下列行为之一的，由公安部门责令改正，处2万元以上10万元以下的罚款；触犯刑律的，依照刑法关于危险物品肇事罪、重大环境污染事故罪或者其他罪的规定，依法追究刑事责任：

（一）托运人未向公安部门申请领取剧毒化学品公路运输通行证，擅自通过公路运输剧毒化学品的；

（二）危险化学品运输企业运输危险化学品，不配备押运人员或者脱离押运人员监管，超装、超载，中途停车住宿或者遇有无法正常运输的情况，不向当地公安部门报告的；

（三）危险化学品运输企业运输危险化学品，未向公安部门报告，擅自进入危险化学品运输车辆禁止通行区域，或者进入禁止通行区域不遵守公安部门规定的行车时间和路线的；

（四）危险化学品运输企业运输剧毒化学品，在公路运输途中发生被盗、丢失、流散、泄露等情况，不立即向当地公安部门报告，并采取一切可能的警示措施的；

（五）托运人在托运的普通货物中夹带危险化学品或者将危险化学品匿报、谎报为普通货物托运的。

第六十八条　违反本条例的规定，邮寄或者在邮件内夹带危险化学品，或者将危险化学品匿报、谎报为普通物品邮寄的，由公安部门处2000元以上2万元以下的罚款；触犯刑律的，依照刑法关于危险物品肇事罪或者其他罪的规定，依法追究刑事责任。

相关执法参考

第六十九条　危险化学品单位发生危险化学品事故，未按照本条例的规定立即组织救援，或者不立即向负责危险化学品安全监督管理综合工作的部门和公安、环境保护、质检部门报告，造成严重后果的，对负有责任的主管人员和其他直接责任人员依照刑法关于国有公司、企业工作人员失职罪或者其他罪的规定，依法追究刑事责任。

第七十条　危险化学品单位发生危险化学品事故造成人员伤亡、财产损失的，应当依法承担赔偿责任；拒不承担赔偿责任或者其负责人逃匿的，依法拍卖其财产，用于赔偿。

第七十一条　监控化学品、属于药品的危险化学品和农药的安全管理，依照本条例的规定执行；国家另有规定的，依照其规定。

民用爆炸品、放射性物品、核能物质和城镇燃气的安全管理，不适用本条例。

第七十二条　危险化学品的进出口管理依照国家有关规定执行；进口危险化学品的经营、储存、运输、使用和处置进口废弃危险化学品，依照本条例的规定执行。

第七十三条　依照本条例的规定，对生产、经营、储存、运输、使用危险化学品和处置废弃危险化学品进行审批、许可并实施监督管理的国务院有关部门，应当根据本条例的规定制定并公布审批、许可的期限和程序。

本条例规定的国家标准和涉及危险化学品安全管理的国家有关规定，由国务院质检部门或者国务院有关部门分别依照国家标准化法律和其他有关法律、行政法规以及本条例的规定制定、调整并公布。

《医疗废物管理条例》（节录）

（2003年6月16日国务院令第380号颁布　根据2010年12月29日国务院第138次常务会议通过的〈国务院关于废止和修改部分行政法规的决定〉修改　国务院令第588号颁布）

第五十一条　不具备集中处置医疗废物条件的农村，医疗卫生机构未按照本条例的要求处置医疗废物的，由县级人民政府卫生行政主管部门或者环境保护行政主管部门按照各自的职责责令限期改正，给予警告；逾期不改正的，处1000元以上5000元以下的罚款；造成传染病传播或者环境污染事故的，由原发证部门暂扣或者吊销执业许可证件；构成犯罪的，依法追究刑事责任。

第五十二条　未取得经营许可证从事医疗废物的收集、运送、贮存、处置等活动的，由县级以上地方人民政府环境保护行政主管部门责令立即停止违法行为，没收违法所得，可以并处违法所得1倍以下的罚款。

第五十三条　转让、买卖医疗废物，邮寄或者通过铁路、航空运输医疗废物，或者违反本条例规定通过水路运输医疗废物的，由县级以上地方人民政府环境保护行政主管部门责令转让、买卖双方、邮寄人、托运人立即停止违法行为，给予警告，没收违法所得；违法所得5000元以上的，并处违法所得2倍以上5倍以下的罚款；没有违法所得或者违法所得不足5000元的，并处5000元以上2万元以下的罚款。

承运人明知托运人违反本条例的规定运输医疗废物，仍予以运输的，或者承运

相关执法参考

人将医疗废物与旅客在同一工具上载运的，按照前款的规定予以处罚。

《剧毒化学品购买和公路运输许可证件管理办法》（节录）

（2005年5月25日公安部令第77号颁布　自2005年8月1日起实施）

第二条　除个人购买农药、灭鼠药、灭虫药以外，在中华人民共和国境内购买和通过公路运输剧毒化学品的，应当遵守本办法。

本办法所称剧毒化学品，按照国务院安全生产监督管理部门会同国务院公安、环保、卫生、质检、交通部门确定并公布的剧毒化学品目录执行。

第三条　国家对购买和通过公路运输剧毒化学品行为实行许可管理制度。购买和通过公路运输剧毒化学品，应当依照本办法申请取得《剧毒化学品购买凭证》《剧毒化学品准购证》和《剧毒化学品公路运输通行证》。未取得上述许可证件，任何单位和个人不得购买、通过公路运输剧毒化学品。

任何单位或者个人不得伪造、变造、买卖、出借或者以其他方式转让《剧毒化学品购买凭证》《剧毒化学品准购证》和《剧毒化学品公路运输通行证》，不得使用作废的上述许可证件。

第四条　公安机关应当坚持公开、公平、公正的原则，严格依照本办法审查核发剧毒化学品购买和公路运输许可证件，建立健全审查核发许可证件的管理档案，公开办理许可证件的公安机关主管部门的通信地址、联系电话、传真号码和电子信箱，并监督指导从业单位严格执行剧毒化学品购买和公路运输许可管理规定。

省级公安机关对核发的剧毒化学品购买凭证、准购证和公路运输通行证应当建立计算机数据库，包括证件编号、购买企业、运输企业、运输车辆、驾驶人、押运人员、剧毒化学品品名和数量、目的地、始发地、行驶路线等内容。数据库的项目和数据的格式应当全国统一。治安管理、交通管理部门应当建立信息共享或者通报制度。

第二十条　未申领《剧毒化学品购买凭证》《剧毒化学品准购证》《剧毒化学品公路运输通行证》，擅自购买、通过公路运输剧毒化学品的，由公安机关依法采取措施予以制止，处以一万元以上三万元以下罚款；对已经购买了剧毒化学品的，责令退回原销售单位；对已经实施运输的，扣留运输车辆，责令购买、使用和承运单位共同派员接受处理；对发生重大事故，造成严重后果的，依法追究刑事责任。

第二十一条　提供虚假证明文件、采取其他欺骗手段或者贿赂等不正当手段，取得《剧毒化学品购买凭证》《剧毒化学品准购证》《剧毒化学品公路运输通行证》的，由发证的公安机关依法撤销许可证件，处以1000元以上一万元以下罚款。

对利用骗取的许可证件购买了剧毒化学品的，责令退回原销售单位。

利用骗取的许可证件通过公路运输剧毒化学品的，由公安机关依照《危险化学品安全管理条例》第六十七条第（一）项的规定予以处罚。

第二十二条　伪造、变造、买卖、出借或者以其他方式转让《剧毒化学品购买凭证》《剧毒化学品准购证》和《剧毒化学品公路运输通行证》，或者使用作废的上述许可证件的，由公安机关依照《危险化学品安全管理条例》第六十四条的规定予以处罚。

相关执法参考

第二十三条　《剧毒化学品购买凭证》或者《剧毒化学品准购证》回执第一联、回执第二联填写错误时，未按规定在涂改处加盖销售单位印章予以确认的，由公安机关责令改正，处以500元以上1000元以下罚款。

未按规定填写《剧毒化学品购买凭证》和《剧毒化学品准购证》回执记录剧毒化学品销售、购买信息的，由公安机关依照《危险化学品安全管理条例》第六十一条的规定予以处罚。

第二十四条　通过公路运输剧毒化学品未随车携带《剧毒化学品公路运输通行证》的，由公安机关责令提供已依法领取《剧毒化学品公路运输通行证》的证明，处以500元以上1000元以下罚款。

除不可抗力外，未按《剧毒化学品公路运输通行证》核准载明的运输车辆、驾驶人、押运人员、装载数量、有效期限、指定的路线、时间和速度运输剧毒化学品的，尚未造成严重后果的，由公安机关对单位处以1000元以上一万元以下罚款，对直接责任人员依法给予治安处罚；构成犯罪的，依法追究刑事责任。

第二十五条　违反本办法的规定，有下列行为之一的，由原发证公安机关责令改正，处以500元以上1000元以下罚款：

（一）除不可抗力外，未在规定时限内将《剧毒化学品购买凭证》《剧毒化学品准购证》的回执交原发证公安机关或者销售单位所在地县级人民政府公安机关核查存档的；

（二）除不可抗力外，未在规定时限内将《剧毒化学品公路运输通行证》交目的地县级人民政府公安机关备案存查的；

（三）未按规定将已经使用的《剧毒化学品购买凭证》的存根或者因故不再需要使用的《剧毒化学品购买凭证》交回原发证公安机关核查存档的；

（四）未按规定将填写错误的《剧毒化学品购买凭证》注明作废并保留交回原发证公安机关核查存档的。

第二十六条　当事人对公安机关依照本办法作出的具体行政行为不服的，可以依法申请行政复议或者提起行政诉讼。

第二十七条　公安机关及其人民警察在工作中，有下列行为之一的，对直接负责的主管人员和其他直接责任人员依法给予行政处分；构成犯罪的，依法追究刑事责任：

（一）为不符合申领条件的单位发证的；

（二）除不可抗力外，不按本办法规定的时限办理许可证件的；

（三）索取、收受当事人贿赂或者谋取其他利益的；

（四）对违反本办法的行为不依法追究法律责任的；

（五）违反法律、法规、本办法的规定实施处罚或者收取费用的；

（六）其他滥用职权、玩忽职守、徇私舞弊的。

第二十八条　本办法规定的《剧毒化学品购买凭证》《剧毒化学品准购证》和《剧毒化学品公路运输通行证》由公安部统一印制；其他法律文书式样由公安部制定，各发证公安机关自行印制；各类申请书式样由公安部制定，申领单位根据需要自行印制。

相关执法参考

《剧毒物品分级、分类与品名编号》（节录）

（GA57－93）

4　剧毒物品定义

指少数侵入机体，短时间内即能致人、畜死亡或严重中毒的物质。

剧毒物品动物试验中，经口服半数致死量 LD50≤50mg/kg 的固体、液体，经皮肤接触半数致死量 LC≤2mg/l 的固体或液体，以及吸入的半数致死浓度符合下述标准液体或气体：

V≥LC 和 LC≤300ml/m^3

5　剧毒物品的分级

5.1　以急性毒性指标为主，适当考虑剧毒物品的理化性质和其他危险性质，进行综合分析、全面权衡，将剧毒物品分为A、B两级。

5.1.1　A级剧毒物品：具有非常剧烈的毒害危险，急性毒性符合5.2项中A级标准的；或急性毒性符合5.2项中B级标准，无明显颜色、气味、味道，易被用于投毒破坏的，及具有遇水燃烧、爆炸、催泪等其他危险性质，易引起治安灾害事故的。

5.1.2　B级剧毒物品：具有严重的毒害危险，急性毒性符合5.2项B级标准，可能引起治安灾害事故的。

6　剧毒物品的分类

6.1　剧毒物品按照化学类别和毒性大小分为四类。

6.1.1　第1类A级无机剧毒物

6.1.2　第2类A级有机剧毒物

6.1.3　第3类B级无机剧毒物

6.1.4　第4类B级有机剧毒物

7　编号

7.1　剧毒物品品名编号由一个英文字母和四位阿拉伯数字组成，表明剧毒物品所属的等级、化学类别和顺序号。

7.2　编号的表示方法

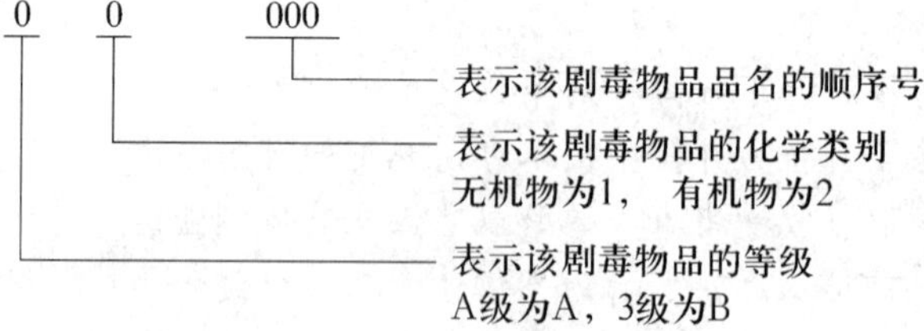

《剧毒化学品名录》（2002 版）

（2003 年 6 月 24 日国家安全生产监督管理局、公安部、国家环境保护总局、卫生部、国家质量监督检验防疫总局、铁道部、交通部、中国民用航空总局 2003 年第 2 号公告公布）

（略）

《卫生部关于印发〈高毒物品目录〉的通知》

（2003 年 6 月 10 日　卫法监发［2003］142 号）

（略）

《交通运输部 农业部 公安部 安全监管局关于农药运输的通知》

（交水发［2009］162 号）

各省、自治区、直辖市交通运输、农业、公安、安全监督部门：

为确保农药运输安全顺畅，根据《危险化学品安全管理条例》、《农药管理条例》和有关国家标准，参照联合国《关于危险货物运输的建议书规章范本》等国际推荐规则，现将农药运输有关事宜通知如下：

一、凡危险性低于国家标准《危险货物品名表》（GB12268－2005）农药条目包装类别Ⅲ标准的农药产品（含农药登记为低毒、微毒产品），按普通货物管理。

二、对列入上述标准农药条目包装类别Ⅲ的农药产品（含农药登记为中等毒产品），其内容器所盛装农药重量或容量在 5kg 或 5L 以内且每包件重量不超过 30kg 的，同时具有符合国家标准《农药包装通则》（GB3796－2006）规定要求的包装容器和内容器，按普通货物管理，但须在有关运输文件货物说明中注明“有限数量”或“限量”一词；同时，在包件外表面的一个菱形框内标明内装物的联合国编号（前加字母“UN”）和“Ⅲ”（即包装类别Ⅲ），“Ⅲ”标在联合国编号下侧，见附件一《农药限量产品包件外表面标志内容的说明》。另外，在按限量要求对农药进行包装时，应确保同一外容器的内装物不会因渗漏而发生危险反应。上述农药产品的限量标准，见附件二《农药限量一览表》。

三、对包装类别Ⅰ、Ⅱ的农药产品（含农药登记为剧毒、高毒产品）以及不符合限量标准及包装要求的包装类别Ⅲ的农药产品，仍按危险货物管理。

本通知自印发之日起施行。施行中如有问题请及时反馈给交通运输部，联系电话：010－65292225。

附件一：农药限量产品包件外表面标志内容的说明

属于限量运输的农药产品包件上须标有以 45°角度斜放的方（菱）形框，菱形边线的长度至少 50 毫米，宽度至少 2 毫米，框内数字和“Ⅲ”的高度至少 6 毫米，如果包件内有不同联合国编号的一种以上物质，菱形框必须够大以便容纳每个有关联合国编号。

附件二：农药限量一览表

联合国编号	名称和说明	英文名称	类别或项别	次要危险性	联合国包装类别	有限数量
2588	固态农药，毒性，未另作规定的	PESTICIDE, SOLID, TOXIC, N. O. S.	6.1		Ⅲ	5kg
2757	固态氨基甲酸酯农药，毒性	CARBAMATE PESTICIDE, SOLID, TOXIC	6.1		Ⅲ	5kg
2759	固态含砷农药，毒性	ARSENICAL PESTICIDE, SOLID, TOXIC	6.1		Ⅲ	5kg
2761	固态有机氯农药，毒性	ORGANOCHLORINE PESTICIDE, SOLID, TOXIC	6.1		Ⅲ	5kg
2763	固态三嗪农药，毒性	TRIAZINE PESTICIDE, SOLID, TOXIC	6.1		Ⅲ	5kg
2771	固态硫代氨基甲酸酯农药，毒性	THIOCARBAMATE PESTICIDE, SOLID, TOXIC	6.1		Ⅲ	5kg
2775	固态铜基农药，毒性	COPPER BASED PESTICIDE, SOLID, TOXIC	6.1		Ⅲ	5kg
2777	固态汞基农药，毒性	MERCURY BASED PESTICIDE, SOLID, TOXIC	6.1		Ⅲ	5kg
2779	固态取代硝基苯酚农药，毒性	SUBSTITUTED NITROPHENOL PESTICIDE, SOLID, TOXIC	6.1		Ⅲ	5kg
2781	固态联吡啶农药，毒性	BIPYRIDILIUM PESTICIDE, SOLID, TOXIC	6.1		Ⅲ	5kg
2783	固态有机磷农药，毒性	ORGANOPHOSPHORUS PESTICIDE, SOLID, TOXIC	6.1		Ⅲ	5kg
2786	固态有机锡农药，毒性	ORGANOTIN PESTICIDE, SOLID, TOXIC	6.1		Ⅲ	5kg
2902	液态农药，毒性，未另作规定的	PESTICIDE, LIQUID, TOXIC, N. O. S.	6.1		Ⅲ	5L
2903	液态农药，毒性，易燃，未另作规定的，闪点不低于23℃	PESTICIDE, LIQUID, TOXIC, N. O. S., flash point not less than 23℃	6.1	3	Ⅲ	5L
2991	液态氨基甲酸酯农药，毒性，易燃，闪点不低于23℃	CARBAMATE PESTICIDE, LIQUID, TOXIC, FLAMMABLE, flash point not less than 23℃	6.1	3	Ⅲ	5L

相关执法参考

联合国编号	名称和说明	英文名称	类别或项别	次要危险性	联合国包装类别	有限数量
2992	液态氨基甲酸酯农药，毒性	CARBAMATE PESTICIDE, LIQUID, TOXIC	6.1		Ⅲ	5L
2993	液态含砷农药，毒性，易燃，闪点不低于23℃	ARSENICAL PESTICIDE, LIQUID, TOXIC, FLAMMABLE, flash point not less than 23℃	6.1	3	Ⅲ	5L
2994	液态含砷农药，毒性	ARSENICAL PESTICIDE, LIQUID, TOXIC	6.1		Ⅲ	5L
2995	液态有机氯农药，毒性，易燃，闪点不低于23℃	ORGANOCHLORINE PESTICIDE, LIQUID, TOXIC, FLAMMABLE, flash point not less than 23℃	6.1	3	Ⅲ	5L
2996	液态有机氯农药，毒性	ORGANOCHLORINE PESTICIDE, LIQUID, TOXIC	6.1		Ⅲ	5L
2997	液态三嗪农药，毒性，易燃，闪点不低于23℃	TRIAZINE PESTICIDE, LIQUID, TOXIC, FLAMMABLE, flash point not less than 23℃	6.1	3	Ⅲ	5L
2998	液态三嗪农药，毒性	TRIAZINE PESTICIDE, LIQUID, TOXIC	6.1		Ⅲ	5L
3005	液态硫代氨基甲酸酯农药，毒性，易燃，闪点不低于23℃	THIOCARBAMATE PESTICIDE, LIQUID, TOXIC, FLAMMABLE, flash point not less than 23℃	6.1	3	Ⅲ	5L
3006	液态硫代氨基甲酸药毒性	THIOCARBAMATE PESTICIDE, LIQUID, TOXIC	6.1		Ⅲ	5L
3009	液态铜基农药，毒性，易燃，闪点不低于23℃	COPPER BASED PESTICIDE, LIQUID, TOXIC, FLAMMABLE, flash point not less than 23℃	6.1	3	Ⅲ	5L
3010	液态铜基农药，毒性	COPPER BASED PESTICIDE, LIQUID, TOXIC	6.1		Ⅲ	5L
3011	液态汞基农药，毒性，易燃，闪点不低于23℃	MERCURY BASED PESTICIDE, LIQUID, TOXIC, FLAMMABLE, flash point not less than 23℃	6.1	3	Ⅲ	5L
3012	液态汞基农药，毒性	MERCURY BASED PESTICIDE, LIQUID, TOXIC	6.1		Ⅲ	5L

联合国编号	名称和说明	英文名称	类别或项别	次要危险性	联合国包装类别	有限数量
3013	液态取代硝基苯酚农药，毒性，易燃，闪点不低于23℃	SUBSTITUTED NITROPHENOL PESTICIDE, LIQUID, TOXIC, FLAMMABLE, flash point not less than 23℃	6.1	3	Ⅲ	5L
3014	液态取代硝基苯酚农药，毒性	SUBSTITUTED NITROPHENOL PESTICIDE, LIQUID, TOXIC	6.1		Ⅲ	5L
3015	液态联吡啶农药，毒性，易燃，闪点不低于23℃	BIPYRIDILIUM PESTICIDE, LIQUID, TOXIC, FLAMMABLE, flash point not less than 23℃	6.1	3	Ⅲ	5L
3016	液态联吡啶农药，毒性	BIPYRIDILIUM PESTICIDE, LIQUID, TOXIC	6.1		Ⅲ	5L
3017	液态有机磷农药，毒性，易燃，闪点不低于23℃	ORGANOPHOSPHORUS PESTICIDE, LIQUID, TOXIC, FLAMMABLE, flash point not less than 23℃	6.1	3	Ⅲ	5L
3018	液态有机磷农药，毒性	ORGANOPHOSPHORUS PESTICIDE, LIQUID, TOXIC	6.1		Ⅲ	5L
3019	液态有机锡农药，毒性，易燃，闪点不低于23℃	ORGANOTIN PESTICIDE, LIQUID, TOXIC, FLAMMABLE, flash point not less than 23℃	6.1	3	Ⅲ	5L
3020	液态有机锡农药，毒性	ORGANOTIN PESTICIDE, LIQUID, TOXIC	6.1		Ⅲ	5L
3025	液态香豆素衍生物农药，毒性，易燃，闪点不低于23℃	COUMARIN DERIVATIVE PESTICIDE, LIQUID, TOXIC, FLAMMABLE, flash point not less than 23℃	6.1	3	Ⅲ	5L
3026	液态香豆素衍生物农药，毒性	COUMARIN DERIVATIVE PESTICIDE, LIQUID, TOXIC	6.1		Ⅲ	5L
3027	固态香豆素衍生物农药，毒性	COUMARIN DERIVATIVE PESTICIDE, SOLID, TOXIC	6.1		Ⅲ	5kg
3345	固态苯氧基乙酸衍生物农药，毒性	PHENOXYACETIC ACID DERIVATIVE PESTICIDE, SOLID, TOXIC	6.1		Ⅲ	5kg

联合国编号	名称和说明	英文名称	类别或项别	次要危险性	联合国包装类别	有限数量
3347	液态苯氧基乙酸衍生物农药，毒性，易燃，闪点不低于23℃	PHENOXYACETIC ACID DERIVATIVE PESTICIDE, LIQUID, TOXIC, FLAMMABLE, flash point not less than 23℃	6.1	3	Ⅲ	5L
3348	液态苯氧基乙酸衍生物农药，毒性	PHENOXYACETIC ACID DERIVATIVE PESTICIDE, LIQUID, TOXIC	6.1		Ⅲ	5L
3349	固态拟除虫菊酯农药，毒性	PYRETHROID PESTICIDE, SOLID, TOXIC	6.1		Ⅲ	5kg
3351	液态拟除虫菊酯农药，毒性，易燃，闪点不低于23℃	PYRETHROID PESTICIDE, LIQUID, TOXIC, FLAMMABLE, flash point not less than 23℃	6.1	3	Ⅲ	5L
3352	液态拟除虫菊酯农药，毒性	PYRETHROID PESTICIDE, LIQUID . TOXIC	6.1		Ⅲ	5L

“农药限量一览表”结构说明：

第1栏“联合国编号”——采用国家标准GB12268－2005《危险货物品名表》中的联合国编号；

第2栏“名称和说明”——采用国家标准GB12268－2005《危险货物品名表》农药中文名称（冠以固态或液态）；

第3栏“英文名称”——采用国家标准GB12268－2005《危险货物品名表》中英文名称，用大写字母表示，N. O. S为未另作规定的缩略语；

第4栏“类别或项别”——采用国家标准GB12268－2005《危险货物品名表》规定的主要危险性；

第5栏“次要危险性”——采用国家标准GB12268－2005《危险货物品名表》规定的除主要危险性以外的其他危险性；

第6栏“包装类别”——采用国家标准GB12268－2005《危险货物品名表》规定的表述危险货物危险程度的联合国包装类别Ⅰ、Ⅱ、Ⅲ符号，即：“Ⅰ”表示剧烈毒性危险，“Ⅱ”表示严重毒性危险，“Ⅲ”表示较低毒性危险。本表只列出包装类别Ⅲ的农药。

第7栏“有限数量”——采用联合国《关于危险货物运输的建议书规章范本》中《危险货物一览表》第7栏“有限数量”的定义，即：对按照第3.4章准许运输的有限数量危险货物，规定了每个内容器或物品所装的最大数量。

相关执法参考

《中华人民共和国放射性污染防治法》（节录）

（2003年6月28日第十届全国人民代表大会常务委员会第三次会议通过 2003年6月28日中华人民共和国主席令第六号公布 自2003年10月1日起施行）

第五十二条　违反本法规定，未经许可或者批准，核设施营运单位擅自进行核设施的建造、装料、运行、退役等活动的，由国务院环境保护行政主管部门责令停止违法行为，限期改正，并处二十万元以上五十万元以下罚款；构成犯罪的，依法追究刑事责任。

第五十三条　违反本法规定，生产、销售、使用、转让、进口、贮存放射性同位素和射线装置以及装备有放射性同位素的仪表的，由县级以上人民政府环境保护行政主管部门或者其他有关部门依据职权责令停止违法行为，限期改正；逾期不改正的，责令停产停业或者吊销许可证；有违法所得的，没收违法所得；违法所得十万元以上的，并处违法所得一倍以上五倍以下罚款；没有违法所得或者违法所得不足十万元的，并处一万元以上十万元以下罚款；构成犯罪的，依法追究刑事责任。

第五十六条　产生放射性固体废物的单位，不按照本法第四十五条的规定对其产生的放射性固体废物进行处置的，由审批该单位立项环境影响评价文件的环境保护行政主管部门责令停止违法行为，限期改正；逾期不改正的，指定有处置能力的单位代为处置，所需费用由产生放射性固体废物的单位承担，可以并处二十万元以下罚款；构成犯罪的，依法追究刑事责任。

第五十七条　违反本法规定，有下列行为之一的，由省级以上人民政府环境保护行政主管部门责令停产停业或者吊销许可证；有违法所得的，没收违法所得；违法所得十万元以上的，并处违法所得一倍以上五倍以下罚款；没有违法所得或者违法所得不足十万元的，并处五万元以上十万元以下罚款；构成犯罪的，依法追究刑事责任：

（一）未经许可，擅自从事贮存和处置放射性固体废物活动的；

（二）不按照许可的有关规定从事贮存和处置放射性固体废物活动的。

第五十八条　向中华人民共和国境内输入放射性废物和被放射性污染的物品，或者经中华人民共和国境内转移放射性废物和被放射性污染的物品的，由海关责令退运该放射性废物和被放射性污染的物品，并处五十万元以上一百万元以下罚款；构成犯罪的，依法追究刑事责任。

《中华人民共和国核材料管制条例》（节录）

（国务院1987年6月15日颁布 自颁布之日起实施）

第二条　本条例管制的核材料是：

（一）铀－235，含铀－235的材料和制品；

（二）铀－233，含铀－233的材料和制品；

（三）钚－239，含钚－239的材料和制品；

（四）氚，含氚的材料和制品；

（五）锂－6，含锂－6的材料和制品；

（六）其他需要管制的核材料。

相关执法参考

铀矿石及其初级产品，不属于本条例管制范围。已移交给军队的核制品的管制办法由国防部门制定。

《放射性同位素与射线装置安全和防护条例》（节录）

（2005年9月14日国务院令第449号颁布　自颁布之日起实施）

第二条　在中华人民共和国境内生产、销售、使用放射性同位素和射线装置，以及转让、进出口放射性同位素的，应当遵守本条例。

本条例所称放射性同位素包括放射源和非密封放射性物质。

第三条　国务院环境保护主管部门对全国放射性同位素、射线装置的安全和防护工作实施统一监督管理。

国务院公安、卫生等部门按照职责分工和本条例的规定，对有关放射性同位素、射线装置的安全和防护工作实施监督管理。

县级以上地方人民政府环境保护主管部门和其他有关部门，按照职责分工和本条例的规定，对本行政区域内放射性同位素、射线装置的安全和防护工作实施监督管理。

第四条　国家对放射源和射线装置实行分类管理。根据放射源、射线装置对人体健康和环境的潜在危害程度，从高到低将放射源分为Ⅰ类、Ⅱ类、Ⅲ类、Ⅳ类、Ⅴ类，具体分类办法由国务院环境保护主管部门制定；将射线装置分为Ⅰ类、Ⅱ类、Ⅲ类，具体分类办法由国务院环境保护主管部门商国务院卫生主管部门制定。

第五十条　违反本条例规定，县级以上人民政府环境保护主管部门有下列行为之一的，对直接负责的主管人员和其他直接责任人员，依法给予行政处分；构成犯罪的，依法追究刑事责任：

（一）向不符合本条例规定条件的单位颁发许可证或者批准不符合本条例规定条件的单位进口、转让放射性同位素的；

（二）发现未依法取得许可证的单位擅自生产、销售、使用放射性同位素和射线装置，不予查处或者接到举报后不依法处理的；

（三）发现未经依法批准擅自进口、转让放射性同位素，不予查处或者接到举报后不依法处理的；

（四）对依法取得许可证的单位不履行监督管理职责或者发现违反本条例规定的行为不予查处的；

（五）在放射性同位素、射线装置安全和防护监督管理工作中有其他渎职行为的。

第五十一条　违反本条例规定，县级以上人民政府环境保护主管部门和其他有关部门有下列行为之一的，对直接负责的主管人员和其他直接责任人员，依法给予行政处分；构成犯罪的，依法追究刑事责任：

（一）缓报、瞒报、谎报或者漏报辐射事故的；

（二）未按照规定编制辐射事故应急预案或者不依法履行辐射事故应急职责的。

第五十二条　违反本条例规定，生产、销售、使用放射性同位素和射线装置的单位有下列行为之一的，由县级以上人民政府环境保护主管部门责令停止违法行

相关执法参考

为，限期改正；逾期不改正的，责令停产停业或者由原发证机关吊销许可证；有违法所得的，没收违法所得；违法所得10万元以上的，并处违法所得1倍以上5倍以下的罚款；没有违法所得或者违法所得不足10万元的，并处1万元以上10万元以下的罚款：

（一）无许可证从事放射性同位素和射线装置生产、销售、使用活动的；

（二）未按照许可证的规定从事放射性同位素和射线装置生产、销售、使用活动的；

（三）改变所从事活动的种类或者范围以及新建、改建或者扩建生产、销售、使用设施或者场所，未按照规定重新申请领取许可证的；

（四）许可证有效期届满，需要延续而未按照规定办理延续手续的；

（五）未经批准，擅自进口或者转让放射性同位素的。

第五十三条　违反本条例规定，生产、销售、使用放射性同位素和射线装置的单位变更单位名称、地址、法定代表人，未依法办理许可证变更手续的，由县级以上人民政府环境保护主管部门责令限期改正，给予警告；逾期不改正的，由原发证机关暂扣或者吊销许可证。

第五十四条　违反本条例规定，生产、销售、使用放射性同位素和射线装置的单位部分终止或者全部终止生产、销售、使用活动，未按照规定办理许可证变更或者注销手续的，由县级以上人民政府环境保护主管部门责令停止违法行为，限期改正；逾期不改正的，处1万元以上10万元以下的罚款；造成辐射事故，构成犯罪的，依法追究刑事责任。

第五十五条　违反本条例规定，伪造、变造、转让许可证的，由县级以上人民政府环境保护主管部门收缴伪造、变造的许可证或者由原发证机关吊销许可证，并处5万元以上10万元以下的罚款；构成犯罪的，依法追究刑事责任。

违反本条例规定，伪造、变造、转让放射性同位素进口和转让批准文件的，由县级以上人民政府环境保护主管部门收缴伪造、变造的批准文件或者由原批准机关撤销批准文件，并处5万元以上10万元以下的罚款；情节严重的，可以由原发证机关吊销许可证；构成犯罪的，依法追究刑事责任。

第五十六条　违反本条例规定，生产、销售、使用放射性同位素的单位有下列行为之一的，由县级以上人民政府环境保护主管部门责令限期改正，给予警告；逾期不改正的，由原发证机关暂扣或者吊销许可证：

（一）转入、转出放射性同位素未按照规定备案的；

（二）将放射性同位素转移到外省、自治区、直辖市使用，未按照规定备案的；

（三）将废旧放射源交回生产单位、返回原出口方或者送交放射性废物集中贮存单位贮存，未按照规定备案的。

第五十七条　违反本条例规定，生产、销售、使用放射性同位素和射线装置的单位有下列行为之一的，由县级以上人民政府环境保护主管部门责令停止违法行为，限期改正；逾期不改正的，处1万元以上10万元以下的罚款：

（一）在室外、野外使用放射性同位素和射线装置，未按照国家有关安全和防护标准的要求划出安全防护区域和设置明显的放射性标志的；

相关执法参考

（二）未经批准擅自在野外进行放射性同位素示踪试验的。

第五十八条　违反本条例规定，生产放射性同位素的单位有下列行为之一的，由县级以上人民政府环境保护主管部门责令限期改正，给予警告；逾期不改正的，依法收缴其未备案的放射性同位素和未编码的放射源，处5万元以上10万元以下的罚款，并可以由原发证机关暂扣或者吊销许可证：

（一）未建立放射性同位素产品台账的；

（二）未按照国务院环境保护主管部门制定的编码规则，对生产的放射源进行统一编码的；

（三）未将放射性同位素产品台账和放射源编码清单报国务院环境保护主管部门备案的；

（四）出厂或者销售未列入产品台账的放射性同位素和未编码的放射源的。

第五十九条　违反本条例规定，生产、销售、使用放射性同位素和射线装置的单位有下列行为之一的，由县级以上人民政府环境保护主管部门责令停止违法行为，限期改正；逾期不改正的，由原发证机关指定有处理能力的单位代为处理或者实施退役，费用由生产、销售、使用放射性同位素和射线装置的单位承担，并处1万元以上10万元以下的罚款：

（一）未按照规定对废旧放射源进行处理的；

（二）未按照规定对使用Ⅰ类、Ⅱ类、Ⅲ类放射源的场所和生产放射性同位素的场所，以及终结运行后产生放射性污染的射线装置实施退役的。

第六十条　违反本条例规定，生产、销售、使用放射性同位素和射线装置的单位有下列行为之一的，由县级以上人民政府环境保护主管部门责令停止违法行为，限期改正；逾期不改正的，责令停产停业，并处2万元以上20万元以下的罚款；构成犯罪的，依法追究刑事责任：

（一）未按照规定对本单位的放射性同位素、射线装置安全和防护状况进行评估或者发现安全隐患不及时整改的；

（二）生产、销售、使用、贮存放射性同位素和射线装置的场所未按照规定设置安全和防护设施以及放射性标志的。

第六十一条　违反本条例规定，造成辐射事故的，由原发证机关责令限期改正，并处5万元以上20万元以下的罚款；情节严重的，由原发证机关吊销许可证；构成违反治安管理行为的，由公安机关依法予以治安处罚；构成犯罪的，依法追究刑事责任。

因辐射事故造成他人损害的，依法承担民事责任。

第六十二条　生产、销售、使用放射性同位素和射线装置的单位被责令限期整改，逾期不整改或者经整改仍不符合原发证条件的，由原发证机关暂扣或者吊销许可证。

第六十三条　违反本条例规定，被依法吊销许可证的单位或者伪造、变造许可证的单位，5年内不得申请领取许可证。

第六十四条　县级以上地方人民政府环境保护主管部门的行政处罚权限的划分，由省、自治区、直辖市人民政府确定。

相关执法参考

第六十五条　军用放射性同位素、射线装置安全和防护的监督管理，依照《中华人民共和国放射性污染防治法》第六十条的规定执行。

第六十六条　劳动者在职业活动中接触放射性同位素和射线装置造成的职业病的防治，依照《中华人民共和国职业病防治法》和国务院有关规定执行。

第六十七条　放射性同位素的运输，放射性同位素和射线装置生产、销售、使用过程中产生的放射性废物的处置，依照国务院有关规定执行。

第六十八条　本条例中下列用语的含义：

放射性同位素，是指某种发生放射性衰变的元素中具有相同原子序数但质量不同的核素。

放射源，是指除研究堆和动力堆核燃料循环范畴的材料以外，永久密封在容器中或者有严密包层并呈固态的放射性材料。

射线装置，是指X线机、加速器、中子发生器以及含放射源的装置。

非密封放射性物质，是指非永久密封在包壳里或者紧密地固结在覆盖层里的放射性物质。

转让，是指除进出口、回收活动之外，放射性同位素所有权或者使用权在不同持有者之间的转移。

伴有产生X射线的电器产品，是指不以产生X射线为目的，但在生产或者使用过程中产生X射线的电器产品。

辐射事故，是指放射源丢失、被盗、失控，或者放射性同位素和射线装置失控导致人员受到意外的异常照射。

第六十九条　本条例自2005年12月1日起施行。1989年10月24日国务院发布的《放射性同位素与射线装置放射防护条例》同时废止。

《中华人民共和国传染病防治法》(修订)(节录)

(1989年2月21日第七届全国人民代表大会常务委员会第六次会议通过
2004年8月28日第十届全国人民代表大会常务委员会第十一次会议修订
自2004年12月1日起施行)

第三条　本法规定的传染病分为甲类、乙类和丙类。

甲类传染病是指：鼠疫、霍乱。

乙类传染病是指：传染性非典型肺炎、艾滋病、病毒性肝炎、脊髓灰质炎、人感染高致病性禽流感、麻疹、流行性出血热、狂犬病、流行性乙型脑炎、登革热、炭疽、细菌性和阿米巴性痢疾、肺结核、伤寒和副伤寒、流行性脑脊髓膜炎、百日咳、白喉、新生儿破伤风、猩红热、布鲁氏菌病、淋病、梅毒、钩端螺旋体病、血吸虫病、疟疾。

丙类传染病是指：流行性感冒、流行性腮腺炎、风疹、急性出血性结膜炎、麻风病、流行性和地方性斑疹伤寒、黑热病、包虫病、丝虫病，除霍乱、细菌性和阿米巴性痢疾、伤寒和副伤寒以外的感染性腹泻病。

上述规定以外的其他传染病，根据其暴发、流行情况和危害程度，需要列入乙类、丙类传染病的，由国务院卫生行政部门决定并予以公布。

相关执法参考

《中华人民共和国传染病防治法实施办法》（节录）

（1991年12月6日　卫生部令第17号颁布　自颁布之日起实施）

第十六条　传染病的菌（毒）种分为下列三类：

一类：鼠疫耶尔森氏菌、霍乱弧菌；天花病毒、艾滋病病毒；

二类：布氏菌、炭疽菌、麻风杆菌、肝炎病毒、狂犬病毒、出血热病毒、登革热病毒；斑疹伤寒立克次体；

三类：脑膜炎双球菌、链球菌、淋病双球菌、结核杆菌、百日咳嗜血杆菌、白喉棒状杆菌、沙门氏菌、志贺氏菌、破伤风梭状杆菌；钩端螺旋体、梅毒螺旋体；乙型脑炎病毒、脊髓灰质炎病毒、流感病毒、流行性腮腺炎病毒、麻疹病毒、风疹病毒。

国务院卫生行政部门可以根据情况增加或者减少菌（毒）种的种类。

《卫生部关于将手足口病纳入法定传染病管理的通知》（节录）

（卫发明电［2008］30号）

……

根据《中华人民共和国传染病防治法》有关规定，为加强手足口病防治工作，经研究，决定将手足口病列入《中华人民共和国传染病防治法》规定的丙类传染病进行管理……

《卫生部关于印发〈人间传染的病原微生物名录〉的通知》

（2006年1月11日　卫科教发［2006］15号）

（略）

《中华人民共和国安全生产法》（节录）

（2002年6月29日第九届全国人民代表大会常务委员会第二十八次会议通过
根据2009年8月27日第十一届全国人民代表大会常务委员会第十次会议通过的
〈全国人民代表大会常务委员会关于修改部分法律的决定〉修改）

第八十四条　未经依法批准，擅自生产、经营、储存危险物品的，责令停止违法行为或者予以关闭，没收违法所得，违法所得十万元以上的，并处违法所得一倍以上五倍以下的罚款，没有违法所得或者违法所得不足十万元的，单处或者并处二万元以上十万元以下的罚款；造成严重后果，构成犯罪的，依照刑法有关规定追究刑事责任。

《中华人民共和国人民防空法》（节录）

（1996年10月29日第八届全国人民代表大会常务委员会第二十二次会议通过
根据2009年8月27日第十一届全国人民代表大会常务委员会第十次会议通过的
〈全国人民代表大会常务委员会关于修改部分法律的决定〉修改）

第五十条　违反本法规定，故意损坏人民防空设施或者在人民防空工程内生产、储存爆炸、剧毒、易燃、放射性等危险品，尚不构成犯罪的，依照治安管理处罚法的有关规定处罚；构成犯罪的，依法追究刑事责任。

三十一、危险物质被盗、被抢、丢失后不按规定报告
（《治安管理处罚法》第31条）

<table>
<tr><td colspan="2">案由</td><td>危险物质被盗、被抢、丢失后不按规定报告</td></tr>
<tr><td colspan="2">概念</td><td>危险物质被盗、被抢、丢失后不按规定报告，是指在制造、储存、运输、买卖、使用爆炸性、毒害性、放射性、腐蚀性物质和传染病病原体等危险物质过程中，发现危险物质被盗、被抢或者丢失，未按规定报告或者故意隐瞒不报，尚不够刑事处罚的行为。</td></tr>
<tr><td>违法构成要件</td><td>违法客体</td><td>本行为侵犯的客体是公共安全。侵犯的对象是危险物质，这里的危险物质包括爆炸性物质、毒害性物质、放射性物质、腐蚀性物质或者传染病病原体等。
1.“爆炸性物质”是指在瞬间能发生剧烈的化学反应，放出大量的高温高压气体，对周围介质产生巨大的破坏作用的物质。“爆炸性物品”根据其特性和用途可以分为：（1）起爆药，常用的起爆药有雷汞、特屈拉辛等；（2）猛炸药，常用的猛炸药有梯恩梯、黑索金、泰安等；（3）火药，常用的火药有黑火药（即有烟火药）和无烟火药；（4）烟火剂，烟花剂主要包括照明剂、燃烧剂及烟幕剂等；（5）起爆器材和其他爆炸制品，起爆器材包括雷管、导火索、导爆索等，爆炸制品包括各种弹药和烟花爆竹等。
2.“毒害性物质”是指少量或微量进入人体或动物机体内，就能迅速发生中毒反应，很快致人或动物死亡的物品。通常把致死量在1克以内的有毒物品叫剧毒物品。剧毒物品按照其化学类别和毒性大小分为：（1）A级无机剧毒物品，常见的A级无机剧毒物品有氰化物、磷化物、砷化物等，如氰化钾。（2）B级无机剧毒物品，常见的B级无机剧毒物品有亚硝酸钙、砷酸铵等。（3）A级有机剧毒物品，常见的A级有机剧毒物品有氯苯乙酮、阿托品、吗啡、海洛因等。（4）B级有机剧毒物品，常见的B级有机剧毒物品包括可待因、三氯硝基甲烷和部分农药等。“毒害性物质”的具体种类较多，国家有关部门也颁布了相关的规定，如《剧毒化学品名录》（2002版）、《剧毒物品品名表》（GB58－93）、《高毒物品目录》（卫法监发［2003］142号）等，有兴趣的读者可查阅，这里不再赘述。
3.“放射性物质”是指通过原子核裂变时能够自发的放出射线，发生放射性衰变的物质，放射性物质在放出射线后，将变成具有不同性质的新元素，大部分新元素还会继续反射出射线。放射性物质对人类有着广泛的使用价值，但是，如果使用不当或防护不当，不仅会对人体、环境产生放射性污染，还有可能被违法犯罪分子利用，作为违法犯罪的工具。
4.“腐蚀性物质”是指能够灼伤皮肤，引起皮肤红肿、腐烂，食用后会迅速破坏肠胃等组织器官，严重的会在短时间内导致死亡；同时，也会对其他物品造成腐蚀损坏的物质。常见的腐蚀性物质有硫酸、硝酸和盐酸等。</td></tr>
</table>

违法构成要件	违法客体	5. “传染病病原体”是指能够引起传染病发生的细菌、病毒等病原体物质。 根据我国《传染病防治法》的规定，传染病分为甲类、乙类和丙类。甲类传染病是指：鼠疫、霍乱；乙类传染病是指：传染性非典型肺炎、艾滋病、病毒性肝炎、脊髓灰质炎、人感染高致病性禽流感、麻疹、流行性出血热、狂犬病、流行性乙型脑炎、登革热、炭疽、细菌性和阿米巴性痢疾、肺结核、伤寒和副伤寒、流行性脑脊髓膜炎、百日咳、白喉、新生儿破伤风、猩红热、布鲁氏菌病、淋病、梅毒、钩端螺旋体病、血吸虫病、疟疾；丙类传染病是指：流行性感冒、流行性腮腺炎、风疹、急性出血性结膜炎、麻风病、流行性和地方性斑疹伤寒、黑热病、包虫病、丝虫病，除霍乱、细菌性和阿米巴性痢疾、伤寒和副伤寒以外的感染性腹泻病。 传染病病原体主要包括病菌、寄生虫和病毒三类，常见的传染病病原体有乙肝病毒、结核杆菌、艾滋病病毒等。根据《中华人民共和国传染病防治法实施办法》的规定，传染病的菌（毒）种分为三类。一类传染病的菌（毒）种包括：鼠疫耶尔森氏菌、霍乱弧菌；天花病毒、艾滋病病毒；二类传染病的菌（毒）种包括：布氏菌、炭疽菌、麻风杆菌、肝炎病毒、狂犬病毒、出血热病毒、登革热病毒；斑疹伤塞立克次体；三类传染病的菌（毒）种包括：脑膜炎双球菌、链球菌、淋病双球菌、结核杆菌、百日咳嗜血杆菌、白喉棒状杆菌、沙门氏菌、志贺氏菌、破伤风梭状杆菌；钩端螺旋体、梅毒螺旋体；乙型脑炎病毒、脊髓灰质炎病毒、流感病毒、流行性腮腺炎病毒、麻疹病毒、风疹病毒。另外，卫生部于 2006 年 1 月 11 日印发了《人间传染的病原微生物名录》（卫科教发〔2006〕15 号），对人间传染的病原微生物的种类进行了规范。
	违法客观方面	本行为在客观方面表现为在制造、储存、运输、买卖、使用爆炸性、毒害性、放射性、腐蚀性物质和传染病病原体等危险物质过程中，发现危险物质被盗、被抢或者丢失，未按规定报告或者故意隐瞒不报，尚不够刑事处罚的行为。 本行为包括两种行为方式： 1. 未按规定报告。所谓“未按规定报告”，是指未按照有关法律、法规规定的报告时间、报告方式报告危险物质的被盗、被抢或者丢失情况，或者未向应当报告的部门报告的。需要注意的是，这里的“未按规定报告”必须是能够报告而未按规定报告，如果因为条件限制而不能报告的，不构成本行为。 2. 故意隐瞒不报。所谓“故意隐瞒不报”，是指发生危险物质被盗、被抢或者丢失后，责任人为了逃避追究责任，采取统一口径，隐匿证据，破坏现场，掩盖事实真相等方法，隐瞒不报的行为。这里的“故意隐瞒不报”必须是行为人故意实施的，如果行为人只是因为过失，如不了解相关情况而“谎报”、“漏报”的，不构成本行为。 本行为是选择性案由，根据案件具体情况确定具体的案由，如危险物质被盗后不按规定报告、危险物质被抢后不按规定报告或危险物质丢失后不按规定报告等。

违法构成要件	违法主体	本行为的主体是特殊主体，即依法管理危险物质的个人或单位，既可以是自然人，也可以是单位。
	违法主观方面	本行为在主观方面既可以由故意构成，也可以由过失构成。该行为的故意，是指行为人发现危险物质被盗、被抢或者丢失后，明知应当上报有关部门，但未上报的；该行为的过失，是指行为人发现危险物质被盗、被抢或者丢失后，本应知道应当报告有关部门，但由于业务不熟，不知道应当上报或如何上报，因而未按规定报告有关部门。
认定界限	（一）本行为与不报、谎报安全事故罪的界限。 《刑法》第139条之一规定的不报、谎报安全事故罪，是指在安全事故发生后，负有报告职责的人员不报或者谎报事故情况，贻误事故抢救，情节严重的行为。两者的界限主要在于： 1. 行为主体不同。两者都是特殊主体，本行为的主体是依法管理危险物质的个人或单位，既可以由自然人构成，也可以由单位构成，后者的主体仅限于对安全事故的发生负有报告职责的人员，单位不能构成该罪。“负有报告职责的人员”，是指生产经营单位的负责人、实际控制人、负责生产经营管理的投资人以及其他负有报告职责的人员。 2. 行为方式不同。本行为在客观方面表现为在制造、储存、运输、买卖、使用爆炸性、毒害性、放射性、腐蚀性物质和传染病病原体等危险物质过程中，发现危险物质被盗、被抢或者丢失，未按规定报告或者故意隐瞒不报，尚不够刑事处罚的行为。后者在客观方面表现为安全事故发生后，负有报告职责的人员不报或者谎报事故情况，贻误事故抢救，情节严重的行为。后者所说的“安全事故”的范围更加广泛。 3. 后果不同。本行为是一般治安违法行为，必须是尚不够刑事处罚的行为，后者却是犯罪行为，必须有贻误事故抢救，情节严重的后果才能构成该罪。根据《最高人民法院、最高人民检察院关于办理危害矿山生产安全刑事案件具体应用法律若干问题的解释》（法释［2007］5号）的规定，生产安全事故发生后，负有报告职责的人员不报或者谎报事故情况，贻误事故抢救，具有下列情形之一的，应当认定为《刑法》第139条之一规定的“情节严重”： （1）导致事故后果扩大，增加死亡1人以上，或者增加重伤3人以上，或者增加直接经济损失100万元以上的； （2）实施下列行为之一，致使不能及时有效开展事故抢救的： ——决定不报、谎报事故情况或者指使、串通有关人员不报、谎报事故情况的； ——在事故抢救期间擅离职守或者逃匿的； ——伪造、破坏事故现场，或者转移、藏匿、毁灭遇难人员尸体，或者转移、藏匿受伤人员的； ——毁灭、伪造、隐匿与事故有关的图纸、记录、计算机数据等资料以及其	

<table>
<tr><td>认定界限</td><td>他证据的；
（3）其他严重的情节。
（二）本行为与丢失枪支不报罪的界限。
《刑法》第129条规定的丢失枪支不报罪，是指依法配备公务用枪的人员违反枪支管理规定，丢失枪支不及时报告，造成严重后果的行为。两者的区别主要在于：
1. 行为主体不同。本行为的主体是依法管理危险物质的个人或单位；后者的主体是依法配备公务用枪的人员，单位不能构成丢失枪支不报罪，根据规定，可以配备公务用枪的人员仅限于两类：（1）公安机关、国家安全机关、监狱、劳动教养机关的人民警察，人民法院的司法警察，人民检察院的司法警察和担负案件侦查任务的检察人员，海关的缉私人员；（2）国家重要的军工、金融、仓储、科研等单位的专职守护、押运人员在执行守护押运任务时确有必要使用枪支的。
2. 行为涉及的对象不同。本行为涉及的对象包括爆炸性、毒害性、放射性、腐蚀性物质和传染病病原体等危险物质；后者所涉及的对象只是枪支，而且仅限于公务用枪，不包括民用枪支。
3. 危害后果不同。本行为要求尚未造成严重损失；后者要求造成严重后果，这里的“严重后果”是指枪支丢失后被违法犯罪分子持有、使用或造成重大人身伤亡、财产损失等后果。根据《最高人民检察院 公安部关于公安机关管辖的刑事案件立案追诉标准的规定（一）》（公通字［2008］36号）的规定，依法配备公务用枪的人员，丢失枪支不及时报告，涉嫌下列情形之一的，应予立案追诉：
（1）丢失的枪支被他人使用造成人员轻伤以上伤亡事故的；
（2）丢失的枪支被他人利用进行违法犯罪活动的；
（3）其他造成严重后果的情形。</td></tr>
<tr><td>处罚标准</td><td>（一）未按规定报告的，处5日以下拘留。
（二）故意隐瞒不报的，处5日以上10日以下拘留。</td></tr>
<tr><td>相关执法参考</td><td>《中华人民共和国治安管理处罚法》（节录）
（2005年8月28日第十届全国人民代表大会常务委员会第十七次会议通过　中华人民共和国主席令第三十八号公布　自2006年3月1日起施行）
第三十一条　爆炸性、毒害性、放射性、腐蚀性物质或者传染病病原体等危险物质被盗、被抢或者丢失，未按规定报告的，处五日以下拘留；故意隐瞒不报的，处五日以上十日以下拘留。
《中华人民共和国刑法》（节录）
（1979年7月1日第五届全国人民代表大会第二次会议通过　1997年3月14日第八届全国人民代表大会第五次会议修订　根据2011年2月25日第十一届全国人民代表大会常务委员会第十九次会议通过的《中华人民共和国刑法修正案（八）》最新修正）</td></tr>
</table>

相关执法参考

第一百三十九条之一 在安全事故发生后，负有报告职责的人员不报或者谎报事故情况，贻误事故抢救，情节严重的，处三年以下有期徒刑或者拘役；情节特别严重的，处三年以上七年以下有期徒刑。{**刑法修正案（六）增加此条**}

第一百二十九条 依法配备公务用枪的人员，丢失枪支不及时报告，造成严重后果的，处三年以下有期徒刑或者拘役。

《最高人民法院、最高人民检察院关于办理危害矿山生产安全刑事案件具体应用法律若干问题的解释》（节录）

（2007年2月28日法释［2007］5号颁布 自2007年3月1日起实施）

第五条 刑法第一百三十九条之一规定的"负有报告职责的人员"，是指矿山生产经营单位的负责人、实际控制人、负责生产经营管理的投资人以及其他负有报告职责的人员。

第六条 在矿山生产安全事故发生后，负有报告职责的人员不报或者谎报事故情况，贻误事故抢救，具有下列情形之一的，应当认定为刑法第一百三十九条之一规定的"情节严重"：

（一）导致事故后果扩大，增加死亡一人以上，或者增加重伤三人以上，或者增加直接经济损失一百万元以上的；

（二）实施下列行为之一，致使不能及时有效开展事故抢救的：

1. 决定不报、谎报事故情况或者指使、串通有关人员不报、谎报事故情况的；

2. 在事故抢救期间擅离职守或者逃匿的；

3. 伪造、破坏事故现场，或者转移、藏匿、毁灭遇难人员尸体，或者转移、藏匿受伤人员的；

4. 毁灭、伪造、隐匿与事故有关的图纸、记录、计算机数据等资料以及其他证据的；

（三）其他严重的情节。

具有下列情形之一的，应当认定为刑法第一百三十九条之一规定的"情节特别严重"：

（一）导致事故后果扩大，增加死亡三人以上，或者增加重伤十人以上，或者增加直接经济损失三百万元以上的；

（二）采用暴力、胁迫、命令等方式阻止他人报告事故情况导致事故后果扩大的；

（三）其他特别严重的情节。

第七条 在矿山生产安全事故发生后，实施本解释第六条规定的相关行为，帮助负有报告职责的人员不报或者谎报事故情况，贻误事故抢救的，对组织者或者积极参加者，依照刑法第一百三十九条之一的规定，以共犯论处。

第十一条 国家工作人员违反规定投资入股矿山生产经营，构成本解释涉及的有关犯罪的，作为从重情节依法处罚。

第十二条 危害矿山生产安全构成犯罪的人，在矿山生产安全事故发生后，积极组织、参与事故抢救的，可以酌情从轻处罚。

相关执法参考

《最高人民检察院 公安部关于公安机关管辖的刑事案件立案追诉标准的规定（一）》（节录）

（公通字［2008］36号）

第六条　［丢失枪支不报案（刑法第一百二十九条）］依法配备公务用枪的人员，丢失枪支不及时报告，涉嫌下列情形之一的，应予立案追诉：

（一）丢失的枪支被他人使用造成人员轻伤以上伤亡事故的；

（二）丢失的枪支被他人利用进行违法犯罪活动的；

（三）其他造成严重后果的情形。

《中华人民共和国安全生产法》（节录）

（2002年6月29日第九届全国人民代表大会常务委员会第二十八次会议通过　根据2009年8月27日第十一届全国人民代表大会常务委员会第十次会议通过的〈全国人民代表大会常务委员会关于修改部分法律的决定〉修改）

第九十一条第二款　生产经营单位主要负责人对生产安全事故隐瞒不报、谎报或者拖延不报的，依照前款规定处罚。

《中华人民共和国枪支管理法》（节录）

（1996年7月5日第八届全国人民代表大会常务委员会第二十次会议通过　根据2009年8月27日第十一届全国人民代表大会常务委员会第十次会议《关于修改部分法律的决定》修正）

第二十五条　配备、配置枪支的单位和个人必须遵守下列规定：

（一）携带枪支必须同时携带持枪证件，未携带持枪证件的，由公安机关扣留枪支；

（二）不得在禁止携带枪支的区域、场所携带枪支；

（三）枪支被盗、被抢或者丢失的，立即报告公安机关。

第四十四条　违反本法规定，有下列行为之一的，由公安机关对个人或者单位负有直接责任的主管人员和其他直接责任人员处警告或者十五日以下拘留；构成犯罪的，依法追究刑事责任：

（一）未按照规定的技术标准制造民用枪支的；

（二）在禁止携带枪支的区域、场所携带枪支的；

（三）不上缴报废枪支的；

（四）枪支被盗、被抢或者丢失，不及时报告的；

（五）制造、销售仿真枪的。

有前款第（一）项至第（三）项所列行为的，没收其枪支，可以并处五千元以下罚款；有前款第（五）项所列行为的，由公安机关、工商行政管理部门按照各自职责范围没收其仿真枪，可以并处制造、销售金额五倍以下的罚款，情节严重的，由工商行政管理部门吊销营业执照。

第四十六条　本法所称枪支，是指以火药或者压缩气体等为动力，利用管状器具发射金属弹丸或者其他物质，足以致人伤亡或者丧失知觉的各种枪支。

相关执法参考

《生产安全事故报告和调查处理条例》（节录）

（2007年3月28日国务院第172次常务会议通过
国务院令第493号公布　自2007年6月1日起施行）

第二条　生产经营活动中发生的造成人身伤亡或者直接经济损失的生产安全事故的报告和调查处理，适用本条例；环境污染事故、核设施事故、国防科研生产事故的报告和调查处理不适用本条例。

第三条　根据生产安全事故（以下简称事故）造成的人员伤亡或者直接经济损失，事故一般分为以下等级：

（一）特别重大事故，是指造成30人以上死亡，或者100人以上重伤（包括急性工业中毒，下同），或者1亿元以上直接经济损失的事故；

（二）重大事故，是指造成10人以上30人以下死亡，或者50人以上100人以下重伤，或者5000万元以上1亿元以下直接经济损失的事故；

（三）较大事故，是指造成3人以上10人以下死亡，或者10人以上50人以下重伤，或者1000万元以上5000万元以下直接经济损失的事故；

（四）一般事故，是指造成3人以下死亡，或者10人以下重伤，或者1000万元以下直接经济损失的事故。

国务院安全生产监督管理部门可以会同国务院有关部门，制定事故等级划分的补充性规定。

本条第一款所称的“以上”包括本数，所称的“以下”不包括本数。

第四条　事故报告应当及时、准确、完整，任何单位和个人对事故不得迟报、漏报、谎报或者瞒报。

事故调查处理应当坚持实事求是、尊重科学的原则，及时、准确地查清事故经过、事故原因和事故损失，查明事故性质，认定事故责任，总结事故教训，提出整改措施，并对事故责任者依法追究责任。

第九条　事故发生后，事故现场有关人员应当立即向本单位负责人报告；单位负责人接到报告后，应当于1小时内向事故发生地县级以上人民政府安全生产监督管理部门和负有安全生产监督管理职责的有关部门报告。

情况紧急时，事故现场有关人员可以直接向事故发生地县级以上人民政府安全生产监督管理部门和负有安全生产监督管理职责的有关部门报告。

第十条　安全生产监督管理部门和负有安全生产监督管理职责的有关部门接到事故报告后，应当依照下列规定上报事故情况，并通知公安机关、劳动保障行政部门、工会和人民检察院：

（一）特别重大事故、重大事故逐级上报至国务院安全生产监督管理部门和负有安全生产监督管理职责的有关部门；

（二）较大事故逐级上报至省、自治区、直辖市人民政府安全生产监督管理部门和负有安全生产监督管理职责的有关部门；

（三）一般事故上报至设区的市级人民政府安全生产监督管理部门和负有安全生产监督管理职责的有关部门。

相关执法参考

安全生产监督管理部门和负有安全生产监督管理职责的有关部门依照前款规定上报事故情况，应当同时报告本级人民政府。国务院安全生产监督管理部门和负有安全生产监督管理职责的有关部门以及省级人民政府接到发生特别重大事故、重大事故的报告后，应当立即报告国务院。

必要时，安全生产监督管理部门和负有安全生产监督管理职责的有关部门可以越级上报事故情况。

第十一条　安全生产监督管理部门和负有安全生产监督管理职责的有关部门逐级上报事故情况，每级上报的时间不得超过2小时。

第十二条　报告事故应当包括下列内容：

（一）事故发生单位概况；

（二）事故发生的时间、地点以及事故现场情况；

（三）事故的简要经过；

（四）事故已经造成或者可能造成的伤亡人数（包括下落不明的人数）和初步估计的直接经济损失；

（五）已经采取的措施；

（六）其他应当报告的情况。

第十三条　事故报告后出现新情况的，应当及时补报。

自事故发生之日起30日内，事故造成的伤亡人数发生变化的，应当及时补报。道路交通事故、火灾事故自发生之日起7日内，事故造成的伤亡人数发生变化的，应当及时补报。

第十四条　事故发生单位负责人接到事故报告后，应当立即启动事故相应应急预案，或者采取有效措施，组织抢救，防止事故扩大，减少人员伤亡和财产损失。

第十六条　事故发生后，有关单位和人员应当妥善保护事故现场以及相关证据，任何单位和个人不得破坏事故现场、毁灭相关证据。

因抢救人员、防止事故扩大以及疏通交通等原因，需要移动事故现场物件的，应当做出标志，绘制现场简图并做出书面记录，妥善保存现场重要痕迹、物证。

第十七条　事故发生地公安机关根据事故的情况，对涉嫌犯罪的，应当依法立案侦查，采取强制措施和侦查措施。犯罪嫌疑人逃匿的，公安机关应当迅速追捕归案。

第三十五条　事故发生单位主要负责人有下列行为之一的，处上一年年收入40%至80%的罚款；属于国家工作人员的，并依法给予处分；构成犯罪的，依法追究刑事责任：

（一）不立即组织事故抢救的；

（二）迟报或者漏报事故的；

（三）在事故调查处理期间擅离职守的。

第三十六条　事故发生单位及其有关人员有下列行为之一的，对事故发生单位处100万元以上500万元以下的罚款；对主要负责人、直接负责的主管人员和其他直接责任人员处上一年年收入60%至100%的罚款；属于国家工作人员的，并依法给予处分；构成违反治安管理行为的，由公安机关依法给予治安管理处罚；构成犯罪的，依法追究刑事责任：

相关执法参考

（一）谎报或者瞒报事故的；

（二）伪造或者故意破坏事故现场的；

（三）转移、隐匿资金、财产，或者销毁有关证据、资料的；

（四）拒绝接受调查或者拒绝提供有关情况和资料的；

（五）在事故调查中作伪证或者指使他人作伪证的；

（六）事故发生后逃匿的。

第三十九条　有关地方人民政府、安全生产监督管理部门和负有安全生产监督管理职责的有关部门有下列行为之一的，对直接负责的主管人员和其他直接责任人员依法给予处分；构成犯罪的，依法追究刑事责任：

（一）不立即组织事故抢救的；

（二）迟报、漏报、谎报或者瞒报事故的；

（三）阻碍、干涉事故调查工作的；

（四）在事故调查中作伪证或者指使他人作伪证的。

《突发公共卫生事件应急条例》（节录）

（2003年5月9日国务院令第376号公布施行　根据2010年12月29日国务院第138次常务会议通过的〈国务院关于废止和修改部分行政法规的决定〉修改　国务院令第588号颁布）

第二条　本条例所称突发公共卫生事件（以下简称突发事件），是指突然发生，造成或者可能造成社会公众健康严重损害的重大传染病疫情、群体性不明原因疾病、重大食物和职业中毒以及其他严重影响公众健康的事件。

第二十一条　任何单位和个人对突发事件，不得隐瞒、缓报、谎报或者授意他人隐瞒、缓报、谎报。

《民用爆炸物品安全管理条例》（节录）

（2006年4月26日国务院第134次常务会议通过　中华人民共和国国务院令第466号公布　自2006年9月1日起施行）

第二条　民用爆炸物品的生产、销售、购买、进出口、运输、爆破作业和储存以及硝酸铵的销售、购买，适用本条例。

本条例所称民用爆炸物品，是指用于非军事目的、列入民用爆炸物品品名表的各类火药、炸药及其制品和雷管、导火索等点火、起爆器材。

民用爆炸物品品名表，由国务院国防科技工业主管部门会同国务院公安部门制订、公布。

第四十一条　储存民用爆炸物品应当遵守下列规定：

（四）民用爆炸物品丢失、被盗、被抢，应当立即报告当地公安机关。

第五十条　违反本条例规定，民用爆炸物品从业单位有下列情形之一的，由公安机关处2万元以上10万元以下的罚款；情节严重的，吊销其许可证；有违反治安管理行为的，依法给予治安管理处罚：

（一）违反安全管理制度，致使民用爆炸物品丢失、被盗、被抢的；

相关执法参考

（二）民用爆炸物品丢失、被盗、被抢，未按照规定向当地公安机关报告或者故意隐瞒不报的；

（三）转让、出借、转借、抵押、赠送民用爆炸物品的。

第五十二条 民用爆炸物品从业单位的主要负责人未履行本条例规定的安全管理责任，导致发生重大伤亡事故或者造成其他严重后果，构成犯罪的，依法追究刑事责任；尚不构成犯罪的，对主要负责人给予撤职处分，对个人经营的投资人处2万元以上20万元以下的罚款。

《民用爆炸物品安全生产许可实施办法》（节录）

（2006年8月31日国防科学技术工业委员会令第17号颁布
自2006年9月1日起实施）

第十九条 企业安全生产条件降低，或者发生安全生产事故造成人员死亡隐瞒不报的，由省级国防科技工业主管部门责令停止生产，处3万元以下的罚款；情节严重的，报请国防科工委撤销安全生产许可。

《危险化学品安全管理条例》（节录）

（2002年1月26日国务院令第344号颁布 自2002年3月15日实施）

第三条 本条例所称危险化学品，包括爆炸品、压缩气体和液化气体、易燃液体、易燃固体、自燃物品和遇湿易燃物品、氧化剂和有机过氧化物、有毒品和腐蚀品等。

危险化学品列入以国家标准公布的《危险货物品名表》（GB12268）；剧毒化学品目录和未列入《危险货物品名表》的其他危险化学品，由国务院经济贸易综合管理部门会同国务院公安、环境保护、卫生、质检、交通部门确定并公布。

第十九条 剧毒化学品的生产、储存、使用单位，应当对剧毒化学品的产量、流向、储存量和用途如实记录，并采取必要的保安措施，防止剧毒化学品被盗、丢失或者误售、误用；发现剧毒化学品被盗、丢失或者误售、误用时，必须立即向当地公安部门报告。

第三十三条 剧毒化学品经营企业销售剧毒化学品，应当记录购买单位的名称、地址和购买人员的姓名、身份证号码及所购剧毒化学品的品名、数量、用途。记录应当至少保存1年。

剧毒化学品经营企业应当每天核对剧毒化学品的销售情况；发现被盗、丢失、误售等情况时，必须立即向当地公安部门报告。

第四十四条 剧毒化学品在公路运输途中发生被盗、丢失、流散、泄漏等情况时，承运人及押运人员必须立即向当地公安部门报告，并采取一切可能的警示措施。公安部门接到报告后，应当立即向其他有关部门通报情况；有关部门应当采取必要的安全措施。

第六十七条 违反本条例的规定，有下列行为之一的，由公安部门责令改正，处2万元以上10万元以下的罚款；触犯刑律的，依照刑法关于危险物品肇事罪、重大环境污染事故罪或者其他罪的规定，依法追究刑事责任：

（四）危险化学品运输企业运输剧毒化学品，在公路运输途中发生被盗、丢失、

相关执法参考

流散、泄露等情况，不立即向当地公安部门报告，并采取一切可能的警示措施的；

《传染性非典型肺炎防治管理办法》（节录）

（2003年5月12日卫生部令第35号颁布　自颁布之日起实施）

第九条　任何单位和个人发现传染性非典型肺炎病人或者疑似传染性非典型肺炎病人（以下简称病人或者疑似病人）时，都应当及时向当地疾病预防控制机构报告。

医疗机构及其医务人员、疾病预防控制机构的工作人员发现病人或者疑似病人，必须立即向当地疾病预防控制机构报告。疾病预防控制机构发现疫情或者接到疫情报告，应当立即报告上级疾病预防控制机构和当地卫生行政部门。

卫生行政部门接到报告后应当立即报告本级人民政府，同时报告上级卫生行政部门和国务院卫生行政部门。

第十条　任何单位和个人对传染性非典型肺炎疫情，不得隐瞒、缓报、谎报或者授意他人隐瞒、缓报、谎报。

《中华人民共和国核材料管理条例》（节录）

（1987年6月15日国务院发布）

第二条　本条例管制的核材料是：

（一）铀-235，含铀——235的材料和制品；

（二）铀-233，含铀——233的材料和制品；

（三）钚-239，含钚——239的材料和制品

（四）氚，含氚的材料和制品；

（五）锂-6，含锂——6的材料和制品；

（六）其他需要管制的核材料。

铀矿石及其初级产品，不属于本条例管制范围。已移交给军队的核制品的管制办法由国防部门制定。

第十五条　发明核材料被盗、破坏、丢失、非法转让和非法使用的事件，当事单位必须立即追查原因、追回核材料，并迅速报告其上级领导部门、核工业部、国防科学技术工业委员会和国家核安全局。对核材料被盗、破坏、丢失等事件，必须迅速报告当地公安机关。

第十九条　凡违反本条例的规定，有下列行为之一的，国家核安全局可依其情节轻重，给予警告、限期改进、罚款和吊销许可证的处罚，但吊销许可证的处罚需经核工业部同意。

（一）未经批准或违章从事核材料生产、使用、贮存和处置的；

（二）不按照规定报告或谎报有关事实和资料的；

（三）拒绝监督检查的；

（四）不按照规定管理，造成事故的。

《放射性同位素与射线装置安全和防护条例》（节录）

（2005年9月14日国务院令第449号颁布　自2005年12月1日起实施）

第五十一条　违反本条例规定，县级以上人民政府环境保护主管部门和其他有

相关执法参考

关部门有下列行为之一的，对直接负责的主管人员和其他直接责任人员，依法给予行政处分；构成犯罪的，依法追究刑事责任：

（一）缓报、瞒报、谎报或者漏报辐射事故的；

（二）未按照规定编制辐射事故应急预案或者不依法履行辐射事故应急职责的。

《重大动物疫情应急条例》（节录）

（2005年11月18日国务院令第450号颁布 自颁布之日起实施）

第二条 本条例所称重大动物疫情，是指高致病性禽流感等发病率或者死亡率高的动物疫病突然发生，迅速传播，给养殖业生产安全造成严重威胁、危害，以及可能对公众身体健康与生命安全造成危害的情形，包括特别重大动物疫情。

第四十二条第一项 违反本条例规定，兽医主管部门及其所属的动物防疫监督机构有下列行为之一的，由本级人民政府或者上级人民政府有关部门责令立即改正、通报批评、给予警告；对主要负责人、负有责任的主管人员和其他责任人员，依法给予记大过、降级、撤职直至开除的行政处分；构成犯罪的，依法追究刑事责任：

（一）不履行疫情报告职责，瞒报、谎报、迟报或者授意他人瞒报、谎报、迟报，阻碍他人报告重大动物疫情的；

《病原微生物实验室生物安全管理条例》（节录）

（2004年11月12日 国务院令第424号）

第二条 对中华人民共和国境内的实验室及其从事实验活动的生物安全管理，适用本条例。

本条例所称病原微生物，是指能够使人或者动物致病的微生物。

本条例所称实验活动，是指实验室从事与病原微生物菌（毒）种、样本有关的研究、教学、检测、诊断等活动。

第十七条 高致病性病原微生物菌（毒）种或者样本在运输、储存中被盗、被抢、丢失、泄漏的，承运单位、护送人、保藏机构应当采取必要的控制措施，并在2小时内分别向承运单位的主管部门、护送人所在单位和保藏机构的主管部门报告，同时向所在地的县级人民政府卫生主管部门或者兽医主管部门报告，发生被盗、被抢、丢失的，还应当向公安机关报告；接到报告的卫生主管部门或者兽医主管部门应当在2小时内向本级人民政府报告，并同时向上级人民政府卫生主管部门或者兽医主管部门和国务院卫生主管部门或者兽医主管部门报告。

县级人民政府应当在接到报告后2小时内向设区的市级人民政府或者上一级人民政府报告；设区的市级人民政府应当在接到报告后2小时内向省、自治区、直辖市人民政府报告。省、自治区、直辖市人民政府应当在接到报告后1小时内，向国务院卫生主管部门或者兽医主管部门报告。

任何单位和个人发现高致病性病原微生物菌（毒）种或者样本的容器或者包装材料，应当及时向附近的卫生主管部门或者兽医主管部门报告；接到报告的卫生主管部门或者兽医主管部门应当及时组织调查核实，并依法采取必要的控制措施。

相关执法参考

第六十二条　未经批准运输高致病性病原微生物菌（毒）种或者样本，或者承运单位经批准运输高致病性病原微生物菌（毒）种或者样本未履行保护义务，导致高致病性病原微生物菌（毒）种或者样本被盗、被抢、丢失、泄漏的，由县级以上地方人民政府卫生主管部门、兽医主管部门依照各自职责，责令采取措施，消除隐患，给予警告；造成传染病传播、流行或者其他严重后果的，由托运单位和承运单位的主管部门对主要负责人、直接负责的主管人员和其他直接责任人员，依法给予撤职、开除的处分；构成犯罪的，依法追究刑事责任。

第六十七条　发生病原微生物被盗、被抢、丢失、泄漏，承运单位、护送人、保藏机构和实验室的设立单位未依照本条例的规定报告的，由所在地的县级人民政府卫生主管部门或者兽医主管部门给予警告；造成传染病传播、流行或者其他严重后果的，由实验室的设立单位或者承运单位、保藏机构的上级主管部门对主要负责人、直接负责的主管人员和其他直接责任人员，依法给予撤职、开除的处分；构成犯罪的，依法追究刑事责任。

《国务院关于特大安全事故行政责任追究的规定》（节录）

（2001年4月21日国务院令第302号颁布　自颁布之日起实施）

第十六条　特大安全事故发生后，有关县（市、区）、市（地、州）和省、自治区、直辖市人民政府及政府有关部门应当按照国家规定的程序和时限立即上报，不得隐瞒不报、谎报或者拖延报告，并应当配合、协助事故调查，不得以任何方式阻碍、干涉事故调查。

特大安全事故发生后，有关地方人民政府及政府有关部门违反前款规定的，对政府主要领导人和政府部门正职负责人给予降级的行政处分。

《公安机关公务用枪管理使用规定》（节录）

（1999年10月9日公安部公通字［1999］74号）

第二条　本规定所称公安机关公务用枪，是指各级公安机关（包括铁路、交通、民航、林业、海关）及其在编在职的人民警察按照规定配备的用于执行职务的各类枪支弹药。

列入公安机关序列的人民武装警察部队装备的枪支，按人民武装警察部队的有关规定管理。

第十五条　发生违规使用枪支案件和枪支被盗、被抢、丢失或其他事故的，必须立即向上级主管部门报告，同时抄报公务用枪管理的其他职能部门。

第十八条　佩带、使用枪支的人民警察必须遵守下列规定：

（十一）枪支丢失、被盗、被抢或者发生其他事故，必须立即向当地公安机关和所在单位报告；

第二十一条　佩带、使用枪支的人民警察有下列情形之一的，由政工人事部门审查后可取消或暂时取消其配枪资格，通知治安管理部门收回其所持有的《中华人民共和国公务用枪持枪证》，个人保管的枪支由所在单位收回：

（三）违反枪支保管规定造成枪支丢失、被盗、被抢或者发生其他事故的；

相关执法参考

第四十二条　公安机关人民警察有下列情形之一的，应当依法追究直接责任人员的法律责任，并按照《公安机关追究领导责任暂行规定》追究其所属公安机关直接领导者、分管领导者和主要领导者的责任：

（一）违法使用枪支造成人员伤亡、财产损失构成犯罪的；

（二）丢失、被盗枪支不及时报告造成严重后果，构成犯罪的。

《公安部关于加强爆炸案件和爆炸物品丢失被盗案件倒查责任追究工作的通知》

（2000年5月9日公明发［2000］1186号颁布　自颁布之日起实施）

各省、自治区、直辖市公安厅、局，新疆生产建设兵团公安局：

自去年开展涉爆专项斗争以来，各地公安机关普遍加大了对爆炸案件和爆炸物品丢失被盗案件涉案爆炸物品来源、流向的倒查力度，严肃追究了一批管理、监督失职责任人员的责任，对震慑违法犯罪分子的嚣张气焰，强化爆炸物品安全管理发挥了重要作用。但是，当前爆炸物品安全管理的形势依然十分严峻，一些重特大爆炸案件特别是爆炸袭警案件屡有发生，严重影响社会治安稳定。为严厉打击涉爆犯罪，进一步落实爆炸物品安全管理责任，现就有关工作通知如下：

一、充分认识严格进行倒查责任追究的重要作用，进一步加大倒查责任追究力度。实践证明，彻底查清涉案爆炸物品来源、流向和管理漏洞，从严倒查追究有关单位和人员及公安机关监管人员管理、监督失职、失察责任，是促进有关部门、单位和人员切实履行爆炸物品安全管理职责，落实监管责任，消除涉爆单位不安全隐患，杜绝爆炸物品流失，有效遏制爆炸犯罪的重要措施。对此，各地公安机关特别是领导同志要高度重视，认真执行并进一步完善倒查责任追究的工作机制，逐级加强督办指导，确保查办工作落实到位。对本地发生的爆炸和爆炸物品丢失被盗案件，均要逐一梳理研究，逐案落实倒查与责任追究的查办单位和人员，逐起彻查严办。

二、明确职责，落实责任，严格规范倒查与责任追究工作。刑侦、治安、督察、法制等部门要加强协作配合，严格落实倒查责任追究工作。刑侦部门要充分发挥侦查破案的主力军作用，彻底查清爆炸犯罪涉案爆炸物品流失源头、渠道和犯罪分子获取的途径、方式，查清丢失被盗爆炸物品的流向和销赃的渠道及购买使用者，及时彻底追缴流散社会的涉案爆炸物品，落实对涉案单位和人员的刑事处罚，并作为侦结案件的重要标准，一查到底。不能同案处理的，办案单位要及时将查证情况和线索通报给流出地公安机关，流出地公安机关必须继续立案侦查。治安部门要充分发挥在爆炸物品管理上的优势，积极协助刑侦部门调查涉案爆炸物品的来源、流向，彻底查清管理、监督失职、失察责任人员与管理漏洞，落实对涉爆单位和人员的行政处罚，及时堵塞管理漏洞，并作为强化爆炸物品安全管理的重要工作，一抓到底。督察部门负责对涉及公安机关内部监管失职、失察尤其是乱审批、乱发证等违法违纪问题的查处工作，促进倒查责任追究的落实。省、地（市）级公安机关刑侦、治安部门要会同法制部门切实加强对查处结果的审核把关，凡查处不到位或结案报告未上报倒查责任追究结果的，要逐起督办纠正，确保倒查责任追究工作落实到位。

三、充分运用法律武器，依法从严追究涉案责任人员的责任。在依法严惩作案犯罪分子的同时，要根据倒查结果区别不同情况，依法从严追究涉案责任人员的责任。对故意向作案犯罪分子提供爆炸物品的，依照《刑法》有关规定，以共同犯罪论处；对非法制造、买卖、运输、储存爆炸物品的，依照《刑法》第125条的规定，追究责任人的刑事责任，属于单位犯罪的，一并追究单位主管负责人的刑事责任；对因安全管理制度不落实、仓储设施不符合安全要求、守卫看护人员擅离职守等导致爆炸物品被私拿、私藏或丢失、被盗，或者非法转借、转送等被犯罪分子获取作案的，依照《刑法》第136条的规定，追究责任人的刑事责任；凡有上述行为尚不够刑事处罚的，按照《民用爆炸物品管理条例》和《治安管理处罚条例》等有关规定予以行政处罚，并建议涉案责任单位给予主管负责人和直接责任人相应的行政处分。对因监管、收缴工作失职或乱审批、乱发证导致爆炸物品被犯罪分子获取制造重大爆炸案件的．依照《刑法》第397条的规定，移送检察机关追究责任民警和有关领导的刑事责任，尚不够刑事处罚的，依照《人民警察法》等有关规定给予直至撤职、开除的行政处分或予以辞退；对检查和督促整改隐患不力导致发生爆炸物品丢失被盗的，依照《人民警察法》等有关规定，给予责任民警和有关领导行政处分。

四、举一反三，认真检查整治涉案责任单位和案发地爆炸物品安全管理工作，及时堵塞管理漏洞。凡发生重大爆炸和爆炸物品丢失被盗案件的，案发地县（市）公安机关和派出所要针对倒查发现的问题，认真查堵涉案责任单位的管理漏洞，深刻反思本地爆炸物品安全管理状况，并向上级公安机关作出深刻检讨。管理混乱存在严重问题的，要及时撤换主管民警和业务部门、派出所的主管领导，并举一反三，找准管理上的薄弱环节，有针对性地进行整治。对涉案责任单位要一律予以停业整顿，限期整改；经整改仍不符合安全要求的，坚决吊销有关许可证件。要认真查找公安机关内部监管工作中存在的问题，进一步完善监督制约机制和责任机制，严格规范内部管理，促进日常监管工作的落实与加强。要选择已查结的倒查责任追究的典型案例，加强宣传，不断提高广大群众与从业人员自觉守法意识和民警严格执法意识，切实扭转一些地方爆炸物品管理混乱的状况。

公安部决定，对今年以来各地专报的45起重特大爆炸案件和爆炸物品丢失被盗案件（见附件）进行督办，请按照倒查与责任追究的工作要求，迅速查办落实，并于6月30日前将查办落实情况逐起专报公安部。对今年以来发生但未列入公安部督办查处的案件，案发地省、自治区、直辖市公安厅、局也要逐一梳理列出，逐案督办落实，并上报查办结果。今后公安部将定期通报各地查办落实涉爆案件倒查责任追究工作的情况。

附件：（略）

三十二、非法携带枪支、弹药、管制器具

（《治安管理处罚法》第 32 条）

<table>
<tr><td colspan="2">案由</td><td>非法携带枪支、弹药、管制器具</td></tr>
<tr><td colspan="2">概念</td><td>非法携带枪支、弹药、管制器具，是指违反国家规定，非法携带枪支、弹药或者弩、匕首等国家规定的管制器具，妨害公开安全，但情节轻微，应受治安行政管理的行为。</td></tr>
<tr><td rowspan="2">违法构成要件</td><td>违法客体</td><td>本行为侵犯的客体是公共安全。侵犯的对象是枪支、弹药或者弩、匕首等国家规定的管制器具。
“枪支”是指以火药或者压缩气体等为动力，利用管状器具发射金属弹丸或者其他物质，足以致人伤亡或者丧失知觉的各种枪支，包括公务用枪和民用枪。公务用枪包括军用手枪、步枪、机枪等，民用枪包括膛线猎枪、散弹枪、火药枪等狩猎用枪，也包括小口径步枪、手枪、汽步枪、汽手枪等体育射击运动用枪支，同时还包括麻醉动物用的注射枪等。
“弹药”是指上述各种枪支所使用的子弹，如催泪弹等。
“弩”，在古代是一种攻击性、杀伤力都很强的兵器。经过现代科技改进后的弩具有便于携带、射程远、精度高等特点。进口弩还分手枪式、步枪式、冲锋枪式等多种式样。弩具有枪支、管制刀具的部分功能和特性，属于危险物品，如不严加控制和管理，极易被犯罪分子利用，危害公共安全。
“匕首及其他国家规定的管制器具”，是指匕首、三棱刀（含机械加工用的三棱刮刀）、带有自锁装置的弹簧刀（跳刀），以及其他相类似的单刃、双刃、三棱尖刀等。2007 年 1 月 14 日，公安部下发了《公安部关于印发〈管制刀具认定标准〉的通知》（公通字［2007］2 号），对管制刀具的认定标准进一步予以了明确。</td></tr>
<tr><td>违法客观方面</td><td>本行为在客观方面表现为违反国家规定，非法携带枪支、弹药或者弩、匕首等国家规定的管制器具，妨害到公共安全，但情节轻微，应受治安行政处罚的行为。
这里所说的“携带”，既有公开携带，也可以暗中偷偷携带，只要行为人将枪支、弹药或者管制器具带在身上或者置于身边，使其置于现实的支配之下，即视为“携带”。
根据《中华人民共和国枪支管理法》的规定，公务人员配备公务用枪，单位或者个人配置民用枪支，必须由公安部门审核，并发给相应的持枪证件，方可配带枪支。不具有持枪证件的人携带枪支的，或者在特定地区，按规定应当将所带枪支交当地公安机关或指定单位保存，但未予保存、擅自携带的，为非法携带行为。
根据公安部《对部分刀具实行管制的暂行规定》（1983）的规定：在少数民族自治地方，由于生活习惯的需要可以使用管制刀具；持有《匕首佩带证》</td></tr>
</table>

<table>
<tr><td rowspan="3">违法构成要件</td><td>违法客观方面</td><td>的专业狩猎人员和地质、勘探等野外作业人员可以在狩猎、勘探等野外作业时使用管制刀具。因而，在没有《匕首佩带证》的情况下，任何公民携带管制刀具进入公共场所或者乘坐公共交通工具均为违法行为，如果公民在少数民族自治地方购买具有民族特色的刀具作为纪念品，可随飞机的托运行李带回内地，但若随身携带乘坐飞机、火车、船只、汽车等公共交通工具的，为非法携带行为。
另外，构成本行为必须是“情节轻微”的，即既妨害到公共安全又没有严重危及到公共安全。如果行为人非法携带上述物品的行为根本没有妨害到公共安全的，不宜认定为违法行为，应进行批评教育，如果非法携带行为已经严重危及到公共安全的，应以相关的犯罪论处，而不应认定为本行为。</td></tr>
<tr><td>违法主体</td><td>本行为的主体是达到责任年龄、具有责任能力的自然人。</td></tr>
<tr><td>违法主观方面</td><td>本行为的主观方面既可以由故意构成，也可能是过失。明知是枪支、弹药、管制器具而携带，即为主观上的故意。疏忽大意的过失也可以构成本行为，例如，公民在少数民族自治地方购买具有民族特色的刀具作为纪念品，但在乘坐飞机时忘记将刀具放进托运行李托运的，是过失构成此行为。对过失构成此行为并且没有导致危害公共安全的严重后果的，可以视为情节轻微，在量罚时予以区别。再如，按照规定在某些特定的地区和场所，不准携带枪支时，持枪人员应当将所带枪支交当地公安机关或指定单位保存，如果行为人因一时忘记而违反上述规定，也是一种过失。</td></tr>
<tr><td>认定界限</td><td colspan="2">（一）本行为与非法携带枪支、弹药、管制刀具、危险物品危及公共安全罪的界限。
《刑法》第130条规定的非法携带枪支、弹药、管制刀具、危险物品危及公共安全罪，是指非法携带枪支、弹药、管制刀具或者爆炸性、易燃性、放射性、毒害性、腐蚀性物品，进入公共场所或者公共交通工具，危害公共安全，情节严重的行为。两者在客观方面都有非法携带行为，在非法携带的物品范围上也有交叉，即枪支、弹药、管制刀具，也就是说，行为人非法携带枪支、弹药、管制刀具时，既可以构成违反治安管理行为，也可能构成犯罪行为，两者的区别主要在于：
1. 主观方面不同。根据《治安管理处罚法》的规定，故意和过失均可构成本行为，但《刑法》规定的非法携带枪支、弹药、管制刀具、危险物品危及公共安全罪只能由故意构成，即行为人必须明知是枪支、弹药、管制刀具而携带，并明知自己进入了公共场所或者公共交通工具的，才成立此罪。因而，凡是主观上出于过失的，只能构成违反治安管理行为。
2. 情节和后果不同。如果行为人非法携带枪支、弹药、管制刀具的行为是出</td></tr>
</table>

认定界限	于故意，则要视非法携带的行为是否危及公共安全，以及情节、后果严重来考虑。如果非法携带枪支、弹药、管制刀具进入公共场所或者公共交通工具，危及公共安全，情节严重的，构成犯罪行为，反之，构成违反治安管理行为。根据《最高人民检察院 公安部关于公安机关管辖的刑事案件立案追诉标准的规定（一）》（公通字［2008］36号）的规定，非法携带枪支、弹药、管制刀具或者爆炸性、易燃性、放射性、毒害性、腐蚀性物品，进入公共场所或者公共交通工具，危及公共安全，涉嫌下列情形之一的，应予立案追诉： （1）携带枪支1支以上或者手榴弹、炸弹、地雷、手雷等具有杀伤性弹药1枚以上的； （2）携带爆炸装置1套以上的； （3）携带炸药、发射药、黑火药500克以上或者烟火药1000克以上、雷管20枚以上或者导火索、导爆索20米以上，或者虽未达到上述数量标准，但拒不交出的； （4）携带的弹药、爆炸物在公共场所或者公共交通工具上发生爆炸或者燃烧，尚未造成严重后果的； （5）携带管制刀具20把以上，或者虽未达到上述数量标准，但拒不交出，或者用来进行违法活动尚未构成其他犯罪的； （6）携带的爆炸性、易燃性、放射性、毒害性、腐蚀性物品在公共场所或者公共交通工具上发生泄漏、遗洒，尚未造成严重后果的； （7）其他情节严重的情形。 （二）本行为与非法携带武器、管制刀具、爆炸物品参加集会、游行、示威罪的界限。 《刑法》第297条规定的非法携带武器、管制刀具、爆炸物参加集会、游行、示威罪，是指违反法律规定，携带武器、管制刀具或者爆炸物品参加集会、游行、示威的行为。两者在客观方面都有非法携带行为，两者的界限主要在于： 1. 非法携带的物品不同。两者在非法携带的物品范围上有交叉，本行为携带的对象包括枪支、弹药或者弩、匕首等国家规定的管制器具，后者携带的对象包括武器、管制刀具、爆炸物品。也就是说，行为人携带武器、管制刀具、爆炸物品参加集会、游行、示威的，以非法携带武器、管制刀具、爆炸物品参加集会、游行、示威罪论处，行为人非法携带弩等管制器具参加集会、游行、示威的，只可能构成本行为，不可能构成相关的犯罪行为。 2. 主观方面不同。根据《治安管理处罚法》的规定，故意和过失均可构成本行为，但《刑法》规定的非法携带武器、管制刀具、爆炸物参加集会、游行、示威罪却只能由故意构成，即行为人必须明知是武器、管制刀具、爆炸物品而携带其参加集会、游行、示威的，才成立此罪。因而，凡是主观上出于过失的，只能构成违反治安管理行为。

处罚标准	（一）构成本行为的，处5日以下拘留，可以并处500元以下罚款。 （二）情节较轻的，处警告或者200元以下罚款。 有下列情形之一的，应认定为“情节较轻”： 1. 携带弩和匕首等管制器具主动交出的； 2. 过失携带或不明知是管制器具而携带并及时改正的； 3. 初次非法携带枪支、弹药或者弩、匕首等国家规定的管制器具并主动、全部交出的； 4. 其他情节较轻的情形。 （三）非法携带枪支、弹药或者弩、匕首等国家规定的管制器具进入公共场所或者公共交通工具的，处5日以上10日以下拘留，可以并处500元以下罚款。 需要注意的是，行为人非法携带枪支、弹药或者弩、匕首等国家规定的管制器具进入公共场所或者公共交通工具是本行为的一种法定加重情节而不是一种单独的违法行为。 “公共场所”，是指供不特定多数人往来、休息、游玩、从事社会活动的场所，包括公园、商场、车站、码头、游乐场、影剧院、歌舞厅等。 “公共交通工具”，是指大型的载人运输工具，包括公共汽车、电车、火车、船只、航空器等，而且必须是正在运行的公共交通工具，行为人非法携带枪支、弹药或者弩、匕首等国家规定的管制器具进入停放在库房或停留在车站、码头、机场等待用的公共交通工具或者私人交通工具，如私人轿车等，并不会对公共安全造成更大的危害，不宜认定为情节加重，需要处罚的，也只作为本行为的一般状态处理。
相关执法参考	**《中华人民共和国治安管理处罚法》**（节录） （2005年8月28日第十届全国人民代表大会常务委员会第十七次会议通过　中华人民共和国主席令第三十八号公布　自2006年3月1日起施行） 第三十二条　非法携带枪支、弹药或者弩、匕首等国家规定的管制器具的，处五日以下拘留，可以并处五百元以下罚款；情节较轻的，处警告或者二百元以下罚款。 非法携带枪支、弹药或者弩、匕首等国家规定的管制器具进入公共场所或者公共交通工具的，处五日以上十日以下拘留，可以并处五百元以下罚款。 **《中华人民共和国刑法》**（节录） （1979年7月1日第五届全国人民代表大会第二次会议通过　1997年3月14日第八届全国人民代表大会第五次会议修订　根据2011年2月25日第十一届全国人民代表大会常务委员会第十九次会议通过的《中华人民共和国刑法修正案（八）》最新修正） 第一百三十条　非法携带枪支、弹药、管制刀具或者爆炸性、易燃性、放射性、毒害性、腐蚀性物品，进入公共场所或者公共交通工具，危及公共安全，情节严重的，处三年以下有期徒刑、拘役或者管制。

相关执法参考

《最高人民检察院 公安部关于公安机关管辖的刑事案件立案追诉标准的规定（一）》（节录）

（公通字［2008］36号）

第七条　［非法携带枪支、弹药、管制刀具、危险物品危及公共安全案（刑法第一百三十条）］非法携带枪支、弹药、管制刀具或者爆炸性、易燃性、放射性、毒害性、腐蚀性物品，进入公共场所或者公共交通工具，危及公共安全，涉嫌下列情形之一的，应予立案追诉：

（一）携带枪支一支以上或者手榴弹、炸弹、地雷、手雷等具有杀伤性弹药一枚以上的；

（二）携带爆炸装置一套以上的；

（三）携带炸药、发射药、黑火药五百克以上或者烟火药一千克以上、雷管二十枚以上或者导火索、导爆索二十米以上，或者虽未达到上述数量标准，但拒不交出的；

（四）携带的弹药、爆炸物在公共场所或者公共交通工具上发生爆炸或者燃烧，尚未造成严重后果的；

（五）携带管制刀具二十把以上，或者虽未达到上述数量标准，但拒不交出，或者用来进行违法活动尚未构成其他犯罪的；

（六）携带的爆炸性、易燃性、放射性、毒害性、腐蚀性物品在公共场所或者公共交通工具上发生泄漏、遗洒，尚未造成严重后果的；

（七）其他情节严重的情形。

第三十九条　［非法携带武器、管制刀具、爆炸物参加集会、游行、示威案（刑法第二百九十七条）］违反法律规定，携带武器、管制刀具或者爆炸物参加集会、游行、示威的，应予立案追诉。

第一百零一条　本规定中的“以上”，包括本数。

《最高人民法院关于审理非法制造、买卖、运输枪支、弹药、爆炸物等刑事案件具体应用法律若干问题的解释》（节录）

（2001年5月10日最高人民法院审判委员会第1174次会议通过，根据2009年11月9日最高人民法院审判委员会第1476次会议修正）

第六条　非法携带枪支、弹药、爆炸物进入公共场所或者公共交通工具，危及公共安全，具有下列情形之一的，属于刑法第一百三十条规定的“情节严重”：

（一）携带枪支或者手榴弹的；

（二）携带爆炸装置的；

（三）携带炸药、发射药、黑火药五百克以上或者烟火药一千克以上、雷管二十枚以上或者导火索、导爆索二十米以上的；

（四）携带的弹药、爆炸物在公共场所或者公共交通工具上发生爆炸或者燃烧，尚未造成严重后果的；

（五）具有其他严重情节的。

相关执法参考

行为人非法携带本条第一款第（三）项规定的爆炸物进入公共场所或者公共交通工具，虽未达到上述数量标准，但拒不交出的，依照刑法第一百三十条的规定定罪处罚；携带的数量达到最低数量标准，能够主动、全部交出的，可不以犯罪论处。

《公安部关于执行〈对部分刀具实行管制的暂行规定〉的通知》（节录）

（1983年3月12日［83］公发治31号颁布　自颁布之日起实施）

第二条　本规定所管制的刀具是：匕首、三棱刀（包括机械加工用的三棱刮刀）、带有自锁装置的弹簧刀（跳刀）以及其它相类似的单刃、双刃、三棱尖刀。

第四条　机械加工使用的三棱刮刀，只限工作人员在工作场所使用，不得随意带出工作场所。

第九条　严禁任何单位和个人非法制造、销售和贩卖匕首、三棱刀、弹簧刀等属于管制范围内的各种刀具。严禁非法携带上述刀具进入车站、码头、机场、公园、商场、影剧院、展览馆或其它公共场所和乘坐火车、汽车、轮船、飞机。

第十二条　少数民族由于生活习惯需要佩带的刀具，由民族自治地区制订办法管理。

少数民族使用的藏刀、腰刀、靴刀等，只准在民族自治地方（自治区、自治州、自治县）销售。

第十三条　违反本规定，非法制造、销售、携带和私自保存管制范围刀具的，公安机关应予取缔，没收其刀具，并按照《中华人民共和国治安管理处罚条例》有关条款予以治安处罚；有妨害公共安全行为，情节严重，触犯刑律的，依法追究刑事责任。

《公安部关于对少数民族人员佩带刀具乘坐火车如何处理问题的批复》

（2001年4月28日　公复字［2001］6号）

四川省公安厅：

你厅《关于少数民族人员佩带刀具乘坐火车如何处理的请示》（川公明发［2001］323号）收悉。现批复如下：

根据国务院批准、公安部发布的《对部分刀具实行管制的暂行规定》（［83］公发（治）31号）的规定，管制刀具是指匕首、三棱刀（包括机械加工用的三棱刮刀）、带有自锁装置的弹簧刀（跳刀）以及其他相类似的单刃、双刃、三棱尖刀。任何人不得非法制造、销售、携带和私自保存管制刀具。少数民族人员只能在民族自治地区佩带、销售和使用藏刀、腰刀、靴刀等民族刀具；在非民族自治地区，只要少数民族人员所携带的刀具属于管制刀具范围，公安机关就应当严格按照相应规定予以管理。凡公安工作中涉及的此类有关少数民族的政策、法律规定，各级公安机关应当积极采取多种形式广泛宣传，特别是要加大在车站等人员稠密的公共场所及公共交通工具上的宣传力度。

少数民族人员违反《铁路法》和《铁路运输安全保护条例》携带管制刀具进入车站、乘坐火车的，由公安机关依法予以没收，但在本少数民族自治地区携带具

相关执法参考

有特殊纪念意义或者比较珍贵的民族刀具进入车站的，可以由携带人交其亲友带回或者交由车站派出所暂时保存并出具相应手续，携带人返回时领回；对不服从管理，构成违反治安管理行为的，依法予以治安处罚；构成犯罪的，依法追究其刑事责任。

《公安部关于印发〈管制刀具认定标准〉的通知》

（2007年1月14日　公通字［2007］2号）

一、凡符合下列标准之一的，可以认定为管制刀具：

1. 匕首：带有刀柄、刀格和血槽，刀尖角度小于60度的单刃、双刃或多刃尖刀（见图一）。

图一

2. 三棱刮刀：具有三个刀刃的机械加工用刀具（见图二）。

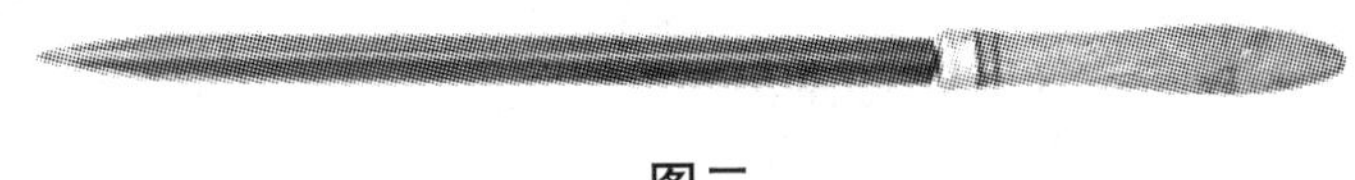

图二

3、带有自锁装置的弹簧刀（跳刀）：刀身展开或弹出后，可被刀柄内的弹簧或卡锁固定自锁的折叠刀具（见图三）。

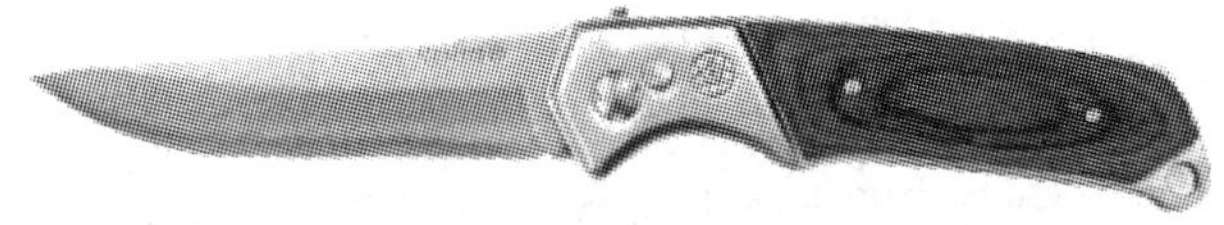

图三

4. 其他相类似的单刃、双刃、三棱尖刀：刀尖角度小于60度，刀身长度超过150毫米的各类单刃、双刃和多刃刀具（见图四）。

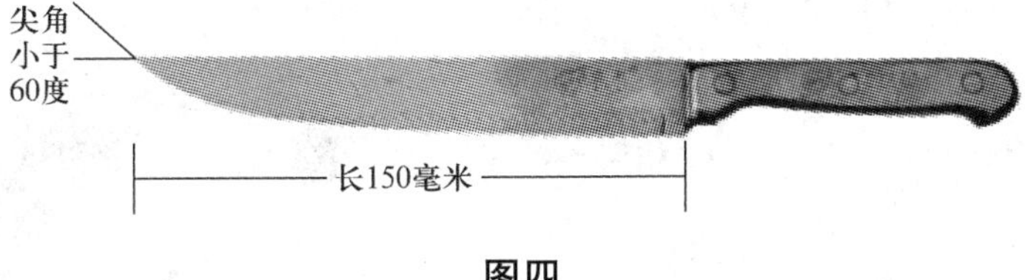

图四

5. 其他刀尖角度大于60度，刀身长度超过220毫米的各类单刃、双刃和多刃刀具（见图五）。

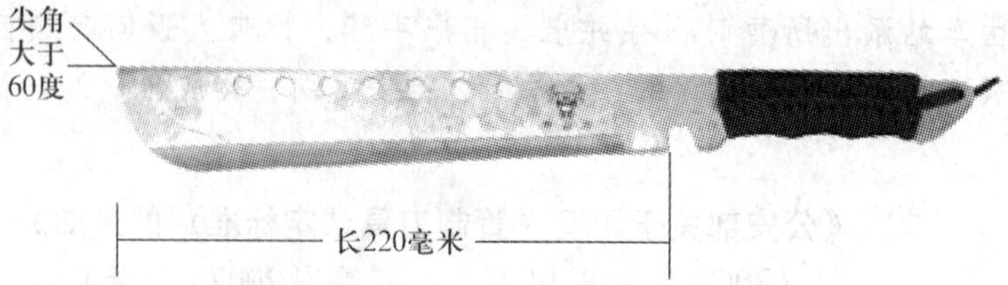

尖角大于60度

长220毫米

图五

二、未开刀刃且刀尖倒角半径R大于2.5毫米的各类武术、工艺、礼品等刀具不属于管制刀具范畴。

三、少数民族使用的藏刀、腰刀、靴刀、马刀等刀具的管制范围认定标准，由少数民族自治区（自治州、自治县）人民政府公安机关参照本标准制定。

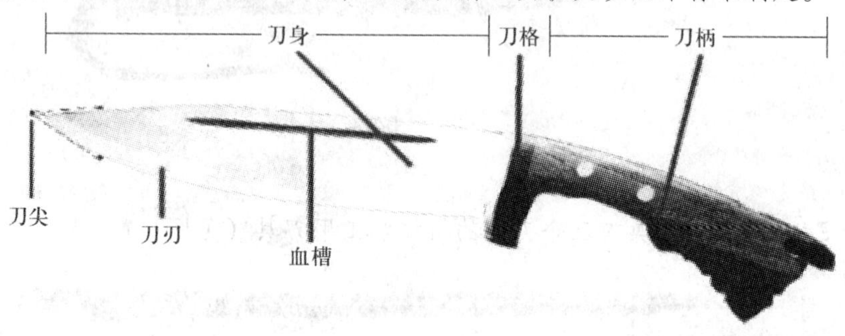

图六

四、述语说明：

1. 刀柄：是指刀上被用来握持的部分（见图六）。

2. 刀格（挡手）：是指刀上用来隔离刀柄与刀身的部分（见图六）。

3. 刀身：是指刀上用来完成切、削、刺等功能的部分（见图六）。

4. 血槽：是指刀身上的专用刻槽（见图六）。

5. 刀尖角度：是指刀刃与刀背（或另一侧刀刃）上距离刀尖顶点10毫米的点与刀尖顶点形成的角度（见图六）。

6. 刀刃（刃口）：是指刀身上用来切、削、砍的一边，一般情况下刃口厚度小于0.5毫米（见图六）。

7. 刀尖倒角：是指刀尖部所具有的圆弧度（见图七）。

图七

相关执法参考

《公安部关于将陶瓷类刀具纳入管制刀具管理问题的批复》

（公复字［2010］1号）

北京市公安局：

你局《关于将陶瓷类刀具纳入管制刀具管理范围的请示》（京公治字［2010］282号）收悉。现批复如下：

陶瓷类刀具具有超高硬度、超高耐磨、刃口锋利等特点，其技术特性已达到或超过了部分金属刀具的性能，对符合《管制刀具认定标准》（公通字［2007］2号）规定的刀具类型、刀刃长度和刀尖角度等条件的陶瓷类刀具，应当作为管制刀具管理。

二〇一〇年四月七日

《公安部关于切实加强管制刀具管理工作的通知》

（公通字［2008］23号）

各省、自治区、直辖市公安厅、局，新疆生产建设兵团公安局：

近年来，随着取消对管制刀具的行政审批，一些地方对管制刀具的管理有所放松，持刀斗殴、抢劫、杀人等暴力性案件不断发生，严重扰乱社会治安秩序，影响人民群众的安全感。为切实加强对管制刀具的治安管理，维护良好的社会治安秩序，现就有关要求通知如下：

一、充分发挥职能作用，切实履行管制刀具管理职责

依法管理管制刀具，是法律赋予公安机关的一项重要职责，是公安机关维护社会治安秩序的有效手段。2002年国务院取消了公安机关对管制刀具的行政审批项目，但是公安机关依法管理管制刀具的职责并没有改变，经国务院批准发布实施的《公安部对部分刀具实行管制的暂行规定》（［83］公发（治）31号，以下简称《暂行规定》）仍然是公安机关管理管制刀具的有效法律依据。各级公安机关要充分认识做好管理管制刀具工作的重要性，主动适应社会治安面临的新形势，本着严管、严控、严治的原则，依法加强管制刀具管理工作。要会同有关部门加强对学校周边、外来人员聚居区、小商品批发市场、商场、夜市、娱乐场所、风景旅游区等重点治安复杂场所的检查整治和巡逻执法，强化对车站、机场、码头等人员密集场所、部位的查控措施，及时发现和依法收缴非法携带的管制刀具。要把收缴管制刀具和对重点人员的管控结合起来，对曾因持管制刀具打架斗殴、伤害他人等违法犯罪人员和刑释解教人员作为工作重点，明确专人，落实责任，严格管控，彻底收缴。要充分利用各种新闻媒体，广泛宣传管制刀具的危害性，做到家喻户晓，人人皆知，切实增强公民遵守相关法律法规规定的自觉性。要与教育部门密切配合，充分发挥法制副校长和法制辅导员的作用，教育广大在校学生自觉抵制非法持有、携带管制刀具的行为。要将管制刀具管理工作，纳入公安机关目标管理，建立有效监督机制，确保工作落到实处。要建立严格的责任倒查追究制度，对因不作为、失职渎职造成严重恶性涉刀案件的，要严肃追究有关责任人员的责任。

二、严格执行管制刀具认定标准，准确把握区分管制刀具的范围

各级公安机关要认真学习贯彻《管制刀具认定标准》（公通字［2007］2号），

准确把握、严格执行认定标准，正确区分管制刀具与群众日常生活所用刀具的界限，既要防止漏管失控，又要防止随意扩大查禁范围，侵犯当事人的合法权益。对当事人提出异议，需要对管制刀具进行认定的，由县级以上公安机关治安管理部门负责。各级公安机关治安管理部门要确定熟悉相关法律、法规及有关规定，具有良好的政治、业务素质，责任心强，有一定工作经验的民警负责认定工作，并对认定人员进行专门培训。各省级人民政府公安机关要根据《行政处罚法》等法律规定，结合本地实际，制定管制刀具认定工作规范，进一步明确对管制刀具认定程序和相关法律手续。

三、建立健全管理制度，依法加强对管制刀具生产、经销环节的管理

各级公安机关要对辖区内生产、经销刀具的企业进行一次全面调查摸底，逐一登记造册。对生产、销售管制刀具的企业要建立完善生产环节备案、经销环节登记等各项管理制度。要督促制造管制刀具企业规范生产行为，不得制造非生产、工作需要的管制刀具，按规定填报《管制刀具制造企业备案登记表》（附件1），连同管制刀具样品送所在地县级公安机关治安管理部门备案。要督促经销管制刀具企业规范经营行为，不得购销非生产、工作需要的管制刀具，建立管制刀具购销登记制度，填写《管制刀具购销情况登记表》（附件2），备所在地公安机关查验。购销登记时，对专业狩猎人员和地质、勘探等野外作业人员需要购买匕首的或从事机械制造加工单位需要购买三棱刮刀的，要查验并如实登记县级以上主管单位出具证明和所在地县级以上公安机关审核意见；对无上级主管单位的，要出具所在地县级公安机关审核意见。其他人员一律不得购买匕首和三棱刮刀。凡购买管制刀具的，一律如实登记购买人的身份证明。少数民族地区购买、持有管制刀具的具体办法，由少数民族自治区人民政府公安机关制定。

四、加强日常监督检查，依法查处非法制造、销售、携带管制刀具违法活动

各级公安机关要积极会同工商、经贸等部门，全面加强对生产、经销管制刀具企业的日常监督检查，及时发现并消除管理漏洞。对刀具样品及其说明未按规定向公安机关登记备案，所制造的管制刀具没有铸刻商标或号码的；对未按规定建立购销登记制度，向不符合配带使用条件的单位或个人销售匕首、三棱刮刀的，要依法责令其整改，并没收制造、经销的管制刀具，情节严重的可商请工商管理部门吊销其营业执照。对非法生产、经销管制刀具的窝点，要坚决予以取缔。对制造、销售非生产、工作需要管制刀具的企业，要加强宣传教育，责令停止制造、销售行为。对生产、工作需要持有和使用管制刀具的单位，要敦促其建立健全安全管理制度，加强检查，确保安全。对生产、工作需要持有、使用管制刀具的个人，要提醒其妥善保管刀具，不得随意转借、赠送他人。对非因生产、工作需要持有管制刀具的，要动员其主动上缴公安机关，拒不交出的，要依法予以没收。对将三棱刮刀携带出工作场所或者将少数民族使用的管制刀具携带出民族自治区域以及其他非法携带管制刀具行为的；对将少数民族使用的管制刀具携带出民族自治区域进行销售的，要依照《治安管理处罚法》有关非法携带管制刀具的规定，依法从严查处。对携带管制刀具进入公共场所或者公共交通工具的，要依法从重处罚。

各地工作情况和遇到的问题，请及时报部。

附件 1

管制刀具制造企业备案登记表

填表单位：＿＿＿＿＿（公章）＿＿＿＿＿

填 表 人：＿＿＿＿＿＿＿＿＿＿＿＿

填表时间：＿＿＿＿＿＿＿＿＿＿＿＿

××（省、自治区、直辖市）公安厅（局）监制

（封面）

填表说明：

1. 本表由制造管制刀具的企业负责填写，制造的每种管制刀具填写一张产品的主要情况，装订成册后送企业所在地县级公安机关治安管理部门签章备案。

2. 本表一式两份，分别由企业和备案地公安机关留存。

3. 经营网点指制造管制刀具的企业自行销售管制刀具的营业地点和数量。

4. 制造依据指生产管制刀具的企业应国内和国外用户的要求，所签定的制造管制刀具的有关合同或有效文件。

5. 用途指制造管制刀具的企业所生产的管制刀具是提供给军队、警察、野外作业人员或民用等不同的使用用途。专门给国外用户制造的管制刀具，在用途栏内填写外贸出口。

6. 企业必须如实登记制造和销售管制刀具的情况，由企业内部员工填写，如实登记填写人的姓名。

7. 本表应妥善保管，不得随意涂改或撕毁。

（封面内）

相关执法参考

管制刀具制造企业的基本情况

<table>
<tr><td>企业名称</td><td colspan="3"></td></tr>
<tr><td>生产地址</td><td colspan="3"></td></tr>
<tr><td>法人代表</td><td></td><td>联系电话</td><td></td></tr>
<tr><td>安全负责人</td><td></td><td>联系电话</td><td></td></tr>
<tr><td>经济性质</td><td></td><td>邮政编码</td><td></td></tr>
<tr><td>注册资金</td><td></td><td>注册商标</td><td></td></tr>
<tr><td>经营网点</td><td colspan="3"></td></tr>
<tr><td colspan="4">制造、销售管制刀具的情况说明</td></tr>
<tr><td>经办人</td><td>备案时间</td><td>年 月 日</td><td>备案单位
（盖章）</td></tr>
</table>

管制刀具产品的主要情况

<table>
<tr><td>刀具名称</td><td colspan="3"></td></tr>
<tr><td>刀具品种</td><td colspan="3"></td></tr>
<tr><td>刀具型号</td><td colspan="3"></td></tr>
<tr><td rowspan="2">主要规格尺寸</td><td colspan="3"></td></tr>
<tr><td colspan="3"></td></tr>
<tr><td>主要用途</td><td colspan="3"></td></tr>
<tr><td>制造依据</td><td colspan="3"></td></tr>
<tr><td>铸科编号规则</td><td colspan="3"></td></tr>
<tr><td colspan="4">管制刀具照片</td></tr>
<tr><td>经办人</td><td></td><td>备案公安机关
（盖章）</td><td></td></tr>
</table>

（每种管制刀具填写一张）

附件2

管制刀具购销情况登记表

填表单位：_______（公章）_______

填 表 人：____________________

填表时间：____________________

××（省、自治区、直辖市）公安厅（局）监制

（封面）

填表说明：

1. 本表由经销管制刀具的企业负责填写，备所在地县级公安机关治安管理部门查验。

2. 购销不同品种的管制刀具要分别填写，装订成册后由经销管制刀具的企业留存。

3. 经营地点指企业经销管制刀具的营业网点（含租赁经营地点）所在地的地址。

4. 经销企业必须认真查验购买管制刀具的单位或人员提供的审批文件，如实登记购买人姓名及身份证号。

5. 本表应妥善保管，不得随意涂改或撕毁。

（封面内）

相关执法参考

管制刀具经销企业（个人）的基本情况

<table>
<tr><td>企业名称</td><td colspan="3"></td></tr>
<tr><td>注册地址</td><td colspan="3"></td></tr>
<tr><td>经营地点</td><td colspan="3"></td></tr>
<tr><td>法人代表</td><td></td><td>联系电话</td><td></td></tr>
<tr><td>安全负责人</td><td></td><td>联系电话</td><td></td></tr>
<tr><td>经济性质</td><td></td><td>邮政编码</td><td></td></tr>
<tr><td>营业执照号</td><td></td><td>从业人数</td><td></td></tr>
<tr><td colspan="4">经销管制刀具企业（个人）简要情况说明</td></tr>
<tr><td>经办人</td><td>查验时间</td><td>年　月　日</td><td>查验单位
（盖章）</td></tr>
</table>

购销管制刀具情况登记表

<table>
<tr><td colspan="2">购入情况
销售情况</td><td>刀具品种</td><td>购入渠道</td><td>购入数量</td><td>购入时间</td><td>购买人</td><td>刀具编号</td></tr>
<tr><td>序号</td><td>购买单位</td><td>购买数量</td><td>购买时间</td><td>刀具编号</td><td colspan="2">购买人及身份证号</td><td>销售人</td></tr>
<tr><td>1</td><td></td><td></td><td></td><td></td><td colspan="2"></td><td></td></tr>
<tr><td>2</td><td></td><td></td><td></td><td></td><td colspan="2"></td><td></td></tr>
<tr><td>3</td><td></td><td></td><td></td><td></td><td colspan="2"></td><td></td></tr>
<tr><td>4</td><td></td><td></td><td></td><td></td><td colspan="2"></td><td></td></tr>
<tr><td>5</td><td></td><td></td><td></td><td></td><td colspan="2"></td><td></td></tr>
<tr><td>6</td><td></td><td></td><td></td><td></td><td colspan="2"></td><td></td></tr>
<tr><td>7</td><td></td><td></td><td></td><td></td><td colspan="2"></td><td></td></tr>
<tr><td>8</td><td></td><td></td><td></td><td></td><td colspan="2"></td><td></td></tr>
<tr><td>9</td><td></td><td></td><td></td><td></td><td colspan="2"></td><td></td></tr>
<tr><td>10</td><td></td><td></td><td></td><td></td><td colspan="2"></td><td></td></tr>
<tr><td>11</td><td></td><td></td><td></td><td></td><td colspan="2"></td><td></td></tr>
<tr><td>12</td><td></td><td></td><td></td><td></td><td colspan="2"></td><td></td></tr>
<tr><td>13</td><td></td><td></td><td></td><td></td><td colspan="2"></td><td></td></tr>
<tr><td>14</td><td></td><td></td><td></td><td></td><td colspan="2"></td><td></td></tr>
<tr><td>15</td><td></td><td></td><td></td><td></td><td colspan="2"></td><td></td></tr>
</table>

（每种管制刀具填写一张）

相关执法参考

《仿真枪认定标准》

（2008年2月19日　公通字［2008］8号）

一、凡符合以下条件之一的，可以认定为仿真枪：

1. 符合《中华人民共和国枪支管理法》规定的枪支构成要件，所发射金属弹丸或其他物质的枪口比动能小于1.8焦耳/平方厘米（不含本数）、大于0.16焦耳/平方厘米（不含本数）的；

2. 具备枪支外形特征，并且具有与制式枪支材质和功能相似的枪管、枪机、机匣或者击发等机构之一的；

3. 外形、颜色与制式枪支相同或者近似，并且外形长度尺寸介于相应制式枪支全枪长度尺寸的二分之一与一倍之间的。

二、枪口比动能的计算，按照《枪支致伤力的法庭科学鉴定判据》规定的计算方法执行。

三、术语解释

1. 制式枪支：国内制造的制式枪支是指已完成定型试验，并且经军队或国家有关主管部门批准投入装备、使用（含外贸出口）的各类枪支。国外制造的制式枪支是指制造商已完成定型试验，并且装备、使用或投入市场销售的各类枪支。

2. 全枪长：是指从枪管口部至枪托或枪机框（适用于无枪托的枪支）底部的长度。

《关于对部队机场装备驱鸟猎枪安全监管有关问题的批复》

（公治［2009］49号）

北京市公安局治安管理总队：

你总队《关于取消对部队机场驱鸟猎枪安全监管的请示》（治办字［2008］440号）收悉。经商军队有关部门同意，现批复如下：

根据军地管辖事权分工，对部队机场的驱鸟用猎枪，由部队按照枪支管理规定，负责日常管理和监督检查。因此，同意你总队提出收回为部队机场驱鸟用猎枪制发民用枪持枪证的意见，今后也不再为部队机场驱鸟用猎枪制发民用枪持枪证。部队机场驱鸟用猎枪和猎弹的购置，仍按有关规定执行。

《关于传发〈群众举报涉爆涉枪涉刀违法犯罪奖励标准〉的通知》

（2010年3月11日）

各省、自治区、直辖市公安厅、局治爆缉枪专项行动领导小组办公室，新疆生产建设兵团公安局治爆缉枪专项行动领导小组办公室：

为深入开展2010年全国治爆缉枪专项行动，广泛调动人民群众参与治爆缉枪专项行动的积极性，发动群众踊跃检举揭发涉爆涉枪涉刀违法犯罪线索，部专项办研究制定了《群众举报涉爆涉枪涉刀违法犯罪奖励标准》（以下简称《奖励标准》），现传发给你们。各地要认真受理群众检举揭发的线索，经甄别需要核查的，要迅速落实核查；经查证属实的，要依法进行打击处理。各地要参照《奖励标准》，结合实际，迅速制定、发布本地的举报奖励标准。对群众举报到公安部的相关违法犯罪线索，有关公安机关查证属实后，填写《群众举报涉爆涉枪涉刀违法犯罪奖励审批表》，经省级公安机关专项办审核后，由部专项办依照《奖励标准》给予奖励。

部专项办采用信件、电子邮箱和电话三种方式接受群众举报。举报信件邮寄地址：北京市东长安街14号公安部治爆缉枪专项行动领导小组办公室，邮政编码：100741；举报电子邮箱：gabzbjq@163.com；举报电话：010－58186722。

附件1：

群众举报涉爆涉枪涉刀违法犯罪奖励标准

一、根据群众举报线索，破获私藏、私存爆炸物品案件，收缴炸药500克或者黑火药、烟火剂1000克，雷管10枚，导火索、导爆索20米或者手榴弹、地雷1枚以上的，视情给予举报有功人员500元以上、2000元以下奖励。

二、根据群众举报线索，破获非法持有、私藏枪支案件，收缴军用枪、猎枪、小口径枪、火药枪、仿制枪、自制枪、改制枪1支或者气枪2支，军用子弹10发、民用子弹50发以上的，视情给予举报有功人员500元以上、2000元以下奖励。

三、根据群众举报线索，收缴仿真枪10支、管制刀具20把、弩5支以上或者查破非法携带管制刀具、弩案件的，视情给予举报有功人员200元以上、1000元以下奖励。

四、根据群众举报线索，查破涉爆涉枪重大案件或取缔非法制贩爆炸物品、枪支弹药、剧毒化学品窝点的，给予举报有功人员以下奖励：

1. 查破非法制造、买卖、运输、邮寄、储存爆炸物品、枪支弹药、剧毒化学品等重大案件的，视情给予2000元以上、10000元以下奖励。

2. 破获持枪伤害、杀人、抢劫、绑架、强奸以及爆炸等重大犯罪案件的，视情给予5000元以上、20000元以下奖励。

3. 取缔非法制贩爆炸物品、枪支弹药、剧毒化学品窝点的，视情给予5000元以上、20000元以下奖励。

附件 2：

群众举报涉爆涉枪涉刀违法犯罪奖励审批表

填报单位			
被奖励人姓名		性别	
身份证号		联系电话	
家庭住址			
工作单位			
举报时间		查破时间	
收缴物品数量及种类			
简要案情			
核查情况			
办案单位意见	（盖章） 年　月　日	省级审核意见	（盖章） 年　月　日

相关执法参考

《公安部关于规范涉案枪支弹药称谓的通知》

（公治［2009］354号）

各省、自治区、直辖市公安厅、局，新疆生产建设兵团公安局：

当前，在打击涉枪违法犯罪工作中存在着对收缴枪支弹药种类判定不清、上报称谓不统一等问题，直接影响到对有关案件的定性以及相关的分类统计等工作。为规范涉案枪支弹药称谓，切实加大对涉枪违法犯罪活动的打击力度，现就有关问题通知如下：

一、枪支弹药的分类

（一）制式枪支弹药。制式枪支弹药是指按照国家标准、公安部或军队下达的战术技术指标要求，经国家有关部门或军队批准定型，由合法企业生产的各类枪支弹药。在制式枪支弹药中，根据批准部门和用途可分为军用枪支弹药、警用枪支弹药和民用枪支弹药。军用枪支是指经军队批准定型列装的各类枪支，包括手枪、冲锋枪、步枪、机枪等；军用弹药是指适用于军用枪支的弹药。警用枪支是指经公安部批准定型列装的各类枪支，包括警用手枪、防暴枪等；警用弹药是指适用于警用枪支的弹药。民用枪支是指经国家有关部门批准定型生产的各类枪支，包括气手枪（全枪长度在780毫米以下）、气步枪（全枪长度在780毫米以上）、猎枪、小口径手枪、小口径步枪和经国家批准专门用于出口的各类枪支；民用弹药是指适用于民用枪支的弹药。

（二）非制式枪支弹药。非制式枪支弹药是指未经有关部门批准定型或不符合国家标准的各类枪支弹药，包括自制、改制的枪支弹药和枪支弹药生产企业研制工作中的中间产品以及旧杂式枪支弹药。其中，在自制枪支中可以发射军用弹药的为自制军用枪支，可以发射警用弹药的为自制警用枪支，可以发射民用弹药的为自制民用枪支。

（三）境外枪支弹药。境外枪支是指国外企业和台湾地区企业生产制造的各类枪支及其配用的弹药。

（四）仿真枪支。仿真枪支是指符合公安部《仿真枪认定标准》（公通字［2008］8号）的各类产品。

二、枪支弹药的称谓

（一）制式枪支弹药的称谓。对制式军用枪支弹药应当按照军队的命名称谓，如“54式”7.62毫米手枪、“92式”9毫米手枪、“79式”7.62毫米冲锋枪、“64式”7.62毫米手枪弹、“56式”7.62毫米步枪弹、“53式”7.62毫米步机枪弹等。对制式警用枪支弹药应当按照公安部的命名称谓，命名原则为“制式+口径+枪型（弹型）”，如“97式”18.4毫米防暴枪、“2006式”9毫米转轮手枪、“2006式”9毫米转轮普通弹等。对制式民用枪支弹药应当按照“商标+口径（号序）+枪型（弹型）”来称谓，如“庆华”牌5.6毫米运动手枪、“鹰”牌12号猎枪、“工字”牌4.5毫米气步枪、“三角”牌5.6毫米牌运动弹、“环球”牌12号猎枪弹、“强源”牌4.5毫米气枪弹等。

（二）非制式枪支弹药的称谓。

1. 对自制枪支中能发射制式军用、警用弹药的，应当按照“自制+仿+所能发射弹药的型号+枪支种类”称谓，如对自制的能发射“64式”手枪弹的枪支，应称自制仿64式手。对自制枪支中能发射制式民用弹药的，应当按照“自制+仿+所能发射弹药的型号+枪支种类”称谓，如对自制能发射12号猎枪弹的枪支，应称为自制仿12号猎枪。对自制枪支中能发射自制弹药的，用“自制+枪支种类”称谓，如对自制的火药枪，应称自制火药枪。

2. 对改制枪支，应当按照“改制+所发射枪弹口径+枪支种类”称谓，如利用发令枪改制发射小口径运动弹的枪支，应称为改制5.6毫米小口径运动手枪。

3. 对枪支研制生产过程中的中间产品能够确定生产单位的，用“生产单位+枪支（弹药）种类”称谓，如××单位生产的步枪、××单位生产的手枪弹等。对枪支研制生产过程中不能确定生产单位的，用“未定型+枪支（弹药）种类”称谓，如未定型手枪、未定型步枪弹等。

4. 对各类国产旧杂式枪支，用“旧杂式+枪支（弹药）种类”称谓，如旧杂式冲锋枪、旧杂式手枪弹等。

5. 对自制弹药，用“自制+弹药种类”称谓，如对自制的用手枪发射的弹药，应称为自制手枪弹。

（三）境外枪支弹药的称谓。对境外生产的枪支中能够确定生产国（地区）、品牌（商标）和枪支种类的，用“生产国（地区）+品牌（商标）+枪支种类”称谓，如美国产史密斯韦森牌转轮手枪等；对境外生产的枪支中不能确定生产国（地区），但能确定品牌（商标）和枪支种类的，用“品牌（商标）+枪支种类”称谓，如毛瑟牌步枪等；对境外生产的枪支中不能确定生产国（地区）和品牌（商标）的，用“境外产+枪支种类”称谓，如境外产冲锋枪等。对境外生产的弹药中能够确定生产国（地区）、口径和弹药型号的，用“生产国（地区）+口径+弹药型号”称谓，如俄罗斯产7.62毫米步枪弹等；对境外生产的弹药中不能确定生产国（地区），但能确定口径和弹药种类的，用“境外产+口径+弹药种类”称谓，如境外产9号米手枪弹；对境外生产的弹药中不能确定生产国（地区）和口径的，用“境外产+弹药种类”称谓，如境外产手枪弹、境外产猎枪弹等。

（四）仿真枪支的称谓。对仿真枪支应当按照公安部《仿真枪认定标准》进行鉴定，所发射弹丸的枪口比动能大于1.8焦耳/平方厘米（含本数）的，应当属于自制枪支，按照非制式枪支中自制枪支的称谓方法称谓；所发射弹丸的枪口比动能符合仿真枪认定标准的，统一用“仿真枪”称谓。

请各地接此通知后，认真抓好贯彻落实工作。

《最高人民法院印发关于执行〈中华人民共和国铁路法〉中刑事罚则若干问题的解释的通知》（节录）

（1993年10月11日法发［1993］28号颁布 自颁布之日起实施）

一、怎样理解《中华人民共和国铁路法》第六十条第一款的有关规定？

《中华人民共和国铁路法》（以下简称《铁路法》）第六十条第一款规定：“违反本法规定，携带危险品进站上车或者以非危险品品名托运危险品，导致发生重大

相关执法参考

事故的，依照刑法第一百一十五条的规定追究刑事责任。企业事业单位、国家机关、社会团体犯本款罪的，处以罚金，对其主管人员和直接责任人员依法追究刑事责任。”

（一）本款规定所称的“危险品”，是指具有爆炸、易燃、放射、毒害、腐蚀等性质，在运输、装卸和储存、保管过程中，容易造成人身伤亡和财产毁损而需要特别防护的物品，其具体范围，按国务院及国务院主管部门的规定认定。

（二）本款规定所称的“重大事故”，是指因非法携带上述危险品而发生爆炸、燃烧、泄露事件，致人重伤一人以上；致人轻伤三人以上；造成直接经济损失一万元以上；或者造成暂时中断铁路行车等严重后果的。行为人实施本款规定的犯罪，致人死亡或者其它特别严重后果的，属于刑法第一百一十五条所规定的“后果特别严重”，从重处罚。

二、对携带炸药、雷管或者非法携带枪支子弹、管制刀具进站上车的行为，如何追究刑事责任？

《铁路法》第六十条第二款规定：“携带炸药、雷管或者非法携带枪支子弹、管制刀具进站上车的，比照刑法第一百六十三条的规定追究刑事责任。”

（一）携带炸药、雷管或者非法携带枪支子弹、管制刀具进站上车构成犯罪的，应当定非法携带炸药、雷管、枪支子弹、管制刀具进站上车罪，依照刑法第一百六十三条规定适用刑罚。本罪为选择性罪名。分别实施携带炸药、雷管、枪支子弹或者管制刀具进站上车行为的，不实行数罪并罚。行为人携带炸药、雷管进站上车，导致发生重大事故的，适用《铁路法》第六十条第一款规定，依照刑法第一百一十五条的规定追究刑事责任。

（二）非法携带炸药、雷管、枪支子弹、管制刀具进站上车，具有下列情形之一的，即可构成本罪：

1. 携带炸药、雷管、子弹，在车站、列车上发生爆炸、燃烧，尚未造成严重后果的；

2. 同时携带炸药、雷管，或者携带爆炸装置的；

3. 携带炸药一千克以上的；

4. 携带雷管五十枚以上的；

5. 非法携带枪支并子弹的；

6. 非法携带管制刀具二十把以上或者虽未达到规定的数量标准，但在车站或者列车上进行违法活动时使用，尚未构成其他犯罪的。

具体认定是否构成本罪，应当对行为人非法携带上列物品的数量、危害后果等情节综合分析。行为人携带炸药、雷管或者非法携带枪支子弹、管制刀具虽未达到规定的数量标准，但拒不交出的，也可以追究刑事责任；如果数量刚已达到规定的数量标准，但行为人进站上车后，能主动、全部交出的，也可不以犯罪论处。

（三）《铁路法》中所称“进站上车”是指进入铁路车站或者乘上客货列车。

（四）行为人非法制造、收买枪支、弹药或者盗窃、抢夺枪支、弹药后，携带进站上车的，应当按非法制造、买卖枪支、弹药罪或者盗窃、抢夺枪支、弹药罪与非法携带炸药、雷管、枪支子弹进站上车罪实行数罪并罚；行为人非法运输枪支、弹药并携带枪支、弹药进站上车的，应当以非法运输枪支、弹药罪定罪处罚。

（五）非法携带管制刀具进站上车罪中“管制刀具”的范围，应当依照1983年公安部颁发的《对部分刀具实行管制的暂行规定》认定。

《中华人民共和国枪支管理法》（节录）

（1996年7月5日第八届全国人民代表大会常务委员会第二十次会议通过 自1996年10月1日起施行 根据2009年8月27日第十一届全国人民代表大会常务委员会第十次会议《关于修改部分法律的决定》修正）

第二十五条 配备、配置枪支的单位和个人必须遵守下列规定：

（一）携带枪支必须同时携带持枪证件，未携带持枪证件的，由公安机关扣留枪支；

（二）不得在禁止携带枪支的区域、场所携带枪支；

（三）枪支被盗、被抢或者丢失的，立即报告公安机关。

第四十四条 违反本法规定，有下列行为之一的，由公安机关对个人或者单位负有直接责任的主管人员和其他直接责任人员处警告或者十五日以下拘留；构成犯罪的，依法追究刑事责任：

（一）未按照规定的技术标准制造民用枪支的；

（二）在禁止携带枪支的区域、场所携带枪支的；

（三）不上缴报废枪支的；

（四）枪支被盗、被抢或者丢失，不及时报告的；

（五）制造、销售仿真枪的。

有前款第（一）项至第（三）项所列行为的，没收其枪支，可以并处五千元以下罚款；有前款第（五）项所列行为的，由公安机关、工商行政管理部门按照各自职责范围没收其仿真枪，可以并处制造、销售金额五倍以下的罚款，情节严重的，由工商行政管理部门吊销营业执照。

第四十六条 本法所称枪支，是指以火药或者压缩气体等为动力，利用管状器具发射金属弹丸或者其他物质，足以致人伤亡或者丧失知觉的各种枪支。

《中华人民共和国铁路法》（节录）

（1990年9月7日第七届全国人民代表大会常务委员会第十五次会议通过 根据2009年8月27日第十一届全国人民代表大会常务委员会第十次会议通过的〈全国人民代表大会常务委员会关于修改部分法律的决定〉修改）

第四十八条 运输危险品必须按照国务院铁路主管部门的规定办理，禁止以非危险品品名托运危险品。

禁止旅客携带危险品进站上车。铁路公安人员和国务院铁路主管部门规定的铁路职工，有权对旅客携带的物品进行运输安全检查。实施运输安全检查的铁路职工应当佩戴执勤标志。

危险品的品名由国务院铁路主管部门规定并公布。

第六十条 违反本法规定，携带危险品进站上车或者以非危险品品名托运危险

相关执法参考

相关执法参考

品，导致发生重大事故的，依照刑法有关规定追究刑事责任。企业事业单位、国家机关、社会团体犯本款罪的，处以罚金，对其主管人员和直接责任人员依法追究刑事责任。

携带炸药、雷管或者非法携带枪支子弹、管制刀具进站上车的，依照刑法有关规定追究刑事责任。

《中华人民共和国民用航空法》（节录）

（1995年10月30日中华人民共和国主席令第五十六号公布
根据2009年8月27日第十一届全国人民代表大会常务委员会第十次会议通过的〈全国人民代表大会常务委员会关于修改部分法律的决定〉修改）

第五条　本法所称民用航空器，是指除用于执行军事、海关、警察飞行任务外的航空器。

第一百九十三条　违反本法规定，隐匿携带炸药、雷管或者其他危险品乘坐民用航空器，或者以非危险品品名托运危险品的，依照刑法有关规定追究刑事责任。

企业事业单位犯前款罪的，判处罚金，并对直接负责的主管人员和其他直接责任人员依照前款规定追究刑事责任。

隐匿携带枪支子弹、管制刀具乘坐民用航空器的，依照刑法有关规定追究刑事责任。

第一百九十五条　故意在使用中的民用航空器上放置危险品或者唆使他人放置危险品，足以毁坏该民用航空器，危及飞行安全的，依照刑法有关规定追究刑事责任。

《中华人民共和国集会游行示威法》（节录）

（1989年10月31日第七届全国人民代表大会常务委员会第六次会议通过
根据2009年8月27日第十一届全国人民代表大会常务委员会第十次会议通过的〈全国人民代表大会常务委员会关于修改部分法律的决定〉修改）

第四条　公民在行使集会、游行、示威的权利的时候，必须遵守宪法和法律，不得反对宪法所确定的基本原则，不得损害国家的、社会的、集体的利益和其他公民的合法的自由和权利。

第五条　集会、游行、示威应当和平地进行，不得携带武器、管制刀具和爆炸物，不得使用暴力或者煽动使用暴力。

第二十九条　举行集会、游行、示威，有犯罪行为的，依照刑法有关规定追究刑事责任。

携带武器、管制刀具或者爆炸物的，依照刑法有关规定追究刑事责任。

未依照本法规定申请或者申请未获许可，或者未按照主管机关许可的起止时间、地点、路线进行，又拒不服从解散命令，严重破坏社会秩序的，对集会、游行、示威的负责人和直接责任人员依照刑法有关规定追究刑事责任。

包围、冲击国家机关，致使国家机关的公务活动或者国事活动不能正常进行的，对集会、游行、示威的负责人和直接责任人员依照刑法有关规定追究刑事责任。

相关执法参考

占领公共场所、拦截车辆行人或者聚众堵塞交通，严重破坏公共场所秩序、交通秩序的，对集会、游行、示威的负责人和直接责任人员依照刑法有关规定追究刑事责任。

《中华人民共和国集会游行示威法实施条例》（节录）

（1992年5月12日国务院国函［1992］46号批准　根据2010年12月29日国务院第138次常务会议通过的〈国务院关于废止和修改部分行政法规的决定〉修改国务院令第588号颁布）

第五条　《集会游行示威法》第五条所称武器是指各种枪支、弹药以及其他可用于伤害人身的器械；管制刀具是指匕首、三棱刀、弹簧刀以及其他依法管制的刀具；爆炸物是指具有爆发力和破坏性能，瞬间可以造成人员伤亡、物品毁损的一切爆炸物品。

前款所列武器、管制刀具、爆炸物，在集会、游行、示威中不得携带，也不得运往集会、游行、示威的举行地。

第二十四条　拒绝、阻碍人民警察依法执行维持交通秩序和社会秩序职务，应当给予治安管理处罚的，依照治安管理处罚法的规定予以处罚；构成犯罪的，依法追究刑事责任。

违反本条例第五条的规定，尚不构成犯罪的，依照治安管理处罚法的规定予以处罚。

《娱乐场所管理条例》（节录）

（2006年1月29日国务院令第458号颁布　自2006年3月1日起实施）

第二条　本条例所称娱乐场所，是指以营利为目的，并向公众开放、消费者自娱自乐的歌舞、游艺等场所。

第三条　县级以上人民政府文化主管部门负责对娱乐场所日常经营活动的监督管理；县级以上公安部门负责对娱乐场所消防、治安状况的监督管理。

第二十二条　任何人不得非法携带枪支、弹药、管制器具或者携带爆炸性、易燃性、毒害性、放射性、腐蚀性等危险物品和传染病病原体进入娱乐场所。

迪斯科舞厅应当配备安全检查设备，对进入营业场所的人员进行安全检查。

《大型群众性活动安全管理条例》（节录）

（2007年8月29日国务院第190次常务会议通过
国务院令（第505号）自2007年10月1日起施行）

第二条　本条例所称大型群众性活动，是指法人或者其他组织面向社会公众举办的每场次预计参加人数达到1000人以上的下列活动：

（一）体育比赛活动；

（二）演唱会、音乐会等文艺演出活动；

（三）展览、展销等活动；

（四）游园、灯会、庙会、花会、焰火晚会等活动；

（五）人才招聘会、现场开奖的彩票销售等活动。

影剧院、音乐厅、公园、娱乐场所等在其日常业务范围内举办的活动，不适用本条例的规定。

第九条　参加大型群众性活动的人员应当遵守下列规定：

（一）遵守法律、法规和社会公德，不得妨碍社会治安、影响社会秩序；

（二）遵守大型群众性活动场所治安、消防等管理制度，接受安全检查，不得携带爆炸性、易燃性、放射性、毒害性、腐蚀性等危险物质或者非法携带枪支、弹药、管制器具；

（三）服从安全管理，不得展示侮辱性标语、条幅等物品，不得围攻裁判员、运动员或者其他工作人员，不得投掷杂物。

第二十三条　参加大型群众性活动的人员有违反本条例第九条规定行为的，由公安机关给予批评教育；有危害社会治安秩序、威胁公共安全行为的，公安机关可以将其强行带离现场，依法给予治安管理处罚；构成犯罪的，依法追究刑事责任。

《营业性演出管理条例》（节录）

（2005年7月7日国务院令第439号颁布　自2005年9月1日起实施）

第二十三条　任何人不得携带传染病病原体和爆炸性、易燃性、放射性、腐蚀性等危险物质或者非法携带枪支、弹药、管制器具进入营业性演出现场。

演出场所经营单位应当根据公安部门的要求，配备安全检查设施，并对进入营业性演出现场的观众进行必要的安全检查；观众不接受安全检查或者有前款禁止行为的，演出场所经营单位有权拒绝其进入。

《民用爆炸物品安全管理条例》（节录）

（2006年4月26日国务院第134次常务会议通过

国务院令第466号 自2006年9月1日起施行）

第二条　民用爆炸物品的生产、销售、购买、进出口、运输、爆破作业和储存以及硝酸铵的销售、购买，适用本条例。

本条例所称民用爆炸物品，是指用于非军事目的、列入民用爆炸物品品名表的各类火药、炸药及其制品和雷管、导火索等点火、起爆器材。

民用爆炸物品品名表，由国务院国防科技工业主管部门会同国务院公安部门制订、公布。

第三十条　禁止携带民用爆炸物品搭乘公共交通工具或者进入公共场所。

禁止邮寄民用爆炸物品，禁止在托运的货物、行李、包裹、邮件中夹带民用爆炸物品。

第五十一条　违反本条例规定，携带民用爆炸物品搭乘公共交通工具或者进入公共场所，邮寄或者在托运的货物、行李、包裹、邮件中夹带民用爆炸物品，构成犯罪的，依法追究刑事责任；尚不构成犯罪的，由公安机关依法给予治安管理处罚，没收非法的民用爆炸物品，处1000元以上1万元以下的罚款。

《射击运动枪支弹药管理办法》（节录）

（1992年4月25日国家体委、公安部令第18号发布　自发布之日起实施）

第二条　射击运动枪支、弹药（下称运动枪、弹）是指从事射击运动所用的下

相关执法参考

列枪支及配用的弹药：

（一）口径为5.6毫米的小口径运动步枪和手枪；

（二）口径为7.62－9.65毫米的大口径运动步枪和手枪；

（三）作为射击运动使用的猎枪和气步枪、气手枪；

（四）作为射击运动使用的军用步枪和军用手枪。

第二十一条，不得携枪进入公共场所和参观游览区。经批准携枪外出参加射击比赛活动，需前往不准携枪的地方时，应当按照国家和地方政府的有关规定办理。

第二十四条　对违反本办法或者存在重大隐患尚未造成严重后果的单位，上一级体委和所在市、县公安机关有权停止其射击活动，并责令限期整改；违反本办法造成后果的，对其主管负责人和直接责任者，应当视情节轻重，分别给予行政纪律处分；构成违反治安管理行为的，依据《治安管理处罚条例》给予处罚；触犯刑律的，依法追究刑事责任。

《公安部、交通部关于港口治安管理的规定》（节录）

（1989年3月4日公安部、交通部联合发布　自1989年4月1日起施行）

第十七条　严禁旅客携带下列物品进港上船：

（一）易燃、易爆、剧毒、腐蚀和放射性等危险物品；

（二）匕首、三棱刀、弹簧刀和其他管制刀具；

（三）淫秽物品和其他违禁物品。

第十八条　因公携带枪支须有持枪证，携带公用枪支还须持有持枪通行证。严禁非法携带各类枪支、弹药进入港区。

第十九条　旅客托运或寄存行李包裹，须严格遵守有关规定，接受检查。不得以夹带或伪报品名方式托运和寄存枪支、弹药、管制刀以及易燃、易爆、剧毒、放射性物品和其他违禁物品。

第二十三条　对违反本规定的行为，情节轻微的，由港口公安机关或所在单位予以批评教育；构成违反治安管理行为的，由港口公安机关根据《治安管理处罚条例》的有关规定给予处罚；构成犯罪的，依法追究刑事责任。

《客船治安管理规定》（节录）

（交通部公安部1992年12月14日第43号令发布）

第十三条　严禁旅客携带下列物品上船：

（一）炸药、雷管、导火索、鞭炮、汽油、香蕉水、赛璐璐和其他易燃、易爆物品，以及剧毒、腐蚀、放射性危险物品；

（二）匕首、三棱刀、弹簧刀和其他管制刀具；

（三）反动、迷信、淫秽书刊、画报、音像制品和其他淫秽物品；

（四）违反规定携带的枪支、弹药及警械；

对符合管理规定携带的枪支、弹药及警械，必要时，乘务民警队可以临时集中保管，离船时发还。

（五）其他违禁物品或客运规定不准携带的物品。

相关执法参考

第十四条　禁止各类商贩上船叫卖、乱设摊点。

第十五条　对违反本规定的，可以处以警告或者二百元以下的罚款；构成违反治安管理行为的，依据《中华人民共和国治安管理处罚条例》予以处罚；构成犯罪的，依法追究刑事责任。

《关于进一步加强弩治安管理的通知》

（公治［2010］360号）

各省、自治区、直辖市公安厅、局，新疆生产建设兵团公安局：

弩是一种具有较强杀伤力的器材，属于国家严格管制物品。1999年，公安部会同国家工商行政管理局联合下发了《关于加强弩管理的通知》（公治［1999］1646号），明确要求各级公安机关将弩纳入治安管理范围，切实加强有关管理工作。2004年，国务院发布的《对确需保留的行政许可项目设定行政许可的决定》（国务院令412号），明确了由省级人民政府公安机关对弩的制造、销售、进口、运输、使用实施行政许可。为进一步规范弩的行政许可，切实加强弩治安管理，严密防范、严厉打击涉弩违法犯罪活动，现就有关工作要求通知如下：

一、进一步规范行政许可行为，严格对弩的制造、销售、进口、运输、使用的管理审批。鉴于弩的使用仅限于竞技弩射活动和营业性射击场开设弩射项目等特殊需要，使用范围和需求数量较小，省级公安机关要按照《弩制造企业许可条件》（附件1）从严控制审批弩制造企业，原则上不单独审批设立弩销售企业，由使用单位直接向弩制造企业购置。申请设立弩制造企业的，应当填写《申请制造弩审批表》（附件2）并提交单位所在地县级公安机关，经地市级公安机关审核，报省级公安机关审批。营业性射击场开设弩射项目或者开展竞技弩射活动以及举办各类运动会设置弩射项目，必须报经所在地省级公安机关批准。弩使用单位购买弩时，应当凭批准文件和单位证明，填写《申请购置弩审批表》（附件3）并提交单位所在地县级公安机关，经地市级公安机关审核，报省级公安机关审批后，向弩制造企业购买。除弩制造企业、使用单位以及公安机关、武警部队等特殊需要外，其他单位和个人一律不得进口弩及其零部件。弩制造企业、使用单位需要进口弩时，应当填写《申请进口弩审批表》（附件4）并提交单位所在地县级公安机关，经地市级公安机关审核，报省级公安机关审批后，方可进口。弩制造企业、使用单位需要运输弩时，应当填写《申请运输弩审批表》（附件5）并提交所在地县级公安机关，经地市级公安机关审核，报省级公安机关审批后，方可运输。运达目的地后，向运达地县级公安机关备案。

二、进一步明确责任，全面落实各项安全管理制度。各级公安机关要切实加强对弩制造企业、使用单位的监督检查，全面了解掌握辖区内弩的制造、销售、进口和使用情况，及时发现督促整改安全隐患，认真落实各项安全防范措施。一要落实管理责任。弩制造企业、使用单位的主要负责人是本单位安全管理第一责任人，要认真贯彻实施《企业事业单位内部治安保卫条例》，建立健全各项安全管理制度和岗位责任制，切实加强内部安全防范工作。各级公安机关要按照属地管理的原则，全面落实日常监督检查责任。二要严密流向监控。弩制造企业只能向经批准的使用

相关执法参考

单位销售弩，严禁向个人销售。弩制造企业生产弩时，必须在产品上铸刻商标和唯一编号；销售弩时，必须查验公安机关批准使用弩的证明文件和购买证明；运输弩时，必须在产品外包装上标明企业名称、地址、联系电话和产品编号。弩制造企业应当建立健全流向登记制度，如实登记制造、销售、运输、储存弩的品种、数量等信息，并及时录入计算机，定期向省级公安机关备案。三要落实安全防范措施。弩制造企业、使用单位应当设置保卫机构或者配置专职治安保卫人员，实行封闭式管理。在制造和储存弩的场所应当设置技术防范设施，将弩机和弩箭分库存放，实行双人双锁保管，加强守卫守护。弩制造企业、使用单位发生弩丢失、被盗、被抢等案事件时，应当立即报告当地公安机关。

三、开展清理整顿，依法查处各类涉弩违法行为。各地公安机关要结合正在开展的治爆缉枪专项行动，对辖区内制造、销售、使用弩的单位开展一次全面的清理整治，彻底收缴非法制造、销售和个人持有的弩，及时依法查处各类涉弩违法行为。一要全面清理整顿弩制造企业、使用单位。对弩制造企业要核对省级公安机关审批手续，全面查清企业成立以来所制造弩的销售流向，对其中不符合规定销售的弩，要逐一登记购买地区、单位和购买人，由所在地省级公安机关通报流入地公安机关予以收缴。对弩使用单位持有的弩要逐一核对购买手续，登记造册，建立台账，纳入管理。对弩制造企业、使用单位安全管理制度的建立执行情况以及储存保管设施安全运行情况，要进行全面检查，存在隐患的，要责令限期整改；逾期不改造成严重后果的，应当撤销行政许可。二要清查收缴非法制造、销售、持有的弩。对辖区内未经许可制造、销售、使用弩的单位，要一律依法予以取缔，彻底收缴非法制造、销售、持有的弩，并按照《治安管理处罚法》第五十四条的规定予以处罚；对个人持有的弩，要一律依法予以收缴，涉嫌非法携带弩的，要按照《治安管理处罚法》第三十二条的规定予以处罚。对非法运输、进口的弩，要一律予以收缴。对网上非法贩卖弩的网站，要予以查封，并落地查人，追缴所有非法贩卖的弩。对收缴的弩要统一登记封存，由省级公安机关组织销毁。同时，对公安机关、武警部队因特殊需要配备的弩也要加强管理，严防流失社会造成危害。

各地接此通知后，请遵照执行。工作落实情况，请及时报部。

附件1

弩制造企业许可条件

一、企业必须具备的条件

1. 具有独立的法人资格；

2. 具备封闭、独立、安全的制造、弩射和储存场所，安装防盗报警、视频监控等安全设施；

3. 建有完善的治安保卫组织机构，落实治安保卫责任制；

4. 配备足够的安全管理人员；

5. 建立完善的管理规章制度和岗位责任制度；

6. 法定代表人和从业人员无违法犯罪记录。

二、企业需要提供的申报材料

1. 申请报告书（单位负责人签字并加盖单位公章）；

2.《申请制造弩审批表》（一式四份）；

3. 单位营业执照副本复印件（未办理工商登记的，提供工商部门出具的企业名称预先核定通知书）；

4. 单位的方位图、区域功能布局图，以及制造车间、弩射场地和储存仓库的平面示意图；

5. 安装技术防范设施的验收报告；

6. 安全保卫组织机构设置、从业人员名单及职责，申请单位负责人分别与所在地公安机关、从业人员签订的安全管理责任书，从业人员无违法犯罪记录的证明材料；

7. 安全管理制度（包括安全管理责任制度、物品流向登记制度、安全检查责任制度和应急处置制度）；

8. 主管部门批准立项的文件等其他相关资料。

附件 2　　　　　　（封面）

申请制造弩审批表

申请单位：＿＿＿＿＿＿（盖章）＿＿＿＿＿＿

填表日期：＿＿＿＿＿＿＿＿＿＿＿＿＿＿＿＿

×××省公安厅制

相关执法参考

企业名称		联系电话	
企业地址			
经济性质			
法定代表人		联系电话	
申请制造品种			
申请制造型号			
注册商标			
申请变更许可项目			
所申请制造的弩依据国家或行业标准的名称（附标准文本）			
制造弩的年生产能力和最高年产量			
制造的弩需要外协加工情况			
在职人员数量及主要岗位分布情况			
主管部门意见			
县级公安机关受理意见	受理人：（签字） 年 月 日		
地市级公安机关审核意见	经办人：（签字） 年 月 日		
省级公安机关审批意见	（审批公安机关盖章） 经办人：（签字） 年 月 日		

（封底）

填写要求

本表由申请制造弩的单位填写，所填内容应当符合实际情况，以下情况及其他有关项目可另附资料：

1. 申请报告书（单位负责人签字并加盖单位公章）；

2. 单位营业执照副本复印件（未办理工商登记的，提供工商部门出具的企业名称预先核定通知书）；

3. 单位的方位图，区域功能布局图，以及制造车间、弩射场地和储存仓库的平面示意图；

4. 安装技术防范设施的验收报告；

5. 安全保卫组织机构设置、从业人员名单及职责，申请单位负责人分别与所在地公安机关、从业人员签订的治安安全责任书，从业人员无违法犯罪记录的证明材料；

6. 安全管理制度（包括安全管理责任制度、物品流向登记制度、安全检查责任制度和应急处置制度）；

7. 主管部门批准立项的文件等其他相关资料。

本表一式二份，由申请单位和审批公安机关各存档一份。

附件3

申请购置弩审批表

单位名称	（盖章）	联系电话	
单位地址			
单位性质			
法定代表人		联系电话	
使用弩批准文件			
申请购置弩的用途			
申请购置弩的品种、型号和数量			
弩的安全储存条件			
县级公安机关受理意见	受理人：（签字）　年　月　日		
地市级公安机关审核意见	经办人：（签字）　年　月　日		
省级公安机关审批意见	（审批单位盖章） 经办人：（签字）　年　月　日		

备注：本表一式三份，由申请单位填写，经批准购买后，由申请单位和销售企业以及批准公安机关各存一份备查。

附件 4

申请进口弩审批表

单位名称	（盖章）	联系电话	
单位地址			
单位性质			
法定代表人		联系电话	
制造、使用弩批准文件			
进口国别			
进口弩的品种、型号和数量			
弩的安全储存条件			
县级公安机关受理意见	受理人：（签字） 年 月 日		
地市级公安机关审核意见	经办人：（签字） 年 月 日		
省级公安机关审批意见	（批准单位盖章） 经办人：（签字） 年 月 日		

备注：1. 本表一式二份，由申请单位填写，并附营业执照副本、同外商签订的弩购销合同、储存场所安装技术防范设施验收报告等材料。

2. 本表由申请单位和批准公安机关各存档一份备查。

附件5

申请运输弩审批表

申请单位	（盖章）	联系电话	
承运单位		联系电话	
申请经办人		公民身份证号码	
押运人员		公民身份证号码	
押运人员		公民身份证号码	
押运人员		公民身份证号码	
运输方式	汽车运输□ 火车运输□ 飞机运输□	车牌照号	
运输时间	年 月 日至 年 月 日		
运输路线	由______经______至______		

弩的品种	编号	数量（大写）	备注

县级公安机关受理意见	受理人：（签字） 年 月 日
地市级公安机关审核意见	经办人：（签字） 年 月 日
省级公安机关审批意见	（批准单位盖章） 经办人：（签字） 年 月 日

备注：1. 本表一式三份，由申请单位填写，向起运地省或者设区的市公安局治安部门提出申请，并附营业执照副本、申请经办人和押运人员的居民身份证复印件。

2. 申请单位运输时应随车携带本表，运达后送县级公安机关存档一份备查。

3. 本表由申请单位和批准公安机关各存档一份备查。

三十三、盗窃、损毁公共设施
（《治安管理处罚法》第33条第1项）

<table>
<tr><td colspan="2">案由</td><td>盗窃、损毁公共设施</td></tr>
<tr><td colspan="2">概念</td><td>盗窃、损毁公共设施，是指明知是正在使用中的公共设施而故意盗窃、损毁，尚不够刑事处罚的行为。</td></tr>
<tr><td rowspan="2">违法构成要件</td><td>违法客体</td><td>本行为侵犯的客体是公共安全，侵犯的对象是公共设施。
这里的“公共设施”包括油气管道设施，电力电信设施，广播电视设施，水利防汛工程设施或者水文监测、测量、气象测报、环境监测、地质监测、地震监测设施等。
“油气管道设施”包括石油、天然气、煤气管道设施等。
“电力设施”包括发电、供电和变电设备以及输电线路等设施。
“电信设施”包括电报设施、点火设施和互联网络设施。
“广播电视设施”是指广播电台、电视台、电视转播台等节目的发射设施、节目传送设施、节目监测设施等。
“水利防汛工程设施”包括堤防、水闸、抽水站、排水渠等防洪设施。
“水文监测、测量、气象测报、地质监测、地震监测设施”包括水文监测站的各种设备、设施和气象测报的气象探测设施、气象信息专用传输设施、大型气象专用技术装备等。
应注意的是，本行为涉及的公共设施不包括路面井盖、照明等公共设施，盗窃、损毁路面井盖、照明等公共设施，以《治安管理处罚法》第37条第3项规定的盗窃、损毁路面公共设施论处。</td></tr>
<tr><td>违法客观方面</td><td>本行为在客观方面表现为行为人明知是正在使用中的油气管道设施，电力电信设施，广播电视设施，水利防汛工程设施或者水文监测、测量、气象测报、环境监测、地质监测、地震监测等公共设施，而盗窃、损毁，尚不够刑事处罚的行为。
“盗窃”是指以非法占有为目的，秘密窃取公私财物的行为。
“损毁”是指破坏物品、设施的完整性，使其失去正常的使用价值或正常功能。
需要注意的是，行为人盗窃、损毁的公共设施必须是正在使用中的，如果行为人“盗窃”、“损毁”的不是正在使用中的，或者是与公共安全无关的上述公共设施，都不构成本行为，视其情节，可能构成一般盗窃行为或损坏公共财产行为。
根据本行为具体方式的不同，具体的案由可确定为盗窃公共设施或损毁公共设施，行为人同时实施盗窃、损毁行为的，也只认定为盗窃、损毁公共设施，而不能认定为两种案由，更不能实行并罚。</td></tr>
</table>

<table>
<tr><td rowspan="2">违法构成要件</td><td>违法主体</td><td>本行为的主体既可以是单位，也可以是个人。</td></tr>
<tr><td>违法主观方面</td><td>本行为在主观方面既可以是出自故意，也可以是过失。故意，即明知自己盗窃、损毁公共设施的行为会对公共安全造成威胁的结果，而希望或者放任这种结果的发生；过失，即不知自己所盗窃、损毁之物为特殊的公共设施，不知自己的盗窃、损毁行为可能危及公共安全。</td></tr>
<tr><td>认定界限</td><td colspan="2">本行为与相关犯罪的联系。
1. 与本行为相关的犯罪包括：破坏易燃易爆设备罪，过失损坏易燃易爆设备罪，破坏电力设备罪，过失损坏电力设备罪，破坏广播电视设施、公用电信设施罪，过失损坏广播电视设施、公用电信设施罪等。
2. 区别本行为与相关犯罪行为的关键在于情节和后果，即行为是否危及公共安全。如果盗窃、损毁的公共设施对该设施功能不起主要作用，盗窃和损毁后的公共设施仍能正常使用，不至于危及公共安全的，则构成本行为；相反，如果盗窃、损毁的公共设施是该设施的主要或者重要部件，盗窃、损毁后，导致公共设施被破坏或损坏，使公共设施不能发挥正常作用，从而危及了公共安全的，构成相应的犯罪行为。
3. 故意或过失均可以构成本行为；而在相关的犯罪行为中，主观上的故意或过失分别成立两种犯罪行为，但是，构成过失犯罪的，必须是危害公共安全、造成严重后果的行为。</td></tr>
<tr><td>处罚标准</td><td colspan="2">构成本行为的，处10日以上15日以下拘留。</td></tr>
<tr><td>相关执法参考</td><td colspan="2">《中华人民共和国治安管理处罚法》（节录）
（2005年8月28日第十届全国人民代表大会常务委员会第十七次会议通过 中华人民共和国主席令第三十八号公布 自2006年3月1日起施行）
第三十三条第一项 有下列行为之一的，处十日以上十五日以下拘留：
（一）盗窃、损毁油气管道设施、电力电信设施、广播电视设施、水利防汛工程设施或者水文监测、测量、气象测报、环境监测、地质监测、地震监测等公共设施的；
《中华人民共和国刑法》（节录）
（1979年7月1日第五届全国人民代表大会第二次会议通过 1997年3月14日第八届全国人民代表大会第五次会议修订 根据2011年2月25日第十一届全国人民代表大会常务委员会第十九次会议通过的《中华人民共和国刑法修正案（八）》最新修正）
第一百一十八条 破坏电力、燃气或者其他易燃易爆设备，危害公共安全，尚未造成严重后果的，处三年以上十年以下有期徒刑。</td></tr>
</table>

相关执法参考

第一百一十九条　破坏交通工具、交通设施、电力设备、燃气设备、易燃易爆设备，造成严重后果的，处十年以上有期徒刑、无期徒刑或者死刑。

过失犯前款罪的，处三年以上七年以下有期徒刑；情节较轻的，处三年以下有期徒刑或者拘役。

第一百二十四条　破坏广播电视设施、公用电信设施，危害公共安全的，处三年以上七年以下有期徒刑；造成严重后果的，处七年以上有期徒刑。

过失犯前款罪的，处三年以上七年以下有期徒刑；情节较轻的，处三年以下有期徒刑或者拘役。

第二百六十四条　盗窃公私财物，数额较大的，或者多次盗窃、入户盗窃、携带凶器盗窃、扒窃的，处三年以下有期徒刑、拘役或者管制，并处或者单处罚金；数额巨大或者有其他严重情节的，处三年以上十年以下有期徒刑，并处罚金；数额特别巨大或者有其他特别严重情节的，处十年以上有期徒刑或者无期徒刑，并处罚金或者没收财产。{根据刑法修正案（八）修改}

{原条文：盗窃公私财物，数额较大或者多次盗窃的，处三年以下有期徒刑、拘役或者管制，并处或者单处罚金；数额巨大或者有其他严重情节的，处三年以上十年以下有期徒刑，并处罚金；数额特别巨大或者有其他特别严重情节的，处十年以上有期徒刑或者无期徒刑，并处罚金或者没收财产；有下列情形之一的，处无期徒刑或者死刑，并处没收财产：

（一）盗窃金融机构，数额特别巨大的；

（二）盗窃珍贵文物，情节严重的。}

第二百七十五条　故意毁坏公私财物，数额较大或者有其他严重情节的，处三年以下有期徒刑、拘役或者罚金；数额巨大或者有其他特别严重情节的，处三年以上七年以下有期徒刑。

《最高人民法院、最高人民检察院关于办理盗窃油气、破坏油气设备等刑事案件具体应用法律若干问题的解释》（节录）

（2007年1月15日颁布　自2007年1月19日起实施）

第一条　在实施盗窃油气等行为过程中，采用切割、打孔、撬砸、拆卸、开关等手段破坏正在使用的油气设备的，属于刑法第一百一十八条规定的“破坏燃气或者其他易燃易爆设备”的行为；危害公共安全，尚未造成严重后果的，依照刑法第一百一十八条的规定定罪处罚。

第二条　实施本解释第一条规定的行为，具有下列情形之一的，属于刑法第一百一十九条第一款规定的“造成严重后果”，依照刑法第一百一十九条第一款的规定定罪处罚：

一、造成一人以上死亡、三人以上重伤或者十人以上轻伤的；

二、造成井喷或者重大环境污染事故的；

三、造成直接经济损失数额在五十万元以上的；

四、造成其他严重后果的。

第三条　盗窃油气或者正在使用的油气设备，构成犯罪，但未危害公共安全

相关执法参考

的，依照刑法第二百六十四条的规定，以盗窃罪定罪处罚。

盗窃油气，数额巨大但尚未运离现场的，以盗窃未遂定罪处罚。

为他人盗窃油气而偷开油气井、油气管道等油气设备阀门排放油气或者提供其他帮助的，以盗窃罪的共犯定罪处罚。

第四条　盗窃油气同时构成盗窃罪和破坏易燃易爆设备罪的，依照刑法处罚较重的规定定罪处罚。

第八条　本解释所称的“油气”，是指石油、天然气。其中，石油包括原油、成品油；天然气包括煤层气。

本解释所称“油气设备”，是指用于石油、天然气生产、储存、运输等易燃易爆设备。

《最高人民法院关于审理破坏电力设备刑事案件具体应用法律若干问题的解释》（节录）

（2007年8月13日最高人民法院审判委员会第1435次会议通过
自2007年8月21日起施行　法释［2007］15号）

第一条　破坏电力设备，具有下列情形之一的，属于刑法第一百一十九条第一款规定的“造成严重后果”，以破坏电力设备罪判处十年以上有期徒刑、无期徒刑或者死刑：

（一）造成一人以上死亡、三人以上重伤或者十人以上轻伤的；

（二）造成一万以上用户电力供应中断六小时以上，致使生产、生活受到严重影响的；

（三）造成直接经济损失一百万元以上的；

（四）造成其他危害公共安全严重后果的。

第三条　盗窃电力设备，危害公共安全，但不构成盗窃罪的，以破坏电力设备罪定罪处罚；同时构成盗窃罪和破坏电力设备罪的，依照刑法处罚较重的规定定罪处罚。

盗窃电力设备，没有危及公共安全，但应当追究刑事责任的，可以根据案件的不同情况，按照盗窃罪等犯罪处理。

第四条　本解释所称电力设备，是指处于运行、应急等使用中的电力设备；已经通电使用，只是由于枯水季节或电力不足等原因暂停使用的电力设备；已经交付使用但尚未通电的电力设备。不包括尚未安装完毕，或者已经安装完毕但尚未交付使用的电力设备。

本解释中直接经济损失的计算范围，包括电量损失金额，被毁损设备材料的购置、更换、修复费用，以及因停电给用户造成的直接经济损失等。

《最高人民法院关于审理危害军事通信刑事案件具体应用法律若干问题的解释》（节录）

（2007年6月18日最高人民法院审判委员会第1430次会议通过
法释［2007］13号）

第六条　破坏、过失损坏军事通信，并造成公用电信设施损毁，危害公共安全，

相关执法参考

同时构成刑法第一百二十四条和第三百六十九条规定的犯罪的，依照处罚较重的规定定罪处罚。

盗窃军事通信线路、设备，不构成盗窃罪，但破坏军事通信的，依照刑法第三百六十九条第一款的规定定罪处罚；同时构成刑法第一百二十四条、第二百六十四条和第三百六十九条第一款规定的犯罪的，依照处罚较重的规定定罪处罚。

……

第七条 本解释所称“重要军事通信”，是指军事首脑机关及重要指挥中心的通信，部队作战中的通信，等级战备通信，飞行航行训练、抢险救灾、军事演习或者处置突发性事件中的通信，以及执行试飞试航、武器装备科研试验或者远洋航行等重要军事任务中的通信。

本解释所称军事通信的具体范围、通信中断和严重障碍的标准，参照中国人民解放军通信主管部门的有关规定确定。

《最高人民法院关于审理破坏公用电信设施刑事案件具体应用法律若干问题的解释》（节录）

（2004年12月30日 法释［2004］21号）

第一条 采用截断通信线路、损毁通信设备或者删除、修改、增加电信网计算机信息系统中存储、处理或者传输的数据和应用程序等手段，故意破坏正在使用的公用电信设施，具有下列情形之一的，属于刑法第一百二十四条规定的“危害公共安全”，依照刑法第一百二十四条第一款规定，以破坏公用电信设施罪处三年以上七年以下有期徒刑：

（一）造成火警、匪警、医疗急救、交通事故报警、救灾、抢险、防汛等通信中断或者严重障碍，并因此贻误救助、救治、救灾、抢险等，致使人员死亡一人、重伤三人以上或者造成财产损失三十万元以上的；

（二）造成二千以上不满一万用户通信中断一小时以上，或者一万以上用户通信中断不满一小时的；

（三）在一个本地网范围内，网间通信全阻、关口局至某一局向全部中断或网间某一业务全部中断不满二小时或者直接影响范围不满五万（用户×小时）的；

（四）造成网间通信严重障碍，一日内累计二小时以上不满十二小时的；

（五）其他危害公共安全的情形。

第二条 实施本解释第一条规定的行为，具有下列情形之一的，属于刑法第一百二十四条第一款规定的“严重后果”，以破坏公用电信设施罪处七年以上有期徒刑：

（一）造成火警、匪警、医疗急救、交通事故报警、救灾、抢险、防汛等通信中断或者严重障碍，并因此贻误救助、救治、救灾、抢险等，致使人员死亡二人以上、重伤六人以上或者造成财产损失六十万元以上的；

（二）造成一万以上用户通信中断一小时以上的；

（三）在一个本地网范围内，网间通信全阻、关口局至某一局向全部中断或网间某一业务全部中断二小时以上或者直接影响范围五万（用户×小时）以上的；

（四）造成网间通信严重障碍，一日内累计十二小时以上的；

相关执法参考

（五）造成其他严重后果的。

第三条　故意破坏正在使用的公用电信设施尚未危害公共安全，或者故意毁坏尚未投入使用的公用电信设施，造成财物损失，构成犯罪的，依照刑法第二百七十五条规定，以故意毁坏财物罪定罪处罚。

盗窃公用电信设施价值数额不大，但是构成危害公共安全犯罪的，依照刑法第一百二十四条的规定定罪处罚；盗窃公用电信设施同时构成盗窃罪和破坏公用电信设施罪的，依照处罚较重的规定定罪处罚。

第四条　指使、组织、教唆他人实施本解释规定的故意犯罪行为的，按照共犯定罪处罚。

第五条　本解释中规定的公用电信设施的范围、用户数、通信中断和严重障碍的标准和时间长度，依据国家电信行业主管部门的有关规定确定。

《最高人民法院关于审理盗窃案件
具体应用法律若干问题的解释》（节录）

（1998年3月17日　法释［1998］4号）

第十二条　审理盗窃案件，应当注意区分盗窃罪与其他犯罪的界限：

（一）盗窃广播电视设施、公用电信设施价值数额不大，但是构成危害公共安全犯罪的，依照刑法第一百二十四条的规定定罪处罚；盗窃广播电视设施、公用电信设施同时构成盗窃罪和破坏广播电视设施、公用电信设施罪的，择一重罪处罚。

（二）盗窃使用中的电力设备，同时构成盗窃罪和破坏电力设备罪的，择一重罪处罚。

（三）为盗窃其他财物，盗窃机动车辆当犯罪工具使用的，被盗机动车辆的价值计入盗窃数额；为实施其他犯罪盗窃机动车辆的，以盗窃罪和所实施的其他犯罪实行数罪并罚。为实施其他犯罪，偷开机动车辆当犯罪工具使用后，将偷开的机动车辆送回原处或者停放到原处附近，车辆未丢失的，按照其所实施的犯罪从重处罚。

（四）为练习开车、游乐等目的，多次偷开机动车辆，并将机动车辆丢失的，以盗窃罪定罪处罚；在偷开机动车辆过程中发生交通肇事构成犯罪，又构成其他罪的，应当以交通肇事罪和其他罪实行数罪并罚；偷开机动车辆造成车辆损坏的，按照刑法第二百七十五条的规定定罪处罚；偶尔偷开机动车辆，情节轻微的，可以不认为是犯罪。

（五）实施盗窃犯罪，造成公私财物损毁的，以盗窃罪从重处罚；又构成其他犯罪的，择一重罪从重处罚；盗窃公私财物未构成盗窃罪，但因采用破坏性手段造成公私财物损毁数额较大的，以故意毁坏财物罪定罪处罚。盗窃后，为掩盖盗窃罪行或者报复等，故意破坏公私财物构成犯罪的，应当以盗窃罪和构成的其他罪实行数罪并罚。

（六）盗窃技术成果等商业秘密的，按照刑法第二百一十九条的规定定罪处罚。

《最高人民法院、最高人民检察院、公安部关于
盗窃罪数额认定标准问题的规定》

（1998年3月26日　法发［1998］3号颁布）

各省、自治区、直辖市高级人民法院、人民检察院、公安厅（局），解放军军事法院、军事检察院：

根据刑法第二百六十四条的规定，结合当前的经济发展水平和社会治安状况，现对盗窃罪数额认定标准规定如下：

一、个人盗窃公私财物“数额较大”，以五百元至二千元为起点。

二、个人盗窃公私财物“数额巨大”，以五千元至二万元为起点。

三、个人盗窃公私财物“数额特别巨大”，以三万元至十万元为起点。

各省、自治区、直辖市高级人民法院、人民检察院、公安厅（局），可以根据本地区经济发展状况，并考虑社会治安状况，在上述数额幅度内，共同研究确定本地区执行的盗窃罪“数额较大”、“数额巨大”、

“数额特别巨大”的具体数额标准，并分别报最高人民法院、最高人民检察院、公安部备案。

《最高人民法院、最高人民检察院、公安部关于
铁路运输过程中盗窃罪数额认定标准问题的规定》

（1999年2月4日　公发［1999］4号）

各省、自治区、直辖市高级人民法院，人民检察院，公安厅、局，解放军军事法院、军事检察院：

根据《刑法》第二百六十四条的规定，结合铁路运输的治安状况和盗窃案件特点，现对铁路运输过程中盗窃罪数额认定标准规定如下：

一、个人盗窃公私财物“数额较大”，以一千元为起点；

二、个人盗窃公私财物“数额巨大”，以一万元为起点；

三、个人盗窃公私财物“数额特别巨大”，以六万元为起点。

《最高人民检察院关于破坏电力设备罪几个问题的批复》

（1986年12月9日）

四川省人民检察院：

你院川检发（1986）88号“关于适用《刑法》第109条‘破坏电力设备罪’遇到的几种情况定性处理意见的请示”文收悉。经研究，现答复如下：

一、尚未安装完毕的农用低压照明电线路，不属于正在使用中的电力设备。行为人即使盗走其中架设好的部分的电线，也不致对公共安全造成危害，其行为应以盗窃定性。

二、已经通电使用，只是由于枯水季节或电力不足等原因，而暂停供电的线路，仍应认为是正在使用的线路。行为人偷割这类线路中的电线，如果构成犯罪，应按破坏电力设备罪追究其刑事责任。

三、对偷割已经安装完毕，但还未供电的电力线路的行为，应分别不同情况处理。如果偷割的是未正式交付电力部门使用的线路，应按盗窃案件处理。如果行为人明知线路已交付电力部门使用而偷割电线的，应定为破坏电力设备罪。

相关执法参考

相关执法参考

《最高人民法院关于对采用破坏性手段盗窃正在使用的油田输油管道中油品的行为如何适用法律问题的批复》

（2002年4月10日　法释［2002］10号）

各省、自治区、直辖市高级人民法院，解放军军事法院，新疆维吾尔自治区高级人民法院生产建设兵团分院：

近来，一些高级人民法院对采用破坏性手段盗窃正在使用的油田输油管道中油品的行为如何适用法律问题请示我院。根据刑法的有关规定，批复如下：

正在使用的油田输油管道，属于刑法规定的“易燃易爆设备”。行为人采用破坏性手段盗窃正在使用的油田输油管道中的油品，构成破坏易燃易爆设备罪、盗窃罪等犯罪的，依照处罚较重的规定定罪处罚。

《最高人民法院关于破坏生产单位正在使用的电动机是否构成破坏电力设备罪问题的批复》

（1993年08月04日　高检研发字［1986］第16号）

湖北省高级人民法院：

你院91035号传真《关于破坏生产单位正在使用的电动机是否可以构成破坏电力设备罪的请示》收悉。经研究，答复如下：

破坏电力设备罪是危害公共安全的犯罪。该罪所侵犯的客体，是社会的公共安全。如果行为人的行为不具有危害社会公共安全的性质，不能构成该罪。

对拆盗某些排灌站、加工厂等生产单位正在使用中的电机设备等，没有危及社会公共安全，但应当追究刑事责任的，可以根据案件的不同情况，按盗窃罪、破坏集体生产罪或者故意毁坏公私财物罪处理。

《关于印发〈举报盗窃破坏电力电信广播电视设施违法犯罪有功人员奖励办法〉的通知》（节录）

（公治［2007］328号）

各省、自治区、直辖市“三电”专项斗争领导小组办公室，新疆生产建设兵团“三电”专项斗争领导小组办公室：

附件1：举报盗窃破坏电力电信广播电视设施违法犯罪有功人员奖励办法

第四条　本办法奖励范围适用于以下举报行为：

（一）举报盗窃、破坏电力电信广播电视设施违法犯罪行为；

（二）举报涉嫌盗窃、破坏电力电信广播电视设施违法犯罪人员行踪；

（三）举报涉嫌窝藏、转移、收购、销售被盗电力电信广播电视设施的违法犯罪行为；

（四）举报未取得营业执照或未到公安机关备案的废旧金属收购站点；

（五）举报其他涉及电力电信广播电视设施的违法犯罪行为。

第五条　具体奖励标准如下：

（一）根据举报线索，破获盗窃、破坏电力电信广播电视设施刑事案件，分别给予以下奖励：

相关执法参考

1. 属于公安部挂牌督办刑事案件的，每1起视情给予2000元以上10000元以下奖励；

2. 其他重大刑事案件，每1起视情给予500元以上2000元以下奖励。

（二）根据举报线索，抓获涉嫌盗窃、破坏电力电信广播电视设施违法犯罪人员，分别给予以下奖励：

1. 抓获公安部通缉人员或者公安部挂牌督办刑事案件在逃人员，每抓获1名视情给予2000元以上10000元以下奖励；

2. 抓获公安部网上追逃人员，每抓获1名奖励2000元；

3. 抓获其他涉嫌盗窃、破坏电力电信广播电视设施违法犯罪人员，每抓获1名视情给予500元以上2000元以下奖励。

（三）根据举报线索，抓获涉嫌窝藏、转移、收购、销售被盗电力电信广播电视设施违法犯罪人员，分别给予以下奖励：

1. 对涉嫌违法犯罪人员予以刑事拘留、逮捕或者劳动教养，每处理1人视情给予500元以上2000元以下奖励；

2. 对违法人员予以行政拘留，每处理1人奖励300元。

（四）根据举报线索，查处取缔收购站点的，分别给予以下奖励：

1. 取缔涉嫌窝藏、转移、收购、销售被盗电力电信广播电视设施的收购站点，每取缔1个奖励500元；

2. 查处取缔无照经营或者未到公安机关备案的废旧金属收购站点，每查处取缔1个奖励300元。

第六条　一人举报同一案件线索，公安机关据此破案和抓获犯罪嫌疑人的，按最高标准予以奖励。

两人以上先后举报同一案件线索，只奖励第一个举报者；两人以上共同举报同一案件线索，奖金颁发机构确定奖金额后，由举报人自行协商奖金分配比例，协商不成的，由奖金颁发机构裁决。

奖金发放方式为：银行转账到举报人账户或邮局汇款到举报人居住地。

第七条　兑现奖励工作由省级、地市级“三电”办负责。对群众举报到全国“三电”办的重大、特大案件线索，并据此破获公安部挂牌督办“三电”案件或者抓获公安部通缉人员，经有关公安机关查证属实的，填写《举报盗窃破坏电力电信广播电视设施违法犯罪有功人员奖励审批表》，经省级“三电”办审核，报全国“三电”办批准后予以奖励。对于未通过12300或者未直接举报到各级“三电”办，而是通过110等其他方式举报的案件线索，经查证属实，并据此破获“三电”刑事案件、抓获违法犯罪嫌疑人员、查处取缔涉嫌收赃或违规经营收购站点的，由省级、地市级“三电”办审核后酌情给予奖励。

第八条　要严格财务制度，不得挪用挤占专项奖励经费，奖励经费使用情况接受审计部门的审计。

第九条　实施奖励工作要由专人负责。要严格为举报人保密，向下转发举报线索时，不得将举报人姓名、身份、电话等基本情况一并转发。未经举报人同意，不得公开举报人姓名、身份、住址、电话及接受奖励的金额，违者追究其党纪政纪责任，情节严重的，依法追究法律责任。

第十条　本办法自发布之日起执行。

附件2:《举报盗窃破坏电力电信广播电视设施违法犯罪有功人员奖励审批表（式样)》（略）

《中华人民共和国石油天然气管道保护法》（节录）

（中华人民共和国第十一届全国人民代表大会常务委员会第十五次会议于2010年6月25日通过　自2010年10月1日起施行）

第二条　中华人民共和国境内输送石油、天然气的管道的保护，适用本法。

城镇燃气管道和炼油、化工等企业厂区内管道的保护，不适用本法。

第三条　本法所称石油包括原油和成品油，所称天然气包括天然气、煤层气和煤制气。

本法所称管道包括管道及管道附属设施。

第八条　任何单位和个人不得实施危害管道安全的行为。

对危害管道安全的行为，任何单位和个人有权向县级以上地方人民政府主管管道保护工作的部门或者其他有关部门举报。接到举报的部门应当在职责范围内及时处理。

第二十八条　禁止下列危害管道安全的行为：

（一）擅自开启、关闭管道阀门；

（二）采用移动、切割、打孔、砸撬、拆卸等手段损坏管道；

（三）移动、毁损、涂改管道标志；

（四）在埋地管道上方巡查便道上行驶重型车辆；

（五）在地面管道线路、架空管道线路和管桥上行走或者放置重物。

第二十九条　禁止在本法第五十八条第一项所列管道附属设施的上方架设电力线路、通信线路或者在储气库构造区域范围内进行工程挖掘、工程钻探、采矿。

第三十条　在管道线路中心线两侧各五米地域范围内，禁止下列危害管道安全的行为：

（一）种植乔木、灌木、藤类、芦苇、竹子或者其他根系深达管道埋设部位可能损坏管道防腐层的深根植物；

（二）取土、采石、用火、堆放重物、排放腐蚀性物质、使用机械工具进行挖掘施工；

（三）挖塘、修渠、修晒场、修建水产养殖场、建温室、建家畜棚圈、建房以及修建其他建筑物、构筑物。

第三十一条　在管道线路中心线两侧和本法第五十八条第一项所列管道附属设施周边修建下列建筑物、构筑物的，建筑物、构筑物与管道线路和管道附属设施的距离应当符合国家技术规范的强制性要求：

（一）居民小区、学校、医院、娱乐场所、车站、商场等人口密集的建筑物；

（二）变电站、加油站、加气站、储油罐、储气罐等易燃易爆物品的生产、经营、存储场所。

相关执法参考

前款规定的国家技术规范的强制性要求，应当按照保障管道及建筑物、构筑物安全和节约用地的原则确定。

第三十二条　在穿越河流的管道线路中心线两侧各五百米地域范围内，禁止抛锚、拖锚、挖砂、挖泥、采石、水下爆破。但是，在保障管道安全的条件下，为防洪和航道通畅而进行的养护疏浚作业除外。

第三十三条　在管道专用隧道中心线两侧各一千米地域范围内，除本条第二款规定的情形外，禁止采石、采矿、爆破。

在前款规定的地域范围内，因修建铁路、公路、水利工程等公共工程，确需实施采石、爆破作业的，应当经管道所在地县级人民政府主管管道保护工作的部门批准，并采取必要的安全防护措施，方可实施。

第三十四条　未经管道企业同意，其他单位不得使用管道专用伴行道路、管道水工防护设施、管道专用隧道等管道附属设施。

第三十五条　进行下列施工作业，施工单位应当向管道所在地县级人民政府主管管道保护工作的部门提出申请：

（一）穿跨越管道的施工作业；

（二）在管道线路中心线两侧各五米至五十米和本法第五十八条第一项所列管道附属设施周边一百米地域范围内，新建、改建、扩建铁路、公路、河渠，架设电力线路，埋设地下电缆、光缆，设置安全接地体、避雷接地体；

（三）在管道线路中心线两侧各二百米和本法第五十八条第一项所列管道附属设施周边五百米地域范围内，进行爆破、地震法勘探或者工程挖掘、工程钻探、采矿。

县级人民政府主管管道保护工作的部门接到申请后，应当组织施工单位与管道企业协商确定施工作业方案，并签订安全防护协议；协商不成的，主管管道保护工作的部门应当组织进行安全评审，做出是否批准作业的决定。

第五十一条　采用移动、切割、打孔、砸撬、拆卸等手段损坏管道或者盗窃、哄抢管道输送、泄漏、排放的石油、天然气，尚不构成犯罪的，依法给予治安管理处罚。

第五十二条　违反本法第二十九条、第三十条、第三十二条或者第三十三条第一款的规定，实施危害管道安全行为的，由县级以上地方人民政府主管管道保护工作的部门责令停止违法行为；情节较重的，对单位处一万元以上十万元以下的罚款，对个人处二百元以上二千元以下的罚款；对违法修建的建筑物、构筑物或者其他设施限期拆除；逾期未拆除的，由县级以上地方人民政府主管管道保护工作的部门组织拆除，所需费用由违法行为人承担。

第五十三条　未经依法批准，进行本法第三十三条第二款或者第三十五条规定的施工作业的，由县级以上地方人民政府主管管道保护工作的部门责令停止违法行为；情节较重的，处一万元以上五万元以下的罚款；对违法修建的危害管道安全的建筑物、构筑物或者其他设施限期拆除；逾期未拆除的，由县级以上地方人民政府主管管道保护工作的部门组织拆除，所需费用由违法行为人承担。

第五十四条　违反本法规定，有下列行为之一的，由县级以上地方人民政府主

相关执法参考

管管道保护工作的部门责令改正；情节严重的，处二百元以上一千元以下的罚款：

（一）擅自开启、关闭管道阀门的；

（二）移动、毁损、涂改管道标志的；

（三）在埋地管道上方巡查便道上行驶重型车辆的；

（四）在地面管道线路、架空管道线路和管桥上行走或者放置重物的；

（五）阻碍依法进行的管道建设的。

第五十五条　违反本法规定，实施危害管道安全的行为，给管道企业造成损害的，依法承担民事责任。

第五十六条　县级以上地方人民政府及其主管管道保护工作的部门或者其他有关部门，违反本法规定，对应当组织排除的管道外部安全隐患不及时组织排除，发现危害管道安全的行为或者接到对危害管道安全行为的举报后不依法予以查处，或者有其他不依照本法规定履行职责的行为的，由其上级机关责令改正，对直接负责的主管人员和其他直接责任人员依法给予处分。

第五十七条　违反本法规定，构成犯罪的，依法追究刑事责任。

第五十八条　本法所称管道附属设施包括：

（一）管道的加压站、加热站、计量站、集油站、集气站、输油站、输气站、配气站、处理场、清管站、阀室、阀井、放空设施、油库、储气库、装卸栈桥、装卸场；

（二）管道的水工防护设施、防风设施、防雷设施、抗震设施、通信设施、安全监控设施、电力设施、管堤、管桥以及管道专用涵洞、隧道等穿跨越设施；

（三）管道的阴极保护站、阴极保护测试桩、阳极地床、杂散电流排流站等防腐设施；

（四）管道穿越铁路、公路的检漏装置；

（五）管道的其他附属设施。

《中华人民共和国海岛保护法》（节录）

（2009年12月26日第十一届全国人民代表大会常务委员会第十二次会议通过
自2010年3月1日起施行）

第六条　海岛的名称，由国家地名管理机构和国务院海洋主管部门按照国务院有关规定确定和发布。

沿海县级以上地方人民政府应当按照国家规定，在需要设置海岛名称标志的海岛设置海岛名称标志。

禁止损毁或者擅自移动海岛名称标志。

第二十二条　国家保护设置在海岛的军事设施，禁止破坏、危害军事设施的行为。

国家保护依法设置在海岛的助航导航、测量、气象观测、海洋监测和地震监测等公益设施，禁止损毁或者擅自移动，妨碍其正常使用。

第三十七条　领海基点所在的海岛，应当由海岛所在省、自治区、直辖市人民政府划定保护范围，报国务院海洋主管部门备案。领海基点及其保护范围周边应当设置明显标志。

相关执法参考

禁止在领海基点保护范围内进行工程建设以及其他可能改变该区域地形、地貌的活动。确需进行以保护领海基点为目的的工程建设的，应当经过科学论证，报国务院海洋主管部门同意后依法办理审批手续。

禁止损毁或者擅自移动领海基点标志。

县级以上人民政府海洋主管部门应当按照国家规定，对领海基点所在海岛及其周边海域生态系统实施监视、监测。

任何单位和个人都有保护海岛领海基点的义务。发现领海基点以及领海基点保护范围内的地形、地貌受到破坏的，应当及时向当地人民政府或者海洋主管部门报告。

第五十一条　损毁或者擅自移动领海基点标志的，依法给予治安管理处罚。

第五十二条　破坏、危害设置在海岛的军事设施，或者损毁、擅自移动设置在海岛的助航导航、测量、气象观测、海洋监测和地震监测等公益设施的，依照有关法律、行政法规的规定处罚。

第五十三条　无权批准开发利用无居民海岛而批准，超越批准权限批准开发利用无居民海岛，或者违反海岛保护规划批准开发利用无居民海岛的，批准文件无效；对直接负责的主管人员和其他直接责任人员依法给予处分。

第五十四条　违反本法规定，拒绝海洋主管部门监督检查，在接受监督检查时弄虚作假，或者不提供有关文件和资料的，由县级以上人民政府海洋主管部门责令改正，可以处二万元以下的罚款。

第五十五条　违反本法规定，构成犯罪的，依法追究刑事责任。

造成海岛及其周边海域生态系统破坏的，依法承担民事责任。

《中华人民共和国水法》（节录）

（2002 年 8 月 29 日第九届全国人民代表大会常务委员会第二十九次会议修订通过　根据 2009 年 8 月 27 日第十一届全国人民代表大会常务委员会第十次会议通过的〈全国人民代表大会常务委员会关于修改部分法律的决定〉修改）

第七十二条　有下列行为之一，构成犯罪的，依照刑法的有关规定追究刑事责任；尚不够刑事处罚，且防洪法未作规定的，由县级以上地方人民政府水行政主管部门或者流域管理机构依据职权，责令停止违法行为，采取补救措施，处一万元以上五万元以下的罚款；违反治安管理处罚法的，由公安机关依法给予治安管理处罚；给他人造成损失的，依法承担赔偿责任：

（一）侵占、毁坏水工程及堤防、护岸等有关设施，毁坏防汛、水文监测、水文地质监测设施的；

（二）在水工程保护范围内，从事影响水工程运行和危害水工程安全的爆破、打井、采石、取土等活动的。

《中华人民共和国防汛条例》（节录）

（1991 年 7 月 2 日国务院令第 86 号公布　根据 2010 年 12 月 29 日国务院第 138 次常务会议通过的〈国务院关于废止和修改部分行政法规的决定〉修改　国务院令第 588 号颁布）

第四十三条　有下列行为之一的，视情节和危害后果，由其所在单位或者上级主管机关给予处分；应当给予治安管理处罚的，依照《中华人民共和国治安管理处罚法》的规定处罚；构成犯罪的，依法追究刑事责任：

……

（六）盗窃、损毁或者破坏堤防、护岸、闸坝等水工程建筑物和防汛工程设施以及水文监测、车辆设施、气象测报设施、河岸地质监测设施、通信照明设施的；

《中华人民共和国防洪法》（节录）

（1997年8月29日第八届全国人民代表大会常务委员会第二十七次会议通过 根据2009年8月27日第十一届全国人民代表大会常务委员会第十次会议通过的〈全国人民代表大会常务委员会关于修改部分法律的决定〉修改）

第六十一条　违反本法规定，破坏、侵占、毁损堤防、水闸、护岸、抽水站、排水渠系等防洪工程和水文、通信设施以及防汛备用的器材、物料的，责令停止违法行为，采取补救措施，可以处五万元以下的罚款；造成损坏的，依法承担民事责任；应当给予治安管理处罚的，依照治安管理处罚法的规定处罚；构成犯罪的，依法追究刑事责任。

《中华人民共和国电力法》（节录）

（1995年12月28日第八届全国人民代表大会常务委员会第十七次会议通过 根据2009年8月27日第十一届全国人民代表大会常务委员会第十次会议通过的〈全国人民代表大会常务委员会关于修改部分法律的决定〉修改）

相关执法参考

第五十二条　任何单位和个人不得危害发电设施、变电设施和电力线路设施及其有关辅助设施。

在电力设施周围进行爆破及其他可能危及电力设施安全的作业的，应当按照国务院有关电力设施保护的规定，经批准并采取确保电力设施安全的措施后，方可进行作业。

第五十三条　电力管理部门应当按照国务院有关电力设施保护的规定，对电力设施保护区设立标志。

任何单位和个人不得在依法划定的电力设施保护区内修建可能危及电力设施安全的建筑物、构筑物，不得种植可能危及电力设施安全的植物，不得堆放可能危及电力设施安全的物品。

在依法划定电力设施保护区前已经种植的植物妨碍电力设施安全的，应当修剪或者砍伐。

第五十五条　电力设施与公用工程、绿化工程和其他工程在新建、改建或者扩建中相互妨碍时，有关单位应当按照国家有关规定协商，达成协议后方可施工。

第六十八条　违反本法第五十二条第二款和第五十四条规定，未经批准或者未采取安全措施在电力设施周围或者在依法划定的电力设施保护区内进行作业，危及电力设施安全的，由电力管理部门责令停止作业、恢复原状并赔偿损失。

第六十九条　违反本法第五十三条规定，在依法划定的电力设施保护区内修建建筑物、构筑物或者种植植物、堆放物品，危及电力设施安全的，由当地人民政府责令强制拆除、砍伐或者清除。

相关执法参考

第七十二条　盗窃电力设施或者以其他方法破坏电力设施，危害公共安全的，依照刑法有关规定追究刑事责任。

《电力设施保护条例》（节录）

（1987年9月15日国务院发布　根据2010年12月29日国务院第138次常务会议通过的〈国务院关于废止和修改部分行政法规的决定〉修改　国务院令第588号颁布）

第四条　电力设施受国家法律保护，禁止任何单位或个人从事危害电力设施的行为。任何单位和个人都有保护电力设施的义务，对危害电力设施的行为，有权制止并向电力管理部门、公安部门报告。

电力企业应加强对电力设施的保护工作，对危害电力设施安全的行为，应采取适当措施，予以制止。

第五条　国务院电力管理部门对电力设施的保护负责监督、检查、指导和协调。

第八条　发电设施、变电设施的保护范围：

（一）发电厂、变电站、换流站、开关站等厂、站内的设施；

（二）发电厂、变电站外各种专用的管道（沟）、储灰场、水井、泵站、冷却水塔、油库、堤坝、铁路、道路、桥梁、码头、燃料装卸设施、避雷装置、消防设施及其有关辅助设施；

（三）水力发电厂使用的水库、大坝、取水口、引水隧洞（含支洞口）、引水渠道、调压井（塔）、露天高压管道、厂房、尾水渠、厂房与大坝间的通信设施及其有关辅助设施。

第九条　电力线路设施的保护范围：

（一）架空电力线路：杆塔、基础、拉线、接地装置、导线、避雷线、金具、绝缘子、登杆塔的爬梯和脚钉，导线跨越航道的保护设施，巡（保）线站，巡视检修专用道路、船舶和桥梁，标志牌及其有关辅助设施；

（二）电力电缆线路：架空、地下、水底电力电缆和电缆联结装置，电缆管道、电缆隧道、电缆沟、电缆桥，电缆井、盖板、人孔、标石、水线标志牌及其有关辅助设施；

（三）电力线路上的变压器、电容器、电抗器、断路器、隔离开关、避雷器、互感器、熔断器、计量仪表装置、配电室、箱式变电站及其有关辅助设施；

（四）电力调度设施：电力调度场所、电力调度通信设施、电网调度自动化设施、电网运行控制设施。

第十条　电力线路保护区：

（一）架空电力线路保护区：导线边线向外侧水平延伸并垂直于地面所形成的两平行面内的区域，在一般地区各级电压导线的边线延伸距离如下：

1—10千伏　5米

35—110千伏　10米

154—330千伏　15米

500千伏　20米

相关执法参考

在厂矿、城镇等人口密集地区，架空电力线路保护区的区域可略小于上述规定。但各级电压导线边线延伸的距离，不应小于导线边线在最大计算弧垂及最大计算风偏后的水平距离和风偏后距建筑物的安全距离之和。

（二）电力电缆线路保护区：地下电缆为电缆线路地面标桩两侧各0.75米所形成的两平行线内的区域；海底电缆一般为线路两侧各2海里（港内为两侧各100米），江河电缆一般不小于线路两侧各100米（中、小河流一般不小于各50米）所形成的两平行线内的水域。

第十一条　县以上地方各级电力管理部门应采取以下措施，保护电力设施：

（一）在必要的架空电力线路保护区的区界上，应设立标志，并标明保护区的宽度和保护规定；

（二）在架空电力线路导线跨越重要公路和航道的区段，应设立标志，并标明导线距穿越物体之间的安全距离；

（三）地下电缆铺设后，应设立永久性标志，并将地下电缆所在位置书面通知有关部门；

（四）水底电缆敷设后，应设立永久性标志，并将水底电缆所在位置书面通知有关部门。

第十二条　任何单位或个人在电力设施周围进行爆破作业，必须按照国家有关规定，确保电力设施的安全。

第十三条　任何单位或个人不得从事下列危害发电设施、变电设施的行为：

（一）闯入发电厂、变电站内扰乱生产和工作秩序，移动、损害标志物；

（二）危及输水、输油、供热、排灰等管道（沟）的安全运行；

（三）影响专用铁路、公路、桥梁、码头的使用；

（四）在用于水力发电的水库内，进入距水工建筑物300米区域内炸鱼、捕鱼、游泳、划船及其他可能危及水工建筑物安全的行为；

（五）其他危害发电、变电设施的行为。

第十四条　任何单位或个人，不得从事下列危害电力线路设施的行为：

（一）向电力线路设施射击；

（二）向导线抛掷物体；

（三）在架空电力线路导线两侧各300米的区域内放风筝；

（四）擅自在导线上接用电器设备；

（五）擅自攀登杆塔或在杆塔上架设电力线、通信线、广播线，安装广播喇叭；

（六）利用杆塔、拉线作起重牵引地锚；

（七）在杆塔、拉线上拴牲畜、悬挂物体、攀附农作物；

（八）在杆塔、拉线基础的规定范围内取土、打桩、钻探、开挖或倾倒酸、碱、盐及其他有害化学物品；

（九）在杆塔内（不含杆塔与杆塔之间）或杆塔与拉线之间修筑道路；

（十）拆卸杆塔或拉线上的器材，移动、损坏永久性标志或标志牌；

（十一）其他危害电力线路设施的行为。

第十五条　任何单位或个人在架空电力线路保护区内，必须遵守下列规定：

相关执法参考

（一）不得堆放谷物、草料、垃圾、矿渣、易燃物、易爆物及其他影响安全供电的物品；

（二）不得烧窑、烧荒；

（三）不得兴建建筑物、构筑物；

（四）不得种植可能危及电力设施安全的植物。

第十六条　任何单位或个人在电力电缆线路保护区内，必须遵守下列规定：

（一）不得在地下电缆保护区内堆放垃圾、矿渣、易燃物、易爆物，倾倒酸、碱、盐及其他有害化学物品，兴建建筑物、构筑物或种植树木、竹子；

（二）不得在海底电缆保护区内抛锚、拖锚；

（三）不得在江河电缆保护区内抛锚、拖锚、炸鱼、挖沙。

第十七条　任何单位或个人必须经县级以上地方电力管理部门批准，并采取安全措施后，方可进行下列作业或活动：

（一）在架空电力线路保护区内进行农田水利基本建设工程及打桩、钻探、开挖等作业；

（二）起重机械的任何部位进入架空电力线路保护区进行施工；

（三）小于导线距穿越物体之间的安全距离，通过架空电力线路保护区；

（四）在电力电缆线路保护区内进行作业。

第十八条　任何单位或个人不得从事下列危害电力设施建设的行为：

（一）非法侵占电力设施建设项目依法征收的土地；

（二）涂改、移动、损害、拔除电力设施建设的测量标桩和标记；

（三）破坏、封堵施工道路，截断施工水源或电源。

第二十五条　任何单位或个人有下列行为之一，电力管理部门应给予表彰或一次性物质奖励：

（一）对破坏电力设施或哄抢、盗窃电力设施器材的行为检举、揭发有功；

（二）对破坏电力设施或哄抢、盗窃电力设施器材的行为进行斗争，有效地防止事故发生；

（三）为保护电力设施而同自然灾害作斗争，成绩突出；

（四）为维护电力设施安全，做出显著成绩。

第二十六条　违反本条例规定，未经批准或未采取安全措施，在电力设施周围或在依法划定的电力设施保护区内进行爆破或其他作业，危及电力设施安全的，由电力管理部门责令停止作业、恢复原状并赔偿损失。

第二十七条　违反本条例规定，危害发电设施、变电设施和电力线路设施的，由电力管理部门责令改正；拒不改正的，处10000元以下的罚款。

第二十八条　违反本条例规定，在依法划定的电力设施保护区内进行烧窑、烧荒、抛锚、拖锚、炸鱼、挖沙作业，危及电力设施安全的，由电力管理部门责令停止作业、恢复原状并赔偿损失。

第二十九条　违反本条例规定，危害电力设施建设的，由电力管理部门责令改正、恢复原状并赔偿损失。

第三十条　凡违反本条例规定而构成违反治安管理行为的单位或个人，由公安

相关执法参考

部门根据《中华人民共和国治安管理处罚法》予以处罚；构成犯罪的，由司法机关依法追究刑事责任。

《中华人民共和国测绘法》（节录）

（2002年8月29日第九届全国人民代表大会常务委员会第二十九次会议修订通过 2002年8月29日中华人民共和国主席令第七十五号公布 自2002年12月1日起施行）

第三十五条 任何单位和个人不得损毁或者擅自移动永久性测量标志和正在使用中的临时性测量标志，不得侵占永久性测量标志用地，不得在永久性测量标志安全控制范围内从事危害测量标志安全和使用效能的活动。

本法所称永久性测量标志，是指各等级的三角点、基线点、导线点、军用控制点、重力点、天文点、水准点和卫星定位点的木质觇标、钢质觇标和标石标志，以及用于地形测图、工程测量和形变测量的固定标志和海底大地点设施。

第三十六条 永久性测量标志的建设单位应当对永久性测量标志设立明显标记，并委托当地有关单位指派专人负责保管。

第三十七条 进行工程建设，应当避开永久性测量标志；确实无法避开，需要拆迁永久性测量标志或者使永久性测量标志失去效能的，应当经国务院测绘行政主管部门或者省、自治区、直辖市人民政府测绘行政主管部门批准；涉及军用控制点的，应当征得军队测绘主管部门的同意。所需迁建费用由工程建设单位承担。

第三十八条 测绘人员使用永久性测量标志，必须持有测绘作业证件，并保证测量标志的完好。

保管测量标志的人员应当查验测量标志使用后的完好状况。

第三十九条 县级以上人民政府应当采取有效措施加强测量标志的保护工作。

县级以上人民政府测绘行政主管部门应当按照规定检查、维护永久性测量标志。

乡级人民政府应当做好本行政区域内的测量标志保护工作。

第五十条 违反本法规定，有下列行为之一的，给予警告，责令改正，可以并处五万元以下的罚款；造成损失的，依法承担赔偿责任；构成犯罪的，依法追究刑事责任；尚不够刑事处罚的，对负有直接责任的主管人员和其他直接责任人员，依法给予行政处分：

（一）损毁或者擅自移动永久性测量标志和正在使用中的临时性测量标志的；

（二）侵占永久性测量标志用地的；

（三）在永久性测量标志安全控制范围内从事危害测量标志安全和使用效能的活动的；

（四）在测量标志占地范围内，建设影响测量标志使用效能的建筑物的；

（五）擅自拆除永久性测量标志或者使永久性测量标志失去使用效能，或者拒绝支付迁建费用的；

（六）违反操作规程使用永久性测量标志，造成永久性测量标志毁损的。

相关执法参考

《中华人民共和国测量标志保护条例》（节录）

（1996年9月4日国务院令第203号颁布　根据2010年12月29日国务院第138次常务会议通过的〈国务院关于废止和修改部分行政法规的决定〉修改　国务院令第588号颁布）

第一条　为了加强测量标志的保护和管理，根据《中华人民共和国测绘法》，制定本条例。

第二条　本条例适用于在中华人民共和国领域内和中华人民共和国管辖的其他海域设置的测量标志。

第四条　本条例所称测量标志，是指：

（一）建设在地上、地下或者建筑物上的各种等级的三角点、基线点、导线点、军用控制点、重力点、天文点、水准点的木质觇标、钢质觇标和标石标志，全球卫星定位控制点，以及用于地形测图、工程测量和形变测量的固定标志和海底大地点设施等永久性测量标志；

（二）测量中正在使用的临时性测量标志。

第二十二条　测量标志受国家保护，禁止下列有损测量标志安全和使测量标志失去使用效能的行为：

（一）损毁或者擅自移动地下或者地上的永久性测量标志以及使用中的临时性测量标志的；

（二）在测量标志占地范围内烧荒、耕作、取土、挖沙或者侵占永久性测量标志用地的；

（三）在距永久性测量标志50米范围内采石、爆破、射击、架设高压电线的；

（四）在测量标志的占地范围内，建设影响测量标志使用效能的建筑物的；

（五）在测量标志上架设通讯设施、设置观望台、搭帐篷、拴牲畜或者设置其他有可能损毁测量标志的附着物的；

（六）擅自拆除设有测量标志的建筑物或者拆除建筑物上的测量标志的；

（七）其他有损测量标志安全和使用效能的。

第二十三条　有本条例第二十二条禁止的行为之一，或者有下列行为之一的，由县级以上人民政府管理测绘工作的部门责令限期改正，给予警告，并可以根据情节处以5万元以下的罚款；对负有直接责任的主管人员和其他直接责任人员，依法给予行政处分；造成损失的，应当依法承担赔偿责任：

（一）干扰或者阻挠测量标志建设单位依法使用土地或者在建筑物上建设永久性测量标志的；

（二）工程建设单位未经批准擅自拆迁永久性测量标志或者使永久性测量标志失去使用效能的，或者拒绝按照国家有关规定支付迁建费用的；

（三）违反测绘操作规程进行测绘，使永久性测量标志受到损坏的；

（四）无证使用永久性测量标志并且拒绝县级以上人民政府管理测绘工作的部门监督和负责保管测量标志的单位和人员查询的。

第二十四条　管理测绘工作的部门的工作人员玩忽职守、滥用职权、徇私舞弊的，依法给予行政处分。

第二十五条　违反本条例规定，应当给予治安管理处罚的，依照治安管理处罚法的有关规定给予处罚；构成犯罪的，依法追究刑事责任。

三十四、移动、损毁边境、领土、领海标志设施

（《治安管理处罚法》第33条第2项）

<table>
<tr><td colspan="2">案由</td><td>移动、损毁边境、领土、领海标志设施</td></tr>
<tr><td colspan="2">概念</td><td>移动、损毁边境或者领土、领海标志、设施，是指移动、损毁国家边境的界碑、界桩以及其他边境标志、边境设施或者领土、领海标志设施，尚不够刑事处罚的行为。</td></tr>
<tr><td rowspan="3">违法构成要件</td><td>违法客体</td><td>本行为侵犯的客体是国家边境的正常管理秩序，侵犯的对象是国家的边境标志、设施和领土、领海标志设施。</td></tr>
<tr><td>违法客观方面</td><td>本行为在客观方面表现为移动、损毁国家边境的界碑、界桩以及其他边境标志、边境设施或者领土、领海标志设施，尚不够刑事处罚的行为。
“移动”是指将界碑、界桩以及其他边境标志、边境设施或者领土、领海标志设施从其本来的位置移至其他位置，从而改变边境线走向的行为。“损毁”是指将界碑、界桩以及其他边境标志、边境设施或者领土、领海标志设施砸毁、拆除、挖掉，或者改变其原样，从而使其失去其原有的意义和作用的行为。
“界碑、界桩”是指我国与邻国按照条约规定或者历史上形成的管辖范围，在陆地接壤地区埋设的指示边境分界及走向的标志物。“其他边境标志、边境设施”是指边境的地名标志、指示标志、铁丝网等。“领土、领海标志设施”是指为了表明领土、领海的所属而建的各种标志、设施。“界碑、界桩以及其他边境标志”既可以是永久性的，也可以是根据条约规定埋设的，还可以是按照历史形成的管辖范围埋设的，其表现形式很多，如木桩、铁桩、石碑等。
本行为的具体案由应根据具体的行为方式和所涉及的对象来定，如移动边境设施、损毁边境设施、移动领土标志设施、移动领海标志设施、损毁领土标志设施、损毁领海标志设施等，行为人同时实施移动和损毁两种行为，涉及多种对象的，也只认定为一种案由，如移动、损毁领土、领海标志设施，而不能认定为两种或以上的案由，更不能实行并罚。
本行为虽然表现为移动、损毁了有关物品，但行为侵犯的客体并不是财产权利，由于移动、损毁边境或者领土、领海标志、设施的行为可能导致边境界限不清，领土、领海的标志不明，因此，本行为只是对国家边境的正常管理秩序构成威胁。</td></tr>
<tr><td>违法主体</td><td>本行为的主体既可以是单位，也可以是个人。</td></tr>
</table>

<table>
<tr><td>违法构成要件</td><td>违法主观方面</td><td>本行为在主观方面既可以出自故意，也可以是过失。</td></tr>
<tr><td>认定界限</td><td colspan="2">本行为与破坏界碑、界桩罪的界限。
《刑法》第323条规定的破坏界碑、界桩罪是指故意破坏国家边境的界碑、界桩的行为。两者的界限在于：
1. 行为的情节是否恶劣，后果是否严重。如果移动或损毁国家边境的界碑、界桩数量较多，或者使其丧失、改变了应有功能的，造成了边境纠纷的，则构成破坏界碑、界桩罪；如果行为并没有使边境标志、设施丧失或改变其应有功能，仅对其功能的使用造成了一定影响的，构成本行为。根据《公安部关于妨害国（边）境管理犯罪案件立案标准及有关问题的通知》（公通字［2000］30号）的规定，采取盗取、毁坏、拆除、掩埋、移动等手段破坏国家边境的界碑、界桩的，应以破坏界碑、界桩罪论处。
2. 行为侵犯的对象范围不同。本行为侵犯的对象范围更加广泛，包括所有的国家边境标志、设施和领土、领海标志设施，其中也包括界碑、界桩。后者的侵犯对象只是界碑、界桩。
3. 破坏界碑、界桩罪必须由故意构成，而本行为在主观上既可能出自故意，也可以是过失。</td></tr>
<tr><td>处罚标准</td><td colspan="2">构成本行为的，处10日以上15日以下拘留。</td></tr>
<tr><td>相关执法参考</td><td colspan="2">《中华人民共和国治安管理处罚法》（节录）
（2005年8月28日第十届全国人民代表大会常务委员会第十七次会议通过　中华人民共和国主席令第三十八号公布　自2006年3月1日起施行）
第三十三条第二项　有下列行为之一的，处十日以上十五日以下拘留：
（二）移动、损毁国家边境的界碑、界桩以及其他边境标志、边境设施或者领土、领海标志设施的；
《中华人民共和国刑法》（节录）
（1979年7月1日第五届全国人民代表大会第二次会议通过　1997年3月14日第八届全国人民代表大会第五次会议修订　根据2011年2月25日第十一届全国人民代表大会常务委员会第十九次会议通过的《中华人民共和国刑法修正案（八）》最新修正）
第三百二十三条　故意破坏国家边境的界碑、界桩或者永久性测量标志的，处三年以下有期徒刑或者拘役。</td></tr>
</table>

相关执法参考

《公安部关于妨害国（边）境管理犯罪案件立案标准及有关问题的通知》（节录）

（2000年3月31日公通字［2000］30号颁布　自颁布之日起实施）

一、立案标准

（七）破坏界碑、界桩案

1. 采取盗取、毁坏、拆除、掩埋、移动等手段破坏国家边境的界碑、界桩的，应当立案侦查。

2. 破坏3个以上界碑、界桩的，或者造成严重后果的，应当立为重大案件。

……

以上规定中的“以上”，均包括本数在内。

《中华人民共和国海岛保护法》（节录）

（2009年12月26日第十一届全国人民代表大会常务委员会第十二次会议通过　自2010年3月1日起施行）

第三十七条　领海基点所在的海岛，应当由海岛所在省、自治区、直辖市人民政府划定保护范围，报国务院海洋主管部门备案。领海基点及其保护范围周边应当设置明显标志。

禁止在领海基点保护范围内进行工程建设以及其他可能改变该区域地形、地貌的活动。确需进行以保护领海基点为目的的工程建设的，应当经过科学论证，报国务院海洋主管部门同意后依法办理审批手续。

禁止损毁或者擅自移动领海基点标志。

县级以上人民政府海洋主管部门应当按照国家规定，对领海基点所在海岛及其周边海域生态系统实施监视、监测。

任何单位和个人都有保护海岛领海基点的义务。发现领海基点以及领海基点保护范围内的地形、地貌受到破坏的，应当及时向当地人民政府或者海洋主管部门报告。

第五十一条　损毁或者擅自移动领海基点标志的，依法给予治安管理处罚。

第五十五条第一款　违反本法规定，构成犯罪的，依法追究刑事责任。

三十五、非法进行影响国（边）界限走向的活动

（《治安管理处罚法》第33条第3项）

案由		非法进行影响国（边）界限走向的活动
概念		非法进行影响国（边）界限走向的活动，是指违反国家国（边）境管理法规，实施影响国（边）界限走向的活动，尚不够刑事处罚的行为。
违法构成要件	违法客体	本行为侵犯的客体是国（边）境的正常管理秩序，侵犯的对象是国（边）界限。
	违法客观方面	本行为在客观方面表现为违反国家国（边）境管理法规，实施影响国（边）界限走向的活动，尚不够刑事处罚的行为。 例如，行为人在国（边）界限附近从事非法采沙、采矿活动，导致河流改道而影响了国（边）界限的走向。本行为的构成以情节较轻或没有造成严重后果为前提条件，否则，就触犯了《刑法》，应该追究其刑事责任。
	违法主体	本行为的主体既可以是个人，也可以是单位。
	违法主观方面	本行为的主观方面既可能出自故意，也可以是过失。
认定界限		
处罚标准		构成本行为的，处10日以上15日以下拘留。
相关执法参考		**《中华人民共和国治安管理处罚法》**（节录） （2005年8月28日第十届全国人民代表大会常务委员会第十七次会议通过　中华人民共和国主席令第三十八号公布　自2006年3月1日起施行） 第三十三条第三项　有下列行为之一的，处十日以上十五日以下拘留： （三）非法进行影响国（边）界线走向的活动或者修建有碍国（边）境管理的设施的。

三十六、非法修建有碍国（边）境管理的设施

（《治安管理处罚法》第33条第3项）

案由		非法修建有碍国（边）境管理的设施
概念		非法修建有碍国（边）境管理的设施，是指违反国家国（边）境管理法规，修建有碍国（边）境管理的设施，尚不够刑事处罚的行为。
违法构成要件	违法客体	本行为侵犯的客体是国家国（边）境的正常管理秩序。
	违法客观方面	本行为在客观方面表现为违反有关规定，修建有碍国（边）境管理的设施的行为。 例如，修建的有关设施影响、妨碍了边防巡逻路、边境铁丝网（铁栅栏）、边境监控设备、边境管理辅助标志以及边防直升机起降场、边防船艇停泊点的使用和管理等。
	违法主体	本行为的主体既可以是单位，也可以是个人。
	违法主观方面	本行为的主观方面只能是故意。
认定界限		
处罚标准		构成本行为的，处10日以上15日以下拘留。
相关执法参考		**《中华人民共和国治安管理处罚法》**（节录） （2005年8月28日第十届全国人民代表大会常务委员会第十七次会议通过 中华人民共和国主席令第三十八号公布 自2006年3月1日起施行） 第三十三条第三项 有下列行为之一的，处十日以上十五日以下拘留： （三）非法进行影响国（边）界线走向的活动或者修建有碍国（边）境管理的设施的。

三十七、盗窃、损坏、擅自移动航空设施

（《治安管理处罚法》第34条第1款）

<table>
<tr><td colspan="2">案由</td><td>盗窃、损坏、擅自移动航空设施</td></tr>
<tr><td colspan="2">概念</td><td>盗窃、损坏、擅自移动航空设施，是指违反国家规定，盗窃、损坏、擅自移动使用中的航空设施，尚不够刑事处罚的行为。</td></tr>
<tr><td rowspan="4">违法构成要件</td><td>违法客体</td><td>本行为侵犯的客体是航空器的飞行安全，侵犯的对象是航空设施。
“航空设施”是指用来指示航空飞行，直接影响飞行安全的设施设备，包括机场跑道、停机坪、航空器起落的指挥系统、导航设施等，如机场灯塔、跑道标志、机场监控装备等。可以成为本行为侵害对象的航空设施只能是正在使用中的航空设施，既包括正在作业中的航空设施，也包括已经交付使用，随时可以执行任务的航空设施。如果该航空设施已经废弃、尚未投入使用，如处于修理状态或者是还没有出厂、正在等待销售等，则不属于本行为所说的航空设施。</td></tr>
<tr><td>违法客观方面</td><td>本行为在客观方面表现为违反国家规定，盗窃、损坏、擅自移动使用中的航空设施，尚不够刑事处罚的行为。
“盗窃”是指以非法占有为目的，秘密窃取的行为。
“损毁”是指破坏物品、设施的完整性，使其失去正常的使用价值或功能的行为。
“擅自移动”是指未经许可而将其移动，“移动”既包括物体在空间上位置的变化，也包括改变方向等。
行为人只要实施了“盗窃”、“损坏”或“擅自移动”这三种行为中的一种，即可构成本行为，其案由可根据具体行为方式而确定，如盗窃航空设施、损坏航空设施、擅自移动航空设施等，行为人同时实施两种以上的行为方式的，也只认定为一种案由，如盗窃、损坏航空设施，而不能认定为多种案由，更不能实行并罚。</td></tr>
<tr><td>违法主体</td><td>本行为的主体既可以是单位，也可以是个人。</td></tr>
<tr><td>违法主观方面</td><td>本行为在主观方面只能是故意。</td></tr>
</table>

认定界限	（一）本行为与破坏交通设施罪的界限。 《刑法》第117条规定的破坏交通设施罪，是指破坏轨道、桥梁、隧道、公路、机场、航道、灯塔、标志或者进行其他破坏活动，足以使火车、汽车、电车、船只、航空器发生倾覆、毁坏危险或者造成严重后果的行为。两者的界限主要在于： 1. 行为所指向的对象不同。破坏交通设施罪指向的对象不仅包括航空设施，还包括道路设施、水上运输设施、铁路设施等；而本行为所指向的对象仅是航空设施。 2. 行为所造成的危害程度不同。破坏交通设施罪必须足以使火车、汽车、电车、船只、航空器发生倾覆、毁坏危险或者造成严重后果；而本行为仅仅产生影响航空运输安全的效果，没有产生使航空器坠毁、毁坏危险的可能性，当然也没有造成实际的“坠毁、毁坏”后果，其危害程度较轻。 （二）本行为与扰乱公共交通工具上的秩序的界限。 《治安管理处罚法》第23条第1款第3项规定的扰乱公共交通工具上的秩序，是指扰乱公共汽车、电车、火车、船舶、航空器或者其他公共交通工具上的秩序的行为。两者的区别在于： 1. 行为侵犯的客体和对象不同。本行为侵犯的客体是航空器的飞行安全，侵犯的对象是正在使用中的航空设施。扰乱公共交通工具上的秩序侵犯的客体是公共交通工具上的秩序，侵犯的对象包括正在使用中的航空器，也包括正在运行中的公共汽车、电车、火车、船舶或者其他公共交通工具。 2. 行为的具体表现不同。本行为表现为违反国家规定，盗窃、损坏、擅自移动使用中的航空设施，如机场灯塔、跑道标志、机场监控装备等。扰乱公共交通工具上的秩序表现为行为人不遵守有关公共交通工具的管理制度，无理取闹，寻衅滋事等。在实践中，扰乱公共交通工具上的秩序的具体方式主要包括： （1）无票或持假票、过期票登乘公共交通工具，不主动补票，企图逃票的； （2）强行登乘公共交通工具，无理要求公共交通工具临时停靠或者改变行驶路线等，不听解释、劝阻的； （3）在公共交通工具内敲打、损坏车内设施的； （4）在公共交通工具内故意影响驾驶员的驾驶，不听售票员或者乘务员的合理安排，影响其服务的； （5）违反国家有关法律法规的规定，私自携带易燃、易爆、易腐蚀等危险品，或者携带管制刀具等违禁物品乘坐公共交通工具的； （6）违反有关规定，托运、携带超标、超重行李、物品，不听乘务员安排的； （7）不按规定摆放物品威胁其他乘客安全或挤占其他乘客行李位，不听乘务员安排的； （8）不按车票注明座位就座，抢占、多占其他乘客座位等侵犯其他乘客利益，不听劝告的； （9）在公共交通工具内违反规定吸烟、赌博、观看淫秽音像制品、实施下流淫荡行为等不符合社会公德的； （10）在公共交通工具内吵闹、叫骂、打架等，劝阻无效，影响交通工具内部安定秩序的等。

处罚标准	构成本行为的，处10日以上15日以下拘留。
相关执法参考	**《中华人民共和国治安管理处罚法》**（节录） （2005年8月28日第十届全国人民代表大会常务委员会第十七次会议通过　中华人民共和国主席令第三十八号公布　自2006年3月1日起施行） 第三十四条第一款　盗窃、损坏、擅自移动使用中的航空设施，或者强行进入航空器驾驶舱的，处十日以上十五日以下拘留。 **《中华人民共和国刑法》**（节录） （1979年7月1日第五届全国人民代表大会第二次会议通过　1997年3月14日第八届全国人民代表大会第五次会议修订　根据2011年2月25日第十一届全国人民代表大会常务委员会第十九次会议通过的《中华人民共和国刑法修正案（八）》最新修正） 第一百一十七条　破坏轨道、桥梁、隧道、公路、机场、航道、灯塔、标志或者进行其他破坏活动，足以使火车、汽车、电车、船只、航空器发生倾覆、毁坏危险，尚未造成严重后果的，处三年以上十年以下有期徒刑。 第一百一十九条　破坏交通工具、交通设施、电力设备、燃气设备、易燃易爆设备，造成严重后果的，处十年以上有期徒刑、无期徒刑或者死刑。 过失犯前款罪的，处三年以上七年以下有期徒刑；情节较轻的，处三年以下有期徒刑或者拘役。 第一百二十三条　对飞行中的航空器上的人员使用暴力，危及飞行安全，尚未造成严重后果的，处五年以下有期徒刑或者拘役；造成严重后果的，处五年以上有期徒刑。 **《中华人民共和国民用航空法》**（节录） （1995年10月30日中华人民共和国主席令第五十六号公布　根据2009年8月27日第十一届全国人民代表大会常务委员会第十次会议通过的〈全国人民代表大会常务委员会关于修改部分法律的决定〉修改） 第一百九十七条　盗窃或者故意损毁、移动使用中的航行设施，危及飞行安全，足以使民用航空器发生坠落、毁坏危险的，依照刑法有关规定追究刑事责任。 第二百条　违反本法规定，尚不够刑事处罚，应当给予治安管理处罚的，依照治安管理处罚法的规定处罚。

三十八、强行进入航空器驾驶舱

（《治安管理处罚法》第34条第1款）

案由		强行进入航空器驾驶舱
概念		强行进入航空器驾驶舱，是指违反国家规定，强行进入航空器驾驶舱，尚不够刑事处罚的行为。
违法构成要件	违法客体	本行为侵犯的客体是航空器的飞行安全，侵犯的对象是航空器驾驶舱。 需要注意的是，这里的“航空器”是指正在进行商业飞行的民用飞机、飞艇等航空器。
	违法客观方面	本行为在客观方面表现为违反国家规定，强行进入航空器驾驶舱，尚不够刑事处罚的行为。 所谓“强行进入”是指不服从管理规定或者不听从他人制止，执意进入航空器驾驶舱的行为。驾驶舱是航空器的要害部位，是航空器驾驶员操纵飞行的重要部位，禁止非工作人员进入。
	违法主体	本行为的主体是达到责任年龄、具有责任能力的自然人。
	违法主观方面	本行为在主观方面是故意。
认定界限		（一）本行为与暴力危及飞行安全罪的界限。 《刑法》第123条规定的暴力危及飞行安全罪，是指对飞行中的航空器上的人员使用暴力，危及飞行安全的行为。两者在主观上都是由故意构成，两者的界限主要在于： 1. 行为发生的空间状态不同。暴力危及飞行安全罪必须是发生在飞行中的航空器上，在航空器还没有装载完毕时，或者在航空器降落后打开机舱门前对航空器上的人员使用暴力的，不成立该罪；而本行为既可以发生于飞行中的航空器上，也可以发生于正在使用但尚未飞行的航空器上。 2. 行为的情节有所不同。构成暴力危及飞行安全罪的，必须有“暴力”情节，即不法对航空器上的人员行使有形力的一切行为；而本行为表现为“强行进入”，既可以使用暴力，也可以是非暴力的。 3. 行为的危害后果不同。本行为的后果较轻，而后者的危害后果较为严重，已经造成了对飞行安全的危害后果。

认定界限	（二）本行为与劫持航空器罪的界限。 《刑法》第121条规定的劫持航空器罪，是指以暴力、胁迫或者其他方法劫持航空器的行为。两者的区别如下： 1. 行为目的不同。本行为的目的多种多样，如寻衅滋事等，但不具有劫持航空器的目的，而后者的目的非常明确，即劫持航空器。 2. 行为的客观表现不同。劫持航空器罪在客观上表现为暴力、胁迫或者其他方法劫持航空器的行为。劫持，是指劫夺航空器、由犯罪人直接驾驶或者操作航空器，或者强迫航空器驾驶、操作人员按照行为人的意志驾驶、操作，从而控制航空器的起飞、航行线路、速度与降落地点。而本行为在客观上只是“强行进入”航空器驾驶舱，并没有要求实施控制航空器的行为。 3. 行为的情节与后果不同。劫持航空器罪不仅有暴力、胁迫等情节，而且造成了危害飞行安全、危及航空器中人员的生命、健康和财产安全，危及整个航空飞行秩序的后果，是严重的危害公共安全的犯罪。而本行为的情节和危害后果均较轻。
处罚标准	构成本行为的，处10日以上15日以下拘留。
相关执法参考	**《中华人民共和国治安管理处罚法》**（节录） （2005年8月28日第十届全国人民代表大会常务委员会第十七次会议通过　中华人民共和国主席令第三十八号公布　自2006年3月1日起施行） 第三十四条第一款　盗窃、损坏、擅自移动使用中的航空设施，或者强行进入航空器驾驶舱的，处十日以上十五日以下拘留。 **《中华人民共和国刑法》**（节录） （1979年7月1日第五届全国人民代表大会第二次会议通过　1997年3月14日第八届全国人民代表大会第五次会议修订　根据2011年2月25日第十一届全国人民代表大会常务委员会第十九次会议通过的《中华人民共和国刑法修正案（八）》最新修正） 第一百二十一条　以暴力、胁迫或者其他方法劫持航空器的，处十年以上有期徒刑或者无期徒刑；致人重伤、死亡或者使航空器遭受严重破坏的，处死刑。 第一百二十三条　对飞行中的航空器上的人员使用暴力，危及飞行安全，尚未造成严重后果的，处五年以下有期徒刑或者拘役；造成严重后果的，处五年以上有期徒刑。 **《中华人民共和国民用航空安全保卫条例》**（节录） （1996年7月6日颁布　根据2010年12月29日国务院第138次常务会议通过的〈国务院关于废止和修改部分行政法规的决定〉修改　国务院令第588号颁布） 第二十五条　航空器内禁止下列行为：

相关执法参考	（一）在禁烟区吸烟； （二）抢占座位、行李舱（架）； （三）打架、酗酒、寻衅滋事； （四）盗窃、故意损坏或者擅自移动救生物品和设备； （五）危及飞行安全和扰乱航空器内秩序的其他行为。 第三十四条　违反本条例第十四条的规定或者有本条例第十六条、第二十四条第一项、第二十五条所列行为，构成违反治安管理行为的，由民航公安机关依照《中华人民共和国治安管理处罚法》有关规定予以处罚；有本条例第二十四条第二项所列行为的，由民航公安机关依照《中华人民共和国居民身份证法》有关规定予以处罚。 第三十七条　违反本条例的有关规定，构成犯罪的，依法追究刑事责任。 第三十八条　违反本条例规定的，除依照本章的规定予以处罚外，给单位或者个人造成财产损失的，应当依法承担赔偿责任。

三十九、在航空器上非法使用器具、工具
（《治安管理处罚法》第34条第2款）

案由		在航空器上非法使用器具、工具
概念		在航空器上非法使用器具、工具，是指违反国家规定，在使用中的航空器上使用器具、工具，不听劝阻，危害飞行安全，尚不够刑事处罚的行为。
违法构成要件	违法客体	本行为侵犯的客体是航空器的飞行安全。
	违法客观方面	本行为在客观方面表现为违反国家规定，在使用中的航空器上使用可能影响导航系统功能正常运行的器具、工具，不听劝阻，或经劝阻后又继续使用，危害飞行安全，尚不够刑事处罚的行为。 “器具、工具”包括寻呼机、手机等能够产生无线电干扰的器具、工具。“在使用中的航空器”是指正在进行商业飞行的民用飞机、飞艇等航空器，不包括正在停机待用或正在维修的航空器。行为人在航空器起飞前乘务人员要求关闭手机等可能影响导航系统正常功能的器具、工具后，不听劝阻执意使用，或者经劝阻后又再次使用，尚没有造成严重后果的，构成本行为。“严重后果”是指行为已经干扰了航空器的正常飞行，通讯受到干扰或中断，致使航空器处于危险状态等。如果已经造成了“严重后果”，就构成了相应的犯罪行为，应按照《刑法》处罚。
	违法主体	本行为的主体是达到责任年龄、具有责任能力的自然人。
	违法主观方面	本行为在主观方面表现为故意。
认定界限		（一）本行为与扰乱公共交通工具上的秩序的界限。 《治安管理处罚法》第23条第1款第3项规定的扰乱公共交通工具上的秩序，是指扰乱公共汽车、电车、火车、船舶、航空器或者其他公共交通工具上的秩序的行为。两者的区别在于 1. 行为侵犯的客体和对象不同。本行为侵犯的客体是航空器的飞行安全，侵犯的对象仅限于航空器，扰乱公共交通工具上的秩序侵犯的客体是公共交通工具上的秩序，侵犯的对象包括所有的公共交通工具，公共交通工具的种类较多，不仅包

认定界限	括航空器，而且包括公共汽车、电车、火车、船舶等。 2. 行为的具体表现不同。本行为表现为在使用中的航空器上使用可能影响导航系统功能正常运行的器具、工具，不听劝阻，或经劝阻后又继续使用，危害飞行安全。扰乱公共交通工具上的秩序表现为行为人不遵守有关公共交通工具的管理制度，无礼取闹，寻衅滋事等。在实践中，扰乱公共交通工具上的秩序的行为方式较多，主要包括： （1）无票或持假票、过期票登乘公共交通工具，不主动补票，企图逃票的； （2）强行登乘公共交通工具，无理要求公共交通工具临时停靠或者改变行驶路线等，不听解释、劝阻的； （3）在公共交通工具内敲打、损坏车内设施的； （4）在公共交通工具内故意影响驾驶员的驾驶，不听售票员或者乘务员的合理安排，影响其服务的； （5）违反国家有关法律法规的规定，私自携带易燃、易爆、易腐蚀等危险品，或者携带管制刀具等违禁物品乘坐公共交通工具的； （6）违反有关规定，托运、携带超标、超重行李、物品，不听乘务员安排的； （7）不按规定摆放物品威胁其他乘客安全或挤占其他乘客行李位，不听乘务员安排的； （8）不按车票注明座位就座，抢占、多占其他乘客座位等侵犯其他乘客利益，不听劝告的； （9）在公共交通工具内违反规定吸烟、赌博、观看淫秽音像制品、实施下流淫荡行为等不符合社会公德的； （10）在公共交通工具内吵闹、叫骂、打架等，劝阻无效，影响交通工具内部安定秩序的。 从理论上看，后者的行为方式包括了前者，如果行为人在正在使用中的航空器上使用了可能影响导航系统正常功能的器具、工具，不听劝阻，或经劝阻后又继续使用的，应综合考虑行为情节和危害后果：如果该行为对航空器的飞行安全没有造成危害的，应以扰乱公共交通工具上的秩序论处，相反，如果该行为对航空器的飞行安全造成了危害，但危害不严重的，应以本行为论处。 （二）本行为与破坏交通设施罪的界限。 《刑法》第117条规定的破坏交通设施罪，是指破坏轨道、桥梁、隧道、公路、机场、航道、灯塔、标志或者进行其他破坏活动，足以使火车、汽车、电车、船只、航空器发生倾覆、毁坏危险或者造成严重后果的行为。它与本行为的区别在于： 1. 行为所指向的对象不同。破坏交通设施罪指向的对象包括航空设施、道路设施、水上运输设施、铁路设施等；而本行为所指向的对象是仅限于航空器的导航系统。 2. 行为的客观表现不同。本行为表现为在使用中的航空器上“使用”可能影响导航系统功能正常运行的器具、工具，不听劝阻，或经劝阻后又继续使用，危害飞行安全。而后者表现为“破坏”轨道、桥梁、隧道、公路、机场、航道、灯塔、标志或者进行其他破坏活动。

认定界限	3. 行为所造成的危害程度不同。破坏交通设施罪必须足以使火车、汽车、电车、船只、航空器发生倾覆、毁坏危险或者造成严重后果；而本行为仅仅产生影响航空运输安全的效果，没有产生使航空器坠毁、毁坏危险的后果，其危害程度较轻。
处罚标准	构成本行为的，处5日以下拘留或者500元以下罚款。
相关执法参考	**《中华人民共和国治安管理处罚法》**（节录） （2005年8月28日第十届全国人民代表大会常务委员会第十七次会议通过　中华人民共和国主席令第三十八号公布　自2006年3月1日起施行） 第三十四条第二款　在使用中的航空器上使用可能影响导航系统正常功能的器具、工具，不听劝阻的，处五日以下拘留或者五百元以下罚款。 **《中华人民共和国刑法》**（节录） （1979年7月1日第五届全国人民代表大会第二次会议通过　1997年3月14日第八届全国人民代表大会第五次会议修订　根据2011年2月25日第十一届全国人民代表大会常务委员会第十九次会议通过的《中华人民共和国刑法修正案（八）》最新修正） 第一百一十七条　破坏轨道、桥梁、隧道、公路、机场、航道、灯塔、标志或者进行其他破坏活动，足以使火车、汽车、电车、船只、航空器发生倾覆、毁坏危险，尚未造成严重后果的，处三年以上十年以下有期徒刑。 **《中华人民共和国民用航空安全保卫条例》**（节录） （1996年7月6日颁布　根据2010年12月29日国务院第138次常务会议通过的〈国务院关于废止和修改部分行政法规的决定〉修改　国务院令第588号颁布） 第二十五条　航空器内禁止下列行为： （一）在禁烟区吸烟； （二）抢占座位、行李舱（架）； （三）打架、酗酒、寻衅滋事； （四）盗窃、故意损坏或者擅自移动救生物品和设备； （五）危及飞行安全和扰乱航空器内秩序的其他行为。 第三十四条　违反本条例第十四条的规定或者有本条例第十六条、第二十四条第一项、第二十五条所列行为，构成违反治安管理行为的，由民航公安机关依照《中华人民共和国治安管理处罚法》有关规定予以处罚；有本条例第二十四条第二项所列行为的，由民航公安机关依照《中华人民共和国居民身份证法》有关规定予以处罚。 第三十七条　违反本条例的有关规定，构成犯罪的，依法追究刑事责任。 第三十八条　违反本条例规定的，除依照本章的规定予以处罚外，给单位或者个人造成财产损失的，应当依法承担赔偿责任。

四十、盗窃、损毁、擅自移动铁路设施、设备、机车车辆配件、安全标志

（《治安管理处罚法》第35条第1项）

<table>
<tr><td colspan="2">案由</td><td>盗窃、损毁、擅自移动铁路设施、设备、机车车辆配件、安全标志</td></tr>
<tr><td colspan="2">概念</td><td>盗窃、损毁、擅自移动铁路设施、设备、机车车辆配件、安全标志是指违反国家规定，盗窃、损毁、擅自移动铁路设施、设备、机车车辆配件、安全标志，危及铁路行车安全，尚不够刑事处罚的行为。</td></tr>
<tr><td rowspan="4">违法构成要件</td><td>违法客体</td><td>本行为侵犯的客体是铁路行车安全，侵犯的对象是铁路设施、设备、机车车辆配件、安全标志，包括铁路沿线的指示灯、轨道上的钢轨、夹板、扣件等与铁路正常工作有关的一切设施设备。
需要注意的是，这里的“铁路”是指正在使用中的铁道交通、地下轨道交通和城市轨道交通。</td></tr>
<tr><td>违法客观方面</td><td>本行为在客观方面表现为盗窃、损毁、擅自移动铁路设施、设备、机车车辆配件、安全标志，危及铁路行车安全，尚不够刑事处罚的行为。
需要注意的是，这些设施、设备必须是正在使用中的，如果是在仓库中或者已经废弃不用的，不构成本行为。
“盗窃”是指以非法占有为目的，秘密窃取的行为。
“损毁”是指破坏物品、设施的完整性，使其失去正常的使用价值或功能的行为。
“擅自移动”是指未经许可而将其移动，“移动”既包括物体在空间上位置的变化，也包括改变方向等。
行为人只要实施了“盗窃”、“损坏”或“擅自移动”这三种行为中的一种，即可构成本行为，其案由可根据具体行为方式和所涉及的对象而定，如盗窃铁路设施、损毁铁路设施、擅自移动铁路设施、盗窃铁路设备、损毁铁路设备、擅自移动铁路设备、盗窃铁路安全标志、损毁铁路安全标志、擅自移动铁路安全标志等，行为人同时实施两种以上的行为方式、涉及多种对象的，也只认定为一种案由，如盗窃、损毁、擅自移动铁路设施、设备、机车车辆配件、安全标志，而不能认定为多种案由，更不能实行并罚。</td></tr>
<tr><td>违法主体</td><td>本行为的主体是达到责任年龄、具有责任能力的自然人。</td></tr>
<tr><td>违法主观方面</td><td>本行为在主观方面是故意。</td></tr>
</table>

认定界限	（一）本行为与破坏交通设施罪的界限。 《刑法》第117条规定的破坏交通设施罪，是指破坏轨道、桥梁、隧道、公路、机场、航道、灯塔、标志或者进行其他破坏活动，足以使火车、汽车、电车、船只、航空器发生倾覆、毁坏危险或者造成严重后果的行为。两者的界限主要在于： 1. 行为所指向的对象不同。破坏交通设施罪指向的对象不仅包括铁路设施、设备、机车车辆配件、安全标志，还包括道路设施、水上运输设施、航空设施等；而本行为所指向的对象仅是铁路设施、设备、机车车辆配件、安全标志。 2. 行为所造成的危害程度不同。破坏交通设施罪必须足以使火车、汽车、电车、船只、航空器发生倾覆、毁坏危险或者造成严重后果；而本行为仅仅产生影响铁路安全行车的效果，没有产生使火车脱轨、毁坏危险的后果，其危害程度较轻。 （二）本行为与扰乱公共交通工具上的秩序的界限。 《治安管理处罚法》第23条第1款第3项规定的扰乱公共交通工具上的秩序，是指扰乱公共汽车、电车、火车、船舶、航空器或者其他公共交通工具上的秩序的行为。两者的区别在于 1. 行为侵犯的客体不同。本行为侵犯的客体是铁路行车安全。扰乱公共交通工具上的秩序侵犯的客体是公共交通工具上的秩序。 2. 行为的具体表现不同。本行为表现为违反国家规定，盗窃、损毁、擅自移动铁路设施、设备、机车车辆配件、安全标志，危害铁路行车安全。扰乱公共交通工具上的秩序表现为行为人不遵守有关公共交通工具的管理制度，无理取闹，寻衅滋事等。在实践中，扰乱公共交通工具上的秩序的具体方式主要包括： （1）无票或持假票、过期票登乘公共交通工具，不主动补票，企图逃票的； （2）强行登乘公共交通工具，无理要求公共交通工具临时停靠或者改变行驶路线等，不听解释、劝阻的； （3）在公共交通工具内敲打、损坏车内设施的； （4）在公共交通工具内故意影响驾驶员的驾驶，不听售票员或者乘务员的合理安排，影响其服务的； （5）违反国家有关法律法规的规定，私自携带易燃、易爆、易腐蚀等危险品，或者携带管制刀具等违禁物品乘坐公共交通工具的； （6）违反有关规定，托运、携带超标、超重行李、物品，不听乘务员安排的； （7）不按规定摆放物品威胁其他乘客安全或挤占其他乘客行李位，不听乘务员安排的； （8）不按车票注明座位就座，抢占、多占其他乘客座位等侵犯其他乘客利益，不听劝告的； （9）在公共交通工具内违反规定吸烟、赌博、观看淫秽音像制品、实施下流淫荡行为等不符合社会公德的； （10）在公共交通工具内吵闹、叫骂、打架等，劝阻无效，影响交通工具内部安定秩序的。

处罚标准	（一）构成本行为的，处5日以上10日以下拘留，可以并处500元以下罚款。 （二）情节较轻的，处5日以下拘留或者500元以下罚款。 在实践中，判断情节的轻重，一般应从行为人的动机、手段、目的、行为的次数、造成的后果等方面综合考虑，由公安机关办案人员酌情量罚。具有下列情形之一的，一般应认定为“情节较轻”： 1. 盗窃、损毁铁路设施、设备、机车车辆配件或者安全标志，价值较小且对行车安全影响不大的； 2. 擅自移动铁路设施、设备、机车车辆配件或者安全标志，主动纠正且未造成严重后果的。
相关执法参考	**《中华人民共和国治安管理处罚法》**（节录） （2005年8月28日第十届全国人民代表大会常务委员会第十七次会议通过　中华人民共和国主席令第三十八号公布　自2006年3月1日起施行） 第三十五条第一项　有下列行为之一的，处五日以上十日以下拘留，可以并处五百元以下罚款；情节较轻的，处五日以下拘留或者五百元以下罚款： （一）盗窃、损毁或者擅自移动铁路设施、设备、机车车辆配件或者安全标志的； **《中华人民共和国刑法》**（节录） （1979年7月1日第五届全国人民代表大会第二次会议通过　1997年3月14日第八届全国人民代表大会第五次会议修订　根据2011年2月25日第十一届全国人民代表大会常务委员会第十九次会议通过的《中华人民共和国刑法修正案（八）》最新修正） 第一百一十七条　破坏轨道、桥梁、隧道、公路、机场、航道、灯塔、标志或者进行其他破坏活动，足以使火车、汽车、电车、船只、航空器发生倾覆、毁坏危险，尚未造成严重后果的，处三年以上十年以下有期徒刑。 第一百一十九条第一款　破坏交通工具、交通设施、电力设备、燃气设备、易燃易爆设备，造成严重后果的，处十年以上有期徒刑、无期徒刑或者死刑。 **《最高人民法院印发关于执行〈中华人民共和国铁路法〉中刑事罚则若干问题的解释的通知》**（节录） （1993年10月11日法发［1993］28号颁布　自颁布之日起实施） 三、怎样理解《铁路法》第六十一条、第六十二条的有关规定？ （一）《铁路法》第六十一条、第六十二条规定所称的“严重后果”，是指因行为人故意毁损、移动铁路行车信号装置或者在铁路线路上放置足以使列车倾覆的障碍物，或者盗窃铁路线路上行车设施的零件、部件、铁路线路上的器材，造成人身伤亡、重大财产毁损、中断铁路行车等严重后果的。 （二）行为人实施上述行为，虽未造成上述严重后果，但经铁路有关部门鉴定，足以危及行车安全的，应当依照刑法第一百零八条的规定追究刑事责任（编者注：1979年《刑法》）。

相关执法参考

《中华人民共和国铁路法》（节录）

（1990年9月7日第七届全国人民代表大会常务委员会第十五次会议通过　根据2009年8月27日第十一届全国人民代表大会常务委员会第十次会议通过的〈全国人民代表大会常务委员会关于修改部分法律的决定〉修改）

第二条　本法所称铁路，包括国家铁路、地方铁路、专用铁路和铁路专用线。

国家铁路是指由国务院铁路主管部门管理的铁路。

地方铁路是指由地方人民政府管理的铁路。

专用铁路是指由企业或者其他单位管理，专为本企业或者本单位内部提供运输服务的铁路。

铁路专用线是指由企业或者其他单位管理的与国家铁路或者其他铁路线路接轨的岔线。

第四十三条　铁路公安机关和地方公安机关分工负责共同维护铁路治安秩序。车站和列车内的治安秩序，由铁路公安机关负责维护；铁路沿线的治安秩序，由地方公安机关和铁路公安机关共同负责维护，以地方公安机关为主。

第四十六条　在铁路线路和铁路桥梁、涵洞两侧一定距离内，修建山塘、水库、堤坝，开挖河道、干渠，采石挖砂，打井取水，影响铁路路基稳定或者危害铁路桥梁、涵洞安全的，由县级以上地方人民政府责令停止建设或者采挖、打井等活动，限期恢复原状或者责令采取必要的安全防护措施。

在铁路线路上架设电力、通讯线路，埋置电缆、管道设施，穿凿通过铁路路基的地下坑道，必须经铁路运输企业同意，并采取安全防护措施。

在铁路弯道内侧、平交道口和人行过道附近，不得修建妨碍行车瞭望的建筑物和种植妨碍行车瞭望的树木。修建妨碍行车瞭望的建筑物的，由县级以上地方人民政府责令限期拆除。种植妨碍行车瞭望的树木的，由县级以上地方人民政府责令有关单位或者个人限期迁移或者修剪、砍伐。

违反前三款的规定，给铁路运输企业造成损失的单位或者个人，应当赔偿损失。

第四十九条　对损毁、移动铁路信号装置及其他行车设施或者在铁路线路上放置障碍物的，铁路职工有权制止，可以扭送公安机关处理。

第六十一条　故意损毁、移动铁路行车信号装置或者在铁路线路上放置足以使列车倾覆的障碍物的，依照刑法有关规定追究刑事责任。

第六十二条　盗窃铁路线路上行车设施的零件、部件或者铁路线路上的器材，危及行车安全的，依照刑法有关规定追究刑事责任。

第六十八条　擅自在铁路线路上铺设平交道口、人行过道的，由铁路公安机关或者地方公安机关责令限期拆除，可以并处罚款。

《铁路运输安全保护条例》（节录）

（2004年12月27日国务院令第430号颁布　自2005年4月1日起施行）

第二条　中华人民共和国境内的铁路运输安全保护及与铁路运输安全保护有关的活动，适用本条例。

相关执法参考

第九条　任何单位和个人不得破坏、损坏或者非法占用铁路运输的设施、设备、铁路标志及铁路用地。

任何单位和个人都有保护铁路运输的设施、设备、铁路标志及铁路用地的义务，发现破坏、损坏或者非法占用铁路运输的设施、设备、铁路标志、铁路用地及其他影响铁路运输安全的行为，应当向国务院铁路主管部门、铁路管理机构、公安机关、地方各级人民政府或者有关部门检举、报告，或者及时通知铁路运输企业。接到检举、报告的部门或者接到通知的铁路运输企业应当根据各自职责及时予以处理。

对维护铁路运输安全作出突出贡献的单位或者个人，应当给予表彰奖励。

第十条　铁路线路两侧应当设立铁路线路安全保护区。铁路线路安全保护区的范围，从铁路线路路堤坡脚、路堑坡项或者铁路桥梁外侧起向外的距离分别为：

（一）城市市区，不少于8米；

（二）城市郊区居民居住区，不少于10米；

（三）村镇居民居住区，不少12米；

（四）其他地区，不少于15米。

铁路线路安全保护区的具体范围，由铁路管理机构提出方案，县级以上地方人民政府按照保障铁路运输安全和节约用地的原则划定。铁路用地能满足前款要求的，由铁路管理机构在铁路用地范围内划定铁路线路安全保护区。

铁路线路安全保护区与公路建筑控制区、河道管理范围或者水利工程管理和保护范围重叠的，由铁路管理机构和公路管理机构、水行政主管部门协商后，报县级以上地方人民政府划定。

铁路运输企业应当在铁路线路安全保护区边界设立标桩，并根据需要设置围墙、栅栏等防护设施。

企业或者单位内部的专用铁路需要划定铁路线路安全保护区的，参照本条第一款的规定划定。

第十三条　铁路运输企业的安全生产管理人员应当对铁路线路进行经常性巡查和维护。对巡查中发现的安全问题，应当立即处理；不能处理的，应当及时报告本企业有关负责人。巡查及处理情况应当留存记录。

第十五条　任何单位和个人不得在铁路桥梁（含道路、铁路两用桥，下同）跨越的河道上下游各1000米范围内围垦造田、抽取地下水、拦河筑坝、架设浮桥，及修建其他影响或者危害铁路桥梁安全的设施。

在前款规定的范围内，确需进行围垦造田、抽取地下水、拦河筑坝、架设浮桥等活动的，应当进行安全论证，有关行政管理部门在批准之前应当征求有关铁路管理机构的意见。

第二十条　铁路的重要桥梁和隧道，按照国家有关规定由中国人民武装警察部队负责守卫。

第三十一条　铁路与道路交叉处的有人看守平交道口，应当设置警示灯、警示标志、铁路平交道口路段标线或者安全防护设施；无人看守的铁路道口，应当按照国家规定标准设置警示标志。

相关执法参考

警示灯、安全防护设施由铁路运输企业设置、维护；警示标志、铁路平交道口路段标线由铁路道口所在地的道路管理部门设置、维护。

第三十四条 在下列地点，铁路运输企业应当按照标准设置易于识别的警示、保护标志：

（一）铁路桥梁、隧道的两端；

（二）铁路信号、通信光（电）缆埋设、铺设地点；

（三）电气化铁路接触网、自动闭塞供电线路和电力贯通线路等电力设施附近易发生危险的地方。

第四十条 用于铁路运输的安全防护设施、设备、集装箱和集装化用具等运输器具，篷布、装载加固材料或者装置、运输包装及货物装载加固，应当符合国家有关技术标准和规范。

第五十九条 任何单位或者个人不得实施下列危害铁路运输安全的行为：

（一）非法拦截列车、阻断铁路运输；

（二）扰乱铁路运输调度机构、运输指挥部门及车站、列车的正常秩序；

（三）毁坏铁路线路、站台等设施、设备及路基、护坡、排水沟和防护林木、护坡草坪；

（四）在铁路线路上放置、遗弃障碍物；

（五）击打列车；

（六）擅自移动线路上的机车车辆，或者擅自开启列车车门；

（七）拆盗、损毁或者擅自移动铁路设施、设备、机车车辆配件和安全标志；

（八）在铁路线路上行走、坐卧或者在未设平交道口、人行过道的铁路线路上通过；

（九）在未设置行人通道的铁路桥梁上、隧道内通行；

（十）翻越、损毁、移动铁路线路两侧防护围墙、栅栏或者其他防护设施和标桩；

（十一）开启、关闭列车中货车阀、盖及破坏施封状态；

（十二）开后列车中集装箱箱门，破坏箱体、盖、阀及施封状态；

（十三）松动、解开、移动列车中货物装载加固材料和加固装置；

（十四）钻车、扒车、跳车；

（十五）从列车上抛扔杂物；

（十六）非法出售或者收购铁路器材；

（十七）其他危害铁路运输安全的行为。

第六十条 任何单位或者个人不得实施下列危及铁路通信、信号设施安全的行为：

（一）在埋有地下光（电）缆设施的地面上方进行钻探，堆放重物、垃圾，焚烧物品，倾倒腐蚀性物质；

（二）在地下光（电）缆两侧各1米的范围内建造、搭建建筑物、构筑物；

（三）在地下光（电）缆两侧各1米的范围内挖砂、取土和设置可能引起光（电）缆腐蚀的设施；

相关执法参考

（四）在设有过河光（电）缆标志两侧各100米内进行挖砂、抛锚及其他危及光（电）缆安全的作业；

（五）其他可能危及铁路通信、信号设施安全的行为。

第六十一条　任何单位或者个人不得实施下列危害电气化铁路设施的行为：

（一）向电气化铁路接触网抛掷物品；

（二）在铁路电力线路导线两侧各300米的区域内升放风筝、气球；

（三）攀登杆塔、铁路机车车辆或者在杆塔上架设、安装其他设施；

（四）在杆塔、拉线周围20米范围内取土、打桩、钻探或者倾倒有害化学物品；

（五）触碰电气化铁路接触网；

（六）其他危害铁路电力线路设施的行为。

第六十二条　国务院铁路主管部门及铁路管理机构应当对有关铁路安全的法律、法规执行情况进行监督检查。

第六十三条　国务院铁路主管部门及铁路管理机构有权检查、制止各种侵占、损坏铁路运输的设施、设备、标志、用地及其他违反本条例的行为。

第七十二条　违反本条例第十五条规定的，由铁路桥梁所在地的有关水行政主管部门依法给予行政处罚。

第九十七条　违反本条例第五十九条、第六十一条规定的，由公安机关对个人处警告，可以并处50元以上200元以下的罚款，情节严重的，处200元以上2000元以下的罚款；对单位处警告，并处5000元以上2万元以下的罚款，对直接负责的主管人员和其他直接责任人员处200元以上2000元以下的罚款；构成违反治安管理行为的，由公安机关依法给予行政处罚；构成犯罪的，依法追究刑事责任。

第九十八条　违反本条例第六十条规定的，由公安机关责令改正，对违法的个人处200元以上2000元以下的罚款；对违法的单位处5000元以上5万元以下的罚款，对直接负责的主管人员和其他直接责任人员处200元以上2000元以下的罚款；构成犯罪的，依法追究刑事责任。

第九十九条　违反本条例规定，给铁路运输企业或者其他单位、个人财产造成损失的，依法承担赔偿责任。

第一百零一条　违反本条例的规定，国务院铁路主管部门、铁路管理机构、公安机关、县级以上地方人民政府及其有关部门发现铁路运输安全隐患不及时依法处理，对违法行为不依法予以处罚，或者不履行本条例规定的其他职责的，对负有责任的主管人员和其他直接责任人员根据情节轻重，依法给予降级直至开除的行政处分；构成犯罪的，依法追究刑事责任。

第一百零二条　国务院铁路主管部门及铁路管理机构发现违反本条例规定的行为，但本部门无权处理的，应当及时移送或者通报有权处理的部门，有权处理的部门应当根据职责及时予以处理，并将处理情况通报移送部门。拒不依法处理的，对负有责任的主管人员和其他直接责任人员根据情节轻重，依法给予降级直至开除的行政处分；构成犯罪的，依法追究刑事责任。

四十一、在铁路线上放置阻碍物
（《治安管理处罚法》第35条第2项）

<table>
<tr><td colspan="2">案由</td><td>在铁路线上放置阻碍物</td></tr>
<tr><td colspan="2">概念</td><td>在铁路线上放置阻碍物，是指违反国家规定，在铁路线上放置障碍物，危及铁路行车安全，尚不够刑事处罚的行为。</td></tr>
<tr><td rowspan="4">违法构成要件</td><td>违法客体</td><td>本行为侵犯的客体是铁路行车安全。
这里的“铁路”是指正在使用中的铁道交通、地下轨道交通、城市轨道交通。</td></tr>
<tr><td>违法客观方面</td><td>本行为在客观方面表现为违反国家规定，在铁路线上放置障碍物，危及铁路行车安全，尚不够刑事处罚的行为。
行为人在铁路线上放置障碍物，轻则延误列车时间，重则可能造成车毁人亡的严重后果。这里所说的“障碍物”包括石头、木头等一切有形物质。在实践中应当注意，本行为是行为犯，行为人只要在铁路线上放置了障碍物，就构成本行为，如果“放置障碍物”的行为足以使列车发生倾覆、毁坏危险，或造成了严重后果的，应依照《刑法》追究行为人的刑事责任。</td></tr>
<tr><td>违法主体</td><td>本行为的主体是达到责任年龄、具有责任能力的自然人。</td></tr>
<tr><td>违法主观方面</td><td>本行为在主观方面为故意。</td></tr>
<tr><td colspan="2">认定界限</td><td>（一）本行为与破坏交通设施罪的界限。
《刑法》第117条规定的破坏交通设施罪，是指破坏轨道、桥梁、隧道、公路、机场、航道、灯塔、标志或者进行其他破坏活动，足以使火车、汽车、电车、船只、航空器发生倾覆、毁坏危险或者造成严重后果的行为。两者的界限主要在于行为方式和危害程度不同：
1. 行为方式不同。破坏交通设施罪是指通过破坏轨道、桥梁、隧道、公路、机场、航道、灯塔、标志或者进行其他破坏活动，而本行为的方式只是在铁路线上“放置”障碍物。
2. 行为所造成的危害程度不同。破坏交通设施罪必须足以使火车、汽车、电车、船只、航空器发生倾覆、毁坏危险或者造成严重后果；而本行为仅仅产生影响铁路安全行车的效果，没有产生使火车脱轨、毁坏危险的后果，其危害程度较轻。</td></tr>
</table>

认定界限	（二）本行为与扰乱公共交通工具上的秩序的界限。 《治安管理处罚法》第23条第1款第3项规定的扰乱公共交通工具上的秩序，是指扰乱公共汽车、电车、火车、船舶、航空器或者其他公共交通工具上的秩序的行为。两者的区别在于 1. 行为侵犯的客体和对象不同。本行为侵犯的客体是铁路行车安全，侵犯的对象仅限于铁路。扰乱公共交通工具上的秩序侵犯的客体是公共交通工具上的秩序，侵犯的对象包括所有的公共交通工具，如公共汽车、电车、火车、船舶、航空器等。 2. 行为的具体表现不同。本行为表现为违反国家规定，在铁路线上放置障碍物，危及铁路行车安全。扰乱公共交通工具上的秩序表现为行为人不遵守有关公共交通工具的管理制度，无礼取闹，寻衅滋事等。在实践中，扰乱公共交通工具上的秩序的具体方式主要包括： （1）无票或持假票、过期票登乘公共交通工具，不主动补票，企图逃票的； （2）强行登乘公共交通工具，无理要求公共交通工具临时停靠或者改变行驶路线等，不听解释、劝阻的； （3）在公共交通工具内敲打、损坏车内设施的； （4）在公共交通工具内故意影响驾驶员的驾驶，不听售票员或者乘务员的合理安排，影响其服务的； （5）违反国家有关法律法规的规定，私自携带易燃、易爆、易腐蚀等危险品，或者携带管制刀具等违禁物品乘坐公共交通工具的； （6）违反有关规定，托运、携带超标、超重行李、物品，不听乘务员安排的； （7）不按规定摆放物品威胁其他乘客安全或挤占其他乘客行李位，不听乘务员安排的； （8）不按车票注明座位就座，抢占、多占其他乘客座位等侵犯其他乘客利益，不听劝告的； （9）在公共交通工具内违反规定吸烟、赌博、观看淫秽音像制品、实施下流淫荡行为等不符合社会公德的； （10）在公共交通工具内吵闹、叫骂、打架等，劝阻无效，影响交通工具内部安定秩序的。
处罚标准	（一）构成本行为的，处5日以上10日以下拘留，可以并处500元以下罚款。 （二）情节较轻的，处5日以下拘留或者500元以下罚款。 在实践中，判断情节的轻重，一般应从行为人的动机、手段、目的、行为的次数、造成的后果等方面综合考虑，由公安机关办案人员酌情量罚，一般来说，对铁路行车安全影响较小的，应认定为“情节较轻”。
相关执法参考	**《中华人民共和国治安管理处罚法》**（节录） （2005年8月28日第十届全国人民代表大会常务委员会第十七次会议通过　中华人民共和国主席令第三十八号公布　自2006年3月1日起施行） 第三十五条第二项　有下列行为之一的，处五日以上十日以下拘留，可以并处

相关执法参考

五百元以下罚款；情节较轻的，处五日以下拘留或者五百元以下罚款：

（二）在铁路线路上放置障碍物，或者故意向列车投掷物品的；

《中华人民共和国刑法》（节录）

（1979年7月1日第五届全国人民代表大会第二次会议通过　1997年3月14日第八届全国人民代表大会第五次会议修订　根据2011年2月25日第十一届全国人民代表大会常务委员会第十九次会议通过的《中华人民共和国刑法修正案（八）》最新修正）

第一百一十七条　破坏轨道、桥梁、隧道、公路、机场、航道、灯塔、标志或者进行其他破坏活动，足以使火车、汽车、电车、船只、航空器发生倾覆、毁坏危险，尚未造成严重后果的，处三年以上十年以下有期徒刑。

第一百一十九条　破坏交通工具、交通设施、电力设备、燃气设备、易燃易爆设备，造成严重后果的，处十年以上有期徒刑、无期徒刑或者死刑。

过失犯前款罪的，处三年以上七年以下有期徒刑；情节较轻的，处三年以下有期徒刑或者拘役。

《最高人民法院印发关于执行〈中华人民共和国铁路法〉中刑事罚则若干问题的解释的通知》（节录）

（1993年10月11日法发［1993］28号颁布　自颁布之日起实施）

三、怎样理解《铁路法》第六十一条、第六十二条的有关规定？

（一）《铁路法》第六十一条、第六十二条规定所称的“严重后果”，是指因行为人故意毁损、移动铁路行车信号装置或者在铁路线路上放置足以使列车倾覆的障碍物，或者盗窃铁路线路上行车设施的零件、部件、铁路线路上的器材，造成人身伤亡、重大财产毁损、中断铁路行车等严重后果的。

（二）行为人实施上述行为，虽未造成上述严重后果，但经铁路有关部门鉴定，足以危及行车安全的，应当依照刑法第一百零八条的规定追究刑事责任（编者注：1979年《刑法》）。

《中华人民共和国铁路法》（节录）

（1990年9月7日第七届全国人民代表大会常务委员会第十五次会议通过　根据2009年8月27日第十一届全国人民代表大会常务委员会第十次会议通过的〈全国人民代表大会常务委员会关于修改部分法律的决定〉修改）

第二条　本法所称铁路，包括国家铁路、地方铁路、专用铁路和铁路专用线。

国家铁路是指由国务院铁路主管部门管理的铁路。

地方铁路是指由地方人民政府管理的铁路。

专用铁路是指由企业或者其他单位管理，专为本企业或者本单位内部提供运输服务的铁路。

铁路专用线是指由企业或者其他单位管理的与国家铁路或者其他铁路线路接轨的岔线。

第四十九条　对损毁、移动铁路信号装置及其他行车设施或者在铁路线路上放置障碍物的，铁路职工有权制止，可以扭送公安机关处理。

相关执法参考

第五十一条　禁止在铁路线路上行走、坐卧。对在铁路线路上行走、坐卧的，铁路职工有权制止。

第六十一条　故意损毁、移动铁路行车信号装置或者在铁路线路上放置足以使列车倾覆的障碍物的，依照刑法有关规定追究刑事责任。

第六十七条　违反本法规定，尚不够刑事处罚，应当给予治安管理处罚的，依照治安管理处罚法的规定处罚。

《铁路运输安全保护条例》（节录）

（2004年12月27日国务院令第430号颁布　自2005年4月1日起施行）

第二条　中华人民共和国境内的铁路运输安全保护及与铁路运输安全保护有关的活动，适用本条例。

第十一条　在铁路线路安全保护区内，除必要的铁路施工、作业、抢险活动外，任何单位和个人不得实施下列行为：

（一）建造建筑物、构筑物；

（二）取土、挖砂、挖沟；

（三）采空作业；

（四）堆放、悬挂物品。

任何单位和个人不得在铁路线路安全保护区内烧荒、放养牲畜、种植影响铁路线路安全和行车瞭望的树木等植物。

任何单位和个人不得向铁路线路安全保护区排污、排水，倾倒垃圾及其他有害物质。

第五十九条　任何单位或者个人不得实施下列危害铁路运输安全的行为：

（一）非法拦截列车、阻断铁路运输；

（二）扰乱铁路运输调度机构、运输指挥部门及车站、列车的正常秩序；

（三）毁坏铁路线路、站台等设施、设备及路基、护坡、排水沟和防护林木、护坡草坪；

（四）在铁路线路上放置、遗弃障碍物；

（五）击打列车；

（六）擅自移动线路上的机车车辆，或者擅自开启列车车门；

（七）拆盗、损毁或者擅自移动铁路设施、设备、机车车辆配件和安全标志；

（八）在铁路线路上行走、坐卧或者在未设平交道口、人行过道的铁路线路上通过；

（九）在未设置行人通道的铁路桥梁上、隧道内通行；

（十）翻越、损毁、移动铁路线路两侧防护围墙、栅栏或者其他防护设施和标桩；

（十一）开启、关闭列车中货车阀、盖及破坏施封状态；

（十二）开后列车中集装箱箱门，破坏箱体、盖、阀及施封状态；

（十三）松动、解开、移动列车中货物装载加固材料和加固装置；

（十四）钻车、扒车、跳车；

相关执法参考	（十五）从列车上抛扔杂物； （十六）非法出售或者收购铁路器材； （十七）其他危害铁路运输安全的行为。 第九十七条　违反本条例第五十九条、第六十一条规定的，由公安机关对个人处警告，可以并处50元以上200元以下的罚款，情节严重的，处200元以上2000元以下的罚款；对单位处警告，并处5000元以上2万元以下的罚款，对直接负责的主管人员和其他直接责任人员处200元以上2000元以下的罚款；构成违反治安管理行为的，由公安机关依法给予行政处罚；构成犯罪的，依法追究刑事责任。 第九十九条　违反本条例规定，给铁路运输企业或者其他单位、个人财产造成损失的，依法承担赔偿责任。

四十二、故意向列车投掷物品

（《治安管理处罚法》第35条第2项）

案由		故意向列车投掷物品
概念		故意向列车投掷物品，是指违反国家规定，故意向列车投掷物品，危及铁路行车安全，尚不够刑事处罚的行为。
违法构成要件	违法客体	本行为侵犯的客体是复杂客体，包括铁路行车安全和人身安全。侵犯的对象是列车，即铁路列车。 “铁路”包括铁道交通、地下轨道交通、城市轨道交通。这里的“列车”是指正在行驶中的列车，包括在车站临时、短暂停留的列车，如果是停运或在修理的列车，不成为本行为的侵害对象，可能构成其他行为，如故意损毁财物等。
	违法客观方面	本行为在客观方面表现为故意向列车投掷物品的行为。 本行为的构成并不以造成人员、列车损坏为条件，只要行为人实施了故意向列车投掷物品的行为，就构成本行为，如果行为造成了严重的后果，则应追究其相应的刑事责任。
	违法主体	本行为的主体是达到责任年龄、具有责任能力的自然人。
	违法主观方面	本行为在主观方面是故意。
认定界限		本行为与破坏交通工具罪的界限。 《刑法》第116条规定的破坏交通工具罪，是指破坏火车、汽车、电车、船只、航空器，足以使其发生倾覆、毁坏危险，危害交通运输安全的行为。两者的主要区别在于： 1. 行为侵犯的客体和对象不同。本行为侵犯的客体是铁路行车安全和人身安全，侵犯的对象仅限于铁路列车；破坏交通工具罪侵犯的客体是交通运输的安全，侵犯的对象包括火车、汽车、电车、船只、航空器等所有交通工具。 2. 行为的客观表现和危害后果不同。本行为在客观方面表现为故意向列车投掷物品的行为，一般危害后果较轻，并不以造成人员、列车损坏为条件，只要行为人实施了故意向列车投掷物品的行为，就构成本行为；破坏交通工具罪的行为人必须实施了破坏正在运营的交通工具的行为，而且该破坏行为必须足以使火车、汽

<table>
<tr><td>认定界限</td><td>车、电车、船只、飞机、航空器发生倾覆、毁坏危险。例如，破坏交通工具，足以导致车辆翻车、火车出轨、船只翻沉、飞机坠落等危险，或者使交通工具受到严重破坏或者完全毁灭，因而不能继续使用或者安全行驶。</td></tr>
<tr><td>处罚标准</td><td>（一）构成本行为的，处5日以上10日以下拘留，可以并处500元以下罚款。
（二）情节较轻的，处5日以下拘留或者500元以下罚款。
在实践中，判断情节的轻重，一般应从行为人的动机、手段、目的、行为的次数、造成的后果等方面综合考虑，由公安机关办案人员酌情量罚。一般来说，故意向列车投掷物品，对铁路行车安全影响较小的，应认定为“情节较轻”。</td></tr>
<tr><td>相关执法参考</td><td>《中华人民共和国治安管理处罚法》（节录）
（2005年8月28日第十届全国人民代表大会常务委员会第十七次会议通过　中华人民共和国主席令第三十八号公布　自2006年3月1日起施行）
第三十五条第二项　有下列行为之一的，处五日以上十日以下拘留，可以并处五百元以下罚款；情节较轻的，处五日以下拘留或者五百元以下罚款：
（二）在铁路线路上放置障碍物，或者故意向列车投掷物品的；
《中华人民共和国刑法》（节录）
（1979年7月1日第五届全国人民代表大会第二次会议通过　1997年3月14日第八届全国人民代表大会第五次会议修订　根据2011年2月25日第十一届全国人民代表大会常务委员会第十九次会议通过的《中华人民共和国刑法修正案（八）》最新修正）
第一百一十六条　破坏火车、汽车、电车、船只、航空器，足以使火车、汽车、电车、船只、航空器发生倾覆、毁坏危险，尚未造成严重后果的，处三年以上十年以下有期徒刑。
第一百一十九条第一款　破坏交通工具……造成严重后果的，处十年以上有期徒刑、无期徒刑或者死刑。
《中华人民共和国铁路法》（节录）
（1990年9月7日第七届全国人民代表大会常务委员会第十五次会议通过　根据2009年8月27日第十一届全国人民代表大会常务委员会第十次会议通过的〈全国人民代表大会常务委员会关于修改部分法律的决定〉修改）
第二条　本法所称铁路，包括国家铁路、地方铁路、专用铁路和铁路专用线。
国家铁路是指由国务院铁路主管部门管理的铁路。
地方铁路是指由地方人民政府管理的铁路。
专用铁路是指由企业或者其他单位管理，专为本企业或者本单位内部提供运输服务的铁路。
铁路专用线是指由企业或者其他单位管理的与国家铁路或者其他铁路线路接轨的岔线。
第五十条　禁止偷乘货车、攀附行进中的列车或者击打列车。对偷乘货车、攀附行进中的列车或者击打列车的，铁路职工有权制止。</td></tr>
</table>

相关执法参考

第六十七条　违反本法规定，尚不够刑事处罚，应当给予治安管理处罚的，依照治安管理处罚法的规定处罚。

《铁路运输安全保护条例》（节录）

（2004年12月27日国务院令第430号颁布　自2005年4月1日起施行）

第六条　公安机关按照职责分工，维护车站、列车等铁路场所的治安秩序和铁路沿线的治安秩序。

第五十九条　任何单位或者个人不得实施下列危害铁路运输安全的行为：

（一）非法拦截列车、阻断铁路运输；

（二）扰乱铁路运输调度机构、运输指挥部门及车站、列车的正常秩序；

（三）毁坏铁路线路、站台等设施、设备及路基、护坡、排水沟和防护林木、护坡草坪；

（四）在铁路线路上放置、遗弃障碍物；

（五）击打列车；

（六）擅自移动线路上的机车车辆，或者擅自开启列车车门；

（七）拆盗、损毁或者擅自移动铁路设施、设备、机车车辆配件和安全标志；

（八）在铁路线路上行走、坐卧或者在未设平交道口、人行过道的铁路线路上通过；

（九）在未设置行人通道的铁路桥梁上、隧道内通行；

（十）翻越、损毁、移动铁路线路两侧防护围墙、栅栏或者其他防护设施和标桩；

（十一）开启、关闭列车中货车阀、盖及破坏施封状态；

（十二）开后列车中集装箱箱门，破坏箱体、盖、阀及施封状态；

（十三）松动、解开、移动列车中货物装载加固材料和加固装置；

（十四）钻车、扒车、跳车；

（十五）从列车上抛扔杂物；

（十六）非法出售或者收购铁路器材；

（十七）其他危害铁路运输安全的行为。

第九十七条　违反本条例第五十九条、第六十一条规定的，由公安机关对个人处警告，可以并处50元以上200元以下的罚款，情节严重的，处200元以上2000元以下的罚款；对单位处警告，并处5000元以上2万元以下的罚款，对直接负责的主管人员和其他直接责任人员处200元以上2000元以下的罚款；构成违反治安管理行为的，由公安机关依法给予行政处罚；构成犯罪的，依法追究刑事责任。

四十三、在铁路沿线非法挖掘坑穴、采石取沙

（《治安管理处罚法》第35条第3项）

<table>
<tr><td colspan="2">案由</td><td>在铁路沿线非法挖掘坑穴、采石取沙</td></tr>
<tr><td colspan="2">概念</td><td>在铁路沿线非法挖掘坑穴、采石取沙，是指违反国家规定，在铁路线路、桥梁、涵洞处挖掘坑穴、采石取沙，危及铁路行车安全，尚不够刑事处罚的行为。</td></tr>
<tr><td rowspan="4">违法构成要件</td><td>违法客体</td><td>本行为侵犯的客体是铁路行车安全。
这里的“铁路”包括正在使用中的铁道交通、地下轨道交通和城市轨道交通。</td></tr>
<tr><td>违法客观方面</td><td>本行为在客观方面表现为违反国家规定，在铁路线路、桥梁、涵洞处挖掘坑穴、采石取沙，危及铁路行车安全，尚不够刑事处罚的行为。
在铁路沿线两侧挖掘坑穴、采石取沙，《铁路法》及相关规定已经作了明确的限定，必须在不影响铁路行车安全的前提下并征得相关单位的同意，如果行为人擅自挖掘坑穴、采石取沙，就可能对铁路行车安全造成影响，从而构成本行为。</td></tr>
<tr><td>违法主体</td><td>本行为的主体是达到责任年龄、具有责任能力的自然人。</td></tr>
<tr><td>违法主观方面</td><td>本行为在主观方面是故意。</td></tr>
<tr><td colspan="2">认定界限</td><td>本行为与破坏交通设施罪的界限。
《刑法》第117条规定的破坏交通设施罪，是指破坏轨道、桥梁、隧道、公路、机场、航道、灯塔、标志或者进行其他破坏活动，足以使火车、汽车、电车、船只、航空器发生倾覆、毁坏危险或者造成严重后果的行为。它与本行为的区别在于：
1. 侵犯的客体和对象不同。本行为侵犯的客体是铁路行车安全，侵犯的对象仅限于铁路；后者侵犯的对象是所有的交通设施，不仅包括铁路交通设施，而且包括公路、机场、航道、灯塔等交通设施，其范围更加广泛。
2. 行为方式不同。破坏交通设施罪是指破坏轨道、桥梁、隧道、公路、机场、航道、灯塔、标志或者进行其他破坏活动，足以使火车、汽车、电车、船只、航空器发生倾覆、毁坏危险或者造成严重后果的行为，其行为方式多种多样；本行为的行为方式较为单一，即非法挖掘坑穴、采石取沙。</td></tr>
</table>

<table>
<tr><td>认定界限</td><td>3. 危害程度不同。破坏交通设施罪必须足以使火车、汽车、电车、船只、航空器发生倾覆、毁坏危险或者造成严重后果；而本行为仅仅产生影响铁路运输安全的效果，没有产生使火车发生倾覆、毁坏危险的后果，其危害程度较轻。</td></tr>
<tr><td>处罚标准</td><td>（一）构成本行为的，处5日以上10日以下拘留，可以并处500元以下罚款。
（二）情节较轻的，处5日以下拘留或者500元以下罚款。
在实践中，判断情节的轻重，一般应从行为人的动机、手段、目的、行为的次数、造成的后果等方面综合考虑，由公安机关办案人员酌情量罚。一般来说，在铁路线路、桥梁、涵洞处挖掘坑穴、采石取沙，发现后经劝阻主动纠正，对铁路行车安全影响较小的，应认定为“情节较轻”。</td></tr>
<tr><td>相关执法参考</td><td>《中华人民共和国治安管理处罚法》（节录）
（2005年8月28日第十届全国人民代表大会常务委员会第十七次会议通过　中华人民共和国主席令第三十八号公布　自2006年3月1日起施行）
第三十五条第三项　有下列行为之一的，处五日以上十日以下拘留，可以并处五百元以下罚款；情节较轻的，处五日以下拘留或者五百元以下罚款：
（三）在铁路线路、桥梁、涵洞处挖掘坑穴、采石取沙的；
《中华人民共和国刑法》（节录）
（1979年7月1日第五届全国人民代表大会第二次会议通过　1997年3月14日第八届全国人民代表大会第五次会议修订　根据2011年2月25日第十一届全国人民代表大会常务委员会第十九次会议通过的《中华人民共和国刑法修正案（八）》最新修正）
第一百一十七条　破坏轨道、桥梁、隧道、公路、机场、航道、灯塔、标志或者进行其他破坏活动，足以使火车、汽车、电车、船只、航空器发生倾覆、毁坏危险，尚未造成严重后果的，处三年以上十年以下有期徒刑。
第一百一十九条第一款　破坏……交通设施……造成严重后果的，处十年以上有期徒刑、无期徒刑或者死刑。
《最高人民法院印发关于执行〈中华人民共和国铁路法〉中刑事罚则若干问题的解释的通知》（节录）
（1993年10月11日法发［1993］28号颁布　自颁布之日起实施）
三、怎样理解《铁路法》第六十一条、第六十二条的有关规定？
（一）《铁路法》第六十一条、第六十二条规定所称的“严重后果”，是指因行为人故意毁损、移动铁路行车信号装置或者在铁路线路上放置足以使列车倾覆的障碍物，或者盗窃铁路线路上行车设施的零件、部件、铁路线路上的器材，造成人身伤亡、重大财产毁损、中断铁路行车等严重后果的。
（二）行为人实施上述行为，虽未造成上述严重后果，但经铁路有关部门鉴定，足以危及行车安全的，应当依照刑法第一百零八条的规定追究刑事责任（编者注：1979年《刑法》）。</td></tr>
</table>

相关执法参考

《中华人民共和国铁路法》（节录）

（1990年9月7日第七届全国人民代表大会常务委员会第十五次会议通过　根据2009年8月27日第十一届全国人民代表大会常务委员会第十次会议通过的〈全国人民代表大会常务委员会关于修改部分法律的决定〉修改）

第二条　本法所称铁路，包括国家铁路、地方铁路、专用铁路和铁路专用线。

国家铁路是指由国务院铁路主管部门管理的铁路。

地方铁路是指由地方人民政府管理的铁路。

专用铁路是指由企业或者其他单位管理，专为本企业或者本单位内部提供运输服务的铁路。

铁路专用线是指由企业或者其他单位管理的与国家铁路或者其他铁路线路接轨的岔线。

第四十三条　铁路公安机关和地方公安机关分工负责共同维护铁路治安秩序。车站和列车内的治安秩序，由铁路公安机关负责维护；铁路沿线的治安秩序，由地方公安机关和铁路公安机关共同负责维护，以地方公安机关为主。

第四十五条　铁路线路两侧地界以外的山坡地由当地人民政府作为水土保持的重点进行整治。铁路隧道顶上的山坡地由铁路运输企业协助当地人民政府进行整治。铁路地界以内的山坡地由铁路运输企业进行整治。

第四十六条　在铁路线路和铁路桥梁、涵洞两侧一定距离内，修建山塘、水库、堤坝，开挖河道、干渠，采石挖砂，打井取水，影响铁路路基稳定或者危害铁路桥梁、涵洞安全的，由县级以上地方人民政府责令停止建设或者采挖、打井等活动，限期恢复原状或者责令采取必要的安全防护措施。

在铁路线路上架设电力、通讯线路，埋置电缆、管道设施，穿凿通过铁路路基的地下坑道，必须经铁路运输企业同意，并采取安全防护措施。

在铁路弯道内侧、平交道口和人行过道附近，不得修建妨碍行车瞭望的建筑物和种植妨碍行车瞭望的树木。修建妨碍行车瞭望的建筑物的，由县级以上地方人民政府责令限期拆除。种植妨碍行车瞭望的树木的，由县级以上地方人民政府责令有关单位或者个人限期迁移或者修剪、砍伐。

违反前三款的规定，给铁路运输企业造成损失的单位或者个人，应当赔偿损失。

《铁路运输安全保护条例》（节录）

（2004年12月27日国务院令第430号颁布　自2005年4月1日起施行）

第二条　中华人民共和国境内的铁路运输安全保护及与铁路运输安全保护有关的活动，适用本条例。

第六条　公安机关按照职责分工，维护车站、列车等铁路场所的治安秩序和铁路沿线的治安秩序。

第十条　铁路线路两侧应当设立铁路线路安全保护区。铁路线路安全保护区的范围，从铁路线路路堤坡脚、路堑坡项或者铁路桥梁外侧起向外的距离分别为：

（一）城市市区，不少于8米；

相关执法参考

（二）城市郊区居民居住区，不少于10米；

（三）村镇居民居住区，不少12米；

（四）其他地区，不少于15米。

铁路线路安全保护区的具体范围，由铁路管理机构提出方案，县级以上地方人民政府按照保障铁路运输安全和节约用地的原则划定。铁路用地能满足前款要求的，由铁路管理机构在铁路用地范围内划定铁路线路安全保护区。

铁路线路安全保护区与公路建筑控制区、河道管理范围或者水利工程管理和保护范围重叠的，由铁路管理机构和公路管理机构、水行政主管部门协商后，报县级以上地方人民政府划定。

铁路运输企业应当在铁路线路安全保护区边界设立标桩，并根据需要设置围墙、栅栏等防护设施。

企业或者单位内部的专用铁路需要划定铁路线路安全保护区的，参照本条第一款的规定划定。

第十一条　在铁路线路安全保护区内，除必要的铁路施工、作业、抢险活动外，任何单位和个人不得实施下列行为：

（一）建造建筑物、构筑物；

（二）取土、挖砂、挖沟；

（三）采空作业；

（四）堆放、悬挂物品。

任何单位和个人不得在铁路线路安全保护区内烧荒、放养牲畜、种植影响铁路线路安全和行车瞭望的树木等植物。

任何单位和个人不得向铁路线路安全保护区排污、排水，倾倒垃圾及其他有害物质。

第十四条　铁路线路及其邻近的建筑物、构筑物、设备等（与机车车辆有直接互相作用的设备除外），不得进入国家规定的铁路建筑接近限界。进入铁路建筑接近限界的，铁路管理机构有权制止、拆除。

第十五条　任何单位和个人不得在铁路桥梁（含道路、铁路两用桥，下同）跨越的河道上下游各1000米范围内围垦造田、抽取地下水、拦河筑坝、架设浮桥，及修建其他影响或者危害铁路桥梁安全的设施。

在前款规定的范围内，确需进行围垦造田、抽取地下水、拦河筑坝、架设浮桥等活动的，应当进行安全论证，有关行政管理部门在批准之前应当征求有关铁路管理机构的意见。

第十六条　任何单位和个人不得在铁路桥梁跨越的河道上下游的下列范围内采砂：

（一）桥长500米以上的铁路桥梁，河道上游500米，下游3000米；

（二）桥长100米以上500米以下的铁路桥梁，河道上游500米，下游2000米；

（三）桥长100米以下的铁路桥梁，河道上游500米，下游1000米。

有关部门依法在铁路桥梁跨越的河道上下游划定的禁采区大于前款规定的禁采

范围的，依照其划定的禁采范围执行。

第十七条　任何单位和个人不得在铁路线路两侧距路堤坡脚、路堑坡顶、铁路桥梁外侧200米范围内，或者铁路车站及周围200米范围内，及铁路隧道上方中心线两侧各200米范围内，建造、设立生产、加工、储存和销售易燃、易爆或者放射性物品等危险物品的场所、仓库。但是，根据国家有关规定设立的为铁路运输工具补充燃料的设施及办理危险货物运输的除外。

第十八条　在铁路线路两侧路堤坡脚、路堑坡顶、铁路桥梁外侧起各1000米范围内，及在铁路隧道上方中心线两侧各1000米范围内，禁止从事采矿、采石及爆破作业。

在前款规定的范围内，因修建道路、水利工程等公共工程，确需实施采石、爆破作业的，应当与铁路运输企业协商后，采取必要的安全防护措施。

第十九条　道路、铁路两用桥由所在地铁路运输企业和道路管理部门或者道路经营企业定期检查、共同维护，保证道路、铁路两用桥处于安全的技术状态。

道路、铁路两用桥的墩、梁等共用部分的检测、维修由铁路运输企业和道路管理部门或者道路经营企业共同负责，所需的费用根据公平合理的原则分担。

第二十条　铁路的重要桥梁和隧道，按照国家有关规定由中国人民武装警察部队负责守卫。

第二十一条　在铁路桥梁跨越的河道上下游进行疏浚作业，影响铁路桥梁安全的，应当进行安全技术评估，有关河道、航道管理部门在批准前应当征求国务院铁路主管部门或者铁路管理机构的意见，确认安全或者采取安全技术措施后，依法进行疏浚作业。但进行河道、航道日常养护、疏浚作业的除外。

第二十二条　铁路建设单位新建、改建、扩建工程项目的安全设施，必须与主体工程同时设计、同时施工、同时投入生产和使用。安全设施投资应当纳入建设项目概算。

第二十三条　跨越、穿越铁路线路、站场，架设、铺设桥梁、人行过道、管道、渡槽和电力线路、通信线路、油气管线等设施，或者在铁路线路安全保护区内架设、铺设人行过道、管道、渡槽和电力线路、通信线路、油气管线等设施，涉及铁路运输安全的，按照国家有关规定办理；没有规定的，由建设工程项目单位与铁路运输企业协商，不得危及铁路运输安全。

实施前款工程的施工单位应当遵守铁路施工安全规范，不得影响铁路行车安全及运输设施安全。工程项目设计、施工作业方案应当通报铁路运输企业。铁路运输企业应当派员对施工现场实行安全监督。

铁路线路安全保护区内已铺设的油气管线，及临近电气化铁路铺设的通信线路，存在安全隐患的，应当采取必要的安全防护措施。

第六十条　任何单位或者个人不得实施下列危及铁路通信、信号设施安全的行为：

（一）在埋有地下光（电）缆设施的地面上方进行钻探，堆放重物、垃圾，焚烧物品，倾倒腐蚀性物质；

相关执法参考

（二）在地下光（电）缆两侧各1米的范围内建造、搭建建筑物、构筑物；

（三）在地下光（电）缆两侧各1米的范围内挖砂、取土和设置可能引起光（电）缆腐蚀的设施；

（四）在设有过河光（电）缆标志两侧各100米内进行挖砂、抛锚及其他危及光（电）缆安全的作业；

（五）其他可能危及铁路通信、信号设施安全的行为。

第六十二条　国务院铁路主管部门及铁路管理机构应当对有关铁路安全的法律、法规执行情况进行监督检查。

第六十九条　铁路运输安全监督检查人员履行安全检查职责时，任何单位和个人不得阻挠。

铁路运输安全监督检查人员执行公务，应当佩戴标志或者出示证件。

第七十条　违反本条例第十一条规定的，由铁路管理机构责令改正，给予警告，对单位可以并处5000元以上5万元以下的罚款，对个人可以并处200元以上2000元以下的罚款。

第七十一条　违反本条例第十四条规定的，由国务院铁路主管部门或者铁路管理机构责令改正，处5000元以上5万元以下的罚款。

第七十二条　违反本条例第十五条规定的，由铁路桥梁所在地的有关水行政主管部门依法给予行政处罚。

第七十三条　违反本条例第十六条规定的，由铁路桥梁所在地的有关部门责令改正，处1万元以上10万元以下的罚款；构成犯罪的，依法追究刑事责任。

第七十四条　违反本条例第十七条规定的，由铁路管理机构责令限期拆除；逾期不拆除的，强制拆除，对单位处2万元以上20万元以下的罚款，对个人处1万元以上10万元以下的罚款；构成犯罪的，依法追究刑事责任。

第七十五条　违反本条例第十八条规定，在铁路线路两侧路堤坡脚、路堑坡顶、铁路桥梁外侧起各1000米范围内，及在铁路隧道上方中心线两侧各1000米范围内，从事采矿的，由地质矿产主管部门依照国家有关矿产资源管理的法律、法规给予行政处罚；从事采石及爆破作业的，由铁路管理机构责令改正，处2万元以上10万元以下的罚款；构成犯罪的，依法追究刑事责任。

第七十七条　违反本条例第二十一条规定的，由上级河道、航道管理部门责令改正，对直接负责的主管人员和其他直接责任人员，给予记大过直至撤职的行政处分。

第七十八条　违反本条例第二十三条规定的，由国务院铁路主管部门或者铁路管理机构责令改正，可以处2万元以上10万元以下的罚款。

第九十八条　违反本条例第六十条规定的，由公安机关责令改正，对违法的个人处200元以上2000元以下的罚款；对违法的单位处5000元以上5万元以下的罚款，对直接负责的主管人员和其他直接责任人员处200元以上2000元以下的罚款；构成犯罪的，依法追究刑事责任。

第九十九条　违反本条例规定，给铁路运输企业或者其他单位、个人财产造成损失的，依法承担赔偿责任。

四十四、在铁路线路上私设道口、平交过道
（《治安管理处罚法》第35条第4项）

案由		在铁路线路上私设道口、平交过道
概念		在铁路线路上私设道口、平交过道，是指违反国家规定，在铁路线路上私设道口、平交过道，危及铁路行车安全，尚不够刑事处罚的行为。
违法构成要件	违法客体	本行为侵犯的客体是铁路行车安全。 这里的“铁路”是指正在使用中的铁道交通、地下轨道交通、城市轨道交通。
	违法客观方面	本行为在客观方面表现为违反国家规定，在铁路线路上私设道口、平交过道，危及铁路行车安全，尚不够刑事处罚的行为。铁路线路上的道口或者平交过道是交通事故的多发地段，对铁路道口和平交过道，有关法律对此做了专门的规定，具体规定，参看本案由的相关执法参考。
	违法主体	本行为的主体包括自然人和单位。
	违法主观方面	本行为在主观方面为故意。
认定界限		
处罚标准		（一）构成本行为的，处5日以上10日以下拘留，可以并处500元以下罚款。 （二）情节较轻的，处5日以下拘留或者500元以下罚款。 在实践中，判断情节的轻重，一般应从行为人的动机、手段、目的、行为的次数、造成的后果等方面综合考虑，由公安机关办案人员酌情量罚。一般来说，在铁路线路上私设道口或者平交过道，及时纠正且对铁路行车安全影响较小的，应认定为“情节较轻”。

相关执法参考

《中华人民共和国治安管理处罚法》（节录）

（2005年8月28日第十届全国人民代表大会常务委员会第十七次会议通过
中华人民共和国主席令第三十八号公布　自2006年3月1日起施行）

第三十五条第四项　有下列行为之一的，处五日以上十日以下拘留，可以并处五百元以下罚款；情节较轻的，处五日以下拘留或者五百元以下罚款：

（四）在铁路线路上私设道口或者平交过道的。

《中华人民共和国道路交通安全法》（节录）

（2003年10月28日第十届全国人民代表大会常务委员会第五次会议通过
2003年10月28日中华人民共和国主席令第八号公布　自2004年5月1日起施行）

第二十七条　铁路与道路平面交叉的道口，应当设置警示灯、警示标志或者安全防护设施。无人看守的铁路道口，应当在距道口一定距离处设置警示标志。

《中华人民共和国铁路法》（节录）

（1990年9月7日第七届全国人民代表大会常务委员会第十五次会议通过
根据2009年8月27日第十一届全国人民代表大会常务委员会第十次会议通过的
〈全国人民代表大会常务委员会关于修改部分法律的决定〉修改）

第四十三条　铁路公安机关和地方公安机关分工负责共同维护铁路治安秩序。车站和列车内的治安秩序，由铁路公安机关负责维护；铁路沿线的治安秩序，由地方公安机关和铁路公安机关共同负责维护，以地方公安机关为主。

第四十七条　禁止擅自在铁路线路上铺设平交道口和人行过道。

平交道口和人行过道必须按照规定设置必要的标志和防护设施。

行人和车辆通过铁路平交道口和人行过道时，必须遵守有关通行的规定。

第六十八条　擅自在铁路线路上铺设平交道口、人行过道的，由铁路公安机关或者地方公安机关责令限期拆除，可以并处罚款。

《铁路运输安全保护条例》（节录）

（2004年12月27日国务院令第430号颁布　自2005年4月1日起施行）

第六条　公安机关按照职责分工，维护车站、列车等铁路场所的治安秩序和铁路沿线的治安秩序。

第二十八条　任何单位和个人不得擅自设置或者拓宽铁路道口、人行过道。

设置或者拓宽铁路道口、人行过道，应当向铁路管理机构提出申请，并按如下程序审批：城市内设置或者拓宽铁路道口、人行过道，由铁路管理机构会同城市规划部门根据国家有关规定自收到申请之日起30日内共同作出批准或者不予批准的决定；城市外设置或者拓宽铁路道口、人行过道，由铁路管理机构会同当地人民政府根据国家有关规定自收到申请之日起30日内共同作出批准或者不予批准的决定。

决定予以批准的，由铁路管理机构发给批准文件；不予批准的，由铁路管理机构书面通知申请人并说明理由。

第二十九条　列车行驶速度达到国家规定标准时，新建、改建的铁路与道路交叉的，应当设置立体交叉。

相关执法参考

道路交通流量、列车行驶速度达到国家规定标准时，新建、改建的道路与铁路交叉的，应当设置立体交叉。

既有的一级公路、二级公路、城市道路与铁路交叉的平交道口，应当逐步改造为立体交叉。

设置铁路立体交叉和平交道口，应当符合国家规定的安全技术标准。

第三十条　铁路与道路交叉处设置立体交叉所需费用按照下列原则确定：

（一）新建、改建铁路与既有道路交叉的，由铁路部门承担建设费用；道路部门提出超过既有的道路建设标准建设而增加的费用，由道路部门承担；

（二）新建、改建道路与既有铁路交叉的，由道路部门承担建设费用；铁路部门提出超过既有的铁路线路建设标准建设而增加的费用，由铁路部门承担；

（三）现有铁路与道路平交道口改建立体交叉的，由铁路部门和道路部门按照公平合理的原则分担建设费用。

第三十一条　铁路与道路交叉处的有人看守平交道口，应当设置警示灯、警示标志、铁路平交道口路段标线或者安全防护设施；无人看守的铁路道口，应当按照国家规定标准设置警示标志。

警示灯、安全防护设施由铁路运输企业设置、维护；警示标志、铁路平交道口路段标线由铁路道口所在地的道路管理部门设置、维护。

第八十二条　违反本条例第二十八条第一款规定的，由公安机关责令限期拆除，依法给予行政处罚。

第八十三条　违反本条例第三十一条规定的，由铁路管理机构或者上级道路管理部门责令改正，对直接负责的主管人员和其他直接责任人员处500元以上5000元以下的罚款。

《设置或者拓宽铁路道口人行过道审批办法》

（2005年4月1日铁道部令第20号颁布　自颁布之日起实施）

第一条　为了加强对铁路道口、人行过道的管理，保障铁路运输安全，根据《铁路运输安全保护条例》，制定本办法。

第二条　本办法所称铁路道口，是指在铁路线路上铺面宽度在2.5米及以上，直接与道路贯通的平面交叉。所称人行过道，是指铁路线路上铺面宽度在2.5米以下，直接与道路贯通的平面交叉。其中：城市人行过道的宽度一般为0.75～1.5米，乡村人行过道的宽度一般为0.4～1.2米。人行过道禁止畜力车、机动车通行。

第三条　凡在中华人民共和国境内铁路线路上设置或者拓宽铁路道口、人行过道，应当经过批准。

第四条　设置或者拓宽铁路道口，应当符合以下条件：

（一）线路允许通过的旅客列车运行速度120km/h以下，货物列车运行速度80km/h以下，货物列车牵引质量5000吨以下；

（二）Ⅱ、Ⅲ级铁路与道路交叉；

（三）道口之间距离大于2公里，并且无绕行条件；

（四）车辆或行人在距钢轨外侧不小于50米范围内的道路上，线路允许速度120km/h

相关执法参考

以下时应能看到两侧各400米（双线各500米）以外的列车，线路允许速度100km/h以下时应能看到两侧各340米以外的列车，线路允许速度80km/h以下时应能看到两侧各270米以外的列车；列车驾驶员在850米以外可以看见道口；

（五）拟通过道口的道路与铁路平面交叉原则上为正交，斜交时交叉角应大于45度；

（六）拟通过道口的道路平面线形应为直线；从最外侧钢轨算起的道路最小直线长度不应小于50米，特殊情况下城市道路不应小于30米，乡村道路不应小于20米；衔接道口平台的道路纵坡不得大于3%，困难条件下，通行铰接汽车的城市道路不得小于3.5%，通行普通汽车的城市道路、公路及场外道路不得大于5%，乡村道路不得大于6%；

（七）铁路道口设置位置应在铁路车站以外，桥梁、隧道两端及进站信号机100米以外，区间或专用线道岔两端50米以外；

（八）符合当地城市规划及土地使用要求；

（九）符合国家有关铁路、道路设计规范；

（十）法律法规规定的其他要求。

第五条　设置或者拓宽人行过道，应当符合以下条件：

（一）线路允许通过的铁路旅客列车运行速度120km/h以下；

（二）居民聚居地人行过道与既有穿越铁路通道间距大于500米且无绕行条件；

（三）瞭望条件良好；

（四）人行过道设置位置应在铁路车站以外，桥梁、隧道两端及进站信号机100米以外，区间或专用线道岔两端50米以外；

（五）符合当地城市规划、土地使用要求；

（六）法律法规规定的其他要求。

符合前款要求，铁路沿线村庄需设立与铁路交叉的人行过道的，原则上一个自然村只设一处。

但在人流集中、列车密度大、行人穿过铁路易发生事故的地段，设立人行过道可能危及铁路运输安全的，不得设置人行过道。

第六条　因特殊需要，可申请设置使用时间不超过1年的临时铁路道口。设置临时铁路道口应当比照本办法第四条规定的条件，制定有效、可靠的安全措施，设置必要的防护设施、设备，公告使用期限，并设人看守。

第七条　设置或拓宽铁路道口、人行过道，申请人应当向有管辖权的铁路管理机构提出申请。在新建、改建、扩建铁路线路上设置或拓宽铁路道口、人行过道的，应当在项目开工前由建设单位提出申请。

第八条　申请设置或拓宽铁路道口、人行过道时，应当提交下列材料：

（一）行政许可申请书；

（二）申请人身份证明；

（三）设置或拓宽的铁路道口、人行过道所处位置、宽度、安全防护措施、可行性分析等文件；

（四）拟设置或拓宽铁路道口、人行过道的平面示意图；

相关执法参考

（五）新建、改建、扩建的道路或铁路，还需要提供符合国家规定程序的项目批准文件和设计文件；

（六）申请设置或拓宽铁路道口的，还需提供与相关产权单位的协商意见；

（七）法律法规要求的其他材料。

行政许可申请书采用格式文本。格式文本由铁路管理机构提供。

第九条　铁路管理机构收到申请材料后应当及时进行审查，作出是否受理的决定。受理的申请属于在城市内设置或者拓宽铁路道口、人行过道的，由铁路管理机构会同城市规划部门进行审查；受理的申请属于在城市外设置或者拓宽铁路道口、人行过道，由铁路管理机构会同当地人民政府进行审查。

进行前款规定的审查，必要时可聘请专家评审。

第十条　铁路管理机构对材料齐全、符合法定形式的申请，应会同城市规划部门或当地人民政府，在30日内作出批准或不予批准的决定。需要专家评审的，所需时间不计算在内，但应将所需时间书面通知申请人。

第十一条　铁路管理机构会同城市规划部门或当地人民政府决定予以批准的，由铁路管理机构发给批准文件；不予批准的，由铁路管理机构书面通知申请人并说明理由。

批准文件一般应包括以下内容：

（一）批准依据；

（二）批准的铁路道口或人行过道的宽度和设置地点；

（三）技术条件；

（四）道口类型；

（五）批准的铁路道口或人行过道的产权归属、管理单位。

第十二条　被许可人凭批准文件按有关规定设置或拓宽铁路道口、人行过道。施工完毕，应当办理验收、交接工作。

第十三条　对设置临时道口作出许可决定的，应当在批准文件中注明有效期。被许可人需要延长期限的，应当依本办法规定程序在行政许可有效期届满30日前提出延期申请。不予批准的，被许可人在期满后，应立即拆除临时道口，保证铁路运输安全畅通。

作出不予延长决定的，铁路管理机构应当书面告知申请人，并说明理由。逾期未作出决定的，视为准予延长。

第十四条　铁路管理机构和城市规划部门、地方人民政府应当建立健全监督制度，加强对被许可人行为的监督检查。监督检查时，被许可人应当提供相应材料。

第十五条　设置或拓宽铁路道口、人行过道的申请人隐瞒有关情况或提供虚假材料申请的，铁路管理机构不予受理，并给予警告；自处罚之日起申请人在1年内不得再次申请该行政许可。

第十六条　被许可人以欺骗、贿赂等不正当手段取得设置或拓宽铁路道口、人行过道许可的，铁路管理机构或城市规划部门（当地人民政府）应当依法撤销许可；自撤销之日起申请人在3年内不得再次申请该行政许可；构成犯罪的，依法追究刑事责任。

第十七条　擅自设置或拓宽铁路道口、人行过道的，由公安机关责令限期拆除，依法给予警告、罚款的行政处罚。对单位可处2000元以上3万元以下、对个人可处200元以上1000元以下的罚款。

第十八条　违反道口或人行过道的通行规定，由公安机关依法给予警告或处以50元以下的罚款；情节恶劣或造成后果的，由公安机关处200元以上1000元以下罚款。

第十九条　本办法由铁道部负责解释。

第二十条　本办法自2005年4月1日起施行。

《铁路道口管理暂行规定》

（1986年3月31日国家经济委员会、铁道部、交通部、公安部、农牧渔业部、城乡建设环境保护部、劳动人事部经交［1986］161号颁布　自颁布之日起实施）

第一章　总　则

第一条　为加强铁路道口的管理，维护道口交通秩序，防止道口事故，保障铁路、道路安全畅通，特制定本规定。

第二条　本规定适用于全国道路与铁路相交的“道口”以及“人行过道”和“平过道”。

第三条　机关、部队、团体、学校、企业、事业单位和城乡居民组织、集体经济组织，要经常教育所属人员遵守本规定，维护道口交通秩序。

第二章　道口的安全设施

第四条　道路与铁路的平面交叉分为：

（一）道口：系指铁路上铺面宽度在二点五米及以上，直接与道路贯通的平面交叉。按看守情况分为“有人看守道口”和“无人看守道口”。

（二）人行过道：系指铁路上铺面宽度在二点五米以下（城市一般为零点七五至一点五米，乡村一般为零点四至一点二米），与道路贯通的平面交叉。人行过道只准通过行人、自行车（较宽的人行过道可通过人力车），不准畜力车及机动车辆通过。

（三）平过道：系指在车站、货场、专用线内，专为内工作业使用，不直接贯通道路的平面交叉。

第五条　道口和其他平面交叉安全设施的设置：

（一）在道口处的道路上设有铁路道口标志和护桩。铁路道口标志设在通向道口、距道口最外股钢轨不少于二十米处的道路右侧（特殊情况除外），护桩设在道口附近（路堑内及城市市区可不设），在铁路上距道口五百至一千米处设有火车司机鸣笛标（站内不设）。根据需要还可在通向道口、距道口最外股钢轨五米处的道路右侧设置道口信号机；未设道口信号机的无人看守道口，可在安设道口信号机的位置设置停车（止步）让行标志。有人看守道口还要设置带有标志（标志为红色圆牌、有条件的地方夜间可安设红灯）的栏杆（或栏门）。已安设道口信号机或停车（止步）让行标志的道口，取消过去设置的“危险道口、停车了望、安全通过”、“小心火车”、“一停（慢）、二看、三通过”等宣传牌。

（二）在人行过道及平过道不设铁路道口标志和道口护桩，在人行过道可按需要设置"人行过道"、"小心火车"、"禁止畜力车、机动车辆通行"等宣传牌及防止车辆通过的路障。

第六条　道口技术条件必须符合铁路与道路双方现行的技术标准，对尚不符合标准的道口设备，有关单位应安排计划尽快改造、完善并搞好维修、管理。具体分工如下：

（一）道口路面的改造、维修和管理，铁路产权单位负责道口上铁路两股钢轨之间及钢轨以外二米以内的铺面部分；道路产权单位负责道口铺面以外的道路部分。

（二）道口信号、护桩、栏杆（栏门）、火车司机鸣笛标由铁路产权单位负责设置、维修和管理。

（三）铁路道口标志、停车（让步）让行标志属于道路交通标志，是道路的附属设备，铁路产权单位可代为设置、维修；由地方交通管理部门负责管理（交通管理部门不能负责时，由其交受益单位或乡村政府负责管理），铁路部门予以协助。

第七条　铁路部门要按照先干线后支线、先繁忙线路后一般线路的原则，努力增设道口信号及自动报警装置等安全防护设施。

第八条　任何单位或个人不得损坏道口、人行过道及平过道的设备。一旦设备被损坏时，损坏者应立即报告该设备的设置、维修单位或管理单位，并承担损失费用。当发现道口、人行过道的设备有人为缺损时，当地政府和有关部门应互相配合共同查处，由损坏者（或其单位）赔偿损失，并对所引起的后果承担责任。

第三章　道口的设置原则

第九条　铁路与道路相交，应优先考虑设置立体交叉，努力减少道口的数量。在有地形条件的地方要多修小型、简易立交。铁路、交通、城乡建设各部门必须互相配合促进道口逐步改为立体交叉的建设；地方政府在拆迁、征地、封路施工等方面应积极协助。设置立交时所需投资、按国家规定由有关部门共同协商确定。

第十条　新建铁路的道口密度，在人口稠密地区，以两公里以内不超过一处为宜；在人口较稀疏地区，道口还应适当减少。

铁路车站内原则上不设道口。

在城市内，应结合城市规划综合考虑铁路与道路的交叉设施。

第十一条　对现有道口必须进行整顿

（一）凡未经合法手续设置的不合理道口、按协议需拆除的道口以及危及铁路与道路交通安全的道口，应一律拆除。

（二）在一公里内或一个村庄（屯）有多处道口以及同一条道路在铁路同一个区间（两个车站之间）穿越两次及以上的道口，原则上只许保留一处。

暂时或短期内不能拆除的需订出规划，限期拆除。

（三）逐步取消站内道口。

道口整顿工作，由铁路部门（或路外铁路产权单位）会同当地政府或使用单位商定后即可实施（城市道口的整顿，由铁路部门和城市规划部门配合进行）。道口移设及拆除的费用由铁路部门（或路外铁路产权单位）承担，道路的改移费用由地

相关执法参考

方有关部门承担。整顿道口时，可根据各地的具体情况，采取改移道路、利用铁路桥涵通行、修建立交以及将道口改为人行过道等各种措施，尽量满足城乡居民通行的实际需要。

第十二条　新开辟道口或人行过道，应由申请单位向铁路部门提出申请，国家铁路由铁路局（或分局）进行审批，其他铁路由相当于铁路局（或分局）级的各铁路管理部门审批，在城市内由铁路与当地城市规划部门共同研究、确定。未经批准，任何单位或个人不准擅自铺设道口和人行过道。

第十三条　由于道路改建而引起道口移设或加宽时，道路部门应承担道口移设或加宽的全部费用，并应提前与铁路有关部门取得联系，经双方协商一致后方可实施。

第四章　道口的安全通行

第十四条　道路上的车辆（包括汽车、拖拉机、畜力车、人力车、自行车等各种机动车、非机动车，下同）和行人在道口、人行过道及平过道处，发现或听到有火车开来时，应立即躲避到距铁路钢轨二米以外的处所，严禁停留在铁路上和抢越。

第十五条　车辆和行人通过铁路道口，必须听从道口看守人员和道口安全管理人员的指挥。

第十六条　机动车通过铁路道口最高时速不准超过二十公里，大中、型拖拉机不准超过十五公里，小型拖拉机不准超过十公里，并不得在道口内超车或停留。一旦车辆在道口处发生故障，车辆的驾驶员或操纵、驾驶车辆的人要立即将车辆移出铁路限界（距钢轨外侧不少于二米）；确实无法移出时，需立即采取防护措施，设法通知两端车站，并在该道口两端不少于八百米处的铁路上用红色信号（昼间用红旗、夜间用红灯光）栏停列车；没有红色信号时，可用红色物品或两臂高举头上，向两侧急剧摆动。

第十七条　凡遇到道口栏杆（栏门）关闭、音响器发出报警、道口信号显示红色灯光或道口看守人员示意火车即将通过诸情况之一时，车辆、行人严禁抢行，必须依次停在停止线以外，没有停止线的，停在距最外股钢轨五米以外，不得影响道口栏杆（栏门）的关闭，不得撞、钻、爬、越道口栏杆（栏门）。

第十八条　车辆、行人通过设有道口信号机的铁路道口时，要遵守下列道口信号的显示规定：

（一）两个红灯交替闪烁或红灯稳定亮时，表示火车接近道口，禁止车辆、行人通行；

（二）红灯熄灭白灯亮时，表示道口开通，准许车辆、行人通行；

（三）当红灯和白灯同时熄灭时，表示停电或设备发生故障，道口信号无效。在这种情况下，必须与通过没有道口信号机的道口一样按第十五、十七及十九条规定通行。

第十九条　车辆、行人通过没有道口信号机的无人看守道口以及人行过道时，必须停车或止步了望，确认两端均无列车开来时，方准通行。

第二十条　特别笨重（不能迅速通过道口）、巨大（高度从地面起超过四米，

相关执法参考

宽度超过车厢，长度前端超出车身，后端超出车厢二米，超出部分触地）和可能破坏铁路设备，干扰铁路运输的物体（履带车辆、大型机械或装载易燃、易爆物品的车辆）通过铁路道口时，应提前商得附近铁路有关部门的同意，在其协助和指导下通过。

通过电气化铁路的道口时，车辆及其装载物不得触动限界架活动横板或吊链；装载高度超过二米的货物上，不准坐人；行人手持高长物件、皮鞭等，不准高举挥动。

第二十一条　两轮畜力车或牲畜通过铁路道口时，赶车或赶牲畜的人要牵住牲畜按本章的规定徒步通过。

第二十二条　在单车道路的道口上，严禁汽车、拖拉机等大、中型车辆错车。

第二十三条　机动车在铁道口处，不准转弯掉头。

第二十四条　在距道口二十米以内的道路上，除停车了望或停车让行、运行中临时停车的情况以外，不准停留车辆。

第二十五条　严禁车辆在没有道口或其他平面交叉设施的铁路线路上穿越。

第五章　道口的安全管理

第二十六条　各级地方政府和铁路部门都应重视和关心道口以及人行过道，平过道的交通安全，加强安全工作的领导，支持、协助铁路部门做好道口的整顿、改造和管理工作，确保铁路和道路运输的安全畅通。

第二十七条　为了加强道口管理，各铁路局、分局及有关段、站应设置专管道口的机构或人员，健全道口管理制度。

第二十八条　在各级经委的组织领导下，各机动车辆管理部门与铁路道口管理部门联合组成各级常设道口安全委员会或领导小组负责宣传、检查、落实本规定；分析道口事故的原因，研究对策，制定措施，确保行车安全。

第二十九条　各机动车辆管理部门对驾驶人员，特别是对农村集体企业和个体、联户机动车辆、拖拉机驾驶人员，应进行通过道口的安全教育和考核；对于违反安全通过铁路口有关规定的车辆驾驶人员要严肃处理。

第三十条　每年秋季开展一次全国性的道口安全活动。在道口安全活动中，全国铁路及交通，农机管理部门要密切配合，共同检查铁路道口的设备状况、机动车驾驶员执行交通纪律情况和车辆状态，同时深入、广泛地进行道口安全的宣传教育，使广大人民群众养成自觉遵守道口安全规定和交通纪律，确保道口安全的美德和习惯。

第三十一条　加强道口看守和道口交通秩序的管理。

（一）对于交通繁忙的道口，由铁路产权单位或道口受益单位派出道口看守人员（道口安全员）负责看守；地方交通管理部门应对道口看守人员进行执行道路交通规则的培训，经考试合格后，由县以上交通管理部门发给由省级交通管理部门统一印制的“交通安全员”袖章或其他证件，使其在道口处有效地履行指挥行人车辆、疏导交通、保证道口安全的职责；

（二）铁路部门的道口安全管理人员，要经常督促检查道口安全情况，疏导道口地段的交通，地方交通管理部门应发给其“交通安全检查员”袖章或其他证件；

相关执法参考

（三）交通特别繁忙和易于肇事的有人看守道口，地方公安部门应适时派出交通民警，协助维持秩序；

（四）铁路公安部门可派员协助管理有人看守道口、巡逻检查无人看守道口的交通秩序。

第三十二条　上述道口看守和安全管理人员均有权对违反铁路道口通行规定的车辆、行人进行劝阻、教育、警告和按章处理。属于违反治安管理行为的，由主管公安机关按照《中华人民共和国治安管理处罚条例》的有关规定处理。

第六章　道口肇事的处理

第三十三条　各种车辆、行人及大牲畜通过铁路道口以及人行过道、平过道，发生事故造成损失时，按照国务院有关规定进行调查，确定事故责任，其损失费用由责任一方负担；双方都有责任的，由双方合理负担。

发生事故造成人身伤亡或严重经济损失构成犯罪的，由铁路或地方有关部门对肇事责任者依法追究刑事责任。

第三十四条　对扰乱铁路道口交通秩序、损坏道口设备、违反铁路道口通行规定、危害铁路行车安全等行为，铁路部门可根据情节轻重予以经济处罚，核收赔偿费和罚款。其具体实施办法，由各铁路局会同省、自治区、直辖市有关部门制定。

第七章　附　则

第三十五条　各省、自治区、直辖市的有关部门可与铁路部门结合具体情况，根据本规定制定若干补充规定或实施细则。

第三十六条　本规定自公布之日作施行。以往有关规定凡与本规定有抵触的，均以本规定为准。

四十五、擅自进入铁路防护网
（《治安管理处罚法》第36条）

案由		擅自进入铁路防护网
概念		擅自进入铁路防护网，是指违反国家规定，擅自进入铁路防护网，妨害铁路行车安全，尚不够刑事处罚的行为。
违法构成要件	违法客体	本行为侵犯的客体是铁路行车安全。 这里的“铁路”是指正在使用中的铁道交通、地下轨道交通、城市轨道交通。
	违法客观方面	本行为在客观方面表现为违反国家规定，擅自进入铁路防护网，妨害铁路行车安全，尚不够刑事处罚的行为。 铁路防护网是铁路部门为了防止行人、牲畜、车辆等进入铁路而设置的防护网，设置防护网的目的是为了维护列车的行车安全和保护人民群众的生命、财产安全。
	违法主体	本行为的主体是达到责任年龄、具有责任能力的自然人。
	违法主观方面	本行为在主观方面是故意。
认定界限		
处罚标准		构成本行为的，处警告或者200元以下罚款。
相关执法参考		**《中华人民共和国治安管理处罚法》**（节录） （2005年8月28日第十届全国人民代表大会常务委员会第十七次会议通过　中华人民共和国主席令第三十八号公布　自2006年3月1日起施行） 第三十六条　擅自进入铁路防护网或者火车来临时在铁路线路上行走坐卧、抢越铁路，影响行车安全的，处警告或者二百元以下罚款。

相关执法参考

《铁路运输安全保护条例》（节录）

（2004年12月27日国务院令第430号颁布　自2005年4月1日起施行）

第十条　铁路线路两侧应当设立铁路线路安全保护区。铁路线路安全保护区的范围，从铁路线路路堤坡脚、路堑坡项或者铁路桥梁外侧起向外的距离分别为：

（一）城市市区，不少于8米；

（二）城市郊区居民居住区，不少于10米；

（三）村镇居民居住区，不少12米；

（四）其他地区，不少于15米。

铁路线路安全保护区的具体范围，由铁路管理机构提出方案，县级以上地方人民政府按照保障铁路运输安全和节约用地的原则划定。铁路用地能满足前款要求的，由铁路管理机构在铁路用地范围内划定铁路线路安全保护区。

铁路线路安全保护区与公路建筑控制区、河道管理范围或者水利工程管理和保护范围重叠的，由铁路管理机构和公路管理机构、水行政主管部门协商后，报县级以上地方人民政府划定。

铁路运输企业应当在铁路线路安全保护区边界设立标桩，并根据需要设置围墙、栅栏等防护设施。

企业或者单位内部的专用铁路需要划定铁路线路安全保护区的，参照本条第一款的规定划定。

第五十九条　任何单位或者个人不得实施下列危害铁路运输安全的行为：

（一）非法拦截列车、阻断铁路运输；

（二）扰乱铁路运输调度机构、运输指挥部门及车站、列车的正常秩序；

（三）毁坏铁路线路、站台等设施、设备及路基、护坡、排水沟和防护林木、护坡草坪；

（四）在铁路线路上放置、遗弃障碍物；

（五）击打列车；

（六）擅自移动线路上的机车车辆，或者擅自开启列车车门；

（七）拆盗、损毁或者擅自移动铁路设施、设备、机车车辆配件和安全标志；

（八）在铁路线路上行走、坐卧或者在未设平交道口、人行过道的铁路线路上通过；

（九）在未设置行人通道的铁路桥梁上、隧道内通行；

（十）翻越、损毁、移动铁路线路两侧防护围墙、栅栏或者其他防护设施和标桩；

（十一）开启、关闭列车中货车阀、盖及破坏施封状态；

（十二）开后列车中集装箱箱门，破坏箱体、盖、阀及施封状态；

（十三）松动、解开、移动列车中货物装载加固材料和加固装置；

（十四）钻车、扒车、跳车；

（十五）从列车上抛扔杂物；

（十六）非法出售或者收购铁路器材；

相关执法参考	（十七）其他危害铁路运输安全的行为。 第九十七条　违反本条例第五十九条、第六十一条规定的，由公安机关对个人处警告，可以并处50元以上200元以下的罚款，情节严重的，处200元以上2000元以下的罚款；对单位处警告，并处5000元以上2万元以下的罚款，对直接负责的主管人员和其他直接责任人员处200元以上2000元以下的罚款；构成违反治安管理行为的，由公安机关依法给予行政处罚；构成犯罪的，依法追究刑事责任。 第九十九条　违反本条例规定，给铁路运输企业或者其他单位、个人财产造成损失的，依法承担赔偿责任。

四十六、违法在铁路线上行走坐卧、抢越铁路
（《治安管理处罚法》第36条）

<table>
<tr><td colspan="2">案由</td><td>违法在铁路线上行走坐卧、抢越铁路</td></tr>
<tr><td colspan="2">概念</td><td>违法在铁路线上行走坐卧、抢越铁路，违反国家规定，在火车来临时，在铁路线上行走坐卧或者抢越铁路，妨害铁路行车安全，尚不够刑事处罚的行为。</td></tr>
<tr><td rowspan="4">违法构成要件</td><td>违法客体</td><td>本行为侵犯的客体是铁路行车安全。
这里的“铁路”是指正在使用中的铁道交通、地下轨道交通、城市轨道交通。</td></tr>
<tr><td>违法客观方面</td><td>本行为在客观方面表现为在火车来临时，在铁路线上行走坐卧或者抢越铁路，妨害铁路行车安全，尚不够刑事处罚的行为。
本行为包括两大类行为方式，即“行走坐卧”和“抢越铁路”。行为人在铁路线上“行走坐卧”的目的是多种多样的，如自杀、抄近道、休息等，无论行为人出于何种目的，这种行为都可能对铁路行车安全构成危害，对这种行为都应该予以相应的处罚。“抢越铁路”的行为人往往存在侥幸心理，认为自己能够在火车通过前穿越铁路，但是，火车的速度往往超过行为人的想象，许多铁路交通事故都是这样发生的。对这种行为也应该予以相应的惩罚。
另外，在适用本行为时，还有一个前提条件，即“在火车来临时”，不在此时间条件下，不构成本行为。</td></tr>
<tr><td>违法主体</td><td>本行为的主体是达到责任年龄、具有责任能力的自然人。</td></tr>
<tr><td>违法主观方面</td><td>本行为在主观方面是故意。</td></tr>
<tr><td>认定界限</td><td colspan="2"></td></tr>
<tr><td>处罚标准</td><td colspan="2">构成本行为的，处警告或者200元以下罚款。</td></tr>
</table>

相关执法参考

《中华人民共和国治安管理处罚法》（节录）

（2005 年 8 月 28 日第十届全国人民代表大会常务委员会第十七次会议通过
中华人民共和国主席令第三十八号公布　自 2006 年 3 月 1 日起施行）

第三十六条　擅自进入铁路防护网或者火车来临时在铁路线路上行走坐卧、抢越铁路，影响行车安全的，处警告或者二百元以下罚款。

《中华人民共和国铁路法》（节录）

（1990 年 9 月 7 日第七届全国人民代表大会常务委员会第十五次会议通过
根据 2009 年 8 月 27 日第十一届全国人民代表大会常务委员会第十次会议通过的〈全国人民代表大会常务委员会关于修改部分法律的决定〉修改）

第五十一条　禁止在铁路线路上行走、坐卧。对在铁路线路上行走、坐卧的，铁路职工有权制止。

第六十七条　违反本法规定，尚不够刑事处罚，应当给予治安管理处罚的，依照治安管理处罚法的规定处罚。

《铁路运输安全保护条例》（节录）

（2004 年 12 月 27 日国务院令第 430 号颁布　自 2005 年 4 月 1 日起施行）

第六条　公安机关按照职责分工，维护车站、列车等铁路场所的治安秩序和铁路沿线的治安秩序。

第五十九条　任何单位或者个人不得实施下列危害铁路运输安全的行为：

（一）非法拦截列车、阻断铁路运输；

（二）扰乱铁路运输调度机构、运输指挥部门及车站、列车的正常秩序；

（三）毁坏铁路线路、站台等设施、设备及路基、护坡、排水沟和防护林木、护坡草坪；

（四）在铁路线路上放置、遗弃障碍物；

（五）击打列车；

（六）擅自移动线路上的机车车辆，或者擅自开启列车车门；

（七）拆盗、损毁或者擅自移动铁路设施、设备、机车车辆配件和安全标志；

（八）在铁路线路上行走、坐卧或者在未设平交道口、人行过道的铁路线路上通过；

（九）在未设置行人通道的铁路桥梁上、隧道内通行；

（十）翻越、损毁、移动铁路线路两侧防护围墙、栅栏或者其他防护设施和标桩；

（十一）开启、关闭列车中货车阀、盖及破坏施封状态；

（十二）开后列车中集装箱箱门，破坏箱体、盖、阀及施封状态；

（十三）松动、解开、移动列车中货物装载加固材料和加固装置；

（十四）钻车、扒车、跳车；

（十五）从列车上抛扔杂物；

（十六）非法出售或者收购铁路器材；

（十七）其他危害铁路运输安全的行为。

相关执法参考	第九十七条　违反本条例第五十九条、第六十一条规定的，由公安机关对个人处警告，可以并处50元以上200元以下的罚款，情节严重的，处200元以上2000元以下的罚款；对单位处警告，并处5000元以上2万元以下的罚款，对直接负责的主管人员和其他直接责任人员处200元以上2000元以下的罚款；构成违反治安管理行为的，由公安机关依法给予行政处罚；构成犯罪的，依法追究刑事责任。 第九十九条　违反本条例规定，给铁路运输企业或者其他单位、个人财产造成损失的，依法承担赔偿责任。

四十七、擅自安装、使用电网

（《治安管理处罚法》第37条第1项）

<table>
<tr><td colspan="2">案由</td><td>擅自安装、使用电网</td></tr>
<tr><td colspan="2">概念</td><td>擅自安装、使用电网，是指未经批准，安装、使用电网，危及公共安全，尚不够刑事处罚的行为。</td></tr>
<tr><td rowspan="4">违法构成要件</td><td>违法客体</td><td>本行为侵犯的客体是公共安全。</td></tr>
<tr><td>违法客观方面</td><td>本行为在客观方面表现为未经批准，安装、使用电网的，危及公共安全，尚不够刑事处罚的行为。
“电网”是指用金属线连接的，用以使电流通过的拦截物。电网既是一种安全措施，也可能对不特定多数人的人身安全和财产安全构成威胁。行为人设置、安装电网的目的一般是为了防盗，但是，电网如果设置、使用不当，可能会造成人员、牲畜伤亡和公私财产的损失，从而危及公共安全。有关法律和法规规定：安装、使用电网必须经过批准，并且设置范围、通电电压、电流和时间应当符合安全规定。1983年9月23日水利电力部、公安部发布了《关于严禁在农村安装电网的通告》；一些地方性法规和规章也对安装、使用电网的安全问题做出了规定，如《北京市安装使用电网安全管理规定》就对北京市行政区域内的机关、部队、企业事业单位安装使用电网专门作了规定；再如，《天津市水上治安管理规定》（2002）第11条规定：“严禁在水域内违反规定使用爆炸、剧毒物品和电网。”</td></tr>
<tr><td>违法主体</td><td>本行为的主体包括单位和自然人。</td></tr>
<tr><td>违法主观方面</td><td>本行为的主观方面为故意，即明知其安装电网的行为可能对公共安全造成威胁，但未经批准擅自安装、使用。</td></tr>
<tr><td>认定界限</td><td colspan="2">本行为与以危险方法危害公共安全罪的界限。
《刑法》第114条规定的以危险方法危害公共安全罪，是指故意以放火、决水、爆炸、投放危险物质以外的并与之相当的危险方法，足以危害公共安全的行为。违法安装、使用电网行为本身也是一种以危险方法危害公共安全的行为，它与以危险方法危害公共安全罪的界限主要在于是否造成或足以造成严重后果：如果行为人违法安装、使用电网的行为足以造成或已经造成了他人人身伤亡或重大公私财物损失</td></tr>
</table>

认定界限	等严重后果的，构成以危险方法危害公共安全罪；没有造成严重后果、也不足以造成严重后果的，构成本行为。另外，以危险方法危害公共安全罪的行为方式不仅限于违法安装、使用电网行为，还包括以驾车撞人的危险方法危害公共安全；以制、输坏血、病毒血的危害方法危害公共安全；以向人群开枪的危险方法危害公共安全等。
处罚标准	（一）构成本行为的，处5日以下拘留或者500元以下罚款。 （二）情节严重的，处5日以上10日以下拘留，可以并处500元以下罚款。 在实践中，判断情节的轻重，一般应从行为人的动机、手段、目的、行为的次数、造成的后果等方面综合考虑，由公安机关办案人员酌情量罚。一般来说，具有下列情形之一的，应认定为“情节严重”： 1. 经劝阻不听或经指出后拒不改正的； 2. 多次实施的； 3. 造成一定的人员和财产损伤，尚不够追究刑事责任的； 4. 其他情节严重的情形。
相关执法参考	**《中华人民共和国治安管理处罚法》**（节录） （2005年8月28日第十届全国人民代表大会常务委员会第十七次会议通过 中华人民共和国主席令第三十八号公布 自2006年3月1日起施行） 第三十七条第一项 有下列行为之一的，处五日以下拘留或者五百元以下罚款；情节严重的，处五日以上十日以下拘留，可以并处五百元以下罚款： （一）未经批准，安装、使用电网的，或者安装、使用电网不符合安全规定的； **《中华人民共和国刑法》**（节录） （1979年7月1日第五届全国人民代表大会第二次会议通过 1997年3月14日第八届全国人民代表大会第五次会议修订 根据2011年2月25日第十一届全国人民代表大会常务委员会第十九次会议通过的《中华人民共和国刑法修正案（八）》最新修正） 第一百一十四条 放火、决水、爆炸以及投放毒害性、放射性、传染病病原体等物质或者以其他危险方法危害公共安全，尚未造成严重后果的，处三年以上十年以下有期徒刑。{根据刑法修正案（三）修改} {原条文：放火、决水、爆炸、投毒或者以其他危险方法破坏工厂、矿场、油田、港口、河流、水源、仓库、住宅、森林、农场、谷场、牧场、重要管道、公共建筑物或者其他公私财产，危害公共安全，尚未造成严重后果的，处三年以上十年以下有期徒刑。} 第一百一十五条第一款 放火、决水、爆炸以及投放毒害性、放射性、传染病病原体等物质或者以其他危险方法致人重伤、死亡或者使公私财产遭受重大损失的，处十年以上有期徒刑、无期徒刑或者死刑。{根据刑法修正案（三）修改} {原条款：放火、决水、爆炸、投毒或者以其他危险方法致人重伤、死亡或者使公私财产遭受重大损失的，处十年以上有期徒刑、无期徒刑或者死刑。}

相关执法参考

《最高人民法院关于审理破坏野生动物资源刑事案件具体应用法律若干问题的解释》（节录）

（2000年11月27日法释［2000］37号颁布　自2000年12月11日起实施）

第七条　使用爆炸、投毒、设置电网等危险方法破坏野生动物资源，构成非法猎捕、杀害珍贵、濒危野生动物罪或者非法狩猎罪，同时构成刑法第一百一十四条或者第一百一十五条规定之罪的，依照处罚较重的规定定罪处罚。

《水利电力部 公安部关于严禁在农村安装电网的通告》（节录）

（1983年9月23日发布）

一、凡安装电网者，必须将安装地点、理由，并附有安装电网的四邻距离图，以及使用电压等级和采取的预防误触电措施等有关资料，向所在地县（市）公安局申报，经审查批准，方可安装。

二、严禁社队企业、作坊安装电网护厂（场）防盗防窃。

三、严禁私人安装电网圈拦房舍、园地、谷仓、畜圈、禽舍等。

四、严禁用电网捕鱼、狩猎、捕鼠或灭害等。

五、严禁非法制造、销售带有工作电网的任何设备和器具。

六、凡经批准安装电网者，驻地公安局、派出所要定期进行检查，安装者必须接受检查，不得拒绝。

七、违反本通告者，根据情节轻重，给予治安管理处罚，如发生伤害人身或电死人命，依法追究刑事责任。

四十八、安装、使用电网不符合安全规定
（《治安管理处罚法》第37条第1项）

<table>
<tr><td colspan="2">案由</td><td>安装、使用电网不符合安全规定</td></tr>
<tr><td colspan="2">概念</td><td>安装、使用电网不符合安全规定，是指安装、使用电网不符合安全规定，危及公共安全，尚不够刑事处罚的行为。</td></tr>
<tr><td rowspan="4">违法构成要件</td><td>违法客体</td><td>本行为侵犯的客体是公共安全。</td></tr>
<tr><td>违法客观方面</td><td>本行为在客观方面表现为安装、使用电网不符合安全规定，危及公共安全，尚不够刑事处罚的行为。
“电网”是指用金属线连接的，用以使电流通过的拦截物。一些特殊部门，因为工作的需要，经过批准或同意，可以安装电网，如重要的军事设施、监狱、重要厂矿企业等，但是，这些部门在安装、使用电网的时候，也应该符合相关的安全要求，不得对公共安全造成危害。</td></tr>
<tr><td>违法主体</td><td>本行为的主体包括单位和个人。</td></tr>
<tr><td>违法主观方面</td><td>本行为的主观方面为故意。</td></tr>
<tr><td>认定界限</td><td colspan="2">（一）本行为与擅自安装、使用电网的界限。
《治安管理处罚法》第37条第1项规定的擅自安装、使用电网，是指未经批准，安装、使用电网，危及公共安全，尚不够刑事处罚的行为。两者都是涉及电网的治安违法行为，两者的界限主要在于行为主体不同。本行为的主体是已经经过批准或同意安装、使用电网的单位或个人，只是由于其安装或使用的过程不符合安全规定，从而需要给予治安管理处罚。后者的主体是根本就没有经过批准或同意安装、使用电网的单位或个人，由于其擅自安装或擅自使用的行为而给予治安管理处罚。
（二）本行为与以危险方法危害公共安全罪的界限。
《刑法》第114条规定的以危险方法危害公共安全罪，是指故意以放火、决水、爆炸、投放危险物质以外的并与之相当的危险方法，足以危害公共安全的行为。安</td></tr>
</table>

认定界限	装、使用电网不符合安全规定行为本身也是一种以危险方法危害公共安全的行为，它与以危险方法危害公共安全罪的界限主要在于是否造成或足以造成严重后果：如果行为人安装、使用电网不符合安全规定的行为足以造成或已经造成了他人人身伤亡或重大公私财物损失等严重后果的，构成以危险方法危害公共安全罪；没有造成严重后果、也没有造成严重后果危险的，构成本行为。另外，以危险方法危害公共安全罪的行为方式不仅限于安装、使用电网不符合安全规定行为，还包括以驾车撞人的危险方法危害公共安全；以制、输坏血、病毒血的危害方法危害公共安全；以向人群开枪的危险方法危害公共安全等行为。
处罚标准	（一）构成本行为的，处5日以下拘留或者500元以下罚款。 （二）情节严重的，处5日以上10日以下拘留，可以并处500元以下罚款。 在实践中，判断情节的轻重，一般应从行为人的动机、手段、目的、行为的次数、造成的后果等方面综合考虑，由公安机关办案人员酌情量罚。一般来说，具有下列情形之一的，应认定为“情节严重”： 1. 经劝阻不听或经指出后拒不改正的； 2. 多次实施的； 3. 造成一定的人员和财产损伤，尚不够追究刑事责任的； 4. 其他情节严重的情形。
相关执法参考	**《中华人民共和国治安管理处罚法》**（节录） （2005年8月28日第十届全国人民代表大会常务委员会第十七次会议通过　中华人民共和国主席令第三十八号公布　自2006年3月1日起施行） 第三十七条第一项　有下列行为之一的，处五日以下拘留或者五百元以下罚款；情节严重的，处五日以上十日以下拘留，可以并处五百元以下罚款： （一）未经批准，安装、使用电网的，或者安装、使用电网不符合安全规定的； **《中华人民共和国刑法》**（节录） （1979年7月1日第五届全国人民代表大会第二次会议通过　1997年3月14日第八届全国人民代表大会第五次会议修订　根据2011年2月25日第十一届全国人民代表大会常务委员会第十九次会议通过的《中华人民共和国刑法修正案（八）》最新修正） 第一百一十四条　放火、决水、爆炸以及投放毒害性、放射性、传染病病原体等物质或者以其他危险方法危害公共安全，尚未造成严重后果的，处三年以上十年以下有期徒刑。｛根据刑法修正案（三）修改｝ ｛原条文：放火、决水、爆炸、投毒或者以其他危险方法破坏工厂、矿场、油田、港口、河流、水源、仓库、住宅、森林、农场、谷场、牧场、重要管道、公共建筑物或者其他公私财产，危害公共安全，尚未造成严重后果的，处三年以上十年以下有期徒刑。｝ 第一百一十五条第一款　放火、决水、爆炸以及投放毒害性、放射性、传染病病原体等物质或者以其他危险方法致人重伤、死亡或者使公私财产遭受重大损失的，处十年以上有期徒刑、无期徒刑或者死刑。｛根据刑法修正案（三）修改｝

相关执法参考

{原条款：放火、决水、爆炸、投毒或者以其他危险方法致人重伤、死亡或者使公私财产遭受重大损失的，处十年以上有期徒刑、无期徒刑或者死刑。}

《水利电力部 公安部关于严禁在农村安装电网的通告》（节录）

（1983年9月23日发布）

一、凡安装电网者，必须将安装地点、理由，并附有安装电网的四邻距离图，以及使用电压等级和采取的预防误触电措施等有关资料，向所在地县（市）公安局申报，经审查批准，方可安装。

二、严禁社队企业、作坊安装电网护厂（场）防盗防窃。

三、严禁私人安装电网圈拦房舍、园地、谷仓、畜圈、禽舍等。

四、严禁用电网捕鱼、狩猎、捕鼠或灭害等。

五、严禁非法制造、销售带有工作电网的任何设备和器具。

六、凡经批准安装电网者，驻地公安局、派出所要定期进行检查，安装者必须接受检查，不得拒绝。

七、违反本通告者，根据情节轻重，给予治安管理处罚，如发生伤害人身或电死人命，依法追究刑事责任。

四十九、道路施工不设置安全防护设施

（《治安管理处罚法》第37条第2项）

<table>
<tr><td colspan="2">案由</td><td>道路施工不设置安全防护设施</td></tr>
<tr><td colspan="2">概念</td><td>道路施工不设置安全防护设施，是指在车辆、行人通行的地方施工，对沟井坎穴不设覆盖物、防围和警示标志，危及公共安全，尚不够刑事处罚的行为。</td></tr>
<tr><td rowspan="4">违法构成要件</td><td>违法客体</td><td>本行为侵犯的客体是公共安全。</td></tr>
<tr><td>违法客观方面</td><td>本行为在客观方面表现为在车辆、行人通行的地方施工，对沟井坎穴不设覆盖物、防围和警示标志，危及公共安全，尚不够刑事处罚的行为。
本行为的危害性表现在该行为可能导致车辆、行人陷入或者跌入沟井坑穴，从而造成车毁人亡。在车辆、行人通行的地方施工，《道路交通安全法》及其《实施条例》对施工的安全规范都做了明确的规定。施工单位应当严格按照规定的要求执行，否则就可能构成本行为，严重的还可能构成相关的犯罪行为。</td></tr>
<tr><td>违法主体</td><td>本行为的主体包括单位和个人。</td></tr>
<tr><td>违法主观方面</td><td>本行为在主观方面由故意和过失都可以构成。</td></tr>
<tr><td>认定界限</td><td colspan="2">（一）本行为与破坏交通设施罪、过失损坏交通设施罪的界限。
《刑法》第117条规定的破坏交通设施罪，是指故意破坏轨道、桥梁、隧道、公路、机场、航道、灯塔、标志或者进行其他破坏活动，足以使火车、汽车、电车、船只、航空器发生倾覆、毁坏危险，危害公共安全的行为。《刑法》第119条第2款规定的过失损坏交通设施罪，是指过失损坏轨道、桥梁、隧道、公路、机场、航道、灯塔、标志等交通设施，危害公共安全，致使火车、汽车、电车、船只、航空器倾覆或毁坏，造成严重后果的行为。本行为与后两者在涉及的对象上存在较大区别，本行为所涉及的对象仅限于道路，后两者所涉及的对象包括所有的交通设施，不仅包括道路，还包括轨道、桥梁、隧道、机场、航道、灯塔、标志等。
另外，行为人在道路施工中妨害公共安全并导致重大伤亡事故，造成严重后果的，构成相应的犯罪行为，行为出于故意的，构成破坏交通设施罪，出于过失的，构成过失损坏交通设施罪；如果行为没有造成严重后果的，构成本行为。</td></tr>
</table>

<table>
<tr><td>处罚标准</td><td>（一）构成本行为的，处5日以下拘留或者500元以下罚款。
（二）情节严重的，处5日以上10日以下拘留，可以并处500元以下罚款。
在实践中，判断情节的轻重，一般应从行为人的动机、手段、目的、行为的次数、造成的后果等方面综合考虑，由公安机关办案人员酌情量罚。一般来说，具有下列情形之一的，应认定为“情节严重”：
1. 经劝阻不听或经指出后拒不改正的；
2. 多次实施的；
3. 造成一定的人员和财产损伤，尚不够追究刑事责任的；
4. 其他情节严重的情形。</td></tr>
<tr><td>相关执法参考</td><td>《中华人民共和国治安管理处罚法》（节录）
（2005年8月28日第十届全国人民代表大会常务委员会第十七次会议通过　中华人民共和国主席令第三十八号公布　自2006年3月1日起施行）
第三十七条第二项　有下列行为之一的，处五日以下拘留或者五百元以下罚款；情节严重的，处五日以上十日以下拘留，可以并处五百元以下罚款：
（二）在车辆、行人通行的地方施工，对沟井坎穴不设覆盖物、防围和警示标志的，或者故意损毁、移动覆盖物、防围和警示标志的；
《中华人民共和国刑法》（节录）
（1979年7月1日第五届全国人民代表大会第二次会议通过　1997年3月14日第八届全国人民代表大会第五次会议修订　根据2011年2月25日第十一届全国人民代表大会常务委员会第十九次会议通过的《中华人民共和国刑法修正案（八）》最新修正）
第一百一十七条　破坏轨道、桥梁、隧道、公路、机场、航道、灯塔、标志或者进行其他破坏活动，足以使火车、汽车、电车、船只、航空器发生倾覆、毁坏危险，尚未造成严重后果的，处三年以上十年以下有期徒刑。
第一百一十九条　破坏交通工具、交通设施、电力设备、燃气设备、易燃易爆设备，造成严重后果的，处十年以上有期徒刑、无期徒刑或者死刑。
过失犯前款罪的，处三年以上七年以下有期徒刑；情节较轻的，处三年以下有期徒刑或者拘役。
《中华人民共和国道路交通安全法》（节录）
（2003年10月28日第十届全国人民代表大会常务委员会第五次会议通过　2003年10月28日中华人民共和国主席令第八号公布　自2004年5月1日起施行）
第三十二条　因工程建设需要占用、挖掘道路，或者跨越、穿越道路架设、增设管线设施，应当事先征得道路主管部门的同意；影响交通安全的，还应当征得公安机关交通管理部门的同意。
施工作业单位应当在经批准的路段和时间内施工作业，并在距离施工作业地点来车方向安全距离处设置明显的安全警示标志，采取防护措施；施工作业完毕，应当迅速清除道路上的障碍物，消除安全隐患，经道路主管部门和公安机关交通管理部门验收合格，符合通行要求后，方可恢复通行。</td></tr>
</table>

相关执法参考

对未中断交通的施工作业道路，公安机关交通管理部门应当加强交通安全监督检查，维护道路交通秩序。

第一百零五条　道路施工作业或者道路出现损毁，未及时设置警示标志、未采取防护措施，或者应当设置交通信号灯、交通标志、交通标线而没有设置或者应当及时变更交通信号灯、交通标志、交通标线而没有及时变更，致使通行的人员、车辆及其他财产遭受损失的，负有相关职责的单位应当依法承担赔偿责任。

《中华人民共和国道路交通安全法实施条例》（节录）

（2004年4月30日国务院令第405号颁布　自2004年5月1日起实施）

第三十五条　道路养护施工单位在道路上进行养护、维修时，应当按照规定设置规范的安全警示标志和安全防护设施。道路养护施工作业车辆、机械应当安装示警灯，喷涂明显的标志图案，作业时应当开启示警灯和危险报警闪光灯。对未中断交通的施工作业道路，公安机关交通管理部门应当加强交通安全监督检查。发生交通阻塞时，及时做好分流、疏导，维护交通秩序。

道路施工需要车辆绕行的，施工单位应当在绕行处设置标志；不能绕行的，应当修建临时通道，保证车辆和行人通行。需要封闭道路中断交通的，除紧急情况外，应当提前5日向社会公告。

第一百零二条　违反本条例规定的行为，依照道路交通安全法和本条例的规定处罚。

《中华人民共和国建筑法》（节录）

（1997年11月1日第八届全国人民代表大会常务委员会第二十八次会议通过
1997年11月1日中华人民共和国主席令第九十一号公布
自1998年3月1日起施行）

第三十九条　建筑施工企业应当在施工现场采取维护安全、防范危险、预防火灾等措施；有条件的，应当对施工现场实行封闭管理。

施工现场对毗邻的建筑物、构筑物和特殊作业环境可能造成损害的，建筑施工企业应当采取安全防护措施。

第四十二条　有下列情形之一的，建设单位应当按照国家有关规定办理申请批准手续：

（一）需要临时占用规划批准范围以外场地的；

（二）可能损坏道路、管线、电力、邮电通讯等公共设施的；

（三）需要临时停水、停电、中断道路交通的；

（四）需要进行爆破作业的；

（五）法律、法规规定需要办理报批手续的其他情形。

第四十四条　建筑施工企业必须依法加强对建筑安全生产的管理，执行安全生产责任制度，采取有效措施，防止伤亡和其他安全生产事故的发生。

建筑施工企业的法定代表人对本企业的安全生产负责。

第四十五条　施工现场安全由建筑施工企业负责。实行施工总承包的，由总承包单位负责。分包单位向总承包单位负责，服从总承包单位对施工现场的安全生产管理。

相关执法参考	第四十六条　建筑施工企业应当建立健全劳动安全生产教育培训制度，加强对职工安全生产的教育培训；未经安全生产教育培训的人员，不得上岗作业。 第四十七条　建筑施工企业和作业人员在施工过程中，应当遵守有关安全生产的法律、法规和建筑行业安全规章、规程，不得违章指挥或者违章作业。作业人员有权对影响人身健康的作业程序和作业条件提出改进意见，有权获得安全生产所需的防护用品。作业人员对危及生命安全和人身健康的行为有权提出批评、检举和控告。 第四十八条　建筑施工企业必须为从事危险作业的职工办理意外伤害保险，支付保险费。 第四十九条　涉及建筑主体和承重结构变动的装修工程，建设单位应当在施工前委托原设计单位或者具有相应资质条件的设计单位提出设计方案；没有设计方案的，不得施工。 第五十条　房屋拆除应当由具备保证安全条件的建筑施工单位承担，由建筑施工单位负责人对安全负责。 第五十一条　施工中发生事故时，建筑施工企业应当采取紧急措施减少人员伤亡和事故损失，并按照国家有关规定及时向有关部门报告。 第七十一条　建筑施工企业违反本法规定，对建筑安全事故隐患不采取措施予以消除的，责令改正，可以处以罚款；情节严重的，责令停业整顿，降低资质等级或者吊销资质证书；构成犯罪的，依法追究刑事责任。 建筑施工企业的管理人员违章指挥、强令职工冒险作业，因而发生重大伤亡事故或者造成其他严重后果的，依法追究刑事责任。

五十、故意损毁、移动道路施工安全防护设施

（《治安管理处罚法》第 37 条第 2 项）

案由		故意损毁、移动道路施工安全防护设施
概念		故意损毁、移动道路施工安全防护设施，是指故意损毁、移动在车辆、行人通行的地方设置的覆盖物、防围和警示标志，危及公共安全，尚不够刑事处罚的行为。
违法构成要件	违法客体	本行为侵犯的客体是公共安全。侵害的对象是在车辆、行人通行的地方设置的覆盖物、防围和警示标志。 “覆盖物、防围”是指在道路施工中，为了防止机动车、非机动车或行人跌落事故的发生，用于遮拦开凿的沟井坑穴所用的帆布、铁板、木板、护栏、塑料布等。“警示标志”包括警示灯、标志杆、警示牌等。
	违法客观方面	本行为在客观方面表现为故意损毁、移动在车辆、行人通行的地方设置的覆盖物、防围和警示标志，危及公共安全，尚不够刑事处罚的行为。 “损毁”是指使覆盖物、防围和警示标志的形状或者功能发生部分或者全部的改变。“移动”是指将覆盖物、防围和警示标志从一地移动到另一地的行为。 根据本行为具体方式的不同，其案由可确定为故意损毁道路施工安全防护设施或故意移动道路施工安全防护设施，行为人既故意损毁又移动的，也只认定为故意损毁、移动道路施工安全防护设施 1 个案由，不能分别认定，更不能实行并罚。
	违法主体	本行为的主体包括单位和个人。
	违法主观方面	本行为在主观方面只能由故意构成。
认定界限		（一）本行为与盗窃、损毁、擅自移动铁路设施、设备、机车车辆配件、安全标志的界限。 《治安管理处罚法》第 35 条第 1 项规定的盗窃、损毁、擅自移动铁路设施、设备、机车车辆配件、安全标志是指违反国家规定，盗窃、损毁、擅自移动铁路设施、设备、机车车辆配件、安全标志，危及铁路行车安全，尚不够刑事处罚的行为。两者都是违反治安管理的行为，其界限主要在于：

认定界限	1. 侵犯的客体和对象不同。本行为侵犯的客体是公共安全。侵害的对象是在车辆、行人通行的地方设置的覆盖物、防围和警示标志。后者侵犯的客体是铁路行车安全，侵犯的对象是铁路设施、设备、机车车辆配件、安全标志，包括铁路沿线的指示灯、轨道上的钢轨、夹板、扣件等与铁路正常工作有关的一切设施设备。 2. 行为方式不同。本行为表现为故意损毁、移动在车辆、行人通行的地方设置的覆盖物、防围和警示标志，危及公共安全，尚不够刑事处罚的行为。后者表现为盗窃、损毁、擅自移动铁路设施、设备、机车车辆配件、安全标志，危及铁路行车安全，尚不够刑事处罚的行为。从具体方式上，本行为包括“损毁”和“移动”两种具体的方式，后者包括“盗窃”、“损毁”和“擅自移动”3种方式。 3. 行为主体不同。本行为的主体包括单位和个人。后者的主体仅限于个人。 （二）本行为与破坏交通设施罪的界限。 《刑法》第117条规定的破坏交通设施罪，是指故意破坏轨道、桥梁、隧道、公路、机场、航道、灯塔、标志或者进行其他破坏活动，足以使火车、汽车、电车、船只、航空器发生倾覆、毁坏危险，危害公共安全的行为。两者在涉及的对象上存在较大区别，本行为所涉及的对象仅限于道路上设置的覆盖物、防围和警示标志，后者所涉及的对象包括所有的交通设施，不仅包括在道路上设置的覆盖物、防围和警示标志，还包括轨道、桥梁、隧道、机场、航道、灯塔、标志等。 行为人故意损毁、移动在车辆、行人通行的地方设置的覆盖物、防围和警示标志，足以使交通工具发生倾覆、毁坏危险或已经造成严重后果的，应以破坏交通设施罪论处；如果行为没有造成严重后果、也没有造成严重后果的危险的，构成本行为。
处罚标准	（一）构成本行为的，处5日以下拘留或者500元以下罚款。 （二）情节严重的，处5日以上10日以下拘留，可以并处500元以下罚款。 在实践中，判断情节的轻重，一般应从行为人的动机、手段、目的、行为的次数、造成的后果等方面综合考虑，由公安机关办案人员酌情量罚。一般来说，具有下列情形之一的，应认定为“情节严重”： 1. 经劝阻不听或经指出后拒不改正的； 2. 多次实施的； 3. 造成一定的人员和财产损伤，尚不够追究刑事责任的； 4. 其他情节严重的情形。
相关执法参考	**《中华人民共和国治安管理处罚法》**（节录） （2005年8月28日第十届全国人民代表大会常务委员会第十七次会议通过 中华人民共和国主席令第三十八号公布 自2006年3月1日起施行） 第三十七条第二项　有下列行为之一的，处五日以下拘留或者五百元以下罚款；情节严重的，处五日以上十日以下拘留，可以并处五百元以下罚款： （二）在车辆、行人通行的地方施工，对沟井坎穴不设覆盖物、防围和警示标志的，或者故意损毁、移动覆盖物、防围和警示标志的；

相关执法参考

《中华人民共和国刑法》（节录）

（1979年7月1日第五届全国人民代表大会第二次会议通过　1997年3月14日第八届全国人民代表大会第五次会议修订　根据2011年2月25日第十一届全国人民代表大会常务委员会第十九次会议通过的《中华人民共和国刑法修正案（八）》最新修正）

第一百一十七条　破坏轨道、桥梁、隧道、公路、机场、航道、灯塔、标志或者进行其他破坏活动，足以使火车、汽车、电车、船只、航空器发生倾覆、毁坏危险，尚未造成严重后果的，处三年以上十年以下有期徒刑。

第一百一十九条第一款　破坏……交通设施……造成严重后果的，处十年以上有期徒刑、无期徒刑或者死刑。

《中华人民共和国道路交通安全法实施条例》（节录）

（2004年4月30日国务院令第405号颁布　自2004年5月1日起实施）

第三十五条　道路养护施工单位在道路上进行养护、维修时，应当按照规定设置规范的安全警示标志和安全防护设施。道路养护施工作业车辆、机械应当安装示警灯，喷涂明显的标志图案，作业时应当开启示警灯和危险报警闪光灯。对未中断交通的施工作业道路，公安机关交通管理部门应当加强交通安全监督检查。发生交通阻塞时，及时做好分流、疏导，维护交通秩序。

道路施工需要车辆绕行的，施工单位应当在绕行处设置标志；不能绕行的，应当修建临时通道，保证车辆和行人通行。需要封闭道路中断交通的，除紧急情况外，应当提前5日向社会公告。

第一百零二条　违反本条例规定的行为，依照道路交通安全法和本条例的规定处罚。

五十一、盗窃、损毁路面公共设施
（《治安管理处罚法》第37条第3项）

<table>
<tr><td colspan="2">案由</td><td>盗窃、损毁路面公共设施</td></tr>
<tr><td colspan="2">概念</td><td>盗窃、损毁路面公共设施，是指盗窃、损毁路面井盖、照明等公共设施，危及公共安全，尚不够刑事处罚的行为。</td></tr>
<tr><td rowspan="4">违法构成要件</td><td>违法客体</td><td>本行为侵犯的客体是公共安全。行为侵害的对象是正在使用中的路面井盖、照明等公共设施。
行为人盗窃、损毁不在使用中的路面井盖、照明等公共设施，如已经废弃不用的、存放在仓库中的等，不会危及公共安全，不应以本行为论处，需要处理的，以盗窃或故意损毁财物等行为论处。</td></tr>
<tr><td>违法客观方面</td><td>本行为在客观方面表现为盗窃、损毁路面井盖、照明等公共设施，危及公共安全，尚不够刑事处罚的行为。
“盗窃”是指以非法占有为目的，秘密窃取的行为。“损毁”是指破坏物品、设施的完整性，使其失去正常的使用价值或功能的行为。“路面井盖”包括自来水、热力、排污等管道的井盖；“照明等公共设施”包括路灯、广场照明、装饰灯具等公用设施。这里所指的公共设施应该仅限于这两类，盗窃或损毁除这两类公共设施之外的其他公共设施的，不构成本行为，应以《治安管理处罚法》第33条第1项规定的盗窃、损毁公共设施论处。</td></tr>
<tr><td>违法主体</td><td>本行为的主体是达到责任年龄、具有责任能力的自然人。</td></tr>
<tr><td>违法主观方面</td><td>本行为的主观方面为故意。</td></tr>
<tr><td>认定界限</td><td colspan="2">（一）本行为与盗窃、损毁公共设施的界限。
《治安管理处罚法》第33条第1项规定的盗窃、损毁公共设施，是指明知是正在使用中的公共设施而故意盗窃、损毁，尚不够刑事处罚的行为。两者侵犯的客体、行为方式都基本相同，其区别主要在于行为侵犯的对象不同：本行为侵犯的对象是路面井盖、照明等公共设施；后者侵犯的对象是除此之外的所有正在使用中的公共设施，后者的行为对象更加广泛，如油气管道设施，电力电信设施，广播电视设施，水利防汛工程设施或者水文监测、测量、气象测报、环境监测、地质监测、地震监测等公共设施。</td></tr>
</table>

<table>
<tr><td>认定界限</td><td>（二）本行为与破坏交通设施罪的界限。
《刑法》第117条规定的破坏交通设施罪，是指故意破坏轨道、桥梁、隧道、公路、机场、航道、灯塔、标志或者进行其他破坏活动，足以使火车、汽车、电车、船只、航空器发生倾覆、毁坏危险，危害公共安全的行为。两者在涉及的对象上存在较大区别，本行为所涉及的对象仅限于正在使用中的路面井盖、照明等公共设施，后者所涉及的对象包括所有的交通设施，不仅包括路面井盖、照明等公共设施，还包括轨道、桥梁、隧道、机场、航道、灯塔、标志等。
行为人盗窃、损毁路面井盖、照明等公共设施，足以使交通工具发生倾覆、毁坏危险或已经造成严重后果的，应以破坏交通设施罪论处；如果没有造成严重后果、也没有造成严重后果危险的，构成本行为。</td></tr>
<tr><td>处罚标准</td><td>（一）构成本行为的，处5日以下拘留或者500元以下罚款。
（二）情节严重的，处5日以上10日以下拘留，可以并处500元以下罚款。
在实践中，判断情节的轻重，一般应从行为人的动机、手段、目的、行为的次数、造成的后果等方面综合考虑，由公安机关办案人员酌情量罚。一般来说，具有下列情形之一的，应认定为“情节严重”：
1. 经劝阻不听或经指出后拒不改正的；
2. 多次实施的；
3. 造成一定的人员和财产损伤，尚不够追究刑事责任的；
4. 其他情节严重的情形。</td></tr>
<tr><td>相关执法参考</td><td>《中华人民共和国治安管理处罚法》（节录）
（2005年8月28日第十届全国人民代表大会常务委员会第十七次会议通过 中华人民共和国主席令第三十八号公布 自2006年3月1日起施行）
第三十七条第三项 有下列行为之一的，处五日以下拘留或者五百元以下罚款；情节严重的，处五日以上十日以下拘留，可以并处五百元以下罚款：
（三）盗窃、损毁路面井盖、照明等公共设施的。
《中华人民共和国刑法》（节录）
（1979年7月1日第五届全国人民代表大会第二次会议通过 1997年3月14日第八届全国人民代表大会第五次会议修订 根据2011年2月25日第十一届全国人民代表大会常务委员会第十九次会议通过的《中华人民共和国刑法修正案（八）》最新修正）
第一百一十七条 破坏轨道、桥梁、隧道、公路、机场、航道、灯塔、标志或者进行其他破坏活动，足以使火车、汽车、电车、船只、航空器发生倾覆、毁坏危险，尚未造成严重后果的，处三年以上十年以下有期徒刑。
第一百一十九条第一款 破坏……交通设施……造成严重后果的，处十年以上有期徒刑、无期徒刑或者死刑。</td></tr>
</table>

五十二、违反规定举办大型活动

（《治安管理处罚法》第38条）

<table>
<tr><td colspan="2">案由</td><td>违反规定举办大型活动</td></tr>
<tr><td colspan="2">概念</td><td>违反规定举办大型活动，是指举办文化、体育等大型群众性活动，违反有关规定，有发生安全事故危险，尚不够刑事处罚的行为。</td></tr>
<tr><td rowspan="3">违法构成要件</td><td>违法客体</td><td>本行为侵犯的客体是公共安全。侵犯的对象是文化、体育等大型群众性活动。
所谓“大型群众性活动”，根据《大型群众性活动安全管理条例》[①]（国务院令第505号）的规定，“大型群众性活动”是指法人或者其他组织面向社会公众举办的每场次预计参加人数达到1000人以上的下列活动：（1）体育比赛活动；（2）演唱会、音乐会等文艺演出活动；（3）展览、展销等活动；（4）游园、灯会、庙会、花会、焰火晚会等活动；（5）人才招聘会、现场开奖的彩票销售等活动。按照该规定，影剧院、音乐厅、公园、娱乐场所等在其日常业务范围内举办的活动，不属于“大型群众性活动”。</td></tr>
<tr><td>违法客观方面</td><td>本行为在客观方面表现为举办文化、体育等大型群众性活动，违反有关规定，有发生安全事故危险，尚不够刑事处罚的行为。
“有发生安全事故危险”是指场所在有关房屋建筑、消防安全、便于疏散、严重超员等方面存在问题，容易发生房屋倒塌、火灾、水灾，由于拥挤、踩踏造成人员伤亡等事故。
正是因为有发生安全事故的危险，公安机关必须采取命令解散或强行驱散的措施方能维护公共安全。如果举办大型活动虽违反了安全规定，但公安机关认为责令举办者改正后，可以继续进行大型活动的，不构成本行为。
在实践中，本行为的具体方式主要包括：
1. 该项活动举办的场地与预计容纳的人数、发放门票的情况等超过核定人员的有关规定；
2. 场地及其附属设施不符合安全标准，存在安全隐患的，如场地建筑不坚固，有发生倒塌坠毁的可能性；
3. 各种电线、线路老化，可能引发火灾，消防设施不符合法定要求等。例如，灭火器超过使用期限、没有按照规定安装火灾自动报警系统、消防通道和紧急通道被占用，一旦发生事故，消防车不能开进，人员无法疏散、逃离现场等。</td></tr>
<tr><td>违法主体</td><td>本行为的主体必须是举办大型活动的组织者，如果是单位举办大型活动的，构成此行为的主体是该单位具体负责和组织大型活动的人。</td></tr>
</table>

① 根据中华人民共和国公安部令第114号，《群众性文化体育活动治安管理办法》（公安部令第44号）已被废止。

<table>
<tr><td rowspan="1">违法构成要件</td><td>违法主观方面</td><td>本行为的主观方面既可以是故意，也可以是过失。</td></tr>
<tr><td>认定界限</td><td colspan="2">（一）本行为与扰乱大型活动秩序的界限。
《治安管理处罚法》第 24 条规定的扰乱大型活动秩序包括强行进入大型活动场内（第 24 条第 1 款第 1 项）、违规在大型活动场内燃放物品（第 24 条第 1 款第 2 项）、在大型活动场内展示污辱性物品（第 24 条第 1 款第 3 项）、围攻大型活动工作人员（第 24 条第 1 款第 4 项）、向大型活动场内投掷杂物（第 24 条第 1 款第 5 项）以及其他扰乱大型活动秩序的行为（第 24 条第 1 款第 6 项）等 6 种行为，它们与本行为的对象都涉及文化、体育等大型群众性活动。它们之间的界限主要在于：
1. 侵犯的客体不同。本行为侵犯的是不特定多数人的人身安全和财产安全，即公共安全；扰乱大型活动秩序行为侵犯的客体是大型活动的正常管理秩序。
2. 行为主体不同。本行为的主体，必须是举办大型活动的组织者；而扰乱大型活动秩序行为的主体通常是大型活动的参与者、围观者等普通群众。
（二）本行为与大型群众性活动重大安全事故罪的界限。
《刑法》第 135 条之一规定的大型群众性活动重大安全事故罪，是指举办大型群众性活动违反安全管理规定，发生重大伤亡事故或者造成其他严重后果的行为。两者侵犯的客体都是公共安全，涉及的对象都是文化、体育等大型群众性活动。两者的界限主要在于行为方式和后果不同。
本行为在客观方面表现为举办文化、体育等大型群众性活动，违反有关规定，有发生安全事故危险，尚不够刑事处罚的行为。后者在客观方面表现为举办大型群众性活动违反安全管理规定，发生重大伤亡事故或者造成其他严重后果的行为。两者都违反了有关规定，但是，本行为的后果并不严重，而后者却必须要求“发生重大伤亡事故或者造成其他严重后果”。根据《最高人民检察院 公安部关于公安机关管辖的刑事案件立案追诉标准的规定（一）》（公通字［2008］36 号）的规定，涉嫌下列情形之一的，应以大型群众性活动重大安全事故罪立案追诉：（1）造成死亡 1 人以上，或者重伤 3 人以上的；（2）造成直接经济损失 50 万元以上的；（3）其他造成严重后果的情形。例如，造成了重大的政治或社会影响等。</td></tr>
<tr><td>处罚标准</td><td colspan="2">（一）构成本行为的，责令停止活动，立即疏散。
（二）构成本行为的，处 5 日以上 10 日以下拘留，并处 200 元以上 500 元以下罚款。
（三）情节较轻的，处 5 日以下拘留或者 500 元以下罚款。
在实践中，判断情节的轻重，一般应从行为人的动机、手段、目的、行为的次数、造成的后果等方面综合考虑，由公安机关办案人员酌情量罚。一般来说，具有</td></tr>
</table>

<table>
<tr><td>处罚标准</td><td>下列情形之一的，应认定为“情节较轻”：
1. 大型群众性活动中存在安全隐患，但经公安机关指出，主办方及时采取措施，加以改正的；
2. 有安全隐患，但隐患较小的；
3. 其他情节较轻的情形。</td></tr>
<tr><td>相关执法参考</td><td>《中华人民共和国治安管理处罚法》（节录）
（2005年8月28日第十届全国人民代表大会常务委员会第十七次会议通过　中华人民共和国主席令第三十八号公布　自2006年3月1日起施行）
第三十八条　举办文化、体育等大型群众性活动，违反有关规定，有发生安全事故危险的，责令停止活动，立即疏散；对组织者处五日以上十日以下拘留，并处二百元以上五百元以下罚款；情节较轻的，处五日以下拘留或者五百元以下罚款。
《中华人民共和国刑法》（节录）
（1979年7月1日第五届全国人民代表大会第二次会议通过　1997年3月14日第八届全国人民代表大会第五次会议修订　根据2011年2月25日第十一届全国人民代表大会常务委员会第十九次会议通过的《中华人民共和国刑法修正案（八）》最新修正）
第一百三十五条之一　举办大型群众性活动违反安全管理规定，因而发生重大伤亡事故或者造成其他严重后果的，对直接负责的主管人员和其他直接责任人员，处三年以下有期徒刑或者拘役；情节特别恶劣的，处三年以上七年以下有期徒刑。{刑法修正案（六）增加此条}
《最高人民检察院 公安部关于公安机关管辖的刑事案件立案追诉标准的规定（一）》（节录）
（公通字［2008］36号）
第十一条　［大型群众性活动重大安全事故案（刑法第一百三十五条之一）］举办大型群众性活动违反安全管理规定，涉嫌下列情形之一的，应予立案追诉：
（一）造成死亡一人以上，或者重伤三人以上的；
（二）造成直接经济损失五十万元以上的；
（三）其他造成严重后果的情形。
第一百零一条　本规定中的“以上”，包括本数。
《中华人民共和国消防法》（修订）（节录）
（1998年4月29日第九届全国人民代表大会常务委员会第二次会议通过　2008年10月28日第十一届全国人民代表大会常务委员会第五次会议修订　自2009年5月1日起施行）
第二十条　举办大型群众性活动，承办人应当依法向公安机关申请安全许可，制定灭火和应急疏散预案并组织演练，明确消防安全责任分工，确定消防安全管理人员，保持消防设施和消防器材配置齐全、完好有效，保证疏散通道、安全出口、</td></tr>
</table>

相关执法参考

疏散指示标志、应急照明和消防车通道符合消防技术标准和管理规定。

第六十八条　人员密集场所发生火灾，该场所的现场工作人员不履行组织、引导在场人员疏散的义务，情节严重，尚不构成犯罪的，处五日以上十日以下拘留。

第七十二条　违反本法规定，构成犯罪的，依法追究刑事责任。

《大型群众性活动安全管理条例》（节录）

（2007 年 8 月 29 日国务院第 190 次常务会议通过
国务院令（第 505 号）　自 2007 年 10 月 1 日起施行）

第二条　本条例所称大型群众性活动，是指法人或者其他组织面向社会公众举办的每场次预计参加人数达到 1000 人以上的下列活动：

（一）体育比赛活动；

（二）演唱会、音乐会等文艺演出活动；

（三）展览、展销等活动；

（四）游园、灯会、庙会、花会、焰火晚会等活动；

（五）人才招聘会、现场开奖的彩票销售等活动。

影剧院、音乐厅、公园、娱乐场所等在其日常业务范围内举办的活动，不适用本条例的规定。

第五条　大型群众性活动的承办者（以下简称承办者）对其承办活动的安全负责，承办者的主要负责人为大型群众性活动的安全责任人。

第六条　举办大型群众性活动，承办者应当制订大型群众性活动安全工作方案。

大型群众性活动安全工作方案包括下列内容：

（一）活动的时间、地点、内容及组织方式；

（二）安全工作人员的数量、任务分配和识别标志；

（三）活动场所消防安全措施；

（四）活动场所可容纳的人员数量以及活动预计参加人数；

（五）治安缓冲区域的设定及其标识；

（六）入场人员的票证查验和安全检查措施；

（七）车辆停放、疏导措施；

（八）现场秩序维护、人员疏导措施；

（九）应急救援预案。

第七条　承办者具体负责下列安全事项：

（一）落实大型群众性活动安全工作方案和安全责任制度，明确安全措施、安全工作人员岗位职责，开展大型群众性活动安全宣传教育；

（二）保障临时搭建的设施、建筑物的安全，消除安全隐患；

（三）按照负责许可的公安机关的要求，配备必要的安全检查设备，对参加大型群众性活动的人员进行安全检查，对拒不接受安全检查的，承办者有权拒绝其进入；

（四）按照核准的活动场所容纳人员数量、划定的区域发放或者出售门票；

相关执法参考

（五）落实医疗救护、灭火、应急疏散等应急救援措施并组织演练；

（六）对妨碍大型群众性活动安全的行为及时予以制止，发现违法犯罪行为及时向公安机关报告；

（七）配备与大型群众性活动安全工作需要相适应的专业保安人员以及其他安全工作人员；

（八）为大型群众性活动的安全工作提供必要的保障。

第八条　大型群众性活动的场所管理者具体负责下列安全事项：

（一）保障活动场所、设施符合国家安全标准和安全规定；

（二）保障疏散通道、安全出口、消防车通道、应急广播、应急照明、疏散指示标志符合法律、法规、技术标准的规定；

（三）保障监控设备和消防设施、器材配置齐全、完好有效；

（四）提供必要的停车场地，并维护安全秩序。

第十二条　大型群众性活动的预计参加人数在1000人以上5000人以下的，由活动所在地县级人民政府公安机关实施安全许可；预计参加人数在5000人以上的，由活动所在地设区的市级人民政府公安机关或者直辖市人民政府公安机关实施安全许可；跨省、自治区、直辖市举办大型群众性活动的，由国务院公安部门实施安全许可。

第十五条　对经安全许可的大型群众性活动，承办者不得擅自变更活动的时间、地点、内容或者扩大大型群众性活动的举办规模。

承办者变更大型群众性活动时间的，应当在原定举办活动时间之前向做出许可决定的公安机关申请变更，经公安机关同意方可变更。

承办者变更大型群众性活动地点、内容以及扩大大型群众性活动举办规模的，应当依照本条例的规定重新申请安全许可。

承办者取消举办大型群众性活动的，应当在原定举办活动时间之前书面告知做出安全许可决定的公安机关，并交回公安机关颁发的准予举办大型群众性活动的安全许可证件。

第十九条　在大型群众性活动举办过程中发生公共安全事故、治安案件的，安全责任人应当立即启动应急救援预案，并立即报告公安机关。

第二十一条　承办者或者大型群众性活动场所管理者违反本条例规定致使发生重大伤亡事故、治安案件或者造成其他严重后果构成犯罪的，依法追究刑事责任；尚不构成犯罪的，对安全责任人和其他直接责任人员依法给予处分、治安管理处罚，对单位处1万元以上5万元以下罚款。

《消防监督检查规定》（节录）

（2004年6月9日公安部第73号令颁布　自2004年9月1日起实施）

第十三条　对举办集会、焰火晚会、灯会等具有火灾危险的大型群众性活动前申报消防安全检查的，应当对活动现场进行消防安全检查，检查下列内容：

（一）室内活动使用的建筑物（场所）是否依法通过了公安消防机构消防设计

相关执法参考

审核、消防验收、消防安全检查；

（二）室内活动使用的建筑物疏散通道、安全出口、疏散指示标志、应急照明是否符合规定；

（三）消防设施运行、消火栓状况以及灭火器材配置是否符合规定；

（四）其他需要检查的内容。

前款规定中的第（二）项、第（三）项内容，检查的部位、数量可以采取抽查的方式。

第十六条 对于具有火灾危险的大型群众性活动举办前申报的消防安全检查和公众聚集场所使用或者开业前申报的消防安全检查，公安消防机构应当自依法受理之日起4个工作日内进行检查；自检查之日起3个工作日内制作并送达《消防安全检查意见书》。

第二十六条 对擅自举办具有火灾危险的大型群众性活动，有火灾隐患且当场不能改正的，公安消防机构应当责令停止举办，当日制作并送达《责令停止举办通知书》；情况紧急的，应当立即送达，并依法予以处罚。

《营业性演出管理条例》（节录）

（2005年7月7日国务院令第439号颁布 自2005年9月1日起施行）

第二条 本条例所称营业性演出，是指以营利为目的为公众举办的现场文艺表演活动。

第五条 国务院文化主管部门主管全国营业性演出的监督管理工作。国务院公安部门、工商行政管理部门在各自职责范围内，主管营业性演出的监督管理工作。

县级以上地方人民政府文化主管部门负责本行政区域内营业性演出的监督管理工作。县级以上地方人民政府公安部门、工商行政管理部门在各自职责范围内，负责本行政区域内营业性演出的监督管理工作。

第七条 设立文艺表演团体，应当向县级人民政府文化主管部门提出申请；设立演出经纪机构，应当向省、自治区、直辖市人民政府文化主管部门提出申请。文化主管部门应当自受理申请之日起20日内作出决定。批准的，颁发营业性演出许可证；不批准的，应当书面通知申请人并说明理由。

申请人取得营业性演出许可证后，应当持许可证依法到工商行政管理部门办理注册登记，领取营业执照。

第八条 设立演出场所经营单位，应当依法到工商行政管理部门办理注册登记，领取营业执照，并依照有关消防、卫生管理等法律、行政法规的规定办理审批手续。

演出场所经营单位应当自领取营业执照之日起20日内向所在地县级人民政府文化主管部门备案。

第十九条 演出场所经营单位应当确保演出场所的建筑、设施符合国家安全标准和消防安全规范，定期检查消防安全设施状况，并及时维护、更新。

演出场所经营单位应当制定安全保卫工作方案和灭火、应急疏散预案。

演出举办单位在演出场所进行营业性演出，应当核验演出场所经营单位的消防

相关执法参考

安全设施检查记录、安全保卫工作方案和灭火、应急疏散预案，并与演出场所经营单位就演出活动中突发安全事件的防范、处理等事项签订安全责任协议。

第二十条　在公共场所举办营业性演出，演出举办单位应当依照有关安全、消防的法律、行政法规和国家有关规定办理审批手续，并制定安全保卫工作方案和灭火、应急疏散预案。演出场所应当配备应急广播、照明设施，在安全出入口设置明显标识，保证安全出入口畅通；需要临时搭建舞台、看台的，演出举办单位应当按照国家有关安全标准搭建舞台、看台，确保安全。

第二十一条　审批临时搭建舞台、看台的营业性演出时，文化主管部门应当核验演出举办单位的下列文件：

（一）依法验收后取得的演出场所合格证明；

（二）安全保卫工作方案和灭火、应急疏散预案；

（三）依法取得的安全、消防批准文件。

第二十二条　演出场所容纳的观众数量应当报公安部门核准；观众区域与缓冲区域应当由公安部门划定，缓冲区域应当有明显标识。

演出举办单位应当按照公安部门核准的观众数量、划定的观众区域印制和出售门票。

验票时，发现进入演出场所的观众达到核准数量仍有观众等待入场的，应当立即终止验票并同时向演出所在地县级人民政府公安部门报告；发现观众持有观众区域以外的门票或者假票的，应当拒绝其入场并同时向演出所在地县级人民政府公安部门报告。

第二十三条　任何人不得携带传染病病原体和爆炸性、易燃性、放射性、腐蚀性等危险物质或者非法携带枪支、弹药、管制器具进入营业性演出现场。

演出场所经营单位应当根据公安部门的要求，配备安全检查设施，并对进入营业性演出现场的观众进行必要的安全检查；观众不接受安全检查或者有前款禁止行为的，演出场所经营单位有权拒绝其进入。

第二十四条　演出举办单位应当组织人员落实营业性演出时的安全、消防措施，维护营业性演出现场秩序。

演出举办单位和演出场所经营单位发现营业性演出现场秩序混乱，应当立即采取措施并同时向演出所在地县级人民政府公安部门报告。

第三十六条　公安部门对其依照有关法律、行政法规和国家有关规定批准的营业性演出，应当在演出举办前对营业性演出现场的安全状况进行实地检查；发现安全隐患的，在消除安全隐患后方可允许进行营业性演出。

公安部门可以对进入营业性演出现场的观众进行必要的安全检查；发现观众有本条例第二十三条第一款禁止行为的，在消除安全隐患后方可允许其进入。

公安部门可以组织警力协助演出举办单位维持营业性演出现场秩序。

第三十七条　公安部门接到观众达到核准数量仍有观众等待入场或者演出秩序混乱的报告后，应当立即组织采取措施消除安全隐患。

第三十八条　承担现场管理检查任务的公安部门和文化主管部门的工作人员进入营业性演出现场，应当出示值勤证件。

相关执法参考	第五十一条　有下列行为之一的，由公安部门或者公安消防机构依据法定职权依法予以处罚；构成犯罪的，依法追究刑事责任： （一）违反本条例安全、消防管理规定的； （二）伪造、变造营业性演出门票或者倒卖伪造、变造的营业性演出门票的。 演出举办单位印制、出售超过核准观众数量的或者观众区域以外的营业性演出门票的，由县级以上人民政府公安部门依据各自职权责令改正，没收违法所得，并处违法所得3倍以上5倍以下的罚款；没有违法所得或者违法所得不足1万元的，并处3万元以上5万元以下的罚款；造成严重后果的，由原发证机关吊销营业性演出许可证；构成犯罪的，依法追究刑事责任。 第五十二条　文艺表演团体、演出经纪机构违反本条例规定被文化主管部门吊销营业性演出许可证的，应当依法到工商行政管理部门办理变更登记或者注销登记；逾期不办理的，吊销营业执照。 演出场所经营单位、个体演出经纪人、个体演员违反本条例规定，情节严重的，由县级以上人民政府文化主管部门依据各自职权责令其停止营业性演出经营活动，并通知工商行政管理部门，由工商行政管理部门依法吊销营业执照。其中，演出场所经营单位有其他经营业务的，由工商行政管理部门责令其办理变更登记，逾期不办理的，吊销营业执照。

五十三、公共场所经营管理人员违反安全规定
（《治安管理处罚法》第39条）

<table>
<tr><td colspan="2">案由</td><td>公共场所经营管理人员违反安全规定</td></tr>
<tr><td colspan="2">概念</td><td>公共场所经营管理人员违反安全规定，是指经营旅馆、饭店、影剧院、娱乐场、运动场、展览馆或者其他供社会公众活动的场所，违反安全规定，致使该场所有发生安全事故危险，经公安机关责令改正，拒不改正，尚不够刑事处罚的行为。</td></tr>
<tr><td rowspan="2">违法构成要件</td><td>违法客体</td><td>本行为侵犯的客体是公共安全。</td></tr>
<tr><td>违法客观方面</td><td>本行为在客观方面表现为经营旅馆、饭店、影剧院、娱乐场、运动场、展览馆或者其他供社会公众活动的场所，违反安全规定，致使该场所有发生安全事故危险，经公安机关责令改正，拒不改正，尚不够刑事处罚的行为。该行为在客观方面必须同时具备三个要素。
1. 行为人在经营公共场所时，违反了国家或有关主管部门的有关安全管理规定，如《中华人民共和国消防法》、《营业性演出管理条例》、《大型群众性活动安全管理条例》、《消防监督检查规定》、《互联网上网服务营业场所管理条例》，以及一些地方性法规和规章对经营旅馆、饭店、影剧院、娱乐场、运动场、展览馆或者其他供社会公众活动的场所需要具备哪些安全条件和要求，做出了详细的规定。
2. 该场所有发生安全事故危险。例如，在上述场所使用明火照明，或者在营业期间封堵或者锁闭门窗、安全疏散通道和安全出口等情形，均有发生安全事故的危险。
“有发生安全事故危险”是指场所在有关房屋建筑、消防安全、便于疏散、严重超员等方面存在问题，容易发生房屋倒塌、火灾、水灾，由于拥挤、踩踏造成人员伤亡等事故。
3. 必须具有经公安机关责令改正，经营者拒不改正的情节。
“经公安机关责令改正”是指公安机关在日常的监督检查工作中，发现上述场所的经营管理人员违反相关的管理规定，致使场所存在安全隐患，以书面的形式（制作责令整改通知书）告知场所经营管理人员，责令其限期整改，消除安全隐患的情形。
“拒不改正”是指在接到公安机关书面责令整改通知书意见后，拒绝改正或者不按照公安机关提出的要求进行改正的。
如果虽然致使该场所有发生安全事故危险，但经公安机关责令改正，经营者予以改正的，不构成本行为。</td></tr>
</table>

<table>
<tr><td rowspan="2">违法构成要件</td><td>违法主体</td><td>本行为的主体是特殊主体，即旅馆、饭店、影剧院、娱乐场、运动场、展览馆或者其他供社会公众活动的场所的经营管理人员，其他人员不能成为本行为的主体。
“经营管理人员”是指对上述场所有直接管理责任的管理人员，如部门经理、总经理等。</td></tr>
<tr><td>违法主观方面</td><td>本行为在主观上分两个方面，一方面，违反安全规定的行为既可以是故意，也可能是过失构成；但另一方面，经公安机关责令改正，拒不改正的，则只能是故意。</td></tr>
<tr><td>认定界限</td><td colspan="2">（一）本行为与违反规定举办大型活动的界限。
《治安管理处罚法》第38条规定的违反规定举办大型活动，是指举办文化、体育等大型群众性活动，违反有关规定，有发生安全事故危险，尚不够刑事处罚的行为。两者的界限主要在于：
1. 行为侵犯所涉及的具体对象不同。两者侵犯的客体都是公共安全，本行为涉及的对象是旅馆、饭店、影剧院、娱乐场、运动场、展览馆或者其他供社会公众活动的场所；后者所涉及的对象是文化、体育等大型群众性活动。所谓“大型群众性活动”，根据《大型群众性活动安全管理条例》（国务院令第505号）的规定，“大型群众性活动”是指法人或者其他组织面向社会公众举办的每场次预计参加人数达到1000人以上的下列活动：（1）体育比赛活动；（2）演唱会、音乐会等文艺演出活动；（3）展览、展销等活动；（4）游园、灯会、庙会、花会、焰火晚会等活动；（5）人才招聘会、现场开奖的彩票销售等活动。按照该规定，影剧院、音乐厅、公园、娱乐场所等在其日常业务范围内举办的活动，不属于“大型群众性活动”。
2. 行为方式不同。本行为在客观方面表现为经营旅馆、饭店、影剧院、娱乐场、运动场、展览馆或者其他供社会公众活动的场所，违反安全规定，致使该场所有发生安全事故危险，经公安机关责令改正，拒不改正，尚不够刑事处罚的行为。后者在客观方面表现为举办文化、体育等大型群众性活动，违反有关规定，有发生安全事故危险，尚不够刑事处罚的行为。两者都有“有发生安全事故危险”的情节，但是，本行为还要求“经公安机关责令改正，拒不改正”的情节。在实践中，违反规定举办大型活动行为的具体方式主要包括：（1）该项活动举办的场地与预计容纳的人数、发放门票的情况等超过核定人员的有关规定；（2）场地及其附属设施不符合安全标准，存在安全隐患的，如场地建筑不坚固，有发生倒塌坠毁的可能性；（3）各种电线、线路老化，可能引发火灾的，消防设施不符合法定要求等，例如，灭火器超过使用期限、没有按照规定安装火灾自动报警系统、消防通道和紧急通道被占用，一旦发生事故，消防车不能开进，人员无法疏散、逃离现场的情形等。</td></tr>
</table>

认定界限	3. 行为主体不同。本行为的主体是旅馆、饭店、影剧院、娱乐场、运动场、展览馆或者其他供社会公众活动的场所的经营管理人员；后者的主体是举办大型活动的组织者。 （二）本行为与大型群众性活动重大安全事故罪的界限。 《刑法》第135条之一规定的大型群众性活动重大安全事故罪，是指举办大型群众性活动违反安全管理规定，发生重大伤亡事故或者造成其他严重后果的行为。两者的界限主要在于： 1. 行为涉及的具体对象不同。两者侵犯的客体都是公共安全，本行为涉及的对象是旅馆、饭店、影剧院、娱乐场、运动场、展览馆或者其他供社会公众活动的场所；后者所涉及的对象是文化、体育等大型群众性活动。所谓“大型群众性活动”，根据《大型群众性活动安全管理条例》（国务院令第505号）的规定，“大型群众性活动”是指法人或者其他组织面向社会公众举办的每场次预计参加人数达到1000人以上的下列活动：（1）体育比赛活动；（2）演唱会、音乐会等文艺演出活动；（3）展览、展销等活动；（4）游园、灯会、庙会、花会、焰火晚会等活动；（5）人才招聘会、现场开奖的彩票销售等活动。按照该规定，影剧院、音乐厅、公园、娱乐场所等在其日常业务范围内举办的活动，不属于“大型群众性活动”。 2. 行为方式和后果不同。本行为在客观方面表现为经营旅馆、饭店、影剧院、娱乐场、运动场、展览馆或者其他供社会公众活动的场所，违反安全规定，致使该场所有发生安全事故危险，经公安机关责令改正，拒不改正，尚不够刑事处罚的行为。后者在客观方面表现为举办大型群众性活动违反安全管理规定，发生重大伤亡事故或者造成其他严重后果的行为。本行为要求必须具备“经公安机关责令改正，拒不改正”的情节，而且后果并不严重，后者却没有“经公安机关责令改正，拒不改正”的情节要求，但是必须要求“发生重大伤亡事故或者造成其他严重后果”。根据《最高人民检察院 公安部关于公安机关管辖的刑事案件立案追诉标准的规定（一）》（公通字［2008］36号）的规定，涉嫌下列情形之一的，应以大型群众性活动重大安全事故罪立案追诉： （1）造成死亡1人以上，或者重伤3人以上的； （2）造成直接经济损失50万元以上的； （3）其他造成严重后果的情形。例如，造成了重大的政治或社会影响等。
处罚标准	构成本行为的，处5日以下拘留。
相关执法参考	**《中华人民共和国治安管理处罚法》**（节录） （2005年8月28日第十届全国人民代表大会常务委员会第十七次会议通过 中华人民共和国主席令第三十八号公布　自2006年3月1日起施行） 第三十九条　旅馆、饭店、影剧院、娱乐场、运动场、展览馆或者其他供社会

相关执法参考

公众活动的场所的经营管理人员，违反安全规定，致使该场所有发生安全事故危险，经公安机关责令改正，拒不改正的，处五日以下拘留。

《中华人民共和国刑法》（节录）

（1979年7月1日第五届全国人民代表大会第二次会议通过　1997年3月14日第八届全国人民代表大会第五次会议修订　根据2011年2月25日第十一届全国人民代表大会常务委员会第十九次会议通过的《中华人民共和国刑法修正案（八）》最新修正）

第一百三十五条之一 举办大型群众性活动违反安全管理规定，因而发生重大伤亡事故或者造成其他严重后果的，对直接负责的主管人员和其他直接责任人员，处三年以下有期徒刑或者拘役；情节特别恶劣的，处三年以上七年以下有期徒刑。{刑法修正案（六）增加此条}

《最高人民检察院 公安部关于公安机关管辖的刑事案件立案追诉标准的规定（一）》（节录）

（公通字［2008］36号）

第十一条　［大型群众性活动重大安全事故案（刑法第一百三十五条之一）］举办大型群众性活动违反安全管理规定，涉嫌下列情形之一的，应予立案追诉：

（一）造成死亡一人以上，或者重伤三人以上的；

（二）造成直接经济损失五十万元以上的；

（三）其他造成严重后果的情形。

第一百条　本规定中的立案追诉标准，除法律、司法解释另有规定的以外，适用于相关的单位犯罪。

第一百零一条　本规定中的“以上”，包括本数。

《中华人民共和国消防法》（修订）（节录）

（1998年4月29日第九届全国人民代表大会常务委员会第二次会议通过　2008年10月28日第十一届全国人民代表大会常务委员会第五次会议修订　自2009年5月1日起施行）

第二十条　举办大型群众性活动，承办人应当依法向公安机关申请安全许可，制定灭火和应急疏散预案并组织演练，明确消防安全责任分工，确定消防安全管理人员，保持消防设施和消防器材配置齐全、完好有效，保证疏散通道、安全出口、疏散指示标志、应急照明和消防车通道符合消防技术标准和管理规定。

第六十八条　人员密集场所发生火灾，该场所的现场工作人员不履行组织、引导在场人员疏散的义务，情节严重，尚不构成犯罪的，处五日以上十日以下拘留。

第七十二条　违反本法规定，构成犯罪的，依法追究刑事责任。

《大型群众性活动安全管理条例》（节录）

（2007年8月29日国务院第190次常务会议通过　国务院令（第505号）　自2007年10月1日起施行）

第二条　本条例所称大型群众性活动，是指法人或者其他组织面向社会公众举

相关执法参考

办的每场次预计参加人数达到1000人以上的下列活动：

（一）体育比赛活动；

（二）演唱会、音乐会等文艺演出活动；

（三）展览、展销等活动；

（四）游园、灯会、庙会、花会、焰火晚会等活动；

（五）人才招聘会、现场开奖的彩票销售等活动。

影剧院、音乐厅、公园、娱乐场所等在其日常业务范围内举办的活动，不适用本条例的规定。

第五条　大型群众性活动的承办者（以下简称承办者）对其承办活动的安全负责，承办者的主要负责人为大型群众性活动的安全责任人。

第六条　举办大型群众性活动，承办者应当制订大型群众性活动安全工作方案。

大型群众性活动安全工作方案包括下列内容：

（一）活动的时间、地点、内容及组织方式；

（二）安全工作人员的数量、任务分配和识别标志；

（三）活动场所消防安全措施；

（四）活动场所可容纳的人员数量以及活动预计参加人数；

（五）治安缓冲区域的设定及其标识；

（六）入场人员的票证查验和安全检查措施；

（七）车辆停放、疏导措施；

（八）现场秩序维护、人员疏导措施；

（九）应急救援预案。

第七条　承办者具体负责下列安全事项：

（一）落实大型群众性活动安全工作方案和安全责任制度，明确安全措施、安全工作人员岗位职责，开展大型群众性活动安全宣传教育；

（二）保障临时搭建的设施、建筑物的安全，消除安全隐患；

（三）按照负责许可的公安机关的要求，配备必要的安全检查设备，对参加大型群众性活动的人员进行安全检查，对拒不接受安全检查的，承办者有权拒绝其进入；

（四）按照核准的活动场所容纳人员数量、划定的区域发放或者出售门票；

（五）落实医疗救护、灭火、应急疏散等应急救援措施并组织演练；

（六）对妨碍大型群众性活动安全的行为及时予以制止，发现违法犯罪行为及时向公安机关报告；

（七）配备与大型群众性活动安全工作需要相适应的专业保安人员以及其他安全工作人员；

（八）为大型群众性活动的安全工作提供必要的保障。

第八条　大型群众性活动的场所管理者具体负责下列安全事项：

（一）保障活动场所、设施符合国家安全标准和安全规定；

（二）保障疏散通道、安全出口、消防车通道、应急广播、应急照明、疏散指示标志符合法律、法规、技术标准的规定；

相关执法参考

（三）保障监控设备和消防设施、器材配置齐全、完好有效；

（四）提供必要的停车场地，并维护安全秩序。

第十二条　大型群众性活动的预计参加人数在1000人以上5000人以下的，由活动所在地县级人民政府公安机关实施安全许可；预计参加人数在5000人以上的，由活动所在地设区的市级人民政府公安机关或者直辖市人民政府公安机关实施安全许可；跨省、自治区、直辖市举办大型群众性活动的，由国务院公安部门实施安全许可。

第十五条　对经安全许可的大型群众性活动，承办者不得擅自变更活动的时间、地点、内容或者扩大大型群众性活动的举办规模。

承办者变更大型群众性活动时间的，应当在原定举办活动时间之前向做出许可决定的公安机关申请变更，经公安机关同意方可变更。

承办者变更大型群众性活动地点、内容以及扩大大型群众性活动举办规模的，应当依照本条例的规定重新申请安全许可。

承办者取消举办大型群众性活动的，应当在原定举办活动时间之前书面告知做出安全许可决定的公安机关，并交回公安机关颁发的准予举办大型群众性活动的安全许可证件。

第十九条　在大型群众性活动举办过程中发生公共安全事故、治安案件的，安全责任人应当立即启动应急救援预案，并立即报告公安机关。

第二十一条　承办者或者大型群众性活动场所管理者违反本条例规定致使发生重大伤亡事故、治安案件或者造成其他严重后果构成犯罪的，依法追究刑事责任；尚不构成犯罪的，对安全责任人和其他直接责任人员依法给予处分、治安管理处罚，对单位处1万元以上5万元以下罚款。

《娱乐场所治安管理办法》（节录）

（2008年4月21日公安部部长办公会通过

公安部令第103号　自2008年10月1日起施行）

第三条　娱乐场所法定代表人、主要负责人是维护本场所治安秩序的第一责任人。

第八条　歌舞娱乐场所包厢、包间内不得设置阻碍展现室内整体环境的屏风、隔扇、板壁等隔断，不得以任何名义设立任何形式的房中房（卫生间除外）。

第九条　歌舞娱乐场所的包厢、包间内的吧台、餐桌等物品不得高于1.2米。

包厢、包间的门窗，距地面1.2米以上应当部分使用透明材质。透明材质的高度不小于0.4米，宽度不小于0.2米，能够展示室内消费者娱乐区域整体环境。

营业时间内，歌舞娱乐场所包厢、包间门窗透明部分不得遮挡。

第十条　歌舞娱乐场所包厢、包间内不得安装门锁、插销等阻碍他人自由进出包厢、包间的装置。

第十一条　歌舞娱乐场所营业大厅、包厢、包间内禁止设置可调试亮度的照明灯。照明灯在营业时间内不得关闭。

第十二条　歌舞娱乐场所应当在营业场所出入口、消防安全疏散出入口、营业大厅通道、收款台前安装闭路电视监控设备。

相关执法参考

第十三条　歌舞娱乐场所安装的闭路电视监控设备应当符合视频安防监控系统相关国家或行业标准要求。

闭路电视监控设备的压缩格式为H.264或者MPEG－4，录像图像分辨率不低于4CIF（704×576）或者D1（720×576）；保障视频录像实时（每秒不少于25帧），支持视频移动侦测功能；图像回放效果要求清晰、稳定、逼真，能够通过LAN、WAN或者互联网与计算机相连，实现远程监视、放像、备份及升级，回放图像水平分辨力不少于300TVL。

第十四条　歌舞娱乐场所应当设置闭路电视监控设备监控室，由专人负责值守，保障设备在营业时间内正常运行，不得中断、删改或者挪作他用。

第十五条　营业面积1000平方米以下的迪斯科舞厅应当配备手持式金属探测器，营业面积超过1000平方米以上的应当配备通过式金属探测门和微剂量X射线安全检查设备等安全检查设备。

手持式金属探测器、通过式金属探测门、微剂量X射线安全检查设备应当符合国家或者行业标准要求。

第十六条　迪斯科舞厅应当配备专职安全检查人员，安全检查人员不得少于2名，其中女性安全检查人员不得少于1名。

第十七条　娱乐场所应当在营业场所大厅、包厢、包间内的显著位置悬挂含有禁毒、禁赌、禁止卖淫嫖娼等内容的警示标志。标志应当注明公安机关的举报电话。

警示标志式样、规格、尺寸由省、自治区、直辖市公安厅、局统一制定。

第十八条　娱乐场所不得设置具有赌博功能的电子游戏机机型、机种、电路板等游戏设施设备，不得从事带有赌博性质的游戏机经营活动。

第二十七条　娱乐场所应当与经公安机关批准设立的保安服务企业签订服务合同，配备已取得资格证书的专业保安人员，并通报娱乐场所所在辖区公安派出所。

娱乐场所不得自行招录人员从事保安工作。

第二十八条　娱乐场所保安人员应当履行下列职责：

（一）维护娱乐场所治安秩序；

（二）协助娱乐场所做好各项安全防范和巡查工作；

（三）及时排查、发现并报告娱乐场所治安、安全隐患；

（四）协助公安机关调查、处置娱乐场所内发生的违法犯罪活动。

第二十九条　娱乐场所应当加强对保安人员的教育管理，不得要求保安人员从事与其职责无关的工作。对保安人员工作情况逐月通报辖区公安派出所和保安服务企业。

第三十条　娱乐场所营业面积在200平方米以下的，配备的保安人员不得少于2名；营业面积每增加200平方米，应当相应增加保安人员1名。

迪斯科舞厅保安人员应当按照场所核定人数的5%配备。

第三十一条　在娱乐场所执勤的保安人员应当统一着制式服装，佩带徽章、标记。

保安人员执勤时，应当仪表整洁、行为规范、举止文明。

相关执法参考

第三十二条　保安服务企业应当加强对派驻娱乐场所保安人员的教育培训，开展经常性督查，确保服务质量。

第四十二条　娱乐场所违反本办法第八条至第十八条、第三十条规定的，由县级公安机关依照《娱乐场所管理条例》第四十三条的规定予以处罚。

第四十三条　娱乐场所违反本办法第二十九条规定的，由县级公安机关责令改正，给予警告。

娱乐场所保安人员违反本办法第二十八条、三十一条规定的，依照有关规定予以处理。

第四十四条　娱乐场所违反本办法第二十六条规定，不配合公安机关建立娱乐场所治安管理信息系统的，由县级公安机关治安管理部门责令改正，给予警告；经警告不予改正的，处5000元以上1万元以下罚款。

第四十五条　公安机关工作人员违反本办法第三十三条规定或有其他失职、渎职行为的，对直接负责的主管人员和其他直接责任人员依法予以行政处分；构成犯罪的，依法追究刑事责任。

第四十六条　娱乐场所及其从业人员违反本办法规定的其他行为，《娱乐场所管理条例》已有处罚规定的，依照规定处罚；违反治安管理的，依照《中华人民共和国治安管理处罚法》处罚；构成犯罪的，依法追究刑事责任。

第四十七条　非娱乐场所经营单位兼营歌舞、游艺项目的，依照本办法执行。

《消防监督检查规定》（节录）

（2004年6月9日公安部第73号令颁布　自2004年9月1日起实施）

第十三条　对举办集会、焰火晚会、灯会等具有火灾危险的大型群众性活动前申报消防安全检查的，应当对活动现场进行消防安全检查，检查下列内容：

（一）室内活动使用的建筑物（场所）是否依法通过了公安消防机构消防设计审核、消防验收、消防安全检查；

（二）室内活动使用的建筑物疏散通道、安全出口、疏散指示标志、应急照明是否符合规定；

（三）消防设施运行、消火栓状况以及灭火器材配置是否符合规定；

（四）其他需要检查的内容。

前款规定中的第（二）项、第（三）项内容，检查的部位、数量可以采取抽查的方式。

第十六条　对于具有火灾危险的大型群众性活动举办前申报的消防安全检查和公众聚集场所使用或者开业前申报的消防安全检查，公安消防机构应当自依法受理之日起4个工作日内进行检查；自检查之日起3个工作日内制作并送达《消防安全检查意见书》。

第二十六条　对擅自举办具有火灾危险的大型群众性活动，有火灾隐患且当场不能改正的，公安消防机构应当责令停止举办，当日制作并送达《责令停止举办通知书》；情况紧急的，应当立即送达，并依法予以处罚。

第三章　侵犯他人人身权利、财产权利的案件（30种）

五十四、组织、胁迫、诱骗进行恐怖、残忍表演

（《治安管理处罚法》第40条第1项）

案由		组织、胁迫、诱骗进行恐怖、残忍表演
概念		组织、胁迫、诱骗进行恐怖、残忍表演，是指组织、胁迫、诱骗不满16周岁的人或者残疾人进行恐怖、残忍表演，尚不够刑事处罚的行为。
违法构成要件	违法客体	本行为侵犯的客体是他人的人身权利，侵犯的对象是不满16周岁的人或者残疾人。 这里的“残疾人”是指在生理、心理、人体结构上，某种功能、组织丧失或者不正常，全部或者部分丧失以正常方式从事某种活动能力的人。残疾人包括视力残疾、听力残疾、语言残疾、肢体残疾、智力残疾、精神残疾、多重残疾和其他残疾等。
	违法客观方面	本行为在客观方面表现为行为人用组织、强制、逼迫、引诱、欺骗等手段，迫使不满16周岁的未成年人或残疾人表演恐怖、残忍的武术、杂技等节目，摧残其身心健康，即行为人明知这种行为会摧残不满16周岁的未成年人或残疾人的身心健康，但为了营利，而组织、或用暴力或其他手段相威胁，迫使不满16周岁的未成年人或残疾人按其要求进行恐怖、残忍节目的表演，或者利用不满16周岁的未成年人的年幼无知或残疾人的智力低下，采取引诱欺骗的方法，使不满16周岁的未成年人或残疾人按其要求表演恐怖、残忍节目。 “组织”是指行为人以纠集、控制或者以雇佣、招聘等手段让不满16周岁的人或者残疾人表演恐怖、残忍节目的行为。 “胁迫”是指行为人以立即实施暴力或者其他损害其身心健康的方式，如冻饿等相要挟，迫使不满16周岁的人或者残疾人表演恐怖、残忍节目的行为。 “诱骗”是指行为人利用不满16周岁的人的年幼无知或者残疾人身体残疾等自身弱点，以许愿、诱惑、欺骗等手段，使其按照行为人的意愿表演恐怖、残忍节目的行为。 “恐怖、残忍表演”是指未经有关部门许可，在公共场所组织对人的身体进行残酷折磨的表演，如以宣扬凶杀、暴力为内容“刀劈活人”、“大卸胳膊”等恐怖节目和“人吃活蛇”、“汽车压人”等残忍节目。

<table>
<tr><td rowspan="3">违法构成要件</td><td>违法客观方面</td><td>根据本行为具体方式的不同，案由可具体确定为组织进行恐怖、残忍表演，胁迫进行恐怖、残忍表演或诱骗进行恐怖、残忍表演，行为人同时实施组织、胁迫、诱骗行为的，也只认定为一个案由，即组织、胁迫、诱骗进行恐怖、残忍表演，不能认定为多个案由，更不能实行并罚。</td></tr>
<tr><td>违法主体</td><td>本行为的主体既可以是单位，也可以是个人。</td></tr>
<tr><td>违法主观方面</td><td>本行为的主观方面表现为故意。</td></tr>
<tr><td>认定界限</td><td colspan="2">（一）本行为与一般杂技、气功表演的界限。

在我国，杂技、气功表演源远流长，是我国传统文化的一部分。练习杂技、气功能够达到强身健体的作用，练习气功在达到较高水平时，甚至可以为他人发功医治某些病症，有的杂技、气功还具有观赏性。总而言之，杂技、气功是以科学、文明体现其自身价值的。而恐怖、残忍节目是以宣扬恐怖、暴力为内容和对表演人的身体造成摧残折磨为后果的节目，它所追求的只是感官刺激、恐怖气氛，并且，这类表演大多不具备安全保护措施，极易发生危险，尤其是由未成年人或残疾人表演这类节目，对其身心健康会带来极大伤害。两者在行为性质、作用等方面是截然相反的。因此，在实践中区分这两类行为并不是很难。

（二）本行为与故意伤害罪的界限。

《刑法》第234条规定的故意伤害罪，是指故意伤害他人身体的行为。在实践中，摧残不满16周岁的未成年人或残疾人人身健康的方式方法很多，构成本行为的特指组织、胁迫或者诱骗不满16周岁的未成年人或残疾人表演恐怖、残忍节目，使其身心遭受伤害的行为。从本质上讲，这种行为是一种伤害行为，是否构成犯罪，关键看行为的情节、后果。表演恐怖、残忍节目对不满16周岁的未成年人或残疾人身心的摧残，不一定是直接、有形的，只要让不满16周岁的未成年人或残疾人表演了这类节目，客观上都会对他们的身心健康造成危害。因此，只要实施了该行为，凡不够刑事处罚的，都可以本行为论处。如果不满16周岁的未成年人或残疾人因表演恐怖、残忍节目，致使其身心遭到严重摧残或直接的身体伤害，如肢体残废，失去听觉、视觉，容貌被毁等，经鉴定伤害达到轻伤以上的，对行为人应以故意伤害罪论处。

（三）本行为与雇用童工从事危重劳动罪的界限。

《刑法》第244条之一规定的雇用童工从事危重劳动罪，是指违反劳动管理法</td></tr>
</table>

<table>
<tr><td>认定界限</td><td>规，雇用未满16周岁的未成年人从事超强度体力劳动的，或者从事高空、井下作业的，或者在爆炸性、易燃性、放射性、毒害性等危险环境下从事劳动，情节严重的行为。两者的对象都涉及未满16周岁的未成年人，两者的界限主要在于：
1. 行为侵犯的客体和对象范围不同。本行为侵犯的客体是他人的人身权利，侵犯的对象是不满16周岁的人或者残疾人。后者侵犯的客体是不满16周岁的未成年人的劳动权益和我国对未成年人的特殊保护制度，侵犯的对象仅限于不满16周岁的未成年人，不包括残疾人。
2. 行为方式不同。本行为在客观方面表现为行为人用组织、强制、逼迫、引诱、欺骗等手段，迫使不满16周岁的未成年人或残疾人表演恐怖、残忍的节目，摧残其身心健康。后者在客观方面表现为违反劳动管理法规，雇用未满16周岁的未成年人从事超强度体力劳动，或者从事高空、井下作业的，或者在爆炸性、易燃性、放射性、毒害性等危险环境下从事劳动，情节严重的行为。
3. 情节轻重不同。本行为属于治安违法行为，情节一般较轻，后者属于犯罪行为，要求必须达到“情节严重”的程度，才可构成该罪。根据《最高人民检察院公安部关于公安机关管辖的刑事案件立案追诉标准的规定（一）》（公通字［2008］36号）的规定，具有下列情形之一的，应以雇用童工从事危重劳动罪论处：
（1）造成未满16周岁的未成年人伤亡或者对其身体健康造成严重危害的；
（2）雇用未满16周岁的未成年人3人以上的；
（3）以强迫、欺骗等手段雇用未满16周岁的未成年人从事危重劳动的；
（4）其他情节严重的情形。这里的“其他情节严重的情形”主要包括：多次雇用未成年人从事超强度体力劳动等禁止未成年人从事的禁忌性劳动的；因为雇用未成年人从事超强度体力劳动等禁止未成年人从事的禁忌性劳动受过两次以上行政处罚又实施该行为的；雇用患有某种疾病或者某种生理缺陷的未成年人从事禁忌性劳动的；造成恶劣影响的；对相关部门的查处工作以暴力、威胁等方法抗拒的等。
4. 行为主体不同。本行为的主体既可以是单位，也可以是个人；后者的主体仅限于个人，不包括单位，单位雇用童工从事危重劳动涉嫌犯罪的，用人单位的直接责任人员构成该罪。</td></tr>
<tr><td>处罚标准</td><td>（一）构成本行为的，处10日以上15日以下拘留，并处500元以上1000元以下罚款。
（二）情节较轻的，处5日以上10日以下拘留，并处200元以上500元以下罚款。
在实践中，判断情节的轻重，一般应从行为人的动机、手段、目的、行为的次数、造成的后果等方面综合考虑，由公安机关办案人员酌情量罚。一般来说，具有下列情形之一的，应认定为“情节较轻”：
1. 未造成后果的；
2. 经劝阻主动改正的；
3. 无暴力强迫手段且对表演人员的身心健康影响较小的；
4. 其他情节较轻的情形。</td></tr>
</table>

相关执法参考

《中华人民共和国治安管理处罚法》（节录）

（2005 年 8 月 28 日第十届全国人民代表大会常务委员会第十七次会议通过　中华人民共和国主席令第三十八号公布　自 2006 年 3 月 1 日起施行）

第四十条第一项　有下列行为之一的，处十日以上十五日以下拘留，并处五百元以上一千元以下罚款；情节较轻的，处五日以上十日以下拘留，并处二百元以上五百元以下罚款：

（一）组织、胁迫、诱骗不满十六周岁的人或者残疾人进行恐怖、残忍表演的；

《中华人民共和国刑法》（节录）

（1979 年 7 月 1 日第五届全国人民代表大会第二次会议通过　1997 年 3 月 14 日第八届全国人民代表大会第五次会议修订　根据 2011 年 2 月 25 日第十一届全国人民代表大会常务委员会第十九次会议通过的《中华人民共和国刑法修正案（八）》最新修正）

第二百三十四条　故意伤害他人身体的，处三年以下有期徒刑、拘役或者管制。

犯前款罪，致人重伤的，处三年以上十年以下有期徒刑；致人死亡或者以特别残忍手段致人重伤造成严重残疾的，处十年以上有期徒刑、无期徒刑或者死刑。本法另有规定的，依照规定。

第二百三十八条　非法拘禁他人或者以其他方法非法剥夺他人人身自由的，处三年以下有期徒刑、拘役、管制或者剥夺政治权利。具有殴打、侮辱情节的，从重处罚。

犯前款罪，致人重伤的，处三年以上十年以下有期徒刑；致人死亡的，处十年以上有期徒刑。使用暴力致人伤残、死亡的，依照本法第二百三十四条、第二百三十二条的规定定罪处罚。

为索取债务非法扣押、拘禁他人的，依照前两款的规定处罚。

国家机关工作人员利用职权犯前三款罪的，依照前三款的规定从重处罚。

第二百四十四条　以暴力、威胁或者限制人身自由的方法强迫他人劳动的，处三年以下有期徒刑或者拘役，并处罚金；情节严重的，处三年以上十年以下有期徒刑，并处罚金。

明知他人实施前款行为，为其招募、运送人员或者有其他协助强迫他人劳动行为的，依照前款的规定处罚。

单位犯前两款罪的，对单位判处罚金，并对其直接负责的主管人员和其他直接责任人员，依照第一款的规定处罚。｛**根据刑法修正案（八）修改**｝

｛**原条文：用人单位违反劳动管理法规，以限制人身自由方法强迫职工劳动，情节严重的，对直接责任人员，处三年以下有期徒刑或者拘役，并处或者单处罚金。**｝

第二百四十四条之一　违反劳动管理法规，雇用未满十六周岁的未成年人从事超强度体力劳动的，或者从事高空、井下作业的，或者在爆炸性、易燃性、放射性、毒害性等危险环境下从事劳动，情节严重的，对直接责任人员，处三年以下有期徒刑或者拘役，并处罚金；情节特别严重的，处三年以上七年以下有期徒刑，并处罚金。

相关执法参考

有前款行为，造成事故，又构成其他犯罪的，依照数罪并罚的规定处罚。{刑法修正案（四）增加此条}

《最高人民检察院 公安部关于公安机关管辖的刑事案件立案追诉标准的规定（一）》（节录）

（公通字［2008］36号）

第三十二条　［雇用童工从事危重劳动案（刑法第二百四十四条之一）］违反劳动管理法规，雇用未满十六周岁的未成年人从事国家规定的第四级体力劳动强度的劳动，或者从事高空、井下作业，或者在爆炸性、易燃性、放射性、毒害性等危险环境下从事劳动，涉嫌下列情形之一的，应予立案追诉：

（一）造成未满十六周岁的未成年人伤亡或者对其身体健康造成严重危害的；

（二）雇用未满十六周岁的未成年人三人以上的；

（三）以强迫、欺骗等手段雇用未满十六周岁的未成年人从事危重劳动的；

（四）其他情节严重的情形。

第一百条　本规定中的立案追诉标准，除法律、司法解释另有规定的以外，适用于相关的单位犯罪。

第一百零一条　本规定中的“以上”，包括本数。

《中华人民共和国未成年人保护法》（节录）

（1991年9月4日第七届全国人民代表大会常务委员会第二十一次会议通过
2006年12月29日中华人民共和国主席令第六十号公布
自2007年6月1日起施行）

第二条　本法所称未成年人是指未满十八周岁的公民。

第六十八条　非法招用未满十六周岁的未成年人，或者招用已满十六周岁的未成年人从事过重、有毒、有害等危害未成年人身心健康的劳动或者危险作业的，由劳动保障部门责令改正，处以罚款；情节严重的，由工商行政管理部门吊销营业执照。

《中华人民共和国劳动法》（节录）

（1994年7月5日第八届全国人民代表大会常务委员会第八次会议通过
根据2009年8月27日第十一届全国人民代表大会常务委员会第十次会议通过的〈全国人民代表大会常务委员会关于修改部分法律的决定〉修改）

第十五条　禁止用人单位招用未满十六周岁的未成年人。

文艺、体育和特种工艺单位招用未满十六周岁的未成年人，必须依照国家有关规定，履行审批手续，并保障其接受义务教育的权利。

《中华人民共和国残疾人保障法》（节录）

（1990年12月28日第七届全国人民代表大会常务委员会第十七次会议通过
2008年4月24日第十一届全国人民代表大会常务委员会第二次会议修订）

第二条　残疾人是指在心理、生理、人体结构上，某种组织、功能丧失或者不正常，全部或者部分丧失以正常方式从事某种活动能力的人。

相关执法参考

残疾人包括视力残疾、听力残疾、言语残疾、肢体残疾、智力残疾、精神残疾、多重残疾和其他残疾的人。

残疾标准由国务院规定。

第三条 残疾人在政治、经济、文化、社会和家庭生活等方面享有同其他公民平等的权利。

残疾人的公民权利和人格尊严受法律保护。

禁止基于残疾的歧视。禁止侮辱、侵害残疾人。禁止通过大众传播媒介或者其他方式贬低损害残疾人人格。

第六十二条 违反本法规定，通过大众传播媒介或者其他方式贬低损害残疾人人格的，由文化、广播电影电视、新闻出版或者其他有关主管部门依据各自的职权责令改正，并依法给予行政处罚。

第六十七条 违反本法规定，侵害残疾人的合法权益，其他法律、法规规定行政处罚的，从其规定；造成财产损失或者其他损害的，依法承担民事责任；构成犯罪的，依法追究刑事责任。

《儿童权利公约》（节录）

（我国于1991年12月29日批准）

第十九条 各国应保护儿童免受身心摧残、伤害或凌辱，忽视、虐待或剥削，包括性权利。

第三十二条 各国应保护儿童免受经济剥削和从事任何可能妨碍或者影响儿童教育或有害儿童健康或身体、心理、精神、道德或社会发展的工作。

《禁止使用童工规定》（节录）

（2002年10月1日国务院令第364号颁布 自2002年12月1日起施行）

第二条 国家机关、社会团体 、企业事业单位、民办非企业单位或者个体工商户（以下统称用人单位）均不得招用不满16周岁的未成年人（招用不满16周岁的未成年人，以下统称使用童工）。

禁止任何单位或者个人为不满16周岁的未成年人介绍就业。

禁止不满16周岁的未成年人开业从事个体经营活动。

第三条 不满16周岁的未成年人的父母或者其他监护人应当保护其身心健康，保障其接受义务教育的权利，不得允许其被用人单位非法招用。

不满16周岁的未成年人的父母或者其他监护人允许其被用人单位非法招用的，所在地的乡（镇）人民政府、城市街道办事处以及村民委员会、居民委员会应当给予批评教育。

第十三条 文艺、体育单位经未成年人的父母或者其他监护人同意，可以招用不满16周岁的专业文艺工作者、运动员。用人单位应当保障被招用的不满16周岁的未成年人的身心健康，保障其接受义务教育的权利。文艺、体育单位招用不满16周岁的专业文艺工作者、运动员的办法，由国务院劳动保障行政部门会同国务院文化、体育行政部门制定。

相关执法参考

学校、其他教育机构以及职业培训机构按照国家有关规定组织不满16周岁的未成年人进行不影响其人身安全和身心健康的教育实践劳动、职业技能培训劳动，不属于使用童工。

《使用童工罚款标准的规定》

（1992年5月13日劳动部、财政部劳力字［1992］27号颁布）

第一条　根据国务院《禁止使用童工规定》，制定本规定。

第二条　有下列行为之一的适用本规定：

（一）国家机关、社会团体、企业事业单位（以下统称单位）或者个体工商户、农户、城镇居民（以下统称个人）使用童工的；

（二）父母或者其他监护人允许少年、儿童做童工，经批评教育仍不改正的；

（三）职业介绍机构以及其他单位或者个人为未满十六周岁的少年、儿童介绍职业的；

（四）单位或者个人为少年、儿童做童工出具假证明的。

第三条　对违反《禁止使用童工规定》的个人，罚款标准如下：

（一）使用童工从事营利性生产劳动的，每使用一名童工，罚款600~1200元。

（二）使用童工从事家庭服务性劳动的，每使用一名童工，罚款300~600元。

（三）父母或者其他监护人允许少年、儿童做童工，经批评教育仍不改正的，罚款300~600元。

（四）为未满十六周岁的少年、儿童介绍职业的，每介绍一名童工，罚款600~1200元。

第四条　对违反《禁止使用童工规定》的单位，罚款标准如下：

（一）对单位使用童工的，根据国务院《禁止使用童工规定》的规定，由各省、自治区、直辖市规定具体罚款标准。

（二）职业介绍机构以及其他单位为未满十六周岁的少年、儿童介绍职业的，每介绍一名童工，罚款1500~3000元。

（三）为未满十六周岁的少年、儿童做童工出具假证明的，罚款1500~3000元。

第五条　有下列行为之一的，在原罚款标准基础上再加重罚款三倍：

（一）数次（两次及其以上，下同）使用童工的；

（二）长期（三个月及其以上）使用或者使用多名（三名及其以上，下同）童工的；

（三）数次介绍或者一次介绍多名童工的；

（四）数次为童工出具假证明的。

第六条　罚款一律上缴国库，并使用财政部门统一制定的罚款票据。

第七条　各省、自治区、直辖市劳动部门可根据本规定商同级财政部门制定具体罚款标准。

第八条　本规定由县以上（含县）劳动行政部门负责执行。

第九条　本规定由劳动部负责解释。

相关执法参考

第十条　本规定自颁发之日起施行。过去发布的规定与本规定相抵触的同时废止。

《娱乐场所管理条例》（节录）

（2006 年 1 月 29 日国务院令第 458 号颁布　自 2006 年 3 月 1 日起实施）

第二十四条　娱乐场所不得招用未成年人；招用外国人的，应当按照国家有关规定为其办理外国人就业许可证。

第五十一条　娱乐场所招用未成年人的，由劳动保障行政部门责令改正，并按照每招用一名未成年人每月处 5000 元罚款的标准给予处罚。

《文化部坚决制止以“艺术”名义表演或展示血腥残暴淫秽场面的通知》

（2001 年 4 月 3 日　文政发［2001］14 号）

各省、自治区、直辖市文化厅（局），新疆生产建设兵团文化广播电视局、各计划单列市文化局，国家文物局，各直属单位：

近年来，一些地方极少数人打着“艺术”的幌子，在公共场所以自虐或虐待动物、展示人类及动物尸体等形式表演或展示血腥、残暴、淫秽场面，并通过非法渠道传播。这些丑恶行为，违犯国家法律，扰乱社会秩序，败坏社会风气，损害人民群众的身心健康，社会影响恶劣。为了维护社会秩序，净化文化环境，清除文化垃圾，现将有关事项通知如下：

一、禁止在公共场所表演或者展示血腥、残暴、淫秽等场面，禁止展示人体性器官或进行其他色情表演等有伤社会风化的演示行为。

二、禁止将以上表演及展示行为以音像或文字图片等形式进行机械复制、传播。

三、加强正面宣传，引导社会公众提高对艺术的鉴别能力和欣赏能力，自觉抵制腐朽没落的文艺观念和表演或展示血腥、残暴、淫秽场面的不法行为，维护正常的公共秩序和社会稳定。对此类活动的报道，应防止人为炒热而扩大其影响。

四、有关艺术创作、教育、研究单位要加强马克思主义美学思想和党的文艺方针政策的宣传教育，加强对创作、教学、研究活动的管理，防止极少数人以“艺术”的名义表演或展示血腥、残暴、淫秽场面。

五、各级文化行政管理部门要加强对公共场所各类表演、展览项目的审批管理，严格审查表演、展览的内容和形式。因把关不严和失察造成不良影响的，要追究审批者的责任。

六、对各种以“艺术”的名义表演或展示血腥、残暴、淫秽场面的行为，要依据国家法律法规的有关规定，坚决予以制止和取缔，触犯刑律的，追究当事人的刑事责任。

《残疾人实用评定标准》（试用）

（中国残联会［1995］残联组联字 61 号发布）

六类残疾标准

视力残疾标准

1. 视力残疾的定义

视力残疾，是指由于各种原因导致双眼视力障碍或视野缩小，通过各种药物、手术及其他疗法而不能恢复视功能者（或暂时不能通过上述疗法恢复视功能者），以致不能进行一般人所能从事的工作、学习或其他活动。

视力残疾包括：盲及低视力两类。

2. 视力残疾的分级

盲：

一级盲：最佳矫正视力低于0.02；或视野半径小于5度。

二级盲：最佳矫正视力等于或优于0.02，而低于0.05；或视野半径小于10度。

低视力：

一级低视力：最佳矫正视力等于或优于0.05，而低于0.1。

二级低视力：最佳矫正视力等于或优于0.1，而低于0.3。

列表如下：

类别	级别	最佳矫正视力
盲	一级盲	<0.02 - 无光感；或视野半径<5度
	二级盲	≥0.02 - <0.05；或视野半径<10度
低视力	一级低视力	≥0.05 - 0.1
	二级低视力	≥0.1 - <0.3

《注》：

1. 盲或低视力均指双眼而言，若双眼视力不同，则以视力较好的一眼为准。
2. 如仅有一眼为盲或低视力，而另一眼的视力达到或优于0.3，则不属于视力残疾范围。
3. 最佳矫正视力是指以适当镜片矫正所能达到的最好视力，或以针孔镜所测得的视力。
4. 视野<5度或<10度者，不论其视力如何均属于盲。

听力残疾标准

1. 听力残疾的定义

听力残疾是指由于各种原因导致双耳不同程度的听力丧失，听不到或听不清周围环境声及言语声（经治疗一年以上不愈者）。

听力残疾包括：听力完全丧失及有残留听力但辨音不清，不能进行听说交往两类。

2. 听力残疾的分级

列表如下：

级别	平均听力损失（dBspL）	言语识别率（%）
一级	>90（好耳）	<15
二级	71 - 90（好耳）	15 - 30
三级	61 - 70（好耳）	31 - 60
四级	51 - 60（好耳）	61 - 70

《注》：

本标准适用于3岁以上儿童或成人听力丧失经治疗一年以上不愈者。

相关执法参考

言语残疾标准

1. 言语残疾的定义

言语残疾指由于各种原因导致的言语障碍（经治疗一年以上不愈者），而不能进行正常的言语交往活动。

言语残疾包括：言语能力完全丧失及言语能力部分丧失，不能进行正常言语交往两类。

2. 言语残疾的分级

一级指只能简单发音而言语能力完全丧失者；二级指具有一定的发音能力，语音清晰度在10%－30%，言语能力等级测试可通过一级，但不能通过二级测试水平；三级指具有发音能力，语音清晰度在31%－50%，言语能力等级测试可通过二级，但不能通过三级测试水平；四级指具有发音能力，语音清晰度在51%－70%，言语能力等级测试可通过三级，但不能通过四级测试水平。

列表如下：

级别	语音清晰度（%）	言语表达能力
一级	〈10%	未达到一级测试水平
二级	10－30%	未达到二级测试水平
三级	31－50%	未达到三级测试水平
四级	51－70%	未达到四级测试水平

《注》：

本标准适用于3岁以上儿童或成人，明确病因，经治疗一年以上不愈者。

智力残疾标准

1. 智力残疾的定义

智力残疾是指人的智力明显低于一般人的水平，并显示适应行为障碍。

智力残疾包括：在智力发育期间，由于各种原因导致的智力低下；智力发育成熟以后，由于各种原因引起的智力损伤和老年期的智力明显衰退导致的痴呆。

2. 智力残疾的分级

根据世界卫生组织（WHO）和美国智力低下协会（AAMD）的智力残疾的分级标准，按其智力商数（IQ）及社会适应行为来划分智力残疾的等级。

列表如下：

智力水平	分级	IQ（智商）范围*	适应行为水平
重度	一级	〈20	极度缺陷
	二级	20－34	重度缺陷
中度	三级	35－49	中度缺陷
轻度	四级	50－69	轻度缺陷

《注》：

1. ＊WeChsler儿童智力量表

2. 智商（IQ）是指通过某种智力量表测得的智龄和实际年龄的比，不同的智力测验，有不同的IQ值，诊断的主要依据是社会适应行为。

相关执法参考

肢体残疾标准

1. 肢体残疾的定义

肢体残疾是指人的肢体残缺、畸形、麻痹所致人体运动功能障碍。

肢体残疾包括：

脑瘫：四肢瘫、三肢瘫、二肢瘫、单肢瘫

偏瘫：

脊髓疾病及损伤：四肢瘫、截瘫

小儿麻痹后遗症

先天性截肢

先天性缺肢、短肢、肢体畸形、侏儒症

两下肢不等长

脊柱畸形：驼背、侧弯、强直

严重骨、关节、肌肉疾病和损伤

周围神经疾病和损伤

2. 肢体残疾的分级

以残疾者在无辅助器具帮助下，对日常生活活动的能力进行评价计分。日常生活活动分为八项，即：端坐、站立、行走、穿衣、洗漱、进餐、入厕、写字。能实现一项算1分，实现困难算0.5分，不能实现的算0分，据此划分三个等级。

（一）重度（一级）：完全不能或基本上不能完成日常生活活动（0－4分）。

1. 四肢瘫或严重三肢瘫。

2. 截瘫、双髋关节无主动活动能力。

3. 严重偏瘫，一侧肢体功能全部丧失。

4. 四肢均截肢或先天性缺肢。

5. 三肢截肢或缺肢（腕关节和踝关节以上）。

6. 双大腿或双大臂截肢或缺肢。

7. 双上肢或三肢功能严重障碍。

（二）中度（二级）：能够部分完成日常生活活动（4.5－6分）。

1. 截瘫、二肢瘫或偏瘫，残肢有一定功能。

2. 双下肢膝关节以下或双上肢肘关节以下截肢或缺肢。

3. 一上肢肘关节以上或一下肢膝关节以上截肢或缺肢。

4. 双手拇指伴有食指（或中指）缺损。

5. 一肢功能严重障碍，两肢功能重度障碍，三肢功能中度障碍。

（三）轻度（三级）：基本上能够完成日常生活活动（6.5－7.5分）。

1. 一上肢肘关节以下或一下肢膝关节以下截肢或缺肢。

2. 一肢功能中度障碍，二肢功能轻度障碍。

3. 脊柱强直：驼背畸形大于70度；脊柱侧凸大于45度。

4. 双下肢不等长大于5cm。

5. 单侧拇指伴食指（或中指）缺损；单侧保留拇指，其余四指截除或缺损。

6. 侏儒症（身高不超过130cm的成人）。

相关执法参考

列表如下：

级别	程度	计分
一级（重度）	完全不能或基本上不能完成日常生活活动	0－4
二级（中度）	能够部分完成日常生活活动	4.5－6
三级（轻度）	基本上能够完成日常生活活动	6.5－7.5

《注》：

下列情况不属于肢体残疾范围

1. 保留拇指和食指（或中指），而失去另三指者。

2. 保留足跟而失去足前半部者。

3. 双下肢不等长，相差小于5cm。

4. 小于70度驼背或小于45度的脊柱侧凸。

精神残疾标准

1. 精神残疾的定义

精神残疾是指精神病人患病持续一年以上未痊愈，同时导致其对家庭、社会应尽职能出现一定程度的障碍。

精神残疾可由以下精神疾病引起：

（1）精神分裂症；

（2）情感性、反应性精神障碍；

（3）脑器质性与躯体疾病所致的精神障碍；

（4）精神活性物质所致的精神障碍；

（5）儿童、少年期精神障碍；

（6）其他精神障碍。

2. 精神残疾的分级

对于患有上述精神疾病持续一年以上未痊愈者，应用“精神残疾分级的操作性评估标准”评定精神残疾的等级：

（1）重度（一级）：五项评分中有三项或多于三项评为2分。

（2）中度（二级）：五项评分中有一项或两项评为2分。

（3）轻度（三级）：五项评分中有两项或多于两项评为1分。

列表如下：

社会功能评定项目	正常或有轻度异常	确有功能缺陷	严重功能缺陷
个人生活自理能力	0分	1分	2分
家庭生活职能表现	0分	1分	2分
对家人的关心与责任心	0分	1分	2分
职业劳动能力	0分	1分	2分
社交活动能力	0分	1分	2分

《注》：无精神残疾：五项总分为0或1分。

五十五、强迫劳动

（《治安管理处罚法》第40条第2项）

<table>
<tr><td colspan="2">案由</td><td>强迫劳动</td></tr>
<tr><td colspan="2">概念</td><td>强迫劳动，是指以暴力、威胁或者其他手段，违背他人意志，强迫他人劳动，尚不够刑事处罚的行为。</td></tr>
<tr><td rowspan="4">违法构成要件</td><td>违法客体</td><td>本行为侵犯的客体是他人的人身自由权和劳动权。</td></tr>
<tr><td>违法客观方面</td><td>本行为在客观方面表现为违反劳动管理法规，以暴力、威胁或者其他手段，如限制他人人身自由，强迫他人为本单位（或个人）进行劳动的行为。
“违反劳动管理法规”是指违反国家调整劳动关系的法律或者其他行政法规的有关规定。
“强迫劳动”是指违背他人意志，以暴力、威胁或者其他手段强制他人劳动。如果他人是自愿加班加点工作的，不构成本行为，至于劳动是有偿的，还是无偿的，不影响本行为的成立。</td></tr>
<tr><td>违法主体</td><td>本行为的主体既可以是与劳动者形成劳动关系的用人单位，也可以是违法者个人。</td></tr>
<tr><td>违法主观方面</td><td>本行为的主观方面为故意。</td></tr>
<tr><td colspan="2">认定界限</td><td>（一）本行为与强迫他人劳动罪①的界限。
《刑法》第244条第1款规定的强迫他人劳动罪，是指以暴力、威胁或者限制人身自由的方法强迫他人劳动的行为。两者在行为主体、客体和主观方面基本相同，只是在行为的客观方面，主要是强迫劳动的程度上有区别：强迫他人劳动罪是行为犯，一般来说，行为人只要实施了以暴力、威胁或者限制人身自由的方法强迫他人劳动的行为，即可构成该罪，但是，根据《刑法》第13条的规定，情节显著轻微，危害不大的，不认为是犯罪。因此，在司法实践中，是否以强迫他人劳动罪论处，应根据案情来综合认定，一般而言，具有下列情形之一的，应以强迫他人劳动罪论处：</td></tr>
</table>

① 该罪根据《刑法修正案（八）》进行了修正，降低了该罪的入罪条件，同时，增加了单位犯罪的规定。另外，本罪在具体的表述上也有了明显的不同，将“强迫职工劳动”修改为“强迫他人劳动”，因此，该罪罪名也应调整为“强迫他人劳动罪”，具体如何调整，应以“两高”的司法解释为准。

认定界限

1. 长时间无偿强迫他人劳动的；
2. 多次强迫他人强迫劳动的；
3. 强迫多人无偿劳动的；
4. 因强迫劳动致使发生重大劳动安全事故的；
5. 采用暴力、胁迫、侮辱等手段非法限制他人人身自由并强迫劳动，情节恶劣的等。

根据《最高人民检察院 公安部关于公安机关管辖的刑事案件立案追诉标准的规定（一）》（公通字［2008］36号）的规定，用人单位违反劳动管理法规，以限制人身自由方法强迫职工劳动，涉嫌下列情形之一的，应予立案追诉：（1）强迫他人劳动，造成人员伤亡或者患职业病的；（2）采取殴打、胁迫、扣发工资、扣留身份证件等手段限制人身自由，强迫他人劳动的；（3）强迫妇女从事井下劳动、国家规定的第四级体力劳动强度的劳动或者其他禁忌从事的劳动，或者强迫处于经期、孕期和哺乳期妇女从事国家规定的第三级体力劳动强度以上的劳动或者其他禁忌从事的劳动的；（4）强迫已满16周岁未满18周岁的未成年人从事国家规定的第四级体力劳动强度的劳动，或者从事高空、井下劳动，或者在爆炸性、易燃性、放射性、毒害性等危险环境下从事劳动的；（5）其他情节严重的情形；

对于不构成犯罪的强迫他人劳动行为，应根据《治安管理处罚法》第40条第2项的规定，以本行为论处。

（二）本行为与其他犯罪的联系。

本行为特指以暴力、威胁或者其他手段强迫他人劳动，情节较轻，尚不够刑事处罚的行为。从行为的方式方法上看，这种行为可能涉及多种犯罪，如使用暴力可能涉及伤害罪，限制他人人身自由可能涉及到非法拘禁罪等，是否构成犯罪，关键看行为的情节、后果。如果行为人以强迫他人劳动为目的，实施了一般的暴力、胁迫或其他方法，没有对劳动者造成较大的伤害，尚不够刑事处罚的，都可按本行为论处。如果因暴力、胁迫或其他方法，致使劳动者身心遭到严重摧残和直接伤害，如因暴力致使他人肢体残废，失去听觉、视觉，容貌被毁；或因胁迫、非法限制他人人身自由致使他人精神障碍；或非法拘禁时间较长，行为性质发生变化等，则应以伤害罪、非法拘禁罪等相应的罪名追究行为人的刑事责任。

（三）本行为与偶尔加班加点的界限。

在日常生活中，用人单位偶尔因特殊原因加班加点的，不能以本行为论处。在这种情况下，有的属于正常的工作需要，有的属于一般性违反劳动法规，可由相应的劳动行政部门予以批评教育或行政处罚，有的属于不道德行为。因为，这种情况一般是偶然发生的，一般是发给了相应的报酬的，行为人并没有长期强迫他人劳动的故意，因此，一般不应以本行为论处。构成本行为的一般是经常性的行为，行为人往往不给报酬或只给少量的报酬。

处罚标准	（一）构成本行为的，处10日以上15日以下拘留，并处500元以上1000元以下罚款。 （二）情节较轻的，处5日以上10日以下拘留，并处200元以上500元以下罚款。 在实践中，判断情节的轻重，一般应从行为人的动机、手段、目的、行为的次数、造成的后果等方面综合考虑，由公安机关办案人员酌情量罚。一般来说，强迫他人劳动强度较低、时间较短且对他人危害较小的，应认定为“情节较轻”。
相关执法参考	**《中华人民共和国治安管理处罚法》**（节录） （2005年8月28日第十届全国人民代表大会常务委员会第十七次会议通过 中华人民共和国主席令第三十八号公布 自2006年3月1日起施行） 第四十条第二项 有下列行为之一的，处十日以上十五日以下拘留，并处五百元以上一千元以下罚款；情节较轻的，处五日以上十日以下拘留，并处二百元以上五百元以下罚款： （二）以暴力、威胁或者其他手段强迫他人劳动的； **《中华人民共和国刑法》**（节录） （1979年7月1日第五届全国人民代表大会第二次会议通过 1997年3月14日第八届全国人民代表大会第五次会议修订 根据2011年2月25日第十一届全国人民代表大会常务委员会第十九次会议通过的《中华人民共和国刑法修正案（八）》最新修正） 第二百四十四条 以暴力、威胁或者限制人身自由的方法强迫他人劳动的，处三年以下有期徒刑或者拘役，并处罚金；情节严重的，处三年以上十年以下有期徒刑，并处罚金。 明知他人实施前款行为，为其招募、运送人员或者有其他协助强迫他人劳动行为的，依照前款的规定处罚。 “单位犯前两款罪的，对单位判处罚金，并对其直接负责的主管人员和其他直接责任人员，依照第一款的规定处罚。{根据刑法修正案（八）修改} {原条文：用人单位违反劳动管理法规，以限制人身自由方法强迫职工劳动，情节严重的，对直接责任人员，处三年以下有期徒刑或者拘役，并处或者单处罚金。} **《最高人民检察院 公安部关于公安机关管辖的刑事案件立案追诉标准的规定（一）》**（节录） （公通字［2008］36号） 第三十一条 ［强迫职工劳动案（刑法第二百四十四条）］用人单位违反劳动管理法规，以限制人身自由方法强迫职工劳动，涉嫌下列情形之一的，应予立案追诉： （一）强迫他人劳动，造成人员伤亡或者患职业病的； （二）采取殴打、胁迫、扣发工资、扣留身份证件等手段限制人身自由，强迫他人劳动的；

相关执法参考

（三）强迫妇女从事井下劳动、国家规定的第四级体力劳动强度的劳动或者其他禁忌从事的劳动，或者强迫处于经期、孕期和哺乳期妇女从事国家规定的第三级体力劳动强度以上的劳动或者其他禁忌从事的劳动的；

（四）强迫已满十六周岁未满十八周岁的未成年人从事国家规定的第四级体力劳动强度的劳动，或者从事高空、井下劳动，或者在爆炸性、易燃性、放射性、毒害性等危险环境下从事劳动的；

（五）其他情节严重的情形。

第一百条　本规定中的立案追诉标准，除法律、司法解释另有规定的以外，适用于相关的单位犯罪。

第一百零一条　本规定中的"以上"，包括本数。

《最高人民法院关于审理劳动争议案件适用法律若干问题的解释》（节录）

（2001 年 4 月 16 日法释［2001］14 号颁布　自 2001 年 4 月 30 日起实施）

第十五条　用人单位有下列情形之一，迫使劳动者提出解除劳动合同的，用人单位应当支付劳动者的劳动报酬和经济补偿，并可支付赔偿金：

（一）以暴力、威胁或者非法限制人身自由的手段强迫劳动的；

（二）未按照劳动合同约定支付劳动报酬或者提供劳动条件的；

（三）克扣或者无故拖欠劳动者工资的；

（四）拒不支付劳动者延长工作时间工资报酬的；

（五）低于当地最低工资标准支付劳动者工资的。

《中华人民共和国劳动法》（节录）

（1994 年 7 月 5 日第八届全国人民代表大会常务委员会第八次会议通过
根据 2009 年 8 月 27 日第十一届全国人民代表大会常务委员会第十次会议通过的〈全国人民代表大会常务委员会关于修改部分法律的决定〉修改）

第三条　劳动者享有平等就业和选择职业的权利、取得劳动报酬的权利、休息休假的权利、获得劳动安全卫生保护的权利、接受职业技能培训的权利、享受社会保险和福利的权利、提请劳动争议处理的权利以及法律规定的其他劳动权利。

劳动者应当完成劳动任务，提高职业技能，执行劳动安全卫生规程，遵守劳动纪律和职业道德。

第三十二条　有下列情形之一的，劳动者可以随时通知用人单位解除劳动合同：

（一）在试用期内的；

（二）用人单位以暴力、威胁或者非法限制人身自由的手段强迫劳动的；

（三）用人单位未按照劳动合同约定支付劳动报酬或者提供劳动条件的。

第九十六条　用人单位有下列行为之一，由公安机关对责任人员处以十五日以下拘留、罚款或者警告；构成犯罪的，对责任人员依法追究刑事责任：

（一）以暴力、威胁或者非法限制人身自由的手段强迫劳动的；

（二）侮辱、体罚、殴打、非法搜查和拘禁劳动者的。

相关执法参考

《中华人民共和国劳动合同法》（节录）

（2007年6月29日通过　自2008年1月1日起施行）

第三十八条　用人单位有下列情形之一的，劳动者可以解除劳动合同：

（一）未按照劳动合同约定提供劳动保护或者劳动条件的；

（二）未及时足额支付劳动报酬的；

（三）未依法为劳动者缴纳社会保险费的；

（四）用人单位的规章制度违反法律、法规的规定，损害劳动者权益的；

（五）因本法第二十六条第一款规定的情形致使劳动合同无效的；

（六）法律、行政法规规定劳动者可以解除劳动合同的其他情形。

用人单位以暴力、威胁或者非法限制人身自由的手段强迫劳动者劳动的，或者用人单位违章指挥、强令冒险作业危及劳动者人身安全的，劳动者可以立即解除劳动合同，不需事先告知用人单位。

第八十八条　用人单位有下列情形之一的，依法给予行政处罚；构成犯罪的，依法追究刑事责任；给劳动者造成损害的，应当承担赔偿责任：

（一）以暴力、威胁或者非法限制人身自由的手段强迫劳动的；

（二）违章指挥或者强令冒险作业危及劳动者人身安全的；

（三）侮辱、体罚、殴打、非法搜查或者拘禁劳动者的；

（四）劳动条件恶劣、环境污染严重，给劳动者身心健康造成严重损害的。

《禁止使用童工规定》（节录）

（2002年10月1日国务院令第364号颁布　自2002年12月1日起施行）

第十一条　拐骗童工，强迫童工劳动，使用童工从事高空、井下、放射性、高毒、易燃易爆以及国家规定的第四级体力劳动强度的劳动，使用不满14周岁的童工，或者造成童工死亡或者严重伤残的，依照刑法关于拐卖儿童罪、强迫劳动罪或者其他罪的规定，依法追究刑事责任。

《违反〈中华人民共和国劳动法〉行政处罚办法》（节录）

（劳部发［1994］532号　自1995年1月1日起施行）

第四条　用人单位未与工会和劳动者协商，强迫劳动者延长工作时间的，应给予警告，责令改正，并可按每名劳动者每延长工作时间一小时罚款一百元以下的标准处罚。

第五条　用人单位每日延长劳动者工作时间超过三小时或每月延长工作时间超过三十六小时的，应给予警告，责令改正，并可按每名劳动者每超过工作时间一小时罚款一百元以下的标准处罚。

五十六、非法限制人身自由
（《治安管理处罚法》第40条第3项）

<table>
<tr><td colspan="2">案由</td><td>非法限制人身自由</td></tr>
<tr><td colspan="2">概念</td><td>非法限制人身自由，是指违反法律规定，限制他人人身自由，尚不够刑事处罚的行为。</td></tr>
<tr><td rowspan="4">违法构成要件</td><td>违法客体</td><td>本行为侵犯的客体是他人的人身自由权利。</td></tr>
<tr><td>违法客观方面</td><td>本行为在客观方面表现为违反法律规定，利用各种方法、手段，对被害人的身体实施强制，足以使被害人的行动自由受到限制，情节较轻，尚不够刑事处罚的行为。
非法限制他人人身自由行为的方式多种多样，如捆绑、隔离、扣留身份证、限制他人活动的地区、限制他人参加某些活动、规定他人要将自己的行动情况向其报告等。
需要注意的是，行为人限制他人人身自由的方法既可以是有形的，也可以是无形的，如将妇女洗澡时的换洗衣服拿走，使其基于羞耻心而无法走出浴室的行为，就是以无形的方法限制了他人的人身自由。
行为人限制他人人身自由的行为必须是非法的。司法机关根据法律规定，对有犯罪事实和重大嫌疑的人采取拘留、逮捕等限制人身自由的强制措施的行为，不构成本行为。但发现不应拘捕时，借故不予释放，继续羁押的，则应认为是非法限制人身自由。对于正在实行犯罪或犯罪后及时被发觉的、通缉在案的、越狱逃跑的、正在被追捕的人，群众依法扭送至司法机关的，是一种权利，而不是非法限制人身自由。</td></tr>
<tr><td>违法主体</td><td>本行为的主体包括单位和个人。</td></tr>
<tr><td>违法主观方面</td><td>本行为在主观方面只能是故意。</td></tr>
<tr><td>认定界限</td><td colspan="2">（一）本行为与非法拘禁罪的界限。
《刑法》第238条规定的非法拘禁罪，是指以拘押、禁闭或者其他强制方法，非法剥夺他人人身自由的行为。两者侵害的客体是相同的，都是对人身自由权的侵</td></tr>
</table>

认定界限	害。两者的区别主要在于行为的情节与后果不同。本行为是使被害人的人身自由受到一定的限制，也就是说，被害人还有一定程度的人身自由，且情节轻微，没有造成严重后果的，属于违反治安管理行为；而后者则完全剥夺了他人的人身自由，采取的是非法关押、拘禁等严重强制手段，情节恶劣，后果严重，构成犯罪。 在实践中，构成非法拘禁罪的主要包括以下几种情形： 1. 国家工作人员滥用职权，非法拘禁，以其他方法非法剥夺无辜群众的人身自由，造成恶劣影响的； 2. 非法剥夺他人人身自由，并实施捆绑、殴打、侮辱行为的； 3. 多次非法拘禁，非法剥夺他人人身自由的； 4. 非法剥夺多人人身自由的； 5. 非法剥夺他人人身自由致人重伤、死亡、精神失常或自杀的。 对以上几种情形就应根据《刑法》有关非法拘禁罪的规定论处，除此之外的非法限制他人人身自由的行为，应以本行为论处。 （二）本行为与公安、司法人员违法限制他人人身自由的界限。 公安、司法人员违法限制他人人身自由，是指公安、司法人员在执行职务过程中造成的违法限制他人人身自由的行为，如讯问、留置超过法定时间；对被拘留者不按法定期限处理，拖延拘留时间，不按法定程序拘捕他人等，该行为与本行为在行为主体和具体方式上有原则性区别： 1. 公安、司法人员违法限制他人人身自由必须是公安、司法人员所为，本行为的主体没有限制，任何人都可以构成。 2. 公安、司法人员违法限制他人人身自由必须是公安、司法人员在执行职务过程中的职务行为。也就是说，如果公安、司法人员是以个人名义实施的行为，则不以此行为对待。而非法限制他人人身自由行为是一般主体所为，不包括公安、司法人员的职务行为。对公安、司法人员违法限制他人人身自由的行为，应查明具体原因，根据不同情况，予以行政处分；情节严重的，对直接责任人员，可依法追究刑事责任。 （三）本行为与限制家庭成员行为自由的界限。 限制家庭成员行为自由是发生在家庭成员之间，如限制妻子、子女、老人外出，限制参加社会活动等。发生的原因较复杂，有的是担心老人、孩子外出有危险，则谈不上违法，只是在行为方法上不妥当的问题；而有的是出于封建意识、个人不正当目的或者虐待等原因而限制家庭成员的行为自由。在理论上，这显然也属于违法行为。但是，由于这是在特殊当事人之间发生的，侵害的客体是家庭成员间的平等权利，因此，一般不应以本行为论处，需要处理的，应以虐待行为处理。
处罚标准	（一）构成本行为的，处10日以上15日以下拘留，并处500元以上1000元以下罚款。 （二）情节较轻的，处5日以上10日以下拘留，并处200元以上500元以下罚款。

处罚标准	在实践中，判断情节的轻重，一般应从行为人的动机、手段、目的、行为的次数、造成的后果等方面综合考虑，由公安机关办案人员酌情量罚。一般来说，未使用殴打、捆绑、侮辱等恶劣手段，非法限制人身自由时间较短，后果轻微的，应认定为“情节较轻”。
相关执法参考	**《中华人民共和国治安管理处罚法》**（节录） （2005年8月28日第十届全国人民代表大会常务委员会第十七次会议通过 中华人民共和国主席令第三十八号公布 自2006年3月1日起施行） 第四十条第三项 有下列行为之一的，处十日以上十五日以下拘留，并处五百元以上一千元以下罚款；情节较轻的，处五日以上十日以下拘留，并处二百元以上五百元以下罚款： （三）非法限制他人人身自由、非法侵入他人住宅或者非法搜查他人身体的。 **《中华人民共和国刑法》**（节录） （1979年7月1日第五届全国人民代表大会第二次会议通过 1997年3月14日第八届全国人民代表大会第五次会议修订 根据2011年2月25日第十一届全国人民代表大会常务委员会第十九次会议通过的《中华人民共和国刑法修正案（八）》最新修正） 第二百三十八条 非法拘禁他人或者以其他方法非法剥夺他人人身自由的，处三年以下有期徒刑、拘役、管制或者剥夺政治权利。具有殴打、侮辱情节的，从重处罚。 犯前款罪，致人重伤的，处三年以上十年以下有期徒刑；致人死亡的，处十年以上有期徒刑。使用暴力致人伤残、死亡的，依照本法第二百三十四条、第二百三十二条的规定定罪处罚。 为索取债务非法扣押、拘禁他人的，依照前两款的规定处罚。 国家机关工作人员利用职权犯前三款罪的，依照前三款的规定从重处罚。 第二百四十一条 第三款 收买被拐卖的妇女、儿童，非法剥夺、限制其人身自由或者有伤害、侮辱等犯罪行为的，依照本法的有关规定定罪处罚。 第四款 收买被拐卖的妇女、儿童，并有第二款、第三款规定的犯罪行为的，依照数罪并罚的规定处罚。 **《最高人民检察院关于渎职侵权犯罪案件立案标准的规定》**（节录） （2006年7月26日高检发释字［2006］2号颁布 自颁布之日起实施） 二、国家机关工作人员利用职权实施的侵犯公民人身权利、民主权利犯罪案件 （一）国家机关工作人员利用职权实施的非法拘禁案（第二百三十八条） 非法拘禁罪，是指以拘禁或者其他方法非法剥夺他人人身自由的行为。 国家机关工作人员利用职权非法拘禁，涉嫌下列情形之一的，应予立案： 1. 非法剥夺他人人身自由24小时以上的； 2. 非法剥夺他人人身自由，并使用械具或者捆绑等恶劣手段，或者实施殴打、侮辱、虐待行为的；

相关执法参考

3. 非法拘禁，造成被拘禁人轻伤、重伤、死亡的；

4. 非法拘禁，情节严重，导致被拘禁人自杀、自残造成重伤、死亡，或者精神失常的；

5. 非法拘禁3人次以上的；

6. 司法工作人员对明知是没有违法犯罪事实的人而非法拘禁的；

7. 其他非法拘禁应予追究刑事责任的情形。

……

三、附则

（二）本规定所称“以上”包括本数；有关犯罪数额“不满”，是指已达到该数额百分之八十以上的。

（三）本规定中的“国家机关工作人员”，是指在国家机关中从事公务的人员，包括在各级国家权力机关、行政机关、司法机关和军事机关中从事公务的人员。在依照法律、法规规定行使国家行政管理职权的组织中从事公务的人员，或者在受国家机关委托代表国家行使职权的组织中从事公务的人员，或者虽未列入国家机关人员编制但在国家机关中从事公务的人员，在代表国家机关行使职权时，视为国家机关工作人员。在乡（镇）以上中国共产党机关、人民政协机关中从事公务的人员，视为国家机关工作人员。

《最高人民法院关于对为索取法律不予保护的债务，非法拘禁他人行为如何定罪问题的解释》

（2000年7月13日法释［2000］19号颁布　自2000年7月19日起实施）

为了正确适用刑法，现就为索取高利贷、赌债等法律不予保护的债务，非法拘禁他人行为如何定罪问题解释如下：

行为人为索取高利贷、赌债等法律不予保护的债务，非法扣押、拘禁他人的，依照刑法第二百三十八条的规定定罪处罚。

《中华人民共和国人民警察法》（节录）

（1995年2月28第八届全国人民代表大会常务委员会第十二次会议通过
1995年2月28日中华人民共和国主席令第四十号公布施行）

第二十二条　人民警察不得有下列行为：

（一）散布有损国家声誉的言论，参加非法组织，参加旨在反对国家的集会、游行、示威等活动，参加罢工；

（二）泄露国家秘密、警务工作秘密；

（三）弄虚作假，隐瞒案情，包庇、纵容违法犯罪活动；

（四）刑讯逼供或者体罚、虐待人犯；

（五）非法剥夺、限制他人人身自由，非法搜查他人的身体、物品、住所或者场所；

（六）敲诈勒索或者索取、收受贿赂；

（七）殴打他人或者唆使他人打人；

（八）违法实施处罚或者收取费用；

相关执法参考

（九）接受当事人及其代理人的请客送礼；

（十）从事营利性的经营活动或者受雇于任何个人或者组织；

（十一）玩忽职守，不履行法定义务；

（十二）其他违法乱纪的行为。

第四十八条　人民警察有本法第二十二条所列行为之一的，应当给予行政处分；构成犯罪的，依法追究刑事责任。

行政处分分为：警告、记过、记大过、降级、撤职、开除。对受行政处分的人民警察，按照国家有关规定，可以降低警衔、取消警衔。

对违反纪律的人民警察，必要时可以对其采取停止执行职务、禁闭的措施。

《公安机关办理行政案件程序规定》（节录）

（2006年8月24日公安部令第88号颁布　自颁布之日起实施）

第四十七条　对被传唤的违法嫌疑人，公安机关应当及时询问查证，询问查证的时间不得超过八小时；案情复杂，违法行为依法可能适用行政拘留处罚的，询问查证的时间不得超过二十四小时。

不得以连续传唤的形式变相拘禁违法嫌疑人。

《公安机关办理刑事案件程序规定》（节录）

（1998年5月14日公安部令第35号颁布　自颁布之日起实施）

第十四条　按照刑事诉讼法对刑事案件管辖分工的规定，除贪污贿赂犯罪，国家机关工作人员的渎职犯罪，国家机关工作人员利用职权实施的非法拘禁、刑讯逼供、暴力取证、报复陷害、非法搜查的侵犯公民人身权利的犯罪以及侵犯公民民主权利的犯罪，监管人员殴打、体罚虐待被监管人的犯罪、军人违反职责的犯罪，经省级以上人民检察院批准的国家机关工作人员利用职权实施的其他重大的犯罪案件，以及自诉案件以外，其他刑事案件由公安机关管辖。

对人民法院直接受理的被害人有证据证明的刑事案件，因证据不足驳回自诉，可以由公安机关受理并移交的，公安机关应当受理。

第六十二条　拘传持续的时间不得超过十二小时，不得以连续拘传的形式变相拘禁犯罪嫌疑人。

需要对被拘传人变更为其他强制措施的，应当在拘传期间内作出批准或者不批准的决定；对于不批准的，应当立即结束拘传。

第一百七十五条　传唤持续的时间不得超过十二小时。不得以连续传唤的形式变相拘禁犯罪嫌疑人。

需要对被传唤人采取强制措施的，应当在传唤期间内作出批准或者不批准的决定；对于不批准的，应当立即结束传唤。

《公安机关适用继续盘问规定》（节录）

（2004年7月12日公安部令第75号颁布　自2004年10月1日起实施）

第十二条　公安机关应当严格依照本规定的适用范围和时限适用继续盘问，禁止实施下列行为：

相关执法参考

（一）超适用范围继续盘问；

（二）超时限继续盘问；

（三）适用继续盘问不履行审批、登记手续；

（四）以继续盘问代替处罚；

（五）将继续盘问作为催要罚款、收费的手段；

（六）批准继续盘问后不立即对有违法犯罪嫌疑的人员继续进行盘问；

（七）以连续继续盘问的方式变相拘禁他人。

《中华人民共和国宪法》（节录）

（1982年12月4日第五届全国人民代表大会第五次会议通过
1982年12月4日全国人民代表大会公告公布施行　根据2004年3月14日
第十届全国人民代表大会第二次会议通过的《中华人民共和国宪法修正案》修正）

第三十七条　中华人民共和国公民的人身自由不受侵犯。

任何公民，非经人民检察院批准或者决定或者人民法院决定，并由公安机关执行，不受逮捕。

禁止非法拘禁和以其他方法非法剥夺或者限制公民的人身自由，禁止非法搜查公民的身体。

《中华人民共和国妇女权益保障法》（节录）

（1992年4月3日第七届全国人民代表大会第五次会议通过
根据2005年8月28日第十届全国人民代表大会常务委员会第十七次会议
《关于修改〈中华人民共和国妇女权益保障法〉的决定》修正）

第三十七条　妇女的人身自由不受侵犯。禁止非法拘禁和以其他非法手段剥夺或者限制妇女的人身自由；禁止非法搜查妇女的身体。

《中华人民共和国劳动法》（节录）

（1994年7月5日第八届全国人民代表大会常务委员会第八次会议通过
根据2009年8月27日第十一届全国人民代表大会常务委员会第十次会议通过的
〈全国人民代表大会常务委员会关于修改部分法律的决定〉修改）

第九十六条　用人单位有下列行为之一，由公安机关对责任人员处以十五日以下拘留、罚款或者警告；构成犯罪的，对责任人员依法追究刑事责任：

（一）以暴力、威胁或者非法限制人身自由的手段强迫劳动的；

（二）侮辱、体罚、殴打、非法搜查和拘禁劳动者的。

《禁止传销条例》（节录）

（2005年8月23日国务院令第444号颁布　自2005年11月1日起施行）

第十条　在传销中以介绍工作、从事经营活动等名义欺骗他人离开居所地非法聚集并限制其人身自由的，由公安机关会同工商行政管理部门依法查处。

五十七、非法侵入住宅
（《治安管理处罚法》第 40 条第 3 项）

<table>
<tr><td colspan="2">案由</td><td>非法侵入住宅</td></tr>
<tr><td colspan="2">概念</td><td>非法侵入住宅，是指未经住宅主人允许，没有正当理由侵入他人住宅，尚不够刑事处罚的行为。</td></tr>
<tr><td rowspan="4">违法构成要件</td><td>违法客体</td><td>本行为侵犯的客体是公民的居住自由权。侵犯的对象是他人的住宅。
“住宅”是指供人居住的场所，包括经常居住的住宅和不经常居住的别墅，也包括营业性的旅馆、饭店、招待所等供人租住的客房。渔民家居的船只，也视为住宅。非供人居住的办公室、仓库、剧场、车间等不是住宅，不属于本行为侵害的对象。
“他人住宅”是指行为人以外的其他人的住宅。这里的“他人”，既可以是住宅所有权人，即主人，也可以是住宅的承租人、借用人，还可以是宾馆、招待所客房居住的客人。非法侵入尚未分配、出售或出租、无人居住的住房，不构成本行为。</td></tr>
<tr><td>违法客观方面</td><td>本行为在客观方面表现为未经住宅主人允许，没有正当理由擅自进入他人住宅，或住宅主人要求其离去而无故不离去。
本行为在实践中主要包括以下几种方式：
1. 未经主人允许，没有法律依据或正当理由而强行进入；
2. 虽有法律依据，但不依照法定程序而强行进入；
3. 进入时虽经主人同意，但主人要求其退出时无理拒不退出。
行为人误入他人住宅的，由于主观上没有侵犯他人住宅权的故意，不构成违法行为。另外，行为人出于紧急避险的原因不得已闯入他人住宅的，也不构成违法行为，例如，为逃避犯罪分子的追杀、伤害、强奸等，在没有得到住宅主人允许的情况下进入他人住宅的，也不构成违法行为。
本行为既可以由作为构成，也可以由不作为构成，前者如不经住宅主人同意，非法强行进入他人住宅；后者主要表现为行为人在进入时是经过主人同意的，但当主人要求其退出时拒不退出的行为。</td></tr>
<tr><td>违法主体</td><td>本行为的主体是达到责任年龄、具有责任能力的自然人。</td></tr>
<tr><td>违法主观方面</td><td>本行为在主观方面表现为故意。</td></tr>
</table>

认定界限

（一）本行为与依法执行公务的区别。

本行为是指行为人无权进入或者没有正当理由而进入他人住宅。而依法执行公务进入他人住宅，特指公安、司法人员在执行职务时的行为。公安、司法人员代表国家执行公务，法律赋予其在执行公务期间遇有特殊情况时，有权采取某些非常措施，包括不经主人允许而进入他人住宅的权利，如公安人员在执行紧急搜捕任务时，司法人员依据人民法院的生效判决强制执行时等。这体现了当国家或社会利益与个人利益冲突时，以国家或社会利益为根本的原则精神。在这种情况下，公安、司法人员既有权也有正当理由进入他人住宅，而非违法行为。但是，如果公安、司法人员在非执行公务期间以个人名义或擅用机关名义强行进入他人住宅的，则可按侵入他人住宅行为论处。

（二）本行为与误入他人住宅的界限。

本行为在主观方面必须是故意的，过失误入他人住宅不构成本行为。例如，某人到异地访友，友人已搬出原住处，且原住处已有他人居住。该人因与友人非常熟悉，正好门未锁，遂推门而入，待房主回来后方才明白闯入了他人的住宅。在这种情况下，该人在主观上没有对现住房非法侵害的故意，因此，不构成本行为。

（三）本行为与非法侵入住宅罪的界限。

《刑法》第245条规定的非法侵入住宅罪，是指非法强行闯入他人住宅，或者经要求退出而无理拒不退出他人住宅的行为。两者是同一违法形式的不同危害阶段，两者在行为主体、客体和主观方面都是相同的，所不同的只是在行为的客观方面，主要是情节和后果上不同。前者情节轻微，没有造成危害后果或危害后果极小；后者情节严重，造成了一定的危害后果，已经严重影响了他人的正常生活。在司法实践中，具有下列情形之一的，应以非法侵入住宅罪论处：

1. 非法强行侵入他人住宅，经强烈要求而拒不退出，严重影响他人正常生活和居住安全的；
2. 非法侵入他人住宅过程中使用暴力手段的；
3. 非法侵入他人住宅后，毁损、破坏或搬走他人生活用品的；
4. 非法侵入他人住宅后强行霸占房屋或封闭他人住宅的；
5. 造成他人精神失常或自杀等严重后果的。

（四）本行为与非法搜查罪的界限。

《刑法》第245条规定的非法搜查罪，是指非法对他人的身体或者住宅进行搜查的行为，其中，行为人非法搜查他人住宅必然要非法侵入他人住宅，“非法侵入”行为和“非法搜查”行为之间存在手段行为和目的行为的关系，如果非法搜查行为构成犯罪的（如手段恶劣；引起被搜查人精神失常、自杀或者造成财物严重损坏；司法工作人员对明知是与涉嫌犯罪无关的场所非法搜查；非法搜查3人（户）次以上的等），对行为人应以非法搜查罪论处，相反，如果不构成犯罪的，对行为人以非法侵入住宅论处。

处罚标准	（一）构成本行为的，处10日以上15日以下拘留，并处500元以上1000元以下罚款。 （二）情节较轻的，处5日以上10日以下拘留，并处200元以上500元以下罚款。 在实践中，判断情节的轻重，一般应从行为人的动机、手段、目的、行为的次数、造成的后果等方面综合考虑，由公安机关办案人员酌情量罚。一般来说，非法侵入他人住宅时间较短，对他人生活影响较小的，应认定为“情节较轻”。
相关执法参考	**《中华人民共和国治安管理处罚法》**（节录） （2005年8月28日第十届全国人民代表大会常务委员会第十七次会议通过　中华人民共和国主席令第三十八号公布　自2006年3月1日起施行） 第四十条第三项　有下列行为之一的，处十日以上十五日以下拘留，并处五百元以上一千元以下罚款；情节较轻的，处五日以上十日以下拘留，并处二百元以上五百元以下罚款： （三）非法限制他人人身自由、非法侵入他人住宅或者非法搜查他人身体的。 **《中华人民共和国刑法》**（节录） （1979年7月1日第五届全国人民代表大会第二次会议通过　1997年3月14日第八届全国人民代表大会第五次会议修订　根据2011年2月25日第十一届全国人民代表大会常务委员会第十九次会议通过的《中华人民共和国刑法修正案（八）》最新修正） 第二百四十五条　非法搜查他人身体、住宅，或者非法侵入他人住宅的，处三年以下有期徒刑或者拘役。 司法工作人员滥用职权，犯前款罪的，从重处罚。 第九十四条　本法所称司法工作人员，是指有侦查、检察、审判、监管职责的工作人员。 **《最高人民检察院关于渎职侵权犯罪案件立案标准的规定》**（节录） （2006年7月26日高检发释字［2006］2号颁布　自颁布之日起实施） （二）国家机关工作人员利用职权实施的非法搜查案（第二百四十五条） 非法搜查罪，是指非法搜查他人身体、住宅的行为。 国家机关工作人员利用职权非法搜查，涉嫌下列情形之一的，应予立案： 1. 非法搜查他人身体、住宅，并实施殴打、侮辱等行为的； 2. 非法搜查，情节严重，导致被搜查人或者其近亲属自杀、自残造成重伤、死亡，或者精神失常的； 3. 非法搜查，造成财物严重损坏的； 4. 非法搜查3人（户）次以上的； 5. 司法工作人员对明知是与涉嫌犯罪无关的人身、住宅非法搜查的； 6. 其他非法搜查应予追究刑事责任的情形。

相关执法参考

《公安机关执行〈中华人民共和国治安管理处罚法〉有关问题的解释》(二)(节录)

(2007年1月8日　公通字［2007］1号)

十、关于居住场所与经营场所合一的检查问题

违反治安管理行为人的居住场所与其在工商行政管理部门注册登记的经营场所合一的，在经营时间内对其检查时，应当按照检查经营场所办理相关手续；在非经营时间内对其检查时，应当按照检查公民住所办理相关手续。

《中华人民共和国宪法》(节录)

(1982年12月4日第五届全国人民代表大会第五次会议通过　1982年12月4日全国人民代表大会公告公布施行　根据2004年3月14日第十届全国人民代表大会第二次会议通过的《中华人民共和国宪法修正案》修正)

第三十九条　中华人民共和国公民的住宅不受侵犯。禁止非法搜查或者非法侵入公民的住宅。

《中华人民共和国人民警察法》(节录)

(1995年2月28第八届全国人民代表大会常务委员会第十二次会议通过　1995年2月28日中华人民共和国主席令第四十号公布施行)

第二十二条　人民警察不得有下列行为：

(一)散布有损国家声誉的言论，参加非法组织，参加旨在反对国家的集会、游行、示威等活动，参加罢工；

(二)泄露国家秘密、警务工作秘密；

(三)弄虚作假，隐瞒案情，包庇、纵容违法犯罪活动；

(四)刑讯逼供或者体罚、虐待人犯；

(五)非法剥夺、限制他人人身自由，非法搜查他人的身体、物品、住所或者场所；

(六)敲诈勒索或者索取、收受贿赂；

(七)殴打他人或者唆使他人打人；

(八)违法实施处罚或者收取费用；

(九)接受当事人及其代理人的请客送礼；

(十)从事营利性的经营活动或者受雇于任何个人或者组织；

(十一)玩忽职守，不履行法定义务；

(十二)其他违法乱纪的行为。

第四十八条　人民警察有本法第二十二条所列行为之一的，应当给予行政处分；构成犯罪的，依法追究刑事责任。

行政处分分为：警告、记过、记大过、降级、撤职、开除。对受行政处分的人民警察，按照国家有关规定，可以降低警衔、取消警衔。

对违反纪律的人民警察，必要时可以对其采取停止执行职务、禁闭的措施。

五十八、非法搜查身体

（《治安管理处罚法》第40条第3项）

<table>
<tr><td colspan="2">案由</td><td>非法搜查身体</td></tr>
<tr><td colspan="2">概念</td><td>非法搜查身体，是指非法对他人的身体进行搜查，尚不够刑事处罚的行为。</td></tr>
<tr><td rowspan="4">违法构成要件</td><td>违法客体</td><td>本行为侵犯的客体是他人的人身自由权利，侵犯的对象是他人的身体。</td></tr>
<tr><td>违法客观方面</td><td>本行为在客观方面表现为非法搜查他人身体。
根据《刑事诉讼法》、《治安管理处罚法》以及其他有关法律规定，搜查他人身体必须由人民检察院、公安机关、国家安全机关依照法定程序进行，否则，就是对人身自由权利的侵犯。
非法搜查他人身体主要有3种情形：一是无权搜查的人私自对他人的身体进行搜查，如商场保安私自对顾客的身体搜查；二是有权搜查的人未经法定机关批准，滥用职权，擅自对他人身体进行搜查；三是有搜查权的机关和人员不按照法定的程序、手续进行搜查。</td></tr>
<tr><td>违法主体</td><td>本行为的主体包括单位和个人。</td></tr>
<tr><td>违法主观方面</td><td>本行为在主观方面为故意。</td></tr>
<tr><td>认定界限</td><td colspan="2">（一）本行为与非法搜查罪的界限。
《刑法》第245条规定的非法搜查罪，是指非法对他人的身体或者住宅进行搜查的行为，其中就包括了对他人身体的非法搜查。非法搜查罪中的非法搜查他人身体与本行为的非法搜查他人身体是一种行为的不同表现阶段。前者表现为情节、后果严重，如以暴力、威胁手段强行非法身体搜查，利用职权强迫职工集体接受非法身体搜查，因受到强迫非法身体搜查导致被害人患重病等。后者表现为一般情节与后果，如怀疑他人偷窃，强迫他人接受身体检查等。二者在行为情节、后果上有本质的不同。根据《最高人民检察院关于渎职侵权犯罪案件立案标准的规定》（高检发释字［2006］2号）的规定，国家机关工作人员利用职权非法搜查（其他人员非法搜查的，参照该标准执行），涉嫌下列情形之一的，应以非法搜查罪立案侦查：</td></tr>
</table>

认定界限	1. 非法搜查他人身体，并实施殴打、侮辱等行为的； 2. 非法搜查，情节严重，导致被搜查人或者其近亲属自杀、自残，造成重伤、死亡，或者精神失常的； 3. 非法搜查，造成财物严重损坏的； 4. 司法工作人员对明知是与涉嫌犯罪无关的人身非法搜查的； 5. 其他非法搜查应予追究刑事责任的情形。 （二）本行为与以搜查为名进行猥亵行为的界限。 在实践中，行为人实施本行为，一般是以搜身而查找物品为目的，如果行为人以搜查他人身体为名，而实质上是为达到其流氓猥亵的目的，则构成猥亵行为，如果是对妇女强行搜身猥亵，则可构成强制猥亵妇女罪。 （三）本行为与国家工作人员正常执行职务的界限。 侦查人员为收集违法犯罪证据、查获违法犯罪人，依照法定程序，对违法犯罪嫌疑人以及可能隐藏违法犯罪证据的人的身体进行搜查的，属合法搜查。一般场所的工作人员对有证据显示某人携有非法物品而要求其自行拿出的，也不属于非法搜查他人身体的行为。
处罚标准	（一）构成本行为的，处10日以上15日以下拘留，并处500元以上1000元以下罚款。 （二）情节较轻的，处5日以上10日以下拘留，并处200元以上500元以下罚款。 在实践中，判断情节的轻重，一般应从行为人的动机、手段、目的、行为的次数、造成的后果等方面综合考虑，由公安机关办案人员酌情量罚。一般来说，未造成后果或经劝阻主动改正的，应认定为“情节较轻”。
相关执法参考	**《中华人民共和国治安管理处罚法》**（节录） （2005年8月28日第十届全国人民代表大会常务委员会第十七次会议通过　中华人民共和国主席令第三十八号公布　自2006年3月1日起施行） 第四十条第三项　有下列行为之一的，处十日以上十五日以下拘留，并处五百元以上一千元以下罚款；情节较轻的，处五日以上十日以下拘留，并处二百元以上五百元以下罚款： （三）非法限制他人人身自由、非法侵入他人住宅或者非法搜查他人身体的。 **《中华人民共和国刑法》**（节录） （1979年7月1日第五届全国人民代表大会第二次会议通过　1997年3月14日第八届全国人民代表大会第五次会议修订　根据2011年2月25日第十一届全国人民代表大会常务委员会第十九次会议通过的《中华人民共和国刑法修正案（八）》最新修正） 第二百四十五条　非法搜查他人身体、住宅，或者非法侵入他人住宅的，处三

相关执法参考

年以下有期徒刑或者拘役。

司法工作人员滥用职权，犯前款罪的，从重处罚。

《最高人民检察院关于渎职侵权犯罪案件立案标准的规定》（节录）

（2006年7月26日高检发释字［2006］2号颁布　自颁布之日起实施）

（二）国家机关工作人员利用职权实施的非法搜查案（第二百四十五条）

非法搜查罪，是指非法搜查他人身体、住宅的行为。

国家机关工作人员利用职权非法搜查，涉嫌下列情形之一的，应予立案：

1. 非法搜查他人身体、住宅，并实施殴打、侮辱等行为的；

2. 非法搜查，情节严重，导致被搜查人或者其近亲属自杀、自残造成重伤、死亡，或者精神失常的；

3. 非法搜查，造成财物严重损坏的；

4. 非法搜查3人（户）次以上的；

5. 司法工作人员对明知是与涉嫌犯罪无关的人身、住宅非法搜查的；

6. 其他非法搜查应予追究刑事责任的情形。

《中华人民共和国人民警察法》（节录）

（1995年2月28第八届全国人民代表大会常务委员会第十二次会议通过
1995年2月28日中华人民共和国主席令第四十号公布施行）

第二十二条　人民警察不得有下列行为：

（五）非法剥夺、限制他人人身自由，非法搜查他人的身体、物品、住所或者场所；

第四十八条　人民警察有本法第二十二条所列行为之一的，应当给予行政处分；构成犯罪的，依法追究刑事责任。

行政处分分为：警告、记过、记大过、降级、撤职、开除。对受行政处分的人民警察，按照国家有关规定，可以降低警衔、取消警衔。

对违反纪律的人民警察，必要时可以对其采取停止执行职务、禁闭的措施。

《中华人民共和国妇女权益保障法》（节录）

（1992年4月3日第七届全国人民代表大会第五次会议通过
根据2005年8月28日第十届全国人民代表大会常务委员会第十七次会议
《关于修改〈中华人民共和国妇女权益保障法〉的决定》修正）

第三十七条　妇女的人身自由不受侵犯。禁止非法拘禁和以其他非法手段剥夺或者限制妇女的人身自由；禁止非法搜查妇女的身体。

第五十六条　违反本法规定，侵害妇女的合法权益，其他法律、法规规定行政处罚的，从其规定；造成财产损失或者其他损害的，依法承担民事责任；构成犯罪的，依法追究刑事责任。

第五十八条　违反本法规定，对妇女实施性骚扰或者家庭暴力，构成违反治安管理行为的，受害人可以提请公安机关对违法行为人依法给予行政处罚，也可以依法向人民法院提起民事诉讼。

五十九、胁迫、诱骗、利用他人乞讨

（《治安管理处罚法》第41条第1款）

<table>
<tr><td colspan="2">案由</td><td>胁迫、诱骗、利用他人乞讨</td></tr>
<tr><td colspan="2">概念</td><td>胁迫、诱骗、利用他人乞讨，是指以胁迫、诱骗或利用他人乞讨的方式，为自己牟利或获取其他利益，尚不够刑事处罚的行为。</td></tr>
<tr><td rowspan="4">违法构成要件</td><td>违法客体</td><td>本行为侵犯的客体是他人的人身权利。</td></tr>
<tr><td>违法客观方面</td><td>本行为在客观方面表现为用威胁、逼迫的强制方式，或用诱惑、欺骗的手段，或利用他人的缺陷、无知等，致使其乞讨，为自己牟利或获取其他利益的行为。
“胁迫”是指行为人以立即实施暴力或其他有损其身心健康的方式，如冻饿、体罚等要挟，逼迫他人乞讨的行为。
“诱骗”是指行为人利用他人的弱点或者亲属等人身依附关系，或者以许愿、欺骗、诱惑等手段指使他人进行乞讨的行为。
“利用”是指行为人怀有个人私利，使用各种手段让他人“自愿”按其要求进行乞讨的行为。
这里的“乞讨”是指向他人乞求、讨要食品、衣物或金钱等，有时候，乞讨行为并不直接表现为伸手讨要，也可以以其他变相的方式出现，如卖唱、帮开车门、强行帮拎包等方式。
根据本行为具体方式的不同，具体的案由可确定为胁迫他人乞讨、诱骗他人乞讨或利用他人乞讨，行为人同时实施两种行为方式之一的，也只构成1个案由，如胁迫、诱骗他人乞讨，不能分别认定，更不能实行并罚。</td></tr>
<tr><td>违法主体</td><td>本行为的主体是达到责任年龄、具有责任能力的自然人。</td></tr>
<tr><td>违法主观方面</td><td>本行为在主观方面是故意，行为的动机多种多样，多数情况是为个人牟利，何种动机不影响本行为的成立。</td></tr>
<tr><td>认定界限</td><td colspan="2">（一）本行为与一般流浪乞讨行为的界限。
对于因自然灾害、生活上无依无靠的孤老残幼，在生活上确有困难，迫于生计而乞讨的，应本着人道主义精神，予以救济扶助。但是，如果行为人为了个人的利益，胁迫、诱骗或利用他人乞讨的，则构成本行为。</td></tr>
</table>

认定界限	（二）本行为与扰乱公共秩序行为的界限。 《治安管理处罚法》规定的扰乱公共秩序行为较多，如扰乱单位秩序（第23条第1款第1项）、扰乱公共场所秩序（第23条第1款第2项）等。在实践中，行为人胁迫、诱骗或利用他人乞讨的目的是为行为人获取某种利益，如获得钱物等，但是，如果行为人胁迫、诱骗或利用他人故意在繁华地段、党政机关门前乞讨，其目的是为了扰乱公共秩序，以达到行为人的其他目的的，则对行为人不能以本行为论处。例如，行为人故意以钱物相引诱，致使乞讨者在党政机关门前聚众乞讨，以达到行为人的上访目的的，就不能以本行为论处，构成犯罪的，以相关的犯罪行为论处，不构成犯罪的，对行为人应以相关的扰乱公共秩序行为论处。 （三）关于儿童乞讨的问题。 1. 行为人对儿童实施加害行为，造成儿童伤残后乞讨的，或者训斥、打骂、冻饿、遗弃乞讨儿童，造成儿童伤残或者死亡的，依照《刑法》第234条、第232条的规定，视不同情况，分别以故意伤害罪或者故意杀人罪论处。 2. 行为人租借儿童，为迫使其乞讨而长时间对其禁闭或者关押的，依照《刑法》第238条的规定，以非法拘禁罪论处。 3. 行为人以逼迫乞讨为目的而收买被拐卖的儿童的，依照《刑法》第241条的规定，以收买被拐卖的儿童罪论处。 4. 行为人对女性儿童实施强奸行为的，依照《刑法》第236条的规定，以强奸罪论处。 5. 行为人对儿童实施猥亵行为的，依照《刑法》第237条第3款的规定，以猥亵儿童罪论处。 6. 行为人为控制残疾儿童乞讨而拐卖儿童的，依照《刑法》第240条的规定，以拐卖儿童罪论处。 7. 行为人为控制残疾儿童乞讨而收买被拐卖的儿童的，依照《刑法》第241条第1款的规定，以收买被拐卖的儿童罪论处。 8. 行为人实施压榨乞讨儿童的行为，但是没有证据证明其有拐卖的主观故意或者明知是被拐卖的而收买的，依照《刑法》第262条的规定，以拐骗儿童罪论处。 9. 行为人向残疾儿童传授犯罪方法的，或者向他人传授压榨残疾儿童乞讨牟利的，依照《刑法》第295条的规定，以传授犯罪方法罪论处。 10. 行为人教唆残疾儿童犯罪，或者教唆他人压榨残疾儿童牟利的，依照《刑法》第29条的规定，构成教唆犯罪，从重处罚。 11. 对于压榨残疾儿童乞讨牟利的犯罪集团，经查证符合《全国人大常委会关于刑法第二百九十四条第一款的解释》规定的“黑社会性质的组织”含义的，依照《刑法》第294条第1款的规定，以黑社会性质组织论处。对于压榨婴儿、幼儿乞讨牟利的，从重处罚。对符合数罪并罚规定的，依法实施数罪并罚。 12. 依据《中华人民共和国收养法》第31条的规定，对于出卖亲生子女者（即残疾儿童父母），以遗弃罪追究其父母的刑事责任，如经常采用打骂、冻饿、禁

认定界限

闭、有病不给医治、强迫从事过度乞讨等手段迫使子女行乞，情节恶劣的，可认定为虐待罪，或没有虐待情节，但有伤害并造成轻伤结果的，可认定为故意伤害罪。如果在虐待过程中父母又故意对子女实施造成轻伤以上的伤害或杀害行为的，则构成了数罪，即虐待罪和故意伤害罪或故意杀人罪。

（四）本行为与组织残疾人、儿童乞讨罪的界限。

《刑法》第262条之一规定的组织残疾人、儿童乞讨罪，是指以暴力、胁迫手段组织残疾人或者不满14周岁的未成年人乞讨的行为。两者都是与乞讨有关的行为，其界限主要在于：

1. 行为侵犯的客体和对象不同。本行为侵犯的客体是他人的人身权利，侵犯的对象是他人，包括所有的成年人或未成年人、残疾人或健全人。后者侵犯的客体是残疾人或者不满14周岁的未成年人的人身权利和社会管理秩序，侵犯的对象仅限于残疾人或不满14周岁的未成年人。

2. 行为方式不同。本行为在客观方面表现为用威胁、逼迫的强制方式，或用诱惑、欺骗的手段，或利用他人的缺陷、无知等，致使其乞讨，为自己牟利或获取其他利益的行为。后者在客观方面表现为以暴力、胁迫手段组织残疾人或者不满14周岁的未成年人乞讨的行为。本行为不能以暴力的手段，但可以用威胁、逼迫的强制方式，后者必须是使用暴力、胁迫手段。

3. 行为所涉及的对象人数不同。本行为所涉及的对象可能是1人，也可能是多人，后者由于是组织行为，因此，所涉及的对象必须是多人，即3人以上。

4. 行为主体不同。本行为的主体可以是组织者，也可以是其他所有实施了胁迫、诱骗、利用他人乞讨行为的人，后者的主体仅限于组织者。

在实践中，应根据行为人组织的手段、方式，组织持续时间的长短和规模，综合判断案情，正确适用《刑法》或《治安管理处罚法》。

（五）本行为与组织未成年人进行违反治安管理活动罪的界限。

《刑法》第262条之二规定的组织未成年人进行违反治安管理活动罪，是指组织未成年人进行盗窃、诈骗、抢夺、敲诈勒索等违反治安管理活动的行为。两者的界限主要在于：

1. 行为侵犯的客体和对象不同。本行为侵犯的客体是他人的人身权利，侵犯的对象是他人，包括所有的成年人或未成年人、残疾人或健全人。后者侵犯的客体是未成年人的身心健康和社会治安管理秩序。侵犯的对象仅限于未满18周岁的未成年人。

2. 行为方式不同。本行为在客观方面表现为用威胁、逼迫的强制方式，或用诱惑、欺骗的手段，或利用他人的缺陷、无知等，致使其乞讨，为自己牟利或获取其他利益的行为。后者在客观方面表现为组织未成年人进行盗窃、诈骗、抢夺、敲诈勒索等违反治安管理活动的行为。

3. 行为所涉及的对象人数不同。本行为所涉及的对象可能是1人，也可能是多人，后者由于是组织行为，因此，所涉及的对象必须是多人，即3人以上。

处罚标准	构成本行为的，处10日以上15日以下拘留，可以并处1000元以下罚款。
相关执法参考	**《中华人民共和国治安管理处罚法》**（节录） （2005年8月28日第十届全国人民代表大会常务委员会第十七次会议通过　中华人民共和国主席令第三十八号公布　自2006年3月1日起施行） 第四十一条第一款　胁迫、诱骗或者利用他人乞讨的，处十日以上十五日以下拘留，可以并处一千元以下罚款。 **《中华人民共和国刑法》**（节录） （1979年7月1日第五届全国人民代表大会第二次会议通过　1997年3月14日第八届全国人民代表大会第五次会议修订　根据2011年2月25日第十一届全国人民代表大会常务委员会第十九次会议通过的《中华人民共和国刑法修正案（八）》最新修正） 第二百六十二条之一　以暴力、胁迫手段组织残疾人或者不满十四周岁的未成年人乞讨的，处三年以下有期徒刑或者拘役，并处罚金；情节严重的，处三年以上七年以下有期徒刑，并处罚金。{**刑法修正案（六）增加此条**} 第二百六十二条之二　组织未成年人进行盗窃、诈骗、抢夺、敲诈勒索等违反治安管理活动的，处三年以下有期徒刑或者拘役，并处罚金；情节严重的，处三年以上七年以下有期徒刑，并处罚金。{**刑法修正案（七）增加此条**} **《最高人民法院最高人民检察院公安部司法部印发〈关于依法惩治拐卖妇女儿童犯罪的意见〉的通知》**（节录） （2010年3月15日　法发［2010］7号印发） 五、定性 20. 明知是被拐卖的妇女、儿童而收买，具有下列情形之一的，以收买被拐卖的妇女、儿童罪论处；同时构成其他犯罪的，依照数罪并罚的规定处罚： （5）组织、诱骗、强迫被收买的妇女、儿童从事乞讨、苦役，或者盗窃、传销、卖淫等违法犯罪活动的； **《中华人民共和国未成年人保护法》**（节录） （1991年9月4日第七届全国人民代表大会常务委员会第二十一次会议通过　2006年12月29日第十届全国人民代表大会常务委员会第二十五次会议修订　自2007年6月1日起施行） 第四十一条　禁止拐卖、绑架、虐待未成年人，禁止对未成年人实施性侵害。 禁止胁迫、诱骗、利用未成年人乞讨或者组织未成年人进行有害其身心健康的表演等活动。 第七十一条　胁迫、诱骗、利用未成年人乞讨或者组织未成年人进行有害其身心健康的表演等活动的，由公安机关依法给予行政处罚。

《城市生活无着的流浪乞讨人员救助管理办法》

（2003年6月20日国务院令第381号颁布　自2003年8月1日起实施）

第一条　为了对在城市生活无着的流浪、乞讨人员（以下简称流浪乞讨人员）实行救助，保障其基本生活权益，完善社会救助制度，制定本办法。

第二条　县级以上城市人民政府应当根据需要设立流浪乞讨人员救助站。救助站对流浪乞讨人员的救助是一项临时性社会救助措施。

第三条　县级以上城市人民政府应当采取积极措施及时救助流浪乞讨人员，并应当将救助工作所需经费列入财政预算，予以保障。

国家鼓励、支持社会组织和个人救助流浪乞讨人员。

第四条　县级以上人民政府民政部门负责流浪乞讨人员的救助工作，并对救助站进行指导、监督。

公安、卫生、交通、铁道、城管等部门应当在各自的职责范围内做好相关工作。

第五条　公安机关和其他有关行政机关的工作人员在执行职务时发现流浪乞讨人员的，应当告知其向救助站求助；对其中的残疾人、未成年人、老年人和行动不便的其他人员，还应当引导、护送到救助站。

第六条　向救助站求助的流浪乞讨人员，应当如实提供本人的姓名等基本情况并将随身携带物品在救助站登记，向救助站提出求助需求。

救助站对属于救助对象的求助人员，应当及时提供救助，不得拒绝；对不属于救助对象的求助人员，应当说明不予救助的理由。

第七条　救助站应当根据受助人员的需要提供下列救助：

（一）提供符合食品卫生要求的食物；

（二）提供符合基本条件的住处；

（三）对在站内突发急病的，及时送医院救治；

（四）帮助与其亲属或者所在单位联系；

（五）对没有交通费返回其住所地或者所在单位的，提供乘车凭证。

第八条　救助站为受助人员提供的住处，应当按性别分室住宿，女性受助人员应当由女性工作人员管理。

第九条　救助站应当保障受助人员在站内的人身安全和随身携带物品的安全，维护站内秩序。

第十条　救助站不得向受助人员、其亲属或者所在单位收取费用，不得以任何借口组织受助人员从事生产劳动。

第十一条　救助站应当劝导受助人员返回其住所地或者所在单位，不得限制受助人员离开救助站。救助站对受助的残疾人、未成年人、老年人应当给予照顾；对查明住址的，及时通知其亲属或者所在单位领回；对无家可归的，由其户籍所在地人民政府妥善安置。

第十二条　受助人员住所地的县级人民政府应当采取措施，帮助受助人员解决生产、生活困难，教育遗弃残疾人、未成年人、老年人的近亲属或者其他监护人履行抚养、赡养义务。

相关执法参考	第十三条　救助站应当建立、健全站内管理的各项制度，实行规范化管理。 第十四条　县级以上人民政府民政部门应当加强对救助站工作人员的教育、培训和监督。 救助站工作人员应当自觉遵守国家的法律法规、政策和有关规章制度，不准拘禁或者变相拘禁受助人员；不准打骂、体罚、虐待受助人员或者唆使他人打骂、体罚、虐待受助人员；不准敲诈、勒索、侵吞受助人员的财物；不准克扣受助人员的生活供应品；不准扣压受助人员的证件、申诉控告材料；不准任用受助人员担任管理工作；不准使用受助人员为工作人员干私活；不准调戏妇女。 违反前款规定，构成犯罪的，依法追究刑事责任；尚不构成犯罪的，依法给予纪律处分。 第十五条　救助站不履行救助职责的，求助人员可以向当地民政部门举报；民政部门经查证属实的，应当责令救助站及时提供救助，并对直接责任人员依法给予纪律处分。 第十六条　受助人员应当遵守法律法规。受助人员违反法律法规的，应当依法处理。 受助人员应当遵守救助站的各项规章制度。 第十七条　本办法的实施细则由国务院民政部门制定。 第十八条　本办法自2003年8月1日起施行。1982年5月12日国务院发布的《城市流浪乞讨人员收容遣送办法》同时废止。

六十、以滋扰他人的方式乞讨
（《治安管理处罚法》第41条第2款）

<table>
<tr><td colspan="2">案由</td><td>以滋扰他人的方式乞讨</td></tr>
<tr><td colspan="2">概念</td><td>以滋扰他人的方式乞讨，是指行为人采用反复纠缠、强行讨要或者以其他滋扰他人的方式乞讨的行为。</td></tr>
<tr><td rowspan="4">违法构成要件</td><td>违法客体</td><td>本行为侵犯的客体是复杂客体，包括社会的公共秩序和他人的人身权利。</td></tr>
<tr><td>违法客观方面</td><td>本行为在客观方面表现为反复纠缠、强行讨要或者以其他滋扰他人的方式乞讨的行为。
本行为在客观方面的表现多种多样，如反复纠缠追逐他人要钱要物，抓扯他人衣襟要钱要物，站在他人饭桌前纠缠要钱要物，蓬头垢面甚至赤身裸体要钱要物等，这种行为侵害了他人的人身自由，扰乱了公共秩序，已经不是一般意义的乞讨行为。
“反复纠缠乞讨”是指行为人向他人乞讨被拒绝后，仍采取阻拦、尾随等方式继续讨要钱财，如拉衣服、抱腿等方式纠缠路人。
“强行讨要”是指行为人以生拉硬拽、辱骂、抱腿、吐口水、拦车、拉扯、干扰他人经营、工作等令人厌恶的方式乞讨钱财。
“其他滋扰他人的方式”是指以反复纠缠、强行讨要以外的方式进行乞讨的行为，如尾随讨要、以强迫接收的方式卖花、卖唱、拎包等变相乞讨的方式。</td></tr>
<tr><td>违法主体</td><td>本行为的主体是达到责任年龄、具有责任能力的自然人。</td></tr>
<tr><td>违法主观方面</td><td>本行为的主观方面表现为故意。</td></tr>
<tr><td>认定界限</td><td colspan="2">（一）本行为与一般流浪乞讨行为的界限。
一般的流浪乞讨行为，不滋扰他人的正常活动，本着人道主义精神，应当予以救济扶助。生活无着的流浪乞讨人员是社会上的生活弱势群体，但他们同样具有《宪法》赋予的公民权利，在生存处于极端困难时，有权利得到必要的基本救助和人格尊严，这也就是人民政府和有关行政部门对流浪乞讨人员开展救助的根本目</td></tr>
</table>

认定界限	的。秉承这一根本目的，国务院颁布了《城市生活无着的流浪乞讨人员救助管理办法》，其第1条提出，“为了对在城市生活无着的流浪、乞讨人员实行救助，保障其基本生活权益，完善社会救助制度，制定本办法”，第2条提出，“县级以上城市人民政府应当根据需要设立流浪乞讨人员救助站。救助站对流浪乞讨人员的救助是一项临时性社会救助措施”，这些规定都明确了对流浪乞讨人员实施救助的福利性和救助目的。但如果乞讨者以反复纠缠、强行讨要等滋扰他人的手段进行乞讨，其行为性质就发生了变化，客观上就侵犯了他人的人身自由，扰乱了公共秩序，属于违反治安管理行为。 （二）本行为与胁迫、诱骗或利用他人乞讨行为的界限。 《治安管理处罚法》第41条第1款规定的胁迫、诱骗、利用他人乞讨，是指以胁迫、诱骗或利用他人乞讨的方式，为自己牟利或获取其他利益，尚不够刑事处罚的行为。两者的界限主要在于： 1. 行为方式不同。本行为表现为反复纠缠、强行讨要或者以其他滋扰他人的方式乞讨，而后者则表现为行为人通过胁迫、诱骗等非法手段，促使其他乞讨者进行乞讨活动，行为人从中获利。 2. 行为主体不同。本行为的主体只能是乞讨者，后者的主体则是胁迫、诱骗、利用他人乞讨的人，行为人本身既可能是乞讨者，也可能不是。
处罚标准	构成本行为的，处5日以下拘留或者警告。
相关执法参考	**《中华人民共和国治安管理处罚法》**（节录） （2005年8月28日第十届全国人民代表大会常务委员会第十七次会议通过　中华人民共和国主席令第三十八号公布　自2006年3月1日起施行） 第四十一条第二款　反复纠缠、强行讨要或者以其他滋扰他人的方式乞讨的，处五日以下拘留或者警告。

六十一、威胁人身安全

（《治安管理处罚法》第42条第1项）

<table>
<tr><td colspan="2">案由</td><td>威胁人身安全</td></tr>
<tr><td colspan="2">概念</td><td>威胁人身安全，是指行为人以写恐吓信或者其他方法威胁他人人身安全，尚不够刑事处罚的行为。</td></tr>
<tr><td rowspan="4">违法构成要件</td><td>违法客体</td><td>本行为侵犯的客体是他人的人身安全。</td></tr>
<tr><td>违法客观方面</td><td>本行为在客观方面表现为写恐吓信或其他方法威胁他人的生命、健康，尚不够刑事处罚的行为。
行为人的目的有的是出于报复，有的是为了得到某种物质利益。威胁的方法多种多样，除写恐吓信外，还有当面用言语恐吓，打恐吓电话，由第三者传话恐吓，往他人房内（院中）投掷砖石或死动物等。不管使用何种方法，不影响本行为的成立，方法和手段只是作为在处罚时考虑的酌情情节。本行为威胁的对象是特定的个人，威胁的行为造成了一定的危害后果，如给被害人造成了很大的精神负担或心理压力，影响了正常的工作和生活。</td></tr>
<tr><td>违法主体</td><td>本行为的主体是达到责任年龄、具有责任能力的自然人。</td></tr>
<tr><td>违法主观方面</td><td>本行为在主观方面是故意，其动机多种多样，如发泄不满、报复、获取不正当的利益等，动机不影响行为的成立，只是对量罚有一定的影响。</td></tr>
<tr><td>认定界限</td><td colspan="2">（一）本行为与相关犯罪的界限。
行为人采用写恐吓信或用其他方法威胁他人安全的，其动机、目的比较复杂，有的是为了报复，有的是为了影响他人以达到个人目的等。不管其动机如何，其行为本身都使他人精神受到折磨，安全受到威胁。对这种行为，如果情节、后果较轻的，属违反治安管理行为，以本行为论处。本行为一般是单纯言语、文字威胁，没有采用暴力、限制等严重手段，且未造成严重后果。如果情节严重，如采用暴力手段，或对被威胁人造成了严重后果的，应当依法追究刑事责任，以相应的犯罪论处。
（二）本行为与敲诈勒索的界限。
《治安管理处罚法》第49条规定的敲诈勒索，是指以非法占有为目的，对被害</td></tr>
</table>

<table>
<tr><td>认定界限</td><td>人使用威胁或要挟的方法，强行索要少量公私财物，尚不够刑事处罚的行为。两者在行为方式上有相同或相似之处，一般都可能采用写恐吓信或其他威胁手段；威胁内容也可能有相同之处，都可能对他人的人身安全造成威胁。两者的区别主要是侵犯的客体和行为人的主观心态不同：本行为侵犯的客体是他人的人身安全，其动机、目的一般不是勒索钱财或涉及财产性质的利益，而是出于其他非财产性质的非法目的；而敲诈勒索行为是以获得非法钱财利益为直接目的的，所侵害的客体是双重客体，包括公私财产权和他人人身权，但主要是对公私财物所有权的侵犯。</td></tr>
<tr><td>处罚标准</td><td>（一）构成本行为的，处5日以下拘留或者500元以下罚款。
（二）情节较重的，处5日以上10日以下拘留，可以并处500元以下罚款。
在实践中，判断情节的轻重，一般应从行为人的动机、手段、目的、行为的次数、造成的后果等方面综合考虑，由公安机关办案人员酌情量罚。一般来说，具有下列情形之一的，应认定为“情节较重”：
1. 多次实施或者造成一定后果的；
2. 情节恶劣或者造成较大影响的；
3. 给他人正常工作、生活或身心健康造成较大影响的；
4. 其他情节较重的情形。</td></tr>
<tr><td>相关执法参考</td><td>《中华人民共和国治安管理处罚法》（节录）
（2005年8月28日第十届全国人民代表大会常务委员会第十七次会议通过 中华人民共和国主席令第三十八号公布 自2006年3月1日起施行）
第四十二条第一项 有下列行为之一的，处五日以下拘留或者五百元以下罚款；情节较重的，处五日以上十日以下拘留，可以并处五百元以下罚款：
（一）写恐吓信或者以其他方法威胁他人人身安全的；</td></tr>
</table>

六十二、侮辱

（《治安管理处罚法》第42条第2项）

<table>
<tr><td colspan="2">案由</td><td>侮辱</td></tr>
<tr><td colspan="2">概念</td><td>侮辱，是指以暴力或其他方法，公然贬低他人人格，破坏他人名誉，情节轻微，尚不够刑事处罚的行为。</td></tr>
<tr><td rowspan="4">违法构成要件</td><td>违法客体</td><td>本行为侵犯的客体是公民的人格权和名誉权。</td></tr>
<tr><td>违法客观方面</td><td>本行为在客观方面表现为以暴力或其他方法，公然贬低他人人格，破坏他人名誉，情节轻微，尚不够刑事处罚的行为。
1. “侮辱”的内容包括对别人的肤色、种族、民族、性别、国籍、信仰、传统、过去经历、私生活等敏感话题进行的散布、歪曲、攻击或谩骂等。
2. 侮辱的方式公然的，这种“公然”是指在第三者能够看到或者听到的场合或方式进行侮辱，在对被害人进行侮辱时，被害人是否在场，不影响行为的成立。其形式可以是文字，也可以是图案，或者是两者结合，甚至可以是一些对当事人具有特殊意义的、具有禁忌性的、隐秘性的物品等。
3. 侮辱的对象必须具有特定性。这里的特定性既可以是指名道姓，也可以不指名道姓，但根据行为人侮辱的方式、内容等情况，包含他人可以推知是某人的信息即可。
侮辱他人的表现形式主要包括：一是暴力侮辱，如当众打人耳光，强迫他人从自己胯下钻过，强迫他人在地上学动物爬、学动物叫，强行给他人画鬼脸，剃阴阳头，往他人身上泼洒粪尿污物等；二是口头侮辱，如以言词对他人辱骂，恶语中伤等；三是文字侮辱，如以大、小字报或漫画等形式进行人身侮辱等。</td></tr>
<tr><td>违法主体</td><td>本行为的主体是达到责任年龄、具有责任能力的自然人。</td></tr>
<tr><td>违法主观方面</td><td>本行为在主观方面是故意，并且具有贬低他人人格，破坏他人名誉的目的。</td></tr>
<tr><td colspan="2">认定界限</td><td>（一）本行为与一般传播他人流言蜚语的界限。
一般性传播他人的流言蜚语，是某些人的一种不良生活习性，在日常生活中常见，应当受到舆论的谴责。但是，行为人一般没有贬损他人人格及名誉的故意，往</td></tr>
</table>

<table>
<tr><td>认定界限</td><td>往是人云亦云，或者主观臆测，以供茶余饭后的无聊谈资、取乐；在客观行为上，也不是公然进行侮辱，在一般情况下，不仅背着当事人，而且也较注意周围环境，多是在较小的圈子里散布这种流言蜚语。

（二）本行为与侮辱罪的界限。

《刑法》第246条规定的侮辱罪，是指使用暴力或者以其他方法，公然贬损他人人格，破坏他人名誉，情节严重的行为。两者是同一种违法活动形式的不同阶段，其主要区别在于情节的轻重或危害后果的大小。情节较轻、危害后果较小的一般性侮辱行为属违反治安管理行为；而情节、后果严重的，如当众以粪便泼洒他人身体，或强令被害人吃粪便等极端恶劣手段的，造成被害人精神受到极大刺激而失常或致精神病的，或不堪侮辱而自杀的等，即构成了侮辱罪。</td></tr>
<tr><td>处罚标准</td><td>（一）构成本行为的，处5日以下拘留或者500元以下罚款；
（二）情节较重的，处5日以上10日以下拘留，可以并处500元以下罚款。
在实践中，判断情节的轻重，一般应从行为人的动机、手段、目的、行为的次数、造成的后果等方面综合考虑，由公安机关办案人员酌情量罚。一般来说，具有下列情形之一的，应认定为“情节较重”：
1. 多次实施或者造成一定后果的；
2. 情节恶劣或者造成较大影响的；
3. 给他人正常工作、生活或身心健康造成较大影响的；
4. 其他情节较重的情形。</td></tr>
<tr><td>相关执法参考</td><td>《中华人民共和国治安管理处罚法》（节录）
（2005年8月28日第十届全国人民代表大会常务委员会第十七次会议通过 中华人民共和国主席令第三十八号公布 自2006年3月1日起施行）

第四十二条第二项 有下列行为之一的，处五日以下拘留或者五百元以下罚款；情节较重的，处五日以上十日以下拘留，可以并处五百元以下罚款：
（二）公然侮辱他人或者捏造事实诽谤他人的；

《中华人民共和国刑法》（节录）
（1979年7月1日第五届全国人民代表大会第二次会议通过 1997年3月14日第八届全国人民代表大会第五次会议修订 根据2011年2月25日第十一届全国人民代表大会常务委员会第十九次会议通过的《中华人民共和国刑法修正案（八）》最新修正）

第二百四十六条 以暴力或者其他方法公然侮辱他人或者捏造事实诽谤他人，情节严重的，处三年以下有期徒刑、拘役、管制或者剥夺政治权利。
前款罪，告诉的才处理，但是严重危害社会秩序和国家利益的除外。

《全国人民代表大会常务委员会关于维护互联网安全的决定》（节录）
（2000年12月28日第九届全国人民代表大会常务委员会第十九次会议通过 根据2009年8月27日第十一届全国人民代表大会常务委员会第十次会议通过的〈全国人民代表大会常务委员会关于修改部分法律的决定〉修改）

四、为了保护个人、法人和其他组织的人身、财产等合法权利，对有下列行为之</td></tr>
</table>

一，构成犯罪的，依照刑法有关规定追究刑事责任：

（一）利用互联网侮辱他人或者捏造事实诽谤他人；

六、利用互联网实施违法行为，违反社会治安管理，尚不构成犯罪的，由公安机关依照《治安管理处罚法》予以处罚；违反其他法律、行政法规，尚不构成犯罪的，由有关行政管理部门依法给予行政处罚；对直接负责的主管人员和其他直接责任人员，依法给予行政处分或者纪律处分。

利用互联网侵犯他人合法权益，构成民事侵权的，依法承担民事责任。

《最高人民法院关于审理非法出版物刑事案件具体应用法律若干问题的解释》（节录）

（1998年12月17日颁布　自1998年12月23日起实施）

第六条　在出版物中公然侮辱他人或者捏造事实诽谤他人，情节严重的，依照刑法第二百四十六条的规定，分别以侮辱罪或者诽谤罪定罪处罚。

《最高人民法院、最高人民检察院关于办理组织和利用邪教组织犯罪案件具体应用法律若干问题的解释（二）》（节录）

（2001年6月4日　法释［2001］19号）

第三条　制作、传播邪教宣传品，公然侮辱他人或者捏造事实诽谤他人的，依照刑法第二百四十六条的规定，以侮辱罪或者诽谤罪定罪处罚。

《中华人民共和国残疾人保障法》（修订）（节录）

（1990年12月28日第七届全国人民代表大会常务委员会第十七次会议通过
2008年4月24日第十一届全国人民代表大会常务委员会第二次会议修订
中华人民共和国主席令第3号　自2008年7月1日起施行）

第三条　残疾人在政治、经济、文化、社会和家庭生活等方面享有同其他公民平等的权利。

残疾人的公民权利和人格尊严受法律保护。

禁止基于残疾的歧视。禁止侮辱、侵害残疾人。禁止通过大众传播媒介或者其他方式贬低损害残疾人人格。

第六十二条　违反本法规定，通过大众传播媒介或者其他方式贬低损害残疾人人格的，由文化、广播电影电视、新闻出版或者其他有关主管部门依据各自的职权责令改正，并依法给予行政处罚。

第六十五条　违反本法规定，供养、托养机构及其工作人员侮辱、虐待、遗弃残疾人的，对直接负责的主管人员和其他直接责任人员依法给予处分；构成违反治安管理行为的，依法给予行政处罚。

第六十七条　违反本法规定，侵害残疾人的合法权益，其他法律、法规规定行政处罚的，从其规定；造成财产损失或者其他损害的，依法承担民事责任；构成犯罪的，依法追究刑事责任。

相关执法参考

《中华人民共和国未成年人保护法》（节录）

（1991年9月4日第七届全国人民代表大会常务委员会第二十一次会议通过
2006年12月29日第十届全国人民代表大会常务委员会第二十五次会议修订
自2007年6月1日起施行）

第二十一条 学校、幼儿园、托儿所的教职员工应当尊重未成年人的人格尊严，不得对未成年人实施体罚、变相体罚或者其他侮辱人格尊严的行为。

《中华人民共和国义务教育法》（节录）

（1986年4月12日第六届全国人民代表大会第四次会议通过
2006年6月29日第十届全国人民代表大会常务委员会第二十二次会议修订
自2006年9月1日起施行）

第二十九条 教师在教育教学中应当平等对待学生，关注学生的个体差异，因材施教，促进学生的充分发展。

教师应当尊重学生的人格，不得歧视学生，不得对学生实施体罚、变相体罚或者其他侮辱人格尊严的行为，不得侵犯学生合法权益。

第六十条 违反本法规定，构成犯罪的，依法追究刑事责任。

《中华人民共和国老年人权益保障法》（节录）

（1996年8月29日第八届全国人民代表大会常务委员会第二十一次会议通过
根据2005年8月28日第十届全国人民代表大会常务委员会第十七次会议
《关于修改〈中华人民共和国妇女权益保障法〉的决定》修正）

第四十六条 以暴力或者其他方法公然侮辱老年人、捏造事实诽谤老年人或者虐待老年人，情节较轻的，依照治安管理处罚法的有关规定处罚；构成犯罪的，依法追究刑事责任。

《中华人民共和国妇女权益保障法》（节录）

（1992年4月3日第七届全国人民代表大会第五次会议通过
根据2005年8月28日第十届全国人民代表大会常务委员会第十七次会议
《关于修改〈中华人民共和国妇女权益保障法〉的决定》修正）

第四十二条 妇女的名誉权、荣誉权、隐私权、肖像权等人格权受法律保护。

禁止用侮辱、诽谤等方式损害妇女的人格尊严。禁止通过大众传播媒介或者其他方式贬低损害妇女人格。未经本人同意，不得以营利为目的，通过广告、商标、展览橱窗、报纸、期刊、图书、音像制品、电子出版物、网络等形式使用妇女肖像。

第五十九条 违反本法规定，通过大众传播媒介或者其他方式贬低损害妇女人格的，由文化、广播电影电视、新闻出版或者其他有关部门依据各自的职权责令改正，并依法给予行政处罚。

《信访条例》（节录）

（2005年1月10日国务院令第431号颁布 自2005年5月1日起施行）

第二十条 信访人在信访过程中应当遵守法律、法规，不得损害国家、社会、

相关执法参考	集体的利益和其他公民的合法权利，自觉维护社会公共秩序和信访秩序，不得有下列行为： （三）侮辱、殴打、威胁国家机关工作人员，或者非法限制他人人身自由的； 第四十七条　违反本条例第十八条、第二十条规定的，有关国家机关工作人员应当对信访人进行劝阻、批评或者教育。 经劝阻、批评和教育无效的，由公安机关予以警告、训诫或者制止；违反集会游行示威的法律、行政法规，或者构成违反治安管理行为的，由公安机关依法采取必要的现场处置措施、给予治安管理处罚；构成犯罪的，依法追究刑事责任。

六十三、诽谤
（《治安管理处罚法》第 42 条第 2 项）

案由		诽谤
概念		诽谤，是指捏造并散布某种虚假事实，损坏他人人格，破坏他人名誉，情节轻微，尚不够刑事处罚的行为。
违法构成要件	违法客体	本行为侵犯的客体是公民的人格尊严和名誉权。
	违法客观方面	本行为在客观方面表现为捏造并散布某种虚假事实，损坏他人人格，破坏他人名誉，情节轻微，尚不够刑事处罚的行为。 “捏造事实”，即诽谤他人的内容完全是虚构的。如果散布的不是凭空捏造的，而是客观存在的事实，即使有损于他人的人格、名誉，也不构成本行为。 “散布”，即在社会上公开的扩散。散布的方法多种多样，主要是以口头或文字（书信、图画、墙报等）方式扩散捏造的事实，以使众人知道，达到损害他人人格和名誉的目的。 需要注意的是，“捏造事实”和“散布”必须同时具备，缺一不可。 本行为必须是针对特定的人实施的，但并不一定要指名道姓，只要从诽谤的内容上知道或者可以推断出是特定的人，即可以构成诽谤行为，如果行为人散布的虚假事实没有特定的对象，不可能对特定人的人格和名誉造成影响，就不构成诽谤行为。
	违法主体	本行为的主体是达到责任年龄、具有责任能力的自然人。
	违法主观方面	本行为在主观方面是故意。
认定界限	（一）本行为与侮辱的界限。 《治安管理处罚法》第 42 条第 2 项规定的侮辱，是指以暴力或其他方法，公然贬低他人人格，破坏他人名誉，情节轻微，尚不够刑事处罚的行为。两者侵犯的客体相同，即他人的人格和名誉权，客观方面也有某些相似之处，如都有各种各样的贬低特定他人人格、破坏他人名誉的行为，在一定意义上讲，诽谤也是一种侮辱。它们的主要区别在于：	

认定界限

1. 侮辱行为并不要求用捏造事实的方式进行，行为人侮辱被害人的内容可能是真实的；而诽谤行为则必须是捏造事实并散布这种虚假的事实，达到侮辱的目的。

2. 侮辱行为并不限于使用语言、文字的方式，可以使用暴力对被害人进行侮辱；而诽谤行为只能用语言、文字的方式进行。

（二）本行为与一般传播他人流言蜚语的界限。

一般性传播他人的流言蜚语，是某些人的一种不良生活习性，在日常生活中常见，应当受到舆论的谴责。但行为人一般没有贬损他人人格及名誉的故意，往往是人云亦云，或者主观臆测，以供茶余饭后的无聊谈资、取乐；在客观行为上，也不是公然诽谤，一般情况下不仅背着当事人，而且也较注意周围环境，多是在较小的圈子里散布这种流言蜚语。但是，如果故意制造流言蜚语并传播，中伤他人，对他人的人格和名誉造成损害的，则可按诽谤行为处罚。

（三）死者能否成为本行为侵犯的对象。

所谓死者的名誉，实质上是死者生前名誉的延续，是死者生前获得的社会评价，在其死后理应受到法律保护，不得随意贬损，这时维护社会利益和秩序的需要。最高人民法院曾在1988年民字第52号函复中提出，死者享有名誉权，应予以依法保护，因此，捏造并散布某种虚假事实，损坏死者人格，破坏其名誉，情节轻微，尚不够刑事处罚的，以本行为论处。

（四）本行为与民事侵权行为的界限。

属于民事侵权的诽谤行为在违法程度上轻于本行为，两者还具有如下区别：

1. 散布的内容不同。本行为散布的必须是捏造的虚假事实。如果散布的是客观存在的事实，虽然有损于他人人格、名誉，但不构成诽谤；而民事侵权行为，即使所散布的内容是真实的，但只要是法律禁止公开宣扬的，公开了将有损于他人人格、名誉，也可以构成民事侵权，甚至叙述的事实越真实，越会加重侵权的程度。

2. 侵犯的对象不同。本行为侵犯的对象只能是自然人，而不包括法人、团体、组织；后者侵犯的对象则包括法人、团体、组织和个人。

3. 行为人的主观心态不同。本行为的行为人在主观方面必须是直接故意；而后者在主观上既有故意，也有过失。

（五）散布道听途说的虚假事实是否构成本行为。

在司法实践中，往往会出现行为人从他人处听来的虚假事实，行为人也明知该种事实系捏造，但仍然予以散布，损坏他人人格，破坏他人名誉，情节轻微，尚不够刑事处罚的，是否构成本行为呢？

笔者认为，对“捏造事实诽谤”的理解应为“行为人既捏造了事实又实施了诽谤”，也就是说，捏造行为和散布行为必须同时存在，因此，散布道听途说的虚假事实，即使行为人明知该事实是虚假的，但不是自己捏造的，即使损坏了他人人

<table>
<tr><td>认定界限</td><td>格，破坏了他人名誉，也不构成本行为，但可予以批评教育。但是，对捏造者应以本行为论处。

（六）本行为与诽谤罪的界限。

《刑法》第246条规定的诽谤罪，是指故意捏造并散布虚构的事实，足以贬损他人人格，破坏他人名誉，情节严重的行为。两者是同一种违法活动形式的不同阶段，其主要区别在于情节的轻重或危害后果的大小。情节较轻、危害后果较小的一般性诽谤，属违反治安管理行为；而情节、后果严重的，如造成被害人精神受到极大刺激而失常或致精神病的，或不堪诽谤而自杀的等，即构成了诽谤罪。

（七）本行为与诬告陷害罪的界限。

《刑法》第243条规定的诬告陷害罪，是指捏造事实诬告陷害他人，意图使他人受刑事追究，情节严重的行为。两者在捏造事实这一点上是相同的，但行为的情节和目的不同。诽谤行为捏造事实是为了向他人散布，造成一定不良影响，目的在于损害他人的人格和名誉；而诬告陷害罪是捏造犯罪事实，为了向国家机关告发，目的是使他人受到刑事处分。</td></tr>
<tr><td>处罚标准</td><td>（一）构成本行为的，处5日以下拘留或者500元以下罚款。
（二）情节较重的，处5日以上10日以下拘留，可以并处500元以下罚款。
在实践中，判断情节的轻重，一般应从行为人的动机、手段、目的、行为的次数、造成的后果等方面综合考虑，由公安机关办案人员酌情量罚。一般来说，具有下列情形之一的，应认定为“情节较重”：
1. 多次实施或者造成一定后果的；
2. 情节恶劣或者造成较大影响的；
3. 给他人正常工作、生活或身心健康造成较大影响的；
4. 其他情节较重的情形。</td></tr>
<tr><td>相关执法参考</td><td>《中华人民共和国治安管理处罚法》（节录）
（2005年8月28日第十届全国人民代表大会常务委员会第十七次会议通过　中华人民共和国主席令第三十八号公布　自2006年3月1日起施行）

第四十二条第二项　有下列行为之一的，处五日以下拘留或者五百元以下罚款；情节较重的，处五日以上十日以下拘留，可以并处五百元以下罚款：
（二）公然侮辱他人或者捏造事实诽谤他人的；

《中华人民共和国刑法》（节录）
（1979年7月1日第五届全国人民代表大会第二次会议通过　1997年3月14日第八届全国人民代表大会第五次会议修订　根据2011年2月25日第十一届全国人民代表大会常务委员会第十九次会议通过的《中华人民共和国刑法修正案（八）》最新修正）

第二百四十六条　以暴力或者其他方法公然侮辱他人或者捏造事实诽谤他人，情节严重的，处三年以下有期徒刑、拘役、管制或者剥夺政治权利。</td></tr>
</table>

前款罪，告诉的才处理，但是严重危害社会秩序和国家利益的除外。

《最高人民法院关于审理非法出版物刑事案件具体应用法律若干问题的解释》（节录）

（1998年12月17日法释［1998］30号颁布　自1998年12月23日起实施）

第六条　在出版物中公然侮辱他人或者捏造事实诽谤他人，情节严重的，依照刑法第二百四十六条的规定，分别以侮辱罪或者诽谤罪定罪处罚。

《最高人民法院、最高人民检察院关于办理组织和利用邪教组织犯罪案件具体应用法律若干问题的解释（二）》（节录）

（2001年6月4日法释［2001］19号颁布　自2001年6月11日起实施）

第三条　制作、传播邪教宣传品，公然侮辱他人或者捏造事实诽谤他人的，依照刑法第二百四十六条的规定，以侮辱罪或者诽谤罪定罪处罚。

《全国人民代表大会常务委员会关于维护互联网安全的决定》（节录）

（2000年12月28日第九届全国人民代表大会常务委员会第十九次会议通过　根据2009年8月27日第十一届全国人民代表大会常务委员会第十次会议通过的〈全国人民代表大会常务委员会关于修改部分法律的决定〉修改）

四、为了保护个人、法人和其他组织的人身、财产等合法权利，对有下列行为之一，构成犯罪的，依照刑法有关规定追究刑事责任：

（一）利用互联网侮辱他人或者捏造事实诽谤他人；

《中华人民共和国老年人权益保障法》（节录）

（1996年8月29日第八届全国人民代表大会常务委员会第二十一次会议通过　根据2005年8月28日第十届全国人民代表大会常务委员会第十七次会议《关于修改〈中华人民共和国妇女权益保障法〉的决定》修正）

第四十六条　以暴力或者其他方法公然侮辱老年人、捏造事实诽谤老年人或者虐待老年人，情节较轻的，依照治安管理处罚法的有关规定处罚；构成犯罪的，依法追究刑事责任。

《中华人民共和国妇女权益保障法》（节录）

（1992年4月3日第七届全国人民代表大会第五次会议通过　根据2005年8月28日第十届全国人民代表大会常务委员会第十七次会议《关于修改〈中华人民共和国妇女权益保障法〉的决定》修正）

第四十二条　妇女的名誉权、荣誉权、隐私权、肖像权等人格权受法律保护。

禁止用侮辱、诽谤等方式损害妇女的人格尊严。禁止通过大众传播媒介或者其他方式贬低损害妇女人格。未经本人同意，不得以营利为目的，通过广告、商标、展览橱窗、报纸、期刊、图书、音像制品、电子出版物、网络等形式使用妇女肖像。

第五十八条　违反本法规定，对妇女实施性骚扰或者家庭暴力，构成违反治安管理行为的，受害人可以提请公安机关对违法行为人依法给予行政处罚，也可以依法向人民法院提起民事诉讼。

相关执法参考	第五十九条　违反本法规定，通过大众传播媒介或者其他方式贬低损害妇女人格的，由文化、广播电影电视、新闻出版或者其他有关部门依据各自的职权责令改正，并依法给予行政处罚。

六十四、诬告陷害

（《治安管理处罚法》第42条第3项）

案由		诬告陷害
概念		诬告陷害，是指捏造事实诬告陷害他人，企图使他人受到刑事追究或者受到治安管理处罚，尚不够刑事处罚的行为。
违法构成要件	违法客体	本行为侵犯的客体是复杂客体，包括公民的人身权利和司法、行政机关的正常管理活动。
	违法客观方面	本行为在客观方面表现为捏造他人违法犯罪事实，向有关机关告发，意图陷害他人的行为。 本行为在客观上表现为两个方面： 1. 捏造他人违法犯罪事实，即无中生有，虚构他人的违法犯罪事实。捏造的事实既包括违法事实，也包括犯罪事实。“捏造的事实”只要足以引起司法机关追究即可，并不要求捏造详细情节与证据。这里的“他人”必须是针对特定的对象的，如果行为人捏造了某种违法犯罪事实，并向有关机关告发，但是并没有具体对象的，也不构成本行为，因为该行为虽然侵犯了司法机关的正常管理活动，但是并没有侵犯他人的人身权利，因此，不构成本行为。特定对象并不要求行为人点名道姓，只要告发的内容足以使司法机关确认对象是谁即可。 2. 告发，是指向有关机关，通常是司法机关、纪检部门控告揭发。在实践中，行为人告发的方式多种多样，如口头的、书面的、署名的、匿名的等。 上述两个方面缺一不可。
	违法主体	本行为的主体是达到责任年龄、具有责任能力的自然人。
	违法主观方面	本行为的主观方面必须是故意。本行为在主观上具有陷害他人的意图，这种陷害的意图表现为希望被害人受到刑事处罚或治安管理处罚。本行为的构成不要求已经达到了行为人的违法意图，只要是行为人出于使被害人受到刑事追究或受到公安机关治安管理处罚的目的，实施了诬告的行为，就构成本行为。
认定界限		（一）本行为与错告、检举失实的界限。 错告与检举失实，是指由于时间间隔长，记忆不清，或因案情复杂，分辨不清等因素，导致行为人对事件了解的片面性和表面性，行为人向有关机关作了不切实际的告发和检举。从实践来看，虽然行为人提出的情况与事实不符合，但其目的不

<table>
<tr><td>认定界限</td><td>是为了陷害他人或达到某种不正当的目的，大部分是出于公心，是为了伸张正义。而诬告陷害行为是指有意捏造虚假事实，故意告发，以达到使他人受到刑事追究或受到治安管理处罚的目的。可见，二者的根本区别在于行为人是否具有陷害他人的目的。

（二）本行为与诽谤行为的界限。

《治安管理处罚法》第 42 条第 2 项规定的诽谤，是指捏造并散布某种虚假事实，损坏他人人格，破坏他人名誉，情节轻微，尚不够刑事处罚的行为。两者都表现为捏造事实，而且，诽谤行为也可能表现为行为人捏造使他人可能受到刑事追究或治安管理处罚的事实，两者在实践中有相似之处，其主要区别在于：
1. 行为侵犯的客体不同。本行为侵犯的是复杂客体，既包括他人的人身权利，也包括有关机关的正常管理活动；诽谤行为侵犯的客体是单一客体，即他人的人格、名誉权。
2. 行为人的主观态度不同。本行为的目的是使他人受到刑事追究或治安管理处罚；后者的目的是损害他人的人格和名誉。
3. 行为方式不同。本行为必须是捏造他人可能受到刑事追究或治安管理处罚的事实并向有关国家机关或单位告发；后者是捏造有损他人人格和名誉的事实，散布于第三人或更多的人，但是没有向国家机关或有关单位告发。

（三）本行为与诬告陷害罪的界限。

《刑法》第 243 条规定的诬告陷害罪是指捏造犯罪事实，向公安、司法机关告诉，意图陷害他人使他人受刑事追究的。诬告陷害行为与诬告陷害罪，是同一种违法活动形式的不同阶段，其主要区别在于情节的轻重或危害后果的大小。情节较轻、危害后果较小的一般性诬告陷害行为，属违反治安管理行为；而情节、后果严重的，如造成他人被错误拘留、逮捕、判刑的，造成他人精神受到极大刺激而失常或致精神病的，或不堪陷害而自杀等，即构成了诬告陷害罪。另外，从捏造的事实上来说，本行为捏造的事实既包括犯罪事实，也包括违法事实，而诬告陷害罪捏造的事实仅限于犯罪事实。可见二者是有明显区别的。</td></tr>
<tr><td>处罚标准</td><td>（一）构成本行为的，处 5 日以下拘留或者 500 元以下罚款。
（二）情节较重的，处 5 日以上 10 日以下拘留，可以并处 500 元以下罚款。
在实践中，判断情节的轻重，一般应从行为人的动机、手段、目的、行为的次数、造成的后果等方面综合考虑，由公安机关办案人员酌情量罚。一般来说，具有下列情形之一的，应认定为“情节较重”：
1. 多次实施或者造成一定后果的；
2. 情节恶劣或者造成较大影响的；
3. 给他人正常工作、生活或身心健康造成较大影响的；
4. 其他情节较重的情形。</td></tr>
</table>

相关执法参考

《中华人民共和国治安管理处罚法》（节录）

（2005年8月28日第十届全国人民代表大会常务委员会第十七次会议通过 中华人民共和国主席令第三十八号公布 自2006年3月1日起施行）

第四十二条第三项 有下列行为之一的，处五日以下拘留或者五百元以下罚款；情节较重的，处五日以上十日以下拘留，可以并处五百元以下罚款：

（三）捏造事实诬告陷害他人，企图使他人受到刑事追究或者受到治安管理处罚的；

《中华人民共和国刑法》（节录）

（1979年7月1日第五届全国人民代表大会第二次会议通过 1997年3月14日第八届全国人民代表大会第五次会议修订 根据2011年2月25日第十一届全国人民代表大会常务委员会第十九次会议通过的《中华人民共和国刑法修正案（八）》最新修正）

第二百四十三条 捏造事实诬告陷害他人，意图使他人受刑事追究，情节严重的，处三年以下有期徒刑、拘役或者管制；造成严重后果的，处三年以上十年以下有期徒刑。

国家机关工作人员犯前款罪的，从重处罚。

不是有意诬陷，而是错告，或者检举失实的，不适用前两款的规定。

《人民检察院直接受理的侵犯公民民主权利、人身权利和渎职案件立案标准的规定》（节录）

（1989年11月30日最高人民检察院检察委员会第七届第二十七次会议通过）

三、诬告陷害案（刑法第一百三十八条）

故意捏造他人（包括犯人）的犯罪事实，向国家机关告发或行使足以引起司法机关追究的方法，意图使他人受到刑事处罚，具有下列行为之一的，应予立案：

1. 为陷害他人，故意捏造足以使他人受到刑事追究的犯罪事实，并由本人或指使他人向国家机关告发的；

2. 为陷害他人，故意捏造足以使他人受到刑事追究的犯罪事实，虽不是直接向国家机关告发，但采取的方法足以引起司法机关追究的。

《信访条例》（节录）

（2005年1月10日国务院令第431号颁布 自2005年5月1日起施行）

第四十八条 信访人捏造歪曲事实、诬告陷害他人，构成犯罪的，依法追究刑事责任；尚不构成犯罪的，由公安机关依法给予治安管理处罚。

六十五、威胁、侮辱、殴打、打击报复证人及其近亲属
（《治安管理处罚法》第42条第4项）

案由		威胁、侮辱、殴打、打击报复证人及其近亲属
概念		威胁、侮辱、殴打、打击报复证人及其近亲属，是指对证人及其近亲属进行威胁、侮辱、殴打或者打击报复，尚不够刑事处罚的行为。
违法构成要件	违法客体	本行为侵犯的客体是复杂客体，既包括证人及其近亲属的人身权利，也侵犯了司法机关的正常活动。侵犯的对象是证人及其近亲属。 这里的“证人”，是指知道案情并具有辨别是非和正确表达能力的自然人。知悉案情但尚未作证的人，不是本行为侵犯的对象。 “近亲属”是指配偶、父母、子女、祖父母，外祖父母、孙子女、外孙子女、兄弟姐妹。
	违法客观方面	本行为在客观方面表现为对证人及其近亲属进行威胁、侮辱、殴打或者打击报复，尚不够刑事处罚的行为。 本行为的表现形式多种多样，如对证人进行殴打、侮辱、诽谤，利用职权对证人进行降级、降职、停薪等。对证人的亲属进行打击报复的，也视为是对证人的打击报复。本行为发生的时间可以在诉讼、调查活动进行当中，也可以发生在诉讼、调查活动结束之后。
	违法主体	本行为的主体是达到责任年龄、具有责任能力的自然人。在实践中，打击报复证人的通常是案件的当事人和其他相关人员。
	违法主观方面	本行为在主观方面是故意。
认定界限	（一）本行为与故意伤害的界限。 《治安管理处罚法》第43条第1款规定的故意伤害，是指故意非法伤害他人身体健康，尚不够刑事处罚的行为。在本行为中，报复性殴打证人及其近亲属与故意伤害行为都是故意造成他人人身的伤害，客观上都实施了伤害他人的行为。两者的区别主要在于： 1. 故意的内容不同。本行为出于对证人依法作证“报复”的故意；伤害行为则出于伤害他人身体的故意。 2. 行为侵害的对象不同。本行为侵害的是特定的对象，即针对有关证人及其近亲属的行为，而伤害行为的对象则泛指任何公民。	

认定界限	（二）本行为与打击报复证人罪的界限。 《刑法》第308条规定的打击报复证人罪，是指对证人进行打击报复的行为。两者是同一种违法活动形式的不同阶段，其主要区别在于情节的轻重或危害后果的大小。情节较轻、危害后果较小的一般性打击报复证人的行为，属违反治安管理行为；而情节、后果严重的，即构成了打击报复证人罪，在实践中，“情节、后果严重”一般包括：（1）殴打、侮辱证人及其近亲属，造成身体伤害的；（2）对证人及其近亲属进行威胁、骚扰，严重影响其正常生活、工作的；（3）造成恶劣社会影响，严重干扰了执法和诉讼活动的；（4）致人自杀、重伤或精神失常的；（5）造成证人及其近亲属的精神受到极大刺激等。 （三）本行为与报复陷害罪的界限。 《刑法》第254条规定的报复陷害罪，是指国家机关工作人员滥用职权、假公济私，对控告人、申诉人、批评人、举报人实行报复陷害的行为。两者的界限主要在于： 1. 侵犯的客体不同。本行为侵犯的客体是复杂客体，既包括证人及其近亲属的人身权利，也侵犯了司法机关的正常活动；后者侵犯的客体是公民的民主权利。 2. 侵犯的对象不同。本行为侵犯的对象是证人及其近亲属；后者侵犯的对象是控告人、申诉人、批评人与举报人。 3. 主体不同。本行为的主体是一般主体；后者的主体是国家机关工作人员。 4. 行为方式不同。本行为表现为对证人及其近亲属进行威胁、侮辱、殴打或者打击报复，尚不够刑事处罚的行为，行为人既可能利用职权，也可能不利用职权；后者表现为滥用职权、假公济私，进行报复陷害。 5. 情节和后果不同。本行为属于治安违法行为，一般情节较轻，危害不大，而后者属于犯罪行为，情节和后果一般较为严重。
处罚标准	（一）构成本行为的，处5日以下拘留或者500元以下罚款。 （二）情节较重的，处5日以上10日以下拘留，可以并处500元以下罚款。 在实践中，判断情节的轻重，一般应从行为人的动机、手段、目的、行为的次数、造成的后果等方面综合考虑，由公安机关办案人员酌情量罚。一般来说，具有下列情形之一的，应认定为“情节较重”： 1. 多次实施或者造成一定后果的； 2. 情节恶劣或者造成较大影响的； 3. 给他人正常工作、生活或身心健康造成较大影响的； 4. 其他情节较重的情形。
相关执法参考	**《中华人民共和国治安管理处罚法》**（节录） （2005年8月28日第十届全国人民代表大会常务委员会第十七次会议通过　中华人民共和国主席令第三十八号公布　自2006年3月1日起施行） 第四十二条第四项　有下列行为之一的，处五日以下拘留或者五百元以下罚款；情节较重的，处五日以上十日以下拘留，可以并处五百元以下罚款：

相关执法参考

（四）对证人及其近亲属进行威胁、侮辱、殴打或者打击报复的；

《中华人民共和国刑法》（节录）

（1979年7月1日第五届全国人民代表大会第二次会议通过　1997年3月14日第八届全国人民代表大会第五次会议修订　根据2011年2月25日第十一届全国人民代表大会常务委员会第十九次会议通过的《中华人民共和国刑法修正案（八）》最新修正）

第二百五十四条　国家机关工作人员滥用职权、假公济私，对控告人、申诉人、批评人、举报人实行报复陷害的，处二年以下有期徒刑或者拘役；情节严重的，处二年以上七年以下有期徒刑。

第二百五十五条　公司、企业、事业单位、机关、团体的领导人，对依法履行职责、抵制违反会计法、统计法行为的会计、统计人员实行打击报复，情节恶劣的，处三年以下有期徒刑或者拘役。

第三百零八条　对证人进行打击报复的，处三年以下有期徒刑或者拘役；情节严重的，处三年以上七年以下有期徒刑。

《中华人民共和国刑事诉讼法》（节录）

（根据1996年3月17日第八届全国人民代表大会第四次会议《关于修改〈中华人民共和国刑事诉讼法〉的决定》修正）

第四十九条　人民法院、人民检察院和公安机关应当保障证人及其近亲属的安全。

对证人及其近亲属进行威胁、侮辱、殴打或者打击报复，构成犯罪的，依法追究刑事责任；尚不够刑事处罚的，依法给予治安管理处罚。

《中华人民共和国民事诉讼法》（节录）

（1991年4月9日第七届全国人民代表大会第四次会议通过根据2007年10月28日第十届全国人民代表大会常务委员会第三十次会议《关于修改〈中华人民共和国民事诉讼法〉的决定》修正）

第一百零二条　诉讼参与人或者其他人有下列行为之一的，人民法院可以根据情节轻重予以罚款、拘留；构成犯罪的，依法追究刑事责任：

（一）伪造、毁灭重要证据，妨碍人民法院审理案件的；

（二）以暴力、威胁、贿买方法阻止证人作证或者指使、贿买、胁迫他人作伪证的；

（三）隐藏、转移、变卖、毁损已被查封、扣押的财产，或者已被清点并责令其保管的财产，转移已被冻结的财产的；

（四）对司法工作人员、诉讼参加人、证人、翻译人员、鉴定人、勘验人、协助执行的人，进行侮辱、诽谤、诬陷、殴打或者打击报复的；

（五）以暴力、威胁或者其他方法阻碍司法工作人员执行职务的；

（六）拒不履行人民法院已经发生法律效力的判决、裁定的。

人民法院对有前款规定的行为之一的单位，可以对其主要负责人或者直接责任人员予以罚款、拘留；构成犯罪的，依法追究刑事责任。

六十六、发送信息干扰正常生活
（《治安管理处罚法》第42条第5项）

案由		发送信息干扰正常生活
概念		发送信息干扰正常生活，是指多次发送淫秽、侮辱、恐吓或者其他信息，干扰他人正常生活，尚不够刑事处罚的行为。
违法构成要件	违法客体	本行为侵犯的客体是他人的正常生活。
	违法客观方面	本行为在客观方面表现为通过邮寄信件、打电话、发手机短信等各种邮件、电讯方式，多次发送淫秽、侮辱、恐吓或者其他信息，干扰他人的正常生活，情节较轻，尚不够刑事处罚的行为。 “淫秽”信息是指具体描绘性行为或者露骨宣扬色情的诲淫性信息。 “侮辱”信息是指诋毁他人人格、破坏他人名誉的信息。 “恐吓”信息是指威胁或要挟他人，引起他人精神恐慌的信息。 “其他信息”包括除淫秽、侮辱、恐吓信息以外的所有信息，既包括内容合法的信息，如商品、服务广告等，也包括非法信息，如虚假广告、虚假中奖等。 这里的“多次”是指3次以上。 “干扰他人正常生活”是指行为人发送的信息足以使他人由于收到这些信息而影响了正常的工作和生活，“他人”必须是针对特定的对象，既可以是1人，也可以是多人。 在实践中，本行为一般表现为：行为人反复、经常发送淫秽、侮辱、恐吓或者其他信息；行为人在其行为遭到训斥、拒绝后仍然多次发送；行为人在被害人休息时间，如深夜，多次发送等情况。如果行为人只是偶尔错发了邮件、短信，不构成本行为。
	违法主体	本行为的主体是达到责任年龄、具有责任能力的自然人。
	违法主观方面	本行为的主观方面表现为直接故意，行为人的动机多种多样，如恋爱不成，怀恨在心，不断将带有淫秽内容的短信发给对方，影响其正常生活；因工作上的矛盾，不断将带有侮辱性、恐吓性内容的短信发给对方，干扰他人的正常生活等，动机如何不影响行为的成立。

<table>
<tr><td>认定界限</td><td>本行为与传播淫秽信息的界限。

《治安管理处罚法》第68条规定的传播淫秽信息，是指利用计算机信息网络、电话以及其他通讯工具传播淫秽信息，尚不够刑事处罚的行为。两者在行为方式上有相同或相似之处。但二者的区别也是明显的，主要表现在：
1. 本行为是针对特定人实施的，在一般情况下，行为人与被害人认识，有矛盾冲突，其目的是干扰他人正常生活；后者是针对不特定人实施的，在有些情况下，行为人甚至与对方并不相识。行为人只是出于精神空虚、低级趣味和无聊的流氓变态心理，以及扰乱社会秩序的反社会动机而实施的。
2. 行为侵犯的客体不同。本行为侵犯的客体是他人的正常生活；后者侵犯的客体是社会公共秩序。</td></tr>
<tr><td>处罚标准</td><td>（一）构成本行为的，处5日以下拘留或者500元以下罚款。
（二）情节较重的，处5日以上10日以下拘留，可以并处500元以下罚款。
在实践中，判断情节的轻重，一般应从行为人的动机、手段、目的、造成的后果等方面综合考虑，由公安机关办案人员酌情量罚。一般来说，具有下列情形之一的，应认定为“情节较重”：
1. 造成一定后果的；
2. 情节恶劣或者造成较大影响的；
3. 给他人正常工作、生活或身心健康造成较大影响的；
4. 其他情节较重的情形。</td></tr>
<tr><td>相关执法参考</td><td>《中华人民共和国治安管理处罚法》（节录）
（2005年8月28日第十届全国人民代表大会常务委员会第十七次会议通过
中华人民共和国主席令第三十八号公布　自2006年3月1日起施行）

第四十二条第五项　有下列行为之一的，处五日以下拘留或者五百元以下罚款；情节较重的，处五日以上十日以下拘留，可以并处五百元以下罚款：
（五）多次发送淫秽、侮辱、恐吓或者其他信息，干扰他人正常生活的；
《公安机关执行〈中华人民共和国治安管理处罚法〉有关问题的解释》（二）（节录）
（2007年1月8日　公通字［2007］1号）

八、关于“结伙”、“多次”、“多人”的认定问题
《治安管理处罚法》中规定的“结伙”是指两人（含两人）以上；“多次”是指三次（含三次）以上；“多人”是指三人（含三人）以上。</td></tr>
</table>

六十七、侵犯隐私

（《治安管理处罚法》第42条第6项）

<table>
<tr><td colspan="2">案由</td><td>侵犯隐私</td></tr>
<tr><td colspan="2">概念</td><td>侵犯隐私，是指采取偷窥、偷拍、窃听、散布他人隐私等方式，侵犯他人隐私，尚不够刑事处罚的行为。</td></tr>
<tr><td rowspan="4">违法构成要件</td><td>违法客体</td><td>本行为侵犯的客体是他人的隐私权。</td></tr>
<tr><td>违法客观方面</td><td>本行为在客观方面表现为行为人采取偷窥、偷拍、窃听、散布他人隐私等方式，侵犯他人隐私，尚不够刑事处罚的行为。
所谓“隐私”是指受法律保护、不愿意让他人知道的、属于个人的生活私秘，如生育能力、两性关系等，这些信息一旦公开，将会给当事人的生活、工作带来压力。
所谓“偷窥”，是指对他人隐私活动偷偷观看的活动；所谓“偷拍”，是指对他人的隐私活动进行秘密摄录的活动；所谓“窃听”，是指对他人隐私进行偷听或秘密录音的活动；所谓“散布”，是指通过文字、语言或其他手段，将他人的隐私在社会上一定范围内加以传播的活动，包括语言、文字等多种方式。</td></tr>
<tr><td>违法主体</td><td>本行为的主体是达到责任年龄、具有责任能力的自然人。</td></tr>
<tr><td>违法主观方面</td><td>本行为的主观方面只能是故意。</td></tr>
<tr><td>认定界限</td><td colspan="2">（一）本行为与猥亵行为的界限。
《治安管理处罚法》第44条规定的猥亵，是指行为人以刺激、兴奋、满足自己的性欲或挑起他人性欲为目的，实施的除奸淫行为以外的一切尚不够刑事处罚的伤风败俗的行为。一般来说，猥亵行为人的行为直接接触被害人，直接作用于被害人，与被害人有正面的身体接触。而本行为一般是与被害人保持一定距离的“偷窥、偷拍、窃听、散布他人隐私”。也可以说，猥亵行为是公开对被害人实施，而本行为往往是偷偷摸摸的所为。另外，两种行为的具体行为方式也有区别，本行为的内容仅限于偷窥、偷拍、窃听、散布他人隐私，而猥亵他人行为的表现较多，如强行亲吻、搂抱、抠摸、手淫等。</td></tr>
</table>

<table>
<tr><td>认定界限</td><td>
（二）本行为与侮辱行为的界限。

《治安管理处罚法》第42条第2项规定的侮辱，是指以暴力或其他方法，公然贬低他人人格，破坏他人名誉，情节轻微，尚不够刑事处罚的行为。两者都是针对特定对象实施的特定行为，两者的界限主要在于：
1. 行为侵犯的客体不同。本行为侵犯的客体是他人的隐私权；后者侵犯的客体是他人的人格权、名誉权。
2. 行为方式不同。本行为在客观方面表现为采取偷窥、偷拍、窃听、散布他人隐私等方式，侵犯他人隐私，尚不够刑事处罚的行为；后者的行为方式多种多样：一是暴力侮辱，如当众打人耳光，强迫他人从自己胯下钻过，强迫他人在地上学动物爬、学动物叫，强行给他人画鬼脸，剃阴阳头，往他人身上泼洒粪尿污物等；二是口头侮辱，如以言词对他人辱骂，恶语中伤等；三是文字侮辱，如以大、小字报或漫画等形式进行人身侮辱等。

（三）本行为与正常纪实拍摄节目的界限。

在拍摄影视作品的过程中，有些是在街头进行纪实拍摄，可能会涉及到他人的肖像权，甚至隐私权问题。但其拍摄的目的是剧情的需要，拍摄对象是不特定的公众，拍摄的对象不以他人隐私为目标，即使出现侵权问题，也是民事权益争执，而不是违反治安管理行为。而本行为的目的就是涉猎他人隐私，是针对特定的、具有隐私行为的对象而实施的。
</td></tr>
<tr><td>处罚标准</td><td>
（一）构成本行为的，处5日以下拘留或者500元以下罚款。
（二）情节较重的，处5日以上10日以下拘留，可以并处500元以下罚款。
在实践中，判断情节的轻重，一般应从行为人的动机、手段、目的、行为的次数、造成的后果等方面综合考虑，由公安机关办案人员酌情量罚。一般来说，具有下列情形之一的，应认定为“情节较重”：
1. 多次实施或者造成一定后果的；
2. 情节恶劣或者造成较大影响的；
3. 给他人正常工作、生活或身心健康造成较大影响的；
4. 其他情节较重的情形。
</td></tr>
<tr><td>相关执法参考</td><td>
《中华人民共和国治安管理处罚法》（节录）
（2005年8月28日第十届全国人民代表大会常务委员会第十七次会议通过　中华人民共和国主席令第三十八号公布　自2006年3月1日起施行）
第四十二条第六项　有下列行为之一的，处五日以下拘留或者五百元以下罚款；情节较重的，处五日以上十日以下拘留，可以并处五百元以下罚款：
（六）偷窥、偷拍、窃听、散布他人隐私的。
</td></tr>
</table>

相关执法参考

《最高人民法院关于贯彻执行《中华人民共和国民法通则》若干问题的意见（试行）》（节录）

（1988年4月2日法办发［1988］6号颁布　自颁布之日起实施）

140. 以书面、口头等形式宣扬他人的隐私，或者捏造事实公然丑化他人人格，以及用侮辱、诽谤等方式损害他人名誉，造成一定影响的，应当认定为侵害公民名誉权的行为。

以书面、口头等形式诋毁、诽谤法人名誉，给法人造成损害的，应当认定为侵害法人名誉权的行为。

六十八、殴打他人

（《治安管理处罚法》第43条第1款）

<table>
<tr><td colspan="2">案由</td><td>殴打他人</td></tr>
<tr><td colspan="2">概念</td><td>殴打他人，是指以殴打的方式，故意伤害他人身体，尚不够刑事处罚的行为。</td></tr>
<tr><td rowspan="4">违法构成要件</td><td>违法客体</td><td>本行为侵犯的客体是他人的身体健康权。</td></tr>
<tr><td>违法客观方面</td><td>本行为在客观方面表现为以殴打的方式，故意伤害他人身体，尚不够刑事处罚的行为。
在实践中，殴打他人的方式多种多样，有的是徒手殴打，有的使用棍棒或其他器具进行殴打等。“尚不够刑事处罚”是指行为对被害人造成了轻微伤害，即对人体造成了非实质性伤害，如致人轻微擦伤、划伤、破皮、裂口、皮肤红肿等，一般经过简单包扎治疗即可痊愈。对轻微伤的认定，有专门的司法医学鉴定标准。</td></tr>
<tr><td>违法主体</td><td>本行为的主体是达到责任年龄、具有责任能力的自然人。</td></tr>
<tr><td>违法主观方面</td><td>本行为的主观方面只能是故意。</td></tr>
<tr><td>认定界限</td><td colspan="2">（一）本行为与故意伤害罪的界限。
《刑法》第234条规定的故意伤害罪，是指故意伤害他人身体的行为。两者在行为主体、客体和主观方面基本相同，只是在行为的客观方面，主要是伤害的程度上有区别。殴打他人行为，是以仅造成轻微伤害为条件；而《刑法》规定的故意伤害罪，是以造成“轻伤害”以上程度的人身伤害为条件。即如果殴打他人造成了轻伤害、重伤害，甚至死亡的，就应当依据《刑法》有关故意伤害罪的规定论处。
（二）本行为与寻衅滋事的界限。
《治安管理处罚法》第26条规定的寻衅滋事行为，其中包含有“结伙斗殴”行为。殴打他人行为与结伙斗殴行为在客观方面有相同或相似之处，两者的区别主要表现在：</td></tr>
</table>

<table>
<tr><td>认定界限</td><td>1. 行为侵犯的客体不同。殴打他人是针对特定人的伤害，侵害的客体是特定人的健康权；寻衅滋事中的结伙斗殴行为，其针对的不是特定的人，而是公然向社会挑战，侵犯的客体是社会公共秩序。
2. 行为的主观方面不同。殴打他人行为是追求对特定人的身体伤害；而结伙斗殴行为不仅追求对侵害对象的身体伤害，而且明知自己的行为是扰乱公共秩序，破坏社会规范的，却有意以这种行为显示自己对国家法律和社会公德的藐视。
3. 行为的具体方式不同。殴打他人是一方故意殴打另一方，被打一方可能反抗、防卫，但主观上没有殴打另一方的故意；而结伙斗殴行为的双方都有殴斗的主观故意，是互殴行为。
4. 两种行为主体（自然人）在数量上也不同。殴打他人行为对行为人数量没有限制，双方都可能是一人或数人；而结伙斗殴行为一般是双方至少两人以上结成帮伙，打群架，相互殴斗。
（三）本行为与虐待家庭成员的界限。
在实践中，虐待家庭成员的主要方式，就是用殴打等方法，但是，两者的区别也是明显的：
1. 侵犯的客体不同。殴打他人行为侵害的客体是他人的身体健康权，而虐待行为是在共同生活的家庭成员间发生的，其侵害的客体是复杂客体，包括家庭成员间的平等权利和受害人的身体健康权。
2. 危害后果不同。虐待行为损害正常的婚姻、家庭关系，是一种经常性的行为，通过虐待，使被虐待人在肉体上和精神上遭受折磨；而殴打他人行为不具有这一特征。
3. 虐待行为是基于告诉才处理的行为。因为，这种行为的加害人与被害人之间具有一定的亲属关系，并且在一个家庭生活，双方有各种各样的利益关系，因此，只有受害人明确要求处理的，才依法予以处理；而殴打他人行为侵害了公民的身体健康权，双方不具有亲属关系，不论被害人是否要求处理，公安机关都应依法查处。</td></tr>
<tr><td>处罚标准</td><td>（一）构成本行为的，处5日以上10日以下拘留，并处200元以上500元以下罚款。
（二）情节较轻的，处5日以下拘留或者500元以下罚款。
在实践中，判断情节的轻重，一般应从行为人的动机、手段、目的、行为的次数、造成的后果等方面综合考虑，由公安机关办案人员酌情量罚。一般来说，具有下列情形之一的，应认定为“情节较轻”：
1. 亲友、邻里或者同事之间因纠纷引起的，双方均有过错的；
2. 未成年人或者在校学生之间发生殴打未造成危害后果的；
3. 行为人的侵害行为系由被侵害人事前的过错行为引起的；
4. 虽有殴打他人行为，但未造成伤害后果的；
5. 对方有主观过错或双方均有主观过错，且伤害后果较轻的。</td></tr>
</table>

<table>
<tr><td>处罚标准</td><td>
（三）具有下列情形之一的，处 10 日以上 15 日以下拘留，并处 500 元以上 1000 元以下罚款：
1. 结伙殴打他人的；
“结伙殴打”是指殴打他人的一方至少两人以上结成帮伙对他人实施殴打的行为。这种以势欺人、以众欺弱的行为，主观恶性更强，造成的影响更恶劣，对受害人的身心伤害更大，因此，应处罚从重。
2. 殴打残疾人、孕妇、不满 14 周岁的人或者 60 周岁以上的人的；
尊老爱幼、扶弱济贫，是中华民族的传统美德。保护妇女儿童的身心健康是全社会关心的大事。上述行为不仅是一般的对他人身心健康的侵犯，而且是有悖于社会公德的恶劣行径，理应从重处罚。
3. 多次殴打他人或者一次殴打多人的。
“多次殴打他人”的情形属于屡犯，其主观恶性强；“一次殴打多人”的情形造成对多人的伤害，后果一般较严重，都属于理应从重处罚的情形。
根据《治安管理处罚法》第 9 条的规定，对于因民间纠纷而引起的打架斗殴，情节较轻的，可以调解处理，经公安机关调解，当事人达成协议的，不予处罚。
</td></tr>
<tr><td>相关执法参考</td><td>
《中华人民共和国治安管理处罚法》（节录）
（2005 年 8 月 28 日第十届全国人民代表大会常务委员会第十七次会议通过　中华人民共和国主席令第三十八号公布　自 2006 年 3 月 1 日起施行）
第四十三条　殴打他人的，或者故意伤害他人身体的，处五日以上十日以下拘留，并处二百元以上五百元以下罚款；情节较轻的，处五日以下拘留或者五百元以下罚款。
有下列情形之一的，处十日以上十五日以下拘留，并处五百元以上一千元以下罚款：
（一）结伙殴打、伤害他人的；
（二）殴打、伤害残疾人、孕妇、不满十四周岁的人或者六十周岁以上的人的；
（三）多次殴打、伤害他人或者一次殴打、伤害多人的。
《中华人民共和国刑法》（节录）
（1979 年 7 月 1 日第五届全国人民代表大会第二次会议通过　1997 年 3 月 14 日第八届全国人民代表大会第五次会议修订　根据 2011 年 2 月 25 日第十一届全国人民代表大会常务委员会第十九次会议通过的《中华人民共和国刑法修正案（八）》最新修正）
第二百三十四条　故意伤害他人身体的，处三年以下有期徒刑、拘役或者管制。
犯前款罪，致人重伤的，处三年以上十年以下有期徒刑；致人死亡或者以特别残忍手段致人重伤造成严重残疾的，处十年以上有期徒刑、无期徒刑或者死刑。本法另有规定的，依照规定。
《公安机关执行〈中华人民共和国治安管理处罚法〉有关问题的解释》（二）（节录）
（2007 年 1 月 8 日　公通字［2007］1 号）
七、关于殴打、伤害特定对象的处罚问题
</td></tr>
</table>

对违反《治安管理处罚法》第四十三条第二款第二项规定行为的处罚，不要求行为人主观上必须明知殴打、伤害的对象为残疾人、孕妇、不满十四周岁的人或者六十周岁以上的人。

八、关于“结伙”、“多次”、“多人”的认定问题

《治安管理处罚法》中规定的“结伙”是指两人（含两人）以上；“多次”是指三次（含三次）以上；“多人”是指三人（含三人）以上。

《人体轻微伤的鉴定》

（1996年10月1日生效 中华人民共和国公共安全行业标准 GA/T 146－1996）

1 范围

本标准规定了人体轻微伤的评定的原则方法及内容。

本标准适用于各级公、检、法、司及院校系统进行损伤评定。

本标准适用于一切违反民法通则和《中华人民共和国治安管理处罚条例》造成的轻微损害。

2 总则

2.1 本标准根据民法通则和中华人民共和国治安管理处罚条例的有关规定，以医学和法医学的理论及技术为基础，结合我国法医工作的实践经验，为鉴定轻微伤提供科学依据。

2.2 轻微伤是指造成人体局部组织器官结构的轻微损伤或短暂的功能障碍

2.3 鉴定人应当由公安机关及有关执法部门委托的法医人员或经培训过的兼职法医人员担任。鉴定人进行鉴定时，有权了解有关案情、现场勘查情况和调阅病历档案。有关部门必须给予协助。

2.4 鉴定时，应坚持实事求是的原则，依据人体损伤当时的伤情并结合损伤的预后作出综合评定。

2.5 轻微伤的鉴定应在被鉴定者损伤消失前作出评定。

2.6 本标准为轻微伤的下限，上线与轻伤鉴定标准（试行稿）衔接，未达到本标准的为不构成轻微伤。

3 头颈部损伤

3.1 头皮擦伤面积在5平方厘米以上；头皮挫伤；头皮下血肿。

3.2 头皮创。

3.3 头部外伤后，确有神经症状。

3.4 面部软组织非贯通性创。

3.5 面部损伤后留有瘢痕，外伤后面部存留色素异常。

3.6 面部表浅擦伤面积在$2cm^2$以上；划伤长度在4cm以上。

3.7 眼部挫伤。

3.8 眼部外伤后影响外观。

3.9 眼外伤造成视力下降。

3.10 耳损伤造成一耳听力减退26dB以上。外伤后引起听觉器官的其他改变。

3.11 耳廓创在1cm以上；耳廓缺损。

相关执法参考	3.12 外伤后鼻出血；鼻骨线形骨折。 3.13 口腔粘膜破损，舌损伤。 3.14 延腺及其导管损伤。 3.15 外伤致使牙齿脱落或者牙齿缺损。 3.16 外伤致使牙齿松动2枚以上或者三度松动1枚以上。 3.17 外伤致下颌关节活动受限。 3.18 颈部软组织创口长度在1cm以上。 3.19 颈部皮肤擦伤，长度在5cm以上，面积在$4cm^2$以上，或挫伤面积在$2cm^2$以上。 4 躯干部和会阴部损伤 4.1 躯干部软组织挫伤面积在$15cm^2$以上，擦伤面积在$20cm^2$以上，躯干皮下血肿。 4.2 躯干皮肤及皮下组织单个创口长度在1cm以上或者创口累计长度在1.5cm以上，刺创深达肌层。 4.3 肋骨一处单纯性线性骨折；确证肋软骨骨折。 4.4 女性乳房浅表损伤。 4.5 外伤后血尿。 4.6 会阴部软组织挫伤。 4.7 会阴、阴囊、阴茎单纯性创口。 4.8 阴囊、阴茎挫伤。 4.9 脊柱韧带损伤。 4.10 损伤致孕妇先兆流产的。 5 四肢损伤 5.1 肢体软组织挫伤面积在$15cm^2$以上；擦伤面积在$20cm^2$以上。 5.2 肢体皮肤及皮下组织创口长度在1cm以上，刺创深达肌层。 5.3 肢体关节、肌腱损伤，伴有临床体征。 5.4 手、足骨骨折。 5.5 外伤致指（趾）甲脱落，甲床暴露，甲床出血。 6 其他损伤 6.1 烧烫伤 6.1.1 躯干、四肢一度烧烫伤，面积在$20cm^2$以上，或浅二度烧烫伤面积在$4cm^2$以上；深二度烧烫伤。 6.1.2 面部一度烧烫伤，面积在$10cm^2$以上；浅二度度烧烫伤。 6.1.3 颈部一度烧烫伤面积在$15cm^2$以上；浅二度度烧烫伤面积在$2cm^2$。 6.1.4 烫伤达真皮层。 6.2 牙齿咬合致使皮肤破损。 6.3 损伤致异物存留体内。 6.4 其他物理、化学生物因素所致的轻微损伤。参照相应条款。

相关执法参考	附录A（标准的附录） 附加说明 A1 本标准未作规定的轻微伤，可以比照本标准相应的条款做出鉴定。 A2 未成年人损伤下限为本标准的50%；妊娠期、哺乳期妇女损伤下限为本标准损伤的60%。 A3 两种接近本标准以上的损伤，可综合评定；同类损伤可以累计。 A4 本标准所说的以上、以下都连本数在内。

六十九、故意伤害

（《治安管理处罚法》第43条第1款）

<table>
<tr><td colspan="2">案由</td><td>故意伤害</td></tr>
<tr><td colspan="2">概念</td><td>故意伤害，是指故意非法伤害他人身体健康，尚不够刑事处罚的行为。</td></tr>
<tr><td rowspan="4">违法构成要件</td><td>违法客体</td><td>本行为侵犯的客体是他人的身体健康权。侵犯的对象是他人的身体。这里的“身体”是指有生命的人的身体。</td></tr>
<tr><td>违法客观方面</td><td>本行为在客观方面表现为故意非法伤害他人身体健康，尚不够刑事处罚的行为。
“故意非法伤害他人身体健康”主要是指损害人体组织的完整或者破坏人体器官的正常功能。由于《治安管理处罚法》已经将殴打他人单独作为了一种独立的案由，因此，“故意伤害”这一行为的具体行为方式应该是指除“殴打”这一方式以外的所有能够伤害他人身体的方式，如开水烫、下毒等。
“尚不够刑事处罚”是指行为对被害人的伤害经鉴定，尚没有达到轻伤以上的程度。</td></tr>
<tr><td>违法主体</td><td>本行为的主体是达到责任年龄、具有责任能力的自然人。</td></tr>
<tr><td>违法主观方面</td><td>本行为的主观方面只能是故意。</td></tr>
<tr><td colspan="2">认定界限</td><td>本行为与故意伤害罪的界限。
《刑法》第234条规定的故意伤害罪，是指故意伤害他人身体的行为。两者在行为主体、客体和主观方面基本相同，只是在行为的客观方面，主要是伤害的程度上有区别。《治安管理处罚法》规定的故意伤害行为，是以仅造成轻微伤害为条件；而《刑法》规定的故意伤害罪，是以造成“轻伤”以上程度的人身伤害为条件。即如果殴打他人造成了轻伤害、重伤害，甚至死亡的，就应当依据《刑法》有关故意伤害罪的规定论处。另外，在行为方式上也有区别，故意伤害罪的行为方式包括“殴打”这一方式在内的所有能够伤害他人身体的方式；而违反《治安管理处罚法》的“故意伤害行为”的行为方式是指除“殴打”方式之外的所有方式，因为，《治安管理处罚法》已经将“殴打他人”单独作为了一个独立的案由，不再包括在“故意伤害”的行为方式当中。</td></tr>
</table>

处罚标准	（一）构成本行为的，处5日以上10日以下拘留，并处200元以上500元以下罚款。 （二）情节较轻的，处5日以下拘留或者500元以下罚款。 在实践中，判断情节的轻重，一般应从行为人的动机、手段、目的、行为的次数、造成的后果等方面综合考虑，由公安机关办案人员酌情量罚。一般来说，具有下列情形之一的，应认定为“情节较轻”： 1. 亲友、邻里或者同事之间因纠纷引起的，双方均有过错的； 2. 未成年人或者在校学生之间发生、未造成危害后果的； 3. 行为人的侵害行为系由被侵害人事前的过错行为引起的； 4. 虽有故意伤害行为，但未造成伤害后果的； 5. 对方有主观过错或双方均有主观过错，且伤害后果较轻的。 （三）具有下列情形之一的，处10日以上15日以下拘留，并处500元以上1000元以下罚款： 1. 结伙伤害他人的； 2. 伤害残疾人、孕妇、不满14周岁的人或者60周岁以上的人的； 3. 多次伤害他人或者一次伤害多人的。
相关执法参考	**《中华人民共和国治安管理处罚法》**（节录） （2005年8月28日第十届全国人民代表大会常务委员会第十七次会议通过 中华人民共和国主席令第三十八号公布 自2006年3月1日起施行） 第四十三条 殴打他人的，或者故意伤害他人身体的，处五日以上十日以下拘留，并处二百元以上五百元以下罚款；情节较轻的，处五日以下拘留或者五百元以下罚款。 有下列情形之一的，处十日以上十五日以下拘留，并处五百元以上一千元以下罚款： （一）结伙殴打、伤害他人的； （二）殴打、伤害残疾人、孕妇、不满十四周岁的人或者六十周岁以上的人的； （三）多次殴打、伤害他人或者一次殴打、伤害多人的。 **《中华人民共和国刑法》**（节录） （1979年7月1日第五届全国人民代表大会第二次会议通过 1997年3月14日第八届全国人民代表大会第五次会议修订 根据2011年2月25日第十一届全国人民代表大会常务委员会第十九次会议通过的《中华人民共和国刑法修正案（八）》最新修正） 第二百三十四条 故意伤害他人身体的，处三年以下有期徒刑、拘役或者管制。 犯前款罪，致人重伤的，处三年以上十年以下有期徒刑；致人死亡或者以特别残忍手段致人重伤造成严重残疾的，处十年以上有期徒刑、无期徒刑或者死刑。本法另有规定的，依照规定。 第九十五条 本法所称重伤，是指有下列情形之一的伤害：

相关执法参考

（一）使人肢体残废或者毁人容貌的；

（二）使人丧失听觉、视觉或者其他器官机能的；

（三）其他对于人身健康有重大伤害的。

第二百三十八条 非法拘禁他人或者以其他方法非法剥夺他人人身自由的，处三年以下有期徒刑、拘役、管制或者剥夺政治权利。具有殴打、侮辱情节的，从重处罚。

犯前款罪，致人重伤的，处三年以上十年以下有期徒刑；致人死亡的，处十年以上有期徒刑。使用暴力致人伤残、死亡的，依照本法第二百三十四条、第二百三十二条的规定定罪处罚。

为索取债务非法扣押、拘禁他人的，依照前两款的规定处罚。

国家机关工作人员利用职权犯前三款罪的，依照前三款的规定从重处罚。

第二百四十七条 司法工作人员对犯罪嫌疑人、被告人实行刑讯逼供或者使用暴力逼取证人证言的，处三年以下有期徒刑或者拘役。致人伤残、死亡的，依照本法第二百三十四条、第二百三十二条的规定定罪从重处罚。

第二百四十八条 监狱、拘留所、看守所等监管机构的监管人员对被监管人进行殴打或者体罚虐待，情节严重的，处三年以下有期徒刑或者拘役；情节特别严重的，处三年以上十年以下有期徒刑。致人伤残、死亡的，依照本法第二百三十四条、第二百三十二条的规定定罪从重处罚。

监管人员指使被监管人殴打或者体罚虐待其他被监管人的，依照前款的规定处罚。

第二百八十九条 聚众“打砸抢”，致人伤残、死亡的，依照本法第二百三十四条、第二百三十二条的规定定罪处罚。毁坏或者抢走公私财物的，除判令退赔外，对首要分子，依照本法第二百六十三条的规定定罪处罚。

第二百九十二条第二款 聚众斗殴，致人重伤、死亡的，依照本法第二百三十四条、第二百三十二条的规定定罪处罚。

第三百三十三条 非法组织他人出卖血液的，处五年以下有期徒刑，并处罚金；以暴力、威胁方法强迫他人出卖血液的，处五年以上十年以下有期徒刑，并处罚金。

有前款行为，对他人造成伤害的，依照本法第二百三十四条的规定定罪处罚。

第一百九十八条第一款 有下列情形之一，进行保险诈骗活动，数额较大的，处五年以下有期徒刑或者拘役，并处一万元以上十万元以下罚金；数额巨大或者有其他严重情节的，处五年以上十年以下有期徒刑，并处二万元以上二十万元以下罚金；数额特别巨大或者有其他特别严重情节的，处十年以上有期徒刑，并处二万元以上二十万元以下罚金或者没收财产：

（五）投保人、受益人故意造成被保险人死亡、伤残或者疾病，骗取保险金的。

第二款 有前款第四项、第五项所列行为，同时构成其他犯罪的，依照数罪并罚的规定处罚。

第二百四十一条第三款 收买被拐卖的妇女、儿童……有伤害……犯罪行为的，依照本法的有关规定定罪处罚。

相关执法参考

第四款　收买被拐卖的妇女、儿童，并有第二款、第三款规定的犯罪行为的，依照数罪并罚的规定处罚。

第三百一十八条　组织他人偷越国（边）境的，处二年以上七年以下有期徒刑，并处罚金；有下列情形之一的，处七年以上有期徒刑或者无期徒刑，并处罚金或者没收财产：

（一）组织他人偷越国（边）境集团的首要分子；

（二）多次组织他人偷越国（边）境或者组织他人偷越国（边）境人数众多的；

（三）造成被组织人重伤、死亡的；

（四）剥夺或者限制被组织人人身自由的；

（五）以暴力、威胁方法抗拒检查的；

（六）违法所得数额巨大的；

（七）有其他特别严重情节的。

犯前款罪，对被组织人有杀害、伤害、强奸、拐卖等犯罪行为，或者对检查人员有杀害、伤害等犯罪行为的，依照数罪并罚的规定处罚。

第三百二十一条　运送他人偷越国（边）境的，处五年以下有期徒刑、拘役或者管制，并处罚金；有下列情形之一的，处五年以上十年以下有期徒刑，并处罚金：

（一）多次实施运送行为或者运送人数众多的；

（二）所使用的船只、车辆等交通工具不具备必要的安全条件，足以造成严重后果的；

（三）违法所得数额巨大的；

（四）有其他特别严重情节的。

在运送他人偷越国（边）境中造成被运送人重伤、死亡，或者以暴力、威胁方法抗拒检查的，处七年以上有期徒刑，并处罚金。

犯前两款罪，对被运送人有杀害、伤害、强奸、拐卖等犯罪行为，或者对检查人员有杀害、伤害等犯罪行为的，依照数罪并罚的规定处罚。

第十七条第二款　已满十四周岁不满十六周岁的人，犯……故意伤害致人重伤或者死亡……的，应当负刑事责任。

《公安机关执行〈中华人民共和国治安管理处罚法〉有关问题的解释》（二）（节录）

（2007年1月8日　公通字［2007］1号）

一、关于制止违反治安管理行为的法律责任问题

为了免受正在进行的违反治安管理行为的侵害而采取的制止违法侵害行为，不属于违反治安管理行为。但对事先挑拨、故意挑逗他人对自己进行侵害，然后以制止违法侵害为名对他人加以侵害的行为，以及互相斗殴的行为，应当予以治安管理处罚。

七、关于殴打、伤害特定对象的处罚问题

对违反《治安管理处罚法》第四十三条第二款第二项规定行为的处罚，不要求

相关执法参考

行为人主观上必须明知殴打、伤害的对象为残疾人、孕妇、不满十四周岁的人或者六十周岁以上的人。

八、关于“结伙”、“多次”、“多人”的认定问题

《治安管理处罚法》中规定的“结伙”是指两人（含两人）以上；“多次”是指三次（含三次）以上；“多人”是指三人（含三人）以上。

《最高人民法院　最高人民检察院关于办理组织和利用邪教组织犯罪案件具体应用法律若干问题的解释》（节录）

（1999 年 10 月 9 日颁布　自颁布之日起实施）

第四条　组织和利用邪教组织制造、散布迷信邪说，指使、胁迫其成员或者其他人实施自杀、自伤行为的，分别依照刑法第二百三十二条、第二百三十四条的规定，以故意杀人罪或者故意伤害罪定罪处罚。

《最高人民法院、最高人民检察院关于办理组织和利用邪教组织犯罪案件具体应用法律若干问题的解释（二）》（节录）

（2001 年 6 月 4 日法释［2001］19 号颁布　自 2001 年 6 月 11 日起施行）

第九条　组织、策划、煽动、教唆、帮助邪教组织人员自杀、自残的，依照刑法第二百三十二条、第二百三十四条的规定，以故意杀人罪、故意伤害罪定罪处罚。

《最高人民法院、最高人民检察院关于办理妨害预防、控制突发传染病疫情等灾害的刑事案件具体应用法律若干问题的解释》（节录）

（2003 年 5 月 14 日法释［2003］8 号颁布　自颁布之日起实施）

第九条　在预防、控制突发传染病疫情等灾害期间，聚众“打砸抢”，致人伤残、死亡的，依照刑法第二百八十九条、第二百三十四条、第二百三十二条的规定，以故意伤害罪或者故意杀人罪定罪，依法从重处罚。对毁坏或者抢走公私财物的首要分子，依照刑法第二百八十九条、第二百六十三条的规定，以抢劫罪定罪，依法从重处罚。

《最高人民法院关于审理偷税抗税刑事案件具体应用法律若干问题的解释》（节录）

（2002 年 11 月 5 日法释［2002］33 号颁布　自 2002 年 11 月 7 日起实施）

第六条　实施抗税行为致人重伤、死亡，构成故意伤害罪、故意杀人罪的，分别依照刑法第二百三十四条第二款、第二百三十二条的规定定罪处罚。

与纳税人或者扣缴义务人共同实施抗税行为的，以抗税罪的共犯依法处罚。

《最高人民法院关于审理交通肇事刑事案件具体应用法律若干问题的解释》（节录）

（2000 年 11 月 15 日法释［2000］33 号颁布　自 2000 年 11 月 21 日起实施）

第六条　行为人在交通肇事后为逃避法律追究，将被害人带离事故现场后隐藏

相关执法参考

或者遗弃，致使被害人无法得到救助而死亡或者严重残疾的，应当分别依照刑法第二百三十二条、第二百三十四条第二款的规定，以故意杀人罪或者故意伤害罪定罪处罚。

《最高人民法院关于审理未成年人刑事案件具体应用法律若干问题的解释》（节录）

（2006年1月11日法释［2006］1号颁布　自2006年1月23日起实施）

第十条　已满十四周岁不满十六周岁的人盗窃、诈骗、抢夺他人财物，为窝藏赃物、抗拒抓捕或者毁灭罪证，当场使用暴力，故意伤害致人重伤或者死亡，或者故意杀人的，应当分别以故意伤害罪或者故意杀人罪定罪处罚。

《最高人民法院关于审理抢劫、抢夺刑事案件适用法律若干问题的意见》（节录）

（2005年6月8日法发［2005］8号颁布　自颁布之日起实施）

八、关于抢劫罪数的认定

行为人实施伤害、强奸等犯罪行为，在被害人未失去知觉，利用被害人不能反抗、不敢反抗的处境，临时起意劫取他人财物的，应以此前所实施的具体犯罪与抢劫罪实行数罪并罚；在被害人失去知觉或者没有发觉的情形下，以及实施故意杀人犯罪行为之后，临时起意拿走他人财物的，应以此前所实施的具体犯罪与盗窃罪实行数罪并罚。

5. 抢劫罪与故意伤害罪的界限

行为人为索取债务，使用暴力、暴力威胁等手段的，一般不以抢劫罪定罪处罚。构成故意伤害等其他犯罪的，依照刑法第二百三十四条等规定处罚。

《关于审理拒不执行判决、裁定案件具体应用法律若干问题的解释》（节录）

（1998年4月8日最高人民法院审判委员会第974次会议通过法释［1998］6号　自1998年4月25日起施行）

第六条　暴力抗拒人民法院执行判决、裁定，杀害、重伤执行人员的，依照刑法第二百三十二条、第二百三十四条第二款的规定定罪处罚。

《最高人民法院最高人民检察院公安部司法部印发〈关于依法惩治拐卖妇女儿童犯罪的意见〉的通知》（节录）

（2010年3月15日　法发［2010］7号印发）

五、定性

20. 明知是被拐卖的妇女、儿童而收买，具有下列情形之一的，以收买被拐卖的妇女、儿童罪论处；同时构成其他犯罪的，依照数罪并罚的规定处罚：

（6）造成被收买妇女、儿童或者其亲属重伤、死亡以及其他严重后果的；

七、一罪与数罪

25. 拐卖妇女、儿童，又对被拐卖的妇女、儿童实施故意杀害、伤害、猥亵、侮辱等行为，构成其他犯罪的，依照数罪并罚的规定处罚。

八、刑罚适用

相关执法参考

28……

拐卖妇女、儿童，并对被拐卖的妇女、儿童实施故意杀害、伤害、猥亵、侮辱等行为，数罪并罚决定执行的刑罚应当依法体现从严。

《最高人民法院研究室关于对参加聚众斗殴受重伤或者死亡的人及其家属提出的民事赔偿请求能否予以支持问题的答复》

（2004 年 11 月 11 日法研［2004］179 号颁布　自颁布之日起实施）

江苏省高级人民法院：

你院苏高法［2004］296 号《关于对聚众斗殴案件中受伤或死亡的当事人及其家属提出的民事赔偿请求能否予以支持问题的请示》收悉。经研究，答复如下：

根据《刑法》第二百九十二条第一款的规定，聚众斗殴的参加者，无论是否首要分子，均明知自己的行为有可能产生伤害他人以及自己被他人的行为伤害的后果，其仍然参加聚众斗殴的，应当自行承担相应的刑事和民事责任。根据《刑法》第二百九十二条第二款的规定，对于参加聚众斗殴，造成他人重伤或者死亡的，行为性质发生变化，应认定为故意伤害罪或者故意杀人罪。聚众斗殴中受重伤或者死亡的人，既是故意伤害罪或者故意杀人罪的受害人，又是聚众斗殴犯罪的行为人。对于参加聚众斗殴受重伤或者死亡的人或其家属提出的民事赔偿请求，依法应予支持，并适用混合过错责任原则。

《全国人民代表大会常务委员会法制工作委员会关于已满十四周岁不满十六周岁的人承担刑事责任范围问题的答复意见》

（全国人大常委会法制工作委员会 2002 年 7 月 24 日　法工委复字［2002］12 号）

最高人民检察院：

关于你单位 4 月 8 日来函收悉，经研究，现答复如下：

刑法第十七条第二款规定的八种犯罪，是指具体犯罪行为而不是具体罪名。对于刑法第十七条中规定的“犯故意杀人、故意伤害致人重伤或者死亡”，是指只要故意实施了杀人、伤害行为并且造成了致人重伤、死亡后果的，都应负刑事责任。而不是指只有犯故意杀人罪、故意伤害罪的，才负刑事责任，绑架撕票的，不负刑事责任。对司法实践中出现的已满十四周岁不满十六周岁的人绑架人质后杀害被绑架人、拐卖妇女、儿童而故意造成被拐卖妇女、儿童重伤或死亡的行为，依据刑法是应当追究其刑事责任的。

《最高人民检察院关于检察机关的法医能否根据省级人民政府指定医院作出的医学鉴定作出伤情程度结论问题的批复》

（1999 年 10 月 11 日高检发研字［1999］20 号颁布　自颁布之日起实施）

河南省人民检察院：

你院豫检研［1999］3 号《关于检察机关的法医能否根据省级政府指定医院作出的医学鉴定作出伤情程度结论的请示》收悉。经研究，批复如下：

检察机关委托省级人民政府指定的医院进行刑事医学鉴定，其鉴定没有明确指明损伤程度等法医学问题的，检察机关的法医可以根据省级人民政府指定医院出具

相关执法参考

的医学鉴定，就伤情程度等问题提出法医学意见。办理案件的检察人员应当根据省级人民政府指定医院出具的关于伤情情况的鉴定并参照检察机关法医提出的法医学意见，综合进行审查判断，以正确认定案情。

《最高人民法院 最高人民检察院 公安部 司法部人体轻伤鉴定标准》（试行）

（1990年4月2日）

第一章　总　则

第一条　本标准根据《中华人民共和国刑法》有关规定，以医学和法医学的理论与技术为基础，结合法医检案的实践经验制定，为轻伤鉴定提供依据。

第二条　轻伤是指物理、化学及生物等各种外界因素作用于人体，造成组织、器官结构的一定程度的损害或者部分功能障碍，尚未构成重伤又不属轻微伤害的损伤。

第三条　鉴定损伤程度，应该以外界因素对人体直接造成的原发性损害及后果为依据，包括损伤当时的伤情、损伤后引起的并发症和后遗症等，全面分析，综合评定。

第四条　鉴定人应当由法医师或者具有法医学鉴定资格的人员担任；也可以由司法机关聘请或者委托的主治医师以上人员担任。鉴定人有权了解案情、调阅案卷、病历和勘验现场，有关单位有责任予以配合。鉴定人必须坚持实事求是的原则，应用科学的检测方法，保守案件秘密，遵守有关法律规定。

第二章　头颈部损伤

第五条　帽状腱膜下血肿头皮撕脱伤面积达20平方厘米（儿童达10平方厘米）；头皮外伤性缺损面积达10平方厘米（儿童达5平方厘米）。

第六条　头皮锐器创口累计长度达8厘米，儿童达6厘米；钝器创口累计长度达6厘米，儿童达4厘米。

第七条　颅骨单纯性骨折。

第八条　头部损伤确证出现短暂的意识障碍和近事遗忘。

第九条　眼损伤

（一）眼睑损伤影响面容或者功能的；

（二）眶部单纯性骨折；

（三）泪器部分损伤及功能障碍；

（四）眼球部分结构损伤，影响面容或者功能的；

（五）损伤致视力减退，两眼矫正视力减退至0.7以下

（较伤前视力下降0.2以上），单眼矫正视力减退至0.5以下

（较伤前视力下降0.3以上）；原单眼为低视力者，伤后视力减退1个级别。视野轻度缺损；

（六）外伤性斜视。

第十条　鼻损伤

（一）鼻骨粉碎性骨折，或者鼻骨线形骨折伴有明显移位的；

（二）鼻损伤明显影响鼻外形或者功能的。

相关执法参考

第十一条 耳损伤

（一）耳廓损伤致明显变形；一侧耳廓缺损达一耳的10%，或者两侧耳廓缺损累计达一耳的15%；

（二）外伤性鼓膜穿孔；

（三）外耳道损伤致外耳道狭窄；

（四）耳损伤造成一耳听力减退达41分贝，两耳听力减退达30分贝。

第十二条 口腔损伤

（一）口唇损伤影响面容、发音或者进食；

（二）牙齿脱落或者折断2枚以上；

（三）口腔组织、器官损伤，影响语言、咀嚼或者吞咽功能的；

（四）涎腺损伤伴有功能障碍。

第十三条 颧骨骨折或者上、下颌骨骨折；颞下颌关节损伤致张口度（上下切牙切缘间距）小于3厘米。

第十四条 面部软组织单个创口长度达3.5厘米（儿童达3厘米），或者创口累计长度达5厘米（儿童达4厘米）或者颌面部穿透创。

第十五条 面部损伤后留有明显瘢痕，单条长3厘米或者累计长度达4厘米；单块面积2平方厘米或者累计面积达3平方厘米；影响面容的色素改变6平方厘米。

第十六条 面神经损伤致使部分面肌瘫痪影响面容及功能的。

第十七条 颈部软组织单个创口长度达5厘米或者累计创口长度达8厘米。未达到上款规定但有运动功能障碍的。

第十八条 颈部损伤出现窒息征象的。

第十九条 颈部损伤伤及甲状腺、咽喉、气管或者食管的。

第三章 肢体损伤

第二十条 肢体软组织挫伤占体表总面积6%以上。

第二十一条 肢体皮肤及皮下组织单个创口长度达10厘米（儿童达8厘米）或者创口累计总长度达15厘米（儿童达12厘米）；伤及感觉神经、血管、肌腱影响功能的。

第二十二条 皮肤外伤性缺损须植皮的。

第二十三条 手损伤

（一）1节指骨（不含第2至5指末节）粉碎性骨折或者2节指骨线形骨折；

（二）缺失半个指节；

（三）损伤后出现轻度挛缩、畸形、关节活动受限或者侧方不稳；

（四）舟骨骨折、月骨脱位或者掌骨完全性骨折。

第二十四条 足损伤

（一）2节趾骨骨折；

（二）缺失1个趾节；

（三）庶骨2节骨折；跗骨、距骨、跟骨骨折；踝关节骨折或者庶跗关节脱位。撕脱骨折除外。

相关执法参考

第二十五条　四肢长骨骨折；膑骨骨折。

第二十六条　肢体大关节脱位、关节韧带部分撕裂、半月板损伤或者肢体软组织损伤后瘢痕挛缩致关节功能障碍。

第四章　躯干部和会阴部损伤

第二十七条　躯干部软组织挫伤比照第二十条。

第二十八条　躯干部创口比照第二十一条。

第二十九条　躯干部穿透创未伤及内脏器官或者重要血管、神经的。

第三十条　胸部损伤引起气胸、血胸或者较大面积的单纯性皮下气肿，未出现呼吸困难。

第三十一条　胸部受挤压，出现窒息征象。

第三十二条　肩胛骨、锁骨或者胸骨骨折；胸锁关节或者肩锁关节脱位。

第三十三条　肋骨骨折（一处单纯性肋骨线形骨折除外）。

第三十四条　女性乳房损伤导致一侧乳房明显变形或者部分缺失；一侧乳房乳腺导管损伤。

第三十五条　腹部闭合性损伤确证胃、肠、肝、脾或者胰挫伤。

第三十六条　外伤性血尿（显微镜检查红细胞〉10/高倍视野）持续时间超过二周。

第三十七条　会阴部软组织挫伤达10平方厘米（儿童酌减）或者血肿二周内不能完全吸收的。

第三十八条　阴茎挫伤致排尿困难；阴茎部分缺损、畸形；阴囊撕脱伤、阴囊血肿、鞘膜积血；一侧睾丸脱位、扭转或者萎缩。

第三十九条　会阴、阴囊创口长度达2厘米；阴茎创口长度达1厘米。

第四十条　外伤性肛裂、肛瘘或者肛管狭窄。

第四十一条　阴道撕裂伤、子宫或者附件损伤。

第四十二条　损伤致孕妇难免流产。

第四十三条　外伤性脊柱骨折或者脱位；外伤性椎间盘突出；外伤影响脊髓功能，短期内能恢复的。

第四十四条　骨盆骨折。

第五章　其他损伤

第四十五条　烧、烫伤（一）烧烫伤占体表面积浅二度5%以上（儿童3%以上）；深二度2%以上（儿童1%以上）；三度0.1%以上。（二）头、手、会阴部二度以上烧烫伤，影响外形、容貌或者活动功能的。（三）呼吸道烧烫伤。

第四十六条　冻伤比照本标准相关条文。

第四十七条　电烧伤当时伴有意识障碍或者全身抽搐。

第四十八条　损伤致异物存留深部软组织内。

第四十九条　各种损伤出血出现休克前期症状体征的。

第五十条　多部位软组织挫伤比照第二十条。

第五十一条　多部位软组织创伤比照第二十一条。

第五十二条　其他物理性、化学性、生物性损伤，致人体组织、器官结构轻度损害或者部分功能障碍的比照本标准相关条文。

第六章　附　则

第五十三条　多种损伤均未达本标准的，不能简单相加作为轻伤。若有三种（类）损伤均接近本标准的，可视具体情况，综合评定。

第五十四条　本标准所定各种数据冠有“以上”或者“以下”的均含本数。

第五十五条　本标准适用于《中华人民共和国刑法》规定的伤害他人身体健康的法医学鉴定。

第五十六条　本标准自1990年7月1日起试行。

《最高人民法院 最高人民检察院 公安部 司法部人体重伤鉴定标准》（试行）

（1990年3月29日）

第一章　总　则

第一条　本标准依照《中华人民共和国刑法》第八十五条规定，以医学和法医学的理论和技术为基础，结合我国法医检案的实践经验，为重伤的鉴定提供科学依据和统一标准。

第二条　重伤是指使人肢体残废、毁人容貌、丧失听觉、丧失视觉、丧失其他器官功能或者其他对于人身健康有重大伤害的损伤。

第三条　评定损伤程度，必须坚持实事求是的原则，具体伤情，具体分析。损伤程度包括损伤当时原发性病变、与损伤有直接联系的并发症，以及损伤引起的后遗症。鉴定时，应依据人体损伤当时的伤情及其损伤的后果或者结局，全面分析，综合评定。

第四条　鉴定损伤程度的鉴定人，应当由法医师或者具有法医学鉴定资格的人员担任，也可以由司法机关委托、聘请的主治医师以上人员担任。鉴定时，鉴定人有权了解与损伤有关的案情、调阅案卷和病历、勘验现场，有关单位有责任予以配合。鉴定人应当遵守有关法律规定，保守案件秘密。

第五条　损伤程度的鉴定，应当在判决前完成。

第二章　肢体残废

第六条　肢体残废是指由各种致伤因素致使肢体缺失或者肢体虽然完整但已丧失功能。

第七条　肢体缺失是指下列情形之一：

（一）任何一手拇指缺失超过指间关节；

（二）一手除拇指外，任何三指缺失均超过近侧指间关节，或者两手除拇指外，任何四指缺失均超过近侧指间关节；

（三）缺失任何两指及其相连的掌骨；

（四）缺失一足百分之五十或者足跟百分之五十；

（五）缺失一足第一趾和其余任何二趾，或者一足除第一趾外，缺失四趾；

（六）两足缺失五个以上的足趾；

（七）缺失任何一足第一趾及其相连的跖骨；

（八）一足除第一趾外，缺失任何三趾及其相连的跖骨。

相关执法参考

第八条　肢体虽然完整，但是已丧失功能，是指下列情形之一：

（一）肩关节强直畸形或者关节运动活动度丧失达百分之五十［1］；

（二）肘关节活动限制在伸直位，活动度小于90度或者限制在功能位，活动度小于10度；

（三）肱骨骨折并发假并节、畸形愈合严重影响上肢功能；

（四）前臂骨折畸形愈合强直在旋前位或者旋后位；

（五）前臂骨折致使腕和掌或者手指功能严重障碍；

（六）前臂软组织损伤致使腕和掌或者手指功能严重障碍；

（七）腕关节强直、挛缩畸形或者关节运动活动度丧失达百分之五十；

（八）掌指骨骨折影响一手功能，不能对指和握物［2］；

（九）一手拇指挛缩畸形，不能对指和握物；

（十）一手除拇指外，其余任何三指挛缩畸形，不能对指和握物；

（十一）髋关节强直、挛缩畸形或者关节运动活动度丧失达百分之五十；

（十二）膝关节强直、挛缩畸形屈曲超过30度或者关节运动活动度丧失达百分之五十；

（十三）任何一侧膝关节十字韧带损伤造成旋转不稳定，其功能严重障碍；

（十四）踝关节强直、挛缩畸形或者关节运动活动度丧失达百分之五十；

（十五）股骨干骨折并发假关节、畸形愈合缩短超过5厘米、成角畸形超过30度或者严重旋转畸形；

（十六）股骨颈骨折不愈合、股骨头坏死或者畸形俞合严重影响下肢功能；

（十七）胫腓骨骨折并发假关节、畸形愈合缩短超过5厘米、成角畸形超过30度或者严重旋转畸形；

（十八）四肢长骨（肱骨、桡骨、尺骨、股骨、胫腓骨）开放性、闭合性骨折并发慢性骨髓炎；

（十九）肢体软组织疤痕挛缩，影响大关节运动功能，活动度丧失达百分之五十；

（二十）肢体重要神经（臂丛及其重要分支、腰骶丛及其重要分支）损伤，严重影响肢体运动功能；

（二十一）肢体重要血管损伤，引起血液循环障碍，严重影响肢体功能。

第三章　容貌毁损

第九条　毁人容貌是指毁损他人面容［3］，致使容貌显著变形、丑陋或者功能障碍。

第十条　眼部毁损是指下列情形之一：

（一）一侧眼球缺失或者萎缩；

（二）任何一侧眼脸下垂完全覆盖瞳孔；

（三）眼脸损伤显著影响面容；

（四）一侧眼部损伤致成鼻泪管全部断裂、内眦韧带断裂影响面容；

（五）一侧眼眶骨折显著塌陷。

第十一条　耳廓毁损是指下列情形之一：

（一）一侧耳廓缺损达百分之五十或者两侧耳廓缺损总面积超过一耳百分之六十；

（二）耳廓损伤致使显著变形。

第十二条　鼻缺损、塌陷或者歪曲致使显著变形。

第十三条　口唇损伤显著影响面容。

第十四条　颧骨损伤致使张口度（上下切牙切缘间距）小于1.5厘米；颧骨骨折错位愈合致使面容显著变形。

第十五条　上、下颌骨和颞颌关节毁损是指下列情形之一：

（一）上、下颌骨骨折致使面容显著变形；

（二）牙齿脱落或者折断共七个以上；

（三）颞颌关节损伤致使张口度小于1.5厘米或者下颌骨健侧向伤侧偏斜，致使面下部显著不对称。

第十六条　其他容貌毁损是指下列情形之一：

（一）面部损伤留有明显块状疤痕，单块面积大于4平方厘米，两块面积大于7平方厘米，三块以上总面积大于9平方厘米或者留有明显条状疤痕，单条长于5厘米，两条累计长度长于8厘米，三条以上累计总长度长于10厘米，致使眼睑、鼻、口辱、面颊等部位容貌毁损或者功能障碍；

（二）面神经损伤造成一侧大部面肌瘫痪，形成眼睑闭合不全，口角歪斜；

（三）面部损伤留有片状细小疤痕、明显色素沉着或者明显色素减退，范围达面部面积百分之三十；

（四）面颈部深二度以上烧、烫伤后导致疤痕挛缩显著影响面容或者颈部活动严重障碍。

第四章　丧失听觉

第十七条　损伤后，一耳语音听力减退在91分贝以上。

第十八条　损伤后，两耳语音听力减退在60分贝以上。

第五章　丧失视觉

第十九条　各种损伤致使视觉丧失是指下列情形之一：

（一）损伤后，一眼盲；

（二）损伤后，两眼低视力，其中一眼低视力为2级。

第二十条　眼损伤或者颅脑损伤致使视野缺损（视野半径小于10度）。

第六章　丧失其他器官功能

第二十一条　丧失其他器官功能是指丧失听觉、视觉之外的其他器官的功能或者功能严重碍障。条文另有规定的，依照规定。

第二十二条　眼损伤或者颅脑损伤后引起不能恢复的复视，影响工作和生活。

第二十三条　上、下颌骨骨折或者口腔内组织、器官损伤（如舌损伤等）致使语言、咀嚼或者吞咽能力明显障碍。

第二十四条　喉损伤后引起不能恢复的失音、严重嘶哑。

第二十五条　咽、食管损伤留有疤痕性狭窄导致吞咽困难。

第二十六条　鼻、咽、喉损伤留有疤痕性狭窄导致呼吸困难［6］。

第二十七条　女性两侧乳房损伤丧失哺乳能力。

第二十八条　肾损伤并发肾性高血压、肾功能严重障碍。

第二十九条　输尿管损伤留有狭窄致使肾积水、肾功能严重障碍。

第三十条　尿道损伤留有尿道狭窄引起排尿困难、肾功能严重障碍。

第三十一条　肛管损伤致使严重大便失禁或者肛管严重狭窄。

第三十二条　骨盆骨折致使骨盆腔内器官功能严重障碍。

第三十三条　子宫、附件损伤后期并发内生殖器萎缩或者影响内生殖器发育。

第三十四条　阴道损伤累及周围器官造成瘘管或者形成疤痕致其功能严重障碍。

第三十五条　阴茎损伤后引起阴茎缺损、严重畸形致其功能严重障碍。

第三十六条　睾丸或者输精管损伤丧失生殖能力。

第七章　其他对于人体健康的重大损伤

第三十七条　其他对于人体健康的重大损伤是指上述几种重伤之外的在受伤当时危及生命或者在损伤过程中能够引起威胁生命的并发症，以及其他严重影响人体健康的损伤。

第一节　颅脑损伤

第三十八条　头皮撕脱伤范围达头皮面积百分之二十五并伴有失血性休克；头皮损伤致使头皮丧失生存能力，范围达头皮面积百分之二十五。

第三十九条　颅盖骨折（如线形、凹陷、粉碎等）伴有脑实质及血管损伤，出现脑受压症状和体征；硬脑膜破裂。

第四十条　开放性颅脑损伤。

第四十一条　颅底骨折伴有面、听神经损伤或者脑脊液漏长期不愈。

第四十二条　颅脑损伤当时出现昏迷（30分种以上）和神经系统体征，如单瘫、偏瘫、失语等。

第四十三条　颅脑损伤，经脑CT扫描显示脑挫伤，但是必须伴有神经系统症状和体征。

第四十四条　颅脑损伤致成硬脑膜外血肿、硬脑膜下血肿或者脑内血肿。

第四十五条　外伤性蛛网膜下腔出血伴有神经系统症状和体征。

第四十六条　颅脑损伤引起颅内感染，如脑膜炎、脑脓肿等。

第四十七条　颅脑损伤除嗅神经之外引起其他脑神经不易恢复的损伤。

第四十八条　颅脑损伤引起外伤性癫痫。

第四十九条　颅脑损伤导致严重器质性精神障碍。

第五十条　颅脑损伤致使神经系统实质性损害引起的症状与病征，如颈内动脉——海绵窦瘘下丘脑——垂体功能障碍等。

第二节　颈部损伤

第五十一条　咽喉、气管、颈部、口腔底部及其邻近组织的损伤引起呼吸困难。

第五十二条　颈部损伤引起一侧颈动脉、椎动脉血栓形成、颈动静脉瘘或者假性动脉瘤。

第五十三条　颈部损伤累及臂丛，严重影响上肢功能；颈部损伤累及胸膜顶部致成气胸引起呼吸困难。

相关执法参考

第五十四条 甲状腺损伤伴有喉返神经损伤致其功能严重障碍。

第五十五条 胸导管损伤。

第五十六条 咽、食管损伤引起局部脓肿、纵隔炎或者败血症。

第五十七条 颈部损伤导致异物存留在颈深部，影响相应组织、器官功能。

第三节 胸部损伤

第五十八条 胸部损伤引起血胸或者气胸，并发生呼吸困难。

第五十九条 肋骨骨折致使呼吸困难。

第六十条 胸骨骨折致使呼吸困难。

第六十一条 胸部损伤致成纵隔气肿、呼吸窘迫综合征或者气管、支气管破裂。

第六十二条 气管、食管损伤致成纵隔炎、纵隔脓肿、纵隔气肿、血气胸或者脓胸。

第六十三条 心脏损伤；胸部大血管损伤。

第六十四条 胸部损伤致成脓胸、肺脓肿、肺不张、支气管胸膜瘘、食管胸膜瘘或者支气管食管瘘。

第六十五条 胸部的严重挤压致使血液循环障碍、呼吸运动障碍、颅内出血。

第六十六条 女性一侧乳房缺失。

第四节 腹部损伤

第六十七条 胃、肠、胆道系统穿孔、破裂。

第六十八条 肝、脾、胰等器官破裂；因损伤致使这些器官形成血肿、脓肿。

第六十九条 肾破裂；尿外渗须手术治疗（包含肾动脉淤塞术）。

第七十条 输尿管损伤致使尿外渗。

第七十一条 腹部损伤致成腹膜炎、败血症、肠梗阻或者肠瘘等。

第七十二条 腹部损伤致使腹腔积血，须手术治疗。

第五节 骨盆部损伤

第七十三条 骨盆骨折严重变形。

第七十四条 尿道破裂、断裂须行手术修补。

第七十五条 膀胱破裂。

第七十六条 阴囊撕脱伤范围达阴囊皮肤面积百分之五十；两侧睾丸缺失。

第七十七条 损伤引起子宫或者附件穿孔、破裂。

第七十八条 孕妇损伤引起早产、死胎、胎盘早期剥离、流产并发失血性休克或者严重感染。

第七十九条 幼女外阴或者阴道严重损伤。

第六节 脊柱和脊髓损伤

第八十条 脊柱骨折或者脱位，伴有脊髓损伤或者多根脊神经损伤。

第八十一条 脊髓实质性损伤影响脊髓功能，如肢体活动功能、性功能或者大小便严重障碍。

第七节 其他损伤

第八十二条 烧、烫伤。

相关执法参考

（一）成人烧、烫伤总面积（一度烧、烫伤面积不计算在内，下同）在百分之三十以上或者三度在百分之十以上；儿童总面积在百分之十以上或者三度在百分之五以上。烧、烫伤面积低于上述程度但有下列情形之一：

1. 出现休克；

2. 吸入有毒气体中毒；

3. 严重呼吸道烧伤；

4. 伴有并发症导致严重后果；

5. 其他类似上列情形的。

（二）特殊部位（如面、手、会阴等）的深二度烧、烫伤，严重影响外形和功能，参照本标准有关条文。

第八十三条　冻伤出现耳、鼻、手足等部位坏死及功能严重障碍，参照本标准有关条文。

第八十四条　电击损伤伴有严重并发症或者遗留功能障碍，参照本标准有关条文。

第八十五条　物理、化学或者生物等致伤因素引起损伤，致使器官功能严重障碍，参照本标准有关条文。

第八十六条　损伤导致异物存留在脑、心、肺等重要器官内。

第八十七条　损伤引起创伤性休克、失血性休克或者感染性休克。

第八十八条　皮下组织出血范围达全身体表面积百分之三十；肌肉及深部组织出血，伴有并发症或者遗留严重功能障碍。

第八十九条　损伤引起脂肪栓塞综合征。

第九十条　损伤引起挤压综合征。

第九十一条　各种原因引起呼吸障碍，出现窒息征象并伴有并发症或者遗留功能障碍。

第八章　附　则

第九十二条　符合《中华人民共和国刑法》第八十五条的损伤，本标准未作规定的，可以比照本标准相应的条文作出鉴定。前款规定的鉴定应由地（市）级以上法医学鉴定机构作出或者予以复核。

第九十三条　三处（种）以上损伤均接近本标准有关条文的规定，可视具休情况，综合评定为重伤或者不评定为重伤。

第九十四条　本标准所说的以上、以下都连本数在内。

第九十五条　本标准仅适用于《中华人民共和国刑法》规定的重伤的法医学鉴定。

第九十六条　本标准自1990年7月1日起施行。1986年发布的《人体重伤鉴定标准（试行）》同时废止。

《公安机关办理伤害案件规定》

（2005年12月27日公通字［2005］98号颁布　自2006年2月1日起实施）

第一章　总　则

第一条　为规范公安机关办理伤害案件，正确适用法律，确保案件合法、公正、及时处理，根据《中华人民共和国刑法》、《中华人民共和国刑事诉讼法》等法律法规，制定本规定。

相关执法参考

第二条　本规定所称伤害案件是指伤害他人身体，依法应当由公安机关办理的案件。

第三条　公安机关办理伤害案件，应当遵循迅速调查取证，及时采取措施，规范准确鉴定，严格依法处理的原则。

第二章　管　辖

第四条　轻伤以下的伤害案件由公安派出所管辖。

第五条　重伤及因伤害致人死亡的案件由公安机关刑事侦查部门管辖。

第六条　伤情不明、难以确定管辖的，由最先受理的部门先行办理，待伤情鉴定后，按第四条、第五条规定移交主管部门办理。

第七条　因管辖问题发生争议的，由共同的上级公安机关指定管辖。

第八条　被害人有证据证明的故意伤害（轻伤）案件，办案人员应当告知被害人可以直接向人民法院起诉。如果被害人要求公安机关处理的，公安机关应当受理。

第九条　人民法院直接受理的故意伤害（轻伤）案件，因证据不足，移送公安机关侦查的，公安机关应当受理。

第三章　前期处置

第十条　接到伤害案件报警后，接警部门应当根据案情，组织警力，立即赶赴现场。

第十一条　对正在发生的伤害案件，先期到达现场的民警应当做好以下处置工作：

（一）制止伤害行为；

（二）组织救治伤员；

（三）采取措施控制嫌疑人；

（四）及时登记在场人员姓名、单位、住址和联系方式，询问当事人和访问现场目击证人；

（五）保护现场；

（六）收集、固定证据。

第十二条　对已经发生的伤害案件，先期到达现场的民警应当做好以下处置工作：

（一）组织救治伤员；

（二）了解案件发生经过和伤情；

（三）及时登记在场人员姓名、单位、住址和联系方式，询问当事人和访问现场目击证人；

（四）追查嫌疑人；

（五）保护现场；

（六）收集、固定证据。

第四章　勘验、检查

第十三条　公安机关办理伤害案件，现场具备勘验、检查条件的，应当及时进行勘验、检查。

第十四条　伤害案件现场勘验、检查的任务是发现、固定、提取与伤害行为有关的痕迹、物证及其他信息，确定伤害状态，分析伤害过程，为查处伤害案件提供线索和证据。

办案单位对提取的痕迹、物证和致伤工具等应当妥善保管。

第十五条　公安机关对伤害案件现场进行勘验、检查不得少于二人。

勘验、检查现场时，应当邀请一至二名与案件无关的公民作见证人。

第十六条　勘验、检查伤害案件现场，应当制作现场勘验、检查笔录，绘制现场图，对现场情况和被伤害人的伤情进行照相，并将上述材料装订成卷宗。

第五章　鉴　定

第十七条　公安机关办理伤害案件，应当对人身损伤程度和用作证据的痕迹、物证、致伤工具等进行检验、鉴定。

第十八条　公安机关受理伤害案件后，应当在24小时内开具伤情鉴定委托书，告知被害人到指定的鉴定机构进行伤情鉴定。

第十九条　根据国家有关部门颁布的人身伤情鉴定标准和被害人当时的伤情及医院诊断证明，具备即时进行伤情鉴定条件的，公安机关的鉴定机构应当在受委托之时起24小时内提出鉴定意见，并在3日内出具鉴定文书。

对伤情比较复杂，不具备即时进行鉴定条件的，应当在受委托之日起7日内提出鉴定意见并出具鉴定文书。

对影响组织、器官功能或者伤情复杂，一时难以进行鉴定的，待伤情稳定后及时提出鉴定意见，并出具鉴定文书。

第二十条　对人身伤情进行鉴定，应当由县级以上公安机关鉴定机构二名以上鉴定人负责实施。

伤情鉴定比较疑难，对鉴定意见可能发生争议或者鉴定委托主体有明确要求的，伤情鉴定应当由三名以上主检法医师或者四级以上法医官负责实施。

需要聘请其他具有专门知识的人员进行鉴定的，应当经县级以上公安机关负责人批准，制作《鉴定聘请书》，送达被聘请人。

第二十一条　对人身伤情鉴定意见有争议需要重新鉴定的，应当依照《中华人民共和国刑事诉讼法》的有关规定进行。

第二十二条　人身伤情鉴定文书格式和内容应当符合规范要求。鉴定文书中应当有被害人正面免冠照片及其人体需要鉴定的所有损伤部位的细目照片。对用作证据的鉴定意见，公安机关办案单位应当制作《鉴定意见通知书》，送达被害人和违法犯罪嫌疑人。

第六章　调查取证

第二十三条　询问被害人，应当重点问明伤害行为发生的时间，地点，原因，经过，伤害工具、方式、部位，伤情，嫌疑人情况等。

第二十四条　询问伤害行为人，应当重点问明实施伤害行为的时间，地点，原因，经过，致伤工具、方式、部位等具体情节。

多人参与的，还应当问明参与人员的情况，所持凶器，所处位置，实施伤害行为的先后顺序，致伤工具、方式、部位及预谋情况等。

相关执法参考

第二十五条　询问目击证人，应当重点问明伤害行为发生的时间，地点，经过，双方当事人人数及各自所处位置、持有的凶器，实施伤害行为的先后顺序，致伤工具、方式、部位，衣着、体貌特征，目击证人所处位置及目击证人与双方当事人之间的关系等。

第二十六条　询问其他证人应当问清其听到、看到的与伤害行为有关的情况。

第二十七条　办理伤害案件，应当重点收集以下物证、书证：

（一）凶器、血衣以及能够证明伤害情况的其他物品；

（二）相关的医院诊断及病历资料；

（三）与案件有关的其他证据。

办案单位应当将证据保管责任落实到人，完善证据保管制度，建立证据保管室，妥善保管证据，避免因保管不善导致证据损毁、污染、丢失或者消磁，影响刑事诉讼和案件处理。

第七章　案件处理

第二十八条　被害人伤情构成轻伤、重伤或者死亡，需要追究犯罪嫌疑人刑事责任的，依照《中华人民共和国刑事诉讼法》的有关规定办理。

第二十九条　根据《中华人民共和国刑法》第十三条及《中华人民共和国刑事诉讼法》第十五条第一项规定，对故意伤害他人致轻伤，情节显著轻微、危害不大，不认为是犯罪的，以及被害人伤情达不到轻伤的，应当依法予以治安管理处罚。

第三十条　对于因民间纠纷引起的殴打他人或者故意伤害他人身体的行为，情节较轻尚不够刑事处罚，具有下列情形之一的，经双方当事人同意，公安机关可以依法调解处理：

（一）亲友、邻里或者同事之间因琐事发生纠纷，双方均有过错的；

（二）未成年人、在校学生殴打他人或者故意伤害他人身体的；

（三）行为人的侵害行为系由被害人事前的过错行为引起的；

（四）其他适用调解处理更易化解矛盾的。

第三十一条　有下列情形之一的，不得调解处理：

（一）雇凶伤害他人的；

（二）涉及黑社会性质组织的；

（三）寻衅滋事的；

（四）聚众斗殴的；

（五）累犯；

（六）多次伤害他人身体的；

（七）其他不宜调解处理的。

第三十二条　公安机关调解处理的伤害案件，除下列情形外，应当公开进行：

（一）涉及个人隐私的；

（二）行为人为未成年人的；

（三）行为人和被害人都要求不公开调解的。

第三十三条　公安机关进行调解处理时，应当遵循合法、公正、自愿、及时的原则，注重教育和疏导，化解矛盾。

相关执法参考

第三十四条　当事人中有未成年人的，调解时未成年当事人的父母或者其他监护人应当在场。

第三十五条　对因邻里纠纷引起的伤害案件进行调解时，可以邀请当地居民委员会、村民委员会的人员或者双方当事人熟悉的人员参加。

第三十六条　调解原则上为一次，必要时可以增加一次。对明显不构成轻伤、不需要伤情鉴定的治安案件，应当在受理案件后的3个工作日内完成调解；对需要伤情鉴定的治安案件，应当在伤情鉴定文书出具后的3个工作日内完成调解。

对一次调解不成，有必要再次调解的，应当在第一次调解后的7个工作日内完成第二次调解。

第三十七条　调解必须履行以下手续：

（一）征得双方当事人同意；

（二）在公安机关的主持下制作调解书。

第三十八条　调解处理时，应当制作调解笔录。达成调解协议的，应当制作调解书。调解书应当由调解机关、调解主持人、双方当事人及其他参加人签名、盖章。调解书一式三份，双方当事人各一份，调解机关留存一份备查。

第三十九条　经调解当事人达成协议并履行的，不予处罚。经调解未达成协议或者达成协议后不履行的，公安机关应当对违反治安管理行为人依法予以处罚，并告知当事人可以就民事争议依法向人民法院提起民事诉讼。

第八章　卷　宗

第四十条　公安机关办理伤害案件，应当严格按照办理刑事案件或者治安案件的要求，形成完整卷宗。

卷宗内的材料应当包括受案、立案文书，询问、讯问笔录，现场、伤情照片，检验、鉴定结论等证据材料，审批手续、处理意见等。

第四十一条　卷宗应当整齐规范，字迹工整。

第四十二条　犯罪嫌疑人被追究刑事责任的，侦查卷（正卷）移送检察机关，侦查工作卷（副卷）由公安机关保存。

侦查卷（正卷）内容应包括立案决定书，现场照片、现场图，现场勘查笔录，强制措施和侦查措施决定书、通知书、告知书，各种证据材料，起诉意见书等法律文书。

侦查工作卷（副卷）内容应包括各种呈请报告书、审批表，侦查、调查计划，对案件分析意见，起诉意见书草稿等文书材料。

第四十三条　伤害案件未办结的，卷宗由办案单位保存。

第四十四条　治安管理处罚或者调解处理的伤害案件，结案后卷宗交档案部门保存。

第九章　责任追究

第四十五条　违反本规定，造成案件难以审结、侵害当事人合法权益的，依照《公安机关人民警察执法过错责任追究规定》追究办案人员和主管领导的执法过错责任。

第十章　附　则

第四十六条　本规定所称以上、以下，包括本数。

第四十七条　本规定自2006年2月1日起施行。

七十、猥亵

（《治安管理处罚法》第 44 条）

<table>
<tr><td colspan="2">案由</td><td>猥亵</td></tr>
<tr><td colspan="2">概念</td><td>猥亵，是指行为人以刺激、兴奋、满足自己的性欲或挑起他人性欲为目的，实施的除奸淫行为以外的一切尚不够刑事处罚的伤风败俗的行为。</td></tr>
<tr><td rowspan="3">违法构成要件</td><td>违法客体</td><td>本行为侵犯的客体是他人的身心健康和良好的性道德观念。</td></tr>
<tr><td>违法客观方面</td><td>本行为在客观方面表现为行为人以刺激、兴奋、满足自己的性欲或挑起他人的性欲为目的，实施的除奸淫行为以外的一切尚不够刑事处罚的伤风败俗的行为。
“猥亵”是指用抠摸、搂抱、舌舔、吸吮、手淫等行为，来刺激或者满足自己性欲的淫秽行为。猥亵他人的方式多种多样，如抠摸、舌舔、吸吮、亲吻、搂抱等，行为方式可能是强制、公然或乘机实施，无论什么方式都不影响本行为的定性处理。被猥亵的对象可能是女性，也可能是男性，既可以是同性别的，也可以是异性。
行为人对智力残疾人、精神病人、不满 14 周岁的人实施猥亵行为，不论是否违背其意志，都可成立猥亵行为。因为，智力残疾人、精神病人、不满 14 周岁的人对社会各方面的认识能力较弱，尤其是对性的认识能力很欠缺，为了保护他们的身心健康，打击侵犯他们人身权利的违反治安管理行为，《治安管理处罚法》对猥亵智力残疾人、精神病人、不满 14 周岁的人规定了较重的处罚。“智力残疾人”是指人的智力水平明显低于一般人的水平，并显示适应行为障碍，包括在智力发育期间由于各种原因导致的智力低下和智力发育成熟以后由于各种原因引起的智力损伤或老年性的智力明显衰退。根据有关规定，智力残疾分为 4 级：智商小于 20 的，为一级智力残疾（重度残疾）；智商在 20 至 34 之间的，为二级智力残疾（重度残疾）；智商在 35 至 49 之间的，为三级智力残疾（中度残疾）；智商在 50 至 69 之间的，为四级智力残疾（轻度残疾）。“精神病人”是指神经活动失调，不能辨认或控制自己行为的人，包括完全失去辨认或者控制自己行为的精神病人、间歇性精神病人和尚未完全丧失辨认或者控制自己行为的精神病人。精神病人的发病原因非常复杂，如先天遗传、精神受刺激、脑外伤等都可能引起精神病。</td></tr>
<tr><td>违法主体</td><td>本行为的主体是达到责任年龄、具有责任能力的自然人。</td></tr>
</table>

违法构成要件	违法主观方面	本行为在主观方面是故意。其目的是为了刺激、满足自己的性欲或者挑起他人的性欲。
认定界限		（一）本行为与侮辱行为的界限。 《治安管理处罚法》第42条第2项规定的侮辱，是指以暴力或其他方法，公然贬低他人人格，破坏他人名誉，情节轻微，尚不够刑事处罚的行为。两者在行为方式、方法上有时有相似之处。两者的区别主要表现在： 1. 侵犯的客体不同。侮辱行为着重侵犯公民的名誉、人格权，而本行为侵犯的是公民人身权利中的身心健康及良好的性道德观念。 2. 行为人的目的不同。猥亵行为与满足或引起性欲直接有关，侮辱行为的目的在于贬低他人人格或名誉。 3. 行为方式不同。侮辱既可以用动作，也可以用言语、文字，而以后者居多，而猥亵必须有行动（动作），只有语言一般不能构成猥亵行为。 4. 行为人在实施侮辱行为时，被害人是否在场，不影响行为的构成，而猥亵是对他人的人身权利和身心健康的损害，往往直接施加于被害人的人身，被害人不在场时难以构成猥亵行为。 （二）本行为与强制猥亵、侮辱妇女罪和猥亵儿童罪的界限。 《刑法》第237条第1款规定的强制猥亵、侮辱妇女罪，是指以暴力、胁迫或者其他方法强制猥亵妇女或者侮辱妇女的行为。第237条第3款规定的猥亵儿童罪，是指以刺激或满足性欲为目的，用性交以外的方法对儿童实施的淫秽行为。强制猥亵、侮辱妇女罪和猥亵儿童罪与本行为在客观表现上有相同或相似之处，但是，他们之间的区别也是明显的： 1. 行为侵犯的对象不同。这两种罪名，都是针对特定对象的，即妇女和儿童，而本行为没有此限制，可以是男性，也可以是女性，可以是同性，也可以是异性； 2. 行为的情节和后果不同。强制猥亵、侮辱妇女罪和猥亵儿童罪一般行为手段恶劣，后果严重，造成的负面社会影响大，如手段卑鄙、屡教不改、持械聚众猥亵、在公众场所猥亵的等；而本行为相对来看，行为情节较轻，后果也不严重。
处罚标准		（一）构成本行为的，处5日以上10日以下拘留。 （二）猥亵智力残疾人、精神病人、不满14周岁的人或者有其他严重情节的，处10日以上15日以下拘留。 在实践中，判断情节的轻重，一般应从行为人的动机、手段、目的、行为的次数、造成的后果等方面综合考虑，由公安机关办案人员酌情量罚。一般来说，具有下列情形之一的，应认定为“其他严重情节”： 1. 猥亵孕妇的；

处罚标准	2. 当众或多次猥亵他人的； 3. 造成被猥亵人受轻微伤或精神受到损害的； 4. 有其他严重情节的。
相关执法参考	**《中华人民共和国治安管理处罚法》**（节录） （2005 年 8 月 28 日第十届全国人民代表大会常务委员会第十七次会议通过　中华人民共和国主席令第三十八号公布　自 2006 年 3 月 1 日起施行） 第四十四条　猥亵他人的，或者在公共场所故意裸露身体，情节恶劣的，处五日以上十日以下拘留；猥亵智力残疾人、精神病人、不满十四周岁的人或者有其他严重情节的，处十日以上十五日以下拘留。 **《中华人民共和国刑法》**（节录） （1979 年 7 月 1 日第五届全国人民代表大会第二次会议通过　1997 年 3 月 14 日第八届全国人民代表大会第五次会议修订　根据 2011 年 2 月 25 日第十一届全国人民代表大会常务委员会第十九次会议通过的《中华人民共和国刑法修正案（八）》最新修正） 第二百三十七条　以暴力、胁迫或者其他方法强制猥亵妇女或者侮辱妇女的，处五年以下有期徒刑或者拘役。 聚众或者在公共场所当众犯前款罪的，处五年以上有期徒刑。 猥亵儿童的，依照前两款的规定从重处罚。 **《最高人民法院最高人民检察院公安部司法部印发〈关于依法惩治拐卖妇女儿童犯罪的意见〉的通知》**（节录） （2010 年 3 月 15 日　法发［2010］7 号印发） 七、一罪与数罪 25. 拐卖妇女、儿童，又对被拐卖的妇女、儿童实施故意杀害、伤害、猥亵、侮辱等行为，构成其他犯罪的，依照数罪并罚的规定处罚。 八、刑罚适用 28…… 拐卖妇女、儿童，并对被拐卖的妇女、儿童实施故意杀害、伤害、猥亵、侮辱等行为，数罪并罚决定执行的刑罚应当依法体现从严。 **《公安部关于印发〈公安部关于打击拐卖妇女儿童犯罪适用法律和政策有关问题的意见〉的通知》**（节录） （2000 年 3 月 17 日公通字［2000］25 号颁布　自颁布之日起实施） 三、关于收买被拐卖的妇女、儿童犯罪 （二）收买被拐卖的妇女、儿童，并有下列犯罪行为的，同时以收买被拐卖的妇女、儿童罪和下列罪名立案侦查： 4. 非法剥夺、限制被拐卖的妇女、儿童人身自由的，或者对其实施伤害、侮辱、猥亵等犯罪行为的，以非法拘禁罪，或者伤害罪、侮辱罪、强制猥亵妇女罪、猥亵儿童罪等犯罪立案侦查。

七十一、在公共场所故意裸露身体
（《治安管理处罚法》第44条）

<table>
<tr><td colspan="2">案由</td><td>在公共场所故意裸露身体</td></tr>
<tr><td colspan="2">概念</td><td>在公共场所故意裸露身体，是指在公共场所故意裸露身体，情节恶劣，尚不够刑事处罚的行为。</td></tr>
<tr><td rowspan="4">违法构成要件</td><td>违法客体</td><td>本行为侵犯的客体是良好的社会风俗。</td></tr>
<tr><td>违法客观方面</td><td>本行为在客观方面表现为在公共场所故意裸露身体，情节恶劣，尚不够刑事处罚的行为。
“公共场所”是指公众进行公开活动的场所。凡是供不特定的多数人出入、停留、使用的场所，皆可认定为公共场所。公共场所主要包括：车站、码头、民用航空站、商场、公园、影剧院、展览会、运动场、礼堂、公共食堂、游泳池、浴池、贸易集市等。行为人在非公共场所裸露身体，不能以本行为论处。
“裸露身体”不仅包括裸露全身，而且包括裸露下身或者只裸露隐私部位等。“情节恶劣”一般是指引起群众围观、社会影响恶劣、群众意见很大或多次裸露等情形。在实践中，具有下列情形之一的，应认定为“情节恶劣”：
1. 向异性或者未成年人暴露的；
2. 在重点地区裸露的；
3. 手段恶劣或者有较严重后果的；
4. 引起群众围观或造成现场秩序混乱的；
5. 多次故意裸露身体的；
6. 有挑逗性行为或其他恶劣情节的。</td></tr>
<tr><td>违法主体</td><td>本行为的主体是达到责任年龄、具有责任能力的自然人。</td></tr>
<tr><td>违法主观方面</td><td>本行为的主观方面必须是故意。</td></tr>
<tr><td>认定界限</td><td colspan="2">本行为与猥亵行为的界限。
《治安管理处罚法》第44条规定的猥亵，是指行为人以刺激、兴奋、满足自己的性欲或挑起他人性欲为目的，实施的除奸淫行为以外的一切尚不够刑事处罚的伤风败俗的行为。两者的界限主要在于：</td></tr>
</table>

认定界限	1. 行为方式不同。本行为主要表现为在公共场所故意裸露身体，情节恶劣，尚不够刑事处罚的行为。后者则表现为以刺激、兴奋、满足自己的性欲或挑起他人的性欲为目的，实施的除奸淫行为以外的一切尚不够刑事处罚的伤风败俗的行为。可见，本行为的方式较为单一，仅限于在公共场所故意裸露身体，而后者的行为方式多种多样，如抠摸、搂抱、舌舔、吸吮、手淫等行为。另外，本行为要求必须发生在公共场所，后者既可能发生在公共场所，也可能发生在非公共场所。 2. 行为目的不同。本行为的行为人的目的多种多样，既可能是为了满足自己的性欲，也可能是其他目的，如争强好胜等，后者则必须是以满足自己的性欲或挑起他人的性欲为目的。 3. 行为针对的对象不同。本行为行为人裸露自己的身体一般并不针对特定的对象，一般是针对公众来实施，而后者行为人也可能通过裸露自己的身体的方式来猥亵他人，但是，这时的“他人”一般是特定的对象，当然，这里所说的“特定的对象”既可能是行为人认识的，也可能是行为人不认识的。
处罚标准	构成本行为的，处5日以上10日以下拘留。
相关执法参考	**《中华人民共和国治安管理处罚法》**（节录） （2005年8月28日第十届全国人民代表大会常务委员会第十七次会议通过　中华人民共和国主席令第三十八号公布　自2006年3月1日起施行） 第四十四条　猥亵他人的，或者在公共场所故意裸露身体，情节恶劣的，处五日以上十日以下拘留；猥亵智力残疾人、精神病人、不满十四周岁的人或者有其他严重情节的，处十日以上十五日以下拘留。

七十二、虐待

（《治安管理处罚法》第45条第1项）

案由		虐待
概念		虐待，是指对与其共同生活的家庭成员，经常以打骂、冻饿、限制行动自由或其他方法进行摧残、折磨，但情节较轻，尚不够刑事处罚，被虐待人要求处理的行为。
违法构成要件	违法客体	本行为侵犯的客体是复杂客体，包括被虐待人的人身权利和家庭成员的平等权利，侵犯的对象是共同生活的家庭成员。 家庭成员主要由以下4部分成员构成： 1. 由婚姻关系的形成而出现的家庭成员，即丈夫和妻子。 2. 由血缘关系而引起的家庭成员，包括：（1）由直系血亲关系而联系起来的父母、子女、孙子女、曾孙子女以及祖父母、曾祖父母、外祖父母等；（2）由旁系血亲而联系起来的兄、弟、姐、妹、叔、伯、姑、姨、舅等家庭成员，但是，他们之间随着成家立业且与原家庭经济上的分开，而丧失原家庭成员的法律地位。这里例外的是，原由旁系血亲抚养的，如原由兄姐抚养之弟妹，不因结婚而丧失原家庭成员的资格。 3. 由收养关系而发生的家庭成员，即养父母与养子女之间，这是一种拟制血亲关系。 4. 在现实生活中，还经常出现一种既区别于收养关系、血亲关系，又区别于婚姻关系而发生的家庭成员之间的关系。例如，一对夫妻自愿将某位孤寡老人领回，自愿履行一种非法律意义上的赡养义务，只要一经同意赡养，该孤寡老人就成了家庭成员之一。 虐待行为侵犯的对象还必须是“共同生活”的家庭成员，即使是上述家庭成员，如果没有在一起共同生活，也不会成为本行为侵犯的对象。因此，虐待保姆、徒弟等行为，不构成《治安管理处罚法》规定的虐待行为。
	违法客观方面	本行为在客观方面表现为行为人对与其共同生活的家庭成员，经常以打骂、冻饿、限制行动自由或其他方法进行摧残、折磨，但情节较轻，尚不够刑事处罚，被虐待人要求处理的行为。 虐待行为主要有两种形式：一是肉体上的虐待，如殴打、体罚、冻饿、强迫过度劳动、有病不给治疗等肉体折磨；二是从精神上虐待，如侮辱、谩骂、讽刺，不让参加社会活动等，而且，通常是这两种方式同时使用。虐待行为必须是经常的、长时间的，以至于受虐待人无法忍受和无法自行改善关系，迫不得已要求公安机关进行处理。偶尔的打骂、冻饿、赶出家门，不能认定为虐待行为。 “被虐待人要求处理”也是本行为成立的必要条件，如果被虐待人没有要

<table>
<tr><td rowspan="3">违法构成要件</td><td>违法客观方面</td><td>求处理，公安机关不得以本行为对行为人进行处理，即“不告不理”。这主要是考虑到行为人和被害人之间的特殊关系，双方共同生活在一个家庭中，被害人往往不希望这种关系破裂，只要行为没有达到不堪忍受的地步，被害人往往不愿意向公安机关告发，即使告发了，也是希望公安机关对其进行批评教育，希望行为人能改正错误，并不希望对行为人施加处罚。</td></tr>
<tr><td>违法主体</td><td>本行为的主体是达到责任年龄、具有责任能力的自然人。</td></tr>
<tr><td>违法主观方面</td><td>本行为的主观方面只能是故意。</td></tr>
<tr><td>认定界限</td><td colspan="2">（一）本行为与父母管教子女不当的界限。

在日常生活中，父母因管教子女不当，对子女进行打骂、饿饭，一般也不作为虐待行为处罚。因为，这种情况的父母多是主观上出于“好意”，“望子成龙”、“望女成凤”，只是由于管教方法不当，特别是受“棍棒之下出孝子”等不良思想的影响。他们并不具有折磨、伤害子女的故意，一般只是偶尔、暂时的体罚行为，其出发点仍是关心子女成长。但是，对有上述行为的家长，应当予以批评教育。

（二）本行为与偶尔虐待家庭成员的界限。

构成本行为的，是经常性地对家庭成员进行虐待。而在婚姻、家庭生活中，行为人由于一时恼怒，偶尔虐待家庭成员的，不能以违反治安管理行为对待。这种行为虽然也属于不道德行为，但行为人没有长期折磨被害人的故意，也没有经常性虐待被害人，一般是由于素质低、修养差或有封建夫权、家长制等不良思想的影响，在婚姻、家庭生活中的不良作风所致。

（三）本行为与虐待罪的界限。

《刑法》第260条规定的虐待罪，是指对共同生活的家庭成员经常以打骂、捆绑、冻饿、限制自由、凌辱人格、不给治病或者强迫过度劳动等方法，从肉体上和精神上进行摧残迫害，情节恶劣的行为。两者都是利用家庭成员间的从属关系或者经济上的依赖关系，折磨、摧残家庭成员的行为，是同一种违法活动形式的不同阶段。只是由于二者在违法情节、后果上的不同，致使行为的性质不同。违反治安管理的虐待行为情节较轻，如经常有一般的打骂、冻饿，尚未严重损害被害人身心健康，未造成严重后果。而虐待罪属于情节恶劣，如虐待手段残忍，持续时间长，动机卑鄙，受害人为年老、年幼或病残者；有的甚至造成了严重后果，如被害人因不堪忍受长期折磨而自杀（包括未遂），被害人被毒打致重伤等。在司法实践中，虐待情节是否恶劣，应当根据以下几个方面来认定：</td></tr>
</table>

<table>
<tr><td>认定界限</td><td>1. 虐待行为持续的时间。虐待时间的长短，在相当程度上决定对被害人身心损害的大小。虐待持续的时间长，比如几个月、几年，往往会造成被害人的身心受到较为严重的损害。相反，因家庭琐事出于一时气愤而对家庭成员实施了短时间的虐待行为，一般也不会造成什么严重后果。
2. 虐待行为的次数。虐待时间虽然不长，但行为次数频繁的，也容易使被害人的身心遭受难以忍受的痛苦，极易出现严重后果。
3. 虐待的手段。实践中，有的虐待手段十分残忍，例如，丈夫在冬天把妻子的衣服扒光推出门外受冻；丈夫用烙铁、烟头等烫妻子的阴部、乳房；儿女惨无人道地毒打年迈的父母等。使用这些残忍手段，极易造成被害人伤残和死亡，应以情节恶劣论处。至于打耳光、拧耳朵等虐待行为，便不能认为是手段残忍，一般不能认定为情节恶劣。
4. 虐待的后果是否严重。虐待行为一般都会程度不同地给被害人造成精神上、肉体上的痛苦和损害，其中有的后果严重，例如，由于虐待行为人使被害人患了精神分裂症、妇科病或者其他病症；虐待行为致使被害人身体瘫痪、肢体伤残；将被害人虐待致死；被害人因不堪虐待而自杀等等。凡发生了上述严重后果的，都应以情节恶劣论处。
当然，判断是否“情节恶劣”，可以根据上述诸方面进行综合分析，也可以根据其中的一个方面加以分析认定。</td></tr>
<tr><td>处罚标准</td><td>构成本行为的，处5日以下拘留或者警告。
在实践中，有下列情形之一的，可单独处警告：
1. 行为轻微或者未造成后果的；
2. 受害人要求从轻处理的；
3. 经教育后主动改正并保证不再犯的。</td></tr>
<tr><td>相关执法参考</td><td>**《中华人民共和国治安管理处罚法》**（节录）
（2005年8月28日第十届全国人民代表大会常务委员会第十七次会议通过　中华人民共和国主席令第三十八号公布　自2006年3月1日起施行）
第四十五条第一项　有下列行为之一的，处五日以下拘留或者警告：
（一）虐待家庭成员，被虐待人要求处理的；
《中华人民共和国刑法》（节录）
（1979年7月1日第五届全国人民代表大会第二次会议通过　1997年3月14日第八届全国人民代表大会第五次会议修订　根据2011年2月25日第十一届全国人民代表大会常务委员会第十九次会议通过的《中华人民共和国刑法修正案（八）》最新修正）
第二百六十条　虐待家庭成员，情节恶劣的，处二年以下有期徒刑、拘役或者管制。
犯前款罪，致使被害人重伤、死亡的，处二年以上七年以下有期徒刑。
第一款罪，告诉的才处理。</td></tr>
</table>

相关执法参考

《中华人民共和国老年人权益保障法》（节录）

（1996年8月29日第八届全国人民代表大会常务委员会第二十一次会议通过
根据2005年8月28日第十届全国人民代表大会常务委员会第十七次会议
《关于修改〈中华人民共和国妇女权益保障法〉的决定》修正）

第四条　国家保护老年人依法享有的权益。

老年人有从国家和社会获得物质帮助的权利，有享受社会发展成果的权利。

禁止歧视、侮辱、虐待或者遗弃老年人。

第四十六条　以暴力或者其他方法公然侮辱老年人、捏造事实诽谤老年人或者虐待老年人，情节较轻的，依照治安管理处罚法的有关规定处罚；构成犯罪的，依法追究刑事责任。

《中华人民共和国婚姻法》（节录）

（1980年9月10日第五届全国人民代表大会第三次会议通过
根据2001年4月28日第九届全国人民代表大会常务委员会第二十一次会议
《关于修改〈中华人民共和国婚姻法〉的决定》修正）

第二十七条　继父母与继子女间，不得虐待或歧视。

继父或继母和受其抚养教育的继子女间的权利和义务，适用本法对父母子女关系的有关规定。

第四十三条　实施家庭暴力或虐待家庭成员，受害人有权提出请求，居民委员会、村民委员会以及所在单位应当予以劝阻、调解。

对正在实施的家庭暴力，受害人有权提出请求，居民委员会、村民委员会应当予以劝阻；公安机关应当予以制止。

实施家庭暴力或虐待家庭成员，受害人提出请求的，公安机关应当依照治安管理处罚的法律规定予以行政处罚。

第四十五条　对重婚的，对实施家庭暴力或虐待、遗弃家庭成员构成犯罪的，依法追究刑事责任。受害人可以依照刑事诉讼法的有关规定，向人民法院自诉；公安机关应当依法侦查，人民检察院应当依法提起公诉。

第四十六条　有下列情形之一，导致离婚的，无过错方有权请求损害赔偿：

（一）重婚的；

（二）有配偶者与他人同居的；

（三）实施家庭暴力的；

（四）虐待、遗弃家庭成员的。

《中华人民共和国残疾人保障法》（修订）（节录）

（1990年12月28日第七届全国人民代表大会常务委员会第十七次会议通过
2008年4月24日第十一届全国人民代表大会常务委员会第二次会议修订
中华人民共和国主席令第3号　自2008年7月1日起施行）

第三条　残疾人在政治、经济、文化、社会和家庭生活等方面享有同其他公民平等的权利。

残疾人的公民权利和人格尊严受法律保护。

禁止基于残疾的歧视。禁止侮辱、侵害残疾人。禁止通过大众传播媒介或者其他方式贬低损害残疾人人格。

第九条　残疾人的扶养人必须对残疾人履行扶养义务。

残疾人的监护人必须履行监护职责，尊重被监护人的意愿，维护被监护人的合法权益。

残疾人的亲属、监护人应当鼓励和帮助残疾人增强自立能力。

禁止对残疾人实施家庭暴力，禁止虐待、遗弃残疾人。

第六十五条　违反本法规定，供养、托养机构及其工作人员侮辱、虐待、遗弃残疾人的，对直接负责的主管人员和其他直接责任人员依法给予处分；构成违反治安管理行为的，依法给予行政处罚。

第六十七条　违反本法规定，侵害残疾人的合法权益，其他法律、法规规定行政处罚的，从其规定；造成财产损失或者其他损害的，依法承担民事责任；构成犯罪的，依法追究刑事责任。

《中华人民共和国未成年人保护法》（节录）

（1991年9月4日第七届全国人民代表大会常务委员会第二十一次会议通过
2006年12月29日第十届全国人民代表大会常务委员会第二十五次会议修订
自2007年6月1日起施行）

第十条　父母或者其他监护人应当创造良好、和睦的家庭环境，依法履行对未成年人的监护职责和抚养义务。

禁止对未成年人实施家庭暴力，禁止虐待、遗弃未成年人，禁止溺婴和其他残害婴儿的行为，不得歧视女性未成年人或者有残疾的未成年人。

第四十一条　禁止拐卖、绑架、虐待未成年人，禁止对未成年人实施性侵害。

禁止胁迫、诱骗、利用未成年人乞讨或者组织未成年人进行有害其身心健康的表演等活动。

《中华人民共和国妇女权益保障法》（节录）

（1992年4月3日第七届全国人民代表大会第五次会议通过
根据2005年8月28日第十届全国人民代表大会常务委员会第十七次会议
《关于修改〈中华人民共和国妇女权益保障法〉的决定》修正）

第二条　妇女在政治的、经济的、文化的、社会的和家庭的生活等各方面享有同男子平等的权利。

实行男女平等是国家的基本国策。国家采取必要措施，逐步完善保障妇女权益的各项制度，消除对妇女一切形式的歧视。

国家保护妇女依法享有的特殊权益。

禁止歧视、虐待、遗弃、残害妇女。

第三十八条　妇女的生命健康权不受侵犯。禁止溺、弃、残害女婴；禁止歧视、虐待生育女婴的妇女和不育的妇女；禁止用迷信、暴力等手段残害妇女；禁止虐待、遗弃病、残妇女和老年妇女。

相关执法参考	第五十六条　违反本法规定，侵害妇女的合法权益，其他法律、法规规定行政处罚的，从其规定；造成财产损失或者其他损害的，依法承担民事责任；构成犯罪的，依法追究刑事责任。 第五十八条　违反本法规定，对妇女实施性骚扰或者家庭暴力，构成违反治安管理行为的，受害人可以提请公安机关对违法行为人依法给予行政处罚，也可以依法向人民法院提起民事诉讼。

七十三、遗弃

（《治安管理处罚法》第45条第2项）

案由		遗弃
概念		遗弃，是指对于年老、年幼、患病或者其他没有独立生活能力的人，负有扶养义务而拒绝扶养，情节轻微，尚不够刑事处罚的行为。
违法构成要件	违法客体	本行为侵犯的客体是家庭成员之间相互扶养的权利义务关系，侵犯的对象是年老、年幼、患病或者其他没有独立生活能力的家庭成员。 家庭成员主要由以下4部分成员构成： 1. 由婚姻关系的形成而出现的最初的家庭成员，即丈夫和妻子。 2. 由血缘关系而引起的家庭成员，包括：（1）由直系血亲关系而联系起来的父母、子女、孙子女、曾孙子女以及祖父母、曾祖父母、外祖父母等；（2）由旁系血亲而联系起来的兄、弟、姐、妹、叔、伯、姑、姨、舅等家庭成员，但是，他们之间随着成家立业且与原家庭经济上的分开，而丧失原家庭成员的法律地位。这里例外的是，原由旁系血亲抚养的，如原由兄姐抚养之弟妹，不因结婚而丧失原家庭成员的资格。 3. 由收养关系而发生的家庭成员，即养父母与养子女之间，这是一种拟制血亲关系。 4. 在现实生活中，还经常出现一种既区别于收养关系、血亲关系，又区别于婚姻关系而发生的家庭成员之间的关系。例如，一对夫妻自愿将某位孤寡老人领回，自愿履行一种非法律意义上的赡养义务，只要一经同意赡养，该孤寡老人就成了家庭成员之一。 “年老、年幼、患病或者其他没有独立生活能力的家庭成员”是指家庭成员中具有以下几种情况的人： 1. 因年老、伤残、疾病等原因，丧失劳动能力，没有生活来源的； 2. 虽有生活来源，但因病、老、伤残，生活不能自理的； 3. 因年幼或智力低下等原因，没有独立生活能力的。
	违法客观方面	本行为在客观方面表现为对年老、年幼、患病或者其他没有独立生活能力的家庭成员，应当扶养而拒不扶养，情节轻微，尚不够刑事处罚的行为。 1. 行为人必须负有扶养义务。这是构成本行为的前提条件。公民对哪些家庭成员负有扶养义务，是由我国法律明确规定了的。扶养义务是基于抚养与被抚养、扶养与被扶养以及赡养与被赡养这三种家庭成员之间不同的权利义务关系而产生的。 2. 行为人能够负担却拒绝扶养，能够负担，是指有独立的经济能力，并有能够满足本人及子女、老人的最低生活标准（当时当地的标准）外有多余的情况。

<table>
<tr><td rowspan="3">违法构成要件</td><td>违法客观方面</td><td>这里所谓“扶养”，如前所述，应从广义上理解，包括长辈对晚辈的抚养，晚辈对长辈的赡养，以及夫妻之间的扶养。具体而言，所谓“抚养”，是指父母对子女，以及在一定条件下祖父母对孙子女、外祖父母对外孙子女、兄姐对弟妹的生活供养、社会教养以及其他各方面的关怀和帮助。所谓“赡养”，是指子女对父母，以及在一定条件下孙子女对祖父母、外孙子女对外祖父母、弟妹对兄姐在生活上的供养及精神等方面的照顾和帮助。所谓“扶养”，是狭义的，专指夫妻之间生活上的供养以及其他各方面的关怀和帮助。“拒绝扶养”即是指行为人拒不履行长辈对晚辈的抚养义务，晚辈对长辈的赡养义务以及夫妻之间的扶养义务等。具体表现为不提供扶助、离开被扶养人或把被扶养人置身于自己不能扶养的场所等。在行为内容上，拒绝扶养不仅指不提供经济供应，还包括对生活不能自理者不给予必需的生活照料。
3. 情节轻微，尚不够刑事处罚。这一般是指情节、后果不严重，也没有造成恶劣的社会影响等。</td></tr>
<tr><td>违法主体</td><td>本行为的主体是特殊主体，必须是对被遗弃者负有法律上的扶养义务而且具有抚养能力的人。只有具备这种条件的人，才可能成为本行为的主体。如果在法律上不负有扶养义务，互相间不存在扶养关系，也就不发生遗弃的问题。</td></tr>
<tr><td>违法主观方面</td><td>本行为的主观方面表现为故意，即明知自己应履行扶养义务而拒绝扶养。</td></tr>
<tr><td>认定界限</td><td colspan="2">（一）本行为与遗弃罪的界限。
《刑法》第261条规定的遗弃罪，是指对于年老、年幼、患病或者其他没有独立生活能力的人，负有扶养义务而拒绝扶养，情节恶劣的行为。两者是同一种违法形式的不同阶段。只是由于二者在违法情节、后果上的不同，致使行为的性质不同。违反治安管理的遗弃行为一般情节、后果较轻，对当事人没有造成严重的身心伤害后果。而遗弃罪属情节恶劣、后果严重的情形。根据司法实践经验，遗弃行为情节恶劣是指：由于遗弃而致被害人重伤、死亡的；被害人因被遗弃而生活无着，流离失所，被迫沿街乞讨的；因遗弃而使被害人走投无路被迫自杀的；行为人屡经教育，拒绝改正而使被害人的生活陷入危难境地的；遗弃手段十分恶劣的（如在遗弃中又有打骂、虐待行为的）等。另外，遗弃罪属于告诉才处理的行为，违反《治安管理处罚法》的遗弃行为，法律没有规定告诉才处理，即公安机关可以依职权对行为人主动进行处理。
另外，如果行为人将被遗弃人弃于容易造成生命危险的地点，或丢弃在人迹罕至的深山老林，极可能出现冻饿致死或者被野兽伤害的后果，表明行为人主观上有杀人的故意，应以故意杀人罪对待。</td></tr>
</table>

认定界限	（二）本行为与虐待行为的界限。 《治安管理处罚法》第45条第1项规定的虐待，是指对与其共同生活的家庭成员，经常以打骂、冻饿、限制行动自由或其他方法进行摧残、折磨，但情节较轻，尚不够刑事处罚，被虐待人要求处理的行为。两者在主观方面、客观方面皆有相似乃至交叉之处。其主要区别在于： 1. 行为对象有所不同。遗弃行为的对象仅限于行为人对其有扶养义务的年老、年幼、患病或其他没有独立生活能力的人；虐待行为的对象则是共同生活的家庭成员中的任何一员； 2. 行为方式不同。遗弃行为是以消极的不作为方式来拒绝履行应尽的扶养义务；虐待行为则是以积极的作为对被害人实施精神和肉体上的折磨、摧残； 3. 行为的目的不同。遗弃行为以逃避或转嫁扶养义务为目的；虐待行为一般是以给被害人造成痛苦为目的。 4. 根据《治安管理处罚法》的规定，虐待行为属于告诉才处理的行为，即被害人要求处理的，公安机关才能处理。而遗弃行为，《治安管理处罚法》没有规定告诉才处理，公安机关可以依职权对行为人主动进行处理，这主要是考虑到被遗弃人的特殊情况，因为，被遗弃的人是年老、年幼、患病或其他没有独立生活能力的人，他们往往缺乏向公安机关“告诉”的能力。
处罚标准	构成本行为的，处5日以下拘留或者警告。 在实践中，有下列情形之一的，可单独处警告： 1. 行为轻微或者未造成后果的； 2. 受害人要求从轻处理的； 3. 经教育后主动改正并保证不再犯的。
相关执法参考	**《中华人民共和国治安管理处罚法》**（节录） （2005年8月28日第十届全国人民代表大会常务委员会第十七次会议通过 中华人民共和国主席令第三十八号公布 自2006年3月1日起施行） 第四十五条第二项 有下列行为之一的，处五日以下拘留或者警告： （二）遗弃没有独立生活能力的被扶养人的。 **《中华人民共和国刑法》**（节录） （1979年7月1日第五届全国人民代表大会第二次会议通过 1997年3月14日第八届全国人民代表大会第五次会议修订 根据2011年2月25日第十一届全国人民代表大会常务委员会第十九次会议通过的《中华人民共和国刑法修正案（八）》最新修正） 第二百六十一条 对于年老、年幼、患病或者其他没有独立生活能力的人，负有扶养义务而拒绝扶养，情节恶劣的，处五年以下有期徒刑、拘役或者管制。 **《最高人民法院最高人民检察院公安部司法部印发〈关于依法惩治拐卖妇女儿童犯罪的意见〉的通知》**（节录） （2010年3月15日 法发［2010］7号印发） 五、定性

相关执法参考

17. 要严格区分借送养之名出卖亲生子女与民间送养行为的界限。区分的关键在于行为人是否具有非法获利的目的。应当通过审查将子女“送”人的背景和原因、有无收取钱财及收取钱财的多少、对方是否具有抚养目的及有无抚养能力等事实，综合判断行为人是否具有非法获利的目的。

具有下列情形之一的，可以认定属于出卖亲生子女，应当以拐卖妇女、儿童罪论处：

（1）将生育作为非法获利手段，生育后即出卖子女的；

（2）明知对方不具有抚养目的，或者根本不考虑对方是否具有抚养目的，为收取钱财将子女“送”给他人的；

（3）为收取明显不属于“营养费”、“感谢费”的巨额钱财将子女“送”给他人的；

（4）其他足以反映行为人具有非法获利目的的“送养”行为的。

不是出于非法获利目的，而是迫于生活困难，或者受重男轻女思想影响，私自将没有独立生活能力的子女送给他人抚养，包括收取少量“营养费”、“感谢费”的，属于民间送养行为，不能以拐卖妇女、儿童罪论处。对私自送养导致子女身心健康受到严重损害，或者具有其他恶劣情节，符合遗弃罪特征的，可以遗弃罪论处；情节显著轻微危害不大的，可由公安机关依法予以行政处罚。

《最高人民法院、最高人民检察院、公安部、民政部、司法部、全国妇联关于打击拐卖妇女儿童犯罪有关问题的通知》（节录）

（2000年3月20日颁布　自颁布之日起实施）

六、……

公安、民政、妇联等有关部门和组织应当密切配合，做好被解救妇女、儿童的善后安置工作。任何单位和个人不得歧视被拐卖的妇女、儿童。对被解救回的未成年人，其父母及其他监护人应当接收并认真履行抚养义务。拒绝接收，拒不履行抚养义务，构成犯罪的，以遗弃罪追究刑事责任。

《全国法院维护农村稳定刑事审判工作座谈会纪要》（节录）

（法［1999］217号）

二

（六）关于拐卖妇女、儿童犯罪案件

要从严惩处拐卖妇女、儿童犯罪团伙的首要分子和以拐卖妇女、儿童为常业的“人贩子”。

要严格把握此类案件罪与非罪的界限。对于买卖至亲的案件，要区别对待：以贩卖牟利为目的“收养”子女的，应以拐卖儿童罪处理；对那些迫于生活困难、受重男轻女思想影响而出卖亲生子女或收养子女的，可不作为犯罪处理；对于出卖子女确属情节恶劣的，可按遗弃罪处罚；对于那些确属介绍婚姻，且被介绍的男女双方相互了解对方的基本情况，或者确属介绍收养，并经被收养人父母同意的，尽管介绍的人数较多，从中收取财物较多，也不应作犯罪处理。

相关执法参考

《中华人民共和国老年人权益保障法》（节录）

（1996年8月29日第八届全国人民代表大会常务委员会第二十一次会议通过
根据2005年8月28日第十届全国人民代表大会常务委员会第十七次会议
《关于修改〈中华人民共和国妇女权益保障法〉的决定》修正）

第四条 国家保护老年人依法享有的权益。

老年人有从国家和社会获得物质帮助的权利，有享受社会发展成果的权利。

禁止歧视、侮辱、虐待或者遗弃老年人。

《中华人民共和国婚姻法》（节录）

（1980年9月10日第五届全国人民代表大会第三次会议通过
根据2001年4月28日第九届全国人民代表大会常务委员会第二十一次会议
《关于修改〈中华人民共和国婚姻法〉的决定》修正）

第四十四条 对遗弃家庭成员，受害人有权提出请求，居民委员会、村民委员会以及所在单位应当予以劝阻、调解。

对遗弃家庭成员，受害人提出请求的，人民法院应当依法作出支付扶养费、抚养费、赡养费的判决。

第四十五条 对重婚的，对实施家庭暴力或虐待、遗弃家庭成员构成犯罪的，依法追究刑事责任。受害人可以依照刑事诉讼法的有关规定，向人民法院自诉；公安机关应当依法侦查，人民检察院应当依法提起公诉。

《中华人民共和国残疾人保障法》（修订）（节录）

（1990年12月28日第七届全国人民代表大会常务委员会第十七次会议通过
2008年4月24日第十一届全国人民代表大会常务委员会第二次会议修订
中华人民共和国主席令第3号 自2008年7月1日起施行）

第九条 残疾人的扶养人必须对残疾人履行扶养义务。

残疾人的监护人必须履行监护职责，尊重被监护人的意愿，维护被监护人的合法权益。

残疾人的亲属、监护人应当鼓励和帮助残疾人增强自立能力。

禁止对残疾人实施家庭暴力，禁止虐待、遗弃残疾人。

第六十五条 违反本法规定，供养、托养机构及其工作人员侮辱、虐待、遗弃残疾人的，对直接负责的主管人员和其他直接责任人员依法给予处分；构成违反治安管理行为的，依法给予行政处罚。

第六十七条 违反本法规定，侵害残疾人的合法权益，其他法律、法规规定行政处罚的，从其规定；造成财产损失或者其他损害的，依法承担民事责任；构成犯罪的，依法追究刑事责任。

《中华人民共和国未成年人保护法》（节录）

（1991年9月4日第七届全国人民代表大会常务委员会第二十一次会议通过
2006年12月29日第十届全国人民代表大会常务委员会第二十五次会议修订
自2007年6月1日起施行）

第十条 父母或者其他监护人应当创造良好、和睦的家庭环境，依法履行对未

相关执法参考	成年人的监护职责和抚养义务。 　　禁止对未成年人实施家庭暴力，禁止虐待、遗弃未成年人，禁止溺婴和其他残害婴儿的行为，不得歧视女性未成年人或者有残疾的未成年人。 **《中华人民共和国收养法》**（节录） （1991年12月29日第七届全国人民代表大会常务委员会第二十三次会议通过　根据1998年11月4日第九届全国人民代表大会常务委员会第五次会议《关于修改〈中华人民共和国收养法〉的决定》修正） 　　第三十一条　借收养名义拐卖儿童的，依法追究刑事责任。 　　遗弃婴儿的，由公安部门处以罚款；构成犯罪的，依法追究刑事责任。 　　出卖亲生子女的，由公安部门没收非法所得，并处以罚款；构成犯罪的，依法追究刑事责任。 **《中华人民共和国妇女权益保障法》**（节录） （1992年4月3日第七届全国人民代表大会第五次会议通过　根据2005年8月28日第十届全国人民代表大会常务委员会第十七次会议《关于修改〈中华人民共和国妇女权益保障法〉的决定》修正） 　　第二条　妇女在政治的、经济的、文化的、社会的和家庭的生活等各方面享有同男子平等的权利。 　　实行男女平等是国家的基本国策。国家采取必要措施，逐步完善保障妇女权益的各项制度，消除对妇女一切形式的歧视。 　　国家保护妇女依法享有的特殊权益。 　　禁止歧视、虐待、遗弃、残害妇女。 　　第三十八条　妇女的生命健康权不受侵犯。禁止溺、弃、残害女婴；禁止歧视、虐待生育女婴的妇女和不育的妇女；禁止用迷信、暴力等手段残害妇女；禁止虐待、遗弃病、残妇女和老年妇女。

七十四、强迫交易
（《治安管理处罚法》第46条）

<table>
<tr><td colspan="2">案由</td><td>强迫交易</td></tr>
<tr><td colspan="2">概念</td><td>强迫交易，是指以暴力、威胁手段强买强卖商品、强迫他人提供服务或者强迫他人接受服务，尚不够刑事处罚的行为。</td></tr>
<tr><td rowspan="3">违法构成要件</td><td>违法客体</td><td>本行为侵犯的客体是交易相对方的合法权益和商品交易市场秩序。</td></tr>
<tr><td>违法客观方面</td><td>本行为在客观方面表现为以暴力、威胁手段强买强卖商品、强迫他人提供服务或者强迫他人接受服务，尚不够刑事处罚的行为。
所谓“暴力”，是指对被强迫人的人身或财产实行强制或打击，如殴打、捆绑、抱住、围困、伤害或者砸毁其财物等；
所谓“威胁”，是指对被害人实行精神强制，以加害其人身、毁坏其财物、揭露其隐私、破坏其名誉、加害其亲属等相要挟。其方式则可以是言语，也可以是动作，甚至利用某种特定的危险环境进行胁迫。
需要注意的是：这里的“暴力、威胁”必须直接与交易相关，行为人的目的是促使交易实现。如果行为人是在交易活动之外实施暴力、威胁行为的，不能以本行为论处。
“强迫交易”可以是强迫他人与自己交易，也可以是强迫他人与第三人交易。
违背他人意志、强迫他人和自己或者第三人交易是本行为的本质特征。所谓“违背他人意志”，是指他人不想向其购买商品而强迫其购买，他人不愿出卖商品强迫其出卖，他人不肯提供服务，强迫他人提供，他人不愿意接受服务而强迫其接受。
所谓“服务”，是指各种营业性的服务，如住宿、运输、餐饮、维修、打扫卫生、送煤气、托运家具、提供钟点工等。
应当指出，对于强迫他人出卖商品或者提供服务，他人一般应是在从事商品的出卖或营利性服务的工作。如果他人并未从事这种营利性的工作，而强迫他人将自己所有的某种物品，如祖传之物卖给自己或者强迫没有从事搬送煤气的人为自己搬送煤气，未从事饮食、住宿的人提供饮食、住宿，则不能以本行为论处。此外，“服务”应是合法的营利性的服务。倘若不是合法的服务，如强迫他人为自己提供卖淫、赌博等非法服务或者为自己洗脚、倒尿等侮辱性服务，则也不能构成本行为，应该处罚的，应以其他行为论处。</td></tr>
<tr><td>违法主体</td><td>本行为的主体是一般主体。单位也能构成本行为。单位构成本行为的，对其直接负责的主管人员和其他直接责任人员依照本条的规定处罚。其他法律、行政法规对同一行为规定给予单位处罚的，依照其规定处罚。</td></tr>
</table>

<table>
<tr><td rowspan="1">违法构成要件</td><td>违法主观方面</td><td>本行为的主观方面表现为直接故意。</td></tr>
<tr><td>认定界限</td><td colspan="2">（一）本行为与强迫交易罪[①]的界限。
《刑法》第226条规定的强迫交易罪，是指以暴力、威胁手段，强迫交易，情节严重的行为。根据《刑法修正案（八）》的规定，强迫交易罪的行为方式不仅限于“强买强卖商品”和“强迫他人提供服务或者强迫他人接受服务”两种方式，还包括“强迫他人参与或者退出投标、拍卖”、“强迫他人转让或者收购公司、企业的股份、债券或者其他资产”和“强迫他人参与或者退出特定的经营活动”等3种行为方式，而本行为的具体方式仅限于“强买强卖商品”和“强迫他人提供服务或者强迫他人接受服务”两种方式，至于本行为是否也要予以相应的调整，需要有关的司法解释予以明确。
在同是“强买强卖商品”和“强迫他人提供服务或者强迫他人接受服务”两种方式的情况下，两者是同一种违法活动形式的不同阶段。只是由于二者在违法情节、后果上的不同，致使行为的性质不同。违反治安管理的强迫交易行为，情节、后果较轻，实施的是一般性的强迫手段，如用语言威胁、死皮赖脸强买强卖等。强迫交易行为达到情节严重的程度的，就构成了强迫交易罪。所谓“情节严重”，应当包括以下几点：（1）促成不公平交易，非法获利数额较大的；（2）多次强迫交易的；（3）社会影响恶劣的；（4）给被害人及家庭引起较为严重后果的；（5）强迫交易严重扰乱市场的等。行为人用轻微的威胁手段进行强买强卖、强迫他人接受或提供服务，行为很有节制、获利很有限的，情节显著轻微、危害不大的，属于一般违法行为，不能认为是犯罪。根据《最高人民检察院 公安部关于公安机关管辖的刑事案件立案追诉标准的规定（一）》（公通字［2008］36号）的规定，以暴力、威胁手段强买强卖商品、强迫他人提供服务或者强迫他人接受服务，涉嫌下列情形之一的，应予立案追诉：
1. 造成被害人轻微伤或者其他严重后果的；
2. 造成直接经济损失2000元以上的；
3. 强迫交易3次以上或者强迫3人以上交易的；
4. 强迫交易数额1万元以上，或者违法所得数额2000元以上的；
5. 强迫他人购买伪劣商品数额5000元以上，或者违法所得数额1000元以上的；
6. 其他情节严重的情形。
关于“强迫他人参与或者退出投标、拍卖”、“强迫他人转让或者收购公司、企业的股份、债券或者其他资产”和“强迫他人参与或者退出特定的经营活动”</td></tr>
</table>

① 该罪根据《刑法修正案（八）》进行了修正，增加了该罪的行为方式。

认定界限	等3种行为方式的定罪标准还没有相关的司法解释，办案人员应根据上述认定“情节严重”的几个原则，结合具体案情来综合认定。 （二）本行为的“交易”的认定。 本行为必须发生在商品交易或服务交易中，行为人与被害人之间有交易事实存在，虽然这种是不平等交易，是一方强求另一方接受的交易。如果没有这种交易存在，行为人以非法占有为目的，当场使用暴力、胁迫或其他方法，强行立即劫取财物的，应当认定为是抢劫行为，而不构成强迫交易行为。 （三）本行为与寻衅滋事行为的界限。 《治安管理处罚法》第26条规定的寻衅滋事行为，其第3项规定的表现形式包括有“强拿硬要或者任意损毁、占用公私财物的”，这里的强拿硬要行为与本行为在行为方式上有某些相似之处，都属于使用强迫方法获得利益，但二者在行为目的、具体实施方法上有本质的不同。本行为是一种违背民事交易原则的买卖行为，虽有强制性行为，但其内容毕竟涉及双方的买卖交易，而强拿硬要属非法占有公私财物，没有交易的因素。本行为是以外力、威胁手段强迫他人与之交易的行为，使用了威胁方法，而强拿硬要行为一般没有威胁的因素，大多属于死皮赖脸强要硬拿。二者的区别是明显的。
处罚标准	（一）构成本行为的，处5日以上10日以下拘留，并处200元以上500元以下罚款。 （二）情节较轻的，处5日以下拘留或者500元以下罚款。 在实践中，判断情节的轻重，一般应从行为人的动机、手段、目的、行为的次数、造成的后果等方面综合考虑，由公安机关办案人员酌情量罚。一般来说，有下列情形之一的，应认定为“情节较轻”： 1. 后果轻微的； 2. 未使用威胁暴力手段的； 3. 获利较小的； 4. 其他情节较轻的情形。
相关执法参考	**《中华人民共和国治安管理处罚法》**（节录） （2005年8月28日中华人民共和国主席令第三十八号公布 自2006年3月1日起施行） 第四十六条　强买强卖商品，强迫他人提供服务或者强迫他人接受服务的，处五日以上十日以下拘留，并处二百元以上五百元以下罚款；情节较轻的，处五日以下拘留或者五百元以下罚款。 **《中华人民共和国刑法》**（节录） （1979年7月1日第五届全国人民代表大会第二次会议通过　1997年3月14日第八届全国人民代表大会第五次会议修订　根据2011年2月25日第十一届全国人民代表大会常务委员会第十九次会议通过的《中华人民共和国刑法修正案（八）》最新修正） 第二百二十六条　以暴力、威胁手段，实施下列行为之一，情节严重的，处三

相关执法参考

年以下有期徒刑或者拘役，并处或者单处罚金；情节特别严重的，处三年以上七年以下有期徒刑，并处罚金：

（一）强买强卖商品的；

（二）强迫他人提供或者接受服务的；

（三）强迫他人参与或者退出投标、拍卖的；

（四）强迫他人转让或者收购公司、企业的股份、债券或者其他资产的；

（五）强迫他人参与或者退出特定的经营活动的。{根据刑法修正案（八）修改}

{原条文：以暴力、威胁手段强买强卖商品、强迫他人提供服务或者强迫他人接受服务，情节严重的，处三年以下有期徒刑或者拘役，并处或者单处罚金。}

《最高人民检察院 公安部关于公安机关管辖的刑事案件立案追诉标准的规定（一）》（节录）

（公通字［2008］36号）

第二十八条 ［强迫交易案（刑法第二百二十六条）］以暴力、威胁手段强买强卖商品、强迫他人提供服务或者强迫他人接受服务，涉嫌下列情形之一的，应予立案追诉：

（一）造成被害人轻微伤或者其他严重后果的；

（二）造成直接经济损失二千元以上的；

（三）强迫交易三次以上或者强迫三人以上交易的；

（四）强迫交易数额一万元以上，或者违法所得数额二千元以上的；

（五）强迫他人购买伪劣商品数额五千元以上，或者违法所得数额一千元以上的；

（六）其他情节严重的情形。

第一百条 本规定中的立案追诉标准，除法律、司法解释另有规定的以外，适用于相关的单位犯罪。

第一百零一条 本规定中的“以上”，包括本数。

第一百零二条 本规定自印发之日起施行。

《最高人民法院关于审理抢劫、抢夺刑事案件适用法律若干问题的意见》（节录）

（2005年6月8日法发［2005］8号颁布 自颁布之日起实施）

九、关于抢劫罪与相似犯罪的界限

2. 以暴力、胁迫手段索取超出正常交易价钱、费用的钱财的行为定性

从事正常商品买卖、交易或者劳动服务的人，以暴力、胁迫手段迫使他人交出与合理价钱、费用相差不大，情节严重的，以强迫交易罪定罪处罚；以非法占有为目的，以买卖、交易、服务为幌子采用暴力、胁迫手段迫使他人交出与合理价钱、费用相差悬殊的钱物的，以抢劫罪定罪处刑。在具体认定时，既要考虑超出合理价钱、费用的绝对数额，还要考虑超出合理价钱、费用的比例，加以综合判断。

相关执法参考

《中华人民共和国消费者权益保护法》（节录）

（1993年10月31日第八届全国人民代表大会常务委员会第四次会议通过 根据2009年8月27日第十一届全国人民代表大会常务委员会第十次会议通过的〈全国人民代表大会常务委员会关于修改部分法律的决定〉修改）

第四条 经营者与消费者进行交易，应当遵循自愿、平等、公平、诚实信用的原则。

第四十一条 经营者提供商品或者服务，造成消费者或者其他受害人人身伤害的，应当支付医疗费、治疗期间的护理费、因误工减少的收入等费用，造成残疾的，还应当支付残疾者生活自助具费、生活补助费、残疾赔偿金以及由其扶养的人所必需的生活费等费用；构成犯罪的，依法追究刑事责任。

第四十二条 经营者提供商品或者服务，造成消费者或者其他受害人死亡的，应当支付丧葬费、死亡赔偿金以及由死者生前扶养的人所必需的生活费等费用；构成犯罪的，依法追究刑事责任。

《退耕还林条例》（节录）

（2002年12月14日国务院令第367号颁布 自2003年1月20日起实施）

第五十九条 采用不正当手段垄断种苗市场，或者哄抬种苗价格的，依照刑法关于非法经营罪、强迫交易罪或者其他罪的规定，依法追究刑事责任；尚不够刑事处罚的，由工商行政管理机关依照反不正当竞争法的规定处理；反不正当竞争法未作规定的，由工商行政管理机关处以非法经营额2倍以上5倍以下的罚款。

七十五、煽动民族仇恨、民族歧视

（《治安管理处罚法》第47条）

<table>
<tr><td colspan="2">案由</td><td>煽动民族仇恨、民族歧视</td></tr>
<tr><td colspan="2">概念</td><td>煽动民族仇恨、民族歧视，是指煽动民族仇恨、民族歧视，情节轻微，尚不够刑事处罚的行为。</td></tr>
<tr><td rowspan="4">违法构成要件</td><td>违法客体</td><td>本行为侵犯的客体是民族的平等权。
民族平等是宪法平等原则在民族政策方面的体现，有两个层次上的含义：一是各民族权利平等，即各个民族在政治上、法律上的平等，这是较浅层次上的民族平等；二是各民族间事实上的平等，即各个民族在经济、文化等发展水平上的一致，这是深层次的民族平等。现阶段，我们说各个民族平等即是第一层次上的，具体指各个民族在我国都是祖国统一大家庭中的一员，享有平等的政治权利，以及法律规定的公民享有的其他合法权益。本行为侵犯的民族平等权利也就是这个意义上的平等权利。</td></tr>
<tr><td>违法客观方面</td><td>本行为在客观方面表现为行为人故意用语言、文字或者其他方式煽动民族仇恨、民族歧视，情节轻微，尚不够刑事处罚的行为。
所谓“煽动”，是指以语言、文字等形式公然宣传。具体煽动办法多种多样，如书写、张贴、散发标语、传单，印刷、出版、散发非法刊物，录制、播放录音、录像，发表演讲，呼喊口号等。
所谓“民族仇恨”，是指基于种族、肤色、世俗的原因而产生的强烈憎恨。
所谓“民族歧视”，是指基于种族、肤色、世俗的理由而对各民族进行区别、排斥、限制，意图损害其他民族平等地位以及其他合法权益。
在实践中，本行为的具体方式主要包括：
1. 书写、张贴、散发民族仇恨、民族歧视的传单、标语、大字报的；
2. 印制、散发宣扬民族仇恨、民族歧视的诗刊、书画、非法刊物的；
3. 发表民族仇恨、民族歧视的讲演或呼喊有关口号的；
4. 制造、散布民族仇恨、民族歧视的谣言的；
5. 利用互联网、手机短信等方式，传播、宣扬民族歧视、民族仇恨的。</td></tr>
<tr><td>违法主体</td><td>本行为的主体包括单位和个人。</td></tr>
<tr><td>违法主观方面</td><td>本行为的主观方面表现为故意，且以激起民族仇恨、民族歧视为目的。</td></tr>
</table>

<table>
<tr><td>认定界限</td><td>（一）本行为与煽动民族仇恨、民族歧视罪的界限。

《刑法》第249条规定的煽动民族仇恨、民族歧视罪，是指煽动民族仇恨、民族歧视，情节严重的行为。两者是同一种违法活动形式的不同阶段。只是由于二者在违法情节、后果上的不同，致使行为的性质不同。违反治安管理的煽动民族仇恨、民族歧视行为，情节、后果较轻，属于一般性的损害民族团结的违法行为。煽动民族仇恨、民族歧视，只有情节严重的，才构成犯罪，所谓“情节严重”，一般是指具有以下几种情形：（1）动机十分卑劣的，如为了掩盖自己的违法、犯罪行径而煽动民族仇恨、歧视的；（2）煽动手段恶劣的，如使用侮辱、造谣等方式的；（3）多次进行煽动的；（4）煽动行为造成严重后果或者影响恶劣的；（5）煽动群众人数较多，煽动性大的等。

（二）本行为与一般的散布谣言的界限。

本行为有直接的目的性，即煽动民族间的仇恨或歧视，而一般性的散布谣言没有这种直接的目的性。在主观方面，本行为表现为积极的、行为动机明确的煽动意图，而一般性的散布谣言随意性比较强，没有明确的煽动意图。

（三）本行为与侵犯少数民族风俗习惯罪的界限。

两者都是破坏我国民族之间平等、团结、互助关系的行为，其主观方面都是故意，两者的区别表现在：
1. 主体不同。侵犯少数民族风俗习惯罪的主体为特殊主体，即只有具有国家机关工作人员身份的自然人才能构成该罪；而本行为的主体是一般主体，凡达到责任年龄、具有责任能力的自然人，都可能构成本行为。
2. 行为侵犯的客体不同。本行为侵犯的客体主要是各民族的平等权利；侵犯少数民族风俗习惯罪侵犯的客体则是我国少数民族保持或者改革本民族风俗习惯的权利。
3. 客观表现不同。本行为主要表现为行为人故意实施煽动民族仇恨、民族歧视，情节轻微，尚不够刑事处罚的行为。其危害性在于可能制造民族矛盾，使不同民族之间相互为敌或相互歧视。侵犯少数民族风俗习惯罪在客观方面则表现为非法侵犯少数民族风俗习惯的行为。所谓非法侵犯，是指违反宪法和有关的法律规定，采用暴力、胁迫等手段，破坏少数民族风俗习惯，或者强制少数民族改变自己的风俗习惯。从司法实践来看，非法侵犯行为主要表现为以下三个方面：（1）强迫少数民族改变自己的风俗习惯，例如，强迫少数民族改变自己的饮食禁忌，禁止少数民族公民身着民族服饰等；（2）破坏少数民族的风俗活动，如扰乱少数民族的传统节日，阻挠少数民族的婚丧嫁娶仪式等；（3）阻止少数民族对自己风俗习惯的改变等。</td></tr>
<tr><td>处罚标准</td><td>构成本行为的，处10日以上15日以下拘留，可以并处1000元以下罚款。</td></tr>
</table>

相关执法参考

《中华人民共和国治安管理处罚法》（节录）

（2005年8月28日第十届全国人民代表大会常务委员会第十七次会议通过
2005年8月28日中华人民共和国主席令第三十八号公布
自2006年3月1日起施行）

第四十七条　煽动民族仇恨、民族歧视，或者在出版物、计算机信息网络中刊载民族歧视、侮辱内容的，处十日以上十五日以下拘留，可以并处一千元以下罚款。

《中华人民共和国刑法》（节录）

（1979年7月1日第五届全国人民代表大会第二次会议通过　1997年3月14日第八届全国人民代表大会第五次会议修订　根据2011年2月25日第十一届全国人民代表大会常务委员会第十九次会议通过的《中华人民共和国刑法修正案（八）》最新修正）

第二百四十九条　煽动民族仇恨、民族歧视，情节严重的，处三年以下有期徒刑、拘役、管制或者剥夺政治权利；情节特别严重的，处三年以上十年以下有期徒刑。

《互联网新闻信息服务管理规定》（节录）

（2005年9月25日国务院新闻办公室、信息产业部颁布　自颁布之日起实施）

第十九条　互联网新闻信息服务单位登载、发送的新闻信息或者提供的时政类电子公告服务，不得含有下列内容：

（四）煽动民族仇恨、民族歧视，破坏民族团结的；

第二十条　互联网新闻信息服务单位应当建立新闻信息内容管理责任制度。不得登载、发送含有违反本规定第三条第一款、第十九条规定内容的新闻信息；发现提供的时政类电子公告服务中含有违反本规定第三条第一款、第十九条规定内容的，应当立即删除，保存有关记录，并在有关部门依法查询时予以提供。

第二十一条　互联网新闻信息服务单位应当记录所登载、发送的新闻信息内容及其时间、互联网地址，记录备份应当至少保存60日，并在有关部门依法查询时予以提供。

第二十七条　互联网新闻信息服务单位登载、发送的新闻信息含有本规定第十九条禁止内容，或者拒不履行删除义务的，由国务院新闻办公室或者省、自治区、直辖市人民政府新闻办公室给予警告，可以并处1万元以上3万元以下的罚款；情节严重的，由电信主管部门根据有关主管部门的书面认定意见，按照有关互联网信息服务管理的行政法规的规定停止其互联网信息服务或者责令互联网接入服务者停止接入服务。

互联网新闻信息服务单位登载、发送的新闻信息含有违反本规定第三条第一款规定内容的，由国务院新闻办公室或者省、自治区、直辖市人民政府新闻办公室依据各自职权依照前款规定的处罚种类、幅度予以处罚。

《全国人民代表大会常务委员会关于维护互联网安全的决定》（节录）

（2000年12月28日第九届全国人民代表大会常务委员会第十九次会议通过
根据2009年8月27日第十一届全国人民代表大会常务委员会第十次会议通过的〈全国人民代表大会常务委员会关于修改部分法律的决定〉修改）

二、为了维护国家安全和社会稳定，对有下列行为之一，构成犯罪的，依照刑

相关执法参考	法有关规定追究刑事责任： （三）利用互联网煽动民族仇恨、民族歧视，破坏民族团结； 六、利用互联网实施违法行为，违反社会治安管理，尚不构成犯罪的，由公安机关依照《治安管理处罚法》予以处罚；违反其他法律、行政法规，尚不构成犯罪的，由有关行政管理部门依法给予行政处罚；对直接负责的主管人员和其他直接责任人员，依法给予行政处分或者纪律处分。 利用互联网侵犯他人合法权益，构成民事侵权的，依法承担民事责任。

七十六、刊载民族歧视、侮辱内容

（《治安管理处罚法》第47条）

案由		刊载民族歧视、侮辱内容
概念		刊载民族歧视、侮辱内容，是指在出版物、计算机信息网络中，刊载民族歧视、侮辱内容的，情节较轻，尚不够刑事处罚的行为。
违法构成要件	违法客体	本行为侵犯的客体是少数民族的尊严。 我国是多民族的国家。平等、团结、互助的社会主义民族关系已经确立，并将继续加强。我国《宪法》规定，在维护民族团结的斗争中，要反对大民族主义，主要是大汉族主义，禁止对任何民族的歧视和压迫。
	违法客观方面	本行为在客观方面表现为在出版物、计算机信息网络中，刊载民族歧视、侮辱内容，情节较轻，尚不够刑事处罚的行为。 所谓“出版物”，是指编印的书籍、报刊、卷册、抄本、挂历、录音带、录像带等音像制品以及电子出版物等；“计算机信息网络”是指在线运行的电子信息网络系统。二者既可以是合法的，也可以是非法的。 所谓“刊载”，应作广义的理解，其含义应等同于出版，也即指出版物的出版、印刷或者复制、发行。至于刊载的表现形式，则既可以是文字、漫画，也可以是录像带、录音带、光盘中的言语等。 所谓“侮辱”，是指基于民族的来源、历史、风俗习惯等的不同，而对其他民族予以丑化、嘲讽、辱骂。所谓“歧视”，是指基于民族的来源、历史、风俗习惯等的不同，对其他民族予以贬低、蔑视。“民族歧视、侮辱内容”，是指在出版物、计算机信息网络中具有不平等地对待少数民族或者损害少数民族名誉，使少数民族蒙受耻辱的内容，如丑化少数民族的风俗习惯、攻击少数民族的婚姻习俗、刊登少数民族裸露过多的图片、照片，并加以丑化、歪曲等。 民族歧视、侮辱的内容，不是指某一个人的习惯或嗜好，而主要是指少数民族的风俗习惯，具体而言即是指55个少数民族在生产、居住、饮食、服饰、婚姻、丧葬、节庆、礼仪等一切物质生活和精神生活里的喜好、崇尚和禁忌，如果行为人在出版物中刊载的内容只涉及到某一个人，即使对其造成侮辱，也不能按本行为论处，必要时，可以按侮辱行为对行为人处罚。
	违法主体	本行为的主体包括单位和个人。
	违法主观方面	本行为的主观方面为故意，过失不构成本行为。

认定界限	（一）本行为与出版歧视、侮辱少数民族作品罪的界限。 《刑法》第250条规定的出版歧视、侮辱少数民族作品罪，是指在出版物中刊载歧视、侮辱少数民族的内容，情节恶劣并造成严重后果的行为。两者在客观表现上有相似之处，两者的区别主要在于： 1. 行为主体不同。本行为的主体是一般主体，任何人和单位都可能构成；而出版歧视、侮辱少数民族作品罪的主体是特殊主体，即出版单位。 2. 行为的后果不同。本行为的情节、后果较轻，属于一般性的损害民族尊严的违法行为；而出版歧视、侮辱少数民族作品罪只有内容、情节恶劣，造成严重后果的才构成犯罪。情节恶劣，法律没有明确规定，一般指行为人动机卑鄙，刊载的内容歪曲了历史或者纯粹是谣言，刊载的内容污秽恶毒，或者是多次刊载歧视、侮辱少数民族内容等情形。“造成严重后果”；主要是指造成恶劣的政治影响、在少数民族群众中引起强烈反响、引发骚乱、致使民族矛盾激化、引起民族冲突的等。 （二）本行为与侮辱、诽谤行为的界限。 《治安管理处罚法》第42条第2项规定的侮辱，是指以暴力或其他方法，公然贬低他人人格，破坏他人名誉，情节轻微，尚不够刑事处罚的行为。诽谤，是指捏造并散布某种虚假事实，损坏他人人格，破坏他人名誉，情节轻微，尚不够刑事处罚的行为。本行为与侮辱、诽谤行为在客观方面有相似之处，主观方面也都由故意构成，其区别主要表现在： 1. 行为侵犯的客体不同，侮辱、诽谤行为侵犯的是公民个人的人格和名誉；而本行为侵犯的则是作为群体的少数民族的尊严。 2. 行为的客观表现不同，侮辱表现为行为人使用暴力或者其他方法，公然贬低他人人格，破坏他人名誉，尚不够刑事处罚的行为；诽谤表现为行为人捏造并散布某种虚构的事实，损害他人人格和名誉，尚不够刑事处罚的行为。虽然侮辱、诽谤行为也可以在出版作品或计算机信息网络中以文字方式表达，但还可以采取口头、动作等方式。而本行为只能表现为在出版物、计算机信息网络中刊载歧视、侮辱少数民族作品，尚不够刑事处罚的行为。 3. 行为侵犯的对象不同，本行为侵犯的是作为群体的少数民族；而侮辱、诽谤行为侵犯的则是特定的人，可以是1人，也可以是数人，但必须是具体的，可以确认的。 4. 行为主体不同，侮辱、诽谤行为的主体只能由自然人构成；而本行为的主体则既可以是单位，也可以是自然人。 （三）本行为与煽动民族仇恨、民族歧视的界限。 《治安管理处罚法》第47条规定的煽动民族仇恨、民族歧视，是指煽动民族仇恨、民族歧视，情节轻微，尚不够刑事处罚的行为。两者的区别主要表现在： 1. 行为侵犯的客体不同。两者都侵犯了少数民族的合法权利，破坏了民族间

<table>
<tr><td>认定界限</td><td>平等、团结、互助的关系。但具体而言，两者侧重点则有所不同，本行为侵犯的主要是少数民族的尊严；而煽动民族仇恨、民族歧视行为主要侵犯的是民族平等、团结的权利。
2. 行为侵害的对象不同。本行为侵犯的只是55个少数民族；而煽动民族仇恨、民族歧视行为侵犯的则是包括汉族在内的全部56个民族。
3. 行为的客观表现不同。煽动民族仇恨、民族歧视表现为以语言、文字或者其他方式煽动民族仇恨、民族歧视的行为。其煽动的方式虽也可以采取文字作品的方式，但并非仅限于此，其行为方式要比本行为的方式广泛得多。
4. 行为主体不同。本行为既可以由自然人构成，也可以由单位构成；而煽动民族仇恨、民族歧视行为则只能由自然人构成。
5. 行为的主观方面不同。本行为出于故意，包括直接故意与间接故意；而煽动民族仇恨、民族歧视行为则是出于直接故意，并且具有破坏民族团结、制造民族矛盾的目的。</td></tr>
<tr><td>处罚标准</td><td>构成本行为的，处10日以上15日以下拘留，可以并处1000元以下罚款。</td></tr>
<tr><td>相关执法参考</td><td>《中华人民共和国治安管理处罚法》（节录）
（2005年8月28日第十届全国人民代表大会常务委员会第十七次会议通过
2005年8月28日中华人民共和国主席令第三十八号公布
自2006年3月1日起施行）
第四十七条　煽动民族仇恨、民族歧视，或者在出版物、计算机信息网络中刊载民族歧视、侮辱内容的，处十日以上十五日以下拘留，可以并处一千元以下罚款。
《中华人民共和国刑法》（节录）
（1979年7月1日第五届全国人民代表大会第二次会议通过　1997年3月14日第八届全国人民代表大会第五次会议修订　根据2011年2月25日第十一届全国人民代表大会常务委员会第十九次会议通过的《中华人民共和国刑法修正案（八）》最新修正）
第二百五十条　在出版物中刊载歧视、侮辱少数民族的内容，情节恶劣，造成严重后果的，对直接责任人员，处三年以下有期徒刑、拘役或者管制。
《最高人民法院关于审理非法出版物刑事案件具体应用法律若干问题的解释》（节录）
（1998年12月17日颁布　自1998年12月23日起实施）
第七条　出版刊载歧视、侮辱少数民族内容的作品，情节恶劣，造成严重后果的，依照刑法第二百五十条的规定，以出版歧视、侮辱少数民族作品罪定罪处罚。
《出版管理条例》（节录）
（2001年12月25日国务院令第343号颁布　自2002年2月1日起施行）
第二十六条　任何出版物不得含有下列内容：</td></tr>
</table>

（四）煽动民族仇恨、民族歧视，破坏民族团结，或者侵害民族风俗、习惯的；

第五十六条　有下列行为之一，触犯刑律的，依照刑法有关规定，依法追究刑事责任；尚不够刑事处罚的，由出版行政部门责令限期停业整顿，没收出版物、违法所得，违法经营额1万元以上的，并处违法经营额5倍以上10倍以下的罚款；违法经营额不足1万元的，并处1万元以上5万元以下的罚款；情节严重的，由原发证机关吊销许可证：

（一）出版、进口含有本条例第二十六条、第二十七条禁止内容的出版物的；

（二）明知或者应知出版物含有本条例第二十六条、第二十七条禁止内容而印刷或者复制、发行的；

（三）明知或者应知他人出版含有本条例第二十六条、第二十七条禁止内容的出版物而向其出售或者以其他形式转让本出版单位的名称、书号、刊号、版号、版面，或者出租本单位的名称、刊号的。

《互联网新闻信息服务管理规定》（节录）

（2005年9月25日国务院新闻办公室、信息产业部颁布　自颁布之日起实施）

第三条　互联网新闻信息服务单位从事互联网新闻信息服务，应当遵守宪法、法律和法规，坚持为人民服务、为社会主义服务的方向，坚持正确的舆论导向，维护国家利益和公共利益。

国家鼓励互联网新闻信息服务单位传播有益于提高民族素质、推动经济发展、促进社会进步的健康、文明的新闻信息。

第十九条　互联网新闻信息服务单位登载、发送的新闻信息或者提供的时政类电子公告服务，不得含有下列内容：

（一）违反宪法确定的基本原则的；

（二）危害国家安全，泄露国家秘密，颠覆国家政权，破坏国家统一的；

（三）损害国家荣誉和利益的；

（四）煽动民族仇恨、民族歧视，破坏民族团结的；

（五）破坏国家宗教政策，宣扬邪教和封建迷信的；

（六）散布谣言，扰乱社会秩序，破坏社会稳定的；

（七）散布淫秽、色情、赌博、暴力、恐怖或者教唆犯罪的；

（八）侮辱或者诽谤他人，侵害他人合法权益的；

（九）煽动非法集会、结社、游行、示威、聚众扰乱社会秩序的；

（十）以非法民间组织名义活动的；

（十一）含有法律、行政法规禁止的其他内容的。

第二十条　互联网新闻信息服务单位应当建立新闻信息内容管理责任制度。不得登载、发送含有违反本规定第三条第一款、第十九条规定内容的新闻信息；发现提供的时政类电子公告服务中含有违反本规定第三条第一款、第十九条规定内容的，应当立即删除，保存有关记录，并在有关部门依法查询时予以提供。

第二十一条　互联网新闻信息服务单位应当记录所登载、发送的新闻信息内容及其时间、互联网地址，记录备份应当至少保存60日，并在有关部门依法查询时予以提供。

相关执法参考

第二十七条　互联网新闻信息服务单位登载、发送的新闻信息含有本规定第十九条禁止内容，或者拒不履行删除义务的，由国务院新闻办公室或者省、自治区、直辖市人民政府新闻办公室给予警告，可以并处1万元以上3万元以下的罚款；情节严重的，由电信主管部门根据有关主管部门的书面认定意见，按照有关互联网信息服务管理的行政法规的规定停止其互联网信息服务或者责令互联网接入服务者停止接入服务。

互联网新闻信息服务单位登载、发送的新闻信息含有违反本规定第三条第一款规定内容的，由国务院新闻办公室或者省、自治区、直辖市人民政府新闻办公室依据各自职权依照前款规定的处罚种类、幅度予以处罚。

《全国人民代表大会常务委员会关于维护互联网安全的决定》（节录）

（2000年12月28日第九届全国人民代表大会常务委员会第十九次会议通过　根据2009年8月27日第十一届全国人民代表大会常务委员会第十次会议通过的〈全国人民代表大会常务委员会关于修改部分法律的决定〉修改）

二、为了维护国家安全和社会稳定，对有下列行为之一，构成犯罪的，依照刑法有关规定追究刑事责任：

（一）利用互联网造谣、诽谤或者发表、传播其他有害信息，煽动颠覆国家政权、推翻社会主义制度，或者煽动分裂国家、破坏国家统一；

（二）通过互联网窃取、泄露国家秘密、情报或者军事秘密；

（三）利用互联网煽动民族仇恨、民族歧视，破坏民族团结；

（四）利用互联网组织邪教组织、联络邪教组织成员，破坏国家法律、行政法规实施。

六、利用互联网实施违法行为，违反社会治安管理，尚不构成犯罪的，由公安机关依照《治安管理处罚法》予以处罚；违反其他法律、行政法规，尚不构成犯罪的，由有关行政管理部门依法给予行政处罚；对直接负责的主管人员和其他直接责任人员，依法给予行政处分或者纪律处分。

七十七、冒领、隐匿、毁弃、私自开拆、非法检查他人邮件
（《治安管理处罚法》第48条）

<table>
<tr><td colspan="2">案由</td><td>冒领、隐匿、毁弃、私自开拆、非法检查他人邮件</td></tr>
<tr><td colspan="2">概念</td><td>冒领、隐匿、毁弃、私自开拆、非法检查他人邮件，是指冒领、隐匿、毁弃、私自开拆或者非法检查他人邮件，尚不够刑事处罚的行为。</td></tr>
<tr><td rowspan="4">违法构成要件</td><td>违法客体</td><td>本行为侵犯的客体是公民的通信自由和通信秘密的权利。
“通信自由”是指与他人进行正当通信的自由，“通信秘密”，是指公民个人写给他人信件，其内容不经写信人或收信人同意不得公开的权利，并不要求信件中写有秘密事项。本行为侵犯的对象是公民的邮件，包括电报、信函等文字邮件，也包括汇款、包裹、书籍纸包等邮件，通过专用网或互联网发送的电子邮件，也可以成为本行为侵犯的对象。作为本行为侵犯对象的邮件，不仅包括私人间的邮件，而且包括国家机关、企事业单位、社会团体、组织发给公民个人的信函。冒领、隐匿、毁弃、私自开拆、非法检查国家机关、企业、事业单位、社会团体、组织之间的来往函件的，不构成本行为。</td></tr>
<tr><td>违法客观方面</td><td>本行为在客观方面表现为冒领、隐匿、毁弃、私自开拆或者非法检查他人邮件，侵犯公民的通信自由权利，情节轻微，尚不够刑事处罚的行为。
在实践中，本行为的表现方式多种多样，如非法冒领他人邮品，据为己有；非法隐匿他人邮品，即将他人的邮品隐藏起来不交给收件人；非法毁弃他人邮品，即用撕毁、烧毁等方式将他人邮品损毁，使收件人无法收看到或无法完整地收看到；私自开拆他人邮品，即未经邮品收件人许可擅自打开他人邮品；非法检查他人邮件，即无法律根据地随意检查他人邮件；通过各种途径（如盗取他人密码）非法查看他人电子邮件等。
行为人只要实施了上述方式中的一种，即构成本行为，具体案由的确定根据具体方式而定，如冒领他人邮件、隐匿他人邮件、毁弃他人邮件、私自开拆他人邮件、非法检查他人邮件等，行为人同时实施几种行为方式的，也只构成一个案由，如冒领、隐匿他人邮件，毁弃、私自开拆、非法检查他人邮件等，不能认定为数个案由，更不能实行并罚。</td></tr>
<tr><td>违法主体</td><td>本行为的主体是一般主体。</td></tr>
<tr><td>违法主观方面</td><td>本行为在主观方面表现为故意，行为人的动机，可能包括泄愤报复、嫉妒心理、窃取秘密、好奇心理、流氓动机、集邮需要等，无论何种动机，不影响本行为的成立。对于行为人无意中遗失、积压、毁弃他人信件，或者误把他人信件当作自己的信件开拆的，不构成本行为。</td></tr>
</table>

<table>
<tr><td>认定界限</td><td>
（一）本行为与侵犯公民通信自由罪，私自开拆、隐匿、毁弃邮件、电报罪的界限。

《刑法》第 252 条规定的侵犯通信自由罪，是指隐匿、毁弃或者非法开拆他人信件，侵犯公民通信自由权利，情节严重的行为。第 253 条第 1 款规定的私自开拆、隐匿、毁弃邮件、电报罪，是指邮政工作人员利用职务上的便利，私自开拆或者隐匿、毁弃邮件、电报的行为。
1. 本行为与《刑法》规定的侵犯公民通信自由罪，是同一种违法活动形式的不同阶段。二者仅是在行为的情节及危害后果上有区别。“情节严重”的侵犯他人通信自由的行为，才构成犯罪。“情节严重”主要是指：隐匿、毁弃、非法开拆他人信件，次数较多，数量较大的；致使他人工作、生活受到严重妨害，或者身体、精神受到严重损害以及家庭不睦、夫妻离异等严重后果的，非法开拆他人信件，涂改信中的内容，侮辱他人人格的等。如果行为人实施的次数少，或者冒领、隐匿、毁弃、开拆他人邮件，非法检查他人邮件、电子邮件等邮品的数量少，且未造成严重后果，情节较轻，应以本行为论处。
2. 本行为的主体是一般主体。私自开拆、隐匿、毁弃邮件、电报罪的主体是特殊主体，即邮政工作人员，如果冒领、隐匿、毁弃或者非法开拆他人邮件、非法检查他人邮件的是邮政工作人员，情节、后果严重，构成犯罪的，应该以私自开拆、隐匿、毁弃邮件、电报罪论处。如果行为较轻，尚不够刑事处罚的，应以本行为论处。

（二）本行为与教师、家长管教方法不当的界限。

在现实生活中，有的教师、家长出于对学生或子女的关心、爱护，防止其交友不慎、误入歧途，而未经本人同意，私自开拆、阅看其信件或隐匿、毁弃其信件，或私自查看电子邮件等，虽然行为本身也属违法，但由于是出于善意，行为人主观上没有侵犯他人通信自由的故意，又发生在特定的当事人之间，属于教师教育方法或家长管教方法不当，一般不以违反治安管理行为论处。可对行为人予以批评、教育，指出其教育或管教方法的不妥之处。
</td></tr>
<tr><td>处罚标准</td><td>
构成本行为的，处 5 日以下拘留或者 500 元以下罚款。
在司法实践中，具有下列情形之一的，可单处 500 元罚款：
1. 实施上述行为情节轻微的或者未造成后果的；
2. 经发现主动交出并取得当事人谅解的。
</td></tr>
<tr><td>相关执法参考</td><td>
《中华人民共和国治安管理处罚法》（节录）
（2005 年 8 月 28 日第十届全国人民代表大会常务委员会第十七次会议通过
中华人民共和国主席令第三十八号公布　自 2006 年 3 月 1 日起施行）
第四十八条　冒领、隐匿、毁弃、私自开拆或者非法检查他人邮件的，处五日以下拘留或者五百元以下罚款。
</td></tr>
</table>

相关执法参考

《中华人民共和国刑法》（节录）

（1979年7月1日第五届全国人民代表大会第二次会议通过　1997年3月14日第八届全国人民代表大会第五次会议修订　根据2011年2月25日第十一届全国人民代表大会常务委员会第十九次会议通过的《中华人民共和国刑法修正案（八）》最新修正）

第二百五十二条　隐匿、毁弃或者非法开拆他人信件，侵犯公民通信自由权利，情节严重的，处一年以下有期徒刑或者拘役。

第二百五十三条　邮政工作人员私自开拆或者隐匿、毁弃邮件、电报的，处二年以下有期徒刑或者拘役。

犯前款罪而窃取财物的，依照本法第二百六十四条的规定定罪从重处罚。

《人民检察院直接受理的侵犯公民民主权利、人身权利和渎职案件立案标准的规定》（节录）

（1989年11月30日最高人民检察院检察委员会第七届第二十七次会议通过）

十、侵犯公民通信自由案（刑法第一百四十九条）

隐匿、毁弃或者非法开拆他人信件，侵犯公民通信自由权利，具有下列情形之一的，应予立案：

1. 隐匿、毁弃或者非法开拆他人信件，次数较多或数量较大的；

2. 隐匿、毁弃或者非法开拆他人信件，致使他人工作、生活受到严重妨害或身体、精神受到严重损害的；

3. 非法开拆他人信件、涂改信中内容，或者张扬他人隐私、侮辱他人人格、破坏他人名誉的；

4. 隐匿、毁弃或者非法开拆他人信件，造成其他严重后果的。

十六、妨害邮电通讯案（刑法第一百九十一条）

邮电工作人员利用职务上的便利，私自开拆或者隐匿、毁弃他人邮件、电报、具有下列情形之一的，应予立案：

1. 私拆或者隐匿、毁弃邮件、电报、次数较多或数量较大的；

2. 私拆或者隐匿、毁弃邮件、从中窃取财物的；

3. 私拆或者隐匿、毁弃邮件、电报，给国家、集体利益以及公民合法权益造成严重后果的；

4. 私拆或者隐匿、毁弃邮件、电报，造成其他危害后果的。

《邮电部关于"信件和其他具有信件性质的物品"具体内容的规定的通告》（节录）

（1996年1月26日颁布　自颁布之日起实施）

《中华人民共和国邮政法》第八条规定："信件和其他具有信件性质的物品的寄递业务由邮政企业专营，但是国务院另有规定的除外。"《中华人民共和国邮政法实施细则》第四条规定："未经邮政企业委托，任何单位或者个人不得经营信函、明信片或者其他具有信件性质的物品的寄递业务。但国务院另有规定的除外。信函

相关执法参考

是指以套封形式传递的缄封的信息的载体。其他具有信件性质的物品是指以符号、图像、音响等方式传递的信息的载体。具体内容由邮电部规定。”

为维护邮政通信市场秩序，维护国家利益，维护广大邮政用户的合法权益，根据《中华人民共和国邮政法》和《中华人民共和国邮政法实施细则》的规定，现将“信件和其他具有信件性质的物品”的具体内容的规定通告如下：

信件包括信函和明信片。

信函是指以套封形式传递的缄封的信息的载体，具体内容包括：（1）书信；（2）各类文件；（3）各类单据、证件；（4）各类通知；（5）有价证券。

明信片是指裸露寄递的卡片形式的信息载体。

具有信件性质的物品是指以符号、图像、音响等方式传递的信息的载体，具体内容包括：（1）印有“内部”字样的书籍、报刊、资料；（2）具有通信内容的音像制品、计算机信息媒体等；（3）邮电部规定的其他具有信件性质的物品。

《最高人民检察院关于非邮电工作人员非法开拆他人信件并从中窃取财物案件定性问题的批复》

（1989 年 9 月 15 日高检法发字 1989 第 2 号颁布）

广东省人民检察院：

你院粤检法字［1989］64 号文《关于对非邮电工作人员私拆他人信件窃取财物案件定性和处理意见的请示》收悉，经研究并商最高人民法院同意，现批复如下：

一、非邮电工作人员非法开拆他人信件，侵犯公民通信自由权利，情节严重，并从中窃取少量财物，或者窃取汇票、汇款支票，骗取汇兑款数额不大的，依照刑法关于侵犯公民通信自由罪的规定，从重处罚。

二、非邮电工作人员非法开拆他人信件，侵犯公民通信自由权利，情节严重，并从中窃取财物数额较大的，应按照重罪吸收轻罪的原则，依照刑法关于盗窃罪的规定从重处罚。

三、非邮电工作人员非法开拆他人信件，侵犯公民通信自由权利，情节严重，并从中窃取汇票或汇款支票，冒名骗取汇兑款数额较大的，应依照刑法关于侵犯公民通信自由罪和诈骗罪的规定，依法实行数罪并罚。

《全国人民代表大会常务委员会关于维护互联网安全的决定》（节录）

（2000 年 12 月 28 日第九届全国人民代表大会常务委员会第十九次会议通过　根据 2009 年 8 月 27 日第十一届全国人民代表大会常务委员会第十次会议通过的〈全国人民代表大会常务委员会关于修改部分法律的决定〉修改）

四、为了保护个人、法人和其他组织的人身、财产等合法权利，对有下列行为之一，构成犯罪的，依照刑法有关规定追究刑事责任：

（一）利用互联网侮辱他人或者捏造事实诽谤他人；

（二）非法截获、篡改、删除他人电子邮件或者其他数据资料，侵犯公民通信自由和通信秘密；

（三）利用互联网进行盗窃、诈骗、敲诈勒索。

相关执法参考

《中华人民共和国邮政法》（节录）

（1986年12月2日第六届全国人民代表大会常务委员会第十八次会议通过
2009年4月24日第十一届全国人民代表大会常务委员会第八次会议修订）

第三条　公民的通信自由和通信秘密受法律保护。除因国家安全或者追查刑事犯罪的需要，由公安机关、国家安全机关或者检察机关依照法律规定的程序对通信进行检查外，任何组织或者个人不得以任何理由侵犯公民的通信自由和通信秘密。

除法律另有规定外，任何组织或者个人不得检查、扣留邮件、汇款。

第七十条　邮政企业从业人员故意延误投递邮件的，由邮政企业给予处分。

第七十一条　冒领、私自开拆、隐匿、毁弃或者非法检查他人邮件、快件，尚不构成犯罪的，依法给予治安管理处罚。

第八十二条　违反本法规定，构成犯罪的，依法追究刑事责任。

第八十三条　邮政管理部门工作人员在监督管理工作中滥用职权、玩忽职守、徇私舞弊，构成犯罪的，依法追究刑事责任；尚不构成犯罪的，依法给予处分。

《中华人民共和国邮政法实施细则》（节录）

（1990年11月12日国务院令第65号发布　自发布之日起施行）

第七条　邮政企业应当为用户提供迅速、准确、安全、方便的邮政服务，保障用户使用邮政的合法权益。任何单位或者个人均负有保护通信自由、通信秘密和邮件安全的责任；任何单位或者个人不得利用邮政业务进行法律、法规和政策所禁止的活动。除因国家安全或者追查刑事犯罪需要，由公安机关、国家安全机关或者检察机关依法对通信进行检查外，邮件在运输、传递过程中，任何单位或者个人不得以任何理由检查、扣留。

第八条　因国家安全或者追查刑事犯罪需要，公安机关、国家安全机关、检察机关检查、扣留邮件，冻结汇款、储蓄存款时，必须依法向相关县或者县级以上的邮政企业、邮电管理局出具相应的检查、扣留、冻结通知书，并开列邮件、汇款、储蓄存款的具体节目，办理检查、扣留、冻结手续后，由邮政企业指派专人负责拣出，逐件登记后办理交接手续；对于不需要继续检查、扣留、冻结或者查明与案件无关的邮件、汇款、储蓄存款，应当及时退还邮政企业。邮件、汇款、储蓄存款在检查、扣留、冻结期间造成丢失、损毁的，由相关的公安机关、国家安全机关、检察机关负责赔偿。

第九条　人民法院、检察机关依法没收国内邮件、汇款、储蓄存款时，必须出具法律文书，向相关县或者县级以上邮政企业、邮电管理局办理手续。没收进出口国际邮递物品应当由海关作出决定，并办理手续。

第十条　有关单位依照法律规定需要收集、调取证据、查阅邮政业务档案时，必须凭相关邮政企业所在地的公安机关、国家安全机关、检察机关、人民法院出具的书面证明，并开列邮件具体节目，向相关县或者县级以上的邮政企业、邮电管理局办理手续。

第十一条　任何单位或者个人不得从事下列行为妨害邮政工作的正常进行：

（一）损坏邮政设施；

相关执法参考

（二）在邮政企业及分支机构门前或者出入通道设摊、堆物，妨害用户用邮或者影响运邮车辆通行；

（三）在办理邮政业务的场所无理取闹或者扰乱正常秩序；

（四）阻碍邮政工作人员依法执行公务或者寻衅滋事；

（五）拦截邮政运输工具、非法阻碍邮件运递或者强行登乘邮政运输工具；

（六）非法检查或者截留邮件；

（七）其他妨害邮政企业及分支机构或者邮政工作人员正常工作的行为。

第三十八条 收件人领取给据邮件，收款人兑领汇款，应当向相关邮政企业或者分支机构交验本人有效证件，并在相关单式上盖章或者签名。代收人受收件（款）人委托，代收给据邮件（汇款）时，应当交验收件（款）人和代收人的有效证件，经邮政企业或者分支机构确认后，由代收人盖章或者签名接收。有效证件包括居民身份证、户口簿、工作证。

第三十九条 收件人接收给据邮件时发现封皮破损，应当场声明，并核对内件。确属邮政企业或者分支机构的责任而造成内件短少、损毁的，或者由于邮政企业、分支机构的责任造成给据邮件丢失、损毁的，邮政企业或者分支机构应当按照规定予以赔偿。由于收件人所在单位收发人员的过失造成给据邮件丢失、损毁、内件短少者，相关收发人员应当承担规定的赔偿责任。邮件运递的具体要求由邮电部规定，并予以公告。邮件运递违反邮电部规定的，邮政企业或者分支机构应当向用户补偿，具体补偿办法由邮电部规定。

第四十条 用户误收的邮件，应当及时退还邮政企业或者分支机构；用户误拆的邮件应当重封签章后退还邮政企业或者分支机构，并对误拆邮件的内容保守秘密。

第四十一条 单位收发人员接收给据邮件时，应当认真点核无误后，在相关清单上盖章签收。收发人员对于各种邮件负有保护和及时传送的责任，不得私拆、隐匿、毁弃邮件或者撕揭邮票。

第五十四条 违反本细则第十一条规定的，由有关部门按照国家有关规定根据情节轻重，予以处罚；违反治安管理有关规定的，由公安机关依照《中华人民共和国治安管理处罚条例》处罚。

第五十八条 邮政工作人员隐匿、毁弃、私拆、盗窃邮件，贪污、冒领用户款项的，邮政企业应当追回赃款赃物，可以并处罚款，还可以根据情节轻重，给予行政处分。具体办法由邮电部规定。

第五十九条 违反本细则第四十一条第二款规定的，依照《邮政法》第三十六条规定追究责任。

第六十条 违反本细则规定，构成犯罪的，由司法机关依法追究刑事责任。

第六十一条 误收、误拆他人信件不予退还或者已退还但泄露信件内容，侵犯他人通信自由权利的，依照《邮政法》第三十六条规定追究责任。

七十八、盗窃

（《治安管理处罚法》第49条）

<table>
<tr><td colspan="2">案由</td><td>盗窃</td></tr>
<tr><td colspan="2">概念</td><td>盗窃，是指以非法占有为目的，秘密盗取少量公私财物，尚不够刑事处罚的行为。</td></tr>
<tr><td rowspan="4">违法构成要件</td><td>违法客体</td><td>本行为侵犯的客体是公私财物的所有权。行为侵犯的对象是公私财物。
这里所说的“公私财物”包括国家、集体或个人的财物，一般是指动产而言，但不动产上的附着物，可与不动产分离的，例如，田地上的农作物，山上的树木，建筑物上之门窗等，也可以成为本行为的对象。另外，能源，如电力、煤气等也可成为本行为的对象。</td></tr>
<tr><td>违法客观方面</td><td>本行为在客观方面表现为秘密盗取少量的公私财物，尚不够刑事处罚的行为。
所谓“秘密盗取”，是指违法行为人采取自以为不会被财物所有人、保管人及其他人发现的方法，将公私财物悄悄转移，据为己有。“秘密盗取”是盗窃行为的本质特征，也是本行为与骗取、哄抢、抢夺、敲诈勒索等违法行为的主要界限。“秘密盗取”的方式是多种多样的，有的乘人不在，溜入室内窃走其财物，有的乘人多拥挤，掏兜割包扒窃，有的以某种职业形式作掩护，顺手牵羊地窃取他人财物等。但不管用什么方式，都是以秘密盗取为特征的。如果“秘密盗取”行为已明知被他人发觉，即使被害人未阻止而仍取走的，由于行为带有公然性，这时就不再属于秘密盗取，应根据行为的性质，以抢夺或抢劫论处。
另外，虽然是自己的财物，但由他人合法占有或使用，行为人秘密盗取的，也可构成本行为，如行为人秘密盗取自己寄售、托运、租借的物品。有时，即使是行为人秘密盗取由自己合法使用、处分的财物，也可构成本行为，如行为人是在主人的店里出售物品的雇员盗窃自己控制的物品、仓库管理员盗窃库存品等。
所谓“少量”，是指财物的实际价值比较小、数量比较少。这里的“少量”是一个相对概念，它的含义是不确定的，要根据不同时期和不同地区的经济发展状况，由有关法律、法规予以规定，一般以“尚不够刑事处罚”为其上限标准。</td></tr>
<tr><td>违法主体</td><td>本行为的主体是达到责任年龄、具有责任能力的自然人。</td></tr>
<tr><td>违法主观方面</td><td>本行为的主观方面表现为直接故意，且具有非法占有的目的。“非法占有”不仅包括自己占有，也包括为第三者或集体占有。</td></tr>
</table>

认定界限

（一）本行为与盗窃罪[①]的界限。

《刑法》第264条规定的盗窃罪是指盗窃公私财物，数额较大，或者多次盗窃、入户盗窃、携带凶器盗窃、扒窃的行为。一般来说，行为人秘密盗取少量公私财物的，价值金额在500元以下的，以本行为论处。相反，如果达到“数额较大”的标准，或者多次盗窃、入户盗窃、携带凶器盗窃、扒窃的，应以盗窃罪论处。在实践中区分两种行为时，还要根据行为的具体情节，如行为原因、实施地点、侵害的目标、使用的手段及违法人员的认错态度、退赃表现等，进行全面分析，才能正确定性。

根据《最高人民法院关于审理盗窃案件具体应用法律若干问题的解释》（法释［1998］4号）的规定，盗窃公私财物接近“数额较大”的起点，具有下列情形之一的，仍可以追究刑事责任：（1）以破坏性手段盗窃造成公私财产损失的；（2）盗窃残疾人、孤寡老人或者丧失劳动能力人的财物的；（3）造成严重后果或者具有其他恶劣情节的。

盗窃公私财物虽已达到“数额较大”的起点，但情节轻微，并具有下列情形之一的，可不作为犯罪处理：（1）已满16周岁不满18周岁的未成年人作案的；（2）全部退赃、退赔的；（3）主动投案的；（4）被胁迫参加盗窃活动，没有分赃或者获赃较少的；（5）其他情节轻微、危害不大的。

对某些具有小偷小摸行为的、因受灾生活困难偶尔偷窃财物的、或者被胁迫参加盗窃活动没有分赃或分赃甚微的，可不作盗窃罪处理，必要时，可以本行为论处。

根据《最高人民法院关于审理盗窃案件具体应用法律若干问题的解释》的规定，对偷窃自己家里或近亲属财物的行为，一般可不按犯罪处理；对确有追究刑事责任必要的，在处理时也应同社会上作案的有所区别。

（二）盗窃行为的既遂与未遂的界限。

关于盗窃行为的既遂标准，理论上有接触说、转移说、隐匿说、失控说、控制说、失控加控制说。我们主张失控加控制说，即盗窃行为已经使被害人丧失了对财物的控制时，或者行为人已经控制了所盗财物时，都是既遂。被害人的失控与行为人的控制通常是统一的，被害人的失控意味着行为人的控制。但二者也存在不统一的情况，即被害人失去了控制，但行为人并没有控制财物，对此也应认定为盗窃既遂，因为，对本行为的处罚以保护合法权益为目的，就盗窃行为而言，其危害程度的大小不在于行为人是否控制了财物，而在于被害人是否丧失了对财物的控制。因此，即使行为人没有控制财物，但只要被害人失去了对财物的控制的，也成立盗窃既遂，没有理由以未遂论处。在认定盗窃行为的既遂与未遂时，必须根据财物的性质、形态、体积大小、被害人对财物的占有状态等进行判断。如在商店行窃，就体积很小的财物而言，行为人将该财物夹在腋下、放入口袋、藏入怀中时就是既遂；

① 该罪根据《刑法修正案（八）》进行了修正，对该罪的罪状描述和量刑标准进行了修改，取消了该罪的死刑适用。

<table>
<tr><td>认定界限</td><td>但就体积很大的财物而言，只要将该财物搬出商店才能认定为既遂。再如，盗窃工厂内的财物，如果工厂是任何人可以出入的，则将财物搬出原来的仓库、车间时就是既遂；如果工厂的出入相当严格，出大门必须经过检查，则只有将财物搬出大门外才是既遂。</td></tr>
<tr><td>处罚标准</td><td>（一）构成本行为的，处5日以上10日以下拘留，可以并处500元以下罚款。
（二）情节较重的，处10日以上15日以下拘留，可以并处1000元以下罚款。
在实践中，判断情节的轻重，一般应从行为人的动机、手段、目的、行为的次数、造成的后果等方面综合考虑，由公安机关办案人员酌情量罚，一般来说，具有下列情节之一的，应视为“情节较重”：
1. 因盗窃行为受过处罚或者1年内实施两次以上同类行为的；
2. 入室盗窃的；
3. 结伙、流窜盗窃或者在公共场所扒窃的；
4. 使用专用工具或技术性手段盗窃的；
5. 盗窃残疾人、孤寡老人、未成年人、低保人员或者丧失劳动能力的人财物的；
6. 以破坏性手段盗窃造成公私财产损失的；
7. 盗窃救灾、抢险、防汛、优抚、扶贫、移民、救济、医疗等特定款物的；
8. 盗窃的财物无法追回的；
9. 盗窃正在使用的公共安全物品的；
10. 其他情节较重的情形。</td></tr>
<tr><td>相关执法参考</td><td>《中华人民共和国治安管理处罚法》（节录）
（2005年8月28日第十届全国人民代表大会常务委员会第十七次会议通过 中华人民共和国主席令第三十八号公布 自2006年3月1日起施行）
第四十九条 盗窃、诈骗、哄抢、抢夺、敲诈勒索或者故意损毁公私财物的，处五日以上十日以下拘留，可以并处五百元以下罚款；情节较重的，处十日以上十五日以下拘留，可以并处一千元以下罚款。
《中华人民共和国刑法》（节录）
（1979年7月1日第五届全国人民代表大会第二次会议通过 1997年3月14日第八届全国人民代表大会第五次会议修订 根据2011年2月25日第十一届全国人民代表大会常务委员会第十九次会议通过的《中华人民共和国刑法修正案（八）》最新修正）
第二百六十四条 盗窃公私财物，数额较大的，或者多次盗窃、入户盗窃、携带凶器盗窃、扒窃的，处三年以下有期徒刑、拘役或者管制，并处或者单处罚金；数额巨大或者有其他严重情节的，处三年以上十年以下有期徒刑，并处罚金；数额特别巨大或者有其他特别严重情节的，处十年以上有期徒刑或者无期徒刑，并处罚金或者没收财产。{根据刑法修正案（八）修改}
{原条文：盗窃公私财物，数额较大或者多次盗窃的，处三年以下有期徒刑、</td></tr>
</table>

相关执法参考

拘役或者管制，并处或者单处罚金；数额巨大或者有其他严重情节的，处三年以上十年以下有期徒刑，并处罚金；数额特别巨大或者有其他特别严重情节的，处十年以上有期徒刑或者无期徒刑，并处罚金或者没收财产；有下列情形之一的，处无期徒刑或者死刑，并处没收财产：

（一）盗窃金融机构，数额特别巨大的；

（二）盗窃珍贵文物，情节严重的。}

第一百九十六条第三款　盗窃信用卡并使用的，依照本法第二百六十四条的规定定罪处罚。

第二百一十条第一款　盗窃增值税专用发票或者可以用于骗取出口退税、抵扣税款的其他发票的，依照本法第二百六十四条的规定定罪处罚。

第二百五十三条　邮政工作人员私自开拆或者隐匿、毁弃邮件、律电报的，处二年以下有期徒刑或者拘役。

犯前款罪而窃取财物的，依照本法第二百六十四条的规定定罪从重处罚。

第二百六十五条　以牟利为目的，盗接他人通信线路、复制他人电信码号或者明知是盗接、复制的电信设备、设施而使用的，依照本法第二百六十四条的规定定罪处罚。

第二百六十九条　犯盗窃、诈骗、抢夺罪，为窝藏赃物、抗拒抓捕或者毁灭罪证而当场使用暴力或者以暴力相威胁的，依照本法第二百六十三条的规定定罪处罚。

第二百八十七条　利用计算机实施金融诈骗、盗窃、贪污、挪用公款、窃取国家秘密或者其他犯罪的，依照本法有关规定定罪处罚。

《最高人民法院关于审理盗窃案件具体应用法律若干问题的解释》

（1998年3月17日　法释［1998］4号）

为依法惩处盗窃犯罪活动，根据刑法有关规定，现就审理盗窃案件具体应用法律的若干问题解释如下：

第一条　根据刑法第二百六十四条的规定，以非法占有为目的，秘密窃取公私财物数额较大或者多次盗窃公私财物的行为，构成盗窃罪。

（一）盗窃数额，是指行为人窃取的公私财物的数额。

（二）盗窃未遂，情节严重，如以数额巨大的财物或者国家珍贵文物等为盗窃目标的，应当定罪处罚。

（三）盗窃的公私财物，包括电力、煤气、天然气等。

（四）偷拿自己家的财物或者近亲属的财物，一般可不按犯罪处理；对确有追究刑事责任必要的，处罚时也应与在社会上作案的有所区别。

第二条　刑法第二百六十五条规定的"以牟利为目的"，是指为了出售、出租、自用、转让等谋取经济利益的行为。

第三条　盗窃公私财物"数额较大"、"数额巨大"、"数额特别巨大"的标准如下：

（一）个人盗窃公私财物价值人民币五百元至二千元以上的，为"数额较大"。

相关执法参考

（二）个人盗窃公私财物价值人民币五千元至二万元以上的，为“数额巨大”。

（三）个人盗窃公私财物价值人民币三万元至十万元以上的，为“数额特别巨大”。

各省、自治区、直辖市高级人民法院可根据本地区经济发展状况，并考虑社会治安状况，在前款规定的数额幅度内，分别确定本地区执行的“数额较大”、“数额巨大”、“数额特别巨大”的标准。

第四条　对于一年内入户盗窃或者在公共场所扒窃三次以上的，应当认定为“多次盗窃”，以盗窃罪定罪处罚。

第五条　被盗物品的数额，按照下列方法计算：

（一）被盗物品的价格，应当以被盗物品价格的有效证明确定。对于不能确定的，应当区别情况，根据作案当时、当地的同类物品的价格，并按照下列核价方法，以人民币分别计算：

1. 流通领域的商品，按市场零售价的中等价格计算；属于国家定价的，按国家定价计算；属于国家指导价的，按指导价的最高限价计算。

2. 生产领域的产品，成品按本项之1规定的方法计算；半成品比照成品价格折算。

3. 单位和公民的生产资料、生活资料等物品，原则上按购进价计算，但作案当时市场价高于原购进价的，按当时市场价的中等价格计算。

4. 农副产品，按农贸市场同类产品的中等价格计算。

大牲畜，按交易市场同类同等大牲畜的中等价格计算。

5. 进出口货物、物品，按本项之1规定的方法计算。

6. 金、银、珠宝等制作的工艺品，按国有商店零售价格计算；国有商店没有出售的，按国家主管部门核定的价格计算。

黄金、白银按国家定价计算。

7. 外币，按被盗当日国家外汇管理局公布的外汇卖出价计算。

8. 不属于馆藏三级以上的一般文物，包括古玩、古书画等，按国有文物商店的一般零售价计算，或者按国家文物主管部门核定的价格计算。

9. 以牟利为目的，盗接他人通信线路、复制他人电信码号的，盗窃数额按当地邮电部门规定的电话初装费、移动电话入网费计算；销赃数额高于电话初装费、移动电话入网费的，盗窃数额按销赃数额计算。移动电话的销赃数额，按减去裸机成本价格计算。

10. 明知是盗接他人通信线路、复制他人电信码号的电信设备、设施而使用的，盗窃数额按合法用户为其支付的电话费计算。盗窃数额无法直接确认的，应当以合法用户的电信设备、设施被盗接、复制后的月缴费额减去被复制前6个月的平均电话费推算；合法用户使用电信设备、设施不足6个月的，按实际使用的月平均电话费推算。

11. 盗接他人通信线路后自己使用的，盗窃数额按本项之10的规定计算；复制他人电信码号后自己使用的，盗窃数额按本项之9、10规定的盗窃数额累计计算。

（二）有价支付凭证、有价证券、有价票证，按下列方法计算：

相关执法参考

1. 不记名、不挂失的有价支付凭证、有价证券、有价票证，不论能否即时兑现，均按票面数额和案发时应得的孳息、奖金或者奖品等可得收益一并计算。股票按被盗当日证券交易所公布的该种股票成交的平均价格计算。

2. 记名的有价支付凭证、有价证券、有价票证，如果票面价值已定并能即时兑现的，如活期存折、已到期的定期存折和已填上金额的支票，以及不需证明手续即可提取货物的提货单等，按票面数额和案发时应得的利息或者可提货物的价值计算。如果票面价值未定，但已经兑现的，按实际兑现的财物价值计算；尚未兑现的，可作为定罪量刑的情节。

不能即时兑现的记名有价支付凭证、有价证券、有价票证或者能即时兑现的有价支付凭证、有价证券、有价票证已被销毁、丢弃，而失主可以通过挂失、补领、补办手续等方式避免实际损失的，票面数额不作为定罪量刑的标准，但可作为定罪量刑的情节。

（三）邮票、纪念币等收藏品、纪念品，按国家有关部门核定的价格计算。

（四）同种类的大宗被盗物品，失主以多种价格购进，能够分清的，分别计算；难以分清的，应当按此类物品的中等价格计算。

（五）被盗物品已被销赃、挥霍、丢弃、毁坏的，无法追缴或者几经转手，最初形态被破坏的，应当根据失主、证人的陈述、证言和提供的有效凭证以及被告人的供述，按本条第（一）项规定的核价方法，确定原被盗物品的价值。

（六）失主以明显低于被盗当时、当地市场零售价购进的物品，应当按本条第（一）项规定的核价方法计算。

（七）销赃数额高于按本解释计算的盗窃数额的，盗窃数额按销赃数额计算。

（八）盗窃违禁品，按盗窃罪处理的，不计数额，根据情节轻重量刑。

（九）被盗物品价格不明或者价格难以确定的，应当按国家计划委员会、最高人民法院、最高人民检察院、公安部《扣押、追缴、没收物品估价管理办法》的规定，委托指定的估价机构估价。

（十）对已陈旧、残损或者使用过的被盗物品，应当结合作案当时、当地同类物品的价格和被盗时的残旧程度，按本条第（九）项的规定办理。

（十一）残次品，按主管部门核定的价格计算；废品，按物资回收利用部门的收购价格计算；假、劣物品，有价值的，按本条第（九）项的规定办理，以实际价值计算。

（十二）多次盗窃构成犯罪，依法应当追诉的，或者最后一次盗窃构成犯罪，前次盗窃行为在一年以内的，应当累计其盗窃数额。

（十三）盗窃行为给失主造成的损失大于盗窃数额的，损失数额可作为量刑的情节。

第六条　审理盗窃案件，应当根据案件的具体情形认定盗窃罪的情节：

（一）盗窃公私财物接近“数额较大”的起点，具有下列情形之一的，可以追究刑事责任：

1. 以破坏性手段盗窃造成公私财产损失的；

2. 盗窃残疾人、孤寡老人或者丧失劳动能力人的财物的；

相关执法参考

3. 造成严重后果或者具有其他恶劣情节的。

（二）盗窃公私财物虽已达到“数额较大”的起点，但情节轻微，并具有下列情形之一的，可不作为犯罪处理：

1. 已满十六周岁不满十八周岁的未成年人作案的；

2. 全部退赃、退赔的；

3. 主动投案的；

4. 被胁迫参加盗窃活动，没有分赃或者获赃较少的；

5. 其他情节轻微、危害不大的。

（三）盗窃数额达到“数额较大”或者“数额巨大”的起点，并具有下列情形之一的，可以分别认定为“其他严重情节”或者“其他特别严重情节”：

1. 犯罪集团的首要分子或者共同犯罪中情节严重的主犯；

2. 盗窃金融机构的；

3. 流窜作案危害严重的；

4. 累犯；

5. 导致被害人死亡、精神失常或者其他严重后果的；

6. 盗窃救灾、抢险、防汛、优抚、扶贫、移民、救济、医疗款物，造成严重后果的；

7. 盗窃生产资料，严重影响生产的；

8. 造成其他重大损失的。

第七条　审理共同盗窃犯罪案件，应当根据案件的具体情形对各被告人分别作出处理：

（一）对犯罪集团的首要分子，应当按照集团盗窃的总数额处罚。

（二）对共同犯罪中的其他主犯，应当按照其所参与的或者组织、指挥的共同盗窃的数额处罚。

（三）对共同犯罪中的从犯，应当按照其所参与的共同盗窃的数额确定量刑幅度，并依照刑法第二十七条第二款的规定，从轻、减轻处罚或者免除处罚。

第八条　刑法第二百六十四条规定的“盗窃金融机构”，是指盗窃金融机构的经营资金、有价证券和客户的资金等，如储户的存款、债券、其他款物，企业的结算资金、股票，不包括盗窃金融机构的办公用品、交通工具等财物的行为。

第九条　盗窃国家三级文物的，处三年以下有期徒刑、拘役或者管制，并处或者单处罚金；盗窃国家二级文物的，处三年以上十年以下有期徒刑，并处罚金；盗窃国家一级文物的，处十年以上有期徒刑或者无期徒刑，并处罚金或者没收财产。

一案中盗窃三级以上不同等级文物的，按照所盗文物中高级别文物的量刑幅度处罚；一案中盗窃同级文物三件以上的，按照盗窃高一级文物的量刑幅度处罚。

刑法第二百六十四条规定的“盗窃珍贵文物，情节严重”，主要是指盗窃国家一级文物后造成损毁、流失，无法追回；盗窃国家二级文物三件以上或者盗窃国家一级文物一件以上，并具有本解释第六条第（三）项第1、3、4、8目规定情形之一的行为。

第十条　根据刑法第一百九十六条第三款的规定，盗窃信用卡并使用的，以盗

相关执法参考

窃罪定罪处罚。其盗窃数额应当根据行为人盗窃信用卡后使用的数额认定。

第十一条　根据刑法第二百一十条第一款的规定，盗窃增值税专用发票或者可以用于骗取出口退税、抵扣税款的其他发票的，以盗窃罪定罪处罚。盗窃上述发票数量在二十五份以上的，为“数额较大”；数量在二百五十份以上的，为“数额巨大”；数量在二千五百份以上的，为“数额特别巨大”。

第十二条　审理盗窃案件，应当注意区分盗窃罪与其他犯罪的界限：

（一）盗窃广播电视设施、公用电信设施价值数额不大，但是构成危害公共安全犯罪的，依照刑法第一百二十四条的规定定罪处罚；盗窃广播电视设施、公用电信设施同时构成盗窃罪和破坏广播电视设施、公用电信设施罪的，择一重罪处罚。

（二）盗窃使用中的电力设备，同时构成盗窃罪和破坏电力设备罪的，择一重罪处罚。

（三）为盗窃其他财物，盗窃机动车辆当犯罪工具使用的，被盗机动车辆的价值计入盗窃数额；为实施其他犯罪盗窃机动车辆的，以盗窃罪和所实施的其他犯罪实行数罪并罚。为实施其他犯罪，偷开机动车辆当犯罪工具使用后，将偷开的机动车辆送回原处或者停放到原处附近，车辆未丢失的，按照其所实施的犯罪从重处罚。

（四）为练习开车、游乐等目的，多次偷开机动车辆，并将机动车辆丢失的，以盗窃罪定罪处罚；在偷开机动车辆过程中发生交通肇事构成犯罪，又构成其他罪的，应当以交通肇事罪和其他罪实行数罪并罚；偷开机动车辆造成车辆损坏的，按照刑法第二百七十五条的规定定罪处罚；偶尔偷开机动车辆，情节轻微的，可以不认为是犯罪。

（五）实施盗窃犯罪，造成公私财物损毁的，以盗窃罪从重处罚；又构成其他犯罪的，择一重罪从重处罚；盗窃公私财物未构成盗窃罪，但因采用破坏性手段造成公私财物损毁数额较大的，以故意毁坏财物罪定罪处罚。盗窃后，为掩盖盗窃罪行或者报复等，故意破坏公私财物构成犯罪的，应当以盗窃罪和构成的其他罪实行数罪并罚。

（六）盗窃技术成果等商业秘密的，按照刑法第二百一十九条的规定定罪处罚。

第十三条　对于依法应当判处罚金刑的盗窃犯罪分子，应当在一千元以上盗窃数额的二倍以下判处罚金；对于依法应当判处罚金刑，但没有盗窃数额或者无法计算盗窃数额的犯罪分子，应当在一千元以上十万元以下判处罚金。

《最高人民法院、最高人民检察院、公安部关于盗窃罪数额认定标准问题的规定》

（1998年3月26日　法发［1998］3号颁布）

各省、自治区、直辖市高级人民法院、人民检察院、公安厅（局），解放军军事法院、军事检察院：

根据刑法第二百六十四条的规定，结合当前的经济发展水平和社会治安状况，现对盗窃罪数额认定标准规定如下：

一、个人盗窃公私财物“数额较大”，以五百元至二千元为起点。

二、个人盗窃公私财物“数额巨大”，以五千元至二万元为起点。

相关执法参考

三、个人盗窃公私财物“数额特别巨大”，以三万元至十万元为起点。

各省、自治区、直辖市高级人民法院、人民检察院、公安厅（局），可以根据本地区经济发展状况，并考虑社会治安状况，在上述数额幅度内，共同研究确定本地区执行的盗窃罪“数额较大”、“数额巨大”、

“数额特别巨大”的具体数额标准，并分别报最高人民法院、最高人民检察院、公安部备案。

《最高人民法院、最高人民检察院、公安部关于铁路运输过程中盗窃罪数额认定标准问题的规定》

（1999年2月4日　公发［1999］4号）

各省、自治区、直辖市高级人民法院，人民检察院，公安厅、局，解放军军事法院、军事检察院：

根据《刑法》第二百六十四条的规定，结合铁路运输的治安状况和盗窃案件特点，现对铁路运输过程中盗窃罪数额认定标准规定如下：

一、个人盗窃公私财物“数额较大”，以一千元为起点；

二、个人盗窃公私财物“数额巨大”，以一万元为起点；

三、个人盗窃公私财物“数额特别巨大”，以六万元为起点。

《最高人民法院、最高人民检察院关于办理盗窃油气、破坏油气设备等刑事案件具体应用法律若干问题的解释》（节录）

（2007年1月15日颁布　自2007年1月19日起实施）

第三条　盗窃油气或者正在使用的油气设备，构成犯罪，但未危害公共安全的，依照刑法第二百六十四条的规定，以盗窃罪定罪处罚。

盗窃油气，数额巨大但尚未运离现场的，以盗窃未遂定罪处罚。

为他人盗窃油气而偷开油气井、油气管道等油气设备阀门排放油气或者提供其他帮助的，以盗窃罪的共犯定罪处罚。

第四条　盗窃油气同时构成盗窃罪和破坏易燃易爆设备罪的，依照刑法处罚较重的规定定罪处罚。

第五条　明知是盗窃犯罪所得的油气或者油气设备，而予以窝藏、转移、收购、加工、代为销售或者以其他方法掩饰、隐瞒的，依照刑法第三百一十二条的规定定罪处罚。

实施前款规定的犯罪行为，事前通谋的，以盗窃犯罪的共犯定罪处罚。

第八条　本解释所称的“油气”，是指石油、天然气。其中，石油包括原油、成品油；天然气包括煤层气。

本解释所称“油气设备”，是指用于石油、天然气生产、储存、运输等易燃易爆设备。

《最高人民法院关于审理破坏电力设备刑事案件具体应用法律若干问题的解释》（节录）

（2007年8月13日最高人民法院审判委员会第1435次会议通过
自2007年8月21日起施行　法释［2007］15号）

第三条　盗窃电力设备，危害公共安全，但不构成盗窃罪的，以破坏电力设备

相关执法参考

罪定罪处罚；同时构成盗窃罪和破坏电力设备罪的，依照刑法处罚较重的规定定罪处罚。

盗窃电力设备，没有危及公共安全，但应当追究刑事责任的，可以根据案件的不同情况，按照盗窃罪等犯罪处理。

第四条　本解释所称电力设备，是指处于运行、应急等使用中的电力设备；已经通电使用，只是由于枯水季节或电力不足等原因暂停使用的电力设备；已经交付使用但尚未通电的电力设备。不包括尚未安装完毕，或者已经安装完毕但尚未交付使用的电力设备。

本解释中直接经济损失的计算范围，包括电量损失金额，被毁损设备材料的购置、更换、修复费用，以及因停电给用户造成的直接经济损失等。

《最高人民法院关于审理未成年人刑事案件具体应用法律若干问题的解释》（节录）

（2005年12月12日最高人民法院审判委员会第1373次会议通过　法释［2006］1号）

第一条　本解释所称未成年人刑事案件，是指被告人实施被指控的犯罪时已满十四周岁不满十八周岁的案件。

第九条　已满十六周岁不满十八周岁的人实施盗窃行为未超过三次，盗窃数额虽已达到“数额较大”标准，但案发后能如实供述全部盗窃事实并积极退赃，且具有下列情形之一的，可以认定为“情节显著轻微危害不大”，不认为是犯罪：

（一）系又聋又哑的人或者盲人；

（二）在共同盗窃中起次要或者辅助作用，或者被胁迫；

（三）具有其他轻微情节的。

已满十六周岁不满十八周岁的人盗窃未遂或者中止的，可不认为是犯罪。

已满十六周岁不满十八周岁的人盗窃自己家庭或者近亲属财物，或者盗窃其他亲属财物但其他亲属要求不予追究的，可不按犯罪处理。

《最高人民法院关于审理破坏公用电信设施刑事案件具体应用法律若干问题的解释》（节录）

（2004年8月26日最高人民法院审判委员会第1322次会议通过　法释［2004］21号）

第三条第二款　盗窃公用电信设施价值数额不大，但是构成危害公共安全犯罪的，依照刑法第一百二十四条的规定定罪处罚；盗窃公用电信设施同时构成盗窃罪和破坏公用电信设施罪的，依照处罚较重的规定定罪处罚。

第四条　指使、组织、教唆他人实施本解释规定的故意犯罪行为的，按照共犯定罪处罚。

《最高人民法院关于审理危害军事通信刑事案件具体应用法律若干问题的解释》（节录）

（2007年6月18日最高人民法院审判委员会第1430次会议通过　法释［2007］13号）

第六条第二款　盗窃军事通信线路、设备，不构成盗窃罪，但破坏军事通信的，依照刑法第三百六十九条第一款的规定定罪处罚；同时构成刑法第一百二十四条、第二百六十四条和第三百六十九条第一款规定的犯罪的，依照处罚较重的规定定罪处罚。

第七条　本解释所称“重要军事通信”，是指军事首脑机关及重要指挥中心的通信，部队作战中的通信，等级战备通信，飞行航行训练、抢险救灾、军事演习或者处置突发性事件中的通信，以及执行试飞试航、武器装备科研试验或者远洋航行等重要军事任务中的通信。

本解释所称军事通信的具体范围、通信中断和严重障碍的标准，参照中国人民解放军通信主管部门的有关规定确定。

《最高人民法院关于审理扰乱电信市场管理秩序案件具体应用法律若干问题的解释》（节录）

（2000年5月12日法释［2000］12号颁布　自2000年5月24日起实施）

第七条　将电信卡非法充值后使用，造成电信资费损失数额较大的，依照刑法第二百六十四条的规定，以盗窃罪定罪处罚。

第八条　盗用他人公共信息网络上网账号、密码上网，造成他人电信资费损失数额较大的，依照刑法第二百六十四条的规定，以盗窃罪定罪处罚。

《最高人民法院关于审理抢劫、抢夺刑事案件适用法律若干问题的意见》（节录）

（2005年6月8日法发［2005］8号颁布　自颁布之日起实施）

八、关于抢劫罪数的认定

行为人实施伤害、强奸等犯罪行为，在被害人未失去知觉，利用被害人不能反抗、不敢反抗的处境，临时起意劫取他人财物的，应以此前所实施的具体犯罪与抢劫罪实行数罪并罚；在被害人失去知觉或者没有发觉的情形下，以及实施故意杀人犯罪行为之后，临时起意拿走他人财物的，应以此前所实施的具体犯罪与盗窃罪实行数罪并罚。

《最高人民法院关于审理破坏森林资源刑事案件具体应用法律若干问题的解释》（节录）

（2000年11月22日法释［2000］36号颁布　自2000年12月11日起实施）

第九条　将国家、集体、他人所有并已经伐倒的树木窃为己有，以及偷砍他人房前屋后、自留地种植的零星树木，数额较大的，依照刑法第二百六十四条的规定，以盗窃罪定罪处罚。

第十五条　非法实施采种、采脂、挖笋、掘根、剥树皮等行为，牟取经济利益数额较大的，依照刑法第二百六十四条的规定，以盗窃罪定罪处罚。同时构成其他犯罪的，依照处罚较重的规定定罪处罚。

最高人民法院全国法院维护农村稳定刑事审判工作座谈会纪要》（节录）

（1999年10月27日　法［1999］217号）

（二）关于盗窃案件

要重点打击的是：盗窃农业生产资料和承包经营的山林、果林、渔塘产品等严重影响和破坏农村经济发展的犯罪；盗窃农民生活资料，严重影响农民生活和社会稳定的犯罪；结伙盗窃、盗窃集团和盗、运、销一条龙的犯罪；盗窃铁路、油田、重点工程物资的犯罪等。对盗窃集团的首要分子、盗窃惯犯、累犯，盗窃活动造成特别严重后果的，要依法从严惩处。对于盗窃牛、马、骡、拖拉机等生产经营工具或者生产资料的，应当依法从重处罚。对盗窃犯罪的初犯、未成年犯，或者确因生活困难而实施盗窃犯罪，或积极退赃、赔偿损失的，应当注意体现政策，酌情从轻处罚。其中，具备判处管制、单处罚金或者宣告缓刑条件的，应区分不同情况尽可能适用管制、罚金或者缓刑。

最高人民法院《关于审理盗窃案件具体应用法律若干问题的解释》第四条中"入户盗窃"的"户"，是指家庭及其成员与外界相对隔离的生活场所，包括封闭的院落、为家庭生活租用的房屋、牧民的帐篷以及渔民作为家庭生活场所的渔船等。集生活、经营于一体的处所，在经营时间内一般不视为"户"。

《全国部分法院审理毒品犯罪案件工作座谈会纪要》（节录）

（2008年12月1日最高人民法院法［2008］324号印发）

一、毒品案件的罪名确定和数量认定问题

……

盗窃、抢夺、抢劫毒品的，应当分别以盗窃罪、抢夺罪或者抢劫罪定罪，但不计犯罪数额，根据情节轻重予以定罪量刑。盗窃、抢夺、抢劫毒品后又实施其他毒品犯罪的，对盗窃罪、抢夺罪、抢劫罪和所犯的具体毒品犯罪分别定罪，依法数罪并罚……

《公安部关于印发〈公安部关于打击拐卖妇女儿童犯罪适用法律和政策有关问题的意见〉的通知》（节录）

（2000年3月17日公通字［2000］25号颁布　自颁布之日起实施）

二、关于拐卖妇女、儿童犯罪

（十二）教唆被拐卖、拐骗、收买的未成年人实施盗窃、诈骗等犯罪行为的，应当以盗窃罪、诈骗罪等犯罪的共犯立案侦查。

《最高人民法院研究室关于盗窃黄金矿石和汞膏金应如何计价问题的电话答复》

（1992年6月19日）

新疆维吾尔自治区高级人民法院：

你院（1992）新法刑三字第13号《关于盗窃黄金矿石和汞膏金应如何计价的请示》已收悉。经研究，并征求了有关部门的意见，答复如下：

同意你院的第三种意见，即：对于盗窃黄金矿石、汞膏金的，其盗窃数额应以被盗黄金矿石、汞膏金的实际含金量，按照中国人民银行配售给国家加工金饰品企业的黄金配售价格计算。

相关执法参考

《最高人民检察院关于非邮电工作人员非法开拆他人信件并从中窃取财物案件定性问题的批复》

（1989年9月15日高检法发字1989第2号颁布）

广东省人民检察院：

你院粤检法字［1989］64号文《关于对非邮电工作人员私拆他人信件窃取财物案件定性和处理意见的请示》收悉，经研究并商最高人民法院同意，现批复如下：

一、非邮电工作人员非法开拆他人信件，侵犯公民通信自由权利，情节严重，并从中窃取少量财物，或者窃取汇票、汇款支票，骗取汇兑款数额不大的，依照刑法关于侵犯公民通信自由罪的规定，从重处罚。

二、非邮电工作人员非法开拆他人信件，侵犯公民通信自由权利，情节严重，并从中窃取财物数额较大的，应按照重罪吸收轻罪的原则，依照刑法关于盗窃罪的规定从重处罚。

三、非邮电工作人员非法开拆他人信件，侵犯公民通信自由权利，情节严重，并从中窃取汇票或汇款支票，冒名骗取汇兑款数额较大的，应依照刑法关于侵犯公民通信自由罪和诈骗罪的规定，依法实行数罪并罚。

《最高人民检察院关于如何计算被盗手持式移动电话机价值的批复》

（高检发研字［1993］2号）

北京市人民检察院：

你院京检字［1992］191号文《关于如何计算被盗手持式移动电话机数额的请示》收悉。经研究，现批复如下：

根据《最高人民法院、最高人民检察院关于办理盗窃案件具体应用法律的若干问题的解释》规定，盗窃数额是指行为人实施盗窃行为已窃取的公私财物的金额。计算被盗手持移动电话机（即"大哥大"）的价值，只能计算其本身被盗时的实际价值，不包括进网费、频率占用费及预收电话费。

《公安部法制局关于盗用自来水案件如何适用法律问题的电话答复》

（2002年9月2日）

吉林省公安厅法制处：

《关于盗用自来水案件如何适用法律问题的请示》（吉公传［2002］2794号）收悉。经研究，现答复如下：

根据最高人民法院《关于审理盗窃案件具体应用法律的若干问题的解释》（法释［1998］4号）第一条"盗窃公私财物，包括电力、煤气、天然气等"规定的精神，盗窃公私财物也包括自来水，以非法占有为目的，秘密窃取自来水的，应当根据行为人盗窃的具体数额和情节，依法予以治安管理处罚、劳动教养或者追究刑事责任。

《公安部关于对拨打境外色情电话定性处理的批复》

（1996年2月14日　公复字［1996］5号）

河北省公安厅：

你厅《关于对拨打国际色情电话行为如何定性处理的请示》（冀公治［1995］

相关执法参考

284 号）收悉。现批复如下：

对盗用他人或单位电话打境外色情电话的以盗窃论处，构成犯罪的，依照 1992 年 12 月 11 日最高人民法院、最高人民检察院《关于办理盗窃案件具体应用法律的若干问题的解释》第一条第四项的规定按盗窃罪追究刑事责任；不构成犯罪的，依照《治安管理处罚条例》第二十三条的规定处罚。对聚众拨打收听境外色情电话，录制并传播色情电话内容，教唆他人拨打色情电话，传播色情电话号码的以传播淫秽物品论处，情节较轻的，依照《治安管理处罚条例》进行处罚；情节严重，构成犯罪的，依法追究刑事责任。对使用自己的电话打境外色情电话，尚不需要处罚的，由公安机关予以训诫或者所在单位、街道给予批评教育。

《关于非法制作、出售、使用 IC 电话卡行为如何适用法律问题的答复》

（2003 年 4 月 2 日［2003］高检研发第 10 号颁布　自颁布之日起实施）

辽宁省人民检察院研究室：

你院《关于非法制作、出售 IC 电话卡的行为如何认定的请示》（辽检发研字［2002］8 号）收悉。经研究，答复如下：

非法制作或者出售非法制作的 IC 电话卡，数额较大的，应当依照刑法第二百二十七条第一款的规定，以伪造、倒卖伪造的有价票证罪追究刑事责任，犯罪数额可以根据销售数额认定；明知是非法制作的 IC 电话卡而使用或者购买并使用，造成电信资费损失数额较大的，应当依照刑法第二百六十四条的规定，以盗窃罪追究刑事责任。

《最高人民法院关于破坏生产单位正在使用的电动机是否构成破坏电力设备罪问题的批复》

（1993 年 8 月 4 日法明传［1993］241 号颁布　自颁布之日起实施）

湖北省高级人民法院：

你院 91035 号传真《关于破坏生产单位正在使用的电动机是否可以构成破坏电力设备罪的请示》收悉。经研究，答复如下：

破坏电力设备罪是危害公共安全的犯罪。该罪所侵犯的客体，是社会的公共安全。如果行为人的行为不具有危害社会公共安全的性质，不能构成该罪。

对拆盗某些排灌站、加工厂等生产单位正在使用中的电机设备等，没有危及社会公共安全，但应当追究刑事责任的，可以根据案件的不同情况，按盗窃罪、破坏集体生产罪或者故意毁坏公私财物罪处理。

《最高人民检察院关于单位有关人员组织实施盗窃行为如何适用法律问题的批复》

（2002 年 8 月 9 日　高检发释字［2002］5 号）

各省、自治区、直辖市人民检察院，军事检察院，新疆生产建设兵团人民检察院：

近来，一些省人民检察院就单位有关人员为谋取单位利益组织实施盗窃行为如何适用法律问题向我院请示。根据刑法有关规定，现批复如下：

单位有关人员为谋取单位利益组织实施盗窃行为，情节严重的，应当依照刑法

相关执法参考

第二百六十四条的规定以盗窃罪追究直接责任人员的刑事责任。

此复

《最高人民法院关于对故意伤害、盗窃等严重破坏社会秩序的犯罪分子能否附加剥夺政治权利问题的批复》

（1997年12月23日法释［1997］11号颁布　自1998年1月13日起实施）

福建省高级人民法院：

你院《关于对故意伤害、盗窃（重大）等犯罪分子被判处有期徒刑的，能否附加剥夺政治权利的请示》收悉。经研究，答复如下：

根据刑法第五十六条规定，对于故意杀人、强奸、放火、爆炸、投毒、抢劫等严重破坏社会秩序的犯罪分子，可以附加剥夺政治权利。对故意伤害、盗窃等其他严重破坏社会秩序的犯罪，犯罪分子主观恶性较深、犯罪情节恶劣、罪行严重的，也可以依法附加剥夺政治权利。

《最高人民法院关于对采用破坏性手段盗窃正在使用的油田输油管道中油品的行为如何适用法律问题的批复》

（2002年4月10日　法释［2002］10号）

各省、自治区、直辖市高级人民法院，解放军军事法院，新疆维吾尔自治区高级人民法院生产建设兵团分院：

近来，一些高级人民法院对采用破坏性手段盗窃正在使用的油田输油管道中油品的行为如何适用法律问题请示我院。根据刑法的有关规定，批复如下：

正在使用的油田输油管道，属于刑法规定的“易燃易爆设备”。行为人采用破坏性手段盗窃正在使用的油田输油管道中的油品，构成破坏易燃易爆设备罪、盗窃罪等犯罪的，依照处罚较重的规定定罪处罚。

《印发〈关于盗用电信码号赔偿损失计算标准的暂行规定〉的通知》

（1996年10月17日邮部［1996］981号颁布　自1996年11月15日设施）

各省、自治区、直辖市邮电管理局（京邮不发）：

现将《关于盗用电信码号赔偿损失计算标准的暂行规定》印发给你们，请结合本省（区、市）所开办的业务项目，收费情况制定具体赔偿办法。执行中有何问题，请及时向部电信总局反映。

附：关于盗用电信码号赔偿损失计算标准的暂行规定

第一条　为维护国家电信秩序，保护用户和电信部门的合法权益，根据有关法律、法规，制定本规定。

第二条　本规定所称盗用电信码号，是指盗用长途电话帐号、码号偷打电话，偷接他人电话线路并机使用，盗用移动电话码号，复制、倒卖、使用伪机和盗用其他电信码号等违法犯罪行为。

第三条　从事盗用电信码号违法犯罪活动的，均应依法并按本规定的计算标准，承担赔偿损失的责任。

第四条　赔偿费用项目和计算标准

（一）赔偿用户的项目和标准

赔偿用户损失的电话费，以一部电话为单位按用户实际损失的电话费计算；实际损失无法直接确认的，以用户被并机后电话费的月平均数减去被并机前6个月的月平均数推算；用户使用电话不足6个月的，以实际使用的月平均数推算。

（二）赔偿电信部门的项目和标准

1. 通话费按被并机的合法用户拒缴的电话费计算。

2. 基本通话费（月租费）、入网费（初装费）、用户机技术处理费、防并机检测系统设备费等30000－50000元。

（三）前两项之外的赔偿项目和标准，按邮电部有关规定执行。

第五条　具体案件的赔偿费，视非法并机者所使用的时间、话费数量以及当时的收费标准，由各邮电管理局根据本地实际情况具体确定。

第六条　对自我并用移动电话的用户。由各省（区、市）邮电管理局限期办理入网手续；逾期不办继续使用的，参照本规定赔偿电信部门的经济损失。

第七条　赔偿费通知书和收据由各省（区、市）邮电管理局按国家有关规定统一印制。

第八条　本规定自1996年11月15日起施行。

《公安部关于传发群众举报盗窃自行车等违法犯罪奖励标准和奖励审批表的通知》

（2007年2月16日）

各省、自治区、直辖市公安厅、局，综治办，建设厅，商务厅，工商局，质量技术监督局；新疆生产建设兵团公安局、综治办、建设局、商务局、工商局、质量技术监督局：

为充分调动广大人民群众参与治理自行车被盗问题专项行动的积极性，发动群众踊跃检举揭发，全国治理自行车被盗问题专项行动办公室研究制定了《群众举报盗窃自行车等违法犯罪奖励标准》（以下简称《奖励标准》）和《群众举报盗窃自行车等违法犯罪奖励审批表》，现传发给你们。各地要认真受理群众检举揭发盗窃自行车等违法犯罪的线索，经甄别需要核查的，要迅速部署核查；经查证属实的，要依法进行打击处理。各地要参照《奖励标准》，制定本地的举报奖励标准，对举报有功人员及时兑现奖励。对群众举报到公安部的盗窃自行车等违法犯罪线索，经有关公安机关查证属实的，填写《群众举报盗窃自行车等违法犯罪奖励审批表》，经省级公安机关专项行动办公室审核后，由全国专项行动办公室依照《奖励标准》给予奖励。

群众举报盗窃自行车等违法犯罪奖励标准

一、根据群众举报线索，收缴被盗自行车5辆以上的，视情给予举报有功人员100元以上、500元以下奖励。

二、根据群众举报线索，抓获盗窃、销赃、窝藏自行车违法犯罪人员5人以上、收缴被盗自行车10辆以上的，视情给予举报有功人员500元以上、1000元以下奖励。

相关执法参考

三、根据群众举报线索，查破重大盗窃自行车案件，并循线追踪取缔非法销售、窝藏窝点，并且抓获违法犯罪人员10人以上、收缴被盗自行车20辆以上的，视情给予举报有功人员1000元以上2000元以下奖励。

四、根据群众举报线索，破获重大盗窃自行车团伙犯罪案件，抓获违法犯罪人员15人以上、收缴被盗自行车50辆以上的，视情给予举报有功人员2000元以上5000元以下奖励。

附件

群众举报盗窃自行车等违法犯罪奖励审批表

填报单位			
被奖励人姓名		性别	
身份证号		联系电话	
家庭住址			
工作单位			
举报时间		查破时间	
收缴物品数量及种类			
举报的主要情况及核查情况	年　月　日		
办案单位意见	年　月　日		
省级机关审批意见	年　月　日		
公安部专项行动办公室审批意见	年　月　日		

相关执法参考

《中华人民共和国水法》（节录）

（2002年8月29日第九届全国人民代表大会常务委员会第二十九次会议修订通过
2002年8月29日中华人民共和国主席令第七十四号公布
自2002年10月1日起施行）

第七十三条　侵占、盗窃或者抢夺防汛物资，防洪排涝、农田水利、水文监测和测量以及其他水工程设备和器材，贪污或者挪用国家救灾、抢险、防汛、移民安置和补偿及其他水利建设款物，构成犯罪的，依照刑法的有关规定追究刑事责任。

《中华人民共和国电力法》（节录）

（1995年12月28日第八届全国人民代表大会常务委员会第十七次会议通过
根据2009年8月27日第十一届全国人民代表大会常务委员会第十次会议通过的〈全国人民代表大会常务委员会关于修改部分法律的决定〉修改）

第四条　电力设施受国家保护。

禁止任何单位和个人危害电力设施安全或者非法侵占、使用电能。

第七十一条　盗窃电能的，由电力管理部门责令停止违法行为，追缴电费并处应交电费五倍以下的罚款；构成犯罪的，依照刑法有关规定追究刑事责任。

《中华人民共和国矿产资源法》（节录）

（1986年3月19日第六届全国人民代表大会常务委员会第十五次会议通过
根据2009年8月27日第十一届全国人民代表大会常务委员会第十次会议通过的〈全国人民代表大会常务委员会关于修改部分法律的决定〉修改）

第四十一条　盗窃、抢夺矿山企业和勘查单位的矿产品和其他财物的，破坏采矿、勘查设施的，扰乱矿区和勘查作业区的生产秩序、工作秩序的，分别依照刑法有关规定追究刑事责任；情节显著轻微的，依照治安管理处罚法有关规定予以处罚。

《中华人民共和国渔业法》（节录）

（1986年1月20日第六届全国人民代表大会常务委员会第十四次会议通过
根据2009年8月27日第十一届全国人民代表大会常务委员会第十次会议通过的〈全国人民代表大会常务委员会关于修改部分法律的决定〉修改）

第三十九条　偷捕、抢夺他人养殖的水产品的，或者破坏他人养殖水体、养殖设施的，责令改正，可以处二万元以下的罚款；造成他人损失的，依法承担赔偿责任；构成犯罪的，依法追究刑事责任。

七十九、诈骗

（《治安管理处罚法》第49条）

<table>
<tr><td colspan="2">案由</td><td>诈骗</td></tr>
<tr><td colspan="2">概念</td><td>诈骗，是指以非法占有为目的，用虚构事实或者隐瞒真相的方法，骗取少量公私财物，尚不够刑事处罚的行为。</td></tr>
<tr><td rowspan="4">违法构成要件</td><td>违法客体</td><td>本行为侵犯的客体是公私财物的所有权，侵犯的对象既可以是个人所有的，也可以是国家、集体所有的，既可以是有形的物质，也可以是无形物质或财产性利益。</td></tr>
<tr><td>违法客观方面</td><td>本行为在客观方面表现为使用欺骗的方法取得少量公私财物。
所谓“欺骗的方法”，是指行为人以虚构事实或隐瞒真相来骗取财物所有人或保管人的信任，使其在不了解事实真相的情况下，“自愿”将财物交给行为人。这种“自愿”，实际上并不是财物所有人、保管人的真实意思表示，而是上当受骗的结果。在实践中，欺骗的手段是多种多样的，如伪造、涂改单据，虚报冒领；伪造公文、证件骗取财物；假冒身份骗取财物；以恋爱、结婚为名骗取财物；以代购、代买为名行骗等。</td></tr>
<tr><td>违法主体</td><td>本行为的主体是达到责任年龄，具有责任年龄的自然人。</td></tr>
<tr><td>违法主观方面</td><td>本行为的主观方面表现为直接故意，并且具有非法占有公私财物的目的。</td></tr>
<tr><td>认定界限</td><td colspan="2">（一）本行为与诈骗罪的界限。
《刑法》第266条规定的诈骗罪，是指以非法占有为目的，用虚构事实或者隐瞒真相的方法，骗取数额较大的公私财物的行为。“数额较大”是诈骗罪与本行为的主要区别，根据有关规定，个人诈骗公私财物2000元以上的，属于“数额较大”，在实践中，区分两种性质的行为时，还应根据诈骗的方法、手段、后果等综合考虑，从而准确定性。
（二）本行为与借贷行为的界限。
借款人由于某种原因，长期拖欠欠款不还的，或者以编造谎言或隐瞒真相的方法而骗取款物，到期不能偿还的，只要行为人没有非法占有的目的，只是由于客观原因，一时无法偿还的，不构成本行为。本行为是以非法占有为目的，行为人根本就没有打算偿还。</td></tr>
</table>

<table>
<tr><td>认定界限</td><td>
（三）本行为与代人购物拖欠货款行为的界限。

在实践中，对以代人购买紧缺商品的名义，取走货款，没买到东西，又擅自挪用货款，拖欠不还的行为，应着重考察其真实目的、双方的关系、事情的起因、代办人的具体行为、拖欠的情节、后果等，从而正确判断行为人是否具有非法占有的目的。如果行为人确实是想代人购物，只是因为客观原因未能买到，行为人挪用货款后仍打算归还的，不能以诈骗行为论处。如果行为人以代购为名，行诈骗之实，骗取财物进行挥霍，根本无意归还，也无力归还的，应以本行为论处。

（四）本行为与招摇撞骗的界限。

《治安管理处罚法》第51条第1款规定的招摇撞骗，是指为谋取非法利益，假冒国家机关工作人员或者其他虚假身份，进行诈骗，尚不够刑事处罚的行为。两者的区别主要表现在：
1. 行为侵犯的客体不同。本行为侵犯的客体是公私财物所有权；招摇撞骗行为侵犯的客体是社会管理秩序。
2. 行为方式不同。本行为的骗取方式多种多样，而对后者而言，冒充国家机关工作人员或者其他虚假身份是其诈骗行为的唯一方式。
3. 行为人的目的不同。招摇撞骗行为骗取的不仅包括财物（但无数额多少的限制），还包括工作、职务、地位、荣誉等；本行为只是骗取公私财物。
4. 行为后果不同。本行为直接造成了公私财物的损失；而后者既可能造成公私财物的损失，也可能对国家机关的威信和正常活动造成危害，还有可能造成公民的人身或其他合法权益的损失。
</td></tr>
<tr><td>处罚标准</td><td>
（一）构成本行为的，处5日以上10日以下拘留，可以并处500元以下罚款。
（二）情节较重的，处10日以上15日以下拘留，可以并处1000元以下罚款。
在实践中，判断情节的轻重，一般应从行为人的动机、手段、目的、行为的次数、造成的后果等方面综合考虑，由公安机关办案人员酌情量罚，一般来说，具有下列情节之一的，应视为“情节较重”：
1. 入室进行诈骗活动的；
2. 因诈骗受过处罚或者1年内实施两次以上同类行为的；
3. 诈骗残疾人、老年人、未成年人、低保人员或者丧失劳动能力的人财物的；
4. 诈骗救灾、抢险、防汛、优抚、扶贫、移民、救济、医疗等特定款物的；
5. 诈骗的财物无法追回的；
6. 在公共场所行骗的；
7. 其他情节较重的情形。
</td></tr>
<tr><td>相关执法参考</td><td>
《中华人民共和国治安管理处罚法》（节录）
（2005年8月28日第十届全国人民代表大会常务委员会第十七次会议通过
中华人民共和国主席令第三十八号公布　自2006年3月1日起施行）
第四十九条　盗窃、诈骗、哄抢、抢夺、敲诈勒索或者故意损毁公私财物的，
</td></tr>
</table>

相关执法参考

处五日以上十日以下拘留，可以并处五百元以下罚款；情节较重的，处十日以上十五日以下拘留，可以并处一千元以下罚款。

《中华人民共和国刑法》（节录）

（1979 年 7 月 1 日第五届全国人民代表大会第二次会议通过　1997 年 3 月 14 日第八届全国人民代表大会第五次会议修订　根据 2011 年 2 月 25 日第十一届全国人民代表大会常务委员会第十九次会议通过的《中华人民共和国刑法修正案（八）》最新修正）

第二百六十六条　诈骗公私财物，数额较大的，处三年以下有期徒刑、拘役或者管制，并处或者单处罚金；数额巨大或者有其他严重情节的，处三年以上十年以下有期徒刑，并处罚金；数额特别巨大或者有其他特别严重情节的，处十年以上有期徒刑或者无期徒刑，并处罚金或者没收财产。本法另有规定的，依照规定。

第二百一十条第二款　使用欺骗手段骗取增值税专用发票或者可以用于骗取出口退税、抵扣税款的其他发票的，依照本法第二百六十六条的规定定罪处罚。

第二百八十七条　利用计算机实施金融诈骗、盗窃、贪污、挪用公款、窃取国家秘密或者其他犯罪的，依照本法有关规定定罪处罚。

第三百条第三款　组织和利用会道门、邪教组织或者利用迷信奸淫妇女、诈骗财物的，分别依照本法第二百三十六条、第二百六十六条的规定定罪处罚。

《最高人民法院印发〈关于审理诈骗案件具体应用法律的若干问题的解释〉的通知》（节录）

（1996 年 12 月 16 日法发［1996］32 号颁布　自颁布之日起实施）

一、根据《刑法》第一百五十一条和第一百五十二条的规定，诈骗公私财物数额较大的，构成诈骗罪。

个人诈骗公私财物 2 千元以上的，属于“数额较大”；个人诈骗公私财物 3 万元以上的，属于“数额巨大”。

个人诈骗公私财物 20 万元以上的，属于诈骗数额特别巨大。诈骗数额特别巨大是认定诈骗犯罪“情节特别严重”的一个重要内容，但不是唯一情节。诈骗数额在 10 万元以上，又具有下列情形之一的，也应认定为“情节特别严重”：

（1）诈骗集团的首要分子或者共同诈骗犯罪中情节严重的主犯；

（2）惯犯或者流窜作案危害严重的；

（3）诈骗法人、其他组织或者个人急需的生产资料，严重影响生产或者造成其他严重损失的；

（4）诈骗救灾、抢险、防汛、优抚、救济、医疗款物，造成严重后果的；

（5）挥霍诈骗的财物，致使诈骗的财物无法返还的；

（6）使用诈骗的财物进行违法犯罪活动的；

（7）曾因诈骗受过刑事处罚的；

（8）导致被害人死亡、精神失常或者其他严重后果的；

（9）具有其他严重情节的。

单位直接负责的主管人员和其他直接责任人员以单位名义实施诈骗行为，诈骗

相关执法参考

所得归单位所有，数额在5万至10万元以上的，应当依照《刑法》第一百五十一条的规定追究上述人员的刑事责任；数额在20万至30万元以上的，依照《刑法》第一百五十二条的规定追究上述人员的刑事责任。

对共同诈骗犯罪，应当以行为人参与共同诈骗的数额认定其犯罪数额，并结合行为人在共同犯罪中的地位、作用和非法所得数额等情节依法处罚。

已经着手实行诈骗行为，只是由于行为人意志以外的原因而未获取财物的，是诈骗未遂。诈骗未遂，情节严重的，也应当定罪并依法处罚。

各省、自治区、直辖市高级人民法院可根据本地区经济发展状况，并考虑社会治安状况，在“2千元至4千元”、“3万元至5万元”的幅度内，分别确定本地区执行的个人诈骗“数额较大”、“数额巨大”，以及单位实施诈骗，追究有关人员刑事责任，参照本条第四款规定的数额，确定适用《刑法》第一百五十一条或者第一百五十二条的具体数额标准，并报最高人民法院备案。

九、对于多次进行诈骗，并以后次诈骗财物归还前次诈骗财物，在计算诈骗数额时，应当将案发前已经归还的数额扣除，按实际未归还的数额认定，量刑时可将多次行骗的数额作为从重情节予以考虑。

十、行为人进行诈骗犯罪活动，案发后扣押、冻结在案的财物及其孳息，如果权属明确的，应当发还给被害人；如果权属不明确的，可按被害人被骗款物占扣押、冻结在案的财物及其孳息总额的比例发还被害人；如果能够确定扣押、冻结在案的财物及其孳息不属于已查明的被害人所有，但又无法发还未查明被害人的，应当依法上缴国库。

十一、行为人将诈骗财物已用于归还个人欠款、货款或者其他经济活动的，如果对方明知是诈骗财物而收取，属恶意取得，应当一律予以追缴；如确属善意取得，则不再追缴。

十二、本解释中使用的货币数额是指人民币的数额。审理具体案件涉及外币的，应当依照案发当日国家外汇管理局公布的外汇牌价折算成人民币。

十三、本解释所称“以上”包括本数在内。

《最高人民法院关于审理非法行医刑事案件具体应用法律若干问题的解释》（节录）

（2008年4月28日最高人民法院审判委员会第1446次会议通过
自2008年5月9日起施行　法释［2008］5号）

第四条　实施非法行医犯罪，同时构成生产、销售假药罪，生产、销售劣药罪，诈骗罪等其他犯罪的，依照刑法处罚较重的规定定罪处罚。

《最高人民法院关于审理扰乱电信市场管理秩序案件具体应用法律若干问题的解释》（节录）

（2000年5月12日　法释［2000］12号）

第九条　以虚假、冒用的身份证件办理入网手续并使用移动电话，造成电信资费损失数额较大的，依照刑法第二百六十六条的规定，以诈骗罪定罪处罚。

相关执法参考

第十条　本解释所称"经营会话业务数额"，是指以行为人非法经营国际电信业务或者涉港澳台电信业务的总时长（分钟数）乘以行为人每分钟收取的用户使用费所得的数额。

本解释所称"电信资费损失数额"，是指以行为人非法经营国际法律电信业务或者涉港澳台电信业务的总时长（分钟数）乘以在合法电信业务中我国应当得到的每分钟国际结算价格所得的数额。

《最高人民法院关于审理非法生产、买卖武装部队车辆号牌等刑事案件具体应用法律若干问题的解释》（节录）

（2002年4月10日法释［2002］9号颁布　自2002年4月17日起实施）

第三条第二款　使用伪造、变造、盗窃的武装部队车辆号牌，骗免养路费、通行费等各种规费，数额较大的，依照刑法第二百六十六条的规定定罪处罚。

《最高人民法院　最高人民检察院关于办理组织和利用邪教组织犯罪案件具体应用法律若干问题的解释》（节录）

（1999年10月9日颁布　自颁布之日起实施）

第六条　组织和利用邪教组织以各种欺骗手段，收取他人财物的，依照刑法第二百六十六条的规定，以诈骗罪定罪处罚。

《最高人民法院关于贯彻全国人大常委会〈关于取缔邪教组织、防范和惩治邪教活动的决定〉和"两院"司法解释的通知》（节录）

（1999年11月5日　法发［1999］29号）

二、……对于邪教组织以各种欺骗手段敛取钱财的，依照刑法第三百条第三款和第二百六十六条的规定，以诈骗罪定罪处罚。对于邪教组织和组织、利用邪教组织破坏法律实施的犯罪分子，以各种手段非法聚敛的财物，用于犯罪的工具、宣传品的，应当依法追缴、没收。

《最高人民法院、最高人民检察院关于办理妨害预防、控制突发传染病疫情等灾害的刑事案件具体应用法律若干问题的解释》（节录）

（2003年5月14日　法释［2003］8号）

第七条　在预防、控制突发传染病疫情等灾害期间，假借研制、生产或者销售用于预防、控制突发传染病疫情等灾害用品的名义，诈骗公私财物数额较大的，依照刑法有关诈骗罪的规定定罪，依法从重处罚。

《公安部关于受害人居住地公安机关可否对诈骗犯罪案件立案侦查问题的批复》

（2000年10月16日　公复字［2000］10号）

广西壮族自治区公安厅：

你厅《关于被骗受害人居住地的公安机关可否对诈骗犯罪案件立案侦查的请示》（桂公请［2000］77号）收悉。现批复如下：

《公安机关办理刑事案件程序规定》第十五条规定："刑事案件由犯罪地的公

相关执法参考

安机关管辖。如果由犯罪嫌疑人居住地的公安机关管辖更为适宜的，可以由犯罪嫌疑人居住地的公安机关管辖。”根据《中华人民共和国刑法》第六条第三款的规定，犯罪地包括犯罪行为地和犯罪结果地。根据上述规定，犯罪行为地、犯罪结果地以及犯罪嫌疑人居住地的公安机关可以依法对属于公安机关管辖的刑事案件立案侦查。诈骗犯罪案件的犯罪结果地是指犯罪嫌疑人实际取得财产地。因此，除诈骗行为地、犯罪嫌疑人实际取得财产的结果发生地和犯罪嫌疑人居住地外，其他地方公安机关不能对诈骗犯罪案件立案侦查，但对于公民扭送、报案、控告、举报或者犯罪嫌疑人自首的，都应当立即受理，经审查认为有犯罪事实的，移送有管辖权的公安机关处理。

《最高人民检察院关于非邮电工作人员非法开拆他人信件并从中窃取财物案件定性问题的批复》

（1989年9月15日高检法发字1989第2号颁布）

广东省人民检察院：

你院粤检法字［1989］64号文《关于对非邮电工作人员私拆他人信件窃取财物案件定性和处理意见的请示》收悉，经研究并商最高人民法院同意，现批复如下：

一、非邮电工作人员非法开拆他人信件，侵犯公民通信自由权利，情节严重，并从中窃取少量财物，或者窃取汇票、汇款支票，骗取汇兑款数额不大的，依照刑法关于侵犯公民通信自由罪的规定，从重处罚。

二、非邮电工作人员非法开拆他人信件，侵犯公民通信自由权利，情节严重，并从中窃取财物数额较大的，应按照重罪吸收轻罪的原则，依照刑法关于盗窃罪的规定从重处罚。

三、非邮电工作人员非法开拆他人信件，侵犯公民通信自由权利，情节严重，并从中窃取汇票或汇款支票，冒名骗取汇兑款数额较大的，应依照刑法关于侵犯公民通信自由罪和诈骗罪的规定，依法实行数罪并罚。

《公安部关于对伪造学生证及贩卖、使用伪造学生证的行为如何处理问题的批复》

（2002年6月26日颁布　自颁布之日起实施）

铁道部公安局：

你局《关于对伪造、贩卖、使用假学生证的行为如何认定处罚的请示》（公法［2002］4号）收悉。现批复如下：

一、对伪造高等院校印章制作学生证的行为，应当依照《中华人民共和国刑法》第280条第2款的规定，以伪造事业单位印章罪立案侦查。

二、对明知是伪造高等院校印章制作的学生证而贩卖的，应当以伪造事业单位印章罪的共犯立案侦查；对贩卖伪造的学生证，尚不够刑事处罚的，应当就其明知是伪造的学生证而购买的行为，依照《中华人民共和国治安管理处罚条例》第24条第（一）项的规定，以明知是赃物而购买处罚。

相关执法参考

三、对使用伪造的学生证购买半价火车票，数额较大的，应当依照《中华人民共和国刑法》第266条的规定，以诈骗罪立案侦查；尚不够刑事处罚的，应当依照《中华人民共和国治安管理处罚条例》第23条第（一）项的规定以诈骗定性处罚。

《公安部法制局对〈关于对将已经仪器识别为不中奖的彩票出售的行为如何定性处理的请示〉的答复》

（2000年5月23日　公法［2000］83号）

广西壮族自治区公安厅法制处：

你处《关于对将已经仪器识别为不中奖的彩票出售的行为如何定性处理的请示》（桂公明发〔2000〕357号）收悉，经研究，并征求最高人民法院、最高人民检察院的意见，现答复如下：

行为人采用欺骗方法使发行彩票的工作人员回收已被识别为不中奖的彩票，数额较大的，应当依照刑法第二百六十六条的规定，以诈骗罪追究刑事责任；行为人与发行彩票的工作人员共谋，发行彩票的工作人员明知是已被识别为不中奖的彩票而回收并向社会公众出售，且数额较大的，对行为人和发行彩票的工作人员，应当以共同犯罪依照刑法第二百六十六条的规定追究刑事责任；尚不构成犯罪的，依照《治安管理处罚条例》第二十三条的有关规定予以处罚。

此复

《公安部经济犯罪侦查局关于伪造证据骗取法院民事裁判占有他人财物的行为如何适用法律的批复》

（2007年3月14日　公经［2007］526号）

海南省公安厅经侦总队：

你总队《关于伪造证据骗取法院民事裁判占有他人财物的行为如何适用法律的请示》（琼公经［2007］55号）收悉。经研究，批复如下：

该问题在最高人民检察院法律政策研究室2002年10月24日发布的《关于通过伪造证据骗取法院民事裁判占有他人财物的行为如何适用法律问题的答复》中已经明确。2006年4月18日，最高人民法院研究室在给黑龙江省高级人民法院的答复中明确表示可参酌适用最高人民检察院法律政策研究室所作出的《答复》（《最高人民法院研究室关于伪造证据通过诉讼获取他人财物的行为如何适用法律问题的答复》法研［2006］73号）。你总队在协调、指导案件侦办时可参考两高的答复。

鉴于伪造证据骗取法院民事裁判占有他人财物的行为司法实践中有的法院对此类案件以诈骗罪作出有罪判决，因此，是否构成犯罪还要依照刑法有关规定来认定。

《最高人民检察院法律政策研究室关于通过伪造证据骗取法院民事裁判占有他人财物的行为如何适用法律问题的答复》

（2002年10月24日）

山东省人民检察院研究室：

你院《关于通过伪造证据骗取法院民事裁决占有他人财物的行为能否构成诈骗

相关执法参考	罪的请示》(鲁检发研字［2001］第11号）收悉经研究答复如下： 以非法占有为目的，通过伪造证据骗取法院民事裁判占有他人财物的行为所侵害的主要是人民法院正常的审判活动可以由人民法院依照民事诉讼法的有关规定作出处理，不宜以诈骗罪追究行为人的刑事责任。如果行为人伪造证据时，实施了伪造公司、企业、事业单位、人民团体印章的行为，构成犯罪的，应当依照刑法第二百八十条第二款的规定，以伪造公司、企业、事业单位、人民团体印章罪追究刑事责任；如果行为人有指使他人作伪证行为，构成犯罪的应当依照刑法第三百零七条第一款的规定，以妨害作证罪追究刑事责任 **《关于1998年4月18日以前的传销或者变相传销行为如何处理的答复》** （2003年3月21日［2003］高检研发第7号颁布　自颁布之日起实施） 你院《关于1998年4月18日以前情节严重或特别严重的非法传销行为是否以非法经营罪定罪处罚问题的请示》(湘检发公请字［2002］02号）收悉。经研究，答复如下： 对1998年4月18日国务院发布《关于禁止传销经营活动的通知》以前的传销或者变相传销行为，不宜以非法经营罪追究刑事责任。行为人在传销或者变相传销活动中实施销售假冒伪劣产品、诈骗、非法集资、虚报注册资本、偷税等行为，构成犯罪的，应当依照刑法的相关规定追究刑事责任。

八十、哄抢

（《治安管理处罚法》第49条）

<table>
<tr><td colspan="2">案由</td><td>哄抢</td></tr>
<tr><td colspan="2">概念</td><td>哄抢，是指3人以上的多人，用起哄的方法或乘乱夺取少量公私财物，尚不够刑事处罚的行为。</td></tr>
<tr><td rowspan="4">违法构成要件</td><td>违法客体</td><td>本行为侵犯的客体是复杂客体，既包括公私财物的所有权，又包括社会的正常管理秩序。本行为侵犯的对象是动产，不动产不能成为本行为的侵犯对象，但是，不动产上可分离出来的附着物可以成为本行为的侵犯对象。</td></tr>
<tr><td>违法客观方面</td><td>本行为在客观方面表现为3人以上的多人，用起哄的方法或乘乱夺取少量公私财物，尚不够刑事处罚的行为。
“尚不够刑事处罚”，主要是指哄抢的数额较小，手段不恶劣、后果不严重等。这里财物数量的多少，不是所有参与哄抢的行为人夺取的财物数量之和，而是指某一个行为人所夺取的财物数量。如果行为人使用了暴力或威胁手段，致使当事人不敢、不能反抗的，则构成了抢劫行为，应该按照《刑法》的有关规定处理。
在由于起哄引起混乱而造成的哄抢中，没有参加起哄但参与了夺取公私财物，也同样构成哄抢行为。在同一哄抢活动中，要根据每个人在哄抢过程中所起的作用和所夺取的财物的数量，来确定其行为的性质。一般对起哄煽动、带头哄抢等首要分子和积极参加者或哄抢数额较大者，应依法予以刑事处罚；对胁从、跟随且哄抢数额较小者，以本行为论处。</td></tr>
<tr><td>违法主体</td><td>本行为的主体是达到责任年龄、具有责任能力的自然人。</td></tr>
<tr><td>违法主观方面</td><td>本行为在主观方面是故意。</td></tr>
<tr><td colspan="2">认定界限</td><td>（一）本行为与聚众哄抢罪的界限。
《刑法》第268条规定的聚众哄抢罪，是指纠集多人，哄抢公私财物，数额较大或者情节严重的行为。两者的区别主要在于：
1. 情节、后果不同。本行为一般是哄抢数额较小、情节轻微、后果不严重的哄抢行为；而构成犯罪的聚众哄抢罪，必须是数额较大或者情节严重的行为。“情节严重”一般是指参与哄抢人数较多；哄抢重要军事物资；哄抢抢险、救灾、救</td></tr>
</table>

认定界限	济、优抚等特定物资；哄抢珍贵出土文物；由于哄抢行为造成公私财产巨大损失；由于哄抢行为造成大中型企业停产、停业；由于哄抢导致被害人精神失常、自杀的；社会影响恶劣；哄抢数额不大，但次数较多的等。 2. 行为主体不同。本行为是一般主体，任何人都可构成本行为；而聚众哄抢罪的主体一般是其中的首要分子或者积极参加的人才能构成，“首要分子”，是指在聚众哄抢中起组织、策划、指挥作用的人员。“积极参加的”人一般是指在聚众哄抢中，积极出主意，起骨干带头作用，哄抢财物较多的等。对聚众哄抢中，胁从、跟随且哄抢数额较小的人，以本行为论处。 （二）本行为与抢夺行为的界限。 《治安管理处罚法》第49条规定的抢夺，是指以非法占有为目的，乘人不备，公然夺取数额较小的公私财物，尚不够刑事处罚的行为。两者侵犯的客体和对象基本相同，其界限主要在于行为方式不同。本行为在客观方面表现为3人以上的多人，用起哄的方法或乘乱夺取少量公私财物，尚不够刑事处罚的行为。后者在客观方面表现为乘人不备，出其不意，公然夺取数额较小的公私财物的行为。“3人以上的多人”和“起哄的方法或乘乱”是本行为的核心要件，而“乘人不备”和“公然夺取”则是构成抢夺行为必须具备的要件。
处罚标准	（一）构成本行为的，处5日以上10日以下拘留，可以并处500元以下罚款。 （二）情节较重的，处10日以上15日以下拘留，可以并处1000元以下罚款。 在实践中，判断情节的轻重，一般应从行为人的动机、手段、目的、行为的次数、造成的后果等方面综合考虑，由公安机关办案人员酌情量罚，一般来说，具有下列情节之一的，应视为“情节较重”： 1. 多次进行哄抢的； 2. 组织、纠集或者带头哄抢的； 3. 哄抢残疾人、老年人、未成年人、低保人员或者丧失劳动能力的人财物的； 4. 哄抢军用物资、救灾、救济款物等的； 5. 因哄抢行为受过处罚或者1年内实施两次以上同类行为的； 6. 哄抢财物拒不交出的； 7. 不听劝阻的； 8. 在公共场所、公共交通工具上哄抢的； 9. 其他情节较重的情形。
相关执法参考	**《中华人民共和国治安管理处罚法》**（节录） （2005年8月28日第十届全国人民代表大会常务委员会第十七次会议通过 中华人民共和国主席令第三十八号公布　自2006年3月1日起施行） 第四十九条　盗窃、诈骗、哄抢、抢夺、敲诈勒索或者故意损毁公私财物的，处五日以上十日以下拘留，可以并处五百元以下罚款；情节较重的，处十日以上十五日以下拘留，可以并处一千元以下罚款。

相关执法参考

《中华人民共和国刑法》（节录）

（1979 年 7 月 1 日第五届全国人民代表大会第二次会议通过　1997 年 3 月 14 日第八届全国人民代表大会第五次会议修订　根据 2011 年 2 月 25 日第十一届全国人民代表大会常务委员会第十九次会议通过的《中华人民共和国刑法修正案（八）》最新修正）

第二百六十八条　聚众哄抢公私财物，数额较大或者有其他严重情节的，对首要分子和积极参加的，处三年以下有期徒刑、拘役或者管制，并处罚金；数额巨大或者有其他特别严重情节的，处三年以上十年以下有期徒刑，并处罚金。

《最高人民法院关于审理破坏森林资源刑事案件具体应用法律若干问题的解释》（节录）

（2000 年 11 月 22 日法释［2000］36 号颁布　自 2000 年 12 月 11 日起实施）

第十四条　聚众哄抢林木五立方米以上的，属于聚众哄抢“数额较大”；聚众哄抢林木二十立方米以上的，属于聚众哄抢“数额巨大”，对首要分子和积极参加的，依照刑法第二百六十八条的规定，以聚众哄抢罪定罪处罚。

《最高人民法院印发关于执行〈中华人民共和国铁路法〉中刑事罚则若干问题的解释的通知》（节录）

（1993 年 10 月 11 日法发［1993］28 号颁布　自颁布之日起实施）

四、对聚众哄抢铁路运输物资的犯罪分子，如何追究刑事责任？

《铁路法》第六十四条第一款规定：“聚众哄抢铁路运输物资的，对首要分子和骨干分子依照刑法第一百五十一条或者第一百五十二条的规定追究刑事责任”。

（一）聚众哄抢铁路运输物资的，对首要分子和骨干分子应当以抢夺罪，依照刑法第一百五十一条或者第一百五十二条的规定追究刑事责任，一般应从重处罚。犯罪分子如果在哄抢铁路运输物资过程中使用暴力或者以暴力相威胁，或者为窝藏赃物、抗拒逮捕、毁灭罪证而当场使用暴力或者以暴力相威胁的，应当以抢劫罪论处，从重处罚。

（二）上述犯罪中的“首要分子”，是指在聚众哄抢铁路运输物资的犯罪中，起组织、策划、指挥作用的犯罪分子；“骨干分子”，是指在聚众哄抢铁路运输物资的犯罪中，除首要分子之外，其他起主要作用的犯罪分子，如带头哄抢铁路运输物资的，哄抢铁路运输物资数量较大的犯罪分子等。

《中华人民共和国铁路法》（节录）

（1990 年 9 月 7 日第七届全国人民代表大会常务委员会第十五次会议通过　根据 2009 年 8 月 27 日第十一届全国人民代表大会常务委员会第十次会议通过的〈全国人民代表大会常务委员会关于修改部分法律的决定〉修改）

第六十四条　聚众哄抢铁路运输物资的，对首要分子和骨干分子依照刑法有关规定追究刑事责任。

铁路职工与其他人员勾结犯前款罪的，从重处罚。

八十一、抢夺

（《治安管理处罚法》第49条）

案由		抢夺
概念		抢夺，是指以非法占有为目的，乘人不备，公然夺取数额较小的公私财物，尚不够刑事处罚的行为。
违法构成要件	违法客体	本行为侵犯的客体是公私财物的所有权。行为侵犯的对象是一般的财物，如金钱、票证、物品等。
	违法客观方面	本行为在客观方面表现为乘人不备，出其不意，公然夺取数额较小的公私财物的行为。 “公然夺取”是指非秘密地，当着财物所有人或保管人的面，乘其不备，强行夺取公私财物。“公然夺取”是本行为的本质特征，是其与盗窃、骗取及敲诈勒索等违法行为的根本区别。从实践看，抢夺行为大多是在乘人不备的情况下实施的，但也有在被害人有所警觉、防备甚至是意识到的情况下实施的。因此，“乘人不备”是指行为实施时的突然性，而不是被害人主观上完全没有防备。只要行为人不是以暴力或胁迫方法而是公然抢夺公私财物后逃走的，即可构成本行为。
	违法主体	本行为的主体是达到责任年龄、具有责任能力的自然人。
	违法主观方面	本行为在主观方面是故意，以非法占有公私财物的目的。如果行为人没有非法占有公私财物的目的，则不构成抢夺行为。例如，为了显示自己的“英雄气概”，为了寻求精神刺激而夺取公私财物，然后归还或遗弃的行为，应定为寻衅滋事行为，而不构成抢夺行为。
认定界限		（一）本行为与抢夺罪的界限。 《刑法》第267条第1款规定的抢夺罪，是指以非法占有为目的，乘人不备，公然夺取数额较大的公私财物的行为。抢夺数额较大的公私财物是构成抢夺罪的重要条件。根据有关规定，“数额较大”是指抢夺公私财物价值人民币500元至2000元以上的。此外，抢夺的情节和后果对认定抢夺罪也有影响。 抢夺公私财物达到“数额较大”的标准，具有下列情形之一的，以抢夺罪从重处罚：（1）抢夺残疾人、老年人、不满14周岁未成年人的财物的；（2）抢夺救灾、抢险、防汛、优抚、扶贫、移民、救济等款物的；（3）一年内抢夺3次以上的；（4）利用行驶的机动车辆抢夺的。

<table>
<tr><td>认定界限</td><td>
抢夺公私财物虽然达到“数额较大”的标准，但具有下列情形之一的，可以认定为“犯罪情节轻微不需要判处刑罚”，免予刑事处罚，对这些行为，可以以违反治安管理行为处罚：（1）已满16周岁不满18周岁的未成年人作案，属于初犯或者被教唆犯罪的；（2）主动投案、全部退赃或者退赔的；（3）被胁迫参加抢夺，没有分赃或者获赃较少的；（4）其他情节轻微，危害不大的。
因此，在认定抢夺行为罪与非罪时，应综合考虑其情节、后果和数额的大小，只有对数额较小、情节、后果轻微的，才能以本行为论处。

（二）本行为与抢劫罪的界限。

《刑法》第263条规定的抢劫罪，是以非法占有为目的，对财物的所有人、保管人当场使用暴力、胁迫或其他方法，强行将公私财物抢走的行为。两者都以非法占有公私财物为目的，主体要件也基本相同。两者的区别除危害后果不同外，还包括：
1. 行为侵犯的客体不完全相同。抢夺行为侵犯的客体是单一客体，即公私财物的所有权。抢劫罪侵犯的客体是复杂客体，侵犯的不仅是公私财产的所有权，而且包括对人身权利的侵犯。
2. 行为的具体表现不同。抢夺行为同抢劫罪，都是公然夺取财物，但它们之间有着原则区别，主要区别在于在实施行为的过程中，抢劫罪对被害人使用暴力、胁迫或者其他强制方法，抢劫财物的同时危害人身安全，而抢夺行为的目标则始终针对的是公私财物，对人身安全没有危害。
在实践中，如果行为人携带凶器抢夺，即使没有实际使用凶器，也应以抢劫罪论处。

（三）本行为既遂与未遂的界限。

对于本行为既遂与未遂的标准，应以行为人已实际控制所夺取的财物为既遂，否则为未遂。所谓“实际控制”并非指财物就一定在行为人手中，而是指行为人能实际支配该财物，这种实际控制并没有时间长短的要求。在实践中，行为人公然夺取财物当场又被夺回或被迫扔掉的，由于行为人并没有实际控制该财物，因此，应认定为未遂。
</td></tr>
<tr><td>处罚标准</td><td>
（一）构成本行为的，处5日以上10日以下拘留，可以并处500元以下罚款。
（二）情节较重的，处10日以上15日以下拘留，可以并处1000元以下罚款。
在实践中，判断情节的轻重，一般应从行为人的动机、手段、目的、行为的次数、造成的后果等方面综合考虑，由公安机关办案人员酌情量罚，一般来说，具有下列情节之一的，应视为“情节较重”：
1. 驾驶车辆（包括非机动车）进行抢夺，未使用逼挤、撞击、强行逼倒他人或强拉硬拽方法，且未造成财物持有人轻伤以上后果的；
2. 抢夺残疾人、老年人、未成年人、低保人员或者丧失劳动能力的人财物的；
3. 造成受害人受轻微伤或财物损坏的；
</td></tr>
</table>

<table>
<tr><td>处罚标准</td><td>4. 抢夺救灾、抢险、防汛、优抚、扶贫、移民、救济、医疗等特定款物的；
5. 抢夺军用物资的；
6. 因抢夺行为受过处罚或者1年内实施两次以上同类行为的；
7. 抢夺财物拒不交出的；
8. 在公共场所、公共交通工具上抢夺的；
9. 其他情节较重的情形。</td></tr>
<tr><td>相关执法参考</td><td>《中华人民共和国治安管理处罚法》（节录）
（2005年8月28日第十届全国人民代表大会常务委员会第十七次会议通过　中华人民共和国主席令第三十八号公布　自2006年3月1日起施行）
第四十九条　盗窃、诈骗、哄抢、抢夺、敲诈勒索或者故意损毁公私财物的，处五日以上十日以下拘留，可以并处五百元以下罚款；情节较重的，处十日以上十五日以下拘留，可以并处一千元以下罚款。
《中华人民共和国刑法》（节录）
（1979年7月1日第五届全国人民代表大会第二次会议通过　1997年3月14日第八届全国人民代表大会第五次会议修订　根据2011年2月25日第十一届全国人民代表大会常务委员会第十九次会议通过的《中华人民共和国刑法修正案（八）》最新修正）
第二百六十七条　抢夺公私财物，数额较大的，处三年以下有期徒刑、拘役或者管制，并处或者单处罚金；数额巨大或者有其他严重情节的，处三年以上十年以下有期徒刑，并处罚金；数额特别巨大或者有其他特别严重情节的，处十年以上有期徒刑或者无期徒刑，并处罚金或者没收财产。
携带凶器抢夺的，依照本法第二百六十三条的规定定罪处罚。
第二百六十九条　犯盗窃、诈骗、抢夺罪，为窝藏赃物、抗拒抓捕或者毁灭罪证而当场使用暴力或者以暴力相威胁的，依照本法第二百六十三条的规定定罪处罚。
《最高人民法院关于审理抢夺刑事案件具体应用法律若干问题的解释》
（2002年7月16日　法释［2002］18号）
为依法惩治抢夺犯罪活动，根据刑法有关规定，现就审理这类案件具体应用法律的若干问题解释如下：
第一条　抢夺公私财物“数额较大”、“数额巨大”、“数额特别巨大”的标准如下：
（一）抢夺公私财物价值人民币五百元至二千元以上的，为“数额较大”；
（二）抢夺公私财物价值人民币五千元至二万元以上的，为“数额巨大”；
（三）抢夺公私财物价值人民币三万元至十万元以上的，为“数额特别巨大”。
第二条　抢夺公私财物达到本解释第一条第（一）项规定的“数额较大”的标准，具有下列情形之一的，可以依照刑法第二百六十七条第一款的规定，以抢夺罪从重处罚：</td></tr>
</table>

相关执法参考

（一）抢夺残疾人、老年人、不满十四周岁未成年人的财物的；

（二）抢夺救灾、抢险、防汛、优抚、扶贫、移民、救济等款物的；

（三）一年内抢夺三次以上的；

（四）利用行驶的机动车辆抢夺的。

抢夺公私财物，未经行政处罚处理，依法应当追诉的，抢夺数额累计计算。

第三条　抢夺公私财物虽然达到本解释第一条第（一）项规定的“数额较大”的标准，但具有下列情形之一的，可以视为刑法第三十七条规定的“犯罪情节轻微不需要判处刑罚”，免予刑事处罚：

（一）已满十六周岁不满十八周岁的未成年人作案，属于初犯或者被教唆犯罪的；

（二）主动投案、全部退赃或者退赔的；

（三）被胁迫参加抢夺，没有分赃或者获赃较少的；

（四）其他情节轻微，危害不大的。

第四条　抢夺公私财物，数额接近本解释第一条第（二）项、第（三）项规定的“数额巨大”、“数额特别巨大”的标准，并具有本解释第二条规定的情形之一的，可以分别认定为“其他严重情节”或者“其他特别严重情节”。

第五条　实施抢夺公私财物行为，构成抢夺罪，同时造成被害人重伤、死亡等后果，构成过失致人重伤罪、过失致人死亡罪等犯罪的，依照处罚较重的规定定罪处罚。

第六条　各省、自治区、直辖市高级人民法院可以根据本地区经济发展状况，并考虑社会治安状况，在本解释第一条规定的数额幅度内，分别确定本地区执行的具体标准，并报最高人民法院备案。

《最高人民法院关于审理抢劫、抢夺刑事案件适用法律若干问题的意见》（节录）

（2005年6月8日法发［2005］8号颁布　自颁布之日起实施）

四、关于“携带凶器抢夺”的认定

《抢劫解释》第六条规定，“携带凶器抢夺”，是指行为人随身携带枪支、爆炸物、管制刀具等国家禁止个人携带的器械进行抢夺或者为了实施犯罪而携带其他器械进行抢夺的行为。行为人随身携带国家禁止个人携带的器械以外的其他器械抢夺，但有证据证明该器械确实不是为了实施犯罪准备的，不以抢劫罪定罪；行为人将随身携带凶器有意加以显示、能为被害人察觉到的，直接适用刑法第二百六十三条的规定定罪处罚；行为人携带凶器抢夺后，在逃跑过程中为窝藏赃物、抗拒抓捕或者毁灭罪证而当场使用暴力或者以暴力相威胁的，适用刑法第二百六十七条第二款的规定定罪处罚。

五、关于转化抢劫的认定

行为人实施盗窃、诈骗、抢夺行为，未达到“数额较大”，为窝藏赃物、抗拒抓捕或者毁灭罪证当场使用暴力或者以暴力相威胁，情节较轻、危害不大的，一般不以犯罪论处；但具有下列情节之一的，可依照刑法第二百六十九条的规定，以抢劫罪定罪处罚：

相关执法参考

（1）盗窃、诈骗、抢夺接近“数额较大”标准的；

（2）入户或在公共交通工具上盗窃、诈骗、抢夺后在户外或交通工具外实施上述行为的；

（3）使用暴力致人轻微伤以上后果的；

（4）使用凶器或以凶器相威胁的；

（5）具有其他严重情节的。

十一、驾驶机动车、非机动车夺取他人财物行为的定性

对于驾驶机动车、非机动车（以下简称“驾驶车辆”）夺取他人财物的，一般以抢夺罪从重处罚。但具有下列情形之一，应当以抢劫罪定罪处罚：

（1）驾驶车辆，逼挤、撞击或强行逼倒他人以排除他人反抗，乘机夺取财物的；

（2）驾驶车辆强抢财物时，因被害人不放手而采取强拉硬拽方法劫取财物的；

（3）行为人明知其驾驶车辆强行夺取他人财物的手段会造成他人伤亡的后果，仍然强行夺取并放任造成财物持有人轻伤以上后果的。

《最高人民法院公告最高人民法院关于审理抢劫案件具体应用法律若干问题的解释》（节录）

（2000年11月22日法释［2000］35号颁布　自2000年11月28日起实施）

第六条刑法第二百六十七条第二款规定的“携带凶器抢夺”，是指行为人随身携带枪支、爆炸物、管制刀具等国家禁止个人携带的器械进行抢夺或者为了实施犯罪而携带其他器械进行抢夺的行为。

《全国部分法院审理毒品犯罪案件工作座谈会纪要》（节录）

（2008年12月1日最高人民法院法［2008］324号印发）

一、毒品案件的罪名确定和数量认定问题

……

盗窃、抢夺、抢劫毒品的，应当分别以盗窃罪、抢夺罪或者抢劫罪定罪，但不计犯罪数额，根据情节轻重予以定罪量刑。盗窃、抢夺、抢劫毒品后又实施其他毒品犯罪的，对盗窃罪、抢夺罪、抢劫罪和所犯的具体毒品犯罪分别定罪，依法数罪并罚……

《最高人民法院、最高人民检察院关于办理与盗窃、抢劫、诈骗、抢夺机动车相关刑事案件具体应用法律若干问题的解释》（节录）

（2006年12月25日由最高人民法院审判委员会第1411次会议、2007年2月14日由最高人民检察院第十届检察委员会第71次会议通过　自2007年5月11日起施行　法释［2007］11号）

第四条　实施本解释第一条、第二条、第三条第一款或者第三款规定的行为，事前与盗窃、抢劫、诈骗、抢夺机动车的犯罪分子通谋的，以盗窃罪、抢劫罪、诈骗罪、抢夺罪的共犯论处。

第五条　对跨地区实施的涉及同一机动车的盗窃、抢劫、诈骗、抢夺以及掩饰、

相关执法参考	隐瞒犯罪所得、犯罪所得收益行为，有关公安机关可以依照法律和有关规定一并立案侦查，需要提请批准逮捕、移送审查起诉、提起公诉的，由该公安机关所在地的同级人民检察院、人民法院受理。

八十二、敲诈勒索
(《治安管理处罚法》第49条)

<table>
<tr><td colspan="2">案由</td><td>敲诈勒索</td></tr>
<tr><td colspan="2">概念</td><td>敲诈勒索，是指以非法占有为目的，对被害人使用威胁或要挟的方法，强行索要少量公私财物，尚不够刑事处罚的行为。</td></tr>
<tr><td rowspan="4">违法构成要件</td><td>违法客体</td><td>本行为侵犯的客体是公私财物的所有权和他人的人身权利或者其他权益。侵犯的对象是公私财物，不仅包括被害人合法所有或持有的公私财物，而且包括其非法占有的公私财物。</td></tr>
<tr><td>违法客观方面</td><td>本行为在客观方面表现为行为人采用威胁、要挟等手段，迫使被害人交出少量财物的行为。
所谓“威胁、要挟”，是指行为人对财物所有者或保管者以实施暴力或者其他加害行为进行恫吓，造成财物所有者或保管者精神上的恐惧，迫不得已交出财物。用威胁或要挟的方法，是敲诈勒索行为的本质特征，也是本行为与诈骗、抢夺等行为的主要区别。
威胁或要挟的形式是多种多样的，有的以损害被害人及其亲属的人身或财产进行恫吓，也有的凭借手中的权力，以损害被害人的切身利益相威胁，还有的以揭发被害人的隐私等相要挟等。但不论什么形式，其目的都在于对财物所有人、保管人实施精神上的强制，使其产生恐惧、畏难心理，不得已而交出财物。至于威胁或要挟的方式，既可以是当面进行，也可以通过第三者转达；可以是口头方式，也可以是书面方式；可以明示，也可以暗示，在取得财物的时间上，可以迫其当场交出，也可限期令其交出，均不影响敲诈勒索行为的成立。被害人交出财物，既可以是交给行为人，也可以是交给行为人指定的第三人。</td></tr>
<tr><td>违法主体</td><td>本行为的主体是达到责任年龄、具有责任能力的自然人。</td></tr>
<tr><td>违法主观方面</td><td>本行为的主观方面表现为直接故意，必须具有非法占有他人财物的目的。</td></tr>
<tr><td>认定界限</td><td colspan="2">（一）本行为与敲诈勒索罪①的界限。
《刑法》第274条规定的敲诈勒索罪，是指以非法占有为目的，对被害人使用</td></tr>
</table>

① 该罪根据《刑法修正案（八）》进行了修正，增加了多次敲诈勒索构成犯罪的规定。

认定界限	威胁或要挟的方法，强行索要公私财物，数额较大或者多次敲诈勒索的行为。本行为只有在数额较大或多次实施时，才构成犯罪。根据有关规定，敲诈勒索数额在1000元至3000元的，可认为“数额较大”，在1年内3次实施的，应认定为“多次”。 在认定本行为罪与非罪的界限时，除掌握数额和“多次”标准外，还应综合考虑其他情节、后果，不能机械地适用这一数额标准。例如，行为人的年龄、敲诈勒索的方式、行为人的动机、行为造成的后果等。这些因素对行为的定性也具有非常重要的作用。 （二）本行为与抢劫罪的界限。 《刑法》第263条规定的抢劫罪，是以非法占有为目的，对财物的所有人、保管人当场使用暴力、胁迫或其他方法，强行将公私财物抢走的行为。两者都可能对被害人使用“威胁”的手段，两者的区别除危害后果不同外，在具体行为方式上也有不同： 1. 从威胁的方式看，抢劫罪的威胁，是当着被害人的面直接发出的；而敲诈勒索的威胁可以当面发出，也可以通过书信、电话或第三者转达。 2. 从实现威胁的时间看，抢劫罪的威胁表现为扬言如不交出财物，就要当场实现所威胁的内容；而敲诈勒索的威胁则一般表现为：如不答应要求，将在以后某个时间实现威胁的内容。 3. 从威胁的内容看，抢劫罪的威胁，都是以杀害、伤害等侵害人身相威胁；而敲诈勒索的威胁内容则比较广泛，包括对被害人本人和相关人的人身的加害行为或者毁坏财物、名誉等。 4. 从非法取得财物的时间看，抢劫罪是实施威胁当场取得财物；而敲诈勒索则可以在当场，也可以在事后取得。 （三）本行为与招摇撞骗的界限。 《治安管理处罚法》第51条第1款规定的招摇撞骗，是指为谋取非法利益，假冒国家机关工作人员或者其他虚假身份，进行诈骗，尚不够刑事处罚的行为。两者的主要区别是： 1. 行为特征不同。招摇撞骗是以“骗”为特征，完全以假象蒙蔽被害人；敲诈勒索行为虽然也可能含有欺骗的成分，但却以“威胁”或“要挟”为特征。 2. 造成被害人交出财物的心理状态不同。在招摇撞骗中，被害人在受骗后，“自愿”交出财物或出让其他合法权益；而敲诈勒索行为则造成被害人精神上的恐惧，出于无奈，被迫交出财物或出让其他财产性利益。 3. 获取利益的范围不同。招摇撞骗所获取利益的范围比较广泛，既包括财物或财产性利益，又包括非财产性利益，如骗取某种职称或职务，政治待遇或荣誉称号等；敲诈勒索行为所获取的仅限于财物。 4. 行为侵犯的客体不同。招摇撞骗侵犯的客体是社会管理秩序，主要是国家机关的威信和信誉；敲诈勒索罪所侵犯的客体是公私财物的所有权和公民人身权利

<table>
<tr><td>认定界限</td><td>以及其他合法权益。
（四）本行为既遂与未遂的认定。
在实践中，区分本行为的既遂与未遂应以是否实际取得他人财物为标准，在具体认定的时候，还应注意以下几个问题：
1. 对本行为既遂的认定，一般以被害人交付、行为人接受财物或财产性利益并置于自己控制之下为标准。对于被害人按照行为人的指定交给第三人接受的，也应视为既遂。对于被害人自行委托他人交付，被委托人接受财物后但没有交付指定人的，是本行为的未遂。如果被害人委托他人交付是其与行为人约定的，即使被委托人没有交付财物，也应视为既遂。
2. 被害人向公安机关告发，公安机关为抓获行为人，让被害人到指定地点交付从而将其抓获的，由于行为人对所勒索的财物没有实际控制的可能，只能是未遂。</td></tr>
<tr><td>处罚标准</td><td>（一）构成本行为的，处5日以上10日以下拘留，可以并处500元以下罚款。
（二）情节较重的，处10日以上15日以下拘留，可以并处1000元以下罚款。
在实践中，判断情节的轻重，一般应从行为人的动机、手段、目的、行为的次数、造成的后果等方面综合考虑，由公安机关办案人员酌情量罚，一般来说，具有下列情节之一的，应视为“情节较重”：
1. 敲诈勒索残疾人、老年人、未成年人、低保人员或者丧失劳动能力的人财物的；
2. 敲诈勒索的财物无法追回的；
3. 因敲诈勒索行为受过处罚或者1年内实施两次以上同类行为的；
4. 敲诈勒索救灾、抢险、防汛、优抚、扶贫、移民、救济、医疗等特定款物的；
5. 其他情节较重的情形。</td></tr>
<tr><td>相关执法参考</td><td>《中华人民共和国治安管理处罚法》（节录）
（2005年8月28日第十届全国人民代表大会常务委员会第十七次会议通过　中华人民共和国主席令第三十八号公布　自2006年3月1日起施行）
第四十九条　盗窃、诈骗、哄抢、抢夺、敲诈勒索或者故意损毁公私财物的，处五日以上十日以下拘留，可以并处五百元以下罚款；情节较重的，处十日以上十五日以下拘留，可以并处一千元以下罚款。
《中华人民共和国刑法》（节录）
（1979年7月1日第五届全国人民代表大会第二次会议通过　1997年3月14日第八届全国人民代表大会第五次会议修订　根据2011年2月25日第十一届全国人民代表大会常务委员会第十九次会议通过的《中华人民共和国刑法修正案（八）》最新修正）
第二百七十四条　敲诈勒索公私财物，数额较大或者多次敲诈勒索的，处三年以下有期徒刑、拘役或者管制，并处或者单处罚金；数额巨大或者有其他严重情节</td></tr>
</table>

相关执法参考

的，处三年以上十年以下有期徒刑，并处罚金；数额特别巨大或者有其他特别严重情节的，处十年以上有期徒刑，并处罚金。｛根据刑法修正案（八）修改｝

｛原条文：敲诈勒索公私财物，数额较大的，处三年以下有期徒刑、拘役或者管制；数额巨大或者有其他严重情节的，处三年以上十年以下有期徒刑。｝

《最高人民法院关于敲诈勒索罪数额认定标准问题的规定》

（2000 年 5 月 12 日　法释［2000］11 号）

根据刑法第二百七十四条的规定，现对敲诈勒索罪数额认定标准规定如下：

一、敲诈勒索公私财物“数额较大”，以一千元至三千元为起点；

二、敲诈勒索公私财物“数额巨大”，以一万元至三万元为起点。

各省、自治区、直辖市高级人民法院可以根据本地区实际情况，在上述数额幅度内，研究确定本地区执行的敲诈勒索罪“数额较大”、“数额巨大”的具体数额标准，并报最高人民法院备案。

《最高人民法院关于审理抢劫、抢夺刑事案件适用法律若干问题的意见》

（2005 年 6 月 8 日法发［2005］8 号颁布　自颁布之日起实施）

九、关于抢劫罪与相似犯罪的界限

1. 冒充正在执行公务的人民警察、联防人员，以抓卖淫嫖娼、赌博等违法行为为名非法占有财物的行为定性

行为人冒充正在执行公务的人民警察“抓赌”、“抓嫖”，没收赌资或者罚款的行为，构成犯罪的，以招摇撞骗罪从重处罚；在实施上述行为中使用暴力或者暴力威胁的，以抢劫罪定罪处罚。行为人冒充治安联防队员“抓赌”、“抓嫖”、没收赌资或者罚款的行为，构成犯罪的，以敲诈勒索罪定罪处罚；在实施上述行为中使用暴力或者暴力威胁的，以抢劫罪定罪处罚。

……

《狱内刑事案件立案标准》（节录）

（2001 年 3 月 9 日司法部令第 64 号颁布　自颁布之日起实施）

第二条　监狱发现罪犯有下列犯罪情形的，应当立案侦查：

（二十）敲诈勒索他人财物，数额在 500 元至 2000 元以上的（敲诈勒索案）。

第三条　情节、后果严重的下列案件，列为重大案件：

（九）盗窃、诈骗、抢夺、敲诈勒索，数额在 5000 元至 30000 元的。

第四条　情节恶劣、后果特别严重的下列案件，列为特别重大案件：

（六）盗窃、诈骗、抢夺、敲诈勒索、故意毁坏公私财物，数额在 30000 元以上的。

第五条　本规定中的公私财物价值数额、直接经济损失数额以及毒品数量，可在规定的数额、数量幅度内，执行本省（自治区、直辖市）高级人民法院确定的标准。

相关执法参考	**《中华人民共和国人民警察法》**（节录） （1995年2月28第八届全国人民代表大会常务委员会第十二次会议通过 1995年2月28日中华人民共和国主席令第四十号公布施行） 第二十二条　人民警察不得有下列行为： （六）敲诈勒索或者索取、收受贿赂； 第四十八条　人民警察有本法第二十二条所列行为之一的，应当给予行政处分；构成犯罪的，依法追究刑事责任。 行政处分分为：警告、记过、记大过、降级、撤职、开除。对受行政处分的人民警察，按照国家有关规定，可以降低警衔、取消警衔。 对违反纪律的人民警察，必要时可以对其采取停止执行职务、禁闭的措施。

八十三、故意损毁财物

（《治安管理处罚法》第 49 条）

<table>
<tr><td colspan="2">案由</td><td>故意损毁财物</td></tr>
<tr><td colspan="2">概念</td><td>故意损毁财物，是指故意毁灭或者损坏公私财物，尚不够刑事处罚的行为。</td></tr>
<tr><td rowspan="4">违法构成要件</td><td>违法客体</td><td>本行为侵犯的客体是公私财物的所有权。行为侵犯的对象可以是各种形式的公私财物，包括生产资料、生活资料，动产、不动产等。但是，如果行为人所故意毁坏的是《治安管理处罚法》另有规定的某些特定财物，危害其他特定客体要件的，应按有关规定处理。例如，行为人破坏铁路设施、航空设施的，应分别以损毁铁路设施和损坏航空设施论处。</td></tr>
<tr><td>违法客观方面</td><td>本行为在客观方面表现为故意毁灭或者损坏公私财物，尚不够刑事处罚的行为。
“毁灭”是指用焚烧、摔砸等方法使物品全部丧失其价值或使用价值；“损坏”是指使物品部分丧失其价值或使用价值。
在实践中，行为人损毁公私财物的方法有多种多样。但是，如果行为人使用放火、决水、爆炸、投放危险物质等危险方法破坏公私财物，危害公共安全的，应当以《刑法》关于危害公共安全罪中的有关犯罪论处。
此外，故意损毁公私财物的行为必须是非法行为，如果行为人由于紧急避险而造成对公私财物的损坏，则不构成本行为。</td></tr>
<tr><td>违法主体</td><td>本行为的主体是达到责任年龄、具有责任能力的自然人。</td></tr>
<tr><td>违法主观方面</td><td>本行为的主观方面表现为故意。行为人的目的不是为了非法占有公私财物，而是出于发泄、报复等心理而故意损毁公私财物，这是本行为区别于其他侵犯公私财物行为的关键所在。</td></tr>
<tr><td>认定界限</td><td colspan="2">（一）本行为与故意毁坏财物罪的界限。
《刑法》第 275 条规定的故意毁坏财物罪，是指故意非法毁灭或者损坏公私财物，数额较大或者有其他严重情节的行为。根据《刑法》的规定，故意毁坏公私财物，只有达到数额较大或者情节严重的，才构成犯罪。因此，是否数额较大或者情节严重，是区分罪与非罪的界限。故意毁坏公私财物，数额较小、情节较轻的，则属一般违法行为，应以本行为论处。所谓“情节严重”，一般是指毁灭或损坏重要</td></tr>
</table>

认定界限	物品，损失严重的；毁灭或损坏公私财物的手段特别恶劣的；出于嫁祸于人的动机等。根据《最高人民检察院 公安部关于公安机关管辖的刑事案件立案追诉标准的规定（一）》（公通字［2008］36号）的规定，故意毁坏公私财物，涉嫌下列情形之一的，应予立案追诉： 1. 造成公私财物损失5000元以上的； 2. 毁坏公私财物3次以上的； 3. 纠集3人以上公然毁坏公私财物的； 4. 其他情节严重的情形。 （二）本行为与扰乱社会秩序、妨害公共安全行为中类似行为的界限。 《治安管理处罚法》中规定的妨害公共安全行为和扰乱社会秩序行为，有些也造成了对特定公私财物的损坏，如损毁油气管道设施，电力电信设施，广播电视设施，水利防汛工程设施，水文监测、测量、气象测报、环境检测、地质监测、地震监测等公共设施，再如刻划、涂污或者以其他方式故意损坏国家文物、名胜古迹等。这些行为与本行为的区别是： 1. 行为指向的对象不同。损坏公私财物行为侵害的对象是普通公私财物；而妨害公共安全行为、扰乱社会秩序行为侵害的对象是法律规定的特定财物。 2. 行为侵犯的客体不同。本行为侵犯的客体是公私财物的所有权；而扰乱社会秩序、妨害公共安全行为侵犯的客体分别是社会秩序、公共安全或者国家对文物、名胜古迹的管理活动。
处罚标准	（一）构成本行为的，处5日以上10日以下拘留，可以并处500元以下罚款。 （二）情节较重的，处10日以上15日以下拘留，可以并处1000元以下罚款。 在实践中，判断情节的轻重，一般应从行为人的动机、手段、目的、行为的次数、造成的后果等方面综合考虑，由公安机关办案人员酌情量罚，一般来说，具有下列情节之一的，应视为“情节较重”： 1. 故意损毁残疾人、老年人、未成年人或者丧失劳动能力的人财物的； 2. 故意损毁公私财物行为受过处罚或者1年内实施两次以上同类行为的； 3. 故意损毁重要场所财物的； 4. 故意损毁军用物资、救灾、救济款物的； 5. 故意损毁财物的首要分子和骨干分子； 6. 故意损毁公私财物不听劝阻的； 7. 其他情节较重的情形。
相关执法参考	**《中华人民共和国治安管理处罚法》**（节录） （2005年8月28日第十届全国人民代表大会常务委员会第十七次会议通过 中华人民共和国主席令第三十八号公布　自2006年3月1日起施行） 第四十九条　盗窃、诈骗、哄抢、抢夺、敲诈勒索或者故意损毁公私财物的，处五日以上十日以下拘留，可以并处五百元以下罚款；情节较重的，处十日以上十五日以下拘留，可以并处一千元以下罚款。

相关执法参考

《中华人民共和国刑法》（节录）

（1979年7月1日第五届全国人民代表大会第二次会议通过　1997年3月14日第八届全国人民代表大会第五次会议修订　根据2011年2月25日第十一届全国人民代表大会常务委员会第十九次会议通过的《中华人民共和国刑法修正案（八）》最新修正）

第二百七十五条　故意毁坏公私财物，数额较大或者有其他严重情节的，处三年以下有期徒刑、拘役或者罚金；数额巨大或者有其他特别严重情节的，处三年以上七年以下有期徒刑。

《最高人民检察院 公安部关于公安机关管辖的刑事案件立案追诉标准的规定（一）》（节录）

（公通字［2008］36号）

第三十三条　［故意毁坏财物案（刑法第二百七十五条）］故意毁坏公私财物，涉嫌下列情形之一的，应予立案追诉：

（一）造成公私财物损失五千元以上的；

（二）毁坏公私财物三次以上的；

（三）纠集三人以上公然毁坏公私财物的；

（四）其他情节严重的情形。

第一百零一条　本规定中的“以上”，包括本数。

《最高人民法院关于审理破坏公用电信设施刑事案件具体应用法律若干问题的解释》（节录）

（2004年12月30日法释［2004］21号颁布　自2005年1月11日起实施）

第三条第一款　故意破坏正在使用的公用电信设施尚未危害公共安全，或者故意毁坏尚未投入使用的公用电信设施，造成财物损失，构成犯罪的，依照刑法第二百七十五条规定，以故意毁坏财物罪定罪处罚。

《最高人民法院关于审理盗窃案件具体应用法律若干问题的解释》（节录）

（1998年3月17日法释［1998］4号颁布　自颁布之日起实施）

第十二条　审理盗窃案件，应当注意区分盗窃罪与其他犯罪的界限：

（五）实施盗窃犯罪，造成公私财物损毁的，以盗窃罪从重处罚；又构成其他犯罪的，择一重罪从重处罚；盗窃公私财物未构成盗窃罪，但因采用破坏性手段造成公私财物损毁数额较大的，以故意毁坏财物罪定罪处罚。盗窃后，为掩盖盗窃罪行或者报复等，故意破坏公私财物构成犯罪的，应当以盗窃罪和构成的其他罪实行数罪并罚。

《最高人民法院关于破坏生产单位正在使用的电动机是否构成破坏电力设备罪问题的批复》

（1993年8月4日法明传［1993］241号颁布　自颁布之日起实施）

湖北省高级人民法院：

你院91035号传真《关于破坏生产单位正在使用的电动机是否可以构成破坏电力设备罪的请示》收悉。经研究，答复如下：

相关执法参考	破坏电力设备罪是危害公共安全的犯罪。该罪所侵犯的客体，是社会的公共安全。如果行为人的行为不具有危害社会公共安全的性质，不能构成该罪。 对拆盗某些排灌站、加工厂等生产单位正在使用中的电机设备等，没有危及社会公共安全，但应当追究刑事责任的，可以根据案件的不同情况，按盗窃罪、破坏集体生产罪或者故意毁坏公私财物罪处理。